EMPRESAS & TRABALHO

na Lei da

LIBERDADE

CLT e Código Civil

Novas Regras comparadas e comentados

Outras Alterações Legais

EMPRESAS & TRABALHO

na Lei da LIBERDADE

CLT e Código Civil

Novas Regras comparadas e comentados

Outras Alterações Legais

João Augusto da Palma
Adriana Casale da Palma

Atualizado com a Declaração de Direitos de LIBERDADE ECONÔMICA Lei 13.874/2019

2020

EDITORA *Jus*PODIVM
www.editorajuspodivm.com.br

EDITORA
*Jus*PODIVM
www.editorajuspodivm.com.br

Rua Território Rio Branco, 87 – Pituba – CEP: 41830-530 – Salvador – Bahia
Tel: (71) 3045.9051
• Contato: https://www.editorajuspodivm.com.br/sac

Capa: Ana Caquetti

P171e Palma, Adriana Casale da.
Empresas e trabalho na lei da liberdade / Adriana Casale da Palma, João Augusto da Palma – Salvador: Editora JusPodivm, 2020.
272 p.

Inclui bibliografia
ISBN 978-85-442-3106-7

1. Direito do Trabalho. 2.Legislação do Trabalho. 3. Direitos e Garantias I. Palma, Adriana Casale da. II. Palma, João Augusto da. III. Título.

CDD 342.6

SUMÁRIO

ABREVIATURAS

CCB — Código Civil Brasileiro

CF — Constituição Federal do Brasil

CIPA — Comissão Interna de Prevenção de Acidentes

CLT — Consolidação das Leis do Trabalho

CONARQ — Conselhor Nacional de Arquivos

CPC — Código de Processo Civil

CPF — Cadastro de Pessoa Física

CTPS — Carteira de Trabalho e Previdência Social

DOU — Diário Oficial da União

EIRELI — Empresa Individual de Responsabilidade Limitada

E-social — Sistema de Escrituração Digital das Obrigações Fiscais, Previdenciárias e Trabalhistas

EUA — Estados Unidos da América

FGTS — Fundo de Garantia de Tempo de Serviço

FSB — Fundo Soberano do Brasil

HE — Hora extra

OAB — Ordem dos Advogados do Brasil

RFB — Receita Federal do Brasil

RSR	Repouso Semanal Remunerado
S.A.	Sociedade Anônima
TJ	Tribunal de Justiça
TRT	Tribunal Regional do Trabalho
TST	Tribunal Superior do Trabalho

1

UMA NOVA PARCERIA PARA O EMPRESÁRIO

Ser uma empresa leve, enxuta, que saiba fazer suas economias, aumentar sua lucratividade, com menos conflitos e poder dizer-se inteligente é a expectativa de todo empreendedor moderno. O futuro fica promissor e os novos projetos fluem naturalmente.

Já para quem ocupa um posto de gestor numa empresa pública ou na administração direta de um ente estatal, seus pensamentos ficam atrelados aos comprometimentos que vêm da própria natureza e propósitos da sua organização. Não há dúvida de que os desafios são outros e enormes no contexto atual.

A realidade nos mostra que se impõe a quem conduz uma organização pública a necessidade de olhar os (bons) métodos dos administradores privados e deles extrair o conhecimento e práticas que sejam recomendáveis e adaptáveis.

Os empresários, quando se aproximam de uma organização estatal, sentem as diferenças dos padrões de gestão e sofrem com as dificuldades que lhes são oferecidas, seja qual for o nível (do municipal ao federal). Decepcionam-se. Aí a noção de tempo e de racionalização dos recursos (economias) são outros.

Esse contraste entre o público e o privado tem sido cada vez maior ao longo da nossa história. Mas, não quer dizer que não se deva enfrentá-lo.

É o que sugere a Lei da Liberdade Econômica, de iniciativa do governo federal nos seus primeiros meses, o que é um fato positivo. Se está bem-intencionado, haverá tempo para implementá-la e evoluir. Aprimorar com fidelidade ao que se declara poder fazer. É o compromisso a ser conferido e exigido por todos.

O país precisa de governo, mas também depende dos seus empreendedores que reclamam do Estado insensível, burocrático, com amarras que impedem o desenvolvimento, como se a iniciativa privada e os criativos impulsionadores da economia não fossem seus colaboradores, tão e quão interessados.

A Liberdade Econômica surge neste sentido, no momento que se espera um pouco mais de cada um, não bem para aumentar riquezas, mas para ajudar na sobrevivência, reduzindo a pobreza e atenuando as diferenças sociais, fomentando trabalho, atividade que pode não ser sob o velho modelo do emprego, porque novas formas de contratação estão idealizadas e disponíveis em nosso Direito.

É possível esperar mais dos empreendedores individuais e das empresas, mas, para isso, é fundamental que o Estado brasileiro seja parceiro, sem segundas intenções.

Facilitar o dia a dia de quem procura uma repartição pública é essencial. Não menos é não desprezar o colaborador que detém a sabedoria da gestão – o empreendedor particular.

Estado transformador e empresas modernas tendem a se aproximar no que lhes possa ser estimulador, com gestão flexível, enfrentando duras decisões e soluções criativas, determinando prioridades, valorizando o seu capital humano, motivando suas potencialidades, impulsionando-se numa nova dinâmica, reduzindo riscos e concretizando resultados.

A fórmula para se enfrentar essas velhas questões brasileiras está posta neste livro, sem rodeios, pesquisando a essência das nossas verdades. Sem se afastar do que sabemos ser necessário para melhorar a vida de todas as gerações.

1.a OS NOVOS EMPREGOS

São milhões de desempregados no Brasil. Gerar emprego é uma fala contínua, há anos, dos governos que se sucedem. O de Jair Bolsonaro idealizou a proposta chamada de Liberdade Econômica, voltada às empresas, indistintamente.

Como todos os que o antecederam, parece que nenhum deles percebeu que o desemprego é estrutural, tem muito a ver com a extinção dos postos de trabalho, num mundo que se transformou, adotando práticas de modernidade. Irreversíveis.

Há uma nova revolução industrial e os empregos do passado tendem a não voltar. Tudo está ficando diferente.

Criar condições para o desenvolvimento econômico, com a expansão das atividades privadas (empresas), é dever do Estado.

Não menos é sua obrigação cuidar das atuais características do desemprego, especialmente se o avanço chinês aqui chegar definitivamente. Ninguém recusa a comodidade do que é novo, moderno, tentador.

Os desempregados aguardam empregos, que também já nascerão modernos, eletrônicos, digitalizados, na automação, menos máquina, mais inteligência.

Eis a questão: o que se faz para a nossa mão de obra estar preparada para os novos empregos? Já há sinais de empregos disponíveis e mão de obra que não atende aos novos reclamos do trabalho.

Qualificação dos desempregados faz parte do que deva ser entendido por políticas púbicas, a cargo do Estado. Mas, também da sociedade civil, dos sindicatos, das organizações profissionais, de todos que se interessam pelo Brasil das próximas gerações.

Esse recado deixamos a quem tenha consciência de solidariedade.

Por sua vez, o Presidente Bolsonaro sancionou a chamada Liberdade Econômica.

Não é bem um projeto de governo. Talvez um embrião que abortou muito cedo. Ainda era uma simples proposta. Tem jeito de retalhos recolhidos de vozes e mentes diversas. É certo que persegue novos empregos. Ou, simplesmente, mais trabalho. Só o futuro para dizer que deu certo. Esperamos, com fé, que cada um faça o seu dever. Bolsonaro estimula contratar desempregados e jovens com 16 a 24 anos. Reduzir o FGTS (de 8% ao mês), menos multas rescisórias (10% e 40%) podem gerar empregos: bom às empresas.

1.b ATIVIDADES SEM INTERVENÇÃO OU CONFISCO

A primeira (verdadeira?) impressão que se tem é que o atual governo (Bolsonaro) não se importa em ter menos poder. Vale raciocinar desde o começo desta questão de uso da força pelo nosso governante. Vejamos.

Depois da repentina renúncia de Jânio Quadros, que ficou apenas seis meses na Presidência da República, foi no governo de João Goulart, ou Jango, como preferia ser chamado (politicamente de esquerda, aliado com a filosofia de Moscou), que, em 26 de setembro de 1962, o Brasil veio a ter uma declarada legislação de intervenção (melhor seria "para" intervenção) no domínio econômico. Experimentava-se inflação alta e pressão para maior intervenção na economia.

Superada a resistência das "forças" do Estado, que não desejavam sua posse (ocorrida ao retornar de Moscou), Jango logo publicou a Lei Delegada nº 4, que dispôs definir a intervenção nas atividades privadas (empresariais) e, mais que isso, estabelecer quando e como fazê-lo.

O ato teve o propósito explícito de assegurar a efetiva ("livre" na linguagem da época) distribuição de "produtos necessários ao povo", assim disposto no próprio texto legal.

Essa lei foi retificada sete dias após sua edição, regulamentada no mês seguinte, somente modificada uma vez nos governos militares (em 1969), só alterada 18 anos depois por José Sarney (1987), quando precisou fortalecer a fiscalização da SUNAB – Superintendência Nacional do Abastecimento, momento em que desapareceu a carne bovina nos açougues (reação ao congelamento de preços do Plano Cruzado). Autorizou-se a prisão em flagrante, sem a presença de testemunhas, bastando a assinatura de quem fosse encontrado como vendedor no açougue/frigorífico/matadouro/supermercado.

O recurso não tinha efeito suspensivo. A indigitada Lei não sofreu qualquer alteração nos governos do PT, nem do PSDB.

Lei rígida na sua essência, agradou aos comandos militares, que a conservaram, naturalmente. Ela permitiu a intervenção do Estado em atividades privadas, como na compra, armazenamento e venda de produtos de consumo popular, como alimentícios e vestuário. O Estado se permitiu intervir na fixação de preços, promover a desapropriação de bens e outras tantas medidas intervencionistas, servindo de fundamento para a prisão de empreendedores e funcionários no trabalho. Assumiu o papel de incomodar o comerciante ou o empresário de forma geral só pelo risco de eventual ação fiscalizadora, apreensão de mercadorias, confisco de bens, multas, interdição do estabelecimento, além da prisão. Recebeu a função de estepe para o Estado intervir com truculência, quando se disse-se motivado. Verdadeiro instrumento para se praticar violências nos ares da ditadura.

A Lei Delegada nº 4 nasceu na plenitude da Constituição de 1946. Vieram as de 1967, 1969 e a de 1988. Esta, ainda em vigor, já suportou incontáveis emendas. Não é a mesma de Ulysses Guimarães, ou a sonhada por Tancredo Neves e outros. Na virada do século, a SUNAB foi extinta. A Lei Delegada continuou sobrevivendo durante 57 anos, mas caiu em desuso ou, simplesmente, tornou-se desnecessária. Faltava ajustar a legislação à democracia. O Brasil não é aquele dos dias de Jango, nem dos militares (nem todos) das décadas de 1960 e 1970.

Chegou a hora de se sepultar mais este ato de força, como outros de indesejável lembrança, que conflitam com os princípios, direitos e garantias firmadas nesta Lei da Liberdade Econômica.

Com a conversão da MP 881/2019, também **foi revogada a Lei Delegada 4, de 26 de setembro de 1962.** Sua aplicação constitui um fato histórico que tem significado e se recomenda a todos (especialmente às novas gerações de brasileiros) o pleno conhecimento das regras adotadas (e suportadas) numa outra época do país. Até para não serem reeditadas. O Estado invasor está se encolhendo para respeitar as pessoas que trabalham, que produzem, que geram mais riquezas para todos e tendem a reduzir as desigualdades e a miséria. Coube ao governo Bolsonaro-Mourão revogar esta antiga lei (conforme art. 19 da Lei da Liberdade Econômica). Pela sua importância histórica, aqui a publicamos na íntegra.

LEI DELEGADA 4, DE 26 DE SETEMBRO DE 1962

(Revogada pela Lei 13.784, de 20/09/2019)

Dispõe sobre a intervenção no domínio econômico para assegurar a livre distribuição de produtos necessários ao consumo do povo.

O PRESIDENTE DA REPÚBLICA

Faço saber que, no uso da delegação constante do Decreto Legislativo número 9, de 27 de agosto de 1962, decreto a seguinte Lei:

Art. 1º A União, na forma do art. 146 da Constituição, fica autorizada a intervir no domínio econômico para assegurar a livre distribuição de mercadorias e serviços essenciais ao consumo e uso do povo, nos limites fixados nesta Lei.

Parágrafo único. A intervenção se processará, também, para assegurar o suprimento dos bens necessários às atividades agropecuárias, da pesca e indústrias do País.

Art. 2º A intervenção consistirá:

I - na compra, armazenamento, distribuição e venda de:

a) gêneros e produtos alimentícios;

b) gado vacum, suíno, ovino e caprino, destinado ao abate;

c) aves e pescado próprios para alimentação;

d) tecidos e calçados de uso popular;

e) medicamentos;

f) instrumentos e ferramentas de uso individual;

g) máquinas, inclusive caminhões, "jipes", tratores, conjuntos motomecanizados e peças sobressalentes, destinadas às atividades agropecuárias;

h) arames, farpados e lisas, quando destinados a emprego nas atividades rurais;

i) artigos sanitários e artefatos industrializados, de uso doméstico;

j) cimento e laminados de ferro, destinados à construção de casas próprias, de tipo popular, e as benfeitorias rurais;

k) produtos e materiais indispensáveis à produção de bens de consumo popular.

II - na fixação de preços e no controle do abastecimento, neste compreendidos a produção, transporte, armazenamento e comercialização;

III - na desapropriação de bens, por interesse social; ou na requisição de serviços, necessários à realização dos objetivos previstos nesta Lei;

IV - na promoção de estímulos à produção.

§ 1º A aquisição far-se-á no País ou no estrangeiro, quando insuficiente produção nacional; a venda, onde verificar a escassez.

§ 2º Não podem ser objeto de desapropriação, com amparo nesta Lei, animais de serviço ou destinados à reprodução.

Art. 3º Os produtos adquiridos por compra ou desapropriação serão entregues ao consumidor através de:

a) empresas estatais especializadas;

b) organismos federais, estaduais ou municipais, de administração direta ou indireta;

c) entidades privadas, de comprovada idoneidade.

Art. 4º Nas compras e desapropriações, efetuadas nos termos desta Lei, o imposto de vendas e consignações será pago pelo vendedor ou pelo desapropriado.

Art. 5º Na execução desta Lei, não serão permitidas discriminações de caráter geográfico ou de grupos e pessoas, dentro do mesmo setor de produção e comércio.

Art. 6º Para o controle do abastecimento de mercadorias ou serviços e fixação de preços, são os órgãos incumbidos da aplicação desta Lei, autorizados a:

I - regular e disciplinar, no território nacional a circulação e distribuição dos bens sujeitos ao regime desta Lei, podendo, inclusive, proibir a sua movimentação, e ainda estabelecer prioridades para o transporte e armazenamento, sempre que o interesse público o exigir;

II - regular e disciplinar a produção, distribuição e consumo das matérias-primas, podendo requisitar meios de transporte e armazenamento;

III - tabelar os preços máximos de mercadorias e serviços essenciais em relação aos revendedores;

IV - tabelar os preços máximos e estabelecer condições de venda de mercadorias ou serviços, a fim de impedir lucros excessivos, inclusive diversões públicas populares;

V - estabelecer o racionamento dos serviços essenciais e dos bens mencionados no art. 2º, inciso I, desta Lei, em casos de guerra, calamidade ou necessidade pública;

VI - assistir as cooperativas, ligadas à produção ou distribuição de gêneros alimentícios, na obtenção preferencial das mercadorias de que necessitem;

VII - manter estoque de mercadorias;

VIII - superintender e fiscalizar através de agentes federais, em todo o País, a execução das medidas adotadas e os serviços que estabelecer.

Art. 7º Os preços dos bens desapropriados, quando objeto de tabelamento em vigor, serão pagos previamente em moeda corrente e não poderão ser arbitrados em valor superior ao do respectivo tabelamento. *("Caput" do artigo com redação dada pelo Decreto-Lei nº 422, de 20/1/1969)*

Parágrafo único. Quando o bem desapropriado não for sujeito a prévio tabelamento, os preços serão arbitrados tendo em vista o custo médio nos locais de produção ou de venda. *(Parágrafo único com redação dada pelo Decreto-Lei nº 422, de 20/1/1969)*

Art. 8º A imissão na posse dos bens desapropriados será efetivada, liminarmente, antes da citação do réu, no foro da situação dos bens, mediante prévio depósito judicial do respectivo preço que, na hipótese do parágrafo único do art. 7º, será fixado por perito nomeado pelo juiz. *("Caput" do artigo com redação dada pelo Decreto-Lei nº 422, de 20/1/1969)*

§ 1º Citado o réu, o processo seguirá o curso previsto na legislação vigente sobre desapropriação, reduzidos à metade, sempre que possível, a critério do juiz, os respectivos prazos.

§ 2º Depositado o preço, o desapropriado poderá levantá-lo sem que esse fato importe presunção, de concordância com a avaliação, ou renúncia ao direito de defesa.

Art. 9º Os produtos adquiridos, por compra ou desapropriação, serão entregues ao consumo pelos preços tabelados.

Parágrafo único. As vendas aos distribuidores serão feitas com redução percentual e uniforme dos preços tabelados.

Art. 10. Compete à União dispor normativamente, sobre as condições e oportunidade de uso dos poderes conferidos nesta Lei, cabendo aos Estados a execução das normas baixadas e a fiscalização do seu cumprimento, sem prejuízo de idênticas atribuições fiscalizadoras reconhecidas à União.

§ 1º A União exercerá suas atribuições através de ato do Poder Executivo ou por intermédio dos órgãos federais a que atribuir tais poderes.

§ 2º Na falta de instrumentos administrativos adequados, por parte dos Estados, a União encarregar-se-á dessa execução e fiscalização.

§ 3º No Distrito Federal e nos Territórios a União exercerá todas as atribuições para a aplicação desta Lei.

Art. 11. Fica sujeito à multa de 150 a 200.000 Unidades Fiscais de Referência - UFIR, vigente na data da infração, sem prejuízo das sanções penais que couberem na forma da lei, aquele que: *("Caput" do artigo com redação dada pela Lei nº 8.881, de 3/6/1994)*

a) vender ou expuser à venda mercadorias ou contratar ou oferecer serviços por preços superiores aos oficialmente tabelados, aos fixados pelo órgão ou entidade competente, aos estabilizados em regime legal de controle ou ao limite de variações previsto em plano de estabilização econômica, assim como aplicar fórmulas de reajustamento de preços diversas daquelas que forem pelos mesmos estabelecidas; *(Alínea com redação dada pela Lei nº 7.784, de 28/6/1989)*

b) sonegar gêneros ou mercadorias, recusar vendê-los ou os retiver para fins de especulação; *(Alínea com redação dada pela Lei nº 7.784, de 28/6/1989)*

c) não mantiver afixada, em lugar visível e de fácil leitura, tabela de preços dos gêneros e mercadorias, serviços ou diversões públicas populares; *(Alínea com redação dada pela Lei nº 7.784, de 28/6/1989)*

d) favorecer ou preferir comprador ou freguês, em detrimento de outros, ressalvados os sistemas de entrega ao consumo por intermédio de distribuidores ou revendedores; *(Alínea com redação dada pela Lei nº 7.784, de 28/6/1989)*

e) negar ou deixar de fornecer a fatura ou nota, quando obrigatório; *(Alínea com redação dada pela Lei nº 7.784, de 28/6/1989)*

f) produzir, expuser ou vender mercadoria cuja embalagem, tipo, especificação, peso ou composição, transgrida determinações legais, ou não corresponda à respectiva classificação oficial ou real; *(Alínea com redação dada pela Lei nº 7.784, de 28/6/1989)*

g) efetuar vendas ou ofertas de venda, compras ou ofertas de compra que incluam uma prestação oculta, caracterizada pela imposição de transporte, seguro e despesas ou recusa de entrega na fábrica, sempre que esta caracterize alteração imotivada nas condições costumeiramente praticadas, visando burlar o tabelamento de preços; *(Alínea com redação dada pela Lei nº 7.784, de 28/6/1989)*

h) emitir fatura, duplicata ou nota de venda que não corresponda à mercadoria vendida em quantidade ou qualidade, ou, ainda, aos serviços efetivamente contratados; *(Alínea com redação dada pela Lei nº 7.784, de 28/6/1989)*

i) subordinar a venda de um produto à compra simultânea de outro produto ou à compra de uma quantidade imposta; *(Alínea com redação dada pela Lei nº 7.784, de 28/6/1989)*

j) dificultar ou impedir a observância das resoluções que forem baixadas em decorrência desta Lei; *(Alínea com redação dada pela Lei nº 7.784, de 28/6/1989)*

k) sonegar documentos ou comprovantes exigidos para apuração de custo de produção e de venda, ou impedir ou dificultar exames contábeis que forem julgados necessários, ou deixar de fornecer esclarecimentos que forem exigidos; *(Alínea com redação dada pela Lei nº 7.784, de 28/6/1989)*

l) fraudar as regras concernentes ao controle oficial de preços mediante qualquer artifício ou meio, inclusive pela alteração, sem modificação essencial ou de qualidade, de elementos como a embalagem, denominação, marca (*griffe*), especificações técnicas, volume ou peso dos produtos, mercadorias e gêneros; *(Alínea acrescida pelo Decreto-Lei nº 422, de 20/1/1969, com redação dada pela Lei nº 7.784, de 28/6/1989)*

m) exigir, cobrar ou receber qualquer vantagem ou importância adicional a valores relativos a preços tabelados, congelados, fixados, administrados ou controlados pelo Poder Público; *(Alínea acrescida pelo Decreto-Lei nº 422, de 20/1/1969, com redação dada pela Lei nº 7.784, de 28/6/1989)*

n) descumprir ato de intervenção, norma ou condição de comercialização ou industrialização estabelecidas; *(Alínea acrescida pela Lei nº 7.784, de 28/6/1989)*

o) organizar, promover ou participar de boicote no comércio de gêneros alimentícios ou, quando obrigado por contrato em regime de concessão, no comércio de produtos industrializados, deixar de retirá-los de fábrica, dificultando a sua distribuição ao consumidor; *(Alínea acrescida pela Lei nº 7.784, de 28/6/1989)*

p) impedir a produção, comercialização ou distribuição de bens ou a prestação de serviços no País; *(Alínea acrescida pela Lei nº 7.784, de 28/6/1989)*

q) promover ajuste ou acordo entre empresas ou entre pessoas vinculadas a tais empresas ou interessados no objeto de suas atividades, que possibilite fraude à livre concorrência, atuação lesiva à economia nacional ou ao interesse geral dos consumidores; *(Alínea acrescida pela Lei nº 7.784, de 28/6/1989)*

r) aplicar fórmulas de reajustamento de preços proibidas por lei, regulamento, instrução ministerial, órgão ou entidade competente; *(Alínea acrescida pela Lei nº 7.784, de 28/6/1989)*

s) fazer repercutir, nos preços de insumos, produtos ou serviços, aumentos havidos em outros setores, quando tais aumentos não os alcancem, ou fazê-los incidir acima de percentual que compõe seus custos; *(Alínea acrescida pela Lei nº 7.784, de 28/6/1989)*

t) negar-se a vender insumo ou matéria-prima à produção de bens essenciais; *(Alínea acrescida pela Lei nº 7.784, de 28/6/1989)*

u) monopolizar ou conspirar com outras pessoas para monopolizar qualquer atividade de comércio em prejuízo da competitividade, mesmo através da aquisição, direta ou indireta, de controle acionário de empresa concorrente. *(Alínea acrescida pela Lei nº 7.784, de 28/6/1989)*

§ 1º Requerer a não liberação ou recusar, em justa causa, quota de mercadoria ou de produtos essenciais, liberada por órgão ou entidade oficial, de forma a frustrar o seu consumo, implicará, além da multa a que se refere este artigo, diminuição da quota na proporção da recusa. *(Parágrafo acrescido pela Lei nº 7.784, de 28/6/1989)*

§ 2º Na aplicação da multa a que se refere este artigo, levar-se-á em conta o porte da empresa e as circunstâncias em que a infração foi praticada. *(Parágrafo acrescido pela Lei nº 7.784, de 28/6/1989)*

Art. 12. Nos casos de infração das alíneas *a*, *b* e *c* do artigo 11 desta Lei, poderá ser determinada a interdição do estabelecimento por um prazo de três a noventa dias, cabendo ao órgão ou entidade incumbido da execução desta lei fixar a competência para a prática do ato de interdição. *("Caput" do artigo com redação dada pelo Decreto-Lei nº 422, de 20/1/1969)*

§ 1º O interditado poderá, sem efeito suspensivo, recorrer da interdição através de petição endereçada ao dirigente máximo do órgão a que estiver subordinado quem determinou a medida. *(Parágrafo único transformado em § 1º, com redação dada pelo Decreto-Lei nº 422, de 20/1/1969)*

§ 2º A autoridade competente para apreciar o recurso terá o prazo de quarenta e oito horas para confirmar ou suspender a interdição. *(Parágrafo acrescido pelo Decreto-Lei nº 422, de 20/1/1969)*

§ 3º Findo o prazo previsto na parágrafo anterior sem que seja apreciado o recurso, considerar-se-á automaticamente suspensa a interdição. *(Parágrafo acrescido pelo Decreto-Lei nº 422, de 20/1/1969)*

§ 4º O interditado poderá, antes do fechamento das portas do estabelecimento, dele retirar os gêneros perecíveis. *(Parágrafo acrescido pelo Decreto-Lei nº 422, de 20/1/1969)*

§ 5º Responderão solidariamente pelo pagamento das multas e pelas demais penalidades os proprietários, os administradores os gerentes, os signatários da fatura, nota ou caderno de venda, ou quem, de direito ou de fato estabelecimento, efetuar a venda. *(Parágrafo acrescido pelo Decreto-Lei nº 422, de 20/1/1969)*

Art. 13. O infrator será autuado independentemente da presença de testemunhas, devendo constar do instrumento a sua assinatura ou a declaração feita pelo autuante, de sua recusa. *("Caput" do artigo com redação dada pelo Decreto-Lei nº 2.339, de 26/6/1987)*

§ 1º O auto de infração será lavrado em três vias, devendo a primeira e a segunda dar entrada no órgão local incumbido da aplicação da lei, dentro do prazo de 24 (vinte e quatro) horas, entregando-se a terceira via, mediante recibo, ao autuado.

§ 2º O autuado, no prazo de 10 (dez) dias, apresentará defesa, juntando ou indicando as provas que tiver. Findo esse prazo, com ou sem a defesa, juntadas ou indicadas as provas, o processo será encaminhado ao responsável pelo órgão local incumbido da aplicação da lei para, em 5 (cinco) dias, homologar o auto de infração e arbitrar a multa.

Art. 14. Homologado o auto de infração e arbitrada a multa, será o autuado notificado para pagá-la no prazo de 10 (dez) dias.

Art. 15. No prazo de 10 (dez) dias da data da entrega da notificação ao infrator, este, desde que deposite metade do valor da multa, poderá, recorrer à autoridade a que estiver subordinado o prolator da decisão.

Art. 16. Feito o depósito, o processo será encaminhado ao prolator, o qual confirmará ou reformará a decisão antes de remetê-lo *ex officio*, à instância final.

Art. 17. Se a decisão final mantiver a multa ou reduzi-la, o depósito converter-se-á, automaticamente, em pagamento, até a quantia depositada, restituindo-se ao infrator o excesso depositado.

Parágrafo único. Se o valor da multa for superior ao depósito o infrator pagará o saldo no prazo de 10 (dez) dias.

Art. 18. Decorrido o prazo, sem que seja feito o depósito ou o pagamento, o valor do débito será inscrito como dívida ativa, valendo a certidão de inscrição para a cobrança pelo rito dos executivos fiscais.

Art. 19. São competência para julgar os processos e impor as sanções previstas nesta Lei:

a) os responsáveis pelos órgãos estaduais que forem incumbidos de sua execução;

b) os responsáveis pelos órgãos locais das instituições federais que, nas Unidades da Federação, sejam incumbidos da execução desta Lei.

Art. 20. As multas aplicadas pelos órgãos estaduais constituirão receita da respectiva Unidade da Federação.

Art. 21. As cominações previstas nesta Lei cumulam-se com as sanções penais, e são, umas e outras, independentes entre si, bem assim, as instâncias administrativas, civil e penal.

Art. 22. Esta Lei será regulamentada no prazo de 60 (sessenta) dias contados de sua publicação.

Art. 23. Enquanto não expressamente revogadas continuam em vigor ao resoluções, portarias, determinações, ordens de serviço e mais atos baixados pela COFAP e seus órgãos auxiliares.

Art. 24. A vigência desta Lei não prejudicará os processos civis, fiscais, criminais e inquéritos administrativos, instaurados no regime da Lei nº 1.522, de 26 de dezembro de 1951 e suas alterações.

Art. 25. Esta Lei entrará em vigor 30 (trinta) dias após a sua publicação, revogadas, na mesma data, a Lei nº 1.522, de 26 de dezembro de 1951, suas alterações e outras disposições em contrário, ressalvando-se a continuação dos serviços por ela criados, os quais, serão extintos à medida que forem substituídos pelos novos serviços.

Brasília, 26 de setembro de 1962; 141º da Independência e 74º da República.

JOÃO GOULART

Hermes Lima

João Mangabeira

Pedro Paulo de Araujo Suzano

Amaury Kruel

Miguel Calmon

Helio de Almeida

Renato Costa Lima

Darci Ribeiro

João Pinheiro Netto

Reynaldo de Carvalho Filho

Eliseu Paglioli

Octavio Augusto Dias Carneiro

1.c O INÍCIO DA LIBERDADE ECONÔMICA

Temos o costume de querer tudo para ontem. Ou seja, imediatamente, para já. Nem sempre é possível. Neste caso, a Lei da Liberdade Econômica estabelece (art. 20) as regras para a vigência (implantação e aplicação) dos seus dispositivos.

As **alterações** de toda a legislação (CLT, Código Civil e demais textos legais mencionados no art. 19 desta Lei) só entrariam em vigor ao completar 90 dias da publicação da Lei da Liberdade Econômica no Diário Oficial da União.

Também seria esse o prazo para todas as **revogações** havidas na legislação (CLT, Código Civil e demais textos legais mencionados no art. 19 desta Lei) que ocorreriam ao completar 90 dias, a contar da data da publicação da Lei da Liberdade Econômica no Diário Oficial da União (que se deu em 20 de setembro de 2019), de maneira que entraria em vigor no dia 20 de dezembro de 2019.

Esse prazo de 90 dias é o que seria respeitado para a preparação da vigência da Lei, com a regulamentação necessária de alguns artigos, a saber:

- Art. 3º, inciso X (trata do arquivamento de documento microfilmado ou digitalizado);

- Art. 3º, parágrafo 8º (trata do prazo máximo para análise do pedido com o fim de liberar atividade econômica);

– Art. 5º, parágrafo único (trata do impacto regulatório).

Outras regulamentações eventualmente necessárias deveriam ser elaboradas no mesmo prazo (90 dias).

Tudo que foi inserido no regramento contido do art. 6º ao art. 19 da Lei da Liberdade Econômica obedeceria ao mesmo prazo de 90 dias para ter início sua vigência.

As demais disposições, que são as iniciais, do art. 1º ao 5º, incluindo também a Declaração de Direitos de Liberdade Econômica, Garantias de Livre Inciativa e Análise de Impacto Regulatório (este quando não dependa dos critérios previstos para a regulamentação) entrariam em vigor de imediato, com a publicação da Lei no Diário Oficial da União (art. 20, II).

Toda essa elaboração legislativa, aprovada pelas duas casas do Congresso, ao chegar no Executivo para sanção ou veto presidencial, foi desconstruída, com a decisão de não confirmar alguns itens, dentre eles o do critério para o início da vigência da Lei.

Foi daí que, vetando o inciso I do art. 20, o Presidente optou pela exclusão do prazo de 90 dias, impondo aplicação imediata de toda a regulamentação da Liberdade Econômica a partir de 20 de setembro de 2019, data da publicação da Lei no Diário Oficial da União.

Por consequência, desapareceu o período de expectativa para a elaboração da regulamentação de alguns dos seus artigos, disciplinando-os para sua regular aplicação, eis que nem todos são autoaplicáveis, algo que dificultará para algumas empresas e empresários no momento de usufruírem do que consta no novo regramento. Esse fato poderá ensejar a propositura de ações que visem medidas e ordens judiciais de urgência para assegurar direitos já previstos nesta Lei da Liberdade Econômica. É mais uma hipótese de necessidade da intervenção judicial para suprir as imperfeições desta legislação.

2

DE ONDE VEM A "TAL" LIBERDADE?

Lei não tem nome. Tem número. Assim é também quanto ao projeto, desde sua chegada no Congresso Nacional. Mas ali recebe um apelido, que serve para *marketing*, auxilia a imprensa na divulgação. Se aprovado, recebe o número definitivo. É sempre assim. Basta acompanhar o site das duas casas (Câmara e Senado) e o da Presidência da República.

Neste caso, tudo começou com a Medida Provisória 881, de 30 de abril de 2019, que ensejou a elaboração de um Projeto de Lei de Conversão (PLV), na Câmara Federal (Comissão Especial, mista de Deputados e Senadores). A iniciativa (MP) do Executivo (Presidente da República) teve o objetivo de facilitar a atividade empresarial nos mais diversos sentidos e necessidades.

Objetivou forçar medidas que possam desburocratizar e estimular o desenvolvimento econômico. Sempre com a preocupação maior de gerar empregos diante dos milhões de desempregados no país. Foi apelidada de MP da "Liberdade Econômica".

Constou da exposição de motivos que acompanhou a MP o seguinte:

> "1. Submetemos à apreciação de Vossa Excelência, proposta de Medida Provisória que visa instituir a Declaração de Direitos de Liberdade Econômica e estabelecer garantias

de livre mercado, conforme determina o art. 170 da Constituição Federal.

2. Liberdade econômica, em termos não-científicos, é a extensão da conquista humana do Estado de Direito e dos direitos humanos clássicos e todas as suas implicações, em oposição ao absolutismo, aplicada às relações econômicas.

3. Existe a percepção de que no Brasil ainda prevalece o pressuposto de que as atividades econômicas devam ser exercidas somente se presente expressa permissão do Estado, fazendo com que o empresário brasileiro, em contraposição ao resto do mundo desenvolvido e emergente, não se sinta seguro para produzir, gerar emprego e renda. Como resultado, o Brasil figura em 150º posição no ranking de Liberdade Econômica da Heritage Foundation/Wall Street Journal, 144º posição no ranking de Liberdade Econômica do Fraser Institute, e 123º posição no *ranking* de Liberdade Econômica e Pessoal do Cato Institute.

4. Esse desempenho coaduna com a triste realidade atual de mais de 12 milhões de desempregados, a estagnação econômica e a falta de crescimento da renda real dos brasileiros nos últimos anos. A realidade urge uma ação precisa, mas cientificamente embasada, de caráter imediato e remediador.

5. Após a análise de dezenas de estudos empíricos, todos devidamente especificados nas Notas Técnicas, incluindo os dedicados à América Latina, conclui-se que a liberdade econômica é cientificamente um fator necessário e preponderante para o desenvolvimento e crescimento econômico de um país. Mais do que isso, é uma medida efetiva, apoiada no mandato popular desta gestão, para sairmos da grave crise em que o País se encontra.

6. Em realidade, ao contrário do que se historicamente defendeu no Brasil, similar análise empírica, que acompanhou mais de 100 países a partir da segunda metade do século XX, concluiu que investimentos em produção, educação e tecnologia, quando realizados em um país com mau desempenho em liberdade econômica, não produzem crescimento e desenvolvimento. Ou seja, liberdade econômica é cientificamente um pré-requisito necessário, e daí urgente, para que todas as políticas públicas de educação, tecnologia,

produtividade e inovação, que estão sendo desenvolvidas pela nova administração, tenham – de fato – um efeito real sobre a realidade econômica do País, sob pena de privilegiar somente uma elite.

7. Um estudo específico, que reanalisou o histórico de várias pesquises empíricas realizadas desde a década de 80, reconfirmou a conclusão científica de que a liberdade econômica, e especialmente proteção à propriedade privada, é mais determinante para o bem-estar da população do que, por exemplo, as características regionais e demográficas de um país. Não é coincidência que o país com maior liberdade econômica da América Latina, nosso parceiro a República do Chile, recentemente passou a ser considerado o primeiro país desenvolvido da região, tendo o maior Índice de Desenvolvimento Humano entre os seus vizinhos."

3

PARA QUEM É (E POR QUÊ) A LIBERDADE?

Saber como a matéria foi pensada no governo (a quem é direcionada a liberdade) nos leva a uma melhor compreensão das inovações. É certo que houve alterações no Congresso Nacional, mas não alteraram a essência da propositura inicial do Executivo.

Selecionamos textos do que foi tratado entre o Presidente Bolsonaro e sua assessoria técnico-política, encontrados na longa exposição de motivos, subscrita por Sergio Moro, Marcelo Pacheco dos Guaranys e Renato de Lima França.

3.a ATIVIDADE DE BAIXO RISCO

"Assim, quando o particular está produzindo com o intento de seu próprio sustento, ou de sua família, e também está a conduzir tão somente **uma atividade econômica de baixo risco,** conforme critérios possibilitados nacionalmente na REDESIM, não cabe ao Estado exigir atos de liberação para ele. A liberdade de trabalho e produção deve ser em seu favor. Esse inciso é, sobretudo, uma garantia para os mais vulneráveis, especialmente para os micro e pequenos empreendedores. Não está no espírito da Constituição, nem na lógica da prática administrativa mundial, que o Estado trate como iguais a abertura de funcionamento de uma banca de fotocópia e uma boate sujeita a incêndios. O risco, conforme será aferido por cada ente federativo, precisa ser diferenciado para que a coletividade esteja ciente de que o Estado está, de fato, preocupado com o que pode causar danos significativos e irremediáveis."

3.b DESENVOLVIMENTO TECNOLÓGICO

"Afasta os efeitos de normas infralegais que se tornaram desatualizadas por força de desenvolvimento tecnológico consolidado internacionalmente. Tendo o 108º pior desempenho na carga regulatória do mundo, conforme o Índice de Competitividade Global, o Brasil não consegue atualizar, no mesmo passo com que a tecnologia avança, as normas que visavam, originalmente, proteger a sociedade contra riscos que já foram superados, mesmo quando isso está claro na prática internacional. Para esses casos, cria-se um instrumento para que se afastem os efeitos desse tipo de regulação, dentro de condições muito específicas, garantindo que os brasileiros não ficarão para trás quanto ao avanço econômico e tecnológico no mundo. Inciso VII – O Brasil também possui um dos piores ambientes de inovação. Para superar com mais rapidez essa situação, propõe-se retirar qualquer entrave a que um novo produto ou serviço seja testado restritivamente em um grupo privado, ressalvados os casos de segurança nacional e saúde pública. Isso será uma forte mensagem para o mundo de que o Brasil não é mais o país do futuro, mas que este já chegou, e de que todos são bem-vindos para repensarmos os conceitos tecnológicos vigentes. Além disso, permitirá o rápido florescimento de *startups* brasileiras, para que o Brasil não fique de fora, como no passado, da próxima revolução industrial."

3.c RESTRIÇÕES A HORÁRIOS E DIAS

"Respeitado o sossego e as normas de vizinhança, e já tendo a garantia dos intervalos de trabalho conforme a Consolidação das Leis do Trabalho (CLT), não é razoável que o Estado impeça que um empreendedor se restrinja a horários e dias específicos. Não é justo que, com mais de 12 milhões de desempregados, imponham-se restrições a quem está, neste momento, com disposição de investir capital para gerar emprego e renda, em nome de padrões que não encontram respaldo em economias livres e desenvolvidas. Este inciso gerará empregos e produção econômica, incluindo aumento na arrecadação de impostos para outros entes da federação, de maneira imediata."

3.d PERMITIR QUALQUER CLÁUSULA CONTRATUAL

"Garante que os negócios jurídicos empresários serão objeto de livre estipulação das partes pactuantes, aplicando-se as regras de direito empresarial apenas de maneira subsidiária ao avençado. Mais de 60% das 500 maiores empresas do mundo estão registradas especificamente no Estado de Delaware, EUA. Isso se dá em razão de aquela jurisdição constituir um dos melhores ambientes para o desenvolvimento e preservação do direito empresarial. Para o Brasil caminhar nesse sentido, propõe-se de maneira emergencial permitir que qualquer cláusula contratual seja vigente entre os sócios privados e capazes que assim a definiram, inclusive aquelas que, atualmente, parecem ir em sentido contrário a normas de ordem pública, estritamente, do direito empresarial, contanto que não tenham efeitos sobre o Estado ou terceiros alheios à avença. Essa medida rapidamente permitirá que grandes empresas sintam-se seguras para investir e produzir no Brasil, gerando emprego e renda para os milhões de brasileiros que hoje se encontram desempregados, e que os empresários terão respeitados os termos que acertarem entre si, sem prejudicar a soberania nos assuntos que de fato afetem terceiros e a coletividade como um todo."

3.e PRAZOS PARA LIBERAÇÕES

"A razoabilidade dos **prazos para processamento de liberações** para a atividade econômica é uma prática mundial. Quando a Administração silencia ao longo e ao fim do prazo por ela mesmo estipulado, deve-se assumir a aprovação tácita, exceto nos casos considerados de alto risco. Cabe a presunção da boa-fé do particular. Não se trata de estabelecer prazos gerais para os processos, mas, sim, a observância dos prazos que o próprio órgão dará no caso concreto individualizado para o solicitante. Uma bandeira histórica de diversos setores produtivos, mundialmente praticada, inclusive recomendada pela Organização para a Cooperação e Desenvolvimento Econômico (OCDE); a aprovação tácita trará benefícios para a economia e, garantirá que o Estado foque sua atenção de análise e fiscalização nas situações que – de fato – importem risco sério à sociedade. Não é aceitável que agentes públicos dificultem a geração de empregos em atividades incapazes de causar dano. Essa é tão somente a inauguração, em escopo restrito, dessa modalidade de atuação estatal, já consolidada em países de alta competitividade, para o Brasil."

3.f INTERPRETAÇÃO BENEFICIA QUEM NÃO REDIGIU

"Para a expansão da segurança jurídica das relações privadas, está presente a inserção explícita da regra do "contra proferentem", sobre a interpretação de todos os contratos, antes limitados – explicitamente – aos de adesão. Essa regra estipula que a dúvida sobre a interpretação de um contrato beneficia a parte que não redigiu a cláusula disputada, derivando-se, conforme doutrina comparativa no direito continental (civil law), do princípio de que ninguém será beneficiado pela própria torpeza – regramento já parte do ordenamento jurídico brasileiro, conforme pesquisa presente nas Notas Técnicas. Essa lógica dá amparo à ideia de que quem redige uma cláusula não deve auferir benefício de tê-la feito de maneira dúbia, buscando a eliminação de incentivos perversos, conforme assegura a moderna doutrina da análise econômica do Direito. Essa previsão acaba também por valorizar o papel do advogado, na forma do art. 133 da Constituição, sobre os modernos e sofisticados processos de elaboração de contratos privados. Com essa medida, mais esforços serão destinados a evitar conflitos e, então, menos disputas serão instauradas, reduzindo significativamente os custos que tais conflitos impõem ao Judiciário e ao País em geral".

3.g EIRELI: PRÁTICA QUE SE MULTIPLICOU

"Também se prestigia o valoroso papel de avanço, por mais liberdade econômica, pelo Congresso Nacional, ao se restaurar os fins devidos para que a EIRELI (Empresa Individual de Responsabilidade Limitada) foi criada. Com altos requisitos (e, então, elevados custos de transação para estabelecimento), essa modalidade previa uma desconsideração de personalidade jurídica mais restrita. Entretanto, veto presidencial em outra época acabou por sustar o benefício, sem retirar as obrigações mais elevadas e custosas. Faz-se necessária essa correção, conforme era o intento do Congresso Nacional. Na mesma toada, seguindo a tendência mundial que se consolidou há décadas, regulariza-se, finalmente, a sociedade limitada unipessoal, de maneira a encerrarmos a prática que se multiplicou exponencialmente em que um sócio é chamado tão somente para preencher a necessidade de pluralidade, sem real cota significativa no negócio. Outros países, incluindo a República Federal da Alemanha, a República Popular da China e os Estados Unidos da América, também possuem modalidade idêntica de sociedade (ou companhia) limitada unipessoal."

3.h SOCIEDADES ANÔNIMAS

"Ainda no escopo de facilitar investimento e reduzir custos de transação, alterações são feitas na legislação de sociedades anônimas. Propõe-se a dispensa da utilização de lista e boletim de subscrição, previstos na Lei das S.A., no âmbito de ofertas públicas de ações liquidadas por meio de sistema administrado por entidade administradora de mercados organizados de valores mobiliários. Conforme procedimentos de liquidação, o fluxo operacional atualmente utilizado pela Bolsa de Valores proporciona o controle dos investidores adquirentes de ações em ofertas públicas de distribuição, caso seja necessária comprovação de titularidade perante terceiros, incluindo órgãos reguladores e em juízo. Assim, é desnecessário o atual controle previsto na Lei."

3.i EMPRESAS DE PEQUENO E MÉDIO PORTE

"Outra alteração proposta na Lei das S.A. busca ampliar o acesso de empresas de pequeno e médio porte ao mercado de capitais. As sociedades limitadas não possuem o capital social dividido em ações, mas em quotas, cuja titularidade se encontra disposta em um contrato social e que demanda, para cada alteração de titularidade, uma alteração devidamente assinada por todos os sócios-cotistas e registrada na respectiva Junta Comercial. Mesmo que a possibilidade de emissão de debêntures fosse estendida às sociedades limitadas, faltariam diversas características necessárias ao bom funcionamento desse instrumento de dívida, como, por exemplo, um regime informacional adequado ao acompanhamento dos investimentos pelos debenturistas. Assim, a chave de uma efetiva transformação no mercado de capitais está relacionada à migração dessas empresas para o regime das sociedades anônimas com o fim de se estruturarem adequadamente à captação de recursos e à entrada de investidores, o que passa, necessariamente, pela flexibilização, na medida correta, do regime da Lei das S.A. a empresas de pequeno e médio porte. Por tudo isso, entende-se que a referida alteração legal permitiria a constituição de uma importante ferramenta de promoção e ampliação do mercado de capitais, notadamente no âmbito das PMEs (Pequenas e Médias Empresas), o que indubitavelmente virá, ao fim e ao cabo, melhorar o ambiente de negócios e investimentos no País, auxiliando no crescimento da economia."

3.j ADESÃO AOS CÓDIGOS DE LIBERAÇÃO DE CAPITAIS

"Igualmente, propõe-se a revogação dos incisos III do art. 5º e X do art. 32 do Decreto Lei nº 73, de 21 de novembro de 1966, que tratam do princípio da reciprocidade em operações de seguro, condicionando a autorização para o funcionamento de instituições operadoras estrangeiras à igualdade de condições no país de origem. A revogação se mostra relevante em virtude de o Brasil estar em processo de adesão aos Códigos de Liberação de Movimentações de Capitais e de Operações Correntes Intangíveis da Organização para a Cooperação e Desenvolvimento Econômico (OCDE)."

3.k PERMISSÕES À ADMINISTRAÇÃO TRIBUTÁRIA

"Atualmente, o art. 19 da Lei nº 10.522, de 19 de julho de 2002, não oferece soluções adequadas, por exemplo, para matérias típicas do microssistema dos Juizados Especiais Federais. Também não prevê a possibilidade (sequer de modo excepcional) de extensão da "ratio decidendi" precedente a tema nele não especificamente analisado, nem acerca da vinculação de outros órgãos de origem (que não a RFB) de créditos de cobrados pela Procuradoria-Geral da Fazenda Nacional, circunstâncias que vêm provocando incoerências e contradições na atuação da Administração Pública Federal. Dessa forma, propõe-se alterações para disciplinar permissões à Administração Tributária federal racionalizar a sua atuação."

3.l FUNDO SOBERANO DO BRASIL (FSB)

"A Medida Provisória nº 830, de 21 de maio de 2018, extinguia o Fundo Soberano do Brasil (FSB), permitindo que seus recursos financeiros na Conta Única do Tesouro Nacional fossem operacionalmente desvinculados e integralmente realocados para pagamento da

Dívida Pública Federal, proporcionando fonte adicional indispensável para o cumprimento da Regra de Ouro em 2018. Entretanto, a citada Medida Provisória foi rejeitada pelo plenário da Câmara dos Deputados e arquivada, de forma que cessou o processamento pretendido de extinção do FSB, embora os efeitos das medidas executadas para a operacionalização da destinação de seus recursos financeiros do fundo no período de vigência da citada MP tenham sido mantidos e convalidados posteriormente. Em razão disso, vale ressaltar que atualmente o FSB não detém recursos financeiros em sua conta, seja na Conta Única do Tesouro ou fora dela, nem há perspectivas de novos aportes por parte da União. O fato relevante é que, enquanto a Lei nº 11.887, de 24 de dezembro de 2008, e o Decreto nº 7.113, de 19 de fevereiro de 2010, estiverem vigorando, o FSB e o Conselho Deliberativo do Fundo Soberano do Brasil (CDFSB) permanecem funcionais, apesar da inexistência de quaisquer recursos financeiros, o que enseja demandas administrativas e burocráticas que consomem tempo e recursos públicos desnecessariamente. Um exemplo típico é a obrigatoriedade de prestação de contas, seja por meio da apresentação de relatório de desempenho de frequência trimestral, que é submetido ao Congresso Nacional, seja mediante o Relatório de administração semestral aprovado pelo CFDSB. Tais trâmites processuais e procedimentais exigidos pela legislação requerem a provisão de estrutura de pessoal dedicada e destinação de recursos orçamentários para sua manutenção. Na mesma linha, a própria estrutura de governança do FSB, ao determinar que Ministros de Estado devam se reunir no mínimo semestralmente para avaliar suas demonstrações financeiras e prestar contas, impõe custos implícitos desnecessários em nível decisório à alta cúpula da administração, num momento em que outras medidas prioritárias na agenda econômica estão na ordem do dia. Num contexto de inoperância efetiva do FSB vislumbrada para os próximos anos não há porque a Administração Pública dar continuidade ao exercício das atividades relacionadas ao FSB e, assim, incorrer em custos explícitos e implícitos sem qualquer benefício que compense tais custos. Neste sentido, a bem do princípio da eficiência na Administração Pública, é que a edição da presente proposta se mostra oportuna e conveniente. Cabe também destacar que, tendo em vista que os recursos já foram integralmente realocados para pagamento da DPF, não detendo atualmente o FSB nenhum recurso financeiro, está sendo proposta também a revogação da Lei nº 11.887, de 2008, que perde o seu sentido de existir com a extinção do próprio FSB. Ressalta-se que as demonstrações contábeis já publicadas cobrem integralmente o período em que havia recursos financeiros no FSB."

3.m LIVRE DISTRIBUIÇÃO DE PRODUTOS AO CONSUMO

"Finalmente, propõem-se revogar a Lei Delegada nº 4, de 26 de setembro de 1962, que "dispõe sobre a intervenção no domínio econômico", para assegurar a livre distribuição de produtos necessários ao consumo do povo, não só por ser uma lei de caráter mais geral, mas, também, por razões simbólicas. Essa lei teve orientação frontalmente contrária à ação econômica privada. Hoje é um anacronismo, que não pode conviver com a nova era de nossa economia, que tem de se basear na liberdade e na ampla competição entre os agentes econômicos. O Brasil dará uma forte mensagem ao mundo de que, a partir da promulgação desta Medida por Vossa Exa., será um país amplamente favorável à liberdade econômica."

3.n RECUPERAÇÃO DA ESTAGNADA ECONOMIA

"Assim sendo, diante de todo o exposto, a presente proposta preenche os requisitos legais de relevância e urgência, principalmente porque sua edição: a. auxiliará com efeitos imediatos na recuperação da estagnada economia brasileira, conforme estudos científicos presentes em Nota Técnica, especialmente no momento em que mais de 12 (doze) milhões de cidadãos se encontram desempregados; b. garantirá, conforme estudos empíricos devidamente citados em Notas Técnicas, que os investimentos em educação e tecnologia tenham resultado efetivo e permanente, afastando o desperdício ou mal aproveitamento de todo seu potencial, em reconhecimento à necessidade de valorização e eficiência máxima de cada real dispendido pela Administração nestes tempos de austeridade; c. possibilitará que os processos de desestatização, e de desenvolvimento do País, obtenham o melhor resultado possível para a União, bem como para os Estados, Distrito Federal e Municípios que estão, ao celebrar a plataforma democrática do pleito de 2018, promovendo políticas similares; e, finalmente, d. resolverá questões concretas de segurança jurídica, sempre sob o amparo da melhor doutrina, que atrairão de imediato investimentos, capital e talentos para nossa República."

4

PRINCÍPIOS, DIREITOS, GARANTIAS E LIVRE INICIATIVA

Na liberdade econômica são essenciais as noções que se sustentam nos princípios a ela instituídos, que foram definidos pelo Executivo e mantidos nas duas casas legislativas. Assim como o que possa compreender por direitos e garantias à livre iniciativa. Incluem-se, também, a normatização quanto à análise de impactos regulatórios.

Toda a relação dos particulares com os agentes da administração pública federal está igualmente alcançada para combater o Estado controlador e interventor que inibe a iniciativa privada e o desenvolvimento.

Procura-se compatibilizar as manifestações de efetiva modernidade e o avanço tecnológico, em todos os sentidos.

Referindo-se às atividades empresariais, o legislador faz expressas referências à busca do sustento pessoal, seu desempenho com liberdade, mas estabelece regras a serem observadas, tais como o respeito ao meio ambiente e à legislação trabalhista (vide art. 3º).

Dada a amplitude do texto, é fundamental que cada segmento produtivo e as organizações econômicas em geral (empresas ou pessoas físicas), considerando as suas peculiaridades, façam a análise conforme os seus interesses, refletindo, frente ao regramento que o Estado brasileiro ora oferece, para que cada um procure obter os benefícios que lhes estão sendo proporcionados. Para tanto, segue o trecho da Lei da Liberdade Econômica ao quanto aqui mencionado:[1]

CAPÍTULO I

DISPOSIÇÕES GERAIS

Art. 1º Fica instituída a Declaração de Direitos de Liberdade Econômica, que estabelece normas de proteção à livre iniciativa e ao livre exercício de atividade econômica e disposições sobre a atuação do Estado como agente normativo e regulador, nos termos do inciso IV do caput do art. 1º, do parágrafo único do art. 170 e do caput do art. 174 da Constituição Federal.

§ 1º O disposto nesta Lei será observado na aplicação e na interpretação do direito civil, empresarial, econômico, urbanístico e do trabalho nas relações jurídicas que se encontrem no seu âmbito de aplicação e na ordenação pública, inclusive sobre exercício das profissões, comércio, juntas comerciais, registros públicos, trânsito, transporte e proteção ao meio ambiente.

§ 2º Interpretam-se em favor da liberdade econômica, da boa-fé e do respeito aos contratos, aos investimentos e à propriedade todas as normas de ordenação pública sobre atividades econômicas privadas.

§ 3º O disposto nos arts. 1º, 2º, 3º e 4º desta Lei não se aplica ao direito tributário e ao direito financeiro, ressalvado o inciso X do caput do art. 3º.

§ 4º O disposto nos arts. 1º, 2º, 3º e 4º desta Lei constitui norma geral de direito econômico, conforme o disposto no inciso I do caput e nos §§ 1º, 2º, 3º e 4º do art. 24 da Constituição Federal, e será observado para todos os atos públicos de liberação da atividade econômica executados pelos Estados, pelo Distrito Federal e pelos Municípios, nos termos do § 2º deste artigo.

§ 5º O disposto no inciso IX do caput do art. 3º desta Lei não se aplica aos Estados, ao Distrito Federal e aos Municípios, exceto se:

1. Vide o texto na íntegra da Lei da Liberdade Econômica no item 8.k.

I - o ato público de liberação da atividade econômica for derivado ou delegado por legislação ordinária federal; ou

II - o ente federativo ou o órgão responsável pelo ato decidir vincular-se ao disposto no inciso IX do caput do art. 3º desta Lei por meio de instrumento válido e próprio.

§ 6º Para fins do disposto nesta Lei, consideram-se atos públicos de liberação a licença, a autorização, a concessão, a inscrição, a permissão, o alvará, o cadastro, o credenciamento, o estudo, o plano, o registro e os demais atos exigidos, sob qualquer denominação, por órgão ou entidade da administração pública na aplicação de legislação, como condição para o exercício de atividade econômica, inclusive o início, a continuação e o fim para a instalação, a construção, a operação, a produção, o funcionamento, o uso, o exercício ou a realização, no âmbito público ou privado, de atividade, serviço, estabelecimento, profissão, instalação, operação, produto, equipamento, veículo, edificação e outros.

Art. 2º São princípios que norteiam o disposto nesta Lei:

I - a liberdade como uma garantia no exercício de atividades econômicas;

II - a boa-fé do particular perante o poder público;

III - a intervenção subsidiária e excepcional do Estado sobre o exercício de atividades econômicas; e

IV - o reconhecimento da vulnerabilidade do particular perante o Estado.

Parágrafo único. Regulamento disporá sobre os critérios de aferição para afastamento do inciso IV do caput deste artigo, limitados a questões de má-fé, hipersuficiência ou reincidência.

CAPÍTULO II

DA DECLARAÇÃO DE DIREITOS DE LIBERDADE ECONÔMICA

Art. 3º São direitos de toda pessoa, natural ou jurídica, essenciais para o desenvolvimento e o crescimento econômicos do País, observado o disposto no parágrafo único do art. 170 da Constituição Federal:

I - desenvolver atividade econômica de baixo risco, para a qual se valha exclusivamente de propriedade privada própria ou de terceiros consensuais, sem a necessidade de quaisquer atos públicos de liberação da atividade econômica;

II - desenvolver atividade econômica em qualquer horário ou dia da semana, inclusive feriados, sem que para isso esteja sujeita a cobranças ou encargos adicionais, observadas:

a) as normas de proteção ao meio ambiente, incluídas as de repressão à poluição sonora e à perturbação do sossego público;

b) as restrições advindas de contrato, de regulamento condominial ou de outro negócio jurídico, bem como as decorrentes das normas de direito real, incluídas as de direito de vizinhança; e

c) a legislação trabalhista;

III - definir livremente, em mercados não regulados, o preço de produtos e de serviços como consequência de alterações da oferta e da demanda;

IV - receber tratamento isonômico de órgãos e de entidades da administração pública quanto ao exercício de atos de liberação da atividade econômica, hipótese em que o ato de liberação estará vinculado aos mesmos critérios de interpretação adotados em decisões administrativas análogas anteriores, observado o disposto em regulamento;

V - gozar de presunção de boa-fé nos atos praticados no exercício da atividade econômica, para os quais as dúvidas de interpretação do direito civil, empresarial, econômico e urbanístico serão resolvidas de forma a preservar a autonomia privada, exceto se houver expressa disposição legal em contrário;

VI - desenvolver, executar, operar ou comercializar novas modalidades de produtos e de serviços quando as normas infralegais se tornarem desatualizadas por força de desenvolvimento tecnológico consolidado internacionalmente, nos termos estabelecidos em regulamento, que disciplinará os requisitos para aferição da situação concreta, os procedimentos, o momento e as condições dos efeitos;

VII - (Vetado);

VIII - ter a garantia de que os negócios jurídicos empresariais paritários serão objeto de livre estipulação das partes pactuantes, de forma a aplicar todas as regras de direito empresarial apenas de maneira subsidiária ao avençado, exceto normas de ordem pública;

IX - ter a garantia de que, nas solicitações de atos públicos de liberação da atividade econômica que se sujeitam ao disposto nesta Lei, apresentados todos os elementos necessários à instrução do processo, o particular será cientificado expressa e imediatamente do prazo máximo estipulado para a análise de seu pedido e de que, transcorrido o prazo fixado, o silêncio da autoridade competente importará aprovação tácita para todos os efeitos, ressalvadas as hipóteses expressamente vedadas em lei;

X - arquivar qualquer documento por meio de microfilme ou por meio digital, conforme técnica e requisitos estabelecidos em regulamento, hipótese em que se equiparará a documento físico para todos os efeitos legais e para a comprovação de qualquer ato de direito público;

XI - não ser exigida medida ou prestação compensatória ou mitigatória abusiva, em sede de estudos de impacto ou outras liberações de atividade econômica no direito urbanístico, entendida como aquela que:

a) (Vetado);

b) requeira medida que já era planejada para execução antes da solicitação pelo particular, sem que a atividade econômica altere a demanda para execução da referida medida;

c) utilize-se do particular para realizar execuções que compensem impactos que existiriam independentemente do empreendimento ou da atividade econômica solicitada;

d) requeira a execução ou prestação de qualquer tipo para áreas ou situação além daquelas diretamente impactadas pela atividade econômica; ou

e) mostre-se sem razoabilidade ou desproporcional, inclusive utilizada como meio de coação ou intimidação; e

XII - não ser exigida pela administração pública direta ou indireta certidão sem previsão expressa em lei.

§ 1º Para fins do disposto no inciso I do caput deste artigo:

I - ato do Poder Executivo federal disporá sobre a classificação de atividades de baixo risco a ser observada na ausência de legislação estadual, distrital ou municipal específica;

II - na hipótese de ausência de ato do Poder Executivo federal de que trata o inciso I deste parágrafo, será aplicada resolução do Comitê para Gestão da Rede Nacional para a Simplificação do Registro e da Legalização de Empresas e Negócios (CGSIM), independentemente da aderência do ente federativo à Rede Nacional para a Simplificação do Registro e da Legalização de Empresas e Negócios (Redesim); e

III - na hipótese de existência de legislação estadual, distrital ou municipal sobre a classificação de atividades de baixo risco, o ente federativo que editar ou tiver editado norma específica encaminhará notificação ao Ministério da Economia sobre a edição de sua norma.

§ 2º A fiscalização do exercício do direito de que trata o inciso I do caput deste artigo será realizada posteriormente, de ofício ou como consequência de denúncia encaminhada à autoridade competente.

§ 3º O disposto no inciso III do caput deste artigo não se aplica:

I - às situações em que o preço de produtos e de serviços seja utilizado com a finalidade de reduzir o valor do tributo, de postergar a sua arrecadação ou de remeter lucros em forma de custos ao exterior; e

II - à legislação de defesa da concorrência, aos direitos do consumidor e às demais disposições protegidas por lei federal.

§ 4º Para fins do disposto no inciso VII do caput deste artigo, entende-se como restrito o grupo cuja quantidade de integrantes não seja superior aos limites específicos estabelecidos para a prática da modalidade de implementação, teste ou oferta, conforme estabelecido em portaria do Secretário Especial de Produtividade, Emprego e Competitividade do Ministério da Economia.

§ 5º O disposto no inciso VIII do caput deste artigo não se aplica à empresa pública e à sociedade de economia mista definidas nos arts. 3º e 4º da Lei nº 13.303, de 30 de junho de 2016.

§ 6º O disposto no inciso IX do caput deste artigo não se aplica quando:

I - versar sobre questões tributárias de qualquer espécie ou de concessão de registro de marcas;

II - a decisão importar em compromisso financeiro da administração pública; e

III - houver objeção expressa em tratado em vigor no País.

§ 7º A aprovação tácita prevista no inciso IX do caput deste artigo não se aplica quando a titularidade da solicitação for de agente público ou de seu cônjuge, companheiro ou parente em linha reta ou colateral, por consanguinidade ou afinidade, até o 3º (terceiro) grau, dirigida a autoridade administrativa ou política do próprio órgão ou entidade da administração pública em que desenvolva suas atividades funcionais.

§ 8º O prazo a que se refere o inciso IX do caput deste artigo será definido pelo órgão ou pela entidade da administração pública solicitada, observados os princípios da impessoalidade e da eficiência e os limites máximos estabelecidos em regulamento.

§ 9º (Vetado).

§ 10. O disposto no inciso XI do caput deste artigo não se aplica às situações de acordo resultantes de ilicitude.

§ 11. Para os fins do inciso XII do caput deste artigo, é ilegal delimitar prazo de validade de certidão emitida sobre fato imutável, inclusive sobre óbito.

CAPÍTULO III

DAS GARANTIAS DE LIVRE INICIATIVA

Art. 4º É dever da administração pública e das demais entidades que se vinculam a esta Lei, no exercício de regulamentação de norma pública pertencente à legislação sobre a qual esta Lei versa, exceto se em estrito cumprimento a previsão explícita em lei, evitar o abuso do poder regulatório de maneira a, indevidamente:

I - criar reserva de mercado ao favorecer, na regulação, grupo econômico, ou profissional, em prejuízo dos demais concorrentes;

II - redigir enunciados que impeçam a entrada de novos competidores nacionais ou estrangeiros no mercado;

III - exigir especificação técnica que não seja necessária para atingir o fim desejado;

IV - redigir enunciados que impeçam ou retardem a inovação e a adoção de novas tecnologias, processos ou modelos de negócios, ressalvadas as situações consideradas em regulamento como de alto risco;

V - aumentar os custos de transação sem demonstração de benefícios;

VI - criar demanda artificial ou compulsória de produto, serviço ou atividade profissional, inclusive de uso de cartórios, registros ou cadastros;

VII - introduzir limites à livre formação de sociedades empresariais ou de atividades econômicas;

VIII - restringir o uso e o exercício da publicidade e propaganda sobre um setor econômico, ressalvadas as hipóteses expressamente vedadas em lei federal; e

IX - exigir, sob o pretexto de inscrição tributária, requerimentos de outra natureza de maneira a mitigar os efeitos do inciso I do caput do art. 3º desta Lei.

CAPÍTULO IV
DA ANÁLISE DE IMPACTO REGULATÓRIO

Art. 5º As propostas de edição e de alteração de atos normativos de interesse geral de agentes econômicos ou de usuários dos serviços prestados, editadas por órgão ou entidade da administração pública federal, incluídas as autarquias e as fundações públicas, serão precedidas da realização de análise de impacto regulatório, que conterá informações e dados sobre os possíveis efeitos do ato normativo para verificar a razoabilidade do seu impacto econômico.

Parágrafo único. Regulamento disporá sobre a data de início da exigência de que trata o caput deste artigo e sobre o conteúdo, a metodologia da análise de impacto regulatório, os quesitos mínimos a serem objeto de exame, as hipóteses em que será obrigatória sua realização e as hipóteses em que poderá ser dispensada.

CAPÍTULO V

DAS ALTERAÇÕES LEGISLATIVAS E DISPOSIÇÕES FINAIS

Art. 6º Fica extinto o Fundo Soberano do Brasil (FSB), fundo especial de natureza contábil e financeira, vinculado ao Ministério da Economia, criado pela Lei nº 11.887, de 24 de dezembro de 2008.

5

EMPRESAS: CONSTITUIÇÃO, ATUAÇÃO E CÓDIGO CIVIL (NOVAS REGRAS)

O empreendedor muito depende da sua organização, que lhe dá agilidade, produtividade e menor custo operacional. Por consequência, melhores resultados (lucros). Todos entendem desta mecânica, que vai desde o momento da constituição da pessoa jurídica (empresa).

A concepção de liberdade econômica envolve a estrutura jurídica que tem regramentos também no vigente Código Civil Brasileiro, como é visto no seu artigo 49-A, 50 e seguintes.

Outros dispositivos estão apontados na Lei da Liberdade Econômica, como aqueles das alterações inicialmente propostas pelo Executivo na MP 881/2019, aprovadas pela Câmara Federal e mantidas pelo Senado, integrantes da Parte 8, outras alterações legais e legislação referida nesta lei (tópicos 8.a até 8.n).

PARA SUA ORIENTAÇÃO

A – A coluna "TEXTO ANTERIOR (Código Civil)" se apresenta com as alterações anteriores à Lei da Liberdade Econômica, **observada a ortografia de cada época.**

B – A coluna com "TEXTO ATUAL (Código Civil)" apresenta as alterações feitas pela Lei da Liberdade Econômica, estando atualizado, ou oferece a proposta de alteração não aprovada, **conforme esclarecimentos nos comentários.**

C – Em ambas as colunas foram inseridos apenas os artigos relacionados à matéria tratada na Lei da Liberdade Econômica.

D – Os artigos cuja numeração foi incluída na coluna "TEXTO ATUAL" e, nesta, está sem texto algum: considera-se com o "TEXTO ANTERIOR".

E – Maiores esclarecimentos são também oferecidos neste livro nos COMENTÁRIOS apresentados abaixo de cada tabela.

CÓDIGO CIVIL – EXTRATOS

TEXTO ANTERIOR **(na ortografia de cada época)**	**TEXTO ATUAL** **(texto atualizado, ou seja, alterado, mantido ou revogado, e as propostas apresentadas – *vide comentários*)**
....	.... **"Art. 49-A. A pessoa jurídica não se confunde com os seus sócios, associados, instituidores ou administradores.** **Parágrafo único. A autonomia patrimonial das pessoas jurídicas é um instrumento lícito de alocação e segregação de riscos, estabelecido pela lei com a finalidade de estimular empreendimentos, para**

TEXTO ANTERIOR (na ortografia de cada época)	TEXTO ATUAL (texto atualizado, ou seja, alterado, mantido ou revogado, e as propostas apresentadas - *vide comentários*)
	a geração de empregos, tributo, renda e inovação em benefício de todos."
Art. 50. Em caso de abuso da personalidade jurídica, caracterizado pelo desvio de finalidade, ou pela confusão patrimonial, pode o juiz decidir, a requerimento da parte, ou do Ministério Público quando lhe couber intervir no processo, que os efeitos de certas e determinadas relações de obrigações sejam estendidos aos bens particulares dos administradores ou sócios da pessoa jurídica.	**"Art. 50. Em caso de abuso da personalidade jurídica, caracterizado pelo desvio de finalidade ou pela confusão patrimonial, pode o juiz, a requerimento da parte, ou do Ministério Público quando lhe couber intervir no processo, desconsiderá-la para que os efeitos de certas e determinadas relações de obrigações sejam estendidos aos bens particulares de administradores ou de sócios da pessoa jurídica beneficiados direta ou indiretamente pelo abuso.** **§ 1º Para os fins do disposto neste artigo, desvio de finalidade é a utilização da pessoa jurídica com o propósito de lesar credores e para a prática de atos ilícitos de qualquer natureza.** **§ 2º Entende-se por confusão patrimonial a ausência de separação de fato entre os patrimônios, caracterizada por:** **I - cumprimento repetitivo pela sociedade de obrigações do sócio ou do administrador ou vice-versa;** **II - transferência de ativos ou de passivos sem efetivas contraprestações, exceto os de valor proporcionalmente insignificante; e**

TEXTO ANTERIOR (na ortografia de cada época)	TEXTO ATUAL (texto atualizado, ou seja, alterado, mantido ou revogado, e as propostas apresentadas – *vide comentários*)
	III - outros atos de descumprimento da autonomia patrimonial.
	§ 3º O disposto no caput e nos §§ 1º e 2º deste artigo também se aplica à extensão das obrigações de sócios ou de administradores à pessoa jurídica.
	§ 4º A mera existência de grupo econômico sem a presença dos requisitos de que trata o caput deste artigo não autoriza a desconsideração da personalidade da pessoa jurídica.
	§ 5º Não constitui desvio de finalidade a mera expansão ou a alteração da finalidade original da atividade econômica específica da pessoa jurídica." (NR)
....	**..**
Art. 113. Os negócios jurídicos devem ser interpretados conforme a boa-fé e os usos do lugar de sua celebração.	**"Art. 113. ....**
	§ 1º A interpretação do negócio jurídico deve lhe atribuir o sentido que:
	I - for confirmado pelo comportamento das partes posterior à celebração do negócio;
	II - corresponder aos usos, costumes e práticas do mercado relativas ao tipo de negócio;
	III - corresponder à boa-fé;

TEXTO ANTERIOR **(na ortografia de cada época)**	**TEXTO ATUAL** **(texto atualizado, ou seja, alterado, mantido ou revogado, e as propostas apresentadas - *vide comentários*)**
	III - corresponder à boa-fé; **IV - for mais benéfico à parte que não redigiu o dispositivo, se identificável; e** **V - corresponder a qual seria a razoável negociação das partes sobre a questão discutida, inferida das demais disposições do negócio e da racionalidade econômica das partes, consideradas as informações disponíveis no momento de sua celebração.** **§ 2º As partes poderão livremente pactuar regras de interpretação, de preenchimento de lacunas e de integração dos negócios jurídicos diversas daquelas previstas em lei." (NR)**
....	**...**
TÍTULOV Dos Contratos em Geral CAPÍTULO I Disposições Gerais Seção Preliminares	
Art. 421. A liberdade de contratar será exercida em razão e nos limites da função social do contrato.	**"Art. 421. A liberdade contratual será exercida nos limites da função social do contrato.** **Parágrafo único. Nas relações contratuais privadas, prevalecerão o princípio da intervenção mínima e a excepcionalidade da revisão contratual." (NR)**

TEXTO ANTERIOR (na ortografia de cada época)	TEXTO ATUAL (texto atualizado, ou seja, alterado, mantido ou revogado, e as propostas apresentadas – *vide comentários*)
	"Art. 421-A. Os contratos civis e empresariais presumem-se paritários e simétricos até a presença de elementos concretos que justifiquem o afastamento dessa presunção, ressalvados os regimes jurídicos previstos em leis especiais, garantido também que: **I - as partes negociantes poderão estabelecer parâmetros objetivos para a interpretação das cláusulas negociais e de seus pressupostos de revisão ou de resolução;** **II - a alocação de riscos definida pelas partes deve ser respeitada e observada; e** **III - a revisão contratual somente ocorrerá de maneira excepcional e limitada."**
....	....
TÍTULO I-A DA EMPRESA INDIVIDUAL DE RESPONSABILIDADE LIMITADA	
Art. 980-A. A empresa individual de responsabilidade limitada será constituída por uma única pessoa titular da totalidade do capital social, devidamente integralizado, que não será inferior a 100 (cem) vezes o maior salário-mínimo vigente no País. (Incluído pela Lei nº 12.441, de 2011) § 1º O nome empresarial deverá ser formado pela inclusão da expressão	**"Art. 980-A.** ....

TEXTO ANTERIOR (na ortografia de cada época)	**TEXTO ATUAL** (texto atualizado, ou seja, alterado, mantido ou revogado, e as propostas apresentadas - *vide comentários*)
"EIRELI" após a firma ou a denominação social da empresa individual de responsabilidade limitada. (Incluído pela Lei nº 12.441, de 2011) § 2º A pessoa natural que constituir empresa individual de responsabilidade limitada somente poderá figurar em uma única empresa dessa modalidade. (Incluído pela Lei nº 12.441, de 2011) § 3º A empresa individual de responsabilidade limitada também poderá resultar da concentração das quotas de outra modalidade societária num único sócio, independentemente das razões que motivaram tal concentração. (Incluído pela Lei nº 12.441, de 2011) § 4º (Vetado). (Incluído pela Lei nº 12.441, de 2011) § 5º Poderá ser atribuída à empresa individual de responsabilidade limitada constituída para a prestação de serviços de qualquer natureza a remuneração decorrente da cessão de direitos patrimoniais de autor ou de imagem, nome, marca ou voz de que seja detentor o titular da pessoa jurídica, vinculados à atividade profissional. (Incluído pela Lei nº 12.441, de 2011) § 6º Aplicam-se à empresa individual de responsabilidade limitada, no que couber, as regras previstas para as sociedades limitadas. (Incluído pela Lei nº 12.441, de 2011)	

TEXTO ANTERIOR (na ortografia de cada época)	TEXTO ATUAL (texto atualizado, ou seja, alterado, mantido ou revogado, e as propostas apresentadas – *vide comentários*)
	§ 7º Somente o patrimônio social da empresa responderá pelas dívidas da empresa individual de responsabilidade limitada, hipótese em que não se confundirá, em qualquer situação, com o patrimônio do titular que a constitui, ressalvados os casos de fraude." (NR)
....	....
CAPÍTULO IV Da Sociedade Limitada Seção I Disposições Preliminares	
Art. 1.052. Na sociedade limitada, a responsabilidade de cada sócio é restrita ao valor de suas quotas, mas todos respondem solidariamente pela integralização do capital social.	**"Art. 1.052. ....**
	§ 1º A sociedade limitada pode ser constituída por 1 (uma) ou mais pessoas. **§ 2º Se for unipessoal, aplicar-se-ão ao documento de constituição do sócio único, no que couber, as disposições sobre o contrato social." (NR)**
....	....
	"CAPÍTULO X **DO FUNDO DE INVESTIMENTO** **'Art. 1.368-C. O fundo de investimento é uma comunhão de recursos, constituído sob a forma de**

TEXTO ANTERIOR (na ortografia de cada época)	TEXTO ATUAL (texto atualizado, ou seja, alterado, mantido ou revogado, e as propostas apresentadas – *vide comentários*)
	condomínio de natureza especial, destinado à aplicação em ativos financeiros, bens e direitos de qualquer natureza.
	§ 1º Não se aplicam ao fundo de investimento as disposições constantes dos arts. 1.314 ao 1.358-A deste Código.
	§ 2º Competirá à Comissão de Valores Mobiliários disciplinar o disposto no caput deste artigo.
	§ 3º O registro dos regulamentos dos fundos de investimentos na Comissão de Valores Mobiliários é condição suficiente para garantir a sua publicidade e a oponibilidade de efeitos em relação a terceiros.'
	'Art. 1.368-D. O regulamento do fundo de investimento poderá, observado o disposto na regulamentação a que se refere o § 2º do art. 1.368-C desta Lei, estabelecer:
	I - a limitação da responsabilidade de cada investidor ao valor de suas cotas;
	II - a limitação da responsabilidade, bem como parâmetros de sua aferição, dos prestadores de serviços do fundo de investimento, perante o condomínio e entre si, ao cumprimento dos deveres particulares de cada um, sem solidariedade; e
	III - classes de cotas com direitos e obrigações distintos, com

TEXTO ANTERIOR (na ortografia de cada época)	TEXTO ATUAL (texto atualizado, ou seja, alterado, mantido ou revogado, e as propostas apresentadas – *vide comentários*)
	possibilidade de constituir patrimônio segregado para cada classe.
	§ 1º A adoção da responsabilidade limitada por fundo de investimento constituído sem a limitação de responsabilidade somente abrangerá fatos ocorridos após a respectiva mudança em seu regulamento.
	§ 2º A avaliação de responsabilidade dos prestadores de serviço deverá levar sempre em consideração os riscos inerentes às aplicações nos mercados de atuação do fundo de investimento e a natureza de obrigação de meio de seus serviços.
	§ 3º O patrimônio segregado referido no inciso III do caput deste artigo só responderá por obrigações vinculadas à classe respectiva, nos termos do regulamento.'
	'Art. 1.368-E. Os fundos de investimento respondem diretamente pelas obrigações legais e contratuais por eles assumidas, e os prestadores de serviço não respondem por essas obrigações, mas respondem pelos prejuízos que causarem quando procederem com dolo ou má-fé.
	§ 1º Se o fundo de investimento com limitação de responsabilidade não possuir patrimônio suficiente para responder por suas dívidas, aplicam-se as regras de

TEXTO ANTERIOR **(na ortografia de cada época)**	**TEXTO ATUAL** **(texto atualizado, ou seja, alterado, mantido ou revogado, e as propostas apresentadas – *vide comentários*)**
	insolvência previstas nos arts. 955 a 965 deste Código. **§ 2º A insolvência pode ser requerida judicialmente por credores, por deliberação própria dos cotistas do fundo de investimento, nos termos de seu regulamento, ou pela Comissão de Valores Mobiliários.'** **'Art. 1.368-F. O fundo de investimento constituído por lei específica e regulamentado pela Comissão de Valores Mobiliários deverá, no que couber, seguir as disposições deste Capítulo."** ....

COMENTÁRIOS – Nos novos textos verificamos o seguinte:

– Art. 49-A: Foi inserido nesta reforma legislativa da Liberdade Econômica. Trata de melhor disciplinar o envolvimento patrimonial dos que integram uma empresa (pessoa jurídica), diante da qualidade de cada um.

– Art. 50. Define o desvio de finalidade como prática intencional (dolosa) para prejudicar os credores, causando o que se chamou de "confusão patrimonial", transferindo direitos e obrigações entre os diversos integrantes da sociedade (delapidação de patrimônio). A desconsideração da personalidade da pessoa jurídica exige desvio de finalidade ou confusão patrimonial, não bastando a mera configuração de grupo econômico. Dificulta a desconsideração. Proposta mais ampla foi apresentada nos debates na Câmara dos Deputados, mas não progrediu.

– Art. 113. Foram incluídos parágrafos e incisos. Os contratos podem ser interpretados conforme as regras estabelecidas pelas partes do negócio. A parte que não redigiu é considerada fraca, inferior, e leva vantagem na interpretação atraindo o sentido protecionista, como princípio estabelecido na Lei da Liberdade Econômica. O desequilíbrio entre elas (partes) também provoca a proteção da lei, conforme os critérios do legislador. Será importante considerar o comportamento dos parceiros nas relações havidas após a celebração do negócio.

– Arts. 421 e 421-A. Conserva-se a função social dos contratos, como firmado no Código Civil de 2002. Procurou-se restringir a possibilidade de revisão contratual, para permitir apenas em ocasião excepcional e sem reiterações (limitação ao exercício desse direito).

– Art. 980-A. Só os bens da EIRELI (empresa individual de responsabilidade limitada) pagarão as suas dívidas. O patrimônio particular do dono não será alcançado. Excepcionalmente esta regra não será observada. Assim ocorrerá nos casos de constatação da prática de atos fraudulentos, ilegais, aqueles considerados desrespeitosos ao ordenamento jurídico, ilícitos.

– Art. 1.052. As sociedades sob a forma de limitada podem ter um dono, ou seja "sócio único".

– Arts. 1.368-C a 1.368-F. Regulam a existência e o funcionamento dos fundos de investimento. Prevê a edição de regulamento próprio a cargo da Comissão de Valores Mobiliários. Esse novo regramento civilista-empresarial vai suscitar interpretações das mais diversas por ocasião da sua aplicação, podendo ensejar uma nova jurisprudência com os pronunciamentos dos Tribunais, constituindo novos entendimentos para as atividades práticas proximamente. É possível antever, eis que o empresariado foi pouco ouvido antes das alterações.

Outros artigos (1.055, 1.076 e 1.364) também receberam propostas para alterações quando ainda tramitavam na Câmara dos Deputados. Mas, o Senado Federal reduziu o texto do Projeto que foi aprovado e remetido à sanção presidencial.

Na Câmara dos Deputados e no Senado Federal decidiu-se pela revogação. Assim também constou no texto enviado ao Executivo para vetar ou sancionar. O Presidente escolheu vetar. Portanto, continua em vigor o seguinte dispositivo do Código Civil Brasileiro – CCB.

> "Art. 1.033. Dissolve-se a sociedade quando ocorrer:
>
> (...)

> IV - a falta de pluralidade de sócios, não reconstituída no prazo de cento e oitenta dias;"

Além das alterações aqui apontadas, nenhuma outra modificação ocorreu no texto do atual Código Civil Brasileiro.

5.a LIBERDADE, POLÍCIA E JUSTIÇA LENTA: ATÉ QUANDO?

A legislação da liberdade econômica terá influência na atuação dos organismos do Estado, tanto os federais, quanto os estaduais e municipais. Leis dos Estados e dos Municípios deverão complementar o ordenamento jurídico, diante de suas particularidades para a efetiva aplicação da Liberdade Econômica, permitindo que todos a usufruam.

Os agentes da polícia precisarão observar os regramentos da nova Lei, respeitando as posturas (pessoais) por ela definidas, seus princípios, garantias e direitos assegurados às empresas, aos empresários e a todos os que constituem o foco para beneficiar a livre iniciativa. Assim o fazendo evitarão medidas de violência, irregulares, ilegais. Provocarão menos mandados de segurança e "habeas corpus", por exemplo. Práticas criminais continuarão sendo aquelas tipificadas conforme o Código Penal e a legislação complementar.

Os crimes modernos desafiam a polícia e colocam em risco os empresários e administradores das empresas, com a ação dos "hackers" por exemplo.

José Gonçalves Neto, Advogado Especialista em Direito Empresarial, 30 anos como Delegado de Polícia, Titular da DIG – Delegacia de Investigações Gerais de Ribeirão Preto (SP) e região, concentrando conhecimento aprofundado e experiência sobre a moderna criminalidade e o meio empresarial (gestão de risco físico e segurança pessoal e patrimonial), numa região de elevado potencial econômico do país, diz que:

> "Vivemos hoje num mundo informatizado, cujo progresso na seara da tecnologia da informação é acelerado, inovador a cada momento, porém, com consequências positivas e negativas. É muito fácil produzir contrafações de documentos pessoais importantes (R.G., CPF, CNH, certidões de

nascimento, de casamento, de propriedade, enfim...). Temos impressoras tecnologicamente capazes de produzir até em 3ª dimensão, sem contar com os meios eletrônicos de comunicação e comercialização, cujo sistema de informatização, ao mesmo tempo seguro, totalmente vulnerável aos chamados "hackers" ou "crackers".

Houve uma facilitação imensa, mas ao mesmo tempo, uma vulnerabilização para a prática de condutas criminosas em prejuízo do empresariado e do comerciante.

Outro ponto destacável para que o empresário e o comerciante fiquem mais expostos aos delitos de fraude, é o da chamada "modernização" das leis, trazendo mais praticidade e rapidez na constituição e funcionamento das pessoas jurídicas privadas. Se por um lado agiliza e contribui para a legalização e funcionamento das atividades ditas "informais", por outro lado, respeitadas as opiniões em contrário, traz para o mundo dos negócios, digamos assim, uma fragilidade maior, pois podem estar facilitando a formação e desenvolvimento de empresas sem estrutura de sustentabilidade, que assumirão obrigações e terão direitos que não serão cumpridos pelo tempo suficiente para a própria subsistência. Serão como "castelos de areia"!

Tanto a chamada "modernização" da legislação pertinente, como o progresso acelerado do desenvolvimento tecnológico, principalmente no campo da informática, poderão trazer e ampliar a exposição das "áreas de contaminação" e os caminhos a serem perseguidos pelos marginais do submundo do crime.

O ideal, sob o meu particular e humilde ponto de vista, seria que a atualização do ordenamento jurídico correlato às atividades empresarias e comerciais trouxessem em seu bojo não só novidades progressistas de natureza própria, mas também "freios" e limitações para o mau uso e uso criminoso das lacunas da lei, não de modo genérico e a cargo da legislação penal comum, mas com previsões específicas e adequadas penas e tipos de execução das penalidades. Quiçá, previsões de caráter culposo e doloso.

Certamente, a sociedade "de bem", em geral e a comercial, agradeceriam!" (Texto especialmente para esta obra).

Ainda em relação aos crimes empresariais mais frequentes, o Advogado Criminalista e Eleitoral, Roberto Heck, especialista com intensa atuação e os mais expressivos resultados nas várias instâncias do Judiciário, faz a seguinte síntese-prática:

> "**Lavagem de Dinheiro** – São recursos financeiros com origens na corrupção, tráfico de entorpecentes, comércio de armas, prostituição que são escondidos em empresas fantasmas e em paraísos fiscais.
>
> A tipificação da lavagem de dinheiro está prevista na Lei nº 9.613, de 3 de março de 1998.
>
> Pena: 3 a 10 anos de reclusão. A pena pode aumentar, se o crime é cometido por meio de organização criminosa ou de forma reiterada.
>
> **Caixa 2** – O caixa 2 é o lugar onde são armazenados os recursos ilegais provenientes de crimes. O caixa 2 está associado a outros crimes empresariais como a sonegação fiscal e a lavagem de dinheiro. O caixa 2 não tem tipo previsto na legislação, motivo pelo qual é associado a outra prática delituosa para fixação da pena.
>
> **Pagamento de propinas** – Propina é o pagamento de uma pessoa que oferece uma quantia em dinheiro ou qualquer outra vantagem a servidores públicos com a intenção de obter algum benefício em troca, no âmbito da Administração Pública.
>
> **Evasão de divisas** – Consiste no envio de dinheiro não declarado para o exterior.
>
> **Organização criminosa** – Para ser considerada uma organização criminosa, a prática delituosa tem de ter ao menos quatro pessoas. Sua previsão está no art. 2º da lei 12.850/2013. Pena: reclusão, de 3 (três) a 8 (oito) anos, e multa, sem prejuízo das penas correspondentes às demais infrações penais praticadas. O parágrafo 3º acrescenta: A pena é agravada para quem exerce o comando, individual ou coletivo da organização criminosa, ainda que não pratique pessoalmente atos de execução. Parágrafo 4º: a pena é aumentada de 1/6 (um sexto) a 2/3 (dois terços)" (Texto especialmente para esta obra).

Por sua vez, o Poder Judiciário em suas decisões haverá de ter em vista que o comportamento a ser pautado pelo empreendedor é previsto em lei federal, com abrangência em todo o território nacional e, excepcionalmente, em normas estaduais ou municipais, quando for o caso.

A Lei da Liberdade Econômica norteará a solução dos conflitos naquilo que seja referente ao desempenho nas atividades empresariais, conforme disposto no seu texto, inclusive nas demais leis nela mencionadas e em outras que eventualmente possam ter alguma relação, ainda que não apontadas.

Nota-se que os empreendedores não são tidos com privilégios no funcionamento do Poder Judiciário nacional.

Não há garantias de julgamento dos seus interesses com o caráter de algo preferencial, prioritário, sujeitando-se à disciplina legal prevista a todos, indistintamente, ressalvando as hipóteses de tratamento especial aos idosos e em outras condições deferidas por lei.

Verifica-se que o legislador não interfere na tramitação e julgamento das ações em que o empresário ou empresa seja parte, diretamente ou como terceiro interessado.

A Lei da Liberdade Econômica não fixa normas específicas ao Poder Judiciário nacional, seja à Justiça Federal, Polícia Federal ou outras instituições do mesmo porte. Muito menos aos órgãos estaduais.

Também não estabelece quaisquer vantagens, regalias, privilégios e/ou diferenciações às entidades que tenham a incumbência de representar empresas, empresários e os empreendedores em geral, sejam elas quais forem, de qualquer grau de hierarquia na sua organização, assim se considerando os sindicatos, associações de classe (comerciais, industriais, rurais e de serviços), entidades não governamentais (ONGs) e outras que existam e legitimamente funcionam no território nacional.

Tem-se, pois, que as características do Poder Judiciário brasileiro não impedem a aplicação da Lei da Liberdade Econômica. Com a simplificação no âmbito da administração pública federal, é de se esperar que ocorra maior eficiência da Justiça, seja no grau de mais rapidez para alcançar resultados, seja no do aperfeiçoamento do seu serviço público.

Nesse sentido, empresas, empresários e todos os que são atingidos pela Lei da Liberdade Econômica passam a se envolver com a natural agilidade do nosso Poder Judiciário, que gera consequências até prejudiciais aos brasileiros.

É comum as pessoas se perguntarem por que a nossa Justiça é lenta. Quais as causas? De quem é a culpa? Quais os responsáveis: advogados, juízes, promotores, serventuários (funcionários dos cartórios/secretarias), políticos do Legislativo federal que elaboraram as leis? Desde quando vem nesse estado de coisas? Qual a evolução havida ao longo da nossa história mais recente (a partir da ditadura de Getúlio Vargas)? Essas perguntas os empreendedores brasileiros fazem, tanto quanto os não brasileiros, bem como os investidores-aplicadores que querem acreditar no Brasil do futuro. As gerações do amanhã estarão comprometidas (abaladas) com a morosidade do Judiciário? Será maior a lentidão?

Todas essas questões, de efetivo interesse de todos que empreendem em qualquer parte do país, procuramos responder com os dados projetados nos quadros, gráficos e tabelas logo adiante, de maneira que sua visualização facilita entender a matéria, ainda que não seja um profissional do direito. Basta confrontar os números, épocas e os seus respectivos percentuais. Evoluiu para melhor? Pela velocidade havida, qual a tendência evolutiva? Podemos acreditar que ficará melhor? A sua própria opinião, livre, consciente, é da maior importância. O seu esforço, isto é, a sua análise, neste caso, é o que vale. Tire as suas próprias conclusões. Você pode responder: quem fabricou a morosidade da Justiça brasileira? Deixamos nossas impressões nos próprios números frente-a-frente, em cada quadro. Vejamos.

1. CPC(s) - Estrutura e Duração

CPC(s)	Artigos	Vigência
1930	com 1.161	9 anos
1939	com 1.052 (*)	34 anos e 11 meses
1973	com 1.220 (**)	43 anos e 2 meses
2015 (Atual)	com 1.072 (***)	?

(*) + 2 decretos (1 matéria)

Sentenças de pequeno valor – só Embargos de Nulidade ou de Infringência ou de Declaração

(**) + 64 artigos (14 matérias)

(***) + Regulamentação (+ 105 art. e 51 PRAZOS = 1.177 artigos)

2. CPC – 2015 (Atual)

Até quando resistirá à MODERNIDADE ?

3. CPC – 2015 (Atual)

Até ficar INCOMPATÍVEL com a sociedade

4. CPC – 2015 (Atual) - Novidade

Contagem: de
DIAS CORRIDOS
para
DIAS ÚTEIS

5. CPC – 2015 (Atual) - Novidade

Dia ÚTIL:
o que é?

6. CPC – 2015 (Atual) - Novidade

Quando:

- Todos trabalham ?
- Há atividades urbanas ?
- Há atendimento público ?
- Há atividades forenses ?

  Ex. feriados e férias forenses

  (Art. 212, §2º)
- Há expediente forense local ?

  (Art. 213, parágrafo único)
- Há expediente forense integral na Vara respectiva ?

  (Art. 224, §1º)

7. CPC – 2015 (Atual) - Polêmica

Dia sem expediente integral DURANTE O PRAZO:

É dia ÚTIL?

NÃO É (Art. 224, §1º)

8. CPC – 2015 (Atual) - Polêmica

PRAZO com expediente forense integral e sistema eletrônico fora do ar:

É dia ÚTIL?

NÃO É – Art. 224, §1º

9. CPC – 2015 (Atual) - Polêmica

Contagem dos prazos (Evolução)

CPC	1939	1973	2015(*)
Sábado	Sim	Sim	NÃO
Domingo	Sim	Sim	NÃO
Feriado	Sim	Sim	NÃO
Férias forenses	Sim	NÃO	NÃO

(*) só dias úteis (Art. 219, § único)

10. CPC – 2015 (Atual) - Novidade

Surge uma
NOVA NOÇÃO de
prazo processual CIVIL

11. CPC – 2015 (Atual) - Novidade

Reúne:
unidade de tempo
+
disponibilidade efetiva
(contagem)
=
PRAZO REAL

12. CPC – 2015 (Atual) - Polêmica

Efeitos do PRAZO REAL

Até 2015	Hoje (em dias úteis)	Crescimento (*)
3 dias corridos	5 dias corridos	+ 67,0%
5 dias corridos	8 dias corridos	+ 60,0%
10 dias corridos	15 dias corridos	+ 50,0%
15 dias corridos	23 dias corridos	+ 54,0%
30 dias corridos	45 dias corridos	+ 50,0%

(*) Prazo: variação média de 56,0%

13. CPC – 2015 (Atual) - Polêmica

Comparação das Regras
Ex: PRAZO de 5 dias:

Regra antiga	Vencimento	Dias Corridos
Intimação Ex.: 10/11/2015	16/11	Duração: 6

Regra nova	Vencimento	Dias Corridos*
Intimação Ex.: 10/11/2015	21/11	Duração: 11

(*) úteis

Ex. = Exemplo

14.

PRAZOS
nos
CPC(s)

15. PRAZOS do Advogado

CPC	1939	1973	2015 (Atual)
P/ Contestar	10 dias	15 dias	**15 dias úteis** (Art. 335)
P/ Réplica (não existia até 1939)	48 horas	10 dias (11 matérias)	**15 dias úteis** (Art. 350/351)
P/ Apelar e Contrarrazoar	15 dias	15 dias	**15 dias úteis** (Art. 1003, § 5º)
P/ Agravar e Contrarrazoar	5 dias	10 dias	**15 dias úteis** (Art. 1.070)

CPC	1939	1973	2015 (Atual)
P/ Embargos de Declaração	3 dias	5 dias	**5 dias úteis** (Art. 1.023)
P/ Embargos à Execução	10 dias	10 dias	**15 dias úteis** (Art. 915, caput)
P/ Pagar/Execução	24 horas	24 horas	**3 dias úteis** (Art. 829)
P/ Nomear Bens / Execução	24 horas	24 horas	Extinto
P/ Oferecer Agravo Retido	sem previsão	5 dias	Extinto
P/ Atos sem prazo próprio	até 3 dias	5 dias	**5 dias úteis** (Art. 218)

P/ = Para

16. PRAZOS NOS CPC(s)

PRAZO REAL do Advogado:

CPC	2015 (Atual)	PRAZO REAL (*)
P/ Contestar	**15 dias úteis** (Art. 335)	23 dias corridos cresceu 130%
P/ Réplica	**15 dias úteis** (Art. 350/ 351)	23 dias corridos cresceu 1.050%
P/ Apelar/ Contrarrazoar	**15 dias úteis** (Art. 1.003, § 5º)	23 dias corridos cresceu 54%
P/ Agravar/ Contrarrazoar	**15 dias úteis** (Art. 1.070)	23 dias corridos cresceu 354%
P/ Embargos de Declaração	**5 dias úteis** (Art. 1.023)	8 dias corridos cresceu 166%
P/ Embargar a Execução	**15 dias úteis** (Art. 915, *caput*)	23 dias corridos cresceu 130%
P/ Pagar/Execução	**3 dias úteis** (Art. 829)	5 dias corridos cresceu 150%
P/ Atos sem prazo próprio	**5 dias úteis** (Art. 218)	8 dias corridos cresceu 166%

P/ = Para

(*) já computados todos os crescimentos pós CPC/1939

17. PRAZOS NOS CPC(s)

Prazos do Serventuário:

CPC	1939	1973	2015 (Atual)	PRAZO REAL
P/ Conclusão ao Juiz	24 horas	24 horas	1 dia útil	1 dia útil
P/ Expedir a Execução	48 horas	48 horas	5 dias úteis	8 dias corridos (*)

P/ = Para

(*) já computados os crescimentos frente ao CPC anterior: 150% (5 dias) + 60% (em dias corridos) = 300% DE CRESCIMENTO

18. PRAZOS NOS CPC(s)

Prazos do Juiz:

CPC	1939	1973	2015 (Atual)	PRAZO REAL (Art. 226, I, II e III)
P/ Despacho de Expediente	24 horas	2 dias	5 dias úteis	8 dias corridos cresceu 700%
P/ Decisão Interlocutória	5 dias	10 dias	10 dias úteis	15 dias corridos cresceu 200%
P/ Sentenciar	10 dias	10 dias	30 dias úteis	45 dias corridos cresceu 350%
P/ concluir Sumaríssimo	sem prazo	90 dias	extinto	extinto

19. PRAZOS NOS CPC(s)

Prazos com Maiores Crescimentos(*):

Advogado	(*)	Serventuário	(*)	Juiz	(*)
P/ Apelar	54%	P/ Conclusão ao Juiz	0%	P/ Decisão Interlocutória	200%
P/ Contestar	130%	P/ expedir a Execução	300%	P/ Sentenciar	350%

Advogado	(*)	Serventuário	(*)	Juiz	(*)
P/ Embargar a Execução	130%			P/ Despachos de Expediente	700%
P/ Pagar a Execução	150%				
P/ Atos sem prazo	166%				
P/ Embargos de Declaração	166%				
P/ Agravar/ contrarrazoar	354%				
P/ Réplica	1.050%				

20. PRAZOS NOS CPC(s)

Descumprimento dos prazos (consequências):

CPC	1939	1973	2015 (Atual)
P/ Serventuário	Multa diária	Processo Administrativo	Processo Administrativo
P/ Juiz	Multa diária + desconto em folha e perda na aposentadoria	Processo Administrativo	Processo Administrativo
P/ MP	Idem ao Juiz	Riscar + multa + representação disciplinar	multa + representação disciplinar
P/ Advogado	Riscar escritos + não retirar autos + multa	Riscar + não retirar autos + multa + processo disciplinar na OAB	multa(*) + não retirar autos + processo disciplinar OAB (Art. 234, §§2º,3º)

P/ = Para

MP = Ministério Público

OAB = Ordem dos Advogados do Brasil

(*) ½ salário mínimo + até 20% do v. causa (Art. 77, §2º)

21. Confissão da Justiça (2016)

Disponível em: http://g1.globo.com/jornal-da-globo/edicoes/2016/10/17.html. Acesso em: 17 out. 2016.

22. Confissão da Justiça (2016)

Disponível em: http://g1.globo.com/jornal-da-globo/edicoes/2016/10/17.html. Acesso em: 17 out. 2016.

23. Confissão da Justiça 2016

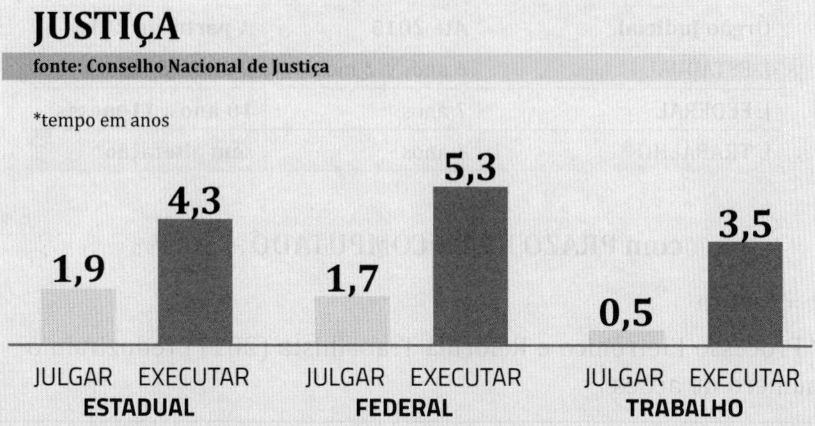

Disponível em: http://g1.globo.com/jornal-da-globo/edicoes/2016/10/17.html. Acesso em: 17 out. 2016.

24. Confissão da Justiça 2016

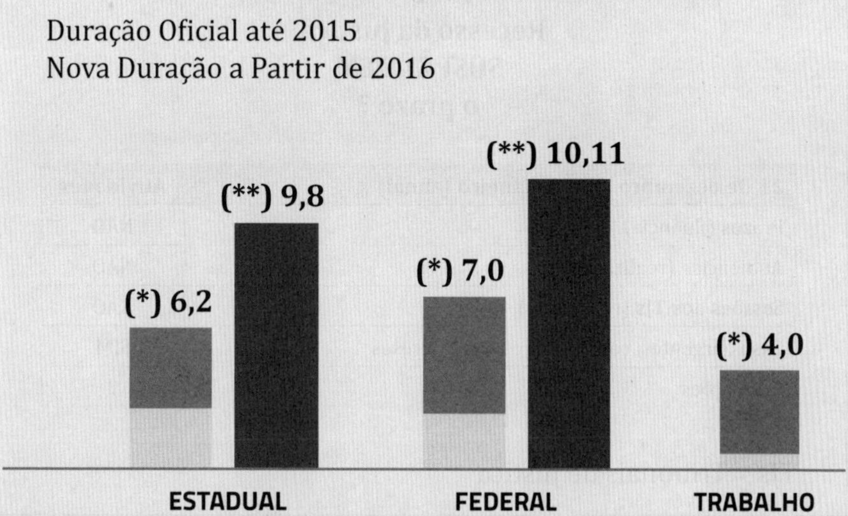

(*) Em anos: tempo para Julgar + tempo para Executar

(**) Em anos: Projeção da Duração Oficial

25. Era do PRAZO REAL

Órgão Judicial	Até 2015	A partir de 2016
J. ESTADUAL	6 anos e 2 meses	**9 anos, 8 meses**
J. FEDERAL	7 anos	**10 anos, 11 meses**
J. TRABALHO	4 anos	**sem alteração***

com PRAZO REAL: COMPUTADO + 56,0%

J. = Justiça

* Processo Eletrônico e Reforma Trabalhista (2017) reduziram o número de ações

26. CPC 2015 (Atual) - Polêmica

Férias da Advocacia (Art. 220)
e
Recesso da Justiça:
SUSPENDEM
o prazo ?

21 de dezembro a 20 de janeiro (anual)	Atividades
Prazos (fluência)	NÃO
Audiências (realização)	NÃO
Sessões dos TJs (realização)	NÃO
Casos urgentes, com Menores e com Presos	SIM
Intimações	?

TJs = Tribunais de Justiça

27. CPC 2015 (Atual) CONCLUSÕES

1. Altera o direito anterior
2. Contém inovações processuais duvidosas
3. Apresenta dispositivos supérfluos
4. Contém omissões prejudiciais
5. Amplia os prazos sem necessidade
6. Retarda a solução do conflito
7. Protela a presteza do direito
8. Não simplifica o processo
9. Linguagem não concisa
10. Acompanha o progresso
11. Contém normas indefensáveis
12. Contém algumas reformas satisfatórias

28. Na era do PRAZO REAL

A
Justiça mais
MOROSA
do mundo

Os quadros, gráficos e tabelas aqui oferecidos resultam de minuciosa pesquisa que realizamos, principalmente acompanhando a evolução dos prazos processuais cíveis, aplicados na tramitação em busca das soluções dos conflitos empresariais e, subsidiariamente, nos processos trabalhistas.

Notam-se elevados percentuais no crescimento da duração dos prazos nos diversos estágios (momentos procedimentais) das demandas.

Tomamos os prazos praticados desde o CPC de 1939 até o atual (de 2015). Procuramos distinguir os prazos destinados aos advogados, juízes, promotores públicos e serventuários/funcionários cartorários.

Também buscamos observar as implicações pelo não respeito aos prazos. São assustadores os percentuais do crescimento (sempre contínuo) da duração dos prazos processuais (judiciais) brasileiros desde o CPC de 1939. As alterações havidas sempre foram para estabelecer regra com maior duração dos prazos. Alguns deixaram de ser contados em horas, passaram para dias. Foram duplicados. Há diversos percentuais de crescimento. São alarmantes: 300%, 700%, 1.050%, além de outros. Por fim, tem-se notado que os prazos deixaram de ser contados em dias corridos, incluindo os não úteis, como sábados, domingos e feriados. Passaram a ser computados apenas os dias úteis. A morosidade da Justiça brasileira é notória, chegando a ser considerada a mais lenta do mundo, diz a imprensa.

É possível considerar que os maiores responsáveis pela morosidade do Judiciário brasileiro são os que elaboram as leis processuais (deputados federais e senadores). É quase inexplicável a razão do crescimento da duração dos prazos. A máquina judiciária não evoluiu na proporção do crescimento populacional do país ou do aumento da complexidade dos negócios no mundo globalizado e os seus conflitos. O aumento dos prazos é estratégia para a administração dos conflitos pela mesma máquina, com menos juízes, promotores e funcionários de cartórios/secretarias. Retém-se a tramitação dos processos. Perde-se a velocidade dos processos, alongam-se as pautas (audiências, sessões), retardam-se as decisões, as publicações dos atos ganham programação escalonada. O Estado passou a gerir o tempo. Como gestor, criou a Justiça lenta, morosa. Não há interesse do próprio Estado (e de seus membros governantes, políticos, grande parte são os próprios réus, demandados) por uma Justiça veloz, que decida rápido (a mesma que condena rápido!). A voz popular corresponde ao que as leis processuais provocam : *"... é morosa. Os processos não andam."* Em regra, os Advogados, Juízes, Promotores e Servidores são meros cumpridores dos prazos dos processos. Não são os culpados. É preciso que os legisladores não atuem para a eternização dos conflitos, que se perpetuam desde meados do século passado. Para se ter uma ideia de como as coisas pioraram: ação trabalhista ajuizada em fevereiro de 1972, com audiência, seis testemunhas, sentenciada na Junta, recurso ao TRT (SP), retorno à Junta, cálculos do débito e execução do empregador com depósito do valor e recebimento pelo trabalhador durava exatamente 30 dias corridos (Junta de Ribeirão Preto). Era assim por toda parte. Ninguém criticava o Judiciário.

Acreditamos que os benefícios assegurados pela Lei da Liberdade Econômica possam ficar também dependentes do ritmo que a Justiça brasileira irá doravante imprimir (esperamos!) com a implantação de técnicas modernas na solução dos conflitos, bem como adotando instrumentos tecnológicos de última geração, utilizando pessoal necessário e suficiente, treinado e interessado para as tarefas que lhes cabe. A reversão desta (triste) realidade não tem data para ocorrer. É certo que as pessoas de bons propósitos vão se empenhar para esta conquista de cidadania. Que cada um faça o que lhe compete, inclusive revisando as leis processuais. Rapidamente. O Brasil tem pressa. Os brasileiros aguardam esperançosos.

6

INFLUÊNCIA DA "LIBERDADE" NO TRABALHO (E NA JUSTIÇA)

Ao início, o Direito do Trabalho foi singelamente mencionado no texto do Executivo ao elaborar a Medida Provisória 881/2019.

Constatam-se alusões no art. 3º, inciso II (refere-se às atividades em dias ou horários da semana e feriados); no mesmo inciso na alínea "c" (legislação trabalhista); inciso VI (desenvolver serviços); inciso VII (oferecer serviços).

No art. 4º, inciso VI, veda à Administração Pública criar procura artificial ou compulsória de serviço ou atividade profissional.

Há, no art. 1º, parágrafo 1º, a previsão da aplicação desse novo ordenamento jurídico no Direito do Trabalho e chega a citar "profissões".

Indaga-se se este regramento da nova legislação nacional (da Liberdade Econômica) faz parte ou não do quanto regula as relações tipicamente trabalhistas regidas pela CLT (Consolidação das Leis do Trabalho).

Há princípio ora instituído nesta legislação da "liberdade econômica", que é comum aos demais ramos do direito, como o da boa-fé, mencionado entre os princípios nominados no art. 2º, inciso II.

O princípio da "intervenção subsidiária e excepcional do Estado" (art. 2º, inciso III) se assemelha ao da intervenção mínima da Justiça do Trabalho nos conflitos derivados da prática contratual negociada pelas partes (normas coletivas, sindicais), com força superior (prevalência) à da lei (art. 8º, § 3º, da CLT). É o "trabalho com força de lei", que veio com a reforma trabalhista de 2017 (art. 611-A, da CLT). Posiciona o Magistrado num contexto de respeito à "autonomia da vontade" dos particulares (contratante e contratado, através de uma composição de grupo, corporativa, e não individual).

O princípio desta nova Lei da Liberdade Econômica não pode ser considerado suficientemente forte para ser aplicado no âmbito do Direito do Trabalho e condicionar o Judiciário especializado à "intervenção subsidiária e excepcional" porque violaria a Constituição Federal.

Portanto, a resposta é afirmativa no sentido de que o que não for incompatível com os princípios do Direito do Trabalho e com os dispositivos neste existente é aplicável.

Nas relações de direito material não qualificadas como de trabalho subordinado (emprego), o princípio de "liberdade econômica" poderá gerar alguma repercussão, dada a igualdade existente entre os parceiros contratuais. Ainda assim, jamais poderá impedir o acesso ao Judiciário.

Na tramitação da aludida MP no Congresso Nacional foi elaborado um conjunto de novas regras tipicamente trabalhistas, para modificar a CLT, modernizando-a, principalmente no que não foi feito pelo legislador da reforma trabalhista de 2017. É o que veremos na parte seguinte deste livro.

7

CLT: NOVAS REGRAS NA ERA DA LIBERDADE ECONÔMICA

PARA A SUA ORIENTAÇÃO

A – A coluna com "TEXTO ANTERIOR (CLT)" se apresenta com as alterações anteriores à Lei da Liberdade Econômica, **observada a ortografia de cada época**.

B – A coluna "TEXTO ATUAL (CLT)" contém as alterações feitas pela Lei da Liberdade Econômica, estando atualizado, ou oferece a proposta de alteração não aprovada, conforme esclarecimentos nos **comentários**.

C – Em ambas as colunas foram inseridos apenas os artigos relacionados à matéria tratada na Lei da Liberdade Econômica.

D – Os artigos cuja numeração **foi** incluída na coluna "**TEXTO ATUAL**" e, nesta, está **sem texto algum**: considera-se com o "TEXTO ANTERIOR".

E – Maiores esclarecimentos são também oferecidos neste livro nos COMENTÁRIOS apresentados abaixo de cada tabela.

DECRETO-LEI 5.452, DE 1º DE MAIO DE 1943

Aprova a Consolidação das Leis do Trabalho.

O PRESIDENTE DA REPÚBLICA, usando da atribuição que lhe confere o art. 180 da Constituição,

DECRETA:

Art. 1º. Fica aprovada a Consolidação das Leis do Trabalho, que a este decreto-lei acompanha, com as alterações por ela introduzidas na legislação vigente.

Parágrafo único. Continuam em vigor as disposições legais transitórias ou de emergência, bem como as que não tenham aplicação em todo o território nacional.

Art. 2º O presente decreto-lei entrará em vigor em 10 de novembro de 1943.

Rio de Janeiro, 1º de maio de 1943, 122º da Independência e 55º da República.

GETÚLIO VARGAS.

Alexandre Marcondes Filho.

CLT – EXTRATOS

TEXTO ANTERIOR **(na ortografia de cada época)**	**TEXTO ATUAL** **(texto atualizado, ou seja, alterado, mantido ou revogado, e as propostas apresentadas – *vide comentários*)**
TÍTULO I INTRODUÇÃO	
....	....
Art. 2º - Considera-se empregador a empresa, individual ou coletiva, que, assumindo os riscos da atividade econômica, admite, assalaria e dirige a prestação pessoal de serviço.	**Art. 2º**..

TEXTO ANTERIOR **(na ortografia de cada época)**	**TEXTO ATUAL** **(texto atualizado, ou seja, alterado, mantido ou revogado, e as propostas apresentadas – *vide comentários*)**
§ 1º - Equiparam-se ao empregador, para os efeitos exclusivos da relação de emprego, os profissionais liberais, as instituições de beneficência, as associações recreativas ou outras instituições sem fins lucrativos, que admitirem trabalhadores como empregados.	
§ 2º Sempre que uma ou mais empresas, tendo, embora, cada uma delas, personalidade jurídica própria, estiverem sob a direção, controle ou administração de outra, ou ainda quando, mesmo guardando cada uma sua autonomia, integrem grupo econômico, serão responsáveis solidariamente pelas obrigações decorrentes da relação de emprego. (Redação dada pela Lei nº 13.467, de 2017)	**§ 2º A existência de grupo econômico não impõe responsabilidade subsidiária, ressalvado o disposto no art. 50, da Lei nº 10.406, de 10 de janeiro de 2002 – Código Civil, hipótese que atrairá a responsabilidade solidária pelas obrigações decorrentes da relação de emprego.**
§ 3º Não caracteriza grupo econômico a mera identidade de sócios, sendo necessárias, para a configuração do grupo, a demonstração do interesse integrado, a efetiva comunhão de interesses e a atuação conjunta das empresas dele integrantes. (Incluído pela Lei nº 13.467, de 2017).	

COMENTÁRIOS – A proposta faz referência ao que dispõe o atual Código Civil Brasileiro. Afastou-se do texto aprimorado na Reforma Trabalhista de 2017. Para a responsabilidade subsidiária não ser automática. É preciso caracterizar a configuração definida no ordenamento civilista. Neste estabelece quando ocorrer desvio de finalidade na atividade da empresa ou houver confusão patrimonial, como dilapidação de seus bens. É o que se define como "abuso da personalidade jurídica", previsto no mencionado dispositivo do CCB. Ao mesmo tempo amplia-se o alcance da responsabilidade que, neste caso (relação de emprego), passa ser a da solidariedade e não mais a subsidiária. **Essa proposta do legislador não foi aprovada**. Consta que ficou guardada para uma próxima oportunidade ("projeto das sobras", na linguagem dos congressistas), como as demais também negadas em acordo para não retardarem a tramitação e vigência das alterações. Deve ser objeto de análise mais ampla, com toda a sua complexidade, confrontações e repercussões ao tempo de sua adoção, à luz das regras e normas então vigentes e que possam ser atingidas. Por ora, é prematuro maior aprofundamento e, assim, é mais seguro a todos. **O texto atual conserva o anterior, sem novas alterações.**

A propósito, ainda conveniente destacar algumas noções sempre essenciais às relações de trabalho, principalmente após a reforma trabalhista de 2017:

• GRUPO ECONÔMICO – QUANDO SE FORMA? PARA QUE SERVE?

Só se constitui entre empresas que tenham interesses integrados, compartilhando-se entre si e apresentem atuação conjunta. Não importa quem integre o quadro social. Mas é importante para definir responsabilidades, principalmente na hora da execução de uma condenação (CLT, art. **2º, § 3º**).

• A VENDA DA EMPRESA – QUEM PAGA A DÍVIDA TRABALHISTA?

A empresa adquirente assume os débitos trabalhistas da antiga (adquirida). A nova lei, com as alterações havidas, permite melhor entendimento: é clara e procura resolver dúvidas. Os empregados não possuem direito de intervir para impedir a venda (CLT, art. 448-A).

• A RESPONSABILIDADE DOS SÓCIOS – QUEM PAGA OS EMPREGADOS?

O ex-sócio responde pelas dívidas trabalhistas do seu tempo nas ações propostas até 2 anos depois de sua retirada da sociedade, ou seja, do registro público da alteração societária (CLT, art. 10-A).

A responsabilização dos sócios deve observar a ordem preferencial: empresa, sócios atuais e, finalmente, os ex-sócios (CLT, art. 10-A).

O ex-sócio é devedor solidário aos demais se houver atos fraudulentos na operação societária (praticados na alienação) (CLT, art. 10-A, parágrafo único).

A empresa sucedida é devedora solidária se houver fraude (simulações, irregularidades) na transação (CLT, art. 448-A, parágrafo único).

TEXTO ANTERIOR **(na ortografia de cada época)**	**TEXTO ATUAL** **(texto atualizado, ou seja, alterado, mantido ou revogado, e as propostas apresentadas - *vide comentários*)**
Art. 3º - Considera-se empregado toda pessoa física que prestar serviços de natureza não eventual a empregador, sob a dependência deste e mediante salário. Parágrafo único - Não haverá distinções relativas à espécie de emprego e à condição de trabalhador, nem entre o trabalho intelectual, técnico e manual.	

COMENTÁRIOS – A conservação do texto que estabelece as características do empregador, dentre elas a de controlar (subordinar, manter sob "dependência") o prestador de serviços, traz ao debate os limites que devem ser observados no exercício desse poder-direito (vide também comentários ao artigo 482 da CLT). No Brasil criou-se o hábito de dizer que conversas telefônicas, filmagens ou gravações de maneira geral não servem para provar coisa alguma nos processos judiciais, inclusive na Justiça do Trabalho. O que há de verdade nisso?

• NOVOS TEMPOS

Se essas práticas no passado não tinham valor jurídico, hoje não é esta a realidade, especialmente após o avanço da tecnologia, cujas conquistas invadem todas as organizações e estabelecem procedimentos administrativos inevitáveis: o casamento do telefone com a computação revolucionou nossas vidas, invadindo-as no trabalho, em casa, nas ruas, onde quer que estejamos. Diante da automação tudo parece sem limites. Mas não é bem assim.

• CUIDADOS NECESSÁRIOS

É certo que a utilização dos muitos recursos audiovisuais hoje disponíveis no mercado pode levar até à violação da privacidade das pessoas e se tornar comportamento ilícito, ilegal. Exige-se bom senso, inclusive do(a) empregador(a), que tem o poder de subordinar seus empregados, disciplinando-os e controlando seus atos no cumprimento das tarefas.

É preciso comandar o empreendimento dirigindo o trabalho sem cometer abusos (exageros) que podem resultar em ação indenizatória, reparadora dos danos (material, moral e à imagem) aos empregados e/ou a terceiros (clientes, por exemplo).

• QUANDO VALEM?

O Judiciário, inclusive o Trabalhista, já não mais recusa as gravações (escutas telefônicas, especialmente) porque podem ser úteis para apurar a verdade dos fatos como, por exemplo, a filmagem de uma doméstica "babá" que pratique maus tratos (violência física) a uma criança sob sua guarda; como de um trabalhador da construção civil que se queixa não suportar subir em andaimes, mas que seja flagrado no alto de uma mangueira ou no telhado de sua casa em reforma aos finais de semana etc.

Duas situações ocorrem:

1ª) Quando as gravações ou filmagens são previamente permitidas pela autoridade judicial, obedecendo ao previsto na Constituição Federal (art. 5°, XII), hipótese em que essa prova extrajudicial, particular, é pacificamente aceita nos processos.

2ª) Quando em processos trabalhistas são autorizadas as transcrições das falas gravadas em fitas/CD(s), apresentadas por empresas empregadoras que, sem ordem judicial prévia, fizeram escutas em sua rede interna de telefonia (interceptando ramais dos seus departamentos). Neste caso, as gravações são aceitas porque foram realizadas dentro da Reclamada, no horário de trabalho, no sistema telefônico destinado ao trabalho (isto é, instrumento de trabalho oferecido pela empregadora) a partir das suspeitas geradas pelo comportamento do empregado. Tem-se, aqui, que a empregadora agiu com base no seu legitimo poder de controle da organização (direito de propriedade), do qual decorre o elemento subordinativo inerente à relação de emprego.

• QUEM TRANSCREVE AS FALAS?

O já extinto Departamento de Fonética da Unicamp serviu à Justiça do Trabalho na transcrição de conversas telefônicas e na identificação das vozes. Com a dificuldade de obter quem transcreva as falas gravadas, tem se utilizado pessoas da confiança do Juízo (oficiais de justiça, funcionários da secretaria, perito do Instituto de Polícia Técnica e outros), dentro do possível escolhendo alguém com o maior conhecimento relacionado ao teor da matéria a ser transcrita.

Em busca da verdade real, o Juiz pode (e deve) recorrer a todos os meios que forem necessários e que sejam legais, moralmente legítimos (art. 369 do Código de Processo Civil), como gravações de conversações telefônicas e filmagens.

• RECOMENDAÇÕES

O debate judicial poderá ser menor (e mais tranquilo para a empregadora) se forem colocados avisos informando que a rede telefônica é controlada pela empresa, que interceptará e gravará as conversações quando existirem fundadas razões (suspeitas). Bem como é recomendável afixar em pontos diversos aquele "confortável" aviso/pedido: "Sorria, você está sendo filmado". Assim, a informação desfaz a clandestinidade da gravação/filmagem e aí não se poderá dizer que houve armadilha da empregadora.

Por derradeiro, é sempre bom lembrar que as falas gravadas e as filmagens serão sempre interpretadas pelo julgador e tanto servirão para incriminar ou absolver, esta ou aquela parte.

Conclui-se, então, que ter a gravação/filmagem pode ser de grande valia e importância, mas nem sempre será a conquista do "tesouro" imaginado!

TEXTO ANTERIOR **(na ortografia de cada época)**	**TEXTO ATUAL** **(texto atualizado, ou seja, alterado, mantido ou revogado, e as propostas apresentadas – *vide comentários*)**
Art. 11. A pretensão quanto a créditos resultantes das relações de trabalho prescreve em cinco anos para os trabalhadores urbanos e rurais, até o limite de dois anos após a extinção do contrato de trabalho. (Redação dada pela Lei nº 13.467, de 2017) I - (revogado); (Redação dada pela Lei nº 13.467, de 2017) II - (revogado). (Redação dada pela Lei nº 13.467, de 2017) § 1º O disposto neste artigo não se aplica às ações que tenham por objeto anotações para fins de prova junto à Previdência Social. (Incluído pela Lei nº 9.658, de 5.6.1998) § 2º Tratando-se de pretensão que envolva pedido de prestações sucessivas decorrente de alteração ou descumprimento do pactuado, a prescrição é total, exceto quando o direito à parcela esteja também assegurado por preceito de lei. (Incluído pela Lei nº 13.467, de 2017) § 3º A interrupção da prescrição somente ocorrerá pelo ajuizamento de reclamação trabalhista, mesmo que em juízo incompetente, ainda que venha a ser extinta sem resolução do mérito, produzindo efeitos apenas em relação aos pedidos idênticos. (Incluído pela Lei nº 13.467, de 2017) Art. 11-A. Ocorre a prescrição intercorrente no processo do trabalho no prazo de dois anos. (Incluído pela Lei nº 13.467, de 2017)	

TEXTO ANTERIOR (na ortografia de cada época)	TEXTO ATUAL (texto atualizado, ou seja, alterado, mantido ou revogado, e as propostas apresentadas - *vide comentários*)
§ 1º A fluência do prazo prescricional intercorrente inicia-se quando o exequente deixa de cumprir determinação judicial no curso da execução. (Incluído pela Lei nº 13.467, de 2017) § 2º A declaração da prescrição intercorrente pode ser requerida ou declarada de ofício em qualquer grau de jurisdição. (Incluído pela Lei nº 13.467, de 2017)	

COMENTÁRIOS – O texto desta parte da CLT não teve alterações, nem propostas. Verifica-se que as empresas mais acionadas na Justiça do Trabalho já sentiram as alterações implantadas após o governo de Fernando Henrique Cardoso e há outras ainda em processamento. Tem o fim de agilizar as demandas, especialmente quanto aos procedimentos da execução (quando se exige do devedor o cumprimento da sua condenação).

Nos últimos anos adotou-se o bloqueio das contas bancárias, penhorando-se os valores do devedor via "on-line", graças a uma senha que o Juiz do Trabalho dispõe e lhe permite acessar diretamente o BACEN (Banco Central do Brasil), dispensando as antigas buscas por meio de diligências dos Oficiais de Justiça.

Já se pratica, também "on-line", a busca das cópias das declarações de renda do devedor, mediante uma outra senha que permite ao Magistrado acessar as repartições da Receita Federal, evitando as remessas de ofícios e toda uma burocracia que arrastava o processo trabalhista por muito tempo. Igualmente quanto às requisições de informações de bens constantes nos registros públicos (cartórios imobiliários), Juntas Comerciais, Cartórios Eleitorais e em outras repartições.

A modernidade alcança hoje a Justiça do Trabalho que, naturalmente, utiliza-se das conquistas da tecnologia, do avanço das práticas eletrônicas, reduzindo o tempo de tramitação dos processos trabalhistas, que para o empregado é bom e para a empresa nem sempre é ruim – muitas vezes interessa rapidamente terminar a demanda, que afeta o ambiente de trabalho, sua produtividade, o bom nome da empregadora, sua participação em procedimentos licitatórios, acesso aos mercados internacionais, etc. Também surgem dúvidas quanto à quebra do sigilo e outras questões de relevância. Luta-se contra a perpetuação do conflito e da valorização do seu maior patrimônio – o humano (juízes, funcionários e técnicos processuais).

Entretanto, não só mudanças operacionais, tecnológicas, são notadas (e necessárias) na Justiça obreira. Basta frequentar os seus ambientes. É bem nítido o abrandamento do sentido protecionista dos trabalhadores, que foi princípio rígido, rigoroso, desde o início da Justiça de Vargas e da sua CLT.

A reforma trabalhista de 2017 trouxe regras especificas quanto aos direitos e sua preservação.

• DECISÕES DA JUSTIÇA DO TRABALHO – PODEM CRIAR, DIMINUIR OU EXTINGUIR DIREITOS? HÁ EXCEÇÃO?

As decisões, por seus Tribunais Regionais e Tribunal Superior, não podem diminuir direitos assegurados em leis (no mais amplo sentido, isto é, quaisquer espécies de leis), nem criar obrigações fora ou acima das leis (art. 8º, § 2º).

Texto da nova lei não impede que o Judiciário trabalhista restrinja direitos negociados, criados por meio de normas individuais (negociação na empresa) ou coletivas (art. 8º, § 2º).

Magistrados deverão se conduzir com base no princípio da intervenção mínima na autonomia da vontade constante em normas coletivas (acordo coletivo e convenção coletiva). Deverão analisar apenas a questão formal do instrumento coletivo. Restringiram a atuação judicial, fazendo prevalecer a "força de lei" do documento sindical (art. 8º, § 3º).

• A RENÚNCIA DOS DIREITOS – É possível o empregado praticar?

A renúncia, expressamente, não é aceita juridicamente. Mas, o empregado que move ação na Justiça trabalhista se deixar de dar andamento ao processo durante dois anos ininterruptos tem os direitos reclamados prescritos. É a prescrição intercorrente, cujo prazo se inicia só na execução. A partir daí, pode ser declarada a qualquer época. Parece que vai pacificar o debate. Foi matéria sempre controvertida entre a Justiça do Trabalho e o Supremo Tribunal Federal (art. 11-A, §§ 1º e 2º).

TEXTO ANTERIOR **(na ortografia de cada época)**	**TEXTO ATUAL** **(texto atualizado, ou seja, alterado, mantido ou revogado, e as propostas apresentadas - *vide comentários*)**
TÍTULO II DAS NORMAS GERAIS DE TUTELA DO TRABALHO CAPÍTULO I DA IDENTIFICAÇÃO PROFISSIONAL SEÇÃO I DA CARTEIRA DE TRABALHO E PREVIDÊNCIA SOCIAL (Redação dada pelo Decreto-lei nº 926, de 10.10.1969)	
Art. 13 - A Carteira de Trabalho e Previdência Social é obrigatória para o exercício de qualquer emprego, inclusive de natureza rural, ainda que em caráter temporário, e para o exercício por conta própria de atividade profissional remunerada. (Redação dada pelo Decreto-lei nº 926, de 10.10.1969)	**"Art. 13 -...**
§ 1º - O disposto neste artigo aplica-se, igualmente, a quem: (Redação dada pelo Decreto-lei nº 926, de 10.10.1969)	
I - proprietário rural ou não, trabalhe individualmente ou em regime de economia familiar, assim entendido o trabalho dos membros da mesma família, indispensável à própria subsistência,	

TEXTO ANTERIOR **(na ortografia de cada época)**	**TEXTO ATUAL** **(texto atualizado, ou seja, alterado, mantido ou revogado, e as propostas apresentadas – *vide comentários*)**
e exercido em condições de mútua dependência e colaboração; (Incluído pelo Decreto-lei nº 926, de 10.10.1969)	
II - em regime de economia familiar e sem empregado, explore área não excedente do módulo rural ou de outro limite que venha a ser fixado, para cada região, pelo Ministério do Trabalho e Previdência Social. (Incluído pelo Decreto-lei nº 926, de 10.10.1969)	
§ 2º - A Carteira de Trabalho e Previdência Social e respectiva Ficha de Declaração obedecerão aos modelos que o Ministério do Trabalho e Previdência Social adotar. (Redação dada pelo Decreto-lei nº 926, de 10.10.1969)	**§ 2º A Carteira de Trabalho e Previdência Social obedecerá aos modelos que o Ministério da Economia adotar." (NR)**
§ 3º - Nas localidades onde não for emitida a Carteira de Trabalho e Previdência Social poderá ser admitido, até 30 (trinta) dias, o exercício de emprego ou atividade remunerada por quem não a possua, ficando a empresa obrigada a permitir o comparecimento do empregado ao posto de emissão mais próximo. (Redação dada pela Lei nº 5.686, de 3.8.1971)	
§ 4º - Na hipótese do § 4º: (Incluído pelo Decreto-lei nº 926, de 10.10.1969)	
I - o empregador fornecerá ao empregado, no ato da admissão, documento do qual constem a data da admissão, a natureza do trabalho, o salário e a forma de seu pagamento; (Incluído pelo Decreto-lei nº 926, de 10.10.1969)	

TEXTO ANTERIOR (na ortografia de cada época)	**TEXTO ATUAL** (texto atualizado, ou seja, alterado, mantido ou revogado, e as propostas apresentadas - *vide comentários*)
II - se o empregado ainda não possuir a carteira na data em que for dispensado, o empregador lhe fornecerá atestado de que conste o histórico da relação empregatícia. (Incluído pelo Decreto-lei nº 926, de 10.10.1969)	

COMENTÁRIOS – A modernidade está sendo adotada para os organismos estatais que tratam do trabalho. Sem o antigo Ministério do Trabalho, o atual da Economia se encarrega de ser rápido e eficiente. O texto antigo se identificava com o Brasil de Getúlio Vargas. Na era em que vivemos a emissão do documento deve ser imediata, instantânea. Excepcionalmente, o empregador poderá fornecer a declaração da contratação, como foi durante décadas. Nada impede esta solução, eventualmente. O texto desta proposta do legislador foi aprovado e a coluna "TEXTO ATUAL" da tabela comparativa apresenta as novas alterações.

TEXTO ANTERIOR (na ortografia de cada época)	**TEXTO ATUAL** (texto atualizado, ou seja, alterado, mantido ou revogado, e as propostas apresentadas - *vide comentários*)
SEÇÃO II DA EMISSÃO DA CARTEIRA (Redação dada pelo Decreto-lei nº 926, de 10.10.1969)	
Art. 14 - A Carteira de Trabalho e Previdência Social será emitida pelas Delegacias Regionais do Trabalho ou, mediante convênio, pelos órgãos federais, estaduais e municipais da administração direta ou indireta. (Redação dada pelo Decreto-lei nº 926, de 10.10.1969)	**"Art. 14. A Carteira de Trabalho e Previdência Social será emitida pelo Ministério da Economia preferencialmente em meio eletrônico.**

TEXTO ANTERIOR (na ortografia de cada época)	TEXTO ATUAL (texto atualizado, ou seja, alterado, mantido ou revogado, e as propostas apresentadas – *vide comentários*)
Parágrafo único - Inexistindo convênio com os órgãos indicados ou na inexistência destes, poderá ser admitido convênio com sindicatos para o mesmo fim. (Redação dada pela Lei nº 5.686, de 3.8.1971)	**Parágrafo único. Excepcionalmente, a Carteira de Trabalho e Previdência Social poderá ser emitida em meio físico:**
(não existia)	**I - nas unidades descentralizadas do Ministério da Economia que forem habilitadas para tanto;**
(não existia)	**II - mediante convênio, por órgãos federais, estaduais e municipais da administração direta ou indireta.**
(não existia)	**III - mediante convênio com serviços notariais e de registro, sem custos para a administração, garantidas as condições de segurança das informações." (NR)**

COMENTÁRIOS – O gigantismo brasileiro faz a desigualdade, especialmente na máquina estatal. O meio eletrônico é o preferencial, por algum tempo. O físico é mantido, provisoriamente. Em breve, só haverá a Carteira de Trabalho eletrônica. Ou melhor, para todos o Cartão Eletrônico de Trabalho. O texto desta proposta do legislador foi aprovado e a coluna "TEXTO ATUAL" da tabela comparativa apresenta as novas alterações.

TEXTO ANTERIOR (na ortografia de cada época)	TEXTO ATUAL (texto atualizado, ou seja, alterado, mantido ou revogado, e as propostas apresentadas – *vide comentários*)
Art. 15 - Para obtenção da Carteira de Trabalho e Previdência Social o interessado comparecerá pessoalmente ao órgão emitente, onde será identificado	**"Art. 15. Os procedimentos para emissão da Carteira de Trabalho e Previdência Social ao interessado serão estabelecidos pelo Ministério**

TEXTO ANTERIOR (na ortografia de cada época)	TEXTO ATUAL (texto atualizado, ou seja, alterado, mantido ou revogado, e as propostas apresentadas – *vide comentários*)
e prestará as declarações necessárias. (Redação dada pelo Decreto-lei nº 926, de 10.10.1969)	**da Economia em regulamento próprio, sendo privilegiada a emissão em formato eletrônico." (NR)**
Art. 16. A Carteira de Trabalho e Previdência Social (CTPS), além do número, série, data de emissão e folhas destinadas às anotações pertinentes ao contrato de trabalho e as de interesse da Previdência Social, conterá: (Redação dada pela Lei nº 8.260, de 12.12.1991) *I - fotografia, de frente, modelo 3 X 4; (Redação dada pela Lei nº 8.260, de 12.12.1991)* *II - nome, filiação, data e lugar de nascimento e assinatura ;(Redação dada pela Lei nº 8.260, de 12.12.1991)* *III - nome, idade e estado civil dos dependentes; (Redação dada pela Lei nº 8.260, de 12.12.1991)* *IV - número do documento de naturalização ou data da chegada ao Brasil, e demais elementos constantes da identidade de estrangeiro, quando for o caso (Redação dada pela Lei nº 8.260, de 12.12.1991)* *Parágrafo único - A Carteira de Trabalho e Previdência Social - CTPS será fornecida mediante a apresentação de :(Incluído pela Lei nº 8.260, de 12.12.1991)* *a) duas fotografias com as características mencionadas no inciso I; (Incluída pela Lei nº 8.260, de 12.12.1991)*	**"Art. 16. Carteira de Trabalho e Previdência Social terá como identificação única do empregado o número de inscrição no Cadastro de Pessoas Físicas – CPF." (NR)**

TEXTO ANTERIOR **(na ortografia de cada época)**	**TEXTO ATUAL** **(texto atualizado, ou seja, alterado, mantido ou revogado, e as propostas apresentadas – *vide comentários*)**
*b) qualquer documento oficial de identificação pessoal do interessado, no qual possam ser colhidos dados referentes ao nome completo, filiação, data e lugar de nascimento. (Incluída pela Lei nº 8.260, de 12.*12.1991)	

COMENTÁRIOS – Está evidente a simplificação. Qualquer trabalhador dispõe do seu CPF. É essencial para o seu dia a dia na sociedade moderna, onde o homem econômico nada tem, nada faz, nada é, sem o CPF, que chega a ser mais valioso que o seu próprio nome. Somos meros números, do CPF, do RG (cédula de identidade), da Carteira de Trabalho, da CNH (cédula de habilitação para dirigir), do CEP (Código de Endereçamento Postal), do cartão magnético do Banco... Ficam dispensadas as tantas informações pessoais (da qualificação) que antigamente eram exigidas. O CPF se transforma na identificação única do empregado brasileiro. O texto desta proposta do legislador foi aprovado e a coluna "TEXTO ATUAL" da tabela comparativa apresenta as novas alterações.

A emissão da Carteira de Trabalho Digital foi rapidamente regulamentada pela Portaria 1.065, de 23 de setembro de 2019 (DOU de 24/9/2019) da Secretaria Especial de Previdência e Trabalho – SEPT, do Ministério da Economia conforme tratamos na Parte 8, tópico 8.n, que ora recomendamos.

Com o advento da Lei da Liberdade Econômica (Lei 13.874/2019), foram revogados os seguintes artigos da CLT:

Art. 17 - Na impossibilidade de apresentação, pelo interessado, de documento idôneo que o qualifique, a Carteira de Trabalho e Previdência Social será fornecida com base em declarações verbais confirmadas por 2 (duas) testemunhas, lavrando-se, na primeira folha de anotações gerais da carteira, termo assinado pelas mesmas testemunhas. (Redação dada pelo Decreto-lei nº 926, de 10.10.1969)

§ 1º - Tratando-se de menor de 18 (dezoito) anos, as declarações previstas neste artigo serão prestadas por seu responsável legal. (Redação dada pelo Decreto-lei nº 926, de 10.10.1969)

§ 2º - Se o interessado não souber ou não puder assinar sua carteira, ela será fornecida mediante impressão digital ou assinatura a rogo. (Redação dada pelo Decreto-lei nº 926, de 10.10.1969)

(...)

Art. 20 - As anotações relativas a alteração do estado civil e aos dependentes do portador da Carteira de Trabalho e Previdência Social serão feitas pelo Instituto Nacional de Previdência Social (INPS) e somente em sua falta, por qualquer dos órgãos emitentes. (Redação dada pelo Decreto-lei nº 926, de 10.10.1969)

Art. 21 - Em caso de imprestabilidade ou esgotamento do espaço destinado a registros e anotações, o interessado deverá obter outra carteira, conservando-se o número e a série da anterior. (Redação dada pela Lei nº 5.686, de 3.8.1971)

(...)

SEÇÃO III

DA ENTREGA DAS CARTEIRAS DE TRABALHO E PREVIDÊNCIA SOCIAL

Art. 25 - As Carteiras de Trabalho e Previdência Social serão entregues aos interessados pessoalmente, mediante recibo.

Art. 26 - Os sindicatos poderão, mediante solicitação das respectivas diretorias incumbir-se da entrega das Carteiras de Trabalho e Previdência Social pedidas por seus associados e pelos demais profissionais da mesma classe. (Redação dada pelo Decreto-lei nº 229, de 28.2.1967)

Parágrafo único - Não poderão os sindicatos, sob pena das sanções previstas neste Capítulo cobrar remuneração pela entrega das Carteiras de Trabalho e Previdência Social, cujo serviço nas respectivas sedes será fiscalizado pelas Delegacias Regionais ou órgãos autorizados. (Redação dada pelo Decreto-lei nº 229, de 28.2.1967)

(...)

TEXTO ANTERIOR (na ortografia de cada época)	TEXTO ATUAL (texto atualizado, ou seja, alterado, mantido ou revogado, e as propostas apresentadas - *vide comentários*)
SEÇÃO IV DAS ANOTAÇÕES	
Art. 29 - A Carteira de Trabalho e Previdência Social será obrigatoriamente apresentada, contra recibo, pelo trabalhador ao empregador que o admitir, o qual terá o prazo de quarenta e oito horas para nela anotar, especificamente, a data de admissão, a remuneração e as condições especiais, se houver, sendo facultada a adoção de sistema manual, mecânico ou eletrônico, conforme instruções a serem expedidas pelo Ministério do Trabalho. (Redação dada pela Lei nº 7.855, de 24.10.1989) § 1º As anotações concernentes à remuneração devem especificar o salário, qualquer que seja sua forma de pagamento, seja êle em dinheiro ou em utilidades, bem como a estimativa da gorjeta. (Redação dada pelo Decreto-lei nº 229, de 28.2.1967) § 2º - As anotações na Carteira de Trabalho e Previdência Social serão feitas: (Redação dada pela Lei nº 7.855, de 24.10.1989) a) na data-base; (Redação dada pela Lei nº 7.855, de 24.10.1989)	**"Art. 29. O empregador terá o prazo de cinco dias úteis para anotar na Carteira de Trabalho e Previdência Social, em relação aos trabalhadores que admitir, a data de admissão, a remuneração e as condições especiais, se houver, sendo facultada a adoção de sistema manual, mecânico ou eletrônico, conforme instruções a serem expedidas pelo Ministério da Economia.** ....

TEXTO ANTERIOR (na ortografia de cada época)	TEXTO ATUAL (texto atualizado, ou seja, alterado, mantido ou revogado, e as propostas apresentadas - *vide comentários*)
b) a qualquer tempo, por solicitação do trabalhador; (Redação dada pela Lei nº 7.855, de 24.10.1989)	
c) no caso de rescisão contratual; ou (Redação dada pela Lei nº 7.855, de 24.10.1989)	
d) necessidade de comprovação perante a Previdência Social. (Redação dada pela Lei nº 7.855, de 24.10.1989)	
§ 3º - A falta de cumprimento pelo empregador do disposto neste artigo acarretará a lavratura do auto de infração, pelo Fiscal do Trabalho, que deverá, de ofício, comunicar a falta de anotação ao órgão competente, para o fim de instaurar o processo de anotação. (Redação dada pela Lei nº 7.855, de 24.10.1989)	
§ 4º É vedado ao empregador efetuar anotações desabonadoras à conduta do empregado em sua Carteira de Trabalho e Previdência Social. (Incluído pela Lei nº 10.270, de 29.8.2001)	
§ 5º O descumprimento do disposto no § 4º deste artigo submeterá o empregador ao pagamento de multa prevista no art. 52 deste Capítulo. (Incluído pela Lei nº 10.270, de 29.8.2001)	
(não existia)	

TEXTO ANTERIOR (na ortografia de cada época)	TEXTO ATUAL (texto atualizado, ou seja, alterado, mantido ou revogado, e as propostas apresentadas – *vide comentários*)
(não existia)	**§ 6º A comunicação, pelo trabalhador, do número de inscrição no Cadastro de Pessoas Físicas – CPF ao empregador, equivale à apresentação da Carteira de Trabalho e Previdência Social em meio digital, ficando o empregador dispensado da emissão de recibo.**
(não existia)	**§ 7º Os registros eletrônicos gerados pelo empregador nos sistemas informatizados da Carteira de Trabalho e Previdência Social em meio digital equivalem às anotações a que se refere esta lei.**
(não existia)	**§ 8º O trabalhador deverá ter acesso às informações da sua Carteira de Trabalho e Previdência Social no prazo de até 48 (quarenta e oito) horas a partir de sua anotação." (NR)**

COMENTÁRIOS – Destaca-se, desde logo, o prazo para que o empregado disponha de documento hábil para sua identificação perante o empregador, já como detentor de direitos, especialmente. O empregador terá agora prazo maior, de dias, o que pode ser de considerável inconveniência. O risco está em manter trabalhador sem registro. Eventual acidente de trabalho exigirá que se anote de forma rápida, sob pena de dificultar (ou impedir) o seu atendimento médico, principalmente. Vê-se que o legislador foi bastante flexível, porque, para anotar, são cinco dias e para devolver o documento anotado são mais 48 horas. Se a anotação for no primeiro dia, as 48 horas já se iniciam e, aí, o tempo máximo será de três e não mais o total de sete. A liberação do empregador quanto à emissão de recibo é mostra de desburocratização. Todavia, desprotege o trabalhador que deixa de ter comprovação da entrega do seu documento (CPF). Recomendável que o mínimo de troca de recibos sempre exista. É bom para ambas as partes da relação contratual, que se garantem reciprocamente. O texto desta proposta do legislador foi aprovado e a coluna "TEXTO ATUAL" da tabela comparativa apresenta as novas alterações.

A emissão da Carteira de Trabalho Digital foi rapidamente regulamentada pela Portaria 1.065, de 23 de setembro de 2019 (DOU de 24/9/2019) da Secretaria Especial de Previdência e Trabalho - SEPT, do Ministério da Economia conforme tratamos na Parte 8,no tópico 8.n, que ora recomendamos.

Com o advento da Lei da Liberdade Econômica (Lei 13.874/2019), foram revogados os seguintes artigos da CLT:

> Art. 30 - Os acidentes do trabalho serão obrigatoriamente anotados pelo Instituto Nacional de Previdência Social na carteira do acidentado. (Redação dada pelo Decreto-lei nº 926, de 10.10.1969)
>
> Art. 31 - Aos portadores de Carteiras de Trabalho e Previdência Social assegurado o direito de as apresentar aos órgãos autorizados, para o fim de ser anotado o que fôr cabível, não podendo ser recusada a solicitação, nem cobrado emolumento não previsto em lei. (Redação dada pelo Decreto-lei nº 229, de 28.2.1967)
>
> Art. 32 - As anotações relativas a alterações no estado civil dos portadores de Carteira de Trabalho e Previdência Social serão feitas mediante prova documental. As declarações referentes aos dependentes serão registradas nas fichas respectivas, pelo funcionário encarregado da identificação profissional, a pedido do próprio declarante, que as assinará. (Redação dada pelo Decreto-lei nº 229, de 28.2.1967)
>
> Parágrafo único. As Delegacias Regionais e os órgãos autorizados deverão comunicação ao Departamento Nacional de Mão-de-Obra todas as alterações que anotarem nas Carteiras de Trabalho e Previdência Social. (Redação dada pelo Decreto-lei nº 229, de 28.2.1967)
>
> Art. 33 As Anotações nas fichas de declaração e nas Carteiras Profissionais serão feitas seguidamente sem abreviaturas, ressalvando-se no fim de cada assentamento, as emendas, entrelinhas e quaisquer circunstâncias que possam ocasionar dúvidas. (Redação dada pelo Decreto-lei nº 229, de 28.2.1967)

Art. 34 - Tratando-se de serviço de profissionais de qualquer atividade, exercido por empreitada individual ou coletiva, com ou sem fiscalização da outra parte contratante, a carteira será anotada pelo respectivo sindicato profissional ou pelo representante legal de sua cooperativa.

TEXTO ANTERIOR **(na ortografia de cada época)**	**TEXTO ATUAL** **(texto atualizado, ou seja, alterado, mantido ou revogado, e as propostas apresentadas – *vide comentários*)**
SEÇÃO VI DO VALOR DAS ANOTAÇÕES	
Art. 40 - As Carteiras de Trabalho e Previdência Social regularmente emitidas e anotadas servirão de prova nos atos em que sejam exigidas carteiras de identidade e especialmente: (Redação dada pelo Decreto-lei nº 229, de 28.2.1967)	**"Art. 40. As Carteiras de Trabalho e Previdência Social regularmente emitidas e anotadas servirão de prova:** ....
I - Nos casos de dissídio na Justiça do Trabalho entre a emprêsa e o empregado por motivo de salário, férias ou tempo de serviço; (Redação dada pelo Decreto-lei nº 229, de 28.2.1967)	
II - Perante a Previdência Social, para o efeito de declaração de dependentes; (Redação dada pelo Decreto-lei nº 229, de 28.2.1967)	**(ora REVOGADO)**
III - Para cálculo de indenização por acidente do trabalho ou moléstia profissional. (Redação dada pelo Decreto-lei nº 229, de 28.2.1967)	

COMENTÁRIOS – Desta feita, o documento relativo ao trabalho teve sua validade restringida como elemento de prova, o que sugere conflito com o novo texto do artigo 16 que define o documento **único** do empregado. Sem embargo, os incisos I e III deste artigo reafirmam o valor para aquelas situações que menciona. O texto desta proposta do legislador foi aprovado e a coluna "TEXTO ATUAL" da tabela comparativa apresenta as novas alterações.

A emissão da Carteira de Trabalho Digital foi rapidamente regulamentada pela Portaria 1.065 de 23 de setembro de 2019 (DOU de 24/9/2019) da Secretaria Especial de Previdência e Trabalho - SEPT, do Ministério da Economia conforme tratamos na Parte 8,no tópico 8.n, que ora recomendamos.

Com o advento da Lei da Liberdade Econômica (Lei 13.874/2019), foram revogados os seguintes artigos da CLT:

SEÇÃO VI

VALOR DAS ANOTAÇÕES

Art. 40 (...)

II - Perante a Previdência Social, para o efeito de declaração de dependentes; (Redação dada pelo Decreto-lei nº 229, de 28.2.1967)

....

Art. 53 - A emprêsa que receber Carteira de Trabalho e Previdência Social para anotar e a retiver por mais de 48 (quarenta e oito) horas ficará sujeita à multa de valor igual à metade do salário-mínimo regional. (Redação dada pelo Decreto-lei nº 229, de 28.2.1967)

Art. 54 - A emprêsa que, tendo sido intimada, não comparecer para anotar a Carteira de Trabalho e Previdência Social de seu empregado, ou cujas alegações para recusa tenham sido julgadas improcedentes, ficará sujeita à multa de valor igual a 1 (um) salário-mínimo regional. (Redação dada pelo Decreto-lei nº 229, de 28.2.1967)

....

Art. 56 - O sindicato que cobrar remuneração pela entrega de Carteira de Trabalho e Previdência Social ficará sujeito à multa de valor igual a 3 (três) vêzes o salário-mínimo regional. (Redação dada pelo Decreto-lei nº 229, de 28.2.1967)

TEXTO ANTERIOR **(na ortografia de cada época)**	**TEXTO ATUAL** **(texto atualizado, ou seja, alterado, mantido ou revogado, e as propostas apresentadas – *vide comentários*)**
Art. 59. A duração diária do trabalho poderá ser acrescida de horas extras, em número não excedente de duas, por acordo individual, convenção coletiva ou acordo coletivo de trabalho.	
§ 1º A remuneração da hora extra será, pelo menos, 50% (cinquenta por cento) superior à da hora normal. (Redação dada pela Lei nº 13.467, de 2017)	
§ 2º Poderá ser dispensado o acréscimo de salário se, por força de acordo ou convenção coletiva de trabalho, o excesso de horas em um dia for compensado pela correspondente diminuição em outro dia, de maneira que não exceda, no período máximo de um ano, à soma das jornadas semanais de trabalho previstas, nem seja ultrapassado o limite máximo de dez horas diárias. (Redação dada pela Medida Provisória nº 2.164-41, de 2001)	
§ 3º Na hipótese de rescisão do contrato de trabalho sem que tenha havido a compensação integral da jornada extraordinária, na forma dos §§ 2º e 5º deste artigo, o trabalhador terá	

TEXTO ANTERIOR (na ortografia de cada época)	TEXTO ATUAL (texto atualizado, ou seja, alterado, mantido ou revogado, e as propostas apresentadas – *vide comentários*)
direito ao pagamento das horas extras não compensadas, calculadas sobre o valor da remuneração na data da rescisão. (Redação dada pela Lei nº 13.467, de 2017) § 4º (Revogado pela Lei nº 13.467, de 2017) § 5º O banco de horas de que trata o § 2º deste artigo poderá ser pactuado por acordo individual escrito, desde que a compensação ocorra no período máximo de seis meses. (Incluído pela Lei nº 13.467, de 2017) § 6º É lícito o regime de compensação de jornada estabelecido por acordo individual, tácito ou escrito, para a compensação no mesmo mês. (Incluído pela Lei nº 13.467, de 2017)	

COMENTÁRIOS – O banco de horas é intensamente praticado (e cada dia mais) desde a sua instituição. Suas regras estão sendo ampliadas gradativamente, como ocorreu com a reforma trabalhista de 2017. É de grande interesse rever suas noções.

• BANCO DE HORAS (COMPENSAÇÃO) – COMO COMBINAR?

O regime de compensação de horas de trabalho (denominado banco de horas) foi ampliado. Agora pode ser mensal, por acordo individual, silencioso sem troca de palavras (é o tácito) ou até escrito. Se é possível acordar silenciosamente, maior razão para a aceitação da negociação verbal. Igualmente os acordos e as convenções coletivas, no sindicato (CLT, art. 59, § 6º).

Agora também existe o banco de horas semestral, por meio de acordo individual escrito. Igualmente, por acordo coletivo, no sindicato (CLT, art. 59, § 5º).

Foi mantido o banco de horas anual, só por acordo coletivo ou convenção coletiva, no sindicato (CLT, art. 59, § 2º).

Em todas as espécies de banco de horas não há pagamento de adicional salarial, compensando-se o excesso com folga em outro dia, respeitando-se, sempre, a quantidade de horas semanais somadas e o limite de 10 horas/dia (CLT, art. 59, § 2º).

Havendo qualquer irregularidade no cumprimento dessas regras, o empregador não repetirá o pagamento, apenas pagará o adicional, se não tiver ultrapassado o limite das 44 horas semanais (CLT, art. 59-B).

O banco de horas não impede a prestação de outras horas extras (CLT, art. 59-B, parágrafo único).

Se houver desligamento do empregado (dispensado ou pedir demissão) antes de compensar todas as horas trabalhadas, receberá o saldo credor na rescisão, com base no último salário (CLT, art. 59, § 3º).

• REPOUSO DIÁRIO – PODE SER DIMINUÍDO? POR ACORDO NA EMPRESA?

Se o empregado não tiver 1 (uma) hora para descansar ou tomar refeição, receberá o tempo faltante com 50% de acréscimo. É uma indenização. Não é hora extra. Portanto, não é salário (CLT, art. 71, § 4º).

O empregador pode reduzir o intervalo para até 30 minutos, mas por meio de acordo coletivo ou convenção coletiva (especial) no sindicato, com força de lei (CLT, art. 611-A, III).

Para a mulher amamentar o filho, os intervalos de 30 minutos deverão ser estabelecidos através de acordo individual com o empregador, de preferência por escrito, é mais garantido aos dois lados (CLT, art. 396, § 2º).

• JORNADA DE 12 POR 36 HORAS DE DESCANSO – É PARA TODOS?

É permitida essa prática para os que combinarem individualmente, por escrito, ou com o sindicato do empregado através de acordo coletivo ou convenção coletiva de trabalho, no sindicato (CLT, art. 59-A, "caput").

As horas trabalhadas são seguidas (com intervalos para refeição ou indenizados) e as do descanso são contínuas. Não dependem de autorização antecipada do MTE, sendo liberadas (CLT, art. 59-A, "caput" cc. art. 60, parágrafo único).

Há particularidade na remuneração, que engloba os repousos semanais, feriados e o adicional da hora noturna trabalhada. É uma espécie de salário complessivo, isto é completivo, o mesmo que complexivo, que era negado pelos tribunais no Brasil (CLT, art. 59-A, parágrafo único).

TEXTO ANTERIOR **(na ortografia de cada época)**	**TEXTO ATUAL** **(texto atualizado, ou seja, alterado, mantido ou revogado, e as propostas apresentadas - *vide comentários*)**
SEÇÃO III DOS PERÍODOS DE DESCANSO	
Art. 67 - Será assegurado a todo empregado um descanso semanal de 24 (vinte e quatro) horas consecutivas, o qual, salvo motivo de conveniência pública ou necessidade imperiosa do serviço, deverá coincidir com o domingo, no todo ou em parte.	**"Art. 67. Será assegurado a todo empregado um repouso semanal remunerado de vinte e quatro horas consecutivas, preferencialmente aos domingos." (NR)**
Parágrafo único - Nos serviços que exijam trabalho aos domingos, com exceção quanto aos elencos teatrais, será estabelecida escala de revezamento, mensalmente organizada e constando de quadro sujeito à fiscalização.	
Art. 68 - O trabalho em domingo, seja total ou parcial, na forma do art. 67, será sempre subordinado à permissão prévia da autoridade competente em matéria de trabalho.	**"Art. 68. Fica autorizado o trabalho aos domingos e feriados.**

TEXTO ANTERIOR (na ortografia de cada época)	TEXTO ATUAL (texto atualizado, ou seja, alterado, mantido ou revogado, e as propostas apresentadas – *vide comentários*)
Parágrafo único - A permissão será concedida a título permanente nas atividades que, por sua natureza ou pela conveniência pública, devem ser exercidas aos domingos, cabendo ao Ministro do Trabalho, Industria e Comercio, expedir instruções em que sejam especificadas tais atividades. Nos demais casos, ela será dada sob forma transitória, com discriminação do período autorizado, o qual, de cada vez, não excederá de 60 (sessenta) dias.	**Parágrafo único. O repouso semanal remunerado deverá coincidir com o domingo pelo menos uma vez no período máximo de quatro semanas." (NR)**
Art. 70 - Salvo o disposto nos artigos 68 e 69, é vedado o trabalho em dias feriados nacionais e feriados religiosos, nos têrmos da legislação própria. (Redação dada pelo Decreto-lei nº 229, de 28.2.1967)	**"Art. 70. O trabalho aos domingos e nos feriados será remunerado em dobro, salvo se o empregador determinar outro dia de folga compensatória." (NR)**
....	....

COMENTÁRIOS – A oportunidade surgida serviu para uma revisão de textos que há anos não sofriam alterações. É nítida a intensão de simplificação da redação, deixando de prever as restrições que haviam, mantendo a ideia central de um dia de folga mensal no domingo. O repouso semanal está mantido, ainda que seja num dia qualquer. O mesmo tratamento ficou definido para os dias considerados feriados, civis e religiosos, sem quantificá-los. A não concessão impõe o pagamento de uma diária correspondente a esta ocasião (folga não concedida). Não se cogita do direito ao pagamento triplo. Também generalizou ao empregador o poder de exigir a prestação de serviços aos domingos e feriados, sem cuidar das hipóteses que dependiam de autorização prévia. Nem há qualquer vantagem para o empregador que coincida a folga parcial com o domingo ou feriado. A proteção do trabalhador diminuiu. **O texto**

desta proposta do legislador foi, inicialmente, aprovado nas votações da Câmara Federal. Comporta, ainda, registrar os fatos que antecederam esta tramitação.

1. Não houve revogação do Anexo que ensejou a edição da Portaria nº 604, de 18 de junho de 2019, da Secretaria Especial do Trabalho e Previdência; a rigor, as reiteradas reformas trabalhistas não se resumem às alterações da CLT; esta sempre atribuiu ao Ministério do Trabalho poder para regulamentar (por portaria, etc) atividades diversas (trabalho insalubre, escravo, controle das jornadas, registros profissionais, descontos salariais, acidentes, multas, etc); portaria mais antiga ainda aplicada é de 1952; porque não temos um Código do Trabalho (nem do seu processo) que impediria rapidez no Congresso para as alterações; CLT é lei federal, é fácil modificá-la para acompanhar a dinâmica do trabalho; daí, projetos de códigos foram arquivados.

2. Sempre foi garantido descanso aos domingos (razão bíblica) e nos feriados, mas permitindo trabalho excepcionalmente, nas atividades essenciais que não podem ser interrompidas (saúde, segurança etc), com autorização prévia do Ministério do Trabalho; em caráter permanente ou temporário.

3. Mudou: em 18/6/2019 a nova Portaria (nº 604, conforme artigo 7º do Regulamento da Lei nº 605 de 5/1/1949) aumentou as atividades que estão liberadas, sem dependerem de autorização. Sintetizamos os setores:

- **da indústria** de laticínios, frio industrial, distribuição de água, energia elétrica, gás, cervejaria, malte, cobre, ferro, vidro, usinas de açúcar e álcool, papel de imprensa, cimento, carga de bateria, petroquímica, biodiesel, do vinho e derivados, dos salgados, panificação; aeroespacial;
- **dos serviços industriais** de esgotos, floricultura, elevadores e cabos aéreos, em cortume, alimentação de animais, farmacêuticos, fundição, forjaria, reparos de urgência, moagem, refino do petróleo, óleos comestíveis e vegetais, hortifrútis e legumes;
- **do comércio** varejista de peixe, carnes e caça, pão e biscoitos, frutas e verduras, aves e ovos, farmacêutico, flores, barbearia, postos de gasolina e acessórios, locadoras, hotéis/bares e similares, casas de saúde, de diversões;

- **dos serviços comerciais** em avicultura, feira livre, mercados, estâncias hidrominerais, portos, aeroportos, estradas e estações, agência de turismo, portarias, propaganda e anúncios em ônibus/bondes, portuários, navegação, marítimos, funerários, limpeza e alimentação de animais em propriedade rural, transportes de carga e de passageiro, jornais e bancas, rádio, televisão, telefonia, comércio em geral;
- **dos serviços em estabelecimentos de educação**, inclusive internatos;
- **dos serviços culturais** em teatro, biblioteca, museu, culto religioso, orquestras.

4. As atividades empresariais e serviços nem sempre abrangem os trabalhadores dos seus escritórios: é preciso conferir.

5. Os feriados atingidos são os civis e religiosos.

6. Trabalho no domingo ou feriado garante compensação na semana seguinte.

7. Exigência dos tribunais de uma folga mensal no domingo não foi atingida.

8. O Governo acredita que vai desburocratizar (a empresa não precisa pedir autorização) e surgirá mais emprego.

9. Com os novos textos da proposta aqui apontada, entendemos que a Portaria em questão estaria derrogada, porque a nova regulamentação é ampla, sem restrições, ficando aqui para a expectativa do pronunciamento dos tribunais.

Entretanto, a matéria ao chegar no Senado Federal recebeu atenção imediatamente, com tramitação de urgência, em razão do prazo exíguo e o risco de perda da validade da Medida Provisória 881/2019. Foi aí que os senadores decidiram excluir apenas os artigos 67, 68 e 70 sob o fundamento de "falta de pertinência temática", ou simplesmente propositura de "jabuti", na linguagem dos congressistas. Em tais condições, foram mantidos os textos dos referidos artigos da CLT como se acham. Portanto, **o texto atual conserva o anterior, sem novas alterações.**

Toda a dúvida e conflito que se apresentavam como controvérsia para solução através da jurisprudência dos tribunais trabalhistas está desfeita e a Portaria 604/2019 está inteiramente em vigor (texto na integra na Parte Final deste livro).

A proposta do legislador que NÃO foi aprovada consta que ficou guardada para uma próxima oportunidade, como as demais também negadas em acordo para não retardarem a tramitação e vigência das alterações. Provavelmente voltará num projeto de lei em outra época. Deverá ser objeto de análise mais profunda, confrontações e repercussões ao tempo de sua adoção, a luz das regras e normas então vigentes e que possam ser atingidas. Por ora é prematuro e, assim, é mais seguro a todos.

Com o advento da Lei da Liberdade Econômica (Lei 13.874/2019), foram revogados os seguintes artigos da CLT:[1]

LEI Nº 605, DE 5 DE JANEIRO DE 1949

D.O.U. de 14.01.1949

Repouso semanal remunerado e o pagamento de salário nos dias feriados civis e religiosos.

....

Art. 8º Excetuados os casos em que a execução do serviço for imposta pelas exigências técnicas das empresas, é vedado o trabalho em dias feriados, civis e religiosos, garantida, entretanto, aos empregados a remuneração respectiva, observados os dispositivos dos artigos 6º e 7º desta lei.

Art. 9º Nas atividades em que não for possível, em virtude das exigências técnicas das empresas, a suspensão do trabalho, nos dias feriados civis e religiosos, a remuneração será paga em dobro, salvo se o empregador determinar outro dia de folga.

1. Recomendamos também verificarem o tópico 8.m, intitulado Omissões da Lei, que integra a Parte 8 deste livro, após "Outras Alterações Legais e a Legislação Referida", inclusive em seguida ao texto na integra da Lei nº 13.874 e 20 de setembro de 2019, encontrado no tópico 8.k. O Executivo tornou a matéria confusa. Afinal, o que não foi vetado está em vigor, desde que faça parte do texto sancionado. Mas não é o que ocorre.

Art. 10. Na verificação das exigências técnicas a que se referem os artigos anteriores, ter-se-ão em vista as de ordem econômica, permanentes ou ocasionais, bem como as peculiaridades locais.

Parágrafo único. O Poder Executivo, em decreto especial ou no regulamento que expedir par fiel execução desta lei, definirá as mesmas exigências e especificará, tanto quanto possível, as empresas a elas sujeitas, ficando desde já incluídas entre elas as de serviços públicos e de transportes.

....

LEI Nº 10.101, DE 19 DE DEZEMBRO DE 2000.

Dispõe sobre a participação dos trabalhadores nos lucros ou resultados da empresa e dá outras providências.

Art. 6º Fica autorizado o trabalho aos domingos nas atividades do comércio em geral, observada a legislação municipal, nos termos do art. 30, inciso I, da Constituição. (Redação dada pela Lei nº 11.603, de 2007)

Parágrafo único. O repouso semanal remunerado deverá coincidir, pelo menos uma vez no período máximo de três semanas, com o domingo, respeitadas as demais normas de proteção ao trabalho e outras a serem estipuladas em negociação coletiva. **(Redação dada pela Lei nº 11.603, de 2007)**

Art. 6º-A. É permitido o trabalho em feriados nas atividades do comércio em geral, desde que autorizado em convenção coletiva de trabalho e observada a legislação municipal, nos termos do art. 30, inciso I, da Constituição. (Incluído pela Lei nº 11.603, de 2007)

Art. 6º-B. As infrações ao disposto nos arts. 6º e 6º-A desta Lei serão punidas com a multa prevista no art. 75 da Consolidação das Leis do Trabalho, aprovada pelo Decreto-Lei nº 5.452, de 1º de maio de 1943. (Incluído pela Lei nº 11.603, de 2007)

....

LEI Nº 4.178, DE 11 DE DEZEMBRO DE 1962.

Extingue o trabalho aos sábados nos estabelecimentos de crédito.

....

Art. 1º Os estabelecimentos de crédito não funcionarão aos sábados, em expediente externo ou interno.

TEXTO ANTERIOR **(na ortografia de cada época)**	**TEXTO ATUAL** **(texto atualizado, ou seja, alterado, mantido ou revogado, e as propostas apresentadas - *vide comentários*)**
SEÇÃO V DO QUADRO DE HORÁRIO	
Art. 74 - O horário do trabalho constará de quadro, organizado conforme modelo expedido pelo Ministro do Trabalho, Indústria e Comercio, e afixado em lugar bem visível. Esse quadro será discriminativo no caso de não ser o horário único para todos os empregados de uma mesma seção ou turma.	**Art. 74. O horário de trabalho será anotado em registro de empregados. (<u>renumerado; parte do conteúdo do anterior parágrafo 1º</u>)**
§ 1º - O horário de trabalho será anotado em registro de empregados com a indicação de acordos ou contratos coletivos porventura celebrados.	**(ora revogado)**
§ 2º - Para os estabelecimentos de mais de dez trabalhadores será obrigatória a anotação da hora de entrada e de saída, em registro manual, mecânico ou eletrônico, conforme instruções a serem expedidas pelo Ministério do Trabalho, devendo haver pré-assinalação do período de repouso.(Redação dada pela Lei nº 7.855, de 24.10.1989)	**§ 1º Para os estabelecimentos de mais de vinte trabalhadores será obrigatória a anotação da hora de entrada e de saída, em registro manual, mecânico ou eletrônico, conforme instruções expedidas pela Secretaria Especial de Previdência e Trabalho do Ministério da Economia, permitida a pré-assinalação do período de repouso.**

TEXTO ANTERIOR (na ortografia de cada época)	TEXTO ATUAL (texto atualizado, ou seja, alterado, mantido ou revogado, e as propostas apresentadas – *vide comentários*)
§ 3º - Se o trabalho for executado fora do estabelecimento, o horário dos empregados constará, explicitamente, de ficha ou papeleta em seu poder, sem prejuízo do que dispõe o § 1º deste artigo.	**§ 2º Se o trabalho for executado fora do estabelecimento, o horário dos empregados constará registro manual, mecânico ou eletrônico em seu poder, sem prejuízo do que dispõe caput deste artigo.** **§ 3º Fica permitida a utilização de registro de ponto por exceção à jornada regular de trabalho, mediante acordo individual escrito, convenção coletiva ou acordo coletivo de trabalho." (NR)**

COMENTÁRIOS – Esta alteração atinge os trabalhadores de forma direta e no que lhes é essencial. A simplificação das relações de trabalho causou a extinção do sistema antigo e tradicional de registrar o tempo de trabalho. Com ele, os trabalhadores se sentiam protegidos porque tinham a prova das horas trabalhadas. Por consequência, poderiam provar a qualquer época as horas efetivamente dedicadas ao empregador. Reclamar horas extras se transformou num dos pedidos mais comuns nas ações trabalhistas brasileiras desde a metade do século passado. Agora, aquela prática está dificultada, para não dizer ameaçada. Vai depender do grau de cobrança dos empregados. E até da vigilância do seu sindicato e do conteúdo das normas (cláusulas) das convenções e acordos coletivos. Isto porque a obrigatoriedade de existir controle de horário (cartão de ponto ou outra maneira qualquer, até eletrônica) só a partir do mínimo de 21 empregados na empresa (eram 10). O empregador poderá implantar o controle por força de acordo individual escrito (celebrado na própria empresa, sem que o trabalhador esteja assistido por advogado, nem se exigindo qualquer homologação sindical, nem judicial) ou negociado com o sindicato dos trabalhadores. Os que trabalham externamente poderão estar garantidos com o direito de terem uma papeleta ou outra maneira qualquer que registre o tempo de trabalho extraordinário, se for combinado. É uma faculdade patronal, que interessa aos empregados, porque é vantajosa. Mas poderá ser fiscalizado. O texto desta proposta do legislador foi aprovado e a coluna "TEXTO ATUAL" da tabela comparativa apresenta as novas alterações. Horas extras se associam às regras que definem jornada de trabalho, como tratadas na reforma trabalhista de 2017.

• JORNADA DE TRABALHO – O QUE É? QUANDO FICA MAIOR OU MENOR?

É sempre a duração de um dia de trabalho; conceito que não se alterou (CLT, art. 58).

O tempo gasto no percurso de ida e volta do trabalho (tempo "in itinere"), mesmo que o empregado seja levado pelo empregador, sendo (ou não) local de trabalho com difícil acesso, deixa de fazer parte da jornada, porque não mais se considera que o empregado esteja à disposição (subordinado, sob ordens) para a prestação de serviços (CLT, art. 58, § 2º).

Empregado que chega mais cedo ou sai mais tarde do serviço por conveniência pessoal (ex: horário de ônibus, de aula, troca de roupa, esperar carona, etc.) não tem o direito de somar esse tempo ao da jornada. Novo critério da contagem do tempo: só o período efetivamente trabalhado (CLT, art. 4º, § 2º).

• HORA EXTRA – QUANDO É DEVIDA? QUANTO VALE? QUEM FOI EXCLUÍDO?

Empregado que chega mais cedo ou sai mais tarde do serviço por conveniência pessoal (ex: horário de ônibus, de aula, troca de roupa, esperar carona, etc.) não tem o direito de somar esse tempo ao da jornada. Novo critério da contagem do tempo: só o período efetivamente trabalhado (CLT, art. 4º, § 2º).

Hora extra por exceder o limite diário, **com** acordo individual escrito ou acordo coletivo ou convenção coletiva: só até duas (2) horas recebendo o adicional de 50% sobre o valor da hora normal. (CLT, art. 59, "caput" e § 1º)

Hora extra por exceder o limite diário, **sem** acordo algum por ser imprevisível (causada por necessidade imperiosa): pode trabalhar quantidade ilimitada (face força maior e serviços inadiáveis). Paga-se adicional de 50% sobre o valor da hora normal (CLT, art. 59, "caput" e § 1º, c/c art. 61, § 1º).

Hora extra por exceder o limite do trabalho semanal não dispõe de adicional diferenciado, é o mesmo, 50% sobre o valor da hora normal (CLT, art. 59, § 1º).

Hora extra por exceder outro limite (mensal ou anual) não foi prevista. Nem há outro limite além do diário e do semanal. Pode ser estipulado em acordo individual ou acordo coletivo ou convenção coletiva (sindical).

Hora extra no trabalho a tempo parcial existe para quem contrata até 25 horas semanais, limitando-se a quantidade de hora extra ao máximo de 6 horas por semana, recebendo o adicional de 50% sobre o valor da hora normal (CLT, art. 58-A, §§ 3º e 4º).

Os que trabalham no teletrabalho não estão incluídos para usufruir o direito às horas extras. Igualmente os que exercem funções de confiança, como gerentes e outros com o mesmo poder de mando. Também excluídos (CLT, art. 62, II e III).

• HORA SUPLEMENTAR – O QUE É? QUANTO VALE? PODE SER TROCADA POR DESCANSO?

Só é prevista na regulamentação do Trabalho a Tempo Parcial, para os contratos de 26 horas semanais. Nestes, admite-se mais 6 horas suplementares, com adicional de 50% sobre o valor da hora normal (CLT, art. 58-A, § 3º).

Para os contratos de 27 a 30 horas semanais não se permite a prática de horas suplementares (CLT, art. 58-A, "caput").

Estas horas podem ser compensadas (descansadas) na semana seguinte ou pagas na folha salarial do mês imediato (seguinte). Portanto, no correr do próximo mês (CLT, art. 58-A, § 5º).

TEXTO ANTERIOR **(na ortografia de cada época)**	**TEXTO ATUAL** **(texto atualizado, ou seja, alterado, mantido ou revogado, e as propostas apresentadas – *vide comentários*)**
CAPÍTULO II-A (Incluído pela Lei nº 13.467, de 2017) DO TELETRABALHO	**Sem novas alterações**
Art. 75-A. A prestação de serviços pelo empregado em regime de teletrabalho observará o disposto neste Capítulo. (Incluído pela Lei nº 13.467, de 2017)	
Art. 75-B. Considera-se teletrabalho a prestação de serviços preponderantemente fora das dependências do empregador, com a utilização de tecnologias de informação e de comunicação que, por sua natureza, não se constituam como trabalho externo. (Incluído pela Lei nº 13.467, de 2017)	
Parágrafo único. O comparecimento às dependências do empregador para a realização de atividades específicas que exijam a presença do empregado no estabelecimento não descaracteriza o regime de teletrabalho. (Incluído pela Lei nº 13.467, de 2017)	
Art. 75-C. A prestação de serviços na modalidade de teletrabalho deverá constar expressamente do contrato individual de trabalho, que especificará as atividades que serão realizadas pelo empregado. (Incluído pela Lei nº 13.467, de 2017)	

TEXTO ANTERIOR **(na ortografia de cada época)**	**TEXTO ATUAL** **(texto atualizado, ou seja, alterado, mantido ou revogado, e as propostas apresentadas – *vide comentários*)**
§ 1º Poderá ser realizada a alteração entre regime presencial e de teletrabalho desde que haja mútuo acordo entre as partes, registrado em aditivo contratual. (Incluído pela Lei nº 13.467, de 2017) § 2º Poderá ser realizada a alteração do regime de teletrabalho para o presencial por determinação do empregador, garantido prazo de transição mínimo de quinze dias, com correspondente registro em aditivo contratual. (Incluído pela Lei nº 13.467, de 2017) Art. 75-D. As disposições relativas à responsabilidade pela aquisição, manutenção ou fornecimento dos equipamentos tecnológicos e da infraestrutura necessária e adequada à prestação do trabalho remoto, bem como ao reembolso de despesas arcadas pelo empregado, serão previstas em contrato escrito. (Incluído pela Lei nº 13.467, de 2017) Parágrafo único. As utilidades mencionadas no caput deste artigo não integram a remuneração do empregado. (Incluído pela Lei nº 13.467, de 2017) Art. 75-E. O empregador deverá instruir os empregados, de maneira expressa e ostensiva, quanto às precauções a tomar a fim de evitar doenças e acidentes de trabalho. (Incluído pela Lei nº 13.467, de 2017)	

TEXTO ANTERIOR (na ortografia de cada época)	**TEXTO ATUAL** (texto atualizado, ou seja, alterado, mantido ou revogado, e as propostas apresentadas – *vide comentários*)
Parágrafo único. O empregado deverá assinar termo de responsabilidade comprometendo-se a seguir as instruções fornecidas pelo empregador. (Incluído pela Lei nº 13.467, de 2017)	

COMENTÁRIOS – As diferentes formas de trabalho previstas na CLT a partir da reforma de 2017 não foram revistas em 2019. Ensejam continuar estudando para maior compreensão e melhor aplicação.

• TELETRABALHO E TRABALHO REMOTO – HÁ DIFERENÇA ENTRE ELES? CONTRATOS PRESENCIAIS (OS ANTIGOS) PODEM SER TRANSFORMADOS?

São aqueles para o trabalho externo (fora da empresa empregadora) ou até mesmo no domicílio do empregado, podendo parte (hora/s) deles ser(em) na empresa. Através de contrato escrito, especificando (detalhando) as tarefas do trabalhador (CLT, art. 6º, parágrafo único, arts. 75-A, 75-B, parágrafo único e 75-C).

O fornecimento de equipamentos tecnológicos e despesas necessárias devem ser previstas por escrito e não integram a remuneração para nenhum efeito (CLT, art. 75-D e parágrafo único).

Alteração do contrato presencial para o teletrabalho, ou vice-versa, deve ser por acordo individual, escrito, constando num termo aditivo (complementar), separado da CTPS, mas anotado nela (CLT, art. 75-D, § 1º).

Alteração para o teletrabalho por ato de vontade patronal, sem acordo, deve ter pelo menos 15 dias de transição (intervalo), anotando-se a modificação na CTPS (CLT, art.75-C, § 2º).

Estes empregados não estão incluídos entre os que podem trabalhar horas extras (CLT, art. 62, III).

É dever do empregador contribuir para a educação preventiva dos empregados quanto às doenças ocupacionais e acidentes do trabalho (CLT, art. 75-E).

É dever do empregado assinar termo de responsabilidade quanto a prevenção de doenças ocupacionais e acidentes do trabalho. (CLT, art. 75-E, parágrafo único).

• TRABALHO INTERMITENTE – O QUE É? COMO SE CONTRATA?

Pode ser combinado como os demais contratos individuais, só por escrito ou expresso, por prazo determinado ou indeterminado (CLT, art. 443 e 452-A).

É contrato com execução descontínua, alternando períodos, em horas, dias ou meses, em qualquer trabalho, excluídos os aeronautas que são regidos por lei especial (CLT, art. 443, § 3º).

O trabalhador tem direito ao mesmo salário dos demais empregados da empresa, proporcionalmente (CLT, art. 452-A).

Para a prestação de serviços será convocado por qualquer meio (até por *WhatsApp*), sendo informado da jornada com 3 dias de antecedência (CLT, art. 452-A, § 1º).

Terá um dia para se manifestar sobre a convocação: no silêncio, será tida por recusada (CLT, art. 452-A, § 2º).

Se não se apresentar, sem motivo, pagará multa, em 30 dias, no valor correspondente à metade do que iria receber (CLT, art. 452-A, § 4º).

O direito à recusa é legítimo e, mesmo sem motivo, não descaracteriza o contrato (CLT, art. 452-A, § 3º).

No período sem trabalho é permitido trabalhar para outras empresas, até concorrentes (CLT, art. 452, § 5º).

Todos os direitos, menos o FGTS, serão pagos ao final de cada período trabalhado, imediatamente (art. 452-A, § 6º).

Nos holerites devem conter valores devidamente discriminados. (art. 452-A, § 7º).

A empresa depositará o FGTS, como o dos demais empregados (conforme o ganho), entregando ao empregado o comprovante do depósito (Lei nº 8.036/90).

Ao completar o ano de trabalho, usufruirá férias ininterruptas ou, se preferir, em três períodos. É permitido (CLT, art. 452-A, § 9º).

• TRABALHO AUTÔNOMO – SOFREU ALTERAÇÃO?

Agora, permite-se exigir exclusividade no trabalho autônomo. Não interfere na caracterização do trabalho por conta própria. Pode ser exclusivo e não é empregado (CLT, art. 442-B).

TEXTO ANTERIOR **(na ortografia de cada época)**	**TEXTO ATUAL** **(texto atualizado, ou seja, alterado, mantido ou revogado, e as propostas apresentadas – *vide comentários*)**
SEÇÃO II DA CONCESSÃO E DA ÉPOCA DAS FÉRIAS	
Art. 135 - A concessão das férias será participada, por escrito, ao empregado, com antecedência de, no mínimo, 30 (trinta) dias. Dessa participação o interessado dará recibo. (Redação dada pela Lei nº 7.414, de 9.12.1985)	**"Art.135..**
§ 1º - O empregado não poderá entrar no gozo das férias sem que apresente ao empregador sua Carteira de Trabalho e Previdência Social, para que nela seja anotada a respectiva concessão. (Incluído pelo Decreto-lei nº 1.535, de 13.4.1977)	
§ 2º - A concessão das férias será, igualmente, anotada no livro ou nas fichas de registro dos empregados. (Incluído pelo Decreto-lei nº 1.535, de 13.4.1977)	
(não existia)	**§ 3º Nos casos em que o empregado possua a CTPS em meio digital, a anotação será feita nos sistemas a que se refere o § 7º do art. 29, na forma do regulamento, ficando dispensadas as anotações de que tratam os §§ 1º e 2º" (NR)**
....	....

➬ **COMENTÁRIOS** – A concessão das férias não deixou de ter regras e a elas o empregador deverá ter respeito. A preocupação do legislador se justifica. Procurou ajustar os controles quanto às férias às novas práticas da utilização dos sistemas digitais. A modernização deve ser total. Anda há mais a ser feito, pouco a pouco, para que seja assimilado por todo o empresariado que emprega. Razão da referência ao § 7º do artigo 29. O texto desta proposta do legislador foi aprovado e a coluna "TEXTO ATUAL" da tabela comparativa apresenta as novas alterações.

As férias se constituem num dos direitos fundamentais à saúde, à vida dos trabalhadores.

A propósito, vale aqui observar passagem que se envolveu com a tramitação destas alterações.

Na Comissão Mista, às vésperas do recesso de julho/19, haviam aprovado inúmeras alterações. Vamos dizer... **curiosas** e inquietantes! Ou inéditas! Melhor assim. Os congressistas mostravam que precisavam de férias (!!!).

Explica-se: criaram (e aprovaram) uma nova forma de contratação para todo o país, sem distinguir atividades e particularidades que a justificassem. Ela separa o universo de trabalhadores brasileiros: aqueles com **até 30 salários mínimos/mês** protegidos pela CLT e os **demais (acima de 30)** com regras civilistas, ou sejam, aquelas do Código Civil, como **não empregados**, inteiramente dependentes do que for tratado no seu próprio contrato.

A inovação expõe a odiosa separação entre os trabalhadores que encarecem e os que barateiam a mão de obra. Para os parlamentares é a fórmula que pode gerar mais empregos pela preferência (redução de custo) do empresariado. É a adoção de dois regimes para opção empresarial. Esbarrando nas regras do direito adquirido, causa terrível controvérsia da transposição (passagem) de um regime para outro. Se o ganho mensal for alto, é possível que o trabalhador tenha interesse em não ser empregado. Uma mera suspeita, nossa.

E mais, os inovadores querem que os civilistas usufruam os mesmos direitos dos celetistas, aquelas proteções da Constituição Federal (artigo 7º). Ora, com o mesmo peso ($) para a empresa, qual a razão de excluí-los e, ao mesmo tempo, equipará-los aos celetistas? É incompreensível. A Previdência também perde arrecadação.

E não é só: na mesma ocasião, defenderam a suspensão da aplicação da CLT enquanto o desemprego for superior a cinco (5) milhões de desempregados no país. Só voltando a aplicá-la depois que for mantido durante um ano (interrupto) o nível de desemprego igual ou inferior aos 5 milhões. Uma previsão desanimadora para o que hoje é vivido. E qual a proteção dos celetistas durante a suspensão?

Foi daí que, na volta do recesso de julho, o plenário dos Deputados precisou rever as proposições e ajustá-las ao seu melhor sentido jurídico, da lógica, da coerência, e da realidade da nossa economia. Estas extravagâncias foram sepultadas antes que a sociedade as impusesse. Ainda bem. Méritos do Relator, Deputado Jerônimo Goergen.

Confirmou-se a dedução de que os congressistas precisavam de férias. Voltaram lúcidos e comedidos. Resultado de férias no seu devido tempo e duração. Nem nasceu o repudiável contrato do ódio, nem foi "embalsamada" a CLT. Portanto, as férias são realmente inadiáveis para o ser humano.

Afinal, o mundo ideal nos leva à civilização (sociedade) do tempo livre, aquela em que o homem tem trabalho, mas também dispõe de generoso tempo para desfrutar como for de seu desejo.

Como é uma mera questão de futuro, é provável que nessa civilização se trabalhe obrigatoriamente apenas um dia por semana ou umas sete ou oito semanas por ano e logo depois de alguns anos, uns cinco ou seis, de trabalho verdadeiramente alienado (para o sustento próprio e da sua família), passe a usufruir de um longo período aposentado.

É certo que o tempo livre não deve se transformar em ociosidade repudiável, com distrações sem sentido, perniciosas, na libertinagem. Deverá aproveitá-lo para **educar-se**, desenvolver atividades vocacionais, aprofundando o conhecimento que leve a criações, inventos de toda ordem, úteis para a humanidade.

Caminhar nessa linha de pensamento fará o homem trabalhar sem sacrifício, buscará a sua realização pessoal, sem se desligar dos compromissos sociais e de família.

É dentro desta visão que se compreende tempo livre, composto por descansos, distrações e ocupações voluntárias. A nossa sociedade ainda está muito aquém daquela que é uma verdadeira utopia, mas ensejando uma maior reflexão quanto ao **processo contínuo do trabalho**, em cuja duração encontramos interrupções ou intervalos e, até, remuneração (por exemplo, 1/3 a mais nas férias anuais), para melhor usufruir o "Direito de Lazer".

Em nosso Direito do Trabalho o **empregador custeia** vários tipos de descansos, alguns dentro da diária do trabalho, outro entre duas diárias (o da noite), outro depois de seis dias de trabalho (semanal, o domingo), outros quando das comemorações cívicas (Dia de Tiradentes, 7 de Setembro, Proclamação da República, Aniversário da Cidade), outros nas festas religiosas (Sexta-Feira da Paixão, Corpus Christi, Nossa Senhora Aparecida, Natal), outro no Dia do Trabalho, outros em datas importantes na vida dos povos (1º de Janeiro, Finados, Sabático etc).

Já se pratica no Brasil (e no mundo) em diversas legislações de trabalhadores (engenheiros, bancários, advogados, médicos etc) e em negociações sindicais a **menor duração da jornada de trabalho**, como é idealizado para a sonhada Civilização de Tempo Livre; nesta também reduzindo os anos de trabalho para aposentar-se. Sempre com o fim de proporcionar maior oportunidade para a vida com lazer.

Finalmente, as férias, que aqui eram menores (20 dias úteis) e, desde 1975, são 30 dias corridos, por ano.

O que é utopia hoje, pode ser a realidade do amanhã. Basta sonhar. Lutar. Acreditar.

Uma coisa é certa, o "Direito de Lazer" é uma questão de plenitude existencial, como uma exigência de perfectibilidade cultural e ética. Foi o tempo em que se considerava o homem uma máquina que precisava de repousos para não ter desgastes e preservar o material da produção.

Evoluímos lentamente, mas como a nossa realidade econômica possibilita.

Com a recente reforma trabalhista brasileira, de 2017, o repouso anual (férias, por conta alheia, paga pelo contratante – o empregador) passou a ser tratado desta forma:

- COMO FICAM AGORA AS FÉRIAS? É OBRIGATÓRIO DIVIDI-LAS? TAMBÉM ATINGEM OS NOVOS TIPOS DE CONTRATOS?

Podem ser divididas em até três períodos se houver acordo entre empregado e empregador. Um (1) período de 14 dias e dois de cinco (5) dias pelo menos. Recomenda-se que seja combinado por escrito. Não se exige Acordo Coletivo ou Convenção Coletiva. Menores e trabalhadores com mais de 50 anos também. Para estes deixa de ser um só período (CLT, art. 134, § 1º).

Nova legislação não proíbe os trabalhadores com contrato intermitente também dividirem em três períodos (CLT, art. 452-A, § 9º).

Início do gozo só até três dias antes de um feriado ou até a quinta-feira de uma semana normal. É novidade também (CLT, art. 134, § 3º).

Trabalhadores a tempo parcial podem converter o terço previsto na Constituição Federal em abono pecuniário, comparando-se aos demais trabalhadores (CLT, art. 58-A, §§ 6º e 7º).

Com o advento da Lei da Liberdade Econômica (Lei 13.874/2019), foram revogados os seguintes artigos da CLT:

> Art. 141 - Quando o número de empregados contemplados com as férias coletivas for superior a 300 (trezentos), a empresa poderá promover, mediante carimbo, anotações de que trata o art. 135, § 1º. (Redação dada pelo Decreto-lei nº 1.535, de 13.4.1977
>
> § 1º - O carimbo, cujo modelo será aprovado pelo Ministério do Trabalho, dispensará a referência ao período aquisitivo a que correspondem, para cada empregado, as férias concedidas. (Incluído pelo Decreto-lei nº 1.535, de 13.4.1977
>
> § 2º - Adotado o procedimento indicado neste artigo, caberá à empresa fornecer ao empregado cópia visada do recibo correspondente à quitação mencionada no parágrafo único do art. 145. (Incluído pelo Decreto-lei nº 1.535, de 13.4.1977

§ 3º - Quando da cessação do contrato de trabalho, o empregador anotará na Carteira de Trabalho e Previdência Social as datas dos períodos aquisitivos correspondentes às férias coletivas gozadas pelo empregado. (Incluído pelo Decreto-lei nº 1.535, de 13.4.1977

SEÇÃO II

DA INSPEÇÃO PRÉVIA E DO EMBARGO OU INTERDIÇÃO

(Redação dada pela Lei nº 6.514, de 22.12.1977)

Art. 160 - Nenhum estabelecimento poderá iniciar suas atividades sem prévia inspeção e aprovação das respectivas instalações pela autoridade regional competente em matéria de segurança e medicina do trabalho. (Redação dada pela Lei nº 6.514, de 22.12.1977)

§ 1º - Nova inspeção deverá ser feita quando ocorrer modificação substancial nas instalações, inclusive equipamentos, que a empresa fica obrigada a comunicar, prontamente, à Delegacia Regional do Trabalho. (Incluído pela Lei nº 6.514, de 22.12.1977)

§ 2º - É facultado às empresas solicitar prévia aprovação, pela Delegacia Regional do Trabalho, dos projetos de construção e respectivas instalações. (Incluído pela Lei nº 6.514, de 22.12.1977)

TEXTO ANTERIOR **(na ortografia de cada época)**	**TEXTO ATUAL** **(texto atualizado, ou seja, alterado, mantido ou revogado, e as propostas apresentadas – *vide comentários*)**
SEÇÃO II DA INSPEÇÃO PRÉVIA E DO EMBARGO OU INTERDIÇÃO (Redação dada pela Lei nº 6.514, de 22.12.1977)	
....	....
Art. 161 - O Delegado Regional do Trabalho, à vista do laudo técnico do serviço competente que demonstre	**"Art. 161. A autoridade máxima regional em matéria de inspeção do trabalho, à vista do relatório técnico**

TEXTO ANTERIOR (na ortografia de cada época)	TEXTO ATUAL (texto atualizado, ou seja, alterado, mantido ou revogado, e as propostas apresentadas – *vide comentários*)
grave e iminente risco para o trabalhador, poderá interditar estabelecimento, setor de serviço, máquina ou equipamento, ou embargar obra, indicando na decisão, tomada com a brevidade que a ocorrência exigir, as providências que deverão ser adotadas para prevenção de infortúnios de trabalho. (Redação dada pela Lei nº 6.514, de 22.12.1977)	**de auditor fiscal do trabalho que demonstre grave e iminente risco para o trabalhador, poderá interditar estabelecimento, setor de serviço, máquina ou equipamento, ou embargar obra, indicando na decisão, tomada com a brevidade que a ocorrência exigir, as providências que deverão ser adotadas para prevenção de acidentes e doenças graves do trabalho.**
§ 1º - As autoridades federais, estaduais e municipais darão imediato apoio às medidas determinadas pelo Delegado Regional do Trabalho. (Incluído pela Lei nº 6.514, de 22.12.1977)	**§ 1º As autoridades federais, estaduais e municipais darão imediato apoio às medidas determinadas pela autoridade máxima regional em matéria de inspeção do trabalho.**
§ 2º - A interdição ou embargo poderão ser requeridos pelo serviço competente da Delegacia Regional do Trabalho e, ainda, por agente da inspeção do trabalho ou por entidade sindical. (Incluído pela Lei nº 6.514, de 22.12.1977)	**(conteúdo absorvido pelo § 1º)**
§ 3º - Da decisão do Delegado Regional do Trabalho poderão os interessados recorrer, no prazo de 10 (dez) dias, para o órgão de âmbito nacional competente em matéria de segurança e medicina do trabalho, ao qual será facultado dar efeito suspensivo ao recurso. (Incluído pela Lei nº 6.514, de 22.12.1977)	**§ 2º Da decisão da autoridade máxima regional em matéria de inspeção do trabalho poderão os interessados recorrer, no (dez) dias, para a unidade competente para o julgamento de recursos da Secretaria de Trabalho do Ministério da Economia, a qual terá prazo de 03 (três) dias úteis para a análise do recurso, e terá a faculdade de dar efeito suspensivo ao mesmo.**

TEXTO ANTERIOR (na ortografia de cada época)	TEXTO ATUAL (texto atualizado, ou seja, alterado, mantido ou revogado, e as propostas apresentadas – *vide comentários*)
§ 4º - Responderá por desobediência, além das medidas penais cabíveis, quem, após determinada a interdição ou embargo, ordenar ou permitir o funcionamento do estabelecimento ou de um dos seus setores, a utilização de máquina ou equipamento, ou o prosseguimento de obra, se, em conseqüência, resultarem danos a terceiros. (Incluído pela Lei nº 6.514, de 22.12.1977)	**§ 3º Responderá por desobediência, além das medidas penais cabíveis, quem, após determinada a interdição ou embargo, ordenar ou permitir o funcionamento do estabelecimento ou de um dos seus setores, a utilização de máquina ou equipamento, ou o prosseguimento de obra.**
§ 5º - O Delegado Regional do Trabalho, independente de recurso, e após laudo técnico do serviço competente, poderá levantar a interdição. (Incluído pela Lei nº 6.514, de 22.12.1977)	**§ 4º A autoridade máxima regional em matéria de inspeção do trabalho, independente de recurso, e após laudo técnico do serviço competente, poderá levantar a interdição.**
§ 6º - Durante a paralisação dos serviços, em decorrência da interdição ou embargo, os empregados receberão os salários como se estivessem em efetivo exercício. (Incluído pela Lei nº 6.514, de 22.12.1977)	**§ 5º Durante a paralisação dos serviços, em decorrência da interdição ou embargo, os empregados receberão os salários como se estivessem em efetivo exercício." (NR)**

COMENTÁRIOS – As denúncias de irregularidades trabalhistas eram, no passado, prontamente atendidas com a ação da fiscalização do Ministério do Trabalho. Os agentes se deslocavam e tomavam medidas até enérgicas. Com o tempo, já nos últimos governos (Lula, Dilma, Temer), a atuação dos agentes foi se retraindo, inclusive com dificuldades operacionais atenuadas com a doação de veículos pelo Ministério Público do Trabalho.

Criou-se o critério da primeira visita às empresas, dando um prazo para sanar a irregularidade, muitas vezes registrar as Carteiras de Trabalho, implantar cartão ponto, não lavrando multa. Era até pedagógico, educando quem tratava, no dia a dia, com os interesses dos trabalhadores. Era um bom critério. Civilizado, no mínimo. O que se desejava não era punir, mas, sim, corrigir. Melhorar as relações no trabalho.

Porém, pouco a pouco, as empresas deixaram de ser visitadas e a inspeção ficou na dependência das denúncias, com os agentes mantidos em suas salas na repartição. Ultimamente, o bom critério foi substituído pela adoção das "prioridades" que definem inspecionar ou não.

Na realidade, não é de hoje que se pratica a fiscalização arrecadatória, em que a empresa empregadora já é autuada e notificada, sem aquela primeira visita, aplicando-se de imediato o castigo (multa).

As "prioridades" abrangem: prática de trabalho escravo; trabalho do aprendiz; segurança do trabalho; FGTS e registro da Carteira de Trabalho. O restante não se ajusta no critério atual das prioridades. Até ordem judicial fica na dependência do tal critério.

O Ministério (de 1930, criado por Getúlio para controlar os sindicatos) deixou de ser um ente pacificador entre capital e trabalho, afastando-se, gradativamente, das zonas de conflito e da mediação. Foi extinto por Bolsonaro na primeira hora do governo, entregando-se ao Ministério da Economia suas atribuições (a princípio menos uma, a dos registros sindicais, que ficaria com Moro, no Ministério da Justiça). Estabelece-se um verdadeiro desequilíbrio entre os agentes sociais (capital e trabalho), prejudicando a todos: trabalhadores e empregadores.

E não é só: com o fim do Ministério são extintas chefias, agências de atendimento (em certa regional eram 6, agora são 3) e com maior concentração do seu pessoal em Brasília.

Tudo isso é só um capítulo do desmanche do Estado brasileiro, sem projetos e de futuro incerto.

Foram mantidos os textos dos referidos artigos da CLT como se acham. Portanto, **o texto atual conserva o anterior, sem novas alterações.**

Consta que ficou guardada para uma próxima oportunidade, como as demais também negadas em acordo para não retardarem a tramitação e vigência das alterações. Deve ser objeto de análise, confrontações e repercussões ao tempo de sua adoção, a luz das regras e normas então vigentes e que possam ser atingidas. Por ora é prematuro e, assim, é mais seguro a todos.

TEXTO ANTERIOR **(na ortografia de cada época)**	**TEXTO ATUAL** **(texto atualizado, ou seja, alterado, mantido ou revogado, e as propostas apresentadas – *vide comentários*)**
SEÇÃO III DOS ÓRGÃOS DE SEGURANÇA E DE MEDICINA DO TRABALHO NAS EMPRESAS	
Art. 163 - Será obrigatória a constituição de Comissão Interna de Prevenção de Acidentes (CIPA), de conformidade com instruções expedidas pelo Ministério do Trabalho, nos estabelecimentos ou locais de obra nelas especificadas. (Redação dada pela Lei nº 6.514, de 22.12.1977)	**"Art. 163. Ficam desobrigados de constituir a Comissão Interna de Prevenção de Acidentes os estabelecimentos ou locais de obra nelas especificadas com menos de 20 trabalhadores e as micro e pequenas empresas." (NR)**
Parágrafo único - O Ministério do Trabalho regulamentará as atribuições, a composição e funcionamento das CIPA (s). (Redação dada pela Lei nº 6.514, de 22.12.1977)	....

➬ **COMENTÁRIOS** – Em tempo de preocupações com os acidentes que mutilam trabalhadores, ceifam vidas, geram custos às empresas e ao Estado, causou espanto a propositura contra a CIPA, até porque viola o sentido pedagógico, educacional, que tem no ("chão de fábrica") a existência de um órgão voltado à segurança dos trabalhadores. Foram mantidos os textos dos referidos artigos da CLT como se acham. Portanto, **o texto atual conserva o anterior, sem novas alterações.** Consta que ficou guardada para uma próxima oportunidade, como as demais também negadas em acordo para não retardarem a tramitação e vigência das alterações. Deve ser objeto de análise, confrontações e repercussões ao tempo de sua adoção, a luz das regras e normas então vigentes e que possam ser atingidas. Por ora é prematuro e, assim, é mais seguro a todos.

TEXTO ANTERIOR **(na ortografia de cada época)**	**TEXTO ATUAL** **(texto atualizado, ou seja, alterado, mantido ou revogado, e as propostas apresentadas – *vide comentários*)**
TÍTULO II-A (Incluído pela Lei nº 13.467, de 2017) DO DANO EXTRAPATRIMONIAL	
Art. 223-A. Aplicam-se à reparação de danos de natureza extrapatrimonial decorrentes da relação de trabalho apenas os dispositivos deste Título. (Incluído pela Lei nº 13.467, de 2017)	
Art. 223-B. Causa dano de natureza extrapatrimonial a ação ou omissão que ofenda a esfera moral ou existencial da pessoa física ou jurídica, as quais são as titulares exclusivas do direito à reparação. (Incluído pela Lei nº 13.467, de 2017)	
Art. 223-C. A honra, a imagem, a intimidade, a liberdade de ação, a autoestima, a sexualidade, a saúde, o lazer e a integridade física são os bens juridicamente tutelados inerentes à pessoa física. (Incluído pela Lei nº 13.467, de 2017)	
Art. 223-D. A imagem, a marca, o nome, o segredo empresarial e o sigilo da correspondência são bens juridicamente tutelados inerentes à pessoa jurídica. (Incluído pela Lei nº 13.467, de 2017)	
Art. 223-E. São responsáveis pelo dano extrapatrimonial todos os que tenham colaborado para a ofensa ao bem jurídico tutelado, na proporção da ação ou da omissão. (Incluído pela Lei nº 13.467, de 2017)	

TEXTO ANTERIOR **(na ortografia de cada época)**	**TEXTO ATUAL** **(texto atualizado, ou seja, alterado, mantido ou revogado, e as propostas apresentadas – *vide comentários*)**
Art. 223-F. A reparação por danos extrapatrimoniais pode ser pedida cumulativamente com a indenização por danos materiais decorrentes do mesmo ato lesivo. (Incluído pela Lei nº 13.467, de 2017) § 1º Se houver cumulação de pedidos, o juízo, ao proferir a decisão, discriminará os valores das indenizações a título de danos patrimoniais e das reparações por danos de natureza extrapatrimonial. (Incluído pela Lei nº 13.467, de 2017) § 2' A composição das perdas e danos, assim compreendidos os lucros cessantes e os danos emergentes, não interfere na avaliação dos danos extrapatrimoniais. (Incluído pela Lei nº 13.467, de 2017) Art. 223-G. Ao apreciar o pedido, o juízo considerará: (Incluído pela Lei nº 13.467, de 2017) I - a natureza do bem jurídico tutelado; (Incluído pela Lei nº 13.467, de 2017) II - a intensidade do sofrimento ou da humilhação; (Incluído pela Lei nº 13.467, de 2017) III - a possibilidade de superação física ou psicológica; (Incluído pela Lei nº 13.467, de 2017) IV - os reflexos pessoais e sociais da ação ou da omissão; (Incluído pela Lei nº 13.467, de 2017)	

TEXTO ANTERIOR (na ortografia de cada época)	TEXTO ATUAL (texto atualizado, ou seja, alterado, mantido ou revogado, e as propostas apresentadas – *vide comentários*)
V - a extensão e a duração dos efeitos da ofensa; (Incluído pela Lei nº 13.467, de 2017) VI - as condições em que ocorreu a ofensa ou o prejuízo moral; (Incluído pela Lei nº 13.467, de 2017) VII - o grau de dolo ou culpa; (Incluído pela Lei nº 13.467, de 2017) VIII - a ocorrência de retratação espontânea; (Incluído pela Lei nº 13.467, de 2017) IX - o esforço efetivo para minimizar a ofensa; (Incluído pela Lei nº 13.467, de 2017) X - o perdão, tácito ou expresso; (Incluído pela Lei nº 13.467, de 2017) XI - a situação social e econômica das partes envolvidas; (Incluído pela Lei nº 13.467, de 2017) XII - o grau de publicidade da ofensa. (Incluído pela Lei nº 13.467, de 2017) I - ofensa de natureza leve, até três vezes o último salário contratual do ofendido; (Incluído pela Lei nº 13.467, de 2017) II - ofensa de natureza média, até cinco vezes o último salário contratual do ofendido; (Incluído pela Lei nº 13.467, de 2017) III - ofensa de natureza grave, até vinte vezes o último salário contratual do ofendido; (Incluído pela Lei nº 13.467, de 2017)	

TEXTO ANTERIOR (na ortografia de cada época)	TEXTO ATUAL (texto atualizado, ou seja, alterado, mantido ou revogado, e as propostas apresentadas – *vide comentários*)
IV - ofensa de natureza gravíssima, até cinquenta vezes o último salário contratual do ofendido. (Incluído pela Lei nº 13.467, de 2017) § 2º Se o ofendido for pessoa jurídica, a indenização será fixada com observância dos mesmos parâmetros estabelecidos no § 1º deste artigo, mas em relação ao salário contratual do ofensor. (Incluído pela Lei nº 13.467, de 2017) § 3º Na reincidência entre partes idênticas, o juízo poderá elevar ao dobro o valor da indenização. (Incluído pela Lei nº 13.467, de 2017)	

COMENTÁRIOS – Foram mantidos os textos dos referidos artigos da CLT como se acham. Portanto, **o texto atual conserva o anterior, sem novas alterações.** Eis a maneira que a nova ordem jurídica do trabalho passou a ser tratada pelo Judiciário nacional.

1. Uma agência bancária foi condenada a pagar 5 mil reais a uma jovem que foi impedida de entrar porque vestia um top, obrigando-a colocar um *blazer*.
2. Um supermercado foi condenado a pagar 3 mil reais ao cliente que tinha um bombom no bolso, pelos seguranças considerado furtado das prateleiras, o que os levou a tratá-lo com truculência, ameaças e vexame, enquanto dizia que havia comprado ali, horas antes.
3. Uma grande rede de televisão foi condenada a pagar 1 milhão de reais à sua empregada (atriz de novela) por ter exposto um dos seus seios num jornal (impresso) da própria empregadora.

Estas ocorrências refletem valores (R$) bem diferentes para condenações que resultam de uma mesma situação: *ofensa com culpa* que *causou constrangimento, humilhação, indignidade.* Isto é *dano moral* por práticas diversas, da mesma natureza, atribuídas aos empregados de empresa empregadora ou aos seus prepostos. Estes, hoje, também trazidos por terceirizações (seguranças, serviços especializados) que se confundem com os das próprias empresas.

A Justiça brasileira não dispõe de uma tabela de valores, nem pode tratar com igualdade os acontecimentos. As peculiaridades de cada caso determinam o resultado, pelo constrangimento em si, suas consequências imediatas, futuras, a repercussão havida ao tempo dos fatos, o local, a dor (em todos os sentidos) suportada pelo paciente, as sequelas, sem se afastar das condições do ofendido, sua profissão e as do ofensor, possibilitando quantificar a reparação do dano e a efetiva capacidade para minimizar o sofrimento da vítima (pessoa física ou jurídica).

Na reforma trabalhista abandonou-se antigo projeto que fixava três valores de indenização, evitando, aqui, as altas quantias da Justiça americana.

Os Juízes do Trabalho não receberam bem as regras da nossa reforma, sentindo-se limitados no seu livre arbítrio, mas tendem a aplicá-las aos conflitos do dano moral ou existencial no ambiente de trabalho.

Neste caso, no julgamento dos pedidos de indenização as regras são as seguintes:

A ofensa às pessoas do empregado, do empregador (inclusive os sócios, diretores e chefes em geral) e às empresas tem caráter personalíssimo. O direito à indenização não se transfere para os herdeiros (CLT, art. 223-B).

Empregados e empregadores domésticos, rurais, profissionais liberais, e outros que são pessoas físicas, são protegidos: a honra, a imagem, a intimidade, a liberdade de ação, a autoestima, a sexualidade, a saúde, o lazer, a integridade física e outros bens, como o nome (não mencionado na lei) que sejam reconhecidos judicialmente (CLT, art. 223-C).

Para a empresa empregadora, são protegidos: o nome, a marca, a imagem, o segredo empresarial, o sigilo da correspondência, e outros derivados desses que sejam reconhecidos judicialmente (CLT, art. 223-D).

Respondem pelos danos extrapatrimoniais todos os que tenham participado de sua prática, na exata proporção da ação ou omissão de cada um (CLT, art. 223-E).

Poderão ser reclamadas indenizações por danos morais e danos materiais, no mesmo processo e a Justiça deverá separar os valores (CLT, art. 223-F e § 1º).

Para a fixação dos valores das indenizações os critérios pessoais do Juiz deverão respeitar os critérios da lei, evitando decisões que possam escapar aos padrões da sociedade e das partes (CLT, art. 223-G).

O ofendido poderá perdoar o ofensor e este se retratar da ofensa praticada (CLT, art. 223-G).

A indenização de menor valor será a de um salário do empregado e a maior será a de 50 salários atuais do empregado. Seja ele o ofendido ou o ofensor. Na reincidência, valor até dobrado. Portanto, indenizações milionárias não existirão (CLT, art. 223-G, § 1º e 3º).

Esta é uma interpretação objetiva, prática, da reforma trabalhista brasileira.

TEXTO ANTERIOR **(na ortografia de cada época)**	**TEXTO ATUAL** **(texto atualizado, ou seja, alterado, mantido ou revogado, e as propostas apresentadas – *vide comentários*)**
SEÇÃO II DOS EMPREGADOS NOS SERVIÇOS DE TELEFONIA, DE TELEGRAFIA SUBMARINA E SUBFLUVIAL, DE RADIOTELEGRAFIA E RADIOTELEFONIA	
Art. 227 - Nas empresas que explorem o serviço de telefonia, telegrafia submarina ou subfluvial, de radiotelegrafia ou de radiotelefonia, fica estabelecida para os respectivos operadores a duração máxima de seis horas contínuas de trabalho por dia ou 36 (trinta e seis) horas semanais.	**"Art. 227.** ....

TEXTO ANTERIOR **(na ortografia de cada época)**	**TEXTO ATUAL** **(texto atualizado, ou seja, alterado, mantido ou revogado, e as propostas apresentadas – *vide comentários*)**
§ 1º - Quando, em caso de indeclinável necessidade, forem os operadores obrigados a permanecer em serviço além do período normal fixado neste artigo, a empresa pagar-lhes-á extraordinariamente o tempo excedente com acréscimo de 50% (cinqüenta por cento) sobre o seu salário-hora normal. § 2º - O trabalho aos domingos, feriados e dias santos de guarda será considerado extraordinário e obedecerá, quanto à sua execução e remuneração, ao que dispuserem empregadores e empregados em acordo, ou os respectivos sindicatos em contrato coletivo de trabalho.	**Parágrafo único. Quando, em caso de indeclinável necessidade, forem os operadores obrigados a permanecer em serviço além do período normal fixado neste artigo, a empresa pagar-lhes-á extraordinariamente o tempo excedente com acréscimo de 50% (cinquenta por cento) sobre o seu salário-hora normal." (NR)** ....

COMENTÁRIOS – Foram mantidos os textos dos referidos artigos da CLT como se acham. Portanto, **o texto atual conserva o anterior, sem novas alterações.** Consta que ficou guardada para uma próxima oportunidade, como as demais também negadas em acordo para não retardarem a tramitação e vigência das alterações. Deve ser objeto de análise, confrontações e repercussões ao tempo de sua adoção, a luz das regras e normas então vigentes e que possam ser atingidas. Por ora é prematuro e, assim, é mais seguro a todos.

Com o advento da Lei da Liberdade Econômica (Lei 13.874/2019), foram revogados os seguintes artigos da CLT:

SEÇÃO II

DOS EMPREGADOS NOS SERVIÇOS DE TELEFONIA, DE TELEGRAFIA SUBMARINA E SUBFLUVIAL, DE RADIOTELEGRAFIA E RADIOTELEFONIA

Art. 227 - ....

§ 2º - O trabalho aos domingos, feriados e dias santos de guarda será considerado extraordinário e obedecerá, quanto à sua execução e remuneração, ao que dispuserem empregadores e empregados em acordo, ou os respectivos sindicatos em contrato coletivo de trabalho.

....

Art. 319 - Aos professores é vedado, aos domingos, a regência de aulas e o trabalho em exames.

....

TEXTO ANTERIOR **(na ortografia de cada época)**	**TEXTO ATUAL** **(texto atualizado, ou seja, alterado, mantido ou revogado, e as propostas apresentadas – *vide comentários*)**
CAPÍTULO III DA PROTEÇÃO DO TRABALHO DA MULHER SEÇÃO III DOS PERÍODOS DE DESCANSO Art. 385 - O descanso semanal será de 24 (vinte e quatro) horas consecutivas e coincidirá no todo ou em parte com o domingo, salvo motivo de conveniência pública ou necessidade imperiosa de serviço, a juízo da autoridade competente, na forma das disposições gerais, caso em que recairá em outro dia. Parágrafo único - Observar-se-ão, igualmente, os preceitos da legislação geral sobre a proibição de trabalho nos feriados civis e religiosos.	**"Art. 385. O descanso semanal remunerado será de vinte e quatro horas consecutivas." (NR)**

TEXTO ANTERIOR **(na ortografia de cada época)**	**TEXTO ATUAL** **(texto atualizado, ou seja, alterado, mantido ou revogado, e as propostas apresentadas – *vide comentários*)**
Art. 386 - Havendo trabalho aos domingos, será organizada uma escala de revezamento quinzenal, que favoreça o repouso dominical.	**"Art. 386. O repouso semanal remunerado deverá coincidir com o domingo pelo menos uma vez no período máximo de quatro semanas." (NR)** **"Art. 386-A. Havendo necessidade imperiosa nas atividades econômicas do agronegócio e relacionadas, que estão sujeitas a condições climáticas como fator determinante do período para sua execução, poderá o trabalho ser exercido em sábados, domingos e feriados, observado as devidas remunerações conforme este Decreto-Lei.** **Parágrafo único. Inclui-se no disposto no caput o fornecimento, beneficiamento, armazenamento e transporte de produtos agrícolas e relacionados incluindo:** **I – cana-de-açúcar;** **II – uva e vinho;** **III – grãos e cereais;** **IV – produção agrícola de insumos para biodiesel; e** **V – produtos e subprodutos agrícolas e pecuários."** **...**

COMENTÁRIOS – Foram mantidos os textos dos referidos artigos da CLT como se acham. Portanto, **o texto atual conserva o anterior, sem novas alterações.** Consta que ficou guardada para uma próxima oportunidade, como as demais também negadas em acordo para não retardarem a tramitação e vigência das alterações. Deve ser objeto de análise, confrontações e repercussões ao tempo de sua adoção, a luz das regras e normas então vigentes e que possam ser atingidas. Por ora é prematuro e, assim, é mais seguro a todos.

A luta das mulheres pela igualdade aos homens (princípio da isonomia) pode estar lhe custando um alto preço.

Antes da CLT, o Decreto 24.417-A, de 17 de maio de 1932 (DOU, 19.05.1932) garantiu às mulheres a proteção contra o trabalho insalubre e perigoso, impedindo a sua contratação.

Depois, já nos tempos de Getúlio Vargas (1943), veio a CLT e parte dela (artigos 189-201) não foi aplicável ao trabalho das mulheres (adultas, com 18 anos ou mais), fato que lhes assegurou o direito ao trabalho em local que não ofereça riscos à sua saúde (insalubridade), nem riscos à sua integridade física (periculosidade). Assim foi a elas garantido o trabalho na Constituição da República de 1946 e nas edições que se sucederam (1967, 1969), sem maiores controvérsias, se é que poderiam ser esboçadas num regime militar (!!!).

Só que, quarenta e cinco anos mais tarde, silenciosamente, elas perderam este direito em 1988 (Constituição de Ulisses Guimarães), cuja proibição (proteção/garantia) foi mantida apenas aos menores (artigo 7º, inciso XXXIII, da atual Constituição brasileira). E assim continuou. Foi bom ou ruim? Ninguém nunca gritou por elas. **Nem agora, na Reforma Trabalhista de 2017, quando elas perderam o descanso de 15minutos antes de começarem a trabalhar a hora extra (art. 384, CLT, revogado).**

É bom lembrar que as mulheres em período de gestação ainda podem exigir alterações diversas em seu contrato de trabalho, seja em relação ao local do trabalho, às suas tarefas, ao horário do trabalho, quando houver riscos (comprovados) de eventual prejuízo ao seu estado gravídico, que afete a saúde delas ou a dos próprios fetos (art. 392, § 4º, da CLT). O que é, no mínimo, necessário, justo e ninguém se atreverá modificar, certamente. É o que uma mente sã deve acreditar e esperar dos nossos legisladores.

Portanto, o Capítulo da CLT quanto à "Proteção do Trabalho da Mulher (artigos 372/401), que foi modificado e modernizado ao longo dessas últimas décadas (especialmente após 1989), hoje já não reflete o nível mínimo de compreensão quanto ao amparo que deva ser dado às mulheres, independentemente de estarem trabalhando como gestantes, ou não. A natureza as faz diferentes dos homens, desde sua concepção, formação e o pleno exercício de vida, procriando, assumindo encargos dentro e fora do convívio familiar, os quais são, quando muito, simplesmente compartilhados com os homens da sua companhia, resultando de uma conquista pessoal ou obra (sorte, destino etc.) que lhes escapa determinar.

O fim das garantias do trabalho não agressivo à saúde e ao corpo das mulheres não foi benéfico para lhes proporcionar mais trabalho, neste Século do Desemprego. Pelo contrário, elas são utilizadas em atividades antes proibidas e com salário desigual (inferior) aos homens muitas vezes.

Neste momento comporta repensar a melhor incorporação/utilização da mão de obra das mulheres, em atividades/tarefas que possam, com suas habilidades/peculiaridades, bem contribuir para a qualidade das operações de uma organização produtiva moderna na sua relação com os seus beneficiados (geralmente clientes, consumidores, público em geral), o que resulta também numa necessária revisão do efetivo engajamento/enquadramento do trabalho masculino, presentemente também fragilizado/abatido pelo desemprego estrutural, necessitando ser utilizado sem que contribua para a degradação do trabalho das mulheres. Afinal, nada mudou nesses últimos trinta anos? É evidente que a internacionalização da economia (globalização) imprime um mercado em expansão, o mundo requer uma relação ética entre as pessoas humanas, acentua o império do meio ambiente (natureza), tendo evoluído em busca da valorização da qualidade de vida dos homens e das **mulheres** também.

Pois bem, por quê, então, ocorreu o fim dessas proteções às mulheres? Para colocá-las em direta competitividade com o gênero oposto? Por que as diferenças da natureza já não mais merecem o respeito dos legisladores?

Provavelmente, talvez porque, àquela época ninguém valorizou os detalhes... Ou porque talvez tenham optado por impor a elas o ônus de assumirem o preço da bandeira de lutas pela igualdade aos homens (acolhida no artigo 5º, inciso I, da nossa atual Constituição). Será isso mesmo?

Com o advento da Lei da Liberdade Econômica (Lei 13.874/2019), foram revogados os seguintes artigos da CLT:

SEÇÃO III

DA ADMISSÃO EM EMPREGO E DA CARTEIRA DE TRABALHO E PREVIDÊNCIA SOCIAL

Art. 415 - Haverá a Carteira de Trabalho e Previdência Social para todos os menores de 18 anos, sem distinção do sexo, empregados em empresas ou estabelecimentos de fins econômicos e daqueles que lhes forem equiparados. (Vide Decreto-lei nº 926, de 10.10.1969)

Parágrafo único. A carteira obedecerá ao modelo que o Ministério do Trabalho, Indústria e Comércio adotar e será emitida no Distrito Federal, pelo Departamento Nacional, do Trabalho e, nos Estados, pelas Delegacias Regionais do referido Ministério. (Vide Decreto-lei nº 926, de 10.10.1969)

....

Art. 417 - A emissão da carteira será feita o pedido do menor, mediante a exibição dos seguintes documentos: (Redação dada pelo Decreto-lei nº 229, de 28.2.1967) (Vide Decreto-lei nº 926, de 10.10.1969)

I - certidão de idade ou documento legal que a substitua; (Redação dada pelo Decreto-lei nº 229, de 28.2.1967) (Vide Decreto-lei nº 926, de 10.10.1969)

II - autorização do pai, mãe ou responsável legal; (Redação dada pelo Decreto-lei nº 229, de 28.2.1967) (Vide Decreto-lei nº 926, de 10.10.1969)

III - autorização do Juiz de Menores, nos casos dos artigos 405, § 2º, e 406; (Redação dada pelo Decreto-lei nº 229, de 28.2.1967) (Vide Decreto-lei nº 926, de 10.10.1969)

IV - atestado médico de capacidade física e mental; (Redação dada pelo Decreto-lei nº 229, de 28.2.1967) (Vide Decreto-lei nº 926, de 10.10.1969)

V - atestado de vacinação; (Redação dada pelo Decreto-lei nº 229, de 28.2.1967) (Vide Decreto-lei nº 926, de 10.10.1969)

VI - prova de saber ler, escrever e contar; (Redação dada pelo Decreto-lei nº 229, de 28.2.1967) (Vide Decreto-lei nº 926, de 10.10.1969)

VII - duas fotografias de frente, com as dimensões de 0,04m x 0,03m. (Redação dada pelo Decreto-lei nº 229, de 28.2.1967) (Vide Decreto-lei nº 926, de 10.10.1969)

Parágrafo único. Os documentos exigidos por êste artigo serão fornecidos gratuitamente. (Redação dada pelo Decreto-lei nº 229, de 28.2.1967) (Vide Decreto-lei nº 926, de 10.10.1969)

....

Art. 419 - A prova de saber ler, escrever e contar, a que se refere a alínea "f" do art. 417 será feita mediante certificado de conclusão de curso primário. Na falta deste, a autoridade incumbida de verificar a validade dos documentos submeterá o menor ou mandará submetê-lo, por pessoa idônea, a exame elementar que constará de leitura de quinze linhas, com explicação do sentido, de ditado, nunca excedente de dez linhas, e cálculo sobre as quatro operações fundamentais de aritmética. Verificada a alfabetização do menor, será emitida a carteira. (Vide Lei nº 5.686, de 1971)

§ 1º Se o menor for analfabeto ou não estiver devidamente alfabetizado, a carteira só será emitida pelo prazo de um ano, mediante a apresentação de um certificado ou atestado de matrícula e frequência em escola primária. (Vide Lei nº 5.686, de 1971)

§ 2º A autoridade fiscalizadora, na hipótese do parágrafo anterior, poderá renovar o prazo nele fixado, cabendo-lhe, em caso de não renovar tal prazo, cassar a carteira expedida. (Vide Lei nº 5.686, de 1971)

§ 3º Dispensar-se-á a prova de saber ler, escrever e contar, se não houver escola primária dentro do raio de dois quilômetros da sede do estabelecimento em que trabalhe o menor e não ocorrer a hipótese prevista no parágrafo único do art. 427. Instalada que seja a escola, proceder-se-á como nos parágrafos anteriores. (Vide Lei nº 5.686, de 1971)

Art. 420 - A carteira, devidamente anotada, permanecerá em poder do menor, devendo, entretanto, constar do Registro de empregados os dados correspondentes. (Redação dada pelo Decreto-lei nº 229, de 28.2.1967) (Vide Lei nº 5.686, de 1971)

Parágrafo único. Ocorrendo falta de anotação por parte da emprêsa, independentemente do procedimento fiscal previsto so § 2º do art. 29, cabe ao representante legal do menor, ao agente da inspeção do trabalho, ao órgão do Ministério Público do Trabalho ou ao Sindicato, dar início ao processo de reclamação, de acôrdo com o estabelecido no Título II, Capítulo I, Seção V. (Incluído pelo Decreto-lei nº 229, de 28.2.1967) (Vide Lei nº 5.686, de 1971)

Art. 421. A carteira será emitida, gratuitamente, aplicando-se à emissão de novas vias o disposto nos artigos 21 e seus parágrafos e no artigo 22. (Redação dada pelo Decreto-lei nº 229, de 28.2.1967) (Vide Lei nº 5.686, de 1971)

Art. 422 - Nas localidades em que não houver serviço de emissão de carteiras poderão os empregadores admitir menores como empregados, independentemente de apresentação de carteiras, desde que exibam os documentos referidos nas alíneas "a", "d" e "f" do art. 417. Esses documentos ficarão em poder do empregador e, instalado o serviço de emissão de carteiras, serão entregues à repartição emissora, para os efeitos do § 2º do referido artigo.

(Vide Lei nº 5.686, de 1971)

TEXTO ANTERIOR **(na ortografia de cada época)**	**TEXTO ATUAL** **(texto atualizado, ou seja, alterado, mantido ou revogado, e as propostas apresentadas – *vide comentários*)**
TÍTULO IV DO CONTRATO INDIVIDUAL DO TRABALHO CAPÍTULO I DISPOSIÇÕES GERAIS	
Art. 444 - As relações contratuais de trabalho podem ser objeto de livre estipulação das partes interessadas em tudo quanto não contravenha às disposições de proteção ao trabalho, aos contratos coletivos que lhes sejam aplicáveis e às decisões das autoridades competentes.	**"Art.444** ....

TEXTO ANTERIOR **(na ortografia de cada época)**	**TEXTO ATUAL** **(texto atualizado, ou seja, alterado, mantido ou revogado, e as propostas apresentadas – *vide comentários*)**
Parágrafo único. A livre estipulação a que se refere o **caput** deste artigo aplica-se às hipóteses previstas no art. 611-A desta Consolidação, com a mesma eficácia legal e preponderância sobre os instrumentos coletivos, no caso de empregado portador de diploma de nível superior e que perceba salário mensal igual ou superior a duas vezes o limite máximo dos benefícios do Regime Geral de Previdência Social. (Incluído pela Lei nº 13.467, de 2017)	**§ 1º (renumerado; conversão do parágrafo único) Parágrafo único. A livre estipulação a que se refere o caput deste artigo aplica-se às hipóteses previstas no art. 611-A desta Consolidação, com a mesma eficácia legal e preponderância sobre os instrumentos coletivos, no caso de empregado portador de diploma de nível superior e que perceba salário mensal igual ou superior a duas vezes o limite máximo dos benefícios do Regime Geral de Previdência Social. (Incluído pela Lei nº 13.467, de 2017)** **§ 2º Os contratos de trabalho de remuneração mensal acima de 30 (trinta) salários mínimos, cujas partes contratantes tenham sido assistidas por advogados de sua escolha no momento do pacto, será regido pelo direito civil, ressalvadas exclusivamente as garantias do art. 7º da Constituição Federal." (NR)**
....	....

COMENTÁRIOS – Foram mantidos os textos dos referidos artigos da CLT como se acham. Portanto, **o texto atual conserva o anterior, sem novas alterações.** O então parágrafo único foi transformado em parágrafo 1º, sem alteração alguma em seu conteúdo. No entanto, a proposta foi a de se criar uma nova forma de contratação (vide § 2º) para todo o país, sem distinguir atividades e particularidades que justificassem tal contratação. O que ela tem de diferente é a separação do universo de trabalhadores brasileiros: aqueles com **até 30 salários mínimos/mês** ficam vinculados à CLT e **os demais (acima de 30)** terão regras civilistas, ou sejam, aquelas do Código Civil. A idealização dos parlamentares enseja inúmeras críticas.

1ª) Os trabalhadores com **altos salários** (mais de 30 mínimos comuns do país, calculado com base no que é estipulado pelo Governo Federal anualmente), **não serão empregados,** diferenciando-os dos que são regidos pela CLT e demais leis que a complementam, ampliando-a ou alterando a sua própria aplicação, com outra interpretação até para o que nela consta.

2ª Os que são celetistas gozarão da proteção que todos conhecemos, com direitos típicos dos que celebram vínculo empregatício (Carteira de Trabalho anotada, férias, 13º salário, FGTS, horas extras, adicionais diversos, normas das negociações sindicais etc.). Os civilistas, sem a CL T.

3ª As duas categorias no quadro de servidores de uma empresa causarão a odiosa separação entre os que a encarecem e os que barateiam a mão de obra. Os congressistas acreditam que a nova contratação terá a preferência do empresariado, contratando mais. Por consequência, devem diminuir as ações trabalhistas e os conflitos serão ajuizados na Justiça Comum dos estados, onde o trabalhador não terá privilégios porque não estará na sua Justiça (a própria denominação já bem identifica uma e outra).

4ª Revelam a adoção de dois regimes, para opção empresarial e, esbarrando nas regras do direito adquirido, a terrível controvérsia da transposição (passagem) de um regime para outro. É até possível admitir que o trabalhador com alto ganho mensal tenha interesse em não ser empregado. Só o tempo poderá esclarecer esta suspeita.

5ª De outra parte, os idealizadores imaginaram os civilistas com os mesmos direitos que são garantidos pela Constituição Federal (artigo 7º) aos celetistas. Ora, se vão ter o mesmo peso para a empresa, qual a razão de excluí-los e, ao mesmo tempo, equipará-los aos celetistas?

Pelo absurdo em que se constitui, esta propositura gerada na atuação da Comissão Especial Mista (com Deputados e Senadores) não avançou. Foi aprovada entre eles e rejeitada pelo plenário da Câmara Federal. Nem foi apreciada pelos Senadores.

Portanto, esta proposta do legislador **não** foi aprovada (nem foi transformado o parágrafo único em 1º). Consta que ficou guardada para uma próxima oportunidade, como as demais também negadas em acordo para não retardarem a tramitação e vigência das alterações. Deve ser objeto de maior análise, confrontações e repercussões ao tempo de sua adoção, a luz das regras e normas então vigentes e que possam ser atingidas. Por ora é prematuro maior aprofundamento e, assim, é mais seguro a todos.

TEXTO ANTERIOR **(na ortografia de cada época)**	**TEXTO ATUAL** **(texto atualizado, ou seja, alterado, mantido ou revogado, e as propostas apresentadas – *vide comentários*)**
CAPÍTULO II DA REMUNERAÇÃO	
Art. 457 - Compreendem-se na remuneração do empregado, para todos os efeitos legais, além do salário devido e pago diretamente pelo empregador, como contraprestação do serviço, as gorjetas que receber. (Redação dada pela Lei nº 1.999, de 1.10.1953)	
§ 1º Integram o salário a importância fixa estipulada, as gratificações legais e as comissões pagas pelo empregador. (Redação dada pela Lei nº 13.467, de 2017)	
§ 2º As importâncias, ainda que habituais, pagas a título de ajuda de custo, auxílio-alimentação, vedado seu pagamento em dinheiro, diárias para viagem, prêmios e abonos não integram a remuneração do empregado, não se incorporam ao contrato de trabalho e não constituem base de incidência de qualquer encargo trabalhista e previdenciário. (Redação dada pela Lei nº 13.467, de 2017)	

TEXTO ANTERIOR **(na ortografia de cada época)**	**TEXTO ATUAL** **(texto atualizado, ou seja, alterado, mantido ou revogado, e as propostas apresentadas – *vide comentários*)**
§ 3º Considera-se gorjeta não só a importância espontaneamente dada pelo cliente ao empregado, como também o valor cobrado pela empresa, como serviço ou adicional, a qualquer título, e destinado à distribuição aos empregados. (Redação dada pela Lei nº 13.419, de 2017) § 4º Consideram-se prêmios as liberalidades concedidas pelo empregador em forma de bens, serviços ou valor em dinheiro a empregado ou a grupo de empregados, em razão de desempenho superior ao ordinariamente esperado no exercício de suas atividades. (Redação dada pela Lei nº 13.467, de 2017) Art. 458 - Além do pagamento em dinheiro, compreende-se no salário, para todos os efeitos legais, a alimentação, habitação, vestuário ou outras prestações "in natura" que a empresa, por fôrça do contrato ou do costume, fornecer habitualmente ao empregado. Em caso algum será permitido o pagamento com bebidas alcoólicas ou drogas nocivas. (Redação dada pelo Decreto-lei nº 229, de 28.2.1967) § 1º Os valôres atribuídos às prestações «in natura» deverão ser justos e razoáveis, não podendo exceder, em cada caso, os dos percentuais das parcelas componentes do salário-mínimo (arts. 81 e 82). (Incluído pelo Decreto-lei nº 229, de 28.2.1967)	

TEXTO ANTERIOR **(na ortografia de cada época)**	**TEXTO ATUAL** **(texto atualizado, ou seja, alterado, mantido ou revogado, e as propostas apresentadas – *vide comentários*)**
§ 2º Para os efeitos previstos neste artigo, não serão consideradas como salário as seguintes utilidades concedidas pelo empregador: (Redação dada pela Lei nº 10.243, de 19.6.2001) I – vestuários, equipamentos e outros acessórios fornecidos aos empregados e utilizados no local de trabalho, para a prestação do serviço; (Incluído pela Lei nº 10.243, de 19.6.2001) II – educação, em estabelecimento de ensino próprio ou de terceiros, compreendendo os valores relativos a matrícula, mensalidade, anuidade, livros e material didático; (Incluído pela Lei nº 10.243, de 19.6.2001) III – transporte destinado ao deslocamento para o trabalho e retorno, em percurso servido ou não por transporte público; (Incluído pela Lei nº 10.243, de 19.6.2001) IV – assistência médica, hospitalar e odontológica, prestada diretamente ou mediante seguro-saúde; (Incluído pela Lei nº 10.243, de 19.6.2001) V – seguros de vida e de acidentes pessoais; (Incluído pela Lei nº 10.243, de 19.6.2001) VI – previdência privada; (Incluído pela Lei nº 10.243, de 19.6.2001) VII – (VETADO) (Incluído pela Lei nº 10.243, de 19.6.2001)	

TEXTO ANTERIOR **(na ortografia de cada época)**	**TEXTO ATUAL** **(texto atualizado, ou seja, alterado, mantido ou revogado, e as propostas apresentadas – *vide comentários*)**
VIII – o valor correspondente ao vale-cultura. (Incluído pela Lei nº 12.761, de 2012) § 3º - A habitação e a alimentação fornecidas como salário-utilidade deverão atender aos fins a que se destinam e não poderão exceder, respectivamente, a 25% (vinte e cinco por cento) e 20% (vinte por cento) do salário-contratual. (Incluído pela Lei nº 8.860, de 24.3.1994) § 4º - Tratando-se de habitação coletiva, o valor do salário-utilidade a ela correspondente será obtido mediante a divisão do justo valor da habitação pelo número de co-habitantes, vedada, em qualquer hipótese, a utilização da mesma unidade residencial por mais de uma família. (Incluído pela Lei nº 8.860, de 24.3.1994) § 5º O valor relativo à assistência prestada por serviço médico ou odontológico, próprio ou não, inclusive o reembolso de despesas com medicamentos, óculos, aparelhos ortopédicos, próteses, órteses, despesas médico-hospitalares e outras similares, mesmo quando concedido em diferentes modalidades de planos e coberturas, não integram o salário do empregado para qualquer efeito nem o salário de contribuição, para efeitos do previsto na alínea *q* do § 9º do art. 28 da Lei no 8.212, de 24 de julho de 1991. (Incluído pela Lei nº 13.467, de 2017)	

COMENTÁRIOS – O sentido de liberdade (liberação) no âmbito das relações de trabalho no Brasil não cessou com a reforma de 2017. Mas já ficava bem nítida naquela ocasião. Assim deve ser entendida e aplicada a legislação trabalhista após as últimas reformas, cujo texto de 2017 foi mantido na de 2019:

• SALÁRIO E REMUNERAÇÃO – HOUVE MUDANÇA? O QUE DEIXOU DE INTEGRAR O SALÁRIO?

Cabe ao empregador escolher e determinar as vestimentas dos empregados (CLT, art. 456-A).

O empregado não pode recusar o uso do uniforme que contenha propaganda da empregadora e mensagens de suas parceiras (CLT, art. 456-A).

É do empregado a responsabilidade de higienizar o uniforme, salvo quando necessitar gastar valores elevados (CLT, art. 456-A, parágrafo único).

Deixaram de integrar o salário as percentagens, gratificações ajustadas com o empregador, diárias para viagens e abonos pagos pelo empregador (CLT, art. 457, § 1º).

Também não mais se considera remuneração, ainda que habituais, as ajudas de custo, diárias para viagens, prêmios, abonos (pagos por terceiros), auxilio alimentação (em dinheiro ou não). Não repercutem em FGTS, nem em recolhimento previdenciário (CLT, art. 457, § 2º).

Consideram-se prêmios as gratificações aleatoriamente pagas pelo trabalho com resultados (CLT, art. 457, § 4º).

Não integram o salário, nem incide o FGTS, nem recolhimento previdenciário, os benefícios relativos à assistência médica, odontológica, e outras da mesma natureza, além de próteses, órteses, óculos, medicamentos, despesas com planos de saúde e conveniadas (CLT, art. 458, § 5º).

O empregado perde a gratificação que recebia quando deixa de ocupar cargo/função de confiança; a partir deste momento a gratificação que era paga passa a não incorporar ao salário, nem à remuneração, independentemente do tempo que tenha recebido a gratificação; assim não será se houver acordo em contrário negociado com a categoria profissional no sindicato ou individualmente na empresa (CLT, art. 468, § 2º).

• EQUIPARAÇÃO DE SALÁRIO – ESTÁ MAIS FÁCIL EQUIPARAR-SE A OUTRO COLEGA/EMPREGADO? COMO FAZER?

Impossível a equiparação entre empregados da mesma empresa, que trabalham em unidades (filiais/agências) diferentes, como, por exemplo, empregados de farmácias até vizinhas. Antes bastava que fossem filiais na mesma cidade (CLT, art. 461, "caput").

Também só é possível entre empregados da mesma empresa com até 4 (quatro) anos de diferença no tempo de serviço e com diferença na função (naquela empresa) de até 2 (dois) anos. E que produzam igualmente (quantitativamente), com a mesma qualidade (CLT, art. 461, § 1º).

A empregadora (empresa ou pessoa física) pode promover os empregados por merecimento e/ou antiguidade se tiver instituído/implantado quadro de carreira ou praticá-lo por vontade da empregadora ou, também, se negociar com o sindicato dos seus empregados celebrando acordo coletivo ou convenção coletiva. Estas providências não precisam ter registro algum, nem no órgão local do Ministério do Trabalho – MTE, que não precisa declarar concordância (CLT, art. 461, §§ 2º e 3º).

Exige-se que a equiparação seja só entre os empregados atuais (contemporâneos, da mesma época), ficando excluídos os antigos, dispensados ou pediram demissão, independentemente de qual tenha sido a motivação; portanto, que se desligaram por qualquer razão (CLT, art. 461, §5º).

Empregado que seja prejudicado em razão de sexo ou etnia tem direito às diferenças salariais, mais uma multa de 50% com base no valor do maior benefício que é pago pela Previdência Social (CLT, art. 461, § 6º).

• ALTERAÇÃO DE SALÁRIO – QUANDO SE PERDE A GRATIFICAÇÃO?

O empregado perde a gratificação que recebia quando deixa de ocupar cargo/função de confiança; a partir deste momento a gratificação que era paga passa a não incorporar ao salário, nem à remuneração, independentemente do tempo que tenha recebido a gratificação; assim não será se houver acordo em contrário negociado com a categoria profissional no sindicato ou individualmente na empresa (CLT, art. 468, § 2º).

TEXTO ANTERIOR **(na ortografia de cada época)**	**TEXTO ATUAL** **(texto atualizado, ou seja, alterado, mantido ou revogado, e as propostas apresentadas – *vide comentários*)**
Art. 482 - Constituem justa causa para rescisão do contrato de trabalho pelo empregador: a) ato de improbidade; b) incontinência de conduta ou mau procedimento; c) negociação habitual por conta própria ou alheia sem permissão do empregador, e quando constituir ato de concorrência à empresa para a qual trabalha o empregado, ou for prejudicial ao serviço; d) condenação criminal do empregado, passada em julgado, caso não tenha havido suspensão da execução da pena; e) desídia no desempenho das respectivas funções; f) embriaguez habitual ou em serviço; g) violação de segredo da empresa; h) ato de indisciplina ou de insubordinação; i) abandono de emprego; j) ato lesivo da honra ou da boa fama praticado no serviço contra qualquer pessoa, ou ofensas físicas, nas mesmas condições, salvo em caso de legítima defesa, própria ou de outrem;	

TEXTO ANTERIOR (na ortografia de cada época)	TEXTO ATUAL (texto atualizado, ou seja, alterado, mantido ou revogado, e as propostas apresentadas – *vide comentários*)
k) ato lesivo da honra ou da boa fama ou ofensas físicas praticadas contra o empregador e superiores hierárquicos, salvo em caso de legítima defesa, própria ou de outrem; l) prática constante de jogos de azar. m) perda da habilitação ou dos requisitos estabelecidos em lei para o exercício da profissão, em decorrência de conduta dolosa do empregado. (Incluído pela Lei nº 13.467, de 2017) Parágrafo único - Constitui igualmente justa causa para dispensa de empregado a prática, devidamente comprovada em inquérito administrativo, de atos atentatórios à segurança nacional. (Incluído pelo Decreto-lei nº 3, de 27.1.1966)	

COMENTÁRIOS – Foram mantidos os textos dos referidos artigos da CLT como se acham. Portanto, **o texto atual conserva o anterior, sem novas alterações**. O alargamento do poder de mando do empregador se confronta com o menor rigor nas ordens que emite aos seus comandados. Amplia-se a liberdade patronal. Além dos casuísmos do artigo 482 da CLT, há outras previsões de atos faltosos dos trabalhadores. A Portaria 915/2019, quanto às Normas Regulamentadoras (NR) relativas à saúde e segurança no trabalho, traz outra hipótese de desrespeito que pode ser motivo para punir o empregado (veja texto na íntegra no tópico 8.b deste livro).

Dos motivos que levam ao término o Contrato de Trabalho, um deles é a ocorrência de justa causa, por prática e culpa do(a) empregado(a). Pode gerar a quebra (ruptura) contratual, que é direta e individual, de grande interesse no dia a dia das empresas empregadoras que se preocupam quanto à forma de agir, seus custos e riscos econômicos e patrimoniais de toda ordem, presentes e futuros.

As dispensas por justa causa dos empregados com pouco tempo de serviço, na maioria das vezes têm origem na sua própria contratação, porque não foram bem selecionados, especialmente por falha na entrevista, muito rápida, pouco investigativa, carente de informações pessoais no desempenho profissional, acidentes da carreira, questões familiares, objetivos de vida etc.

As dispensas dos mais antigos na empresa relacionam-se aos vícios adquiridos durante o contrato, por falhas dos que comandam, do relacionamento com os subordinados, permissões inoportunas, tratamentos diferenciados, disciplina comprometida, ambiente de trabalho inconveniente.

Requer permanente atenção quanto a tais situações que fazem muitas empresas preferirem o rodízio das chefias, mas não é esta a única medida preventiva a ser adotada. Existem outras.

Antes de qualquer anúncio ou comentário, que sempre cria alvoroço, é preciso saber se ainda é o momento para se praticar a dispensa por cometimento de ato faltoso da(o) empregada (o).

Toda dispensa tem a elevada probabilidade de gerar reclamação judicial. É preciso que a empregadora, grande ou pequena empresa, saiba como dispensar. A decisão judicial leva em conta inclusive a oportunidade da dispensa (momento da comunicação), que deve ser sempre imediata à prática do ato faltoso ou quando a empresa toma conhecimento da sua prática, como ocorre com desvios de valores (no fechamento do caixa), furto (na verificação do estoque), desrespeito aos fregueses (quando vierem reclamar) etc.

Havendo suspeita de que algo esteja ocorrendo, investigação e decisão devem ser as mais rápidas possíveis, principalmente se o suspeito foi afastado (só até 29 dias nesta situação). Se ultrapassar, caracterizará dispensa sem justa causa e trará encargos (custos) para a empresa.

Apontar o autor da falta é de grande responsabilidade. No geral, a autoria atrai a culpa e, assim, o responsável sujeita-se à punição (até perda do emprego, reparar prejuízos da empresa). A empresa não pode errar, porque a imputação sempre atinge valores da pessoa, como a honra, a dignidade, abala o respeito que deve merecer de todos. São patrimônios da pessoa que podem recair no dever de indenizar, com quantias altas (depende muito dos Juízes), apesar de a CLT limitar. Grandes empresas têm sido condenadas ao pagamento de indenização por dano moral, porque não sabendo quem foi o autor da prática, escolheu um deles aleatoriamente e aplicou-lhe a punição, quando todos os envolvidos deveriam recebe-la. Na Justiça, neste caso, a prova é sempre da empregadora, a quem também cabe enquadrar a ocorrência nos casuísmos da CLT (art. 482), que menciona a desonestidade, mau comportamento dentro e fora da empresa, mostrar-se que trabalha desinteressado e forçar redução do trabalho ou da produtividade, indisciplina, abandono do emprego (mais de 30 dias injustificados), ofensas, ameaças e agressões aos superiores e aos colegas, dentre as mais praticadas. Ao decidir, seja comedido.

• DISPENSA OU DEMISSÃO?

São situações bem diferentes. Demissão é sempre por vontade e iniciativa do empregado. A dispensa, com ou sem justa causa, é sempre ato da parte empregadora. Tem empresa que aceita um pedido de demissão e ignora o direito de dispensar. Se vier uma reclamação desse ex-empregado, não mais poderá alegar o que teria havido ao tempo em que o mesmo pediu demissão. É a mesma situação da empresa que concede o aviso prévio. Este significa que a dispensa foi sem justa causa. São cuidados necessários que a empresa deve observar, inclusive consultando os Advogados, para depois não "chorar o leite derramado".

• POR QUE DISPENSAR?

Na hora dos acontecimentos muitos empregadores se exaltam e aplicam a punição mais drástica: a dispensa. Mas existem penas mais brandas para faltas com menor gravidade (desentendimento entre colegas, chegar atrasado, não cuidar bem do uniforme, recusar assinar o ponto, uso excessivo do celular particular etc.). A punição tem que guardar relação com a falta praticada. Isto é, ser proporcional. Assim, às vezes não é caso para dispensar, mas, sim, para advertir, ou suspender, por um dia, dois ou três dias, conforme o ocorrido, aumentando nas repetições. Nunca mais que 30 dias. É preciso verificar quanto tempo decorreu desde a última vez. Exige sempre muito equilíbrio e "cabeça fria" do empregador, que deve agir sem rancor. Todo cuidado é pouco, para não fazer injustiça, que pode depois pesar financeiramente: com reclamação trabalhista e/ou perda da produtividade do setor em que trabalhava, porque a tendência é a de que o ex-empregado deixa amigos entre os então colegas de trabalho, que, tudo indica, silenciosamente, serão solidários a ele. E reverter este quadro nem sempre é rápido para a empresa.

• A CARTA

Não se deve informar apenas verbalmente a dispensa à pessoa empregada(o). Neste caso, a Justiça do Trabalho costuma considerar como dispensa sem justa causa, por falha ou falta de uma comunicação elucidativa do ocorrido. Portanto, uma dispensa por justa causa sempre deve ser por escrito. Que seja uma Carta de Dispensa, ou uma breve informação da decisão da empresa dizendo qual foi a justa causa. Isto é, qual(is) o(s) fato(s) considerados(s) falta praticada que justifique a punição com a perda do emprego. Muitos se preocupam em apontar o artigo 482 da CLT – Consolidação das Leis do Trabalho e qual a sua alínea (são várias). Isto é dispensável. O que não pode(m) faltar é(são) o(s) fato(s), quando ocorreu(ocorreram) e quando a empresa tomou conhecimento e se a pessoa dispensada apresentava antecedentes disciplinares. E mais, sempre com palavras simples, claras, o bastante para que qualquer pessoa entenda as razões da medida punitiva tomada pela empresa. É importante lembrar que, na maioria das vezes, a pessoa punida é também simples, de pouca informação, não letrada, com precária instrução e que não conhece o direito e, desta forma, apontar leis e artigos não esclarece nada. Na dúvida, a Justiça do Trabalho decide contra o empregador, declarando a falha, pela dificuldade da exata compreensão do motivo da punição.

• OS DIREITOS DEVIDOS

A dispensa por ter cometido um (ou mais) ato(s) faltoso(s) pode implicar suspensão e até perda do emprego. Nesta última hipótese (a mais drástica) na documentação (Termo de Rescisão) deverá constar "dispensa por justa causa", mas nada será lançado na Carteira de Trabalho a este respeito, apenas a data de saída e a assinatura do empregador ou de quem o represente na empresa (gerente, chefe do pessoal), sob pena de estar praticando um dano à moral do trabalhador, que poderá propor ação trabalhista pleiteando reparação (indenização). Com a dispensa perde as chamadas verbas rescisórias. Isto é, não se concede e nem é pago o aviso prévio, nem as férias proporcionais dos meses já corridos do período aquisitivo incompleto (mínimo de 15 dias trabalhados em cada um, contado da data de aniversário da admissão). Períodos completos de 13º salário e férias que já se venceram não são afetados pela dispensa por justa causa. O 13º salário proporcional dos meses (mês é todo período de no mínimo 15 dias trabalhados em cada um de janeiro a dezembro) já corridos do ano em curso deixaram de ter perda com a justa causa. Também não sacará os valores existentes na conta do FGTS, em que a empresa, neste caso de dispensa, deixa também de depositar a multa de 40% (devida nas dispensas sem justa causa). Com a dispensa não receberá os valores a título de Seguro Desemprego. São devidos, porém, os salários, bem como os adicionais que eram regularmente pagos e demais verbas resultantes do trabalho prestado. É sempre conveniente conferir o Acordo Coletivo (da própria empresa celebrado com o Sindicato dos seus empregados ou com uma Comissão de Negociação que eles tenham eleito para representá-los, se não houver Sindicato) ou Convenção Coletiva de Trabalho (do Sindicato da respectiva categoria profissional com o Sindicato da empresa empregadora). Dos valores a serem pagos à pessoa dispensada a empregadora poderá descontar eventuais prejuízos que tenham sido causados quando da prática da justa causa desde que tenham resultado de ato doloso (intencional, desejado) e, não o sendo, observar as regras previstas no Acordo Coletivo ou Convenção Coletiva de Trabalho se houver. Na hipótese de ser punido(a) com suspensão, preserva o contrato, não recebe o salário das diárias não trabalhadas, que repercutem na duração das férias e em outras vantagens previstas no acordo ou convenção sindical.

• OUTRAS RECOMENDAÇÕES

É certo que cada empregador sabe o valor do seu patrimônio e o tanto que custa conservá-lo. Mas sempre é bom lembrar, especialmente os seus gerentes, que preservar uma relação respeitosa com os seus comandados favorecerá o ambiente de trabalho e a produtividade. É o mínimo a ser exigido. A pessoa dispensada se retira da empresa, mas certamente deixa ali companheiros e amigos que compartilham com a dor de quem perdeu o emprego. Compromete a produtividade do grupo. A dispensa deve ser a última alternativa. Por outro lado, conflitos geram despesas. Administrá-los reduz custos. Evitá-los é inteligência e sabedoria. Só assim dá para acreditar numa administração empresarial lúcida, desempenhando-se com menor risco e maiores expectativas de resultados favoráveis, em todos os sentidos, para a empresa que tenha agentes que saibam lidar com o seu patrimônio humano.

TEXTO ANTERIOR (na ortografia de cada época)	**TEXTO ATUAL** (texto atualizado, ou seja, alterado, mantido ou revogado, e as propostas apresentadas – *vide comentários*)
CAPÍTULO VI DO AVISO PRÉVIO (Vide Lei nº 12.506, de 2.011) Art. 487 - Não havendo prazo estipulado, a parte que, sem justo motivo, quiser rescindir o contrato deverá avisar a outra da sua resolução com a antecedência mínima de: I - oito dias, se o pagamento for efetuado por semana ou tempo inferior; (Redação dada pela Lei nº 1.530, de 26.12.1951) II - trinta dias aos que perceberem por quinzena ou mês, ou que tenham mais de 12 (doze) meses de serviço na empresa. (Redação dada pela Lei nº 1.530, de 26.12.1951) § 1º - A falta do aviso prévio por parte do empregador dá ao empregado o direito aos salários correspondentes ao prazo do aviso, garantida sempre a integração desse período no seu tempo de serviço. § 2º - A falta de aviso prévio por parte do empregado dá ao empregador o direito de descontar os salários correspondentes ao prazo respectivo. § 3º - Em se tratando de salário pago na base de tarefa, o cálculo, para os efeitos dos parágrafos anteriores, será feito de acordo com a média dos últimos 12 (doze) meses de serviço.	

TEXTO ANTERIOR (na ortografia de cada época)	TEXTO ATUAL (texto atualizado, ou seja, alterado, mantido ou revogado, e as propostas apresentadas – *vide comentários*)
§ 4º - É devido o aviso prévio na despedida indireta. (Parágrafo incluído pela Lei nº 7.108, de 5.7.1983) § 5º O valor das horas extraordinárias habituais integra o aviso prévio indenizado. (Parágrafo incluído pela Lei nº 10.218, de 11.4.2001) § 6º O reajustamento salarial coletivo, determinado no curso do aviso prévio, beneficia o empregado pré-avisado da despedida, mesmo que tenha recebido antecipadamente os salários correspondentes ao período do aviso, que integra seu tempo de serviço para todos os efeitos legais. (Parágra fo incluído pela Lei nº 10.218, de 11.4.2001)	

COMENTÁRIOS – Foram mantidos os textos dos referidos artigos da CLT como se acham. Portanto, **o texto atual conserva o anterior, sem novas alterações**. Diante das legislações que preveem a prática do aviso-prévio, conclui-se que este instituto ora é convencional, definido nas negociações coletivas; ora é consuetudinário, atendendo aos usos e costumes locais; ora é contratual, regrado no contrato celebrado entre os parceiros da relação de trabalho; e, ora é legal, quando previsto na lei que estabelece todos os alcances da obrigação e suas limitações e implicações patrimoniais. Legal é a natureza jurídica do nosso aviso-prévio.

• CABIMENTO: NOS CONTRATOS SEM PRAZO O AVISO-PRÉVIO ACOMPANHA A CAUSA FINAL

Aviso-prévio é o rompimento sem culpa dos contratos sem prazo, aqueles denominados de prazo indeterminado, ou seja, os que não têm prazo. O aviso-prévio não se justifica quando os contratos têm prazo, eis que nestes é sabido pelas partes o momento em que cessarão. Constitui uma obrigação pertinente aos contratos sem prazo (são os chamados "indeterminados"), nos quais não tem época prevista para a sua terminação; nem data, nem qualquer fato susceptível de previsão aproximada. O aviso-prévio cabe tanto na hipótese de se romper um contrato por iniciativa do empregado, como por deliberação do empregador, seguindo a vontade dos sujeitos do contrato.

• SE PASSAR O MOMENTO DOS FATOS, COMO SE RESOLVE?

Quando há motivo para findar o contrato e não o faz, perdendo-se a oportunidade e o direito para o rompimento por justa causa, aí, sim, com o fim de cessá-lo torna-se obrigatório conceder o aviso-prévio, porque a justa causa tem que ser sempre atual: amparada nos fatos recentes, pois, do contrário permitirá dizer que os fatos não eram relevantes ou que a parte prejudicada os perdoou.

Essa perda do direito é o que, tecnicamente, nos leva dizer que operou a preclusão.

• DENÚNCIA VAZIA NO AVISO-PRÉVIO: DISPENSA DIRETA E DISPENSA INDIRETA

Se o parceiro for o culpado não há que avisá-lo, não se concede aviso-prévio se o rompimento for por culpa dele. Cabe o aviso-prévio na dispensa direta, que é o rompimento do contrato através de uma comunicação feita ao empregado.

A dispensa direta é o rompimento do contrato por ato de iniciativa patronal, praticado pelo empregador. A dispensa em si é um ato de vontade e, como tal, alguém deve ter a iniciativa.

Cabe na dispensa indireta, que é quando o empregador deixa de comunicar mas cria uma situação de insurportabilidade, de constrangimento, que faz o empregado sentir-se dispensado.

• FORMA DO AVISO-PRÉVIO: AUSÊNCIA DE RIGOR FACILITA A TODOS

O aviso-prévio é uma comunicação simples; há quem até aceita ser verbal, porque a lei não veda a oralidade; não exige seja feita em cartório (órgão público), sem forma prescrita em lei; que não depende de rigor ao informar a parte contrária.

Este comunicado pode ser até manuscrito, elaborado na sede do empregador, ali entregar ou enviar à residência do trabalhador, por via postal ou entregar em mãos.

• DURAÇÃO MÍNIMA É CONSTITUCIONAL E TEM REGRA PARA COMEÇAR O AVISO

O aviso-prévio tem a duração mínima de 30 dias corridos, contando-se a partir do dia seguinte ao daquele em que foi dado o aviso. Importante colher o "ciente" (tomar ciência): não é preciso o “de acordo”; ou colher as assinaturas de duas testemunhas presenciais.

Atualmente constata-se na atuação dos sindicatos a criação do aviso-prévio com duração maior de 30 dias corridos. Sempre respeitada a regra da proporcionalidade, admitida desde 2011.

• TENDÊNCIA DO AVISO-PRÉVIO: DURAÇÃO CRESCE NOS ACORDOS PARA BENEFICIAR

Há categorias de trabalhadores que já garantem mais de 30 dias corridos através da negociação coletiva (entre sindicatos de trabalhadores e empresas ou entre empresas e sindicatos): 40, 50 até 60 dias corridos. Essas conquistas sindicais estão dirigidas aos trabalhadores mais idosos especialmente, aos mais antigos no emprego, aos acidentados, aos deficientes físicos, aqueles que por alguma razão especial clamam por uma proteção maior, no caso ampliando a duração do aviso-prévio e, obviamente, do próprio contrato.

• AVISO-PRÉVIO ALTERA CONDIÇÕES DO CONTRATO DE TRABALHO

Durante o aviso-prévio conserva-se o contrato de trabalho (permanecem as prestações de serviços) que se mantém íntegro, em todos os seus termos, apenas procedendo-se uma alteração em suas condições a qual é prevista em lei. Sim, ocorre quando é o empregador quem decide praticar a terminação do contrato, dispensando o empregado e, em benefício deste, o seu horário de trabalho é reduzido. A lei não define se a redução deve ocorrer no início ou no fim da jornada. Fica a critério das partes para atender as conveniências de cada caso, conforme o local, o trabalho, a empresa. É regra para que o empregado tenha a oportunidade de procurar outro emprego.

• QUANDO NO AVISO TRABALHA-SE MENOS: COMO PROCEDER DIANTE DA LEI

A lei estabelece duas horas a menos na carga horária de trabalho diário (jornada de trabalho), ou permite a sua redução computada em folgas com tempo integral, podendo até somar 7 (sete) dias corridos sem trabalhar. Neste caso, o trabalhador tem o dia todo para visitar empresas, deslocar-se nos grandes centros urbanos, ou mesmo caminhar por entre propriedades rurais para oferecer sua mão de obra. Estas faltas legais devem ocorrer em que momento do período do aviso-prévio? A lei não fixa se no início ou no final. Entendemos que fica a critério das partes, para que acordem conforme as conveniências do trabalho, da localização da empresa, das necessidades do trabalhador, pois esta regra é em beneficio dele, para ter menos trabalho no correr do aviso-prévio.

Já acontecia com o trabalhador rural desde 1973 (quando do advento da Lei 5.889, que regula o trabalho rural no Brasil) cuja legislação já dispunha um dia de folga para procurar serviço, sem prejuízo do salário.

TEXTO ANTERIOR **(na ortografia de cada época)**	**TEXTO ATUAL** **(texto atualizado, ou seja, alterado, mantido ou revogado, e as propostas apresentadas – *vide comentários*)**
CAPÍTULO VII DA ESTABILIDADE Art. 492 - O empregado que contar mais de 10 (dez) anos de serviço na mesma empresa não poderá ser despedido senão por motivo de falta grave ou circunstância de força maior, devidamente comprovadas.	

TEXTO ANTERIOR (na ortografia de cada época)	**TEXTO ATUAL** (texto atualizado, ou seja, alterado, mantido ou revogado, e as propostas apresentadas – *vide comentários*)
Parágrafo único - Considera-se como de serviço todo o tempo em que o empregado esteja à disposição do empregador.	
Art. 493 - Constitui falta grave a prática de qualquer dos fatos a que se refere o art. 482, quando por sua repetição ou natureza representem séria violação dos deveres e obrigações do empregado.	

COMENTÁRIOS – (Texto Atual conserva o ANTERIOR, SEM NOVAS ALTERAÇÕES.) O Fundo de Garantia do Tempo de Serviço – FGTS foi criado pelo governo militar de 1966, com objetivos voltados à doutrina institucional daquela época – em especial, combater os movimentos grevistas que incomodavam o regime, substituindo a estabilidade no emprego por um fundo financeiro – trabalhador sem estabilidade não faz greve, pensavam eles, do governo. O tempo demonstrou que as greves não deixam de ser deflagradas. A Justiça do Trabalho que o diga, independentemente do setor produtivo ou essencial à população.

A "galope" veio o argumento que o dinheiro do FGTS serviria ao custeio das obras sociais, como financiamento de casas populares. Aí entramos na era da(s) COHAB(s), da construção de estradas e outras mais. Afinal, precisavam dar um sentido social ao montante de dinheiro que se arrecadava. Foi tanto que na década de 1990, quando passou dos bancos privados para o monopólio da Caixa Econômica Federal, muitos foram à Justiça para localizar o seu FGTS. Dúvidas nos extratos, não eram claros, faltavam depósitos. Enfim, "cadê o dinheiro que tava aqui?" Uma tormenta !

Com certeza o FGTS não foi uma criação perversa à classe trabalhadora, apesar das vantagens que um *trabalho estável* oferece. Este, nem há mais. Querendo ou não, acabou a opção em 1988 com a nova Constituição Federal e todos nos encontramos "participantes" do FGTS, felizes ou não com os seus rendimentos. Rurais e domésticos pediram e também estão no FGTS. Ninguém chora saudades da extinta estabilidade.

Em 1998, FHC iniciou a flexibilização trabalhista. Reduziu o FGTS de 8 para 2% ao mês. Pressionado, voltou à origem.

Em 2016, Temer garantiu a todos participação nos *lucros* da economia do Fundo, se é que existem. Recomenda-se verificar os extratos com a mesma eficiência de quem conta suas economias ao se aposentar, na terceira idade, ingressando na sobrevida. Precisa ser detalhista, persistente, exigente. Na ocasião, prometeu a extinção da *multa* de 10% ano a ano (1% ao ano, desde 2017), em favor da empresa na dispensa sem causa. A multa de 40% aos dispensados também programou extinguir.

Estranho! No desemprego retira-se a multa, barateando a dispensa injusta? É flexibilização inversa, na contramão.

Bolsonaro copiou Temer. Autorizou o saque das contas antigas e atuais, em doses homeopáticas, a perder de vista, sem motivo explícito, sem participação sindical, como "presente" de aniversário (dá visibilidade nas urnas...).

O FGTS sempre socorreu os desempregados e auxilia na hora das graves doenças (primeiro foi o câncer, depois a AIDS), facilitando o saque nas crises financeiras e nas tragédias da saúde.

Esse direito já completou 50 anos de existência, assumindo múltiplas funções (políticas ou não). Não se cogita aposentá-lo. Muitos ainda engrossarão o caixa da Caixa. Estabilidade, nunca mais.

Novamente o mínimo de formalidade para o saque do dinheiro, sem negociação coletiva. Reflete a emergência. Mas aumenta o direito/dever do seu dono na verificação das contas. Independentemente de quem seja simplesmente o gestor do patrimônio do trabalhador.

O FGTS é o direito trabalhista brasileiro mais flexibilizado (legalmente) ao longo dos anos de sua existência (meio século). As propostas para alterá-lo por esta ou aquela necessidade sempre foram constantes. Como será no restante do século? Com a palavra os economistas de plantão.

TEXTO ANTERIOR (na ortografia de cada época)	TEXTO ATUAL (texto atualizado, ou seja, alterado, mantido ou revogado, e as propostas apresentadas – *vide comentários*)
CAPÍTULO III DA CONTRIBUIÇÃO SINDICAL SEÇÃO I DA FIXAÇÃO E DO RECOLHIMENTO DO IMPOSTO SINDICAL Art. 578. As contribuições devidas aos sindicatos pelos participantes das categorias econômicas ou profissionais ou das profissões liberais representadas pelas referidas entidades serão, sob a denominação de contribuição sindical, pagas, recolhidas e aplicadas na forma estabelecida neste Capítulo, desde que prévia e expressamente autorizadas. (Redação dada pela Lei nº 13.467, de 2017) Art. 579. O desconto da contribuição sindical está condicionado à autorização prévia e expressa dos que participarem de uma determinada categoria econômica ou profissional, ou de uma profissão liberal, em favor do sindicato representativo da mesma categoria ou profissão ou, inexistindo este, na conformidade do disposto no art. 591 desta Consolidação. (Redação dada pela Lei nº 13.467, de 2017)	

COMENTÁRIOS – Foram mantidos os textos dos referidos artigos da CLT como se acham. Portanto, **o texto atual conserva o anterior, sem novas alterações**. Nem tudo que foi dito no começo do governo Bolsonaro está em vigor. Faça quase de conta que você não leu, nem ouviu.

De certa forma, voltamos ao que se fazia até fevereiro de 2019, porque a Medida Provisória 873, do Presidente Bolsonaro, **perdeu a**

sua validade no último final de semana de junho/2019 (dia 28). Ela mandava não descontar o valor das contribuições sindicais em folha de salários, o trabalhador passou a ter que pagar por boleto ao seu Sindicato.

As ações que foram propostas a esse respeito (e suas decisões) também **ficaram sem efeito**.

O Governo não vai publicar nova Medida Provisória. Acaba de determinar à sua Assessoria elaborar um Projeto de Lei sobre esta matéria, que o Congresso Nacional deverá discutir e votar sim ou não. Não se sabe quando será (pode ser em 2020, assim espera contar com os votos dos Deputados/Senadores aliados aos sindicatos para aprovar outras matérias.

Portanto, a empresa empregadora **volta a descontar na folha do trabalhador as contribuições sindicais** (de lei, assistenciais, todas).

Por sua vez, decisão do Ministro Barroso, do STF, **confirmou** o entendimento que a empresa **só pode descontar em folha as contribuições sindicais que forem autorizadas** pelo trabalhador. Quer dizer, **quem não quiser pagar**, não terá desconto, **nem precisa declarar que não autoriza descontar. Não terá que fazer nada**. Nem a empresa empregadora.

Sim, voltamos ao **mês de fevereiro de 2019: aplica-se a reforma trabalhista**, que desobrigou o pagamento para todos, inclusive às empresas (quanto à contribuição patronal). E, **hoje**, só desconta em folha de quem **autorizar** (até aquele mês não havia a Medida Provisória 873, do atual Governo, que **exigia o pagamento por boleto**, esta Medida **acabou** (o Congresso Nacional não a aprovou no seu devido tempo, antes do final de junho/2019).

Resultado: tudo que for devido ao Sindicato (do período anterior ou posterior à publicação da referida Medida Provisória ocorrida em março/2019) pode ainda ser pago se **autorizado** e mediante **desconto em folha**, sem boleto algum. Se o valor for elevado, é preferível parcelar em tantos meses quantos os atrasados: sempre é bom conferir a norma coletiva da categoria do trabalhador que, quase sempre, traz como se deve proceder nos descontos salariais – procura-se evitar a perda do poder aquisitivo, porque salário tem natureza **alimentar** (para o trabalhador e para sua família). Ou respeitar o art. 462 da CLT.

O Ministro Barroso, a rigor, reproduz o posicionamento de todo o Tribunal (STF), manifestado em decisão de 2017 e que, sendo a Corte mais alta, **todo** o Judiciário Trabalhista, inclusive o TST, **é obrigado a respeitar**.

Entendemos ser esta a recomendação **mais segura** para as empresas, sem riscos no futuro, seja numa ação trabalhista proposta pelos empregados, seja naquela em que o Sindicato venha ajuizar para reclamar valores que entenda de seu direito e pretendendo **responsabilizar** as empresas. Assim também evita maiores danos aos trabalhadores. Afinal, o "vai-e-vem" é, basicamente, do Governo.

TEXTO ANTERIOR **(na ortografia de cada época)**	**TEXTO ATUAL** **(texto atualizado, ou seja, alterado, mantido ou revogado, e as propostas apresentadas – *vide comentários*)**
Art. 611-A. A convenção coletiva e o acordo coletivo de trabalho têm prevalência sobre a lei quando, entre outros, dispuserem sobre: (Incluído pela Lei nº 13.467, de 2017) I - pacto quanto à jornada de trabalho, observados os limites constitucionais; (Incluído pela Lei nº 13.467, de 2017) II - banco de horas anual; (Incluído pela Lei nº 13.467, de 2017) III - intervalo intrajornada, respeitado o limite mínimo de trinta minutos para jornadas superiores a seis horas; (Incluído pela Lei nº 13.467, de 2017) IV - adesão ao Programa Seguro-Emprego (PSE), de que trata a Lei nº 13.189, de 19 de novembro de 2015; (Incluído pela Lei nº 13.467, de 2017)	

TEXTO ANTERIOR **(na ortografia de cada época)**	**TEXTO ATUAL** **(texto atualizado, ou seja, alterado, mantido ou revogado, e as propostas apresentadas – *vide comentários*)**
V - plano de cargos, salários e funções compatíveis com a condição pessoal do empregado, bem como identificação dos cargos que se enquadram como funções de confiança; (Incluído pela Lei nº 13.467, de 2017) VI - regulamento empresarial; (Incluído pela Lei nº 13.467, de 2017) VII - representante dos trabalhadores no local de trabalho; (Incluído pela Lei nº 13.467, de 2017) VIII - teletrabalho, regime de sobreaviso, e trabalho intermitente; (Incluído pela Lei nº 13.467, de 2017) IX - remuneração por produtividade, incluídas as gorjetas percebidas pelo empregado, e remuneração por desempenho individual; (Incluído pela Lei nº 13.467, de 2017) X - modalidade de registro de jornada de trabalho; (Incluído pela Lei nº 13.467, de 2017) XI - troca do dia de feriado; (Incluído pela Lei nº 13.467, de 2017) XII - enquadramento do grau de insalubridade; (Incluído pela Lei nº 13.467, de 2017) XIII - prorrogação de jornada em ambientes insalubres, sem licença prévia das autoridades competentes do Ministério do Trabalho; (Incluído pela Lei nº 13.467, de 2017)	

TEXTO ANTERIOR **(na ortografia de cada época)**	**TEXTO ATUAL** **(texto atualizado, ou seja, alterado, mantido ou revogado, e as propostas apresentadas – *vide comentários*)**
XIV - prêmios de incentivo em bens ou serviços, eventualmente concedidos em programas de incentivo; (Incluído pela Lei nº 13.467, de 2017)	
XV - participação nos lucros ou resultados da empresa. (Incluído pela Lei nº 13.467, de 2017)	
§ 1º No exame da convenção coletiva ou do acordo coletivo de trabalho, a Justiça do Trabalho observará o disposto no § 3º do art. 8º desta Consolidação. (Incluído pela Lei nº 13.467, de 2017)	
§ 2º A inexistência de expressa indicação de contrapartidas recíprocas em convenção coletiva ou acordo coletivo de trabalho não ensejará sua nulidade por não caracterizar um vício do negócio jurídico. (Incluído pela Lei nº 13.467, de 2017)	
§ 3º Se for pactuada cláusula que reduza o salário ou a jornada, a convenção coletiva ou o acordo coletivo de trabalho deverão prever a proteção dos empregados contra dispensa imotivada durante o prazo de vigência do instrumento coletivo. (Incluído pela Lei nº 13.467, de 2017)	
§ 4º Na hipótese de procedência de ação anulatória de cláusula de convenção coletiva ou de acordo coletivo de trabalho, quando houver a cláusula compensatória, esta deverá ser igualmente anulada, sem repetição do indébito. (Incluído pela Lei nº 13.467, de 2017)	

TEXTO ANTERIOR **(na ortografia de cada época)**	**TEXTO ATUAL** **(texto atualizado, ou seja, alterado, mantido ou revogado, e as propostas apresentadas – *vide comentários*)**
§ 5º Os sindicatos subscritores de convenção coletiva ou de acordo coletivo de trabalho deverão participar, como litisconsortes necessários, em ação individual ou coletiva, que tenha como objeto a anulação de cláusulas desses instrumentos. (Incluído pela Lei nº 13.467, de 2017)	
Art. 611-B. Constituem objeto ilícito de convenção coletiva ou de acordo coletivo de trabalho, exclusivamente, a supressão ou a redução dos seguintes direitos: (Incluído pela Lei nº 13.467, de 2017)	
I - normas de identificação profissional, inclusive as anotações na Carteira de Trabalho e Previdência Social; (Incluído pela Lei nº 13.467, de 2017)	
II - seguro-desemprego, em caso de desemprego involuntário; (Incluído pela Lei nº 13.467, de 2017)	
III - valor dos depósitos mensais e da indenização rescisória do Fundo de Garantia do Tempo de Serviço (FGTS); (Incluído pela Lei nº 13.467, de 2017)	
IV - salário mínimo; (Incluído pela Lei nº 13.467, de 2017)	
V - valor nominal do décimo terceiro salário; (Incluído pela Lei nº 13.467, de 2017)	
VI - remuneração do trabalho noturno superior à do diurno; (Incluído pela Lei nº 13.467, de 2017)	

TEXTO ANTERIOR **(na ortografia de cada época)**	**TEXTO ATUAL** **(texto atualizado, ou seja, alterado, mantido ou revogado, e as propostas apresentadas – *vide comentários*)**
VII - proteção do salário na forma da lei, constituindo crime sua retenção dolosa; (Incluído pela Lei nº 13.467, de 2017)	
VIII - salário-família; (Incluído pela Lei nº 13.467, de 2017)	
IX - repouso semanal remunerado; (Incluído pela Lei nº 13.467, de 2017)	
X - remuneração do serviço extraordinário superior, no mínimo, em 50% (cinquenta por cento) à do normal; (Incluído pela Lei nº 13.467, de 2017)	
XI - número de dias de férias devidas ao empregado; (Incluído pela Lei nº 13.467, de 2017)	
XII - gozo de férias anuais remuneradas com, pelo menos, um terço a mais do que o salário normal; (Incluído pela Lei nº 13.467, de 2017)	
XIII - licença-maternidade com a duração mínima de cento e vinte dias; (Incluído pela Lei nº 13.467, de 2017)	
XIV - licença-paternidade nos termos fixados em lei; (Incluído pela Lei nº 13.467, de 2017)	
XV - proteção do mercado de trabalho da mulher, mediante incentivos específicos, nos termos da lei; (Incluído pela Lei nº 13.467, de 2017)	
XVI - aviso prévio proporcional ao tempo de serviço, sendo no mínimo de trinta dias, nos termos da lei; (Incluído pela Lei nº 13.467, de 2017)	

TEXTO ANTERIOR **(na ortografia de cada época)**	**TEXTO ATUAL** **(texto atualizado, ou seja, alterado, mantido ou revogado, e as propostas apresentadas – *vide comentários*)**
XVII - normas de saúde, higiene e segurança do trabalho previstas em lei ou em normas regulamentadoras do Ministério do Trabalho; (Incluído pela Lei nº 13.467, de 2017) XVIII - adicional de remuneração para as atividades penosas, insalubres ou perigosas; (Incluído pela Lei nº 13.467, de 2017) XIX - aposentadoria; (Incluído pela Lei nº 13.467, de 2017) XX - seguro contra acidentes de trabalho, a cargo do empregador; (Incluído pela Lei nº 13.467, de 2017) XXI - ação, quanto aos créditos resultantes das relações de trabalho, com prazo prescricional de cinco anos para os trabalhadores urbanos e rurais, até o limite de dois anos após a extinção do contrato de trabalho; (Incluído pela Lei nº 13.467, de 2017) XXII - proibição de qualquer discriminação no tocante a salário e critérios de admissão do trabalhador com deficiência; (Incluído pela Lei nº 13.467, de 2017) XXIII - proibição de trabalho noturno, perigoso ou insalubre a menores de dezoito anos e de qualquer trabalho a menores de dezesseis anos, salvo na condição de aprendiz, a partir de quatorze anos; (Incluído pela Lei nº 13.467, de 2017)	

TEXTO ANTERIOR **(na ortografia de cada época)**	**TEXTO ATUAL** **(texto atualizado, ou seja, alterado, mantido ou revogado, e as propostas apresentadas – *vide comentários*)**
XXIV - medidas de proteção legal de crianças e adolescentes; (Incluído pela Lei nº 13.467, de 2017)	
XXV - igualdade de direitos entre o trabalhador com vínculo empregatício permanente e o trabalhador avulso; (Incluído pela Lei nº 13.467, de 2017)	
XXVI - liberdade de associação profissional ou sindical do trabalhador, inclusive o direito de não sofrer, sem sua expressa e prévia anuência, qualquer cobrança ou desconto salarial estabelecidos em convenção coletiva ou acordo coletivo de trabalho; (Incluído pela Lei nº 13.467, de 2017)	
XXVII - direito de greve, competindo aos trabalhadores decidir sobre a oportunidade de exercê-lo e sobre os interesses que devam por meio dele defender; (Incluído pela Lei nº 13.467, de 2017)	
XXVIII - definição legal sobre os serviços ou atividades essenciais e disposições legais sobre o atendimento das necessidades inadiáveis da comunidade em caso de greve; (Incluído pela Lei nº 13.467, de 2017)	
XXIX - tributos e outros créditos de terceiros; (Incluído pela Lei nº 13.467, de 2017)	
XXX - as disposições previstas nos arts. 373-A, 390, 392, 392-A, 394, 394-A, 395, 396 e 400 desta Consolidação. (Incluído pela Lei nº 13.467, de 2017)	

TEXTO ANTERIOR (na ortografia de cada época)	**TEXTO ATUAL** (texto atualizado, ou seja, alterado, mantido ou revogado, e as propostas apresentadas – *vide comentários*)
Parágrafo único. Regras sobre duração do trabalho e intervalos não são consideradas como normas de saúde, higiene e segurança do trabalho para os fins do disposto neste artigo. (Incluído pela Lei nº 13.467, de 2017)	

COMENTÁRIOS – Foram mantidos os textos dos referidos artigos da CLT como se acham. Portanto, **o texto atual conserva o anterior, sem novas alterações**. A reforma trabalhista de 2017 estabeleceu um novo ordenamento jurídico. Na sua aplicação surgiram inúmeras dúvidas que motivam constante avaliação. **Direitos adquiridos – estão protegidos? E os contratos em andamento?**

As negociações podem ser ajustadas sem riscos de violação de direitos adquiridos quando se tratar de um contrato novo. Não é o caso quando for uma negociação para um contrato de trabalho já em curso. A nova lei não se refere aos contratos em andamento. A intenção do legislador (Governo e Legislativo) foi a de atingir todos os contratos em andamento. Entende-se como direito adquirido aquele que já se integrou ao patrimônio de alguém, principalmente pela sua reiteração, costume, habitualidade.

• TRABALHOS NEGOCIÁVEIS (COM FORÇA DE LEI) – QUAIS SÃO? COMO FAZER?

São aqueles em que os sindicatos dos empregados podem negociar com as empresas ou com os sindicatos das empresas e combinarem condições diferentemente das estabelecidas em lei, contrariando-as e prevalecendo sobre elas, ainda que as leis sejam mais favoráveis aos trabalhadores (art. 611-A).

Os temas com força de lei que constam na Constituição Federal só podem, com base na nova lei, se sujeitar à forma de serem exercitados, isto é, como estão definidos na legislação infraconstitucional. Cabe, pois, apenas parcial supressão ou redução de direitos. Não podem ser extintos, porque estaria desrespeitando o texto constitucional em vigor (art. 7º da CF).

Tais temas são os que tratam de: regulamento interno da empresa, jornada de trabalho, banco de horas, troca de dia feriado, intervalo para refeição e repouso, plano de cargos e salários, remuneração por produtividade, prêmios pró-desempenho, participação nos lucros ou resultados da empresa, classificação do trabalho insalubre, teletrabalho, representação dos trabalhadores na empresa e participação no Programa Seguro-Emprego (art. 611-A, I a XV).

Os temas com força de lei que constam na Constituição Federal só podem se sujeitar à forma de serem exercitados (definida na legislação infraconstitucional). Isto é, como devem ser praticados, comportando, pois, parcial supressão ou redução de direitos (art. 7º da CF).

Os assuntos (temas) com força de lei deverão ser tratados (negociados) em Acordo Coletivo Especial ou Convenção Coletiva Especial de Trabalho. Duração máxima de 2 (dois) anos, sem extensão (ultratividade vedada) – art. 611-A, "caput" e 614, § 3º, da CLT).

Os contratos individuais de trabalho dos empregados com altos salários (são aqueles iguais ou acima de 2 valores do maior benefício pago pela Previdência Social) possuem força de lei. Equivalem aos acordos coletivos especiais de trabalho e às convenções coletivas especiais de trabalho. Se com estas conflitarem, também prevalecem sobre elas. Estes empregados são os que dispensam maior tutela do Estado, porque se confundem com o próprio empregador. Não dependem de negociação sindical. Façam vocês mesmos (art. 444, parágrafo único).

• TRABALHOS INEGOCIÁVEIS (SEM FORÇA DE LEI) – QUAIS SÃO? QUAIS AS CONSEQUÊNCIAS SE HOUVER NEGOCIAÇÃO? É POSSÍVEL FAZER CONCESSÕES?

• Quaisquer negociações individuais (diretamente entre empregado e empregador) ou coletivas (entre sindicato dos empregados e empresas empregadoras ou os sindicatos destas) não terão validade jurídica se fizerem supressão ou redução de direitos sobre os temas-assuntos relacionados pelo legislador, tais como seguro desemprego, valor dos depósitos do FGTS, salário mínimo, valor do 13º salário, adicional do trabalho noturno, adicional de insalubridade, periculosidade e do trabalho penoso, adicional da hora extra, salário família, repouso semanal remunerado, duração das férias, duração das licenças maternidade e paternidade, aviso prévio proporcional, aposentadoria, seguro de acidentes do trabalho, proteção às crianças, adolescentes, ao trabalho dos menores e ao trabalho da mulher, direito de greve, direitos dos avulsos, liberdade sindical, basicamente a preservação dos direitos sociais previstos no art. 7º da Constituição Federal. Mas nada impede, se for conveniente e houver recursos, a empresa empregadora oferecer vantagens aos seus empregados (art. 611-B).

TEXTO ANTERIOR **(na ortografia de cada época)**	**TEXTO ATUAL** **(texto atualizado, ou seja, alterado, mantido ou revogado, e as propostas apresentadas - *vide comentários*)**
TÍTULO VII DO PROCESSO DE MULTAS ADMINISTRATIVAS CAPÍTULO I DA FISCALIZAÇÃO, DA AUTUAÇÃO E DA IMPOSIÇÃO DE MULTAS	
Art. 626 - Incumbe às autoridades competentes do Ministério do Trabalho, Industria e Comercio, ou àquelas que exerçam funções delegadas, a fiscalização do fiel cumprimento das normas de proteção ao trabalho. Parágrafo único - Os fiscais dos Institutos de Seguro Social e das entidades paraestatais em geral dependentes do Ministério do Trabalho, Industria e Comercio serão competentes para a fiscalização a que se refere o presente artigo, na forma das instruções que forem expedidas pelo Ministro do Trabalho, Industria e Comercio.	**"Art. 626. Incumbe às autoridades competentes da Secretaria Especial de Previdência e Trabalho do Ministério da Economia, ou àquelas que exerçam funções delegadas, a fiscalização do cumprimento das normas de proteção ao trabalho.** **Parágrafo único. Os Auditores Fiscais do Trabalho serão competentes para a fiscalização a que se refere o presente artigo, na forma das instruções que forem expedidas pela Secretaria Especial de Previdência e Trabalho do Ministério da Economia." (NR)**

➬ **COMENTÁRIOS** – O texto atual é o mesmo, sem novas alterações, apesar de ter sido apresentada proposta de alteração pelo legislador de 2019. Esta proposta do legislador **não** foi aprovada.

Consta que ficou guardada para uma próxima oportunidade, como as demais também negadas em acordo para não retardarem a tramitação e vigência das alterações. Deve ser objeto de análise, confrontações e repercussões ao tempo de sua adoção, à luz das regras e normas então vigentes e que possam ser atingidas. Por ora é prematuro e, assim, é mais seguro a todos.

Conveniente que se registre, mais uma vez, a situação atual da fiscalização trabalhista brasileira, conforme comentários ao artigo 630 da CLT neste livro.

TEXTO ANTERIOR **(na ortografia de cada época)**	**TEXTO ATUAL** **(texto atualizado, ou seja, alterado, mantido ou revogado, e as propostas apresentadas – *vide comentários*)**
Art. 627 - A fim de promover a instrução dos responsáveis no cumprimento das leis de proteção do trabalho, a fiscalização deverá observar o critério de dupla visita nos seguintes casos:	**"Art. 627. A fim de promover a instrução dos responsáveis no cumprimento das leis de proteção do trabalho, a fiscalização observará o critério de dupla visita nos seguintes casos:**
a) quando ocorrer promulgação ou expedição de novas leis, regulamentos ou instruções ministeriais, sendo que, com relação exclusivamente a esses atos, será feita apenas a instrução dos responsáveis;	**I – quando ocorrer promulgação ou expedição de novas leis, regulamentos ou instruções ministeriais, durante 180 (cento e oitenta dias) dias, contados da vigência das disposições;**
b) em se realizando a primeira inspeção dos estabelecimentos ou dos locais de trabalho, recentemente inaugurados ou empreendidos.	**II – quando se tratar de primeira inspeção em estabelecimentos ou locais de trabalho recentemente inaugurados, até 180 (cento e oitenta dias) dias do seu efetivo funcionamento;**
	III – quando se tratar de microempresa, empresa de pequeno porte e estabelecimento ou local de trabalho com até 20 (vinte) trabalhadores; ou

TEXTO ANTERIOR (na ortografia de cada época)	TEXTO ATUAL (texto atualizado, ou seja, alterado, mantido ou revogado, e as propostas apresentadas - *vide comentários*)
	IV - em se tratando de infrações aos preceitos legais ou regulamentadores sobre segurança e saúde do trabalhador de gradação leve, conforme regulamento da Secretaria Especial de Previdência e Trabalho do Ministério da Economia. **Parágrafo único. O benefício da dupla visita não será aplicado quando for constatada infração por falta de registro de empregado ou de anotação de CPTS, atraso no pagamento de salário e de FGTS, reincidência, fraude, resistência ou embaraço à fiscalização, bem como nas situações em que restar configurado acidente do trabalho, trabalho em condições análogas às de escravo ou trabalho infantil." (NR)**
Art. 627-A. Poderá ser instaurado procedimento especial para a ação fiscal, objetivando a orientação sobre o cumprimento das leis de proteção ao trabalho, bem como a prevenção e o saneamento de infrações à legislação mediante Termo de Compromisso, na forma a ser disciplinada no Regulamento da Inspeção do Trabalho. (Incluído pela Medida Provisória nº 2.164-41, de 2001)	**"Art. 627-A. Poderá ser instaurado procedimento especial para a ação fiscal, objetivando a orientação sobre o cumprimento das leis de proteção ao trabalho, bem como a prevenção e o saneamento de infrações à legislação mediante Termo de Compromisso, com eficácia de título executivo extrajudicial, na forma a ser disciplinada pelo Ministério da Economia.** **Parágrafo único. O termo de compromisso lavrado pela autoridade trabalhista terá precedência sobre quaisquer outros títulos executivos extrajudiciais." (NR)**

TEXTO ANTERIOR (na ortografia de cada época)	TEXTO ATUAL (texto atualizado, ou seja, alterado, mantido ou revogado, e as propostas apresentadas – *vide comentários*)
Art. 628. Salvo o disposto nos arts. 627 e 627-A, a toda verificação em que o Auditor-Fiscal do Trabalho concluir pela existência de violação de preceito legal deve corresponder, sob pena de responsabilidade administrativa, a lavratura de auto de infração. (Redação dada pela Medida Provisória nº 2.164-41, de 2001) § 1º Ficam as empresas obrigadas a possuir o livro intitulado «Inspeção do Trabalho», cujo modêlo será aprovado por portaria Ministerial. (Incluído pelo Decreto-lei nº 229, de 28.2.1967) § 2º Nesse livro, registrará o agente da inspeção sua visita ao estabelecimento, declarando a data e a hora do início e término da mesma, bem como o resultado da inspeção, nêle consignando, se fôr o caso, tôdas as irregularidades verificadas e as exigências feitas, com os respectivos prazos para seu atendimento, e, ainda, de modo legível, os elementos de sua identificação funcional. (Incluído pelo Decreto-lei nº 229, de 28.2.1967) § 3º Comprovada má fé do agente da inspeção, quanto à omissão ou lançamento de qualquer elemento no livro, responderá êle por falta grave no cumprimento do dever, ficando passível, desde logo, da pena de suspensão até 30 (trinta) dias, instaurando-se obrigatoriamente, em caso de	**(mantido inalterado)**

TEXTO ANTERIOR (na ortografia de cada época)	TEXTO ATUAL (texto atualizado, ou seja, alterado, mantido ou revogado, e as propostas apresentadas - *vide comentários*)
reincidência, inquérito administrativo. (Incluído pelo Decreto-lei nº 229, de 28.2.1967) § 4º A lavratura de autos contra emprêsas fictícias e de endereços inexistentes, assim como a apresentação de falsos relatórios, constituem falta grave, punível na forma do § 3º. (Incluído pelo Decreto-lei nº 229, de 28.2.1967)	
	"Art. 628-A. Fica instituído o domicílio eletrônico trabalhista, regulamentado pela Secretaria Especial de Previdência e Trabalho do Ministério da Economia, destinado a: **I - cientificar o empregador de quaisquer atos administrativos, ações fiscais, intimações e avisos em geral;** **II – receber, por parte do empregador, documentação eletrônica exigida no curso das ações fiscais ou apresentação de defesa e recurso no âmbito de processos administrativos;** **§ 1º As comunicações eletrônicas dispensam a sua publicação no Diário Oficial e o envio por via postal, sendo considerada pessoal para todos os efeitos legais;** **§ 2º A ciência por meio do sistema eletrônico, com utilização de certificação digital ou de código de acesso, possuirá os requisitos de validade;**

TEXTO ANTERIOR (na ortografia de cada época)	TEXTO ATUAL (texto atualizado, ou seja, alterado, mantido ou revogado, e as propostas apresentadas – *vide comentários*)
	§ 3º A utilização do sistema de comunicação eletrônica previsto no caput é obrigatória para todos os empregadores, regulamentado pela Secretaria Especial de Previdência e Trabalho do Ministério da Economia, garantidos prazos diferenciados para a microempresas e para as empresas de pequeno porte optantes pelo Simples Nacional.
	§ 4º A comunicação a que se refere o caput em relação ao empregador doméstico se dará por meio da utilização de sistema eletrônico na forma prevista pelo artigo 32 da Lei Complementar nº 150 de 2015.
	§ 5º A comunicação a que se refere o caput não afasta a possibilidade de utilização de outros meios legais de comunicação com o empregador a serem utilizados a critério da autoridade competente." (NR)
Art. 629 - O auto de infração será lavrado em duplicata, nos têrmos dos modelos e instruções expedidos, sendo uma via entregue ao infrator, contra recibo, ou ao mesmo enviada, dentro de 10 (dez) dias da lavratura, sob pena de responsabilidade, em registro postal, com franquia e recibo de volta. (Redação dada pelo Decreto-lei nº 229, de 28.2.1967)	**Art. 629. O auto de infração será lavrado no curso da ação fiscal em duplicata, sendo uma via entregue ao infrator, contra recibo, ou preferencialmente enviada por meio eletrônico, nos termos do art. 628-A, ou excepcionalmente via postal.**

TEXTO ANTERIOR **(na ortografia de cada época)**	**TEXTO ATUAL** **(texto atualizado, ou seja, alterado, mantido ou revogado, e as propostas apresentadas – *vide comentários*)**
§ 1º O auto não terá o seu valor probante condicionado à assinatura do infrator ou de testemunhas, e será lavrado no local da inspeção, salvo havendo motivo justificado que será declarado no próprio auto, quando então deverá ser lavrado no prazo de 24 (vinte e quatro) horas, sob pena de responsabilidade. (Redação dada pelo Decreto-lei nº 229, de 28.2.1967)	**§ 1º O auto será lavrado no curso da ação fiscal e não terá o seu valor probante condicionado à assinatura do infrator ou de testemunhas**
§ 2º Lavrado o auto de infração, não poderá êle ser inutilizado, nem sustado o curso do respectivo processo, devendo o agente da inspeção apresentá-lo à autoridade competente, mesmo se incidir em êrro. (Redação dada pelo Decreto-lei nº 229, de 28.2.1967)	**§ 2º Lavrado o auto de infração, não poderá ele ser inutilizado, nem sustado o curso do respectivo processo, devendo o agente da inspeção apresentá-lo à autoridade competente, mesmo se incidir em erro.**
§ 3º O infrator terá, para apresentar defesa, o prazo de 10 (dez) dias contados do recebimento do auto. (Redação dada pelo Decreto-lei nº 229, de 28.2.1967)	**§ 3º O prazo para apresentação de defesa será de 30 (trinta) dias, inclusive para a União, os Estados, o Distrito Federal, os Municípios e suas respectivas autarquias e fundações de direito público, contados do recebimento do auto.**
§ 4º O auto de infração será registrado com a indicação sumária de seus elementos característicos, em livro próprio que deverá existir em cada órgão fiscalizador, de modo a assegurar o contrôle do seu processamento. (Incluído pelo Decreto-lei nº 229, de 28.2.1967)	**§ 4º O auto de infração será registrado em meio eletrônico pelo órgão fiscalizador, de modo a assegurar o controle do seu processamento." (NR)**

TEXTO ANTERIOR **(na ortografia de cada época)**	**TEXTO ATUAL** **(texto atualizado, ou seja, alterado, mantido ou revogado, e as propostas apresentadas – *vide comentários*)**
Art. 630. Nenhum agente da inspeção poderá exercer as atribuições do seu cargo sem exibir a carteira de identidade fiscal, devidamente autenticada, fornecida pela autoridade competente. (Redação dada pelo Decreto-lei nº 229, de 28.2.1967) § 1º É proibida a outorga de identidade fiscal a quem não esteja autorizado, em razão do cargo ou função, a exercer ou praticar, no âmbito da legislação trabalhista, atos de fiscalização. (Incluído pelo Decreto-lei nº 229, de 28.2.1967) § 2º - A credencial a que se refere êste artigo deverá ser devolvida para inutilização, sob as penas da lei em casos de provimentos em outro cargo público, exoneração ou demissão bem como nos de licenciamento por prazo superior a 60 (sessenta) dias e de suspensão do exercício do cargo. (Incluído pelo Decreto-lei nº 229, de 28.2.1967) § 3º - O agente da inspeção terá livre acesso a tôdas dependências dos estabelecimentos sujeitos ao regime da legislação, sendo as empresas, por seus dirigentes ou prepostos, obrigados a prestar-lhes os esclarecimentos necessários ao desempenho de suas atribuições legais e a exibir-lhes, quando exigidos, quaisquer documentos que digam respeito ao fiel cumprimento das normas de proteção ao trabalho. (Incluído pelo Decreto-lei nº 229, de 28.2.1967)	**"Art.630...**

TEXTO ANTERIOR **(na ortografia de cada época)**	**TEXTO ATUAL** **(texto atualizado, ou seja, alterado, mantido ou revogado, e as propostas apresentadas – *vide comentários*)**
§ 4º - Os documentos sujeitos à inspeção deverão permanecer, sob as penas da lei nos locais de trabalho, somente se admitindo, por exceção, a critério da autoridade competente, sejam os mesmos apresentados em dia hora préviamente fixados pelo agente da inspeção. (Incluído pelo Decreto-lei nº 229, de 28.2.1967)	**§ 4º Os documentos sujeitos à inspeção deverão permanecer nos locais de trabalho, somente se admitindo, a critério da autoridade competente, sejam os mesmos apresentados por meio eletrônico ou, alternativamente, em dia e hora previamente fixados pelo agente da inspeção." (NR)**
§ 5º - No território do exercício de sua função, o agente da inspeção gozará de passe livre nas emprêsas de transportes, públicas ou privadas, mediante a apresentação da carteira de identidade fiscal. (Incluído pelo Decreto-lei nº 229, de 28.2.1967)	
§ 6º - A inobservância do disposto nos §§ 3º, 4º e 5º configurará resistência ou embaraço à fiscalização e justificará a lavratura do respectivo auto de infração, cominada a multa de valor igual a meio (1/2) salário mínimo regional até 5 (cinco) vêzes êsse salário, levando-se em conta, além das circunstâncias atenuantes ou agravantes, a situação econômico-financeira do infrator e os meios a seu alcance para cumprir a lei. (Incluído pelo Decreto-lei nº 229, de 28.2.1967)	
§ 7º - Para o efeito do disposto no § 5º, a autoridade competente divulgará em janeiro e julho, de cada ano, a relação dos agentes da inspeção titulares da carteira de identidade fiscal. (Incluído pelo Decreto-lei nº 229, de 28.2.1967)	

TEXTO ANTERIOR (na ortografia de cada época)	TEXTO ATUAL (texto atualizado, ou seja, alterado, mantido ou revogado, e as propostas apresentadas – *vide comentários*)
§ 8º - As autoridades policiais, quando solicitadas, deverão prestar aos agentes da inspeção a assistência de que necessitarem para o fiel cumprimento de suas atribuições legais. (Incluído pelo Decreto-lei nº 229, de 28.2.1967)	

COMENTÁRIOS – Esta proposta do legislador não foi aprovada. Consta que ficou guardada para uma próxima oportunidade, como as demais também negadas em acordo para não retardarem a tramitação e vigência das alterações. Deve ser objeto de análise, confrontações e repercussões ao tempo de sua adoção, à luz das regras e normas então vigentes e que possam ser atingidas. Por ora é prematuro e, assim, é mais seguro a todos.

A propósito, é de todo recomendável lembrar que as denúncias de irregularidades trabalhistas eram, no passado, prontamente atendidas com a ação da fiscalização do Ministério do Trabalho. Os agentes se deslocavam e tomavam medidas até enérgicas. Com o tempo, já nos últimos governos (Lula, Dilma, Temer), a atuação dos agentes foi se retraindo, inclusive com dificuldades operacionais atenuadas com a doação de veículos pelo Ministério Público do Trabalho.

Criou-se o critério da primeira visita às empresas, dando um prazo para sanar a irregularidade, muitas vezes registrar as Carteiras de Trabalho, implantar cartão ponto, não lavrando multa. Era até pedagógico, educando quem tratava, no dia a dia, com os interesses dos trabalhadores. Era um bom critério. Civilizado, no mínimo. O que se desejava não era punir, mas, sim, corrigir. Melhorar as relações no trabalho.

Porém, pouco a pouco, as empresas deixaram de ser visitadas e a inspeção ficou na dependência das denúncias, com os agentes mantidos em suas salas na repartição. Ultimamente, o bom critério foi substituído pela adoção das "prioridades" que definem inspecionar ou não.

Na realidade, não é de hoje que se pratica a fiscalização arrecadatória, em que a empresa empregadora já é autuada e notificada, sem aquela primeira, aplicando-se de imediato o castigo (multa).

As "prioridades" abrangem: prática de trabalho escravo; trabalho do aprendiz; segurança do trabalho; FGTS e registro da Carteira de Trabalho. O restante não se ajusta no critério atual das prioridades. Até ordem judicial fica na dependência do tal critério.

O Ministério (de 1930, criado por Getúlio para controlar os sindicatos) deixou de ser um ente pacificador entre capital e trabalho, afastando-se, gradativamente, das zonas de conflito e da mediação. Foi extinto por Bolsonaro na primeira hora do governo (2019), entregando-se ao Ministério da Economia parte das suas atribuições (a princípio menos uma, a dos registros sindicais, que ficaria com Moro, no Ministério da Justiça). Estabelece-se um verdadeiro desequilíbrio entre os agentes sociais (capital e trabalho), prejudicando a todos: trabalhadores e empregadores.

E não é só: com o fim do Ministério são extintas chefias, agências de atendimento (em certa regional eram 6, agora são 3) e com maior concentração do seu pessoal em Brasília.

Tudo isso é só um capítulo do desmanche do Estado brasileiro, sem projetos e de futuro incerto.

Com o advento da Lei da Liberdade Econômica (Lei 13.874/2019), foram revogados os seguintes artigos da CLT:

> Art. 633 - Os prazos para defesa ou recurso poderão ser prorrogados de acordo com despacho expresso da autoridade competente, quando o autuado residir em localidade diversa daquela onde se achar essa autoridade."

COMENTÁRIOS – As propostas dos legisladores não alcançaram os artigos seguintes ao art. 633 até o final da CLT. As alterações também não atingiram esta parte final da C L T. Também não foram tocados os artigos relativos às comissões de conciliação prévia. Portanto, não há nenhuma proposta, nem alteração alguma, quanto ao regramento processual e a organização e funcionamento da Justiça do Trabalho.

8

LEGISLAÇÃO REFERIDA E OUTRAS ALTERAÇÕES LEGAIS

8.a TRABALHO AOS DOMINGOS E FERIADOS – LIBERAÇÃO PERMANENTE

A antiga Portaria do extinto Ministério do Trabalho foi substituída por outra que define as muitas atividades que poderão exigir trabalho aos domingos e feriados, sem dependerem de autorização prévia da autoridade que regula a administração pública do trabalho. Muitas atividades modernas, encontradas em todo o país, não foram incluídas e continuarão dependendo de permissão. A Portaria aqui mencionada é a de nº 604, de 18 de junho de 2019, que a seguir oferecemos na íntegra.

PORTARIA Nº 604, DE 18 DE JUNHO DE 2019

DOU de 19/6/2019

Dispõe sobre a autorização permanente para trabalho aos domingos e feriados civis e religiosos a que se refere o artigo 68, parágrafo único, da CLT.

O SECRETÁRIO ESPECIAL DE PREVIDÊNCIA E TRABALHO DO MINISTÉRIO DA ECONOMIA, no uso das atribuições que lhe foram conferidas pelo art. 71, inciso I, do Decreto nº 9.745 de 8 de abril de 2019 e pela Portaria nº 171 do Ministério da Economia, de 17 de abril de 2019, Processo nº 19964.101240/2019-89, resolve:

Art. 1º É concedida, em caráter permanente, autorização para o trabalho aos domingos e feriados às atividades constantes do anexo à esta Portaria.

Art. 2º Esta Portaria entra em vigor na data de sua publicação.

ROGÉRIO MARINHO

ANEXO

I - INDÚSTRIA

1) Laticínios; excluídos os serviços de escritório.

2) Frio industrial, fabricação e distribuição de gelo; excluídos os serviços de escritório.

3) Purificação e distribuição de água (usinas e filtros); excluídos os serviços de escritório.

4) Produção e distribuição de energia elétrica; excluídos os serviços de escritório.

5) Produção e distribuição de gás; excluídos os serviços de escritório.

6) Serviços de esgotos, excluídos os serviços de escritórios.

7) Confecção de coroas de flores naturais.

8) Pastelaria, confeitaria e panificação em geral.

9) Indústria do malte; excluídos os serviços de escritório.

10) Indústria do cobre eletrolítico, de ferro (metalúrgica) e do vidro; excluídos os serviços de escritório.

11) Turmas de emergência nas empresas industriais, instaladoras e conservadoras de elevadores e cabos aéreos.

12) Trabalhos em curtumes; excluídos os serviços de escritório.

13) Alimentação de animais destinados à realização de pesquisas para preparo de soro e outros produtos farmacêuticos.

14) Siderurgia, fundição, forjaria, usinagem (fornos acesos permanentemente); excluídos os serviços de escritório.

15) Lubrificação e reparos do aparelhamento industrial (turma de emergência).

16) Indústria moageira; excluídos os serviços escritório.

17) Usinas de açúcar e de álcool; excluídos oficinas e escritório.

18) Indústria do papel de imprensa; excluídos os serviços de escritório.

19) Indústria de vidro; excluídos os serviços de escritório.

20) Indústria de cimento em geral; excluídos os serviços de escritório.

21) Indústria de acumuladores elétricos, porém unicamente nos setores referentes a carga de baterias, moinho e cabine elétrica; excluídos todos os demais serviços.

22) Indústria da cerveja; excluídos os serviços de escritório.

23) Indústria do refino do petróleo.

24) Indústria Petroquímica; excluídos os serviços de escritório.

25) Indústria de extração de óleos vegetais comestíveis; excluídos os serviços de escritório.

26) processamento de hortaliças, legumes e frutas.

27) indústria de extração de óleos vegetais e indústria de biodiesel, excluídos os serviços de escritório.

28) Indústria do Vinho, do Mosto de Uva, dos Vinagres e Bebidas Derivados da Uva e do Vinho, excluídos os serviços de escritório;

29) Indústria aeroespacial.

II - COMÉRCIO

1) Varejistas de peixe.

2) Varejistas de carnes frescas e caça.

3) Venda de pão e biscoitos.

4) Varejistas de frutas e verduras.

5) Varejistas de aves e ovos.

6) Varejistas de produtos farmacêuticos (farmácias, inclusive manipulação de receituário).

7) Flores e coroas.

8) Barbearias, quando funcionando em recinto fechado ou fazendo parte do complexo do estabelecimento ou atividade, mediante acordo expresso com os empregados.

9) Entrepostos de combustíveis, lubrificantes e acessórios para automóveis (postos de gasolina).

10) Locadores de bicicletas e similares.

11) Hotéis e similares (restaurantes, pensões, bares, cafés, confeitarias, leiterias, sorveterias e bombonerias).

12) Hospitais, clínicas, casas de saúde e ambulatórios.

13) Casas de diversões; inclusive estabelecimentos esportivos em que o ingresso seja pago.

14) Limpeza e alimentação de animais em estabelecimentos de avicultura.

15) Feiras-livres e mercados, comércio varejista de supermercados e de hipermercados, cuja atividade preponderante seja a venda de alimentos, inclusive os transportes a eles inerentes.

16) Porteiros e cabineiros de edifícios residenciais.

17) Serviços de propaganda dominical.

18) Comércio de artigos regionais nas estâncias hidrominerais.

19) Comércio em portos, aeroportos, estradas, estações rodoviárias e ferroviárias.

20) Comércio em hotéis.

21) Agências de turismo, locadoras de veículos e embarcações.

22) Comércio em postos de combustíveis.

23) Comércio em feiras e exposições.

24) Comércio em geral.

25) Estabelecimentos destinados ao turismo em geral.

III - TRANSPORTES

1) Serviços portuários.

2) Navegação, inclusive escritório, unicamente para atender a serviço de navios.

3) Trânsito marítimo de passageiros; excluídos os serviços de escritório.

4) Serviço propriamente de transportes; excluídos os transportes de carga urbanos e os escritórios e oficinas, salvo as de emergência.

5) Serviço de transportes aéreos; excluídos os departamentos não ligados diretamente ao tráfego aéreo.

6) Transporte interestadual rodoviário, inclusive limpeza e lubrificação dos veículos.

7) Transporte de passageiros por elevadores e cabos aéreos.

8) Serviços de manutenção aeroespacial.

IV - COMUNICAÇÕES E PUBLICIDADE

1) Empresa de comunicação telegráficas, radiotelegráficas e telefônicas; excluídos os serviços de escritório e oficinas, salvos as de emergência.

2) Empresas de radiodifusão, televisão, de jornais e revistas; excluídos os serviços de escritório.

3) Distribuidores e vendedores de jornais e revistas (bancas e ambulantes).

4) Anúncios em bondes e outros veículos (turma de emergência).

V - EDUCAÇÃO E CULTURA

1) Estabelecimentos de ensino (internatos); excluídos os serviços de escritório e magistério.

2) Empresas teatrais; excluídos os serviços de escritório.

3) Biblioteca; excluídos os serviços de escritório.

4) Museu; excluídos de serviços de escritório.

5) Empresas exibidoras cinematográficas; excluídos de serviços de escritório.

6) Empresa de orquestras.

7) Cultura física; excluídos de serviços de escritório.

8) Instituições de culto religioso.

VI - SERVIÇOS FUNERÁRIOS

1) Estabelecimentos e entidades que executem serviços funerários.

VII - AGRICULTURA E PECUÁRIA

1) Limpeza e alimentação de animais em propriedades agropecuárias.

2) Execução de serviços especificados nos itens anteriores desta relação.

3) Colheita, beneficiamento, lavagem e transporte de hortaliças, legumes e frutas.

Este conteúdo não substitui o publicado na versão certificada.

8.b NOVAS OBRIGAÇÕES PARA PATRÕES E EMPREGADOS

Por meio da edição de uma nova NR – Norma Regulamentadora (nº 01) voltada para a segurança e saúde dos trabalhadores, através da Portaria 915, de 30 de julho de 2019, foram definidos procedimentos e práticas rígidas que, não sendo respeitadas, podem levar ao rompimento do contrato de trabalho por justa causa (vide itens 1.4.2 e 1.4.2.1), além de outras obrigações do trabalhador. Há as obrigações dos empregadores e são muitas. A NR segue aqui na íntegra. Alguns trechos estão em negrito, dada a importância para o quanto ora apontamos. Confira.

PORTARIA Nº 915, DE 30 DE JULHO DE 2019

DOU de 31/7/2019

Aprova a nova redação da Norma Regulamentadora nº 01 - Disposições Gerais.

O SECRETÁRIO ESPECIAL DE PREVIDÊNCIA E TRABALHO DO MINISTÉRIO DA ECONOMIA, no uso das atribuições que lhe conferem o inciso V do art. 71 do Decreto nº 9.745, de 08 de abril de 2019 e nos arts. 155 e 200 da Consolidação das Leis do Trabalho - CLT, aprovada pelo Decreto-Lei nº 5.452, de 1º de maio de 1943, resolve:

Art. 1º A Norma Regulamentadora nº 01 (NR-01) - Disposições Gerais, aprovada pela Portaria MTb nº 3.214, de 08 de junho de 1978, passa a vigorar com a redação constante do Anexo I desta Portaria.

Art. 2º Revogar as Portarias SSMT nº 06, de 09 de março de 1983, nº 35, de 28 de dezembro de 1983, que deu redação à NR2 - Inspeção Prévia, nº 03, de 07 de fevereiro de 1988, o art. 1º da Portaria SSST nº 13, de 17 de setembro de 1993 e a Portaria SIT nº 84, de 04 de março de 2009.

Art. 3º Revogar a Portaria MTb nº 872, de 06 de julho de 2017, que publicou o Anexo III - Diretrizes e requisitos mínimos para utilização da modalidade de ensino a distância e semipresencial para as capacitações previstas na Norma Regulamentadora nº 20 - Segurança e Saúde no Trabalho com Inflamáveis e Combustíveis.

Art. 4º Revogar os itens e subitens elencados no Anexo II desta Portaria.

Art. 5º Estabelecer o prazo de 12 (doze) meses, contados a partir da publicação desta Portaria, para a entrada em vigor do subitem 1.6.1.1 do Anexo I desta Portaria.

Art. 6º Estabelecer que, enquanto não houver sistema informatizado para o recebimento da declaração de informações digitais prevista nos subitens 1.7.1 e 1.7.2 do Anexo I desta Portaria, o empregador deverá manter declaração de inexistência de riscos no estabelecimento para fazer jus ao tratamento diferenciado.

Art. 7º Determinar, conforme previsto na Portaria SIT nº 787, de 27 de novembro de 2018, que a Norma Regulamentadora nº 01 e seus Anexos serão interpretados conforme o disposto na tabela abaixo:

Regulamento	Tipificação
NR-01	NR Geral
Anexo I	Tipo 3
Anexo II	Tipo 1

Art. 8º Esta Portaria entra em vigor na data de sua publicação

ROGÉRIO SIMONETTI MARINHO

ANEXO I

NORMA REGULAMENTADORA N.º 01-
DISPOSIÇÕES GERAIS

Sumário

1.1 Objetivo

1.1.1 O objetivo desta Norma é estabelecer as disposições gerais, o campo de aplicação, os termos e as definições comuns às Normas Regulamentadoras - NR relativas à segurança e saúde no trabalho.

1.1.2 Para fins de aplicação das Normas Regulamentadoras - NR, consideram-se os termos e definições constantes no Anexo I.

1.2 Campo de aplicação

1.2.1 As NR obrigam, nos termos da lei, empregadores e empregados, urbanos e rurais.

1.2.1.1 As NR são de observância obrigatória pelas organizações e pelos órgãos públicos da administração direta e indireta, bem como pelos órgãos dos Poderes Legislativo, Judiciário e Ministério Público, que possuam empregados regidos pela Consolidação das Leis do Trabalho - CLT.

1.2.1.2 Nos termos previstos em lei, aplica-se o disposto nas NR a outras relações jurídicas.

1.2.2 A observância das NR não desobriga as organizações do cumprimento de outras disposições que, com relação à matéria, sejam incluídas em códigos de obras ou regulamentos sanitários dos Estados ou Municípios, bem como daquelas oriundas de convenções e acordos coletivos de trabalho.

1.3 Competências e estrutura

1.3.1 A Secretaria de Trabalho - STRAB, por meio da Subsecretaria de Inspeção do Trabalho - SIT, é o órgão de âmbito nacional competente em matéria de segurança e saúde no trabalho para:

a) formular e propor as diretrizes, as normas de atuação e supervisionar as atividades da área de segurança e saúde do trabalhador;

b) promover a Campanha Nacional de Prevenção de Acidentes do Trabalho - CANPAT;

c) coordenar e fiscalizar o Programa de Alimentação do Trabalhador - PAT;

d) promover a fiscalização do cumprimento dos preceitos legais e regulamentares sobre segurança e saúde no trabalho - SST em todo o território nacional;

e) Participar da implementação da Política Nacional de Segurança e Saúde no Trabalho - PNSST;

f) conhecer, em última instância, dos recursos voluntários ou de ofício, das decisões proferidas pelo órgão regional competente em matéria de segurança e saúde no trabalho.

1.3.2 Compete à SIT e aos órgãos regionais subordinados a SIT em matéria de segurança e saúde no trabalho, nos limites de sua competência, executar:

a) a fiscalização dos preceitos legais e regulamentares sobre segurança e saúde no trabalho;

b) as atividades relacionadas com a CANPAT e o PAT.

1.3.3 Cabe à autoridade regional competente em matéria de trabalho impor as penalidades cabíveis por descumprimento dos preceitos legais e regulamentares sobre segurança e saúde no trabalho.

1.4 Direitos e deveres

1.4.1 Cabe ao empregado:

a) cumprir e fazer cumprir as disposições legais e regulamentares sobre segurança e saúde no trabalho;

b) informar aos trabalhadores:

I os riscos ocupacionais existentes nos locais de trabalho;

II as medidas de controle adotadas pela empresa para reduzir ou eliminar tais riscos;

os resultados dos exames médicos e de exames complementares de diagnóstico aos quais os próprios trabalhadores forem submetidos;

I os resultados das avaliações ambientais realizadas nos locais de trabalho.

a) elaborar ordens de serviço sobre segurança e saúde no trabalho, dando ciência aos trabalhadores;

b) permitir que representantes dos trabalhadores acompanhem a fiscalização dos preceitos legais e regulamentares sobre segurança e saúde no trabalho;

c) determinar procedimentos que devem ser adotados em caso de acidente ou doença relacionada ao trabalho, incluindo a análise de suas causas;

d) disponibilizar à Inspeção do Trabalho todas as informações relativas à segurança e saúde no trabalho.

e) implementar medidas de prevenção, ouvidos os trabalhadores, de acordo com a seguinte ordem de prioridade:

I. eliminação dos fatores de risco;

II. minimização e controle dos fatores de risco, com a adoção de medidas de proteção coletiva;

III. minimização e controle dos fatores de risco, com a adoção de medidas administrativas ou de organização do trabalho; e

IV. adoção de medidas de proteção individual.

1.4.2 Cabe ao trabalhador:

a) cumprir as disposições legais e regulamentares sobre segurança e saúde no trabalho, inclusive as ordens de serviço expedidas pelo empregador;

b) submeter-se aos exames médicos previstos nas NR;

c) colaborar com a organização na aplicação das NR;

d) usar o equipamento de proteção individual fornecido pelo empregador.

1.4.2.1 Constitui ato faltoso a recusa injustificada do empregado ao cumprimento do disposto nas alíneas do subitem anterior.

1.4.3 O trabalhador poderá interromper suas atividades quando constatar uma situação de trabalho onde, a seu ver, envolva um risco grave e iminente para a sua vida e saúde, informando imediatamente ao seu superior hierárquico.

1.4.3.1 Comprovada pelo empregador a situação de grave e iminente risco, não poderá ser exigida a volta dos trabalhadores à atividade, enquanto não sejam tomadas as medidas corretivas.

1.4.4 Todo trabalhador, ao ser admitido ou quando mudar de função que implique em alteração de risco, deve receber informações sobre:

a) os riscos ocupacionais que existam ou possam originar-se nos locais de trabalho;

b) os meios para prevenir e controlar tais riscos;

c) as medidas adotadas pela organização;

d) os procedimentos a serem adotados em situação de emergência; e

e) os procedimentos a serem adotados em conformidade com os subitens 1.4.3 e 1.4.3.1.

1.4.4.1 As informações podem ser transmitidas:

a) durante os treinamentos;

b) por meio de diálogos de segurança, documento físico ou eletrônico.

1.5 Da prestação de informação digital e digitalização de documentos

1.5.1 As organizações devem prestar informações de segurança e saúde no trabalho em formato digital, conforme modelo aprovado pela STRAB, ouvida a SIT.

1.5.1.1 Os modelos aprovados pela STRAB devem considerar os princípios de simplificação e desburocratização.

1.5.2 Os documentos previstos nas NR podem ser emitidos e armazenados em meio digital com certificado digital emitido no âmbito da Infraestrutura de Chaves Públicas Brasileira (ICP-Brasil), normatizada por lei específica.

1.5.3 Os documentos físicos, assinados manualmente, inclusive os anteriores à vigência desta NR, podem ser arquivados em meio digital, pelo período correspondente exigido pela legislação própria, mediante processo de digitalização conforme disposto em Lei.

1.5.3.1 O processo de digitalização deve ser realizado de forma a manter a integridade, a autenticidade e, se necessário, a confi-

dencialidade do documento digital, com o emprego de certificado digital emitido no âmbito da Infraestrutura de Chaves Públicas Brasileira (ICP-Brasil).

1.5.3.2 Os empregadores que optarem pela guarda de documentos prevista no caput devem manter os originais conforme previsão em lei.

1.5.4 O empregador deve garantir a preservação de todos os documentos nato digitais ou digitalizados por meio de procedimentos e tecnologias que permitam verificar, a qualquer tempo, sua validade jurídica em todo território nacional, garantindo permanentemente sua autenticidade, integridade, disponibilidade, rastreabilidade, irretratabilidade, privacidade e interoperabilidade.

1.5.5 O empregador deve garantir à Inspeção do Trabalho amplo e irrestrito acesso a todos os documentos digitalizados ou nato digitais.

1.5.5.1 Para os documentos que devem estar à disposição dos trabalhadores ou dos seus representantes, a organização deverá prover meios de acesso destes às informações de modo a atender os objetivos da norma específica.

1.6 Capacitação e treinamento em Segurança e Saúde no Trabalho

1.6.1 O empregador deve promover capacitação e treinamento dos trabalhadores em conformidade com o disposto nas NR.

1.6.1.1 Ao término dos treinamentos inicial, periódico ou eventual, previstos nas NR, deve ser emitido certificado contendo o nome e assinatura do trabalhador, conteúdo programático, carga horária, data, local de realização do treinamento, nome e qualificação dos instrutores e assinatura do responsável técnico do treinamento.

1.6.1.2 A capacitação deve incluir:

a) treinamento inicial;

b) treinamento periódico; e

c) treinamento eventual.

1.6.1.2.1 O treinamento inicial deve ocorrer antes de o trabalhador iniciar suas funções ou de acordo com o prazo especificado em NR.

1.6.1.2.2 O treinamento periódico deve ocorrer de acordo com periodicidade estabelecida nas NR ou, quando não estabelecido, em prazo determinado pelo empregador.

1.6.1.2.3 O treinamento eventual deve ocorrer:

a) quando houver mudança nos procedimentos, condições ou operações de trabalho, que impliquem em alteração dos riscos ocupacionais;

b) na ocorrência de acidente grave ou fatal, que indique a necessidade de novo treinamento

c) após retorno de afastamento ao trabalho por período superior a 180 (cento e oitenta) dias.

1.6.1.2.3.1 A carga horária, o prazo para sua realização e o conteúdo programático do treinamento eventual deve atender à situação que o motivou.

1.6.1.3 A capacitação pode incluir:

a) estágio prático, prática profissional supervisionada ou orientação em serviço;

b) exercícios simulados; ou

c) habilitação para operação de veículos, embarcações, máquinas ou equipamentos.

1.6.2 O tempo despendido em treinamentos previstos nas NR é considerado como de trabalho efetivo.

1.6.3 O certificado deve ser disponibilizado ao trabalhador e uma cópia arquivada na organização.

1.6.4 A capacitação deve ser consignada nos documentos funcionais do empregado.

1.6.5 Os treinamentos previstos em NR podem ser ministrados em conjunto com outros treinamentos da organização, observados os conteúdos e a carga horária previstos na respectiva norma regulamentadora.

Aproveitamento de conteúdos de treinamento na mesma organização

1.6.6 É permitido o aproveitamento de conteúdos de treinamentos ministrados na mesma organização desde que:

a) o conteúdo e a carga horária requeridos no novo treinamento estejam compreendidos no treinamento anterior;

b) o conteúdo do treinamento anterior tenha sido ministrado no prazo inferior ao estabelecido em NR ou há menos de 2 (dois) anos, quando não estabelecida esta periodicidade; e

c) seja validado pelo responsável técnico do treinamento.

1.6.6.1 O aproveitamento de conteúdos deve ser registrado no certificado, mencionando o conteúdo e a data de realização do treinamento aproveitado.

1.6.6.1.1 A validade do novo treinamento passa a considerar a data do treinamento mais antigo aproveitado.

Aproveitamento de treinamentos entre organizações

1.6.7 Os treinamentos realizados pelo trabalhador poderão ser avaliados pela organização e convalidados ou complementados.

1.6.7.1 A convalidação ou complementação deve considerar:

a) as atividades desenvolvidas pelo trabalhador na organização anterior, quando for o caso;

b) as atividades que desempenhará na organização;

c) o conteúdo e carga horária cumpridos;

d) o conteúdo e carga horária exigidos; e

e) que o último treinamento tenha sido realizado em período inferior ao estabelecido na NR ou há menos de 2 (dois) anos, nos casos em que não haja prazo estabelecido em NR.

1.6.8 O aproveitamento de treinamentos anteriores, total ou parcialmente, não exclui a responsabilidade da organização de emitir a certificação da capacitação do trabalhador, devendo mencionar no certificado a data da realização dos treinamentos convalidados ou complementados.

1.6.8.1 Para efeito de periodicidade de realização de novo treinamento, é considerada a data do treinamento mais antigo convalidado ou complementado.

Dos treinamentos ministrados na modalidade de ensino a distância ou semipresencial.

1.6.9 Os treinamentos podem ser ministrados na modalidade de ensino a distância ou semipresencial desde que atendidos os requisitos operacionais, administrativos, tecnológicos e de estruturação pedagógica previstos no Anexo II desta NR.

1.6.9.1 O conteúdo prático do treinamento pode ser realizado na modalidade de ensino a distância ou semipresencial desde que previsto em NR específica.

1.7 Tratamento diferenciado ao Microempreendedor Individual - MEI, à Microempresa - ME e à Empresa de Pequeno Porte - EPP

1.7.1 O MEI, a ME e a EPP, graus de risco 1 e 2, que declararem as informações digitais na forma do subitem 1.5.1 e não possuírem riscos químicos, físicos e biológicos, ficarão dispensados de elaboração do Programa de Prevenção de Riscos Ambientais - PPRA.

1.7.1.1 As informações digitais de segurança e saúde no trabalho declaradas devem ser divulgadas junto aos trabalhadores.

1.7.2 O MEI, a ME e a EPP, graus de risco 1 e 2, que declararem as informações digitais na forma do subitem 1.5.1 e não possuírem riscos químicos, físicos, biológicos e ergonômicos, ficarão dispensados de elaboração do Programa de Controle Médico de Saúde Ocupacional - PCMSO.

1.7.2.1 A dispensa do PCMSO não desobriga a empresa da realização dos exames médicos e emissão do Atestado de Saúde Ocupacional - ASO.

1.7.3 Os graus de riscos 1 e 2 mencionados nos subitens 1.7.1 e 1.7.2 são os previstos na Norma Regulamentadores n.º 04 - Serviços Especializados em Engenharia de Segurança e em Medicina do Trabalho - SESMT.

1.7.4 O empregador é o responsável pela prestação das informações previstas nos subitens 1.7.1 e 1.7.2.

1.8 Disposições finais

1.8.1 O não-cumprimento das disposições legais e regulamentares sobre segurança e saúde no trabalho acarretará a aplicação das penalidades previstas na legislação pertinente.

1.8.2 As dúvidas suscitadas e os casos omissos verificados no cumprimento das NR serão decididos pela Secretaria de Trabalho, ouvida a SIT.

Anexo I da NR-01

Termos e definições

Canteiro de obra: área de trabalho fixa e temporária, onde se desenvolvem operações de apoio e execução à construção, demolição ou reforma de uma obra.

Empregado: a pessoa física que presta serviços de natureza não eventual a empregador, sob a dependência deste e mediante salário.

Empregador: a empresa individual ou coletiva que, assumindo os riscos da atividade econômica, admite, assalaria e dirige a prestação pessoal de serviços. Equiparam-se ao empregador as organizações, os profissionais liberais, as instituições de beneficência, as associações recreativas ou outras instituições sem fins lucrativos, que admitam trabalhadores como empregados.

Estabelecimento: local privado ou público, edificado ou não, móvel ou imóvel, próprio ou de terceiros, onde a empresa ou a organização exerce suas atividades em caráter temporário ou permanente.

Frente de trabalho: área de trabalho móvel e temporária.

Local de trabalho: área onde são executados os trabalhos.

Obra: todo e qualquer serviço de engenharia de construção, montagem, instalação, manutenção ou reforma.

Ordem de serviço de segurança e saúde no trabalho: instruções por escrito quanto às precauções para evitar acidentes do trabalho ou doenças ocupacionais. A ordem de serviço pode estar contemplada em procedimentos de trabalho e outras instruções de SST.

Organização: pessoa ou grupo de pessoas com suas próprias funções com responsabilidades, autoridades e relações para alcançar seus objetivos. Inclui, mas não é limitado a empregador, a tomador de serviços, a empresa, a empreendedor individual, produtor rural, companhia, corporação, firma, autoridade, parceria, organização de caridade ou instituição, ou parte ou combinação desses, seja incorporada ou não, pública ou privada.

Perigo ou fator de risco: fonte com o potencial para causar lesão ou problemas de saúde.

Prevenção: o conjunto das disposições ou medidas tomadas ou previstas em todas as fases da atividade da organização, visando evitar, eliminar, minimizar ou controlar os riscos ocupacionais.

Responsável técnico pela capacitação: profissional legalmente habilitado ou trabalhador qualificado, conforme disposto em NR específica, responsável pela elaboração das capacitações e treinamentos.

Risco relacionado ao trabalho ou risco ocupacional: combinação da probabilidade de ocorrência de eventos ou exposições perigosas a agentes nocivos relacionados aos trabalhos e da gravidade das lesões e problemas de saúde que podem ser causados pelo evento ou exposição.

Setor de serviço: a menor unidade administrativa ou operacional compreendida no mesmo estabelecimento.

Trabalhador: pessoa física inserida em uma relação de trabalho, inclusive de natureza administrativa, como os empregados e outros sem vínculo de emprego.

Anexo II da NR-01

Diretrizes e requisitos mínimos para utilização da modalidade de ensino a distância e semipresencial.

Sumário:

1. Objetivo

1.1 Estabelecer diretrizes e requisitos mínimos para utilização da modalidade de ensino a distância e semipresencial para as capacitações previstas nas NR, disciplinando tanto aspectos relativos à estruturação pedagógica, quanto exigências relacionadas às condições operacionais, tecnológicas e administrativas necessárias para uso desta modalidade de ensino.

2. Disposições gerais

2.1 O empregador que optar pela realização das capacitações por meio das modalidades de ensino a distância ou semipresencial poderá desenvolver toda a capacitação ou contratar empresa ou instituição especializada que a oferte, devendo em ambos os casos observar os requisitos constantes deste Anexo e da NR-01.

2.1.1 A empresa ou instituição especializada que oferte as capacitações previstas nas NR na modalidade de ensino a distância e semipresencial deve atender aos requisitos constantes deste Anexo e da NR-01 para que seus certificados sejam considerados válidos.

2.2 O empregador, que optar pela contratação de serviços de empresa ou instituição especializada, deve fazer constar na documentação que formaliza a prestação de serviços a obrigatoriedade pelo prestador de serviço do atendimento aos requisitos previstos neste Anexo e nos itens relativos à capacitação previstos nas NR.

2.3 As capacitações que utilizam ensino a distância ou semipresencial devem ser estruturadas com, no mínimo, a duração definida para as respectivas capacitações na modalidade presencial.

2.4 A elaboração do conteúdo programático deve abranger os tópicos de aprendizagem requeridos, bem como respeitar a carga horária estabelecida para todos os conteúdos.

2.5 As atividades práticas obrigatórias devem respeitar as orientações previstas nas NR e estar descritas no Projeto Pedagógico do curso.

3. Estruturação pedagógica

3.1 Sempre que a modalidade de ensino a distância ou semipresencial for utilizada, será obrigatória a elaboração de projeto pedagógico que deve conter:

a) objetivo geral da capacitação;

b) princípios e conceitos para a proteção da segurança e da saúde dos trabalhadores, definidos nas NR;

c) estratégia pedagógica da capacitação, incluindo abordagem quanto à parte teórica e prática, quando houver;

d) indicação do responsável técnico pela capacitação;

e) relação de instrutores, quando aplicável;

f) infraestrutura operacional de apoio e controle;

g) conteúdo programático teórico e prático, quando houver;

h) objetivo de cada módulo;

i) carga horária;

j) estimativa de tempo mínimo de dedicação diária ao curso;

k) prazo máximo para conclusão da capacitação;

l) público alvo;

m) material didático;

n) instrumentos para potencialização do aprendizado; e

o) avaliação de aprendizagem.

3.2 O projeto pedagógico do curso deverá ser validado a cada 2 (dois) anos ou quando houver mudança na NR, procedendo a sua revisão, caso necessário.

4. Requisitos operacionais e administrativos

4.1 O empregador deve manter o projeto pedagógico disponível para a inspeção do trabalho, para a representação sindical da categoria no estabelecimento e para a Comissão Interna de Prevenção de Acidentes - CIPA.

4.1.1 A empresa ou instituição especializada deve disponibilizar aos contratantes o projeto pedagógico.

4.2 Deve ser disponibilizado aos trabalhadores todo o material didático necessário para participar da capacitação, conforme item 3.1 deste Anexo.

4.3 Devem ser disponibilizados recursos e ambiente que favoreça a concentração e a absorção do conhecimento pelo empregado, para a realização da capacitação.

4.4 O período de realização do curso deve ser exclusivamente utilizado para tal fim para que não seja concomitante com o exercício das atividades diárias de trabalho.

4.5 Deve ser mantido canal de comunicação para esclarecimento de dúvidas, possibilitando a solução das mesmas, devendo tal canal estar operacional durante o período de realização do curso.

4.6 A verificação de aprendizagem deve ser realizada de acordo com a estratégia pedagógica adotada para a capacitação, estabelecendo a classificação com o conceito satisfatório ou insatisfatório.

4.6.1 A avaliação da aprendizagem se dará pela aplicação da prova no formato presencial, obtendo, dessa forma, o registro da assinatura do empregado, ou pelo formato digital, exigindo a sua identificação e senha individual.

4.6.2 Quando a avaliação da aprendizagem for online, devem ser preservadas condições de rastreabilidade que garantam a confiabilidade do processo.

4.6.3 O processo de avaliação da aprendizagem deve contemplar situações práticas que representem a rotina laboral do trabalhador para a adequada tomada de decisões com vistas à prevenção de acidentes e doenças relacionadas ao trabalho.

4.7 Após o término do curso, as empresas devem registrar a realização do mesmo, mantendo o resultado das avaliações de aprendizagem e informações sobre acesso dos participantes (logs).

4.7.1 O histórico do registro de acesso dos participantes (logs) deve ser mantido pelo prazo mínimo de 2 (dois) anos após o término da validade do curso.

5. Requisitos tecnológicos

5.1 Somente serão válidas as capacitações realizadas na modalidade de ensino a distância ou semipresencial que sejam executadas em um Ambiente Virtual de Aprendizagem apropriado à gestão, transmissão do conhecimento e à aprendizagem do conteúdo.

6. Glossário

Ambiente exclusivo: Espaço físico distinto do posto de trabalho que disponibilize ao trabalhador os recursos tecnológicos necessários à execução do curso e condições de conforto adequadas para a aprendizagem.

Ambiente Virtual de Aprendizagem (AVA): Espaço virtual de aprendizagem que oferece condições para interações (síncrona e assíncrona) permanentes entre seus usuários. Pode ser traduzida como sendo uma "sala de aula" acessada via web. Permite integrar múltiplas mídias, linguagens e recursos, apresentar informações de maneira organizada, desenvolver interações entre pessoas e objetos de conhecimento, elaborar e socializar produções, tendo em vista atingir determinados objetivos.

Avaliação de Aprendizagem: Visa aferir o conhecimento adquirido pelo trabalhador e o respectivo grau de assimilação após a realização da capacitação.

EAD: Segundo Decreto nº 9.057/2017, caracteriza-se a Educação a Distância como modalidade educacional na qual a mediação didático-pedagógica nos processos de ensino e aprendizagem ocorre com a utilização de meios e tecnologias de informação e comunicação, com estudantes e professores desenvolvendo atividades educativas em lugares ou tempos diversos.

Ensino semipresencial: Conjugação de atividades presenciais obrigatórias com outras atividades educacionais que podem ser realizadas sem a presença física do participante em sala de aula, utilizando recursos didáticos com suporte da tecnologia, de material impresso e/ou de outros meios de comunicação.

Projeto pedagógico: Instrumento de concepção do processo ensino / aprendizagem. Nele deve-se registrar o objetivo da aprendizagem, a estratégia pedagógica escolhida para a formação e capacitação dos trabalhadores, bem como todas as informações que estejam envolvidas no processo.

Instrumentos para potencialização do aprendizado: Recursos, ferramentas, dinâmicas e tecnologias de comunicação que tenham como objetivo tornar mais eficaz o processo de ensino-aprendizagem.

Log: registro informatizado de acesso ao sistema. Ex.: log de acesso: registro de acessos; login: registro de entrada; logoff: registro de saída.

ANEXO II

DISPOSITIVOS DE NORMAS REGULAMENADORAS REVOGADOS

Norma Regulamentadora	Dispositivo Revogado
NR-05	5.35
	5.37
NR-09	9.6.3
	3.1.2 do Anexo 2
	5.3 do Anexo 2
NR-10	10.13.1
	10.14.1
	10.14.5
NR-13	13.3.6.3
	13.3.6.3.1 e alíneas
	13.3.6.4
NR-20	20.11.17.1
	20.11.17.2
	20.20.2
NR-32	32.11.1
	32.11.2
	32.11.4
NR-33	Alíneas "a" e "b" do subitem 33.3.5.2
	33.3.5.8.1
NR-34	34.1.3
	34.3.4 e alíneas
	34.3.5.1
	34.3.5.2
	34.3.5.3
NR-35	Alínea "c" do subitem 35.2.2
	35.3.1
	35.3.3 e alíneas
	35.3.3.2

	35.3.4
	35.3.5
	35.3.5.1
	35.3.7
	35.3.7.1
	35.3.8

Este conteúdo não substitui o publicado na versão certificada.

8.c SOCIEDADE POR AÇÕES

Ainda é antigo o nosso regramento relativo às atividades comerciais. Parte dele é do Código Comercial da época do Império. Parte foi atualizada em 2002 com o advento do novo Código Civil e também Comercial, que continua em vigor. Desta feita, houve pequena alteração no que compreende ao funcionamento das sociedades por ações. Apenas um artigo foi atingido, com regra de absoluta clareza e compreensão. Recebeu nova redação. Segue aqui, na íntegra, o novo texto do art. 85 da Lei das Sociedades por Ações, fruto do disposto no artigo 8º da Lei da Liberdade Econômica.

LEI 6.404, DE 15 DE DEZEMBRO DE 1976

DOU de 17.12.1976 (suplemento)

Dispõe sobre as Sociedades por Ações.

....
....

Art. 85. No ato da subscrição das ações a serem realizadas em dinheiro, o subscritor pagará a entrada e assinará a lista ou o boletim individual autenticados pela instituição autorizada a receber as entradas, qualificando-se pelo nome, nacionalidade, residência, estado civil, profissão e documento de identidade, ou, se pessoa jurídica, pela firma ou denominação, nacionalidade e sede, devendo especificar o número das ações subscritas, a sua espécie e classe, se houver mais de uma, e o total da entrada.

Parágrafo único. A subscrição poderá ser feita, nas condições previstas no prospecto, por carta à instituição, com as declarações prescritas neste artigo e o pagamento da entrada.

8.d ATIVIDADES DE RISCO

O sentido declarado da Medida Provisória 881/2019 foi o de estimular as atividades empresariais e gerar empregos. Talvez mais trabalho que propriamente emprego. Para tanto teria, necessariamente, que facilitar o empresário. Desburocratizar. Reduzir procedimentos. Passou pela questão das atividades de baixo risco, que não exigem os tantos cuidados de outras, pela evidência. É o que dispõe o novo parágrafo previsto no texto do artigo 9º da Lei da Liberdade Econômica, inserido na Lei 11.598/2007. A respeito de atividade de risco registra-se decisão recente do Supremo Tribunal Federal (STF) que define responsabilidade do empregador nos acidentes do trabalho. A matéria, logo posta ao conhecimento público (*clipping* eletrônico da AASP, de 06.09.2019), antes da divulgação do acórdão, estamos inserindo a seguir.

"STF decide que empregador tem responsabilidade civil objetiva em acidente de trabalho nas atividades de risco

O Plenário do Supremo Tribunal Federal (STF) decidiu, nesta quinta-feira (5), que o trabalhador que atua em atividade de risco tem direito à indenização em razão de danos decorrentes de acidente de trabalho, independentemente da comprovação de culpa ou dolo do empregador. Por maioria de votos, os ministros entenderam que é constitucional a imputação da responsabilidade civil objetiva do empregador por danos decorrentes de acidentes de trabalho em atividades de risco. A tese de repercussão geral será definida em uma próxima sessão.

A questão foi decidida no Recurso Extraordinário (RE) 828040, com repercussão geral reconhecida, no qual se discutiu a possibilidade de aplicação da regra do artigo 927, parágrafo único, do Código Civil. Prevaleceu o entendimento do relator do RE, ministro Alexandre de Moraes, de que não há impedimento à possibilidade de que as indenizações acidentária e civil se sobreponham, desde que a atividade exercida pelo trabalhador seja considerada de risco.

Seguiram este entendimento os ministros Edson Fachin, Rosa Weber, Cármen Lúcia e Ricardo Lewandowski. Os ministros Roberto Barroso e Gilmar Mendes também seguiram o relator, mas ressaltaram a necessidade de que as atividades de risco estejam especificadas em lei. Ficaram vencidos os ministros Marco Aurélio e Luiz Fux. Eles consideram que, como o empregador já recolhe contribuição relativa ao seguro acidente de trabalho, com alíquotas maiores para as atividades de maior risco, a obrigação de responder pela indenização civil sem que tenha havido culpa ou dolo seria excessiva.

Transtornos psicológicos O recurso foi interposto pela Protege S/A – Proteção e Transporte de Valores contra decisão do Tribunal Superior do Trabalho (TST) que a condenou ao pagamento de indenização a um vigilante de carro-forte devido a transtornos psicológicos decorrentes de um assalto. O TST aplicou ao caso a incidência da regra do artigo 927, parágrafo único, do Código Civil, que admite essa possibilidade quando a atividades expõe o trabalhador a risco permanente. A empresa alegava que a condenação contrariava o dispositivo constitucional que trata da matéria, pois o assalto foi praticado em via pública, por terceiro."

LEI Nº 11.598, DE 3 DE DEZEMBRO DE 2007.

Estabelece diretrizes e procedimentos para a simplificação e integração do processo de registro e legalização de empresários e de pessoas jurídicas, cria a Rede Nacional para a Simplificação do Registro e da Legalização de Empresas e Negócios - REDESIM; altera a Lei nº 8.934, de 18 de novembro de 1994; revoga dispositivos do Decreto-Lei nº 1.715, de 22 de novembro de 1979, e das Leis nºs 7.711, de 22 de dezembro de 1988, 8.036, de 11 de maio de 1990, 8.212, de 24 de julho de 1991, e 8.906, de 4 de julho de 1994; e dá outras providências

....

Art.4º ....

§ 5º Ato do Poder Executivo federal disporá sobre a classificação de atividades de baixo risco, válida para todos os integrantes da Redesim, observada a Classificação Nacional de Atividade Econômica, hipótese que, a auto declaração de enquadramento será requerimento suficiente, até que seja apresentada prova em contrário. (Incluído pela Medida Provisória nº 881, de 2019)

8.e DIGITALIZAÇÃO (E DESTRUIÇÃO) DE DOCUMENTOS

A digitalização é mostra de modernidade. Mas precisam existir regras, porque o que está sendo transformado é documento. E não basta pensar na digitalização. O documento pode ter época para existir. Sua destruição deve ser regulada de forma a oferecer segurança jurídica. Um artigo foi acrescentado à Lei de 2012, através do texto do artigo 10 da nova Lei (a da Liberdade Econômica). É o que ora oferecemos a seguir:

Art. 10. A Lei nº 12.682, de 9 de julho de 2012, passa a vigorar com as seguintes alterações:

"Art. 2º-A. Fica autorizado o armazenamento, em meio eletrônico, óptico ou equivalente, de documentos privados, compostos por dados ou por imagens, observado o disposto nesta Lei, nas das demais legislações específicas e no regulamento.

§ 1º Após a digitalização, constatada a integridade do documento digital nos termos estabelecidos no regulamento, o original poderá ser destruído, ressalvados os documentos de valor histórico, cuja preservação observará o disposto na legislação específica.

§ 2º O documento digital e a sua reprodução, em qualquer meio, realizada de acordo com o disposto nesta Lei e na legislação específica, terão o mesmo valor probatório do documento original, para todos os fins de direito, inclusive para atender ao poder fiscalizatório do Estado.

§ 3º Decorridos os respectivos prazos de decadência ou de prescrição, os documentos armazenados em meio eletrônico, óptico ou equivalente poderão ser eliminados.

§ 4º Os documentos digitalizados nos termos do disposto neste artigo terão o mesmo efeito jurídico conferido aos documentos microfilmados, nos termos do disposto na Lei nº 5.433, de 8 de maio de 1968, e regulamentação posterior.

§ 5º Ato do Secretário de Governo Digital da Secretaria Especial de Desburocratização, Gestão e Governo Digital do Ministério da Economia estabelecerá os documentos cuja reprodução conterá código de autenticação verificável." (NR)

8.f RECURSO ADMINISTRATIVO

Foram oferecidos dispositivos para observância por parte da administração pública federal, mas voltados aos interesses dos particulares. No caso, ao exercício do direito de recorrer, sem efeito suspensivo. Isto é, não paralisa a ação da máquina pública. Os textos legais a respeito (art. 11 da Lei da Liberdade Econômica disciplina parte do Decreto Lei 9.760/1946) seguem aqui na íntegra.

DECRETO-LEI Nº 9.760, DE 5 DE SETEMBRO DE 1946.

Dispõe sôbre os bens imóveis da União e dá outras providências.

Art. 14. Da decisão proferida pelo Secretário de Coordenação e Governança do Patrimônio da União da Secretaria Especial de Desestatização e Desinvestimento do Ministério da Economia será dado conhecimento aos recorrentes que, no prazo de vinte dias, contado da data de sua ciência, poderão interpor recurso, não dotado de efeito suspensivo, dirigido ao superior hierárquico, em última instância. (Redação dada pela Medida Provisória nº 881, de 2019)

....

Art.100. ....

§ 5º Considerada improcedente a impugnação, a autoridade submeterá o recurso à autoridade superior, nos termos estabelecidos em regulamento. (Redação dada pela Medida Provisória nº 881, de 2019)

....

Art. 216. O Ministro de Estado da Economia, diretamente ou por ato do Secretário Especial de Desestatização e Desinvestimento do Ministério da Economia, ouvido previamente o Secretário de Coordenação e Governança do Patrimônio da União, editará os atos necessários à execução do disposto neste Decreto-Lei. (Redação dada pela Medida Provisória nº 881, de 2019)

8.g TRANSFORMAÇÃO DE DOCUMENTOS

Os registros públicos nos cartórios podem ser modernizados com a transformação eletrônica da documentação, passando a ser digitalizada, devendo respeitar os seus regimentos. Um parágrafo adicionado ao art. 1º da Lei 6.015/73 passou a admitir essa prática. É o que nos trouxe o art. 12 da Lei da Liberdade Econômica, com o seguinte texto:

LEI Nº 6.015, DE 31 DE DEZEMBRO DE 1973.

Dispõe sobre os registros públicos, e dá outras providências

"Art. 1º ....

§ 3º Os registros poderão ser escriturados, publicitados e conservados em meio eletrônico, obedecidos os padrões tecnológicos estabelecidos em regulamento." (NR)

....

8.h NOVAS PRÁTICAS DA RECEITA FEDERAL

A Liberdade Econômica não se esqueceu da Receita Federal. Os interesses da arrecadação por parte do Estado brasileiro fez com que houvesse aprimoramento nos procedimentos administrativos. A Fazenda Nacional está autorizada a não contestar, nem recorrer, nem se defender nos recursos dos contribuintes, nem manter os recursos interpostos, podendo desistir de sua tramitação. Tudo para não dar seguimento às discussões já superadas pela jurisprudência dos nossos tribunais, especialmente pelo Supremo Tribunal Federal (STF) com suas súmulas. Também deverão ser observadas as súmulas administrativas em matéria tributária. É simplificação para a administração pública e na vida das empresas e dos contribuintes em geral (pessoas físicas, inclusive). Os artigos modificados da Lei 10.522/2002 (pela Lei da Liberdade Econômica, em seu art. 13) são os que aqui oferecemos. A legislação aplicável às práticas da Receita Federal tem se constituído num verdadeiro desafio aos mais letrados em sua área. O Advogado Especialista e Professor Carlos Roberto Occaso, que durante muitos anos assessorou a Receita Federal do Brasil, com a experiência e competência que lhe são notoriamente reconhecidas, diz que:

> A Declaração de Direitos de Liberdade Econômica insere dispositivos que visam a uniformização da aplicação das normas tributárias, mediante súmulas a serem editadas por um comitê constituído por integrantes do Conselho Administrativo de Recursos Fiscais (CARF), da Receita Federal e da Procuradoria-Geral da Fazenda Nacional (PGFN), cujo enunciado deve ser observado nos atos administrativos, normativos e decisórios praticados pelos referidos órgãos.
>
> Embora o regimento do CARF contenha a previsão de edição de súmula por aquele Órgão, a observância é obrigatória apenas aos membros daquele colegiado, e a novel disposição da Declaração de Direitos de Liberdade Econômica, muito mais abrangente, estabelece que os Auditores Fiscais da Receita Federal não devem constituir os créditos tributários relativos aos temas sumulados, assim como dispensa a PGFN de contestar, de oferecer contrarrazões e de interpor recursos, além de autorizar aquele órgão a desistir de recursos já interpostos.
>
> As novas disposições têm aplicação também sobre o atual quadro do contencioso tributário, na medida que autoriza os órgãos do Poder Judiciário e as unidades da PGFN a realizar mutirões para aplicação das novas disposições aos atuais processos ou de recursos, assim como autoriza a celebração de negócios processuais, o que contribuirá para a redução do contencioso tributário.
>
> Há expectativa que a nova lei traga maior segurança jurídica e a redução de litígios, mas entendemos que o ato a ser edi-

tado pelo Ministro de Estado da Economia deve prever que órgãos como a Ordem dos Advogados do Brasil e o Conselho Federal de Contabilidade possam propor ao comitê a edição de súmulas, objetivando obter celeridade na uniformização da aplicação da legislação tributária"(Texto especialmente para esta obra).

LEI Nº 10.522, DE 19 DE JULHO DE 2002.

....

....

Art. 18-A. Comitê formado por integrantes do Conselho Administrativo de Recursos Fiscais, da Secretaria Especial da Receita Federal do Brasil do Ministério da Economia e da Procuradoria-Geral da Fazenda Nacional editará enunciados de súmula da administração tributária federal, observado o disposto em ato do Ministro de Estado da Economia, que deverão ser observados nos atos administrativos, normativos e decisórios praticados pelos referidos órgãos. (Incluído pelo Medida Provisória nº 881, de 2019)

Art. 19. Fica a Procuradoria-Geral da Fazenda Nacional dispensada de contestar, de oferecer contrarrazões e de interpor recursos, e fica autorizada a desistir de recursos já interpostos, desde que inexista outro fundamento relevante, na hipótese em que a ação ou a decisão judicial ou administrativa versar sobre: (Redação dada pelo Medida Provisória nº 881, de 2019)

I - matérias de que trata o art. 18;

II - temas que sejam objeto de parecer, vigente e aprovado, pelo Procurador-Geral da Fazenda Nacional, que conclua no mesmo sentido do pleito do particular; (Redação dada pelo Medida Provisória nº 881, de 2019)

III - (VETADO). (Incluído pela Lei nº 12.788, de 2013)

IV - temas sobre os quais exista súmula ou parecer do Advogado-Geral da União que conclua no mesmo sentido do pleito do particular; (Redação dada pelo Medida Provisória nº 881, de 2019)

V - temas fundados em dispositivo legal que tenha sido declarado inconstitucional pelo Supremo Tribunal Federal em sede de controle difuso e tenha tido sua execução suspensa por Resolução do Senado Federal ou tema sobre o qual exista enunciado de súmula vinculante ou que tenha sido definido pelo Supremo Tribunal Federal em sentido desfavorável à Fazenda Nacional em sede de controle concentrado de constitucionalidade; (Redação dada pelo Medida Provisória nº 881, de 2019)

VI - temas decididos pelo Supremo Tribunal Federal, em matéria constitucional, ou pelo Superior Tribunal de Justiça, pelo Tribunal Superior do Trabalho, pelo Tribunal Superior Eleitoral ou pela Turma Nacional de Uniformização de Jurisprudência, no âmbito de suas competências, quando não houver viabilidade de reversão da tese firmada em sentido desfavorável à Fazenda Nacional, conforme critérios definidos em ato do Procurador-Geral da Fazenda Nacional; e (Incluído pelo Medida Provisória nº 881, de 2019)

VII - temas que sejam objeto de súmula da administração tributária federal de que trata o art. 18-A. (Incluído pelo Medida Provisória nº 881, de 2019)

§ 1º Nas matérias de que trata este artigo, o Procurador da Fazenda Nacional que atuar no feito deverá, expressamente: (Redação dada pela Lei nº 12.844, de 2013)

I - reconhecer a procedência do pedido, quando citado para apresentar resposta, inclusive em embargos à execução fiscal e exceções de pré-executividade, hipóteses em que não haverá condenação em honorários; ou (Incluído pela Lei nº 12.844, de 2013)

II - manifestar o seu desinteresse em recorrer, quando intimado da decisão judicial. (Incluído pela Lei nº 12.844, de 2013)

§ 2º A sentença, ocorrendo a hipótese do § 1º, não se subordinará ao duplo

§ 3º O parecer da Procuradoria-Geral da Fazenda Nacional que examina a juridicidade de proposições normativas não se enquadra no disposto no inciso II do **caput**. (Redação dada pelo Medida Provisória nº 881, de 2019)

§ 4º A dispensa de que tratam os incisos V e VI do **caput** poderá ser estendido a tema não abrangido pelo julgado, quando a ele forem aplicáveis os fundamentos determinantes extraídos do julgamento paradigma ou da jurisprudência consolidada, desde que inexista outro fundamento relevante que justifique a impugnação em juízo. (Redação dada pelo Medida Provisória nº 881, de 2019)

§ 5º O disposto neste artigo estende-se, no que couber, aos demais meios de impugnação às decisões judiciais. (Redação dada pelo Medida Provisória nº 881, de 2019)

§ 6º - (VETADO). (Incluído pela Lei nº 12.788, de 2013)

§ 7º O disposto neste artigo aplica-se a todas as causas em que as unidades da Procuradoria-Geral da Fazenda Nacional devam atuar na qualidade de representante judicial ou de autoridade coatora. (Redação dada pelo Medida Provisória nº 881, de 2019)

§ 8º Os órgãos do Poder Judiciário e as unidades da Procuradoria-Geral da Fazenda Nacional poderão, de comum acordo, realizar mutirões para análise do enquadramento de processos ou de recursos nas hipóteses previstas neste artigo, e realizar adequação procedimental com fundamento no disposto no art. 190 da Lei nº 13.105, de 16 de março de 2015 - Código de Processo Civil. (Incluído pelo Medida Provisória nº 881, de 2019)

Art. 19-A. Os Auditores-Fiscais da Secretaria Especial da Receita Federal do Brasil não constituirão os créditos tributários relativos aos temas de que trata o art. 19, observado: (Incluído pelo Medida Provisória nº 881, de 2019)

I - o disposto no parecer a que se refere no inciso II do **caput** do art. 19, que será aprovado na forma do disposto no art. 42 da Lei Complementar nº 73, de 10 de fevereiro de 1993; (Incluído pelo Medida Provisória nº 881, de 2019)

II - o parecer a que se refere o inciso IV do art. 19, que será aprovado na forma do disposto no art. 40 da Lei Complementar nº 73, de 1993, ou, quando não aprovado por despacho do Presidente da República, houver concordância com a sua aplicação pelo Ministro de Estado da Economia; (Incluído pelo Medida Provisória nº 881, de 2019)

III - nas hipóteses de que tratam os incisos VI do **caput** do art. 19 e o § 4º do art. 19, a Procuradoria-Geral da Fazenda Nacional se manifestará sobre os temas abrangidos pela dispensa. (Incluído pelo Medida Provisória nº 881, de 2019)

§ 1º Nas hipóteses de que trata este artigo, os Auditores-Fiscais da Secretaria Especial da Receita Federal do Brasil do Ministério da Economia adotarão, em suas decisões, o entendimento a que estiverem vinculados, inclusive para fins de revisão de ofício do lançamento e de repetição de indébito administrativa. (Incluído pelo Medida Provisória nº 881, de 2019)

§ 2º O disposto neste artigo aplica-se, no que couber, aos responsáveis pela retenção de tributos e, ao emitirem laudos periciais para atestar a existência de condições que gerem isenção de tributos, aos serviços médicos oficiais. (Incluído pelo Medida Provisória nº 881, de 2019)

Art. 19-B. Os demais órgãos da administração pública que administrem créditos tributários e não tributários passíveis de inscrição e de cobrança pela Procuradoria-Geral da Fazenda Nacional encontram-se dispensados de constituir e de promover a cobrança com fundamento nas hipóteses de dispensa de que trata o art. 19. (Incluído pelo Medida Provisória nº 881, de 2019)

Parágrafo único. A aplicação do disposto no **caput** observará, no que couber, as disposições do art. 19-A. (Incluído pelo Medida Provisória nº 881, de 2019)

Art. 19-C. A Procuradoria-Geral da Fazenda Nacional poderá dispensar a prática de atos processuais, inclusive a desistência de recursos interpostos, quando o benefício patrimonial almejado com o ato não atender aos critérios de racionalidade, de economicidade e de eficiência. (Incluído pelo Medida Provisória nº 881, de 2019)

§ 1º O disposto no **caput** inclui o estabelecimento de parâmetros de valor para a dispensa da prática de atos processuais. (Incluído pelo Medida Provisória nº 881, de 2019)

§ 2º A aplicação do disposto neste artigo não implicará o reconhecimento da procedência do pedido formulado pelo autor. (Incluído pelo Medida Provisória nº 881, de 2019)

§ 3º O disposto neste artigo aplica-se, inclusive, na atuação da Procuradoria-Geral da Fazenda Nacional no âmbito do contencioso administrativo fiscal. (Incluído pelo Medida Provisória nº 881, de 2019)

Art. 19-D. À Procuradoria-Geral da União e à Procuradoria-Geral Federal aplica-se, no que couber, o disposto nos art. 19, art. 19-B e art. 19-C, sem prejuízo do disposto na Lei nº 9.469, de 10 de julho de 1997. (Incluído pelo Medida Provisória nº 881, de 2019)

§ 1º Aos órgãos da administração pública federal direta, representados pela Procuradoria-Geral da União, e às autarquias e fundações públicas, representadas pela Procuradoria-Geral Federal, aplica-se, no que couber, o disposto no art. 19-B. (Incluído pelo Medida Provisória nº 881, de 2019)

§ 2º Ato do Advogado-Geral da União disciplinará o disposto neste artigo. (Incluído pelo Medida Provisória nº 881, de 2019)

Art. 20. Serão arquivados, sem baixa na distribuição, por meio de requerimento do Procurador da Fazenda Nacional, os autos das execuções fiscais de débitos inscritos em Dívida Ativa da União pela Procuradoria-Geral da Fazenda Nacional ou por ela cobrados, de valor consolidado igual ou inferior àquele estabelecido em ato do Procurador-Geral da Fazenda Nacional. (Redação dada pelo Medida Provisória nº 881, de 2019)

8.i REGISTRO DE EMPRESAS E EMPRESÁRIOS

A desburocratização (simplificação) da administração pública federal foi buscada com a Lei da Liberdade Econômica, visando oferecer atendimento eficiente, com rapidez às expectativas do empresário. Prazo de cinco dias para aguardar solução administrativa é suportável em qualquer empreendimento. Foi daí que, nesta oportunidade (conversão da MP 881/2019), também revogaram os seguintes dispositivos, da lei que mencionamos (conforme art. 19 da Lei da Liberdade Econômica):

LEI Nº 8.934, DE 18 DE NOVEMBRO DE 1994.

Dispõe sobre o Registro Público de Empresas Mercantis e Atividades Afins e dá outras providências.

....

Art. 2º ....

Parágrafo único. Fica instituído o Número de Identificação do Registro de Empresas (NIRE), o qual será atribuído a todo ato constitutivo de empresa, devendo ser compatibilizado com os números adotados pelos demais cadastros federais, na forma de regulamentação do Poder Executivo.

....

Art. 35..

VIII - os contratos ou estatutos de sociedades mercantis, ainda não aprovados pelo Governo, nos casos em que for necessária essa aprovação, bem como as posteriores alterações, antes de igualmente aprovadas.

....

Art. 43. Os pedidos de arquivamento constantes do art. 41 desta Lei serão decididos no prazo máximo de 5 (cinco) dias úteis, contados do seu recebimento; e os pedidos constantes do art. 42 desta Lei serão decididos no prazo máximo de 2 (dois) dias úteis, sob pena de ter-se como arquivados os atos respectivos, mediante provocação dos interessados, sem prejuízo do exame das formalidades legais pela procuradoria. (Redação dada pela Lei nº 11.598, de 2007)

....

SUBSEÇÃO V

Do Processo Revisional

....

Art. 47..

Parágrafo único. A capacidade decisória poderá ser delegada, no todo ou em parte.

8.j TRATAMENTO PREFERENCIAL

Na Lei da Liberdade o objetivo maior é o da geração de novos empregos. O sentido é sempre o de favorecer os trabalhadores brasileiros, privilegiando-os em relação às oportunidades de trabalho. Os dispositivos atingidos por estas revogações perseguem este caminho, embora sejam poucos, mas há objetivos neste rumo. Vejamos.

DECRETO-LEI Nº 73, DE 21 DE NOVEMBRO DE 1966

Dispõe sobre o Sistema Nacional de Seguros Privados, regula as operações de seguros e resseguros e dá outras providências.

....

Art. 5º ....

III - Firmar o princípio de reciprocidade em operações de seguro, condicionado a autorização para o funcionamento de empresas e firmas estrangeiras a igualdade de condições no país de origem; (Item retificado pelo Del 296/67).

....

Art. 32.

X - Aplicar às Sociedades Seguradoras estrangeiras autorizadas a funcionar no País as mesmas vedações ou restrições equivalentes às que vigorarem nos países da matriz, em relação às Sociedades Seguradoras brasileiras ali instaladas ou que neles desejem estabelecer-se;

8.k LEI DA LIBERDADE ECONÔMICA (LEI 13.874, DE 20 DE SETEMBRO DE 2019)

A chamada Lei da Liberdade Econômica é ampla, composta por 20 artigos, regulando a matéria selecionada, inicialmente, pelo Poder Executivo Federal. Foi sensivelmente modificada na tramitação na Câmara dos Deputados, a partir dos trabalhos dos Deputados e Senadores da Comissão Especial Mista. Foram mais de 300 emendas, nem todas aprovadas na Câmara. No Senado Federal toda a tramitação não passou de alguns dias, durando apenas três horas os debates (plenário), eis que o prazo estava se encerrando, com o risco de perder a sua validade. O texto não passou pelo trabalho de revisão da redação final, sendo encaminhado ao Executivo para análise, vetos e sanção, no prazo legal de 15 dias úteis com vencimento em 24 de setembro de 2019. Na data de 20 de setembro de 2019, o Presidente Jair Bolsonaro sancionou a Lei 13.874, com publicação no Diário Oficial da União (DOU) em 20.09.2019 (edição extra), cujo texto integral aqui inserimos. As partes vetadas também ficam aqui constando. Confiram.

LEI Nº 13.874, DE 20 DE SETEMBRO DE 2019

Institui a Declaração de Direitos de Liberdade Econômica; estabelece garantias de livre mercado; altera as Leis nos 10.406, de 10 de janeiro de 2002 (Código Civil), 6.404, de 15 de dezembro de 1976, 11.598, de 3 de dezembro de 2007, 12.682, de 9 de julho de 2012, 6.015, de 31 de dezembro de 1973, 10.522, de 19 de julho de 2002, 8.934, de 18 de novembro 1994, o Decreto-Lei nº 9.760, de 5 de setembro de 1946 e a Consolidação das Leis do Trabalho, aprovada pelo Decreto-Lei nº 5.452, de 1º de maio de 1943; revoga a Lei Delegada nº 4, de 26 de setembro de 1962, a Lei nº 11.887, de 24 de dezembro de 2008, e dispositivos do Decreto-Lei nº 73, de 21 de novembro de 1966; e dá outras providências.
O PRESIDENTE DA REPÚBLICA

Faço saber que o Congresso Nacional decreta e eu sanciono a seguinte Lei:

CAPÍTULO I

DISPOSIÇÕES GERAIS

Art. 1º Fica instituída a Declaração de Direitos de Liberdade Econômica, que estabelece normas de proteção à livre iniciativa e ao livre exercício de atividade econômica e disposições sobre a atuação do Estado como agente normativo e regulador, nos termos do inciso IV do caput do art. 1º, do parágrafo único do art. 170 e do caput do art. 174 da Constituição Federal.

§ 1º O disposto nesta Lei será observado na aplicação e na interpretação do direito civil, empresarial, econômico, urbanístico e do trabalho nas relações jurídicas que se encontrem no seu âmbito de aplicação e na ordenação pública, inclusive sobre exercício das profissões, comércio, juntas comerciais, registros públicos, trânsito, transporte e proteção ao meio ambiente.

§ 2º Interpretam-se em favor da liberdade econômica, da boa-fé e do respeito aos contratos, aos investimentos e à propriedade todas as normas de ordenação pública sobre atividades econômicas privadas.

§ 3º O disposto nos arts. 1º, 2º, 3º e 4º desta Lei não se aplica ao direito tributário e ao direito financeiro, ressalvado o inciso X do caput do art. 3º.

§ 4º O disposto nos arts. 1º, 2º, 3º e 4º desta Lei constitui norma geral de direito econômico, conforme o disposto no inciso I do caput e nos §§ 1º, 2º, 3º e 4º do art. 24 da Constituição Federal, e será observado para todos os atos públicos de liberação da atividade econômica executados pelos Estados, pelo Distrito Federal e pelos Municípios, nos termos do § 2º deste artigo.

§ 5º O disposto no inciso IX do caput do art. 3º desta Lei não se aplica aos Estados, ao Distrito Federal e aos Municípios, exceto se:

I - o ato público de liberação da atividade econômica for derivado ou delegado por legislação ordinária federal; ou

II - o ente federativo ou o órgão responsável pelo ato decidir vincular-se ao disposto no inciso IX do caput do art. 3º desta Lei por meio de instrumento válido e próprio.

§ 6º Para fins do disposto nesta Lei, consideram-se atos públicos de liberação a licença, a autorização, a concessão, a inscrição, a permissão, o alvará, o cadastro, o credenciamento, o estudo, o plano, o registro e os demais atos exigidos, sob qualquer denominação, por órgão ou entidade da administração pública na aplicação de legislação, como condição para o exercício de atividade econômica, inclusive o início, a continuação e o fim para a instalação, a construção, a operação, a produção, o funcionamento, o uso, o exercício ou a realização, no âmbito público ou privado, de atividade, serviço, estabelecimento, profissão, instalação, operação, produto, equipamento, veículo, edificação e outros.

Art. 2º São princípios que norteiam o disposto nesta Lei:

I - a liberdade como uma garantia no exercício de atividades econômicas;

II - a boa-fé do particular perante o poder público;

III - a intervenção subsidiária e excepcional do Estado sobre o exercício de atividades econômicas; e

IV - o reconhecimento da vulnerabilidade do particular perante o Estado.

Parágrafo único. Regulamento disporá sobre os critérios de aferição para afastamento do inciso IV do caput deste artigo, limitados a questões de má-fé, hipersuficiência ou reincidência.

CAPÍTULO II
DA DECLARAÇÃO DE DIREITOS DE LIBERDADE ECONÔMICA

Art. 3º São direitos de toda pessoa, natural ou jurídica, essenciais para o desenvolvimento e o crescimento econômicos do País, observado o disposto no parágrafo único do art. 170 da Constituição Federal:

I - desenvolver atividade econômica de baixo risco, para a qual se valha exclusivamente de propriedade privada própria ou de terceiros consensuais, sem a necessidade de quaisquer atos públicos de liberação da atividade econômica;

II - desenvolver atividade econômica em qualquer horário ou dia da semana, inclusive feriados, sem que para isso esteja sujeita a cobranças ou encargos adicionais, observadas:

a) as normas de proteção ao meio ambiente, incluídas as de repressão à poluição sonora e à perturbação do sossego público;

b) as restrições advindas de contrato, de regulamento condominial ou de outro negócio jurídico, bem como as decorrentes das normas de direito real, incluídas as de direito de vizinhança; e

c) a legislação trabalhista;

III - definir livremente, em mercados não regulados, o preço de produtos e de serviços como consequência de alterações da oferta e da demanda;

IV - receber tratamento isonômico de órgãos e de entidades da administração pública quanto ao exercício de atos de liberação da atividade econômica, hipótese em que o ato de liberação estará vinculado aos mesmos critérios de interpretação adotados em decisões administrativas análogas anteriores, observado o disposto em regulamento;

V - gozar de presunção de boa-fé nos atos praticados no exercício da atividade econômica, para os quais as dúvidas de interpretação do direito civil, empresarial, econômico e urbanístico serão resolvidas de forma a preservar a autonomia privada, exceto se houver expressa disposição legal em contrário;

VI - desenvolver, executar, operar ou comercializar novas modalidades de produtos e de serviços quando as normas infralegais se tornarem desatualizadas por força de desenvolvimento tecnológico consolidado internacionalmente, nos termos estabelecidos em regulamento, que disciplinará os requisitos para aferição da situação concreta, os procedimentos, o momento e as condições dos efeitos;

VII - (VETADO);

VIII - ter a garantia de que os negócios jurídicos empresariais paritários serão objeto de livre estipulação das partes pactuantes, de forma a aplicar todas as regras de direito empresarial apenas de maneira subsidiária ao avençado, exceto normas de ordem pública;

IX - ter a garantia de que, nas solicitações de atos públicos de liberação da atividade econômica que se sujeitam ao disposto nesta Lei, apresentados todos os elementos necessários à instrução do processo, o particular será cientificado expressa e imediatamente do prazo máximo estipulado para a análise de seu pedido e de que, transcorrido o prazo fixado, o silêncio da autoridade competente importará aprovação tácita para todos os efeitos, ressalvadas as hipóteses expressamente vedadas em lei;

X - arquivar qualquer documento por meio de microfilme ou por meio digital, conforme técnica e requisitos estabelecidos em regulamento, hipótese em que se equiparará a documento físico para todos os efeitos legais e para a comprovação de qualquer ato de direito público;

XI - não ser exigida medida ou prestação compensatória ou mitigatória abusiva, em sede de estudos de impacto ou outras liberações de atividade econômica no direito urbanístico, entendida como aquela que:

a) (VETADO);

b) requeira medida que já era planejada para execução antes da solicitação pelo particular, sem que a atividade econômica altere a demanda para execução da referida medida;

c) utilize-se do particular para realizar execuções que compensem impactos que existiriam independentemente do empreendimento ou da atividade econômica solicitada;

d) requeira a execução ou prestação de qualquer tipo para áreas ou situação além daquelas diretamente impactadas pela atividade econômica; ou

e) mostre-se sem razoabilidade ou desproporcional, inclusive utilizada como meio de coação ou intimidação; e

XII - não ser exigida pela administração pública direta ou indireta certidão sem previsão expressa em lei.

§ 1º Para fins do disposto no inciso I do caput deste artigo:

I - ato do Poder Executivo federal disporá sobre a classificação de atividades de baixo risco a ser observada na ausência de legislação estadual, distrital ou municipal específica;

II - na hipótese de ausência de ato do Poder Executivo federal de que trata o inciso I deste parágrafo, será aplicada resolução do Comitê para Gestão da Rede Nacional para a Simplificação do Registro e da Legalização de Empresas e Negócios (CGSIM), independentemente da aderência do ente federativo à Rede Nacional para a Simplificação do Registro e da Legalização de Empresas e Negócios (Redesim); e

III - na hipótese de existência de legislação estadual, distrital ou municipal sobre a classificação de atividades de baixo risco, o ente federativo que editar ou tiver editado norma específica encaminhará notificação ao Ministério da Economia sobre a edição de sua norma.

§ 2º A fiscalização do exercício do direito de que trata o inciso I do caput deste artigo será realizada posteriormente, de ofício ou como consequência de denúncia encaminhada à autoridade competente.

§ 3º O disposto no inciso III do caput deste artigo não se aplica:

I - às situações em que o preço de produtos e de serviços seja utilizado com a finalidade de reduzir o valor do tributo, de postergar a sua arrecadação ou de remeter lucros em forma de custos ao exterior; e

II - à legislação de defesa da concorrência, aos direitos do consumidor e às demais disposições protegidas por lei federal.

§ 4º Para fins do disposto no inciso VII do caput deste artigo, entende-se como restrito o grupo cuja quantidade de integrantes não seja superior aos limites específicos estabelecidos para a prática da modalidade de implementação, teste ou oferta, conforme estabelecido em portaria do Secretário Especial de Produtividade, Emprego e Competitividade do Ministério da Economia.

§ 5º O disposto no inciso VIII do caput deste artigo não se aplica à empresa pública e à sociedade de economia mista definidas nos arts. 3º e 4º da Lei nº 13.303, de 30 de junho de 2016.

§ 6º O disposto no inciso IX do caput deste artigo não se aplica quando:

I - versar sobre questões tributárias de qualquer espécie ou de concessão de registro de marcas;

II - a decisão importar em compromisso financeiro da administração pública; e

III - houver objeção expressa em tratado em vigor no País.

§ 7º A aprovação tácita prevista no inciso IX do caput deste artigo não se aplica quando a titularidade da solicitação for de agente público ou de seu cônjuge, companheiro ou parente em linha reta ou colateral, por consanguinidade ou afinidade, até o 3º (terceiro) grau, dirigida a autoridade administrativa ou política do próprio órgão ou entidade da administração pública em que desenvolva suas atividades funcionais.

§ 8º O prazo a que se refere o inciso IX do caput deste artigo será definido pelo órgão ou pela entidade da administração pública solicitada, observados os princípios da impessoalidade e da eficiência e os limites máximos estabelecidos em regulamento.

§ 9º (VETADO).

§ 10. O disposto no inciso XI do caput deste artigo não se aplica às situações de acordo resultantes de ilicitude.

§ 11. Para os fins do inciso XII do caput deste artigo, é ilegal delimitar prazo de validade de certidão emitida sobre fato imutável, inclusive sobre óbito.

CAPÍTULO III

DAS GARANTIAS DE LIVRE INICIATIVA

Art. 4º É dever da administração pública e das demais entidades que se vinculam a esta Lei, no exercício de regulamentação de norma pública pertencente à legislação sobre a qual esta Lei versa, exceto se em estrito cumprimento a previsão explícita em lei, evitar o abuso do poder regulatório de maneira a, indevidamente:

I - criar reserva de mercado ao favorecer, na regulação, grupo econômico, ou profissional, em prejuízo dos demais concorrentes;

II - redigir enunciados que impeçam a entrada de novos competidores nacionais ou estrangeiros no mercado;

III - exigir especificação técnica que não seja necessária para atingir o fim desejado;

IV - redigir enunciados que impeçam ou retardem a inovação e a adoção de novas tecnologias, processos ou modelos de negócios, ressalvadas as situações consideradas em regulamento como de alto risco;

V - aumentar os custos de transação sem demonstração de benefícios;

VI - criar demanda artificial ou compulsória de produto, serviço ou atividade profissional, inclusive de uso de cartórios, registros ou cadastros;

VII - introduzir limites à livre formação de sociedades empresariais ou de atividades econômicas;

VIII - restringir o uso e o exercício da publicidade e propaganda sobre um setor econômico, ressalvadas as hipóteses expressamente vedadas em lei federal; e

IX - exigir, sob o pretexto de inscrição tributária, requerimentos de outra natureza de maneira a mitigar os efeitos do inciso I do caput do art. 3º desta Lei.

CAPÍTULO IV

DA ANÁLISE DE IMPACTO REGULATÓRIO

Art. 5º As propostas de edição e de alteração de atos normativos de interesse geral de agentes econômicos ou de usuários dos serviços prestados, editadas por órgão ou entidade da administração pública federal, incluídas as autarquias e as fundações públicas, serão precedidas da realização de análise de impacto regulatório, que conterá informações e dados sobre os possíveis efeitos do ato normativo para verificar a razoabilidade do seu impacto econômico.

Parágrafo único. Regulamento disporá sobre a data de início da exigência de que trata o caput deste artigo e sobre o conteúdo, a metodologia da análise de impacto regulatório, os quesitos mínimos a serem objeto de exame, as hipóteses em que será obrigatória sua realização e as hipóteses em que poderá ser dispensada.

CAPÍTULO V

DAS ALTERAÇÕES LEGISLATIVAS E DISPOSIÇÕES FINAIS

Art. 6º Fica extinto o Fundo Soberano do Brasil (FSB), fundo especial de natureza contábil e financeira, vinculado ao Ministério da Economia, criado pela Lei nº 11.887, de 24 de dezembro de 2008.

Art. 7º A Lei nº 10.406, de 10 de janeiro de 2002 (Código Civil), passa a vigorar com as seguintes alterações:

"Art. 49-A. A pessoa jurídica não se confunde com os seus sócios, associados, instituidores ou administradores.

Parágrafo único. A autonomia patrimonial das pessoas jurídicas é um instrumento lícito de alocação e segregação de riscos, estabelecido pela lei com a finalidade de estimular empreendimentos, para a geração de empregos, tributo, renda e inovação em benefício de todos."

"Art. 50. Em caso de abuso da personalidade jurídica, caracterizado pelo desvio de finalidade ou pela confusão patrimonial, pode o juiz, a requerimento da parte, ou do Ministério Público quando lhe couber intervir no processo, desconsiderá-la para que os efeitos de certas e determinadas relações de obrigações sejam estendidos aos bens particulares de administradores ou de sócios da pessoa jurídica beneficiados direta ou indiretamente pelo abuso.

§ 1º Para os fins do disposto neste artigo, desvio de finalidade é a utilização da pessoa jurídica com o propósito de lesar credores e para a prática de atos ilícitos de qualquer natureza.

§ 2º Entende-se por confusão patrimonial a ausência de separação de fato entre os patrimônios, caracterizada por:

I - cumprimento repetitivo pela sociedade de obrigações do sócio ou do administrador ou vice-versa;

II - transferência de ativos ou de passivos sem efetivas contraprestações, exceto os de valor proporcionalmente insignificante; e

III - outros atos de descumprimento da autonomia patrimonial.

§ 3º O disposto no caput e nos §§ 1º e 2º deste artigo também se aplica à extensão das obrigações de sócios ou de administradores à pessoa jurídica.

§ 4º A mera existência de grupo econômico sem a presença dos requisitos de que trata o caput deste artigo não autoriza a desconsideração da personalidade da pessoa jurídica.

§ 5º Não constitui desvio de finalidade a mera expansão ou a alteração da finalidade original da atividade econômica específica da pessoa jurídica." (NR)

"Art. 113. ....

§ 1º A interpretação do negócio jurídico deve lhe atribuir o sentido que:

I - for confirmado pelo comportamento das partes posterior à celebração do negócio;

II - corresponder aos usos, costumes e práticas do mercado relativas ao tipo de negócio;

III - corresponder à boa-fé;

IV - for mais benéfico à parte que não redigiu o dispositivo, se identificável; e

V - corresponder a qual seria a razoável negociação das partes sobre a questão discutida, inferida das demais disposições do negócio e da racionalidade econômica das partes, consideradas as informações disponíveis no momento de sua celebração.

§ 2º As partes poderão livremente pactuar regras de interpretação, de preenchimento de lacunas e de integração dos negócios jurídicos diversas daquelas previstas em lei." (NR)

"Art. 421. A liberdade contratual será exercida nos limites da função social do contrato.

Parágrafo único. Nas relações contratuais privadas, prevalecerão o princípio da intervenção mínima e a excepcionalidade da revisão contratual." (NR)

"Art. 421-A. Os contratos civis e empresariais presumem-se paritários e simétricos até a presença de elementos concretos que justifiquem o afastamento dessa presunção, ressalvados os regimes jurídicos previstos em leis especiais, garantido também que:

I - as partes negociantes poderão estabelecer parâmetros objetivos para a interpretação das cláusulas negociais e de seus pressupostos de revisão ou de resolução;

II - a alocação de riscos definida pelas partes deve ser respeitada e observada; e

III - a revisão contratual somente ocorrerá de maneira excepcional e limitada."

"Art. 980-A. ....

§ 7º Somente o patrimônio social da empresa responderá pelas dívidas da empresa individual de responsabilidade limitada, hipótese em que não se confundirá, em qualquer situação, com o patrimônio do titular que a constitui, ressalvados os casos de fraude." (NR)

"Art. 1.052. ....

§ 1º A sociedade limitada pode ser constituída por 1 (uma) ou mais pessoas.

§ 2º Se for unipessoal, aplicar-se-ão ao documento de constituição do sócio único, no que couber, as disposições sobre o contrato social." (NR)

"CAPÍTULO X

DO FUNDO DE INVESTIMENTO

'Art. 1.368-C. O fundo de investimento é uma comunhão de recursos, constituído sob a forma de condomínio de natureza especial, destinado à aplicação em ativos financeiros, bens e direitos de qualquer natureza.

§ 1º Não se aplicam ao fundo de investimento as disposições constantes dos arts. 1.314 ao 1.358-A deste Código.

§ 2º Competirá à Comissão de Valores Mobiliários disciplinar o disposto no caput deste artigo.

§ 3º O registro dos regulamentos dos fundos de investimentos na Comissão de Valores Mobiliários é condição suficiente para garantir a sua publicidade e a oponibilidade de efeitos em relação a terceiros.'

'Art. 1.368-D. O regulamento do fundo de investimento poderá, observado o disposto na regulamentação a que se refere o § 2º do art. 1.368-C desta Lei, estabelecer:

I - a limitação da responsabilidade de cada investidor ao valor de suas cotas;

II - a limitação da responsabilidade, bem como parâmetros de sua aferição, dos prestadores de serviços do fundo de investimento, perante o condomínio e entre si, ao cumprimento dos deveres particulares de cada um, sem solidariedade; e

III - classes de cotas com direitos e obrigações distintos, com possibilidade de constituir patrimônio segregado para cada classe.

§ 1º A adoção da responsabilidade limitada por fundo de investimento constituído sem a limitação de responsabilidade somente abrangerá fatos ocorridos após a respectiva mudança em seu regulamento.

§ 2º A avaliação de responsabilidade dos prestadores de serviço deverá levar sempre em consideração os riscos inerentes às aplicações nos mercados de atuação do fundo de investimento e a natureza de obrigação de meio de seus serviços.

§ 3º O patrimônio segregado referido no inciso III do caput deste artigo só responderá por obrigações vinculadas à classe respectiva, nos termos do regulamento.'

'Art. 1.368-E. Os fundos de investimento respondem diretamente pelas obrigações legais e contratuais por eles assumidas, e os prestadores de serviço não respondem por essas obrigações, mas respondem pelos prejuízos que causarem quando procederem com dolo ou má-fé.

§ 1º Se o fundo de investimento com limitação de responsabilidade não possuir patrimônio suficiente para responder por suas dívidas, aplicam-se as regras de insolvência previstas nos arts. 955 a 965 deste Código.

§ 2º A insolvência pode ser requerida judicialmente por credores, por deliberação própria dos cotistas do fundo de investimento, nos termos de seu regulamento, ou pela Comissão de Valores Mobiliários.'

'Art. 1.368-F. O fundo de investimento constituído por lei específica e regulamentado pela Comissão de Valores Mobiliários deverá, no que couber, seguir as disposições deste Capítulo.'"

Art. 8º O art. 85 da Lei nº 6.404, de 15 de dezembro de 1976, passa a vigorar com as seguintes alterações:

"Art. 85. ....

§ 1º A subscrição poderá ser feita, nas condições previstas no prospecto, por carta à instituição, acompanhada das declarações a que se refere este artigo e do pagamento da entrada.

§ 2º Será dispensada a assinatura de lista ou de boletim a que se refere o caput deste artigo na hipótese de oferta pública cuja liquidação ocorra por meio de sistema administrado por entidade administradora de mercados organizados de valores mobiliários." (NR)

Art. 9º O art. 4º da Lei nº 11.598, de 3 de dezembro de 2007, passa a vigorar acrescido do seguinte § 5º:

"Art. 4º ....

§ 5º Ato do Poder Executivo federal disporá sobre a classificação mínima de atividades de baixo risco, válida para todos os integrantes da Redesim, observada a Classificação Nacional de Atividades Econômicas, hipótese em que a autodeclaração de enquadramento será requerimento suficiente, até que seja apresentada prova em contrário." (NR)

Art. 10. A Lei nº 12.682, de 9 de julho de 2012, passa a vigorar acrescida do seguinte art. 2º-A:

"Art. 2º-A. Fica autorizado o armazenamento, em meio eletrônico, óptico ou equivalente, de documentos públicos ou privados, compostos por dados ou por imagens, observado o disposto nesta Lei, nas legislações específicas e no regulamento.

§ 1º Após a digitalização, constatada a integridade do documento digital nos termos estabelecidos no regulamento, o original poderá ser destruído, ressalvados os documentos de valor histórico, cuja preservação observará o disposto na legislação específica.

§ 2º O documento digital e a sua reprodução, em qualquer meio, realizada de acordo com o disposto nesta Lei e na legislação específica, terão o mesmo valor probatório do documento original, para todos os fins de direito, inclusive para atender ao poder fiscalizatório do Estado.

§ 3º Decorridos os respectivos prazos de decadência ou de prescrição, os documentos armazenados em meio eletrônico, óptico ou equivalente poderão ser eliminados.

§ 4º Os documentos digitalizados conforme o disposto neste artigo terão o mesmo efeito jurídico conferido aos documentos microfilmados, nos termos da Lei nº 5.433, de 8 de maio de 1968, e de regulamentação posterior.

§ 5º Ato do Secretário de Governo Digital da Secretaria Especial de Desburocratização, Gestão e Governo Digital do Ministério da Economia estabelecerá os documentos cuja reprodução conterá código de autenticação verificável.

§ 6º Ato do Conselho Monetário Nacional disporá sobre o cumprimento do disposto no § 1º deste artigo, relativamente aos documentos referentes a operações e transações realizadas no sistema financeiro nacional.

§ 7º É lícita a reprodução de documento digital, em papel ou em qualquer outro meio físico, que contiver mecanismo de verificação de integridade e autenticidade, na maneira e com a técnica definidas pelo mercado, e cabe ao particular o ônus de demonstrar integralmente a presença de tais requisitos.

§ 8º Para a garantia de preservação da integridade, da autenticidade e da confidencialidade de documentos públicos será usada certificação digital no padrão da Infraestrutura de Chaves Públicas Brasileira (ICP-Brasil)."

Art. 11. O Decreto-Lei nº 9.760, de 5 de setembro de 1946, passa a vigorar com as seguintes alterações:

"Art. 14. Da decisão proferida pelo Secretário de Coordenação e Governança do Patrimônio da União da Secretaria Especial de Desestatização, Desinvestimento e Mercados do Ministério da Economia será dado conhecimento aos recorrentes que, no prazo de 20 (vinte) dias, contado da data de sua ciência, poderão interpor recurso, sem efeito suspensivo, dirigido ao superior hierárquico, em última instância." (NR)

"Art. 100. ....

§ 5º Considerada improcedente a impugnação, a autoridade submeterá o recurso à autoridade superior, nos termos estabelecidos em regulamento.

...." (NR)

"Art. 216. O Ministro de Estado da Economia, diretamente ou por ato do Secretário Especial de Desestatização, Desinvestimento e Mercados do Ministério da Economia, ouvido previamente o Secretário de Coordenação e Governança do Patrimônio da União, editará os atos necessários à execução do disposto neste Decreto-Lei." (NR)

Art. 12. O art. 1º da Lei nº 6.015, de 31 de dezembro de 1973, passa a vigorar acrescido do seguinte § 3º:

"Art. 1º ....

§ 3º Os registros poderão ser escriturados, publicitados e conservados em meio eletrônico, obedecidos os padrões tecnológicos estabelecidos em regulamento." (NR)

Art. 13. A Lei nº 10.522, de 19 de julho de 2002, passa a vigorar com as seguintes alterações:

"Art. 18-A. Comitê formado de integrantes do Conselho Administrativo de Recursos Fiscais, da Secretaria Especial da Receita Federal do Brasil do Ministério da Economia e da Procuradoria-Geral da Fazenda Nacional editará enunciados de súmula da administração tributária federal, conforme o disposto em ato do Ministro de Estado da Economia, que deverão ser observados nos atos administrativos, normativos e decisórios praticados pelos referidos órgãos."

"Art. 19. Fica a Procuradoria-Geral da Fazenda Nacional dispensada de contestar, de oferecer contrarrazões e de interpor recursos, e fica autorizada a desistir de recursos já interpostos, desde que inexista outro fundamento relevante, na hipótese em que a ação ou a decisão judicial ou administrativa versar sobre:

....

II - tema que seja objeto de parecer, vigente e aprovado, pelo Procurador-Geral da Fazenda Nacional, que conclua no mesmo sentido do pleito do particular;

....

IV - tema sobre o qual exista súmula ou parecer do Advogado-Geral da União que conclua no mesmo sentido do pleito do particular;

V - tema fundado em dispositivo legal que tenha sido declarado inconstitucional pelo Supremo Tribunal Federal em sede de controle difuso e tenha tido sua execução suspensa por resolução do Senado Federal, ou tema sobre o qual exista enunciado de súmula vinculante ou que tenha sido definido pelo Supremo Tribunal Federal em sentido desfavorável à Fazenda Nacional em sede de controle concentrado de constitucionalidade;

VI - tema decidido pelo Supremo Tribunal Federal, em matéria constitucional, ou pelo Superior Tribunal de Justiça, pelo Tribunal

Superior do Trabalho, pelo Tribunal Superior Eleitoral ou pela Turma Nacional de Uniformização de Jurisprudência, no âmbito de suas competências, quando:

a) for definido em sede de repercussão geral ou recurso repetitivo; ou

b) não houver viabilidade de reversão da tese firmada em sentido desfavorável à Fazenda Nacional, conforme critérios definidos em ato do Procurador-Geral da Fazenda Nacional; e

VII - tema que seja objeto de súmula da administração tributária federal de que trata o art. 18-A desta Lei.

....

§ 3º (Revogado);

§ 4º (Revogado);

§ 5º (Revogado);

....

§ 7º (Revogado).

§ 8º O parecer da Procuradoria-Geral da Fazenda Nacional que examina a juridicidade de proposições normativas não se enquadra no disposto no inciso II do caput deste artigo.

§ 9º A dispensa de que tratam os incisos V e VI do caput deste artigo poderá ser estendida a tema não abrangido pelo julgado, quando a ele forem aplicáveis os fundamentos determinantes extraídos do julgamento paradigma ou da jurisprudência consolidada, desde que inexista outro fundamento relevante que justifique a impugnação em juízo.

§ 10. O disposto neste artigo estende-se, no que couber, aos demais meios de impugnação às decisões judiciais.

§ 11. O disposto neste artigo aplica-se a todas as causas em que as unidades da Procuradoria-Geral da Fazenda Nacional devam atuar na qualidade de representante judicial ou de autoridade coatora.

§ 12. Os órgãos do Poder Judiciário e as unidades da Procuradoria-Geral da Fazenda Nacional poderão, de comum acordo, realizar mutirões para análise do enquadramento de processos ou de recursos nas hipóteses previstas neste artigo e celebrar negócios processuais com fundamento no disposto no art. 190 da Lei nº 13.105, de 16 de março de 2015 (Código de Processo Civil).

§ 13. Sem prejuízo do disposto no § 12 deste artigo, a Procuradoria-Geral da Fazenda Nacional regulamentará a celebração de negócios jurídicos processuais em seu âmbito de atuação, inclusive na cobrança administrativa ou judicial da dívida ativa da União." (NR)

"Art. 19-A. Os Auditores-Fiscais da Secretaria Especial da Receita Federal do Brasil não constituirão os créditos tributários relativos aos temas de que trata o art. 19 desta Lei, observado:

I - o disposto no parecer a que se refere o inciso II do caput do art. 19 desta Lei, que será aprovado na forma do art. 42 da Lei Complementar nº 73, de 10 de fevereiro de 1993, ou que terá concordância com a sua aplicação pela Secretaria Especial da Receita Federal do Brasil do Ministério da Economia;

II - o parecer a que se refere o inciso IV do caput do art. 19 desta Lei, que será aprovado na forma do disposto no art. 40 da Lei Complementar nº 73, de 10 de fevereiro de 1993, ou que, quando não aprovado por despacho do Presidente da República, terá concordância com a sua aplicação pelo Ministro de Estado da Economia; ou

III - nas hipóteses de que tratam o inciso VI do caput e o § 9º do art. 19 desta Lei, a Procuradoria-Geral da Fazenda Nacional deverá manifestar-se sobre as matérias abrangidas por esses dispositivos.

§ 1º Os Auditores-Fiscais da Secretaria Especial da Receita Federal do Brasil do Ministério da Economia adotarão, em suas decisões, o entendimento a que estiverem vinculados, inclusive para fins de revisão de ofício do lançamento e de repetição de indébito administrativa.

§ 2º O disposto neste artigo aplica-se, no que couber, aos responsáveis pela retenção de tributos e, ao emitirem laudos periciais para atestar a existência de condições que gerem isenção de tributos, aos serviços médicos oficiais."

"Art. 19-B. Os demais órgãos da administração pública que administrem créditos tributários e não tributários passíveis de inscrição e de cobrança pela Procuradoria-Geral da Fazenda Nacional encontram-se dispensados de constituir e de promover a cobrança com fundamento nas hipóteses de dispensa de que trata o art. 19 desta Lei.

Parágrafo único. A aplicação do disposto no caput deste artigo observará, no que couber, as disposições do art. 19-A desta Lei."

"Art. 19-C. A Procuradoria-Geral da Fazenda Nacional poderá dispensar a prática de atos processuais, inclusive a desistência de recursos interpostos, quando o benefício patrimonial almejado com o ato não atender aos critérios de racionalidade, de economicidade e de eficiência.

§ 1º O disposto no caput deste artigo inclui o estabelecimento de parâmetros de valor para a dispensa da prática de atos processuais.

§ 2º A aplicação do disposto neste artigo não implicará o reconhecimento da procedência do pedido formulado pelo autor.

§ 3º O disposto neste artigo aplica-se, inclusive, à atuação da Procuradoria-Geral da Fazenda Nacional no âmbito do contencioso administrativo fiscal."

"Art. 19-D. À Procuradoria-Geral da União, à Procuradoria-Geral Federal e à Procuradoria-Geral do Banco Central do Brasil aplica-se, no que couber, o disposto nos arts. 19, 19-B e 19-C desta Lei, sem prejuízo do disposto na Lei nº 9.469, de 10 de julho de 1997.

§ 1º Aos órgãos da administração pública federal direta, representados pela Procuradoria-Geral da União, e às autarquias e fundações públicas, representadas pela Procuradoria-Geral Federal ou pela Procuradoria-Geral do Banco Central do Brasil, aplica-se, no que couber, o disposto no art. 19-B desta Lei.

§ 2º Ato do Advogado-Geral da União disciplinará o disposto neste artigo."

"Art. 20. Serão arquivados, sem baixa na distribuição, por meio de requerimento do Procurador da Fazenda Nacional, os autos das execuções fiscais de débitos inscritos em dívida ativa da União pela Procuradoria-Geral da Fazenda Nacional ou por ela cobrados, de valor consolidado igual ou inferior àquele estabelecido em ato do Procurador-Geral da Fazenda Nacional.

...." (NR)

Art. 14. A Lei nº 8.934, de 18 de novembro de 1994, passa a vigorar com as seguintes alterações:

"Art. 4º O Departamento Nacional de Registro Empresarial e Integração (Drei) da Secretaria de Governo Digital da Secretaria Especial de Desburocratização, Gestão e Governo Digital do Ministério da Economia tem por finalidade:

....

Parágrafo único. O cadastro nacional a que se refere o inciso IX do caput deste artigo será mantido com as informações originárias do cadastro estadual de empresas, vedados a exigência de preenchimento de formulário pelo empresário ou o fornecimento de novos dados ou informações, bem como a cobrança de preço pela inclusão das informações no cadastro nacional." (NR)

"Art. 31. Os atos decisórios serão publicados em sítio da rede mundial de computadores da junta comercial do respectivo ente federativo." (NR)

"Art. 32. ....

§ 1º Os atos, os documentos e as declarações que contenham informações meramente cadastrais serão levados automaticamente a registro se puderem ser obtidos de outras bases de dados disponíveis em órgãos públicos.

§ 2º Ato do Departamento Nacional de Registro Empresarial e Integração definirá os atos, os documentos e as declarações que contenham informações meramente cadastrais." (NR)

"Art. 35. ....

VIII - (revogado).

Parágrafo único. O registro dos atos constitutivos e de suas alterações e extinções ocorrerá independentemente de autorização governamental prévia, e os órgãos públicos deverão ser informados pela Rede Nacional para a Simplificação do Registro e da Legalização de Empresas e Negócios (Redesim) a respeito dos registros sobre os quais manifestarem interesse." (NR)

"Art. 41. ....

I - ....

a) dos atos de constituição de sociedades anônimas;

....

Parágrafo único. Os pedidos de arquivamento de que trata o inciso I do caput deste artigo serão decididos no prazo de 5 (cinco) dias úteis, contado da data de seu recebimento, sob pena de os atos serem considerados arquivados, mediante provocação dos interessados, sem prejuízo do exame das formalidades legais pela procuradoria." (NR)

"Art. 42. ....

§ 1º ....

§ 2º Os pedidos de arquivamento não previstos no inciso I do caput do art. 41 desta Lei serão decididos no prazo de 2 (dois) dias úteis, contado da data de seu recebimento, sob pena de os atos serem considerados arquivados, mediante provocação dos interessados, sem prejuízo do exame das formalidades legais pela procuradoria.

§ 3º O arquivamento dos atos constitutivos e de alterações não previstos no inciso I do caput do art. 41 desta Lei terá o registro deferido automaticamente caso cumpridos os requisitos de:

I - aprovação da consulta prévia da viabilidade do nome empresarial e da viabilidade de localização, quando o ato exigir; e

II - utilização pelo requerente do instrumento padrão estabelecido pelo Departamento Nacional de Registro Empresarial e Integração (Drei) da Secretaria de Governo Digital da Secretaria Especial de Desburocratização, Gestão e Governo Digital do Ministério da Economia.

§ 4º O arquivamento dos atos de extinção não previstos no inciso I do caput do art. 41 desta Lei terá o registro deferido automaticamente no caso de utilização pelo requerente do instrumento padrão estabelecido pelo Drei.

§ 5º Nas hipóteses de que tratam os §§ 3º e 4º do caput deste artigo, a análise do cumprimento das formalidades legais será feita posteriormente, no prazo de 2 (dois) dias úteis, contado da data do deferimento automático do registro.

§ 6º Após a análise de que trata o § 5º deste artigo, a identificação da existência de vício acarretará:

I - o cancelamento do arquivamento, se o vício for insanável; ou

II - a observação do procedimento estabelecido pelo Drei, se o vício for sanável." (NR)

"Art. 44. ....

III - Recurso ao Departamento Nacional de Registro Empresarial e Integração." (NR)

"Art. 47. Das decisões do plenário cabe recurso ao Departamento Nacional de Registro Empresarial e Integração como última instância administrativa.

Parágrafo único. (Revogado)." (NR)

"Art. 54. A prova da publicidade de atos societários, quando exigida em lei, será feita mediante anotação nos registros da junta comercial à vista da apresentação da folha do Diário Oficial, em sua versão eletrônica, dispensada a juntada da mencionada folha." (NR)

"Art. 55. Compete ao Departamento Nacional de Registro Empresarial e Integração propor a elaboração da tabela de preços dos serviços pertinentes ao Registro Público de Empresas Mercantis, na parte relativa aos atos de natureza federal, bem como especificar os atos a serem observados pelas juntas comerciais na elaboração de suas tabelas locais.

§ 1º ....

§ 2º É vedada a cobrança de preço pelo serviço de arquivamento dos documentos relativos à extinção do registro do empresário individual, da empresa individual de responsabilidade limitada (Eireli) e da sociedade limitada." (NR)

"Art. 63. ....

§ 1º A cópia de documento, autenticada na forma prevista em lei, dispensará nova conferência com o documento original.

§ 2º A autenticação do documento poderá ser realizada por meio de comparação entre o documento original e a sua cópia pelo servidor a quem o documento seja apresentado.

§ 3º Fica dispensada a autenticação a que se refere o § 1º do caput deste artigo quando o advogado ou o contador da parte interessada declarar, sob sua responsabilidade pessoal, a autenticidade da cópia do documento." (NR)

"Art. 65-A. Os atos de constituição, alteração, transformação, incorporação, fusão, cisão, dissolução e extinção de registro de empresários e de pessoas jurídicas poderão ser realizados também por meio de sistema eletrônico criado e mantido pela administração pública federal."

Art. 15. A Consolidação das Leis do Trabalho, aprovada pelo Decreto-Lei nº 5.452, de 1º de maio de 1943, passa a vigorar com as seguintes alterações:

"Art. 13. ....

§ 2º A Carteira de Trabalho e Previdência Social (CTPS) obedecerá aos modelos que o Ministério da Economia adotar.

§ 3º (Revogado).

§ 4º (Revogado)." (NR)

"Art. 14. A CTPS será emitida pelo Ministério da Economia preferencialmente em meio eletrônico.

Parágrafo único. Excepcionalmente, a CTPS poderá ser emitida em meio físico, desde que:

I - nas unidades descentralizadas do Ministério da Economia que forem habilitadas para a emissão;

II - mediante convênio, por órgãos federais, estaduais e municipais da administração direta ou indireta;

III - mediante convênio com serviços notariais e de registro, sem custos para a administração, garantidas as condições de segurança das informações." (NR)

"Art. 15. Os procedimentos para emissão da CTPS ao interessado serão estabelecidos pelo Ministério da Economia em regulamento próprio, privilegiada a emissão em formato eletrônico." (NR)

"Art. 16. A CTPS terá como identificação única do empregado o número de inscrição no Cadastro de Pessoas Físicas (CPF).

I - (revogado);

II - (revogado);

III - (revogado);

IV - (revogado).

Parágrafo único. (Revogado).

a) (revogada);

b) (revogada)." (NR)

"Art. 29. O empregador terá o prazo de 5 (cinco) dias úteis para anotar na CTPS, em relação aos trabalhadores que admitir, a data de admissão, a remuneração e as condições especiais, se houver, facultada a adoção de sistema manual, mecânico ou eletrônico, conforme instruções a serem expedidas pelo Ministério da Economia.

....

§ 6º A comunicação pelo trabalhador do número de inscrição no CPF ao empregador equivale à apresentação da CTPS em meio digital, dispensado o empregador da emissão de recibo.

§ 7º Os registros eletrônicos gerados pelo empregador nos sistemas informatizados da CTPS em meio digital equivalem às anotações a que se refere esta Lei.

§ 8º O trabalhador deverá ter acesso às informações da sua CTPS no prazo de até 48 (quarenta e oito) horas a partir de sua anotação." (NR)

"Art. 40. A CTPS regularmente emitida e anotada servirá de prova:

....

II - (revogado);

...." (NR)

"Art. 74. O horário de trabalho será anotado em registro de empregados.

§ 1º (Revogado).

§ 2º Para os estabelecimentos com mais de 20 (vinte) trabalhadores será obrigatória a anotação da hora de entrada e de saída, em registro manual, mecânico ou eletrônico, conforme instruções expedidas pela Secretaria Especial de Previdência e Trabalho do Ministério da Economia, permitida a pré-assinalação do período de repouso.

§ 3º Se o trabalho for executado fora do estabelecimento, o horário dos empregados constará do registro manual, mecânico ou eletrônico em seu poder, sem prejuízo do que dispõe o caput deste artigo.

§ 4º Fica permitida a utilização de registro de ponto por exceção à jornada regular de trabalho, mediante acordo individual escrito, convenção coletiva ou acordo coletivo de trabalho." (NR)

"Art. 135. ....

§ 3º Nos casos em que o empregado possua a CTPS em meio digital, a anotação será feita nos sistemas a que se refere o § 7º do art. 29 desta Consolidação, na forma do regulamento, dispensadas as anotações de que tratam os §§ 1º e 2º deste artigo." (NR)

Art. 16. O Sistema de Escrituração Digital das Obrigações Fiscais, Previdenciárias e Trabalhistas (eSocial) será substituído, em nível federal, por sistema simplificado de escrituração digital de obrigações previdenciárias, trabalhistas e fiscais.

Parágrafo único. Aplica-se o disposto no caput deste artigo às obrigações acessórias à versão digital gerenciadas pela Receita Federal do Brasil do Livro de Controle de Produção e Estoque da Secretaria Especial da Receita Federal do Brasil (Bloco K).

Art. 17. Ficam resguardados a vigência e a eficácia ou os efeitos dos atos declaratórios do Procurador-Geral da Fazenda Nacional, aprovados pelo Ministro de Estado respectivo e editados até a data de publicação desta Lei, nos termos do inciso II do caput do art. 19 da Lei nº 10.522, de 19 de julho de 2002.

Art. 18. A eficácia do disposto no inciso X do caput do art. 3º desta Lei fica condicionada à regulamentação em ato do Poder Executivo federal, observado que:

I - para documentos particulares, qualquer meio de comprovação da autoria, integridade e, se necessário, confidencialidade de documentos em forma eletrônica é válido, desde que escolhido de comum acordo pelas partes ou aceito pela pessoa a quem for oposto o documento; e

II - independentemente de aceitação, o processo de digitalização que empregar o uso da certificação no padrão da Infraestrutura de Chaves Públicas Brasileira (ICP-Brasil) terá garantia de integralidade, autenticidade e confidencialidade para documentos públicos e privados.

Art. 19. Ficam revogados:

I - a Lei Delegada nº 4, de 26 de setembro de 1962;

II - os seguintes dispositivos do Decreto-Lei nº 73, de 21 de novembro de 1966:

a) inciso III do caput do art. 5º; e

b) inciso X do caput do art. 32;

III - a Lei nº 11.887, de 24 de dezembro de 2008;

IV - (VETADO);

V - os seguintes dispositivos da Consolidação das Leis do Trabalho, aprovada pelo Decreto-Lei nº 5.452, de 1º de maio de 1943:

a) art. 17;

b) art. 20;

c) art. 21;

d) art. 25;

e) art. 26;

f) art. 30;

g) art. 31;

h) art. 32;

i) art. 33;

j) art. 34;

k) inciso II do art. 40;

l) art. 53;

m) art. 54;

n) art. 56;

o) art. 141;

p) parágrafo único do art. 415;

q) art. 417;

r) art. 419;

s) art. 420;

t) art. 421;

u) art. 422; e

v) art. 633;

VI - os seguintes dispositivos da Lei nº 8.934, de 18 de novembro de 1994:

a) parágrafo único do art. 2º;

b) inciso VIII do caput do art. 35;

c) art. 43; e

d) parágrafo único do art. 47.

Art. 20. Esta Lei entra em vigor:

I - (VETADO);

II - na data de sua publicação, para os demais artigos.

Brasília, 20 de setembro de 2019; 198º da Independência e 131º da República.

JAIR MESSIAS BOLSONARO

Paulo Guedes

Luiz Henrique Mandetta

8.1 VETOS DO PRESIDENTE

Foram vetados os seguintes dispositivos em negrito:

Art. 3º São direitos de toda pessoa, natural ou jurídica, essenciais para o desenvolvimento e o crescimento econômicos do País, observado o disposto no parágrafo único do art. 170 da Constituição Federal:

(...)

VII - testar e oferecer, gratuitamente ou não, um novo produto ou serviço para um grupo restrito de pessoas capazes, com utilização de bens próprios ou terceiros mediante autorização destes, após livre e claro consentimento, sem requerimento ou ato público de liberação da atividade econômica, exceto em lei federal;

(...)

XI - não ser exigida medida ou prestação compensatória ou mitigatória abusiva, em sede de estudos de impacto ou outras liberações de atividade econômica no direito urbanístico, entendida como aquela que:

a) distorça sua função mitigatória ou compensatória de modo a instituir um regime de tributação fora do direito tributário;

(...)

§ 9º A previsão de prazo específico na análise concreta de que trata o inciso IX do caput não se confunde com as previsões gerais acerca de processamento de pedidos de licença, incluídos os prazos a que se refere o § 3º do art. 14 da Lei Complementar nº 140, de 8 de dezembro de 2011.

(...)

Art. 19. Ficam revogados:

(...)

IV – o inciso IV do caput do art. 1.033 da Lei nº 10.406 de 10 de janeiro de 2002 (Código Civil);

Art. 1.033 do Código Civil: Dissolve-se a sociedade quando ocorrer:

(...)

IV – a falta de pluralidade de sócios, não reconstituída no prazo de cento e oitenta dias;

(...)

Art. 20. Esta Lei entra em vigor:

I – a contar de 90 dias da data de sua publicação, quanto ao disposto nos artigos 6º ao 19;[1]

MENSAGEM Nº 438, DE 20 DE SETEMBRO DE 2019.

Senhor Presidente do Senado Federal,

Comunico a Vossa Excelência que, nos termos do § 1º do art. 66 da Constituição, decidi vetar parcialmente, por contrariedade ao interesse público e inconstitucionalidade, o Projeto de Lei de Conversão nº 21, de 2019 (MP nº 881/19), que "Institui a Declaração de Direitos de Liberdade Econômica; estabelece garantias de livre mercado; altera as Leis nºs 10.406, de 10 de janeiro de 2002 (Código Civil), 6.404, de 15 de dezembro de 1976, 11.598, de 3 de dezembro de 2007, 12.682, de 9 de julho de 2012, 6.015, de 31 de dezembro de 1973, 10.522, de 19 de julho de 2002, 8.934, de 18 de novembro 1994, o Decreto-Lei nº 9.760, de 5 de setembro de 1946 e a Consolidação das Leis do Trabalho, aprovada pelo Decreto-Lei nº 5.452, de 1º de maio de 1943; revoga a Lei Delegada nº 4, de 26 de setembro de 1962, a Lei nº 11.887, de 24 de dezembro de 2008, e dispositivos do Decreto-Lei nº 73, de 21 de novembro de 1966; e dá outras providências".

Ouvido, o Ministério da Saúde manifestou-se pelo veto ao seguinte dispositivo:

Inciso VII do art. 3º

"VII - testar e oferecer, gratuitamente ou não, um novo produto ou serviço para um grupo restrito de pessoas capazes, com utilização de bens próprios ou de terceiros mediante autorização destes, após livre e claro consentimento, sem requerimento ou ato público de liberação da atividade econômica, exceto em lei federal;"

Razões do veto

"A propositura legislativa, ao permitir o teste e oferecimento de novos produtos ou serviços para pessoas capazes, mediante autori-

1. *Vide comentários* **da Parte 1c**.

zação destes, após livre e claro consentimento, sem requerimento ou ato público de liberação da atividade econômica, contraria o interesse público ao deixar de excepcionar hipóteses de segurança nacional, de segurança pública ou sanitária ou de saúde pública, em desconformidade da previsão da redação original da medida provisória, colocando em risco a vida, saúde e segurança dos consumidores contra os riscos de produtos e serviços eventualmente perigosos ou nocivos, violando o dever do Estado de promover a defesa do consumidor, conforme previsto no inciso XXXII do art. 5º e inciso V do art. 170 da Constituição da República. Ademais, o risco de liberação de produtos ou serviços novos que sejam potencialmente perigosos à saúde pública desconsidera os termos do art. 196 da Carta Constitucional, segundo o qual a saúde é direito de todos e dever do Estado, garantido mediante políticas que visem à redução do risco de quaisquer agravos."

Já o Ministério da Economia opinou pelo veto aos dispositivos a seguir transcritos:

Alínea *a* do inciso XI do art. 3º

"a) distorça sua função mitigatória ou compensatória de modo a instituir um regime de tributação fora do direito tributário;"

Razões do veto

"O dispositivo proposto sugere a possibilidade de instituição de 'regime de tributação fora do direito tributário', trazendo atecnia à norma, o que carece de sentido, precisão e clareza em seus termos, não ensejando a perfeita compreensão do conteúdo e alcance que o legislador pretendeu dar à norma, em desacordo com o disposto no art. 11 da Lei Complementar nº 95, de 1998."

§ 9º do art. 3º

"§ 9º A previsão de prazo específico na análise concreta de que trata o inciso IX do **caput** deste artigo não se confunde com as previsões gerais acerca de processamento de pedidos de licença, incluídos os prazos a que se refere o § 3º do art. 14 da Lei Complementar nº 140, de 8 de dezembro de 2011."

Razões do veto

"O dispositivo não contempla de forma global as questões ambientais, limitando-se a regular apenas um tipo de licença específica, o que o torna inconstitucional por violação ao dever do Poder Público de prevenção ambiental insculpido no **caput** do art. 225 da Constituição da República de 1988, especialmente considerando a previsão expressa do § 1º, inciso IV do referido dispositivo constitucional, que impõe a exigência de prévio estudo de impacto ambiental para as atividades potencialmente causadoras de significativa degradação do meio ambiente."

Inciso IV do art. 19

"IV - o inciso IV do **caput** do art. 1.033 da Lei nº 10.406, de 10 de janeiro de 2002 (Código Civil);"

Razões do veto

"A propositura legislativa, ao revogar o inciso IV do **caput** do art. 1.033 do Código Civil, que previa a dissolução da sociedade empresária por falta de pluralidade de sócios, não reconstituída no prazo de 180 dias, gera insegurança jurídica, pois os seus efeitos jurídicos não são de aplicação exclusiva às sociedades limitadas, de forma que sua retirada do ordenamento jurídico poderá gerar transtornos para as demais sociedades contratuais, simples ou empresárias, regulados pelo Direito Civil, tais como a sociedade em nome coletivo e a sociedade em comandita simples. Ademais, há contrariedade ao interesse público, tendo em vista que a exceção prevista no referido inciso IV do **caput** do art. 1.033 do Código Civil prestigia os princípios da preservação e função sociais da empresa, uma vez que permite a unipessoalidade superveniente e transitória, em que uma sociedade simples ou empresária, reduzida a um único sócio, seja em decorrência de retirada, exclusão ou falecimento, ou outro fator alheio à vontade, poderia se recompor no prazo de 180 dias."

Inciso I do art. 20.

"I - após decorridos 90 (noventa) dias da data de sua publicação oficial, quanto ao disposto nos arts. 6º ao 19;"

Razões do veto

"A propositura legislativa, ao estabelecer o prazo de noventa dias para a entrada em vigor dos arts. 6º ao 19 do projeto de lei, contraria o interesse público por prorrogar em demasia a vigência de normas que já estão surtindo efeitos práticos na modernização do registro público de empresas, simplificação dos procedimentos e adoção de soluções tecnológicas para a redução da complexidade, fragmentação e duplicidade de informações, entre outros. Nestes termos, deve prevalecer a norma do inciso II do art. 20, que estabelece a vigência imediata do projeto de lei, na data de sua publicação."

Essas, Senhor Presidente, as razões que me levaram a vetar os dispositivos acima mencionados do projeto em causa, as quais ora submeto à elevada apreciação dos Senhores Membros do Congresso Nacional.

8.m OMISSÕES DA LEI

O texto da Lei da Liberdade Econômica (Lei 13.874, de 20 de setembro de 2019, publicada no DOU da mesma data, em edição extra) contém os vetos presidenciais e omite alguns trechos aprovados na Câmara dos Deputados e no Senado Federal. Deixou de se manifestar quanto ao art. 227, parágrafos 1º e 2º e art. 319, ambos da CLT, que foram relacionados como revogados pelo Legislativo. Outros dispositivos também incluídos como revogados nas duas casas legislativas e sobre os quais o Presidente não se pronunciou: Arts. 6º, 6º-A e 6º-B da Lei 10.101, de 19 de dezembro de 2000 (trata de autorização para o trabalho no comércio aos domingos, feriados e quanto a fiscalização e multas); arts. 8º, 9º e 10º da Lei 605, de 5 de janeiro de 1949 (trata do trabalho nos dias feriados); e art. 1º da Lei 4.178, de 11 de dezembro de 1962 (trata da proibição do trabalho aos sábados nas atividades bancárias, internas e externas). O processo de elaboração da norma legislativa não se completou. O Executivo tornou a matéria confusa. Afinal, o que não foi vetado está em vigor, desde que faça parte do texto sancionado. Mas não é o que ocorre.

8.n REGULAMENTADA A CARTEIRA DE TRABALHO DIGITAL

Rapidamente a Secretaria Especial (ex-Ministério do Trabalho) cuidou de regulamentar a prática dos empregadores (empresas ou pessoas físicas) quanto à contratação de trabalhadores com a utilização do CPF, em substituição à antiga Carteira azul (física), passando agora a adotar a Carteira eletrônica (digital). A Portaria 1.065, datada de 23 de setembro de 2019, publicada no DOU na data de 24.09.2019, expedida pela Secretaria Especial de Previdência e Trabalho do Ministério da Economia, contém as regras que deverão ser observadas para a validade da contratação do trabalhador. Eis a aludida Portaria:

Portaria nº 1.065, DE 23 DE SETEMBRO DE 2019

Disciplina a emissão da Carteira de Trabalho e Previdência Social em meio eletrônico - Carteira de Trabalho Digital.

O SECRETÁRIO ESPECIAL DE PREVIDÊNCIA E TRABALHO DO MINISTÉRIO DA ECONOMIA, no uso da competência que lhe confere o inciso I do art. 71 do Decreto nº 9.745, de 8 de abril de 2019, e

Considerando o disposto nos arts. 13 e 14 do Decreto-Lei nº 5.452, de 1º de maio de 1943, que aprova a Consolidação das Leis do Trabalho, alterado pela Lei nº 13.874, de 20 de setembro de 2019,

Considerando a Lei nº 13.726, de 8 de outubro de 2018, que racionaliza atos e procedimentos administrativos dos Poderes da União, dos Estados, do Distrito Federal e dos Municípios e institui o Selo de Desburocratização e Simplificação, resolve

Art. 1° Disciplinar a emissão da Carteira de Trabalho e Previdência Social - CTPS em meio eletrônico, denominada Carteira de Trabalho Digital.

Art. 2° Para fins do disposto no Decreto-Lei nº 5.452/1943, a Carteira de Trabalho Digital é equivalente à Carteira de Trabalho emitida em meio físico.

Parágrafo único. A Carteira de Trabalho Digital não se equipara aos documentos de identificação civis de que trata o art. 2º da Lei nº 12.037, de 1º de outubro de 2009.

Art. 3º A Carteira de Trabalho Digital está previamente emitida a todos os inscritos no Cadastro de Pessoas Físicas - CPF, sendo necessária sua habilitação.

Parágrafo único. A Carteira de Trabalho Digital terá como identificação única o número de inscrição do trabalhador no CPF.

Art. 4º Para a habilitação da Carteira de Trabalho Digital é necessária a criação de uma conta de acesso por meio da página eletrônica:

Parágrafo único. A habilitação da Carteira de Trabalho Digital será realizada no primeiro acesso da conta a que se refere o caput, podendo ser feita por meio de:

I - aplicativo específico, denominado Carteira de Trabalho Digital, disponibilizado gratuitamente para dispositivos móveis; ou

II - serviço específico da Carteira de Trabalho Digital no sítio eletrônico

Art. 5º Para os empregadores que têm a obrigação de uso do Sistema de Escrituração Digital das Obrigações Fiscais, Previdenciárias e Trabalhistas - eSocial:

I - a comunicação pelo trabalhador do número de inscrição no CPF ao empregador equivale à apresentação da CTPS em meio digital, dispensado o empregador da emissão de recibo;

II - os registros eletrônicos gerados pelo empregador nos sistemas informatizados da Carteira de Trabalho em meio digital equivalem às anotações a que se refere o Decreto-Lei nº 5.452/1943.

Art. 6º O trabalhador deverá ter acesso às informações de seu contrato de trabalho na Carteira de Trabalho Digital após o processamento das respectivas anotações.

Art. 7º A Carteira de Trabalho em meio físico poderá ser utilizada, em caráter excepcional, enquanto o empregador não for obrigado ao uso do eSocial.

Art. 8º Esta Portaria entra em vigor na data de sua publicação.

ROGÉRIO MARINHO

8.o CONTRATO ELETRÔNICO, DIGITAL OU VIRTUAL

Expressões usualmente reconhecidas como sinônimas. Mas há diferenças tecnológicas (ser analógico ou binário, isto é, ter dois elementos diferenciados em sua composição). Nem todos os documentos eletrônicos são digitais. Estes sempre são eletrônicos, podendo ser acessados, registrados e interpretados por sistemas próprios, como o do computador. O contrato de trabalho eletrônico é dotado de um sistema arquivístico, produzido para ficar guardado (armazenado) para todos os fins de direito, de valor permanente, sem prazo de validade, indestrutível. Faz parte da Carteira Digital, cujas regras asseguram a presunção de autenticidade do contrato, podendo haver prova de adulteração, falsidade. Sempre exige assinatura digital. Doravante poderão ser as novas controvérsias jurídicas, empresariais e judiciais do trabalho que haveremos de enfrentar. Todo documento digital é virtual, ou seja, aquele que pode ter efeito a qualquer momento. Eventuais dúvidas devem ser consultadas as resoluções do Conselho Nacional de Arquivos – CONARQ, órgão do Ministério da Justiça e Segurança Pública.

8.p CONTRATO DE TRABALHO IMPOSSÍVEL, SEM DIREITOS TRABALHISTAS

A nova lei sobre as atividades políticas e partidárias relacionadas às eleições, sob nº 13.877, de 27 de setembro de 2019 (DOU 27.09.2019, em edição extra) trouxe dispositivos voltados ao trabalho. Atinge os que forem prestar serviços de direção, assessoramento nos órgãos (partidos) envolvidos no pleito eleitoral, assim como nos institutos e fundações dos próprios partidos, levando-se em conta as regras existentes em sua organização interna.

Não serão considerados empregados (sem vínculo de emprego e, portanto, sem direitos trabalhistas) os que trabalharem nas campanhas eleitorais com cargos ou funções diretivas, além dos advogados, contadores, assessores publicitários ("marqueteiros") e demais serviçais de qualquer outro tipo de mão de obra (entregadores de material de divulgação, produtores de material gráfico, pintores de rua, atendentes em sede de campanha, locutores-apresentadores de programas, jornalistas, produtores de atividades de radiodifusão, técnicos de som, cinegrafistas, fotógrafos, seguranças, motoristas, gráficos de oficinas dos partidos, pessoal braçal em serviços gerais. As novas regras alcançam todos que sejam considerados prestadores de serviços de assessoramento de qualquer natureza.

Com isso, o artigo 7º da CLT passou a vigorar com a alínea "f" que estabelece não aplicá-la "às atividades de direção e assessoramento nos órgãos, institutos e fundações dos partidos, assim definidas em normas internas de organização partidária". Desse benefício (redução de custos da campanha eleitoral) foram excluídos os candidatos que contratarem trabalhadores diretamente.

CONCLUSÕES (DESTAQUES)

O trabalho condensado nesta obra inclui a pesquisa realizada junto às leis processuais praticadas no Brasil, quanto à morosidade da Justiça, comporta especialmente as seguintes conclusões objetivas:

1. As atividades empresariais necessitam de atendimento simplificado, com desburocratização da administração pública, possibilitando desenvolvimento do empreendimento econômico.

2. A Lei da Liberdade Econômica visa facilitar a livre iniciativa, mas não se trata de um plano de governo, sendo um embrião que abortou muito cedo, quando ainda era uma simples proposta.

3. Esta tomada de posição do governo chega a ser tão somente uma providência para a Administração Pública Federal, que deve servir de balizamento para os Estados e Municípios, respeitadas as suas competências e autonomias.

4. Sinaliza-se ao país a expectativa de recuperação da economia, com mais trabalho, sem alertar que os velhos empregos não voltarão porque os postos de trabalho foram extintos.

5. Não estimula a qualificação da mão de obra, que só será acolhida se estiver apta aos novos empregos, que nascerão modernos, automatizados, eletrônicos, digitais para um mundo tentador diante dos avanços tecnológicos.

6. As repartições do Estado precisarão se ajustar para serem prestativas, perseguindo a eficiência, combatendo suas dificuldades sabi-

damente existentes, como a morosidade do Poder Judiciário, cujas leis processuais foram intencionalmente modificadas por obra dos seus autores (Parte 5.a).

7. As leis do trabalho (CLT), com novas regras, se dizem modernizadas, mas oferecem consequências: a Carteira digital tirou das mãos dos brasileiros o documento-prova da sua qualidade de trabalhadores, dificultando acesso às compras.

8. Surgem questões polêmicas na relação com o empregador, como gravações telefônicas e filmagens; a prática das horas extras e o banco de horas; renúncia de direitos; bloqueio das contas bancárias da empresa; a responsabilidade dos sócios e ex-sócios da empresa; a formação dos grupos econômicos; como age a fiscalização nas empresas; a prática do teletrabalho, trabalho remoto, à distância, intermitente, a tempo parcial e autônomo; a proteção dos trabalhadores; a atuação dos sindicatos e sua contribuição; a força da Justiça do Trabalho para intervir nas demandas; o dano moral milionário, além de outras controvérsias atuais, como as atividades de risco no foco do Supremo Tribunal Federal (STF).

8. A ação dos "hackers", a utilização dos "whatsapps" e os crimes empresariais provocam justificada análise, também à luz do Direito Penal e do funcionamento policial e judicial.

9. O Estado mostra-se disposto a ser transformador, menos invasivo, com menor intervenção na economia e na vida das pessoas, até pondo fim a uma das mais antigas leis do confisco de bens que vigia desde o Governo de João Goulart (1962) e que permitia atos de ilegalidade, como prender empresários e empregados em flagrante sem dispor de testemunhas (parte 1b).

10. As alterações havidas são parte de um conjunto de propostas audaciosas, cujo avanço chega a ser estranho e ruidoso para as correntes trabalhistas, como a da contratação de trabalhadores sem vínculo empregatício com ganho superior a 20 (vinte) salários mínimos e a suspensão da aplicação da CLT por tempo indeterminado, enquanto o número de desempregados não seja reduzido a 5 milhões (art. 444 da CLT). Estas, como outras também incogitáveis, não foram aprovadas. As pretendidas e rejeitadas modificações dos congressistas são oferecidas nesta obra.

11. Espera-se que a pessoa do cidadão brasileiro seja a privilegiada, com respeito e credibilidade por tudo que ela encerra para este país.

A partir destas conclusões apresentadas em destaque, outras mais são conhecidas ao longo dos muitos textos desta obra.

ÍNDICE GERAL ALFABÉTICO-REMISSIVO

Siglas adotados:

*- **P**: Parte nº...)*

*- **A**: artigo da CLT,* nº..., *na Parte 7*

*- **CC**: artigo do Código Civil, nº..., na Parte 5*

*- **L**: Lei da Liberdade Econômica*

*- **LL**: artigo da Lei da Liberdade Econômica, nº...*

PRINCIPAIS OBRAS DOS AUTORES

Alteração do contrato de trabalho. Ribeirão Preto: A Jato, 1981.

CLT anotada. São Paulo: LTr, 1994.

CLT anotada com prática forense. São Paulo: LTr, 1999.

Código Penal aplicado ao trabalho. São Paulo: LTr, 2000.

Como contratar trabalhos com (e sem) força de lei nas empresas, nos sindicatos e na Justiça. São Paulo: LTr, 2017.

Contrato provisório & banco de horas. São Paulo: LTr, 1998.

Contratos impossíveis e obrigações temporárias. São Paulo: LTr, 2000.

Custas trabalhistas. São Paulo: LTr, 2002.

Divórcio x desquite – o descasamento no Brasil. Ribeirão Preto: A Jato, 1978.

Horas extras & banco de horas. São Paulo: LTr, 2017.

Interpretação objetiva da reforma trabalhista. São Paulo: Sindigraf, 2017.

Jurisprudência do sumaríssimo e da conciliação prévia. São Paulo: LTr, 2000.

Jurisprudência dos encargos previdenciários nos processos do trabalho. São Paulo: LTr, 2004.

Lei do Divórcio nos tribunais. Ribeirão Preto: A Jato, 1980.

Manual prático dos prazos específicos e diferenciados no novo CPC. São Paulo: LTr, 2016.

Novas práticas trabalhistas com sumaríssimo e conciliação prévia. São Paulo: LTr, 2000.

Novo Código Civil e Comercial – anotado e comparado. São Paulo: LTr, 2002.

Os novos avisos-prévios. São Paulo: LTr, 2012.

Prazos trabalhistas. São Paulo: LTr, 2003.

Profissões regulamentadas. São Paulo: LTr, 1997.

Trabalho e previdência – o que já mudou. São Paulo: LTr, 1998.

EDITORA
JusPODIVM
www.editorajuspodivm.com.br

Weber Luiz de Oliveira

EXECUÇÃO FISCAL ADMINISTRATIVA E FEDERALISMO

A Produção do Direito pelos Estados no Contexto da Desjudicialização da Administração Pública

2024

EDITORA JusPODIVM

www.editorajuspodivm.com.br

EDITORA *Jus*PODIVM
www.editorajuspodivm.com.br

Rua Canuto Saraiva, 131 – Mooca – CEP: 03113-010 – São Paulo – São Paulo
Tel: (11) 3582.5757
• Contato: https://www.editorajuspodivm.com.br/central-de-relacionamento

Diagramação: Equipe *Jus*PODIVM

Capa: Ana Caquetti

O48e Oliveira, Weber Luiz de
Execução Fiscal Administrativa e Federalismo: A Produção do Direito pelos Estados no Contexto da Desjudicialização da Administração Pública / Weber Luiz de Oliveira – São Paulo: Editora JusPodivm, 2024.

352 p.

ISBN: 978-85-442-5109-6.

1. Direito Tributário. 2. Desjudicialização. I. Oliveira, Weber Luiz de. II. Título.

CDD 341.39

BIBLIOTECÁRIA RESPONSÁVEL

Ana Carolina Ribeiro Mois – CRB7 – RJ 007348/0

1.ª ed., *2.ª tir.:* out./2024.

Dedico esta obra aos meus filhos (Aniele, Gabriel e Rafaela) e aos meus pais (Inocêncio e Glória).

AGRADECIMENTOS

À Franciola, por tudo.

ROL DE ABREVIATURAS E SIGLAS

ACO	Ação Cível Originária
ADCT	Ato das Disposições Constitucionais Transitórias
ADI	Ação Direta de Inconstitucionalidade
ADPF	Arguição de Descumprimento de Preceito Fundamental
ADR	*Alternative Dispute Resolution*
AGU	Advocacia-Geral da União
ANPC	Acordo de Não Persecução Civil
CC/2002	Código Civil de 2002
CCAF/AGU	Câmara de Mediação e de Conciliação da Administração Pública Federal da Advocacia-Geral da União
CDA	Certidão de Dívida Ativa
CF	Constituição Federal
CIDE	Contribuição de Intervenção no Domínio Econômico
CNJ	Conselho Nacional de Justiça
COFINS	Contribuição para Financiamento da Seguridade Social
CPC/1973	Código de Processo Civil de 1973
CPC/2015	Código de Processo Civil de 2015
CPMF	Contribuição Provisória sobre Movimentação Financeira
CSLL	Contribuição Social Sobre o Lucro Líquido
CTN	Código Tributário Nacional

DRU	Desvinculação de Receitas da União
ECA	Estatuto da Criança e do Adolescente
EFA	Execução Fiscal Administrativa
ERESP	Embargos de Divergência no Recurso Especial
FGV	Fundação Getulio Vargas
IAD	Índice de Atendimento à Demanda
ICMS	Imposto sobre a Circulação de Mercadorias e Serviços
INSPER	Instituto de Ensino e Pesquisa
IPEA	Instituto de Pesquisas Econômicas Aplicadas
IPTU	Imposto sobre a Propriedade Territorial Urbana
IPVA	Imposto sobre a Propriedade de Veículos Automotores
ITR	Imposto Territorial Rural
LEF	Lei de Execução Fiscal
LIA	Lei de Improbidade Administrativa
LINDB	Lei de Introdução às Normas do Direito Brasileiro
ORTN	Obrigação Reajustável do Tesouro Nacional
PEFM	Processo de Execução Fiscal Médio
PEPEX	Procedimento Extrajudicial Pré-executivo
PGFN	Procuradoria-Geral da Fazenda Nacional
PL	Projeto de Lei
PLP	Projeto de Lei Complementar
PLS	Projeto de Lei do Senado
RCPN	Registro Civil das Pessoas Naturais
RE	Recurso Extraordinário

RESP	Recurso Especial
SERP	Sistema Eletrônico dos Registros Públicos
SNIPC	Sistema Nacional de Informações Patrimoniais dos Contribuintes
STF	Supremo Tribunal Federal
STJ	Superior Tribunal de Justiça
TAC	Termo de Ajustamento de Conduta
UFRGS	Universidade Federal do Rio Grande do Sul

ROL DE CATEGORIAS

Ação de Direito Material: Exercício da pretensão do direito material em defesa de um direito lesado do acionante sem o uso do Poder Judiciário.

Ação Processual: Exercício da pretensão de direito processual em defesa de um direito lesado do acionante através do Poder Judiciário.

Autotutela: Poder do Estado de fazer cumprir e executar as normas e atos administrativos por si próprio, sem a necessidade da tutela jurisdicional.

Autonomia: Capacidade de o Ente Federativo exercer, pelo seu autogoverno, autoadministração e autolegislação, competências legislativas e materiais sem a necessidade de autorização do Ente Central.

Autonomia Normativa: Capacidade do Ente Federativo de editar normas de acordo com as competências legislativas próprias, sem a necessidade de autorização do Ente Central.

Competência: Capacidade do Estado de disciplinar e executar atos, por intermédio de pessoas, procedimentos e matérias previamente determinadas em normas constitucionais e legais.

Competência Material: Capacidade do Estado de exercer a Competência em relação à execução de atos administrativos dispostos em normas jurídicas já existentes.

Competência Legislativa: Capacidade do Estado de exercer a Competência em relação à produção de normas jurídicas, para o disciplinamento de regras jurídicas possibilitadoras do exercício da Competência Material.

Desjudicialização: Forma de resolução de conflitos sem a intervenção do Poder Judiciário.

Devido Processo Legal: Princípio constitucional que impõe o respeito, no âmbito do processo judicial e administrativo, de regras processuais que possibilitem o exercício da ampla defesa e do contraditório, formal e substancialmente, pelas partes da relação processual.

Execução: Poder de exercer, por meio do Processo judicial ou desjudicial, o desapossamento patrimonial, para o cumprimento e adimplemento de obrigações jurídicas.

Execução Fiscal: Poder de exercer no Processo Judicial alteração ou desapossamento patrimonial, para o cumprimento e adimplemento de obrigações tributárias.

Execução Fiscal Administrativa: Poder de exercer no Processo Administrativo o desapossamento patrimonial, para o cumprimento e adimplemento de obrigações tributárias e demais créditos públicos.

Federação: Forma de Estado, dividido em unidades autônomas que possuem um ente central, com repartição de Competências Legislativas e Materiais para organização político-administrativa e governança do ente central e das parcelas territoriais.

Federalismo: Sistema de organização e integração política de unidades territoriais dentro de um mesmo espaço nacional, com delimitação e repartição de Competências dentro dessa territorialidade, para o ente central e suas subdivisões internas.

Federalismo Fiscal: Repartição da Competência no Estado Federal de instituir e cobrar tributos nos respectivos territórios.

Federalismo Processual: Estabelecimento de Competências dos entes federativos – central e unidades –, de produção de normas processuais e procedimentais no Processo Judicial.

Federalismo Processual Administrativo: Estabelecimento de Competências dos entes federativos – central e unidades –, de produção de normas processuais e procedimentais no Processo Administrativo.

Judicialização: Forma de resolução de conflitos com a intervenção do Poder Judiciário. Contemporaneamente se entende também como a busca excessiva e desmesurada da tutela jurisdicional, para solução de toda e qualquer situação conflituosa na sociedade e, ainda, como meio de postergar o cumprimento de obrigações jurídicas.

Processo: Instituto fundamental do Estado Democrático de Direito, em que se possibilita instrumentalizar e exercer as ações, de direito material ou de direito processual, além de possibilitar o direito de petição, o exercício da ampla defesa e do contraditório.

Processo Administrativo: Instituto fundamental do Estado Democrático de Direito, em que se possibilita instrumentalizar e exercer a Ação de Direito Material, além de possibilitar o direito de petição, o exercício da ampla defesa e do contraditório no âmbito da Administração Pública.

Processo Administrativo Tributário: Instituto fundamental do Estado Democrático de Direito, em que se possibilita instrumentalizar e exercer a Ação de Direito Material relativa ao direito tributário, além de possibilitar o direito de petição, o exercício da ampla defesa e do contraditório no âmbito da Administração Pública.

Procedimento: Forma com que os atos no Processo são regulamentados e realizados para se chegar a uma solução final satisfativa.

Produção do Direito: Criação de normas jurídicas, em conformidade com as Competências Legislativas, que regulamentam e delimitam o modo de ser do Estado e da sociedade.

PREFÁCIO

Weber Luiz de Oliveira, ilustre Procurador de Estado em Santa Catarina, instou-me a prefaciar o presente texto, que corresponde à pesquisa que intentou no curso de doutoramento em ciência jurídica na Universidade do Vale de Itajaí - UNIVALI, cujo título foi "EXECUÇÃO FISCAL ADMINISTRATIVA E FEDERALISMO: A PRODUÇÃO DO DIREITO PELOS ESTADOS NO CONTEXTO DA DESJUDICIALIZAÇÃO DA ADMINISTRAÇÃO PÚBLICA". A obra, em apreço por sua originalidade e ineditismo, foi aprovada com merecida distinção por uma seleta banca, composta por destacados professores - Doutor Gilson Jacobsen (UNIVALI), como presidente e orientador; e como membros, Doutor João dos Passos Martins Neto (UFSC); Doutor Fernando da Fonseca Gajardoni (USP - Ribeirão Preto); Doutora Luciene Dal Ri (UNIVALI); Doutora Carla Piffer (UNIVALI); e Doutora Heloise Siqueira Garcia (UNIVALI).

O convite para prefaciar essa importante obra jurídica se deve ao fato de ter sido durante boa parte da pesquisa o orientador do Doutor Weber Luiz de Oliveira, por quem tenho relação de amizade e profunda admiração profissional, tendo cessado a orientação apenas com o meu desligamento do Programa de Pós-Graduação *Stricto Sensu* em Ciência Jurídica - PPCJ/UNIVALI, após mais de dez anos de docência nos cursos de Mestrado e Doutorado.

Como o próprio autor sublinha, já no pórtico de seu trabalho, a pesquisa teve por objeto geral demonstrar, na perspectiva do Federalismo, a possibilidade jurídico-constitucional da Produção do Direito por Estados-Membros de instituição da Execução Fiscal Administrativa. E por objetivos específicos, a) demonstrar a *desjudicialização* como alternativa à utilização do Poder Judiciário; b) evidenciar a possibilidade de *desjudicialização* da Administração Pública através da Execução Fiscal Administrativa; c) analisar no Federalismo, o sistema federativo brasileiro e as competências constitucionais legislativas que disciplinam e delimitam os limites e possibilidades de produção normativa, pelos próprios Estados, da Execução Fiscal Administrativa, sem convolar em ofensa a direitos fundamentais.

Diga-se que, historicamente, as execuções fiscais têm sido apontadas como o principal fator de morosidade do Poder Judiciário. A execução fiscal chega ao Judiciário depois de várias tentativas de recuperação do crédito tributário frustradas na via administrativa, provocando sua inscrição em dívida ativa. Dessa forma, são aforados títulos de dívidas antigas ou com tentativas prévias de cobranças e, por consequência, com menor probabilidade de recuperação. Como consequência, a taxa de congestionamento de tais processos tem se mantido em torno de 90%, anualmente.

A par disso, segundo dados estatísticos do CNJ, na Justiça estadual, as execuções fiscais representam em média 40% do total de processos em tramitação. E conforme o Relatório de 2022 (ano base 2021), o tempo médio de tramitação do processo de execução fiscal baixado no Poder Judiciário é de 6 anos e 11 meses. Já o Índice de Atendimento à Demanda (IAD) permanece estanque, uma vez que não se consegue baixar mais processos acima dos ingressantes no ano, contribuindo para o aumento do estoque e para a morosidade processual.

A adoção de um modelo de Execução Fiscal Administrativa é a grande proposição da pesquisa, considerando que após o devido processo legal, o contraditório e ampla defesa realizados no Processo Administrativo-fiscal, já se poderia iniciar atos expropriatórios, porquanto já citado e localizado o devedor. Esse modelo híbrido contribuiria, assim, para a reversão dos índices medidos pelo CNJ, a efetividade processual e o incremento de receitas públicas. Economizar-se-ia, ademais, conforme dados da pesquisa do IPEA, 1.315 dias da etapa de citação, ou seja, o Estado poderia, na Execução Fiscal Administrativa, obter desde logo a satisfatividade de seu crédito em três anos e meio antes da Execução Fiscal Judicial, em um cenário, evidentemente, de solvabilidade do devedor.

A proposição inovadora, ora sustentada pelo autor, "orientou-se pela construção de um procedimento que propicie a integração da fase administrativa de cobrança do crédito público com a subsequente fase judicial, evitando a duplicidade de atos e reservando ao exame e atuação do Poder Judiciário apenas as demandas que, sem solução extrajudicial, tenham alguma base patrimonial para a execução forçada".

Registram-se algumas tentativas históricas para a adoção de um modelo híbrido e mais ágil de adjunção da fase administrativa na formação do lançamento e cobrança do crédito público com o procedimento judicial. O último projeto de lei em tramitação no Senado Federal é de autoria do senador Antônio Anastasia. Trata-se do PL 4.257/2019, em que se pretende alterar dispositivos da Lei de Execução Fiscal para instituir a Execução Fiscal Administrativa como opção à Fazenda Pública em relação a alguns tributos, tais como: contribuição de melhoria, propriedade territorial rural

(ITR), propriedade de veículos automotores (IPVA), propriedade predial e territorial urbana (IPTU), taxas sobre imóveis e veículos.

Aqui, propõe o autor a instituição de uma espécie de *Execução Fiscal Administrativa*, de possível normatização pelo Ente Federado por se tratar de norma de Processo Administrativo, não estando inclusa no Federalismo Processual dos processos judiciais, "mas sim em um Federalismo Processual Administrativo". Sustenta, inovadoramente, que as competências legislativas, sobre Processo e sobre Procedimento em matéria processual, são adstritas ao exercício da tutela jurisdicional e respaldadas nos artigos 22, I, e 24, XI, da Constituição da República.

Neste cenário, o marco teórico delineado na pesquisa é o Federalismo Processual disposto na Constituição brasileira, tendo como um dos referenciais a Ação de Direito Material de Pontes de Miranda.

Tal marco teórico foi trabalhado no texto "por meio da demonstração da divisão das Competências Legislativas e Materiais dos Entes Federados, mormente a primeira, com o objetivo de comprovar a possibilidade constitucional dos Estados-Membros legislarem sobre a Execução Fiscal Administrativa". Isto porque, no escólio de Pontes de Miranda, se a Ação de Direito Material possibilita o exercício da pretensão e da Ação fora da jurisdição, considerando a existência de um anterior direito constitucional objetivo sobre a imposição tributária e a efetivação de políticas públicas, o Federalismo Processual relacionado à Competência Legislativa dos Estados-Membros, e aqui denominado *Federalismo Processual Administrativo*, autoriza a conclusão de que é possível no constitucionalismo brasileiro a edição de lei sobre Execução Fiscal Administrativa pelos Entes Federados, sem depender de prévia legislação federal.

Elucida o autor, com toda a propriedade, que muito embora possa o denominado federalismo processual administrativo ser exercido também pelos Municípios, como entes autônomos da Federação e detentores de competências materiais e legislativas, por deterem, também, capacidades de auto-organização, autolegislação, autogoverno e autoadministração, o estudo está focado especialmente nos Estados-Membros. Tais unidades político-administrativas detêm expressamente as competências legislativas concorrentes do art. 24 da Constituição Federal, inclusive a competência para legislar sobre procedimentos em matéria processual, nos termos do inciso XI.

Os dados colhidos na pesquisa empírica durante a investigação apontam para a necessidade de melhoria da efetividade processual da execução dos créditos públicos inadimplidos, revelando, em uma análise quantitativa, um diminuto êxito na cobrança pelo Poder Judiciário. Assim se vê pelas pesquisas anuais do CNJ, de 2004 a 2022, e nas pesquisas de instituições como UFRGS, de 2010/2011, do IPEA, de 2013, e do INSPER, de 2022. Consoante enfatiza o autor, sob o pálio qualitativo, tais pesquisas evidenciam a morosidade da tramitação do processo judicial; a irracionalidade da duplicidade de instâncias processantes – a administrativa e a judicial –, além do retorno tíbio de receitas para a concretização das políticas públicas. Tais dados não deixam dúvidas de que se mostra imperativa a adoção de outros instrumentos processuais que possam ter um êxito maior da atual realidade.

O tema das execuções fiscais vem ocupando o debate sobre eficiência judicial há alguns anos, especialmente depois que o Conselho Nacional de Justiça (CNJ) passou a fazer levantamentos quantitativos e qualitativos sobre a duração das ações judiciais, economicidade e eficácia do Judiciário.

Algumas resoluções vêm sendo adotadas pelo CNJ visando garantir a celeridade processual, estimular a formação de consensos e a autocomposição extintiva de ações, dar efetividade aos instrumentos de localização de devedores e constrição de bens, além de reduzir o tempo de duração dos processos.

Nesta esteira é que o STF julgou o RE 1.355.208, editando o Tema 1.184, determinando a extinção de execução fiscal de pequeno valor, fixando balizas para o ajuizamento de execuções fiscais em todo o país.

A tese adotada pelo STF ficou assim enunciada:

> "1. É legítima a extinção de execução fiscal de baixo valor pela ausência de interesse de agir tendo em vista o princípio constitucional da eficiência administrativa, respeitada a competência constitucional de cada ente federado.
>
> 2. O ajuizamento da execução fiscal dependerá da prévia adoção das seguintes providências: a) tentativa de conciliação ou adoção de solução administrativa; e b) protesto do título, salvo por motivo de eficiência administrativa, comprovando-se a inadequação da medida.
>
> 3. O trâmite de ações de execução fiscal não impede os entes federados de pedirem a suspensão do processo para a adoção das medidas previstas no item 2, devendo, nesse caso, o juiz ser comunicado do prazo para as providências cabíveis".

O art. 18 da Constituição Federal, ao dispor sobre todos os membros federativos serem autônomos dentro de sua organização político-administrativa, e o art. 25, ao preconizar que os Estados-Membros são organizados e regidos pelas Constituições e leis que adotarem, confirmam uma resposta constitucional à solução proposta na obra. A autonomia normativa dos

Estados-Membros para legislar sobre a Execução Fiscal Administrativa decorre também das próprias competências materiais que possuem sobre o direito processual para sua efetiva e integral aplicação. De fato, se há competência tributária para dispor sobre determinados tributos e competência para realizar sua cobrança administrativa, por meio de inscrição em dívida ativa, protesto da referida certidão, impedimento de contratar com a Administração, está ínsito, inarredavelmente, o poder de executar o direito material inadimplido, em um devido processo legal dentro de um contencioso administrativo.

Nessa contextura, há de se concordar com o ilustrado autor quando sustenta, em conclusão, que a teoria dos poderes implícitos contribui para a embasamento jurídico-constitucional da competência dos Estados-Membros de produzirem Direito sobre a Execução Fiscal Administrativa, baseado em seus poderes expressos, contidos na Constituição Federal, de instituição de tributos estaduais, efetivação de políticas públicas em seus territórios e organização político-administrativa de seus órgãos e instituições, e a imposição de eficiência administrativa.

Têm os Estados-Membros, enfim, no contexto da desjudicialização da Administração Pública e ante o Federalismo adotado pela Constituição Federal, competência legislativa autônoma sobre Execução Fiscal Administrativa. Enfim, os Estados-Membros, nessa toada, detêm competência legislativa autônoma para a produção do Direito sobre Execução Fiscal Administrativa.

A obra, nessa conjuntura, tem o mérito de discutir um grave problema de governança da dívida ativa no país, colocando em relevo a execução fiscal administrativa, no âmbito dos Estados, como solução alvitrada dentro do próprio sistema jurídico-constitucional que temos, otimizando a metodologia de cobrança.

Nessa mirada, além de avalizar a qualidade acadêmica do texto e a oportunidade do tema, afianço que se trata de trabalho de consulta imprescindível, seja no plano material ou processual, pelo que o recomendo, instigando o leitor para a reflexão dessa temática fundamental para a administração da justiça.

Florianópolis, 21 de abril de 2024.

Pedro Manoel Abreu

Doutor e Mestre em Direito pela Universidade Federal de Santa Catarina – UFSC. Pós-doutor pela Faculdade de Direito da Universidade de Lisboa. Desembargador do Tribunal de Justiça do Estado de Santa Catarina, sendo Presidente da Corte no biênio 2006-2008.

SUMÁRIO

Capítulo 3

Capítulo 4

Capítulo 5

PARTE 3

FEDERALISMO E PRODUÇÃO DO DIREITO PELOS ESTADOS-MEMBROS PARA EXECUÇÃO FISCAL ADMINISTRATIVA

Capítulo 1

Capítulo 2

Capítulo 3

Capítulo 4

INTRODUÇÃO

Este livro trata-se da Tese de doutoramento do autor. Tem como tema a Execução Fiscal Administrativa e o Federalismo, particularmente direcionado às Competências Materiais e Legislativas dos Estados-Membros.

Seu objetivo científico geral consiste em demonstrar e comprovar, na perspectiva do Federalismo, a possibilidade jurídico-constitucional da Produção do Direito por Estados-Membros, da Execução Fiscal Administrativa, sem depender de prévia produção normativa pela União.

Os objetivos específicos são: a) demonstrar a necessidade da Desjudicialização da Administração Pública através da Execução Fiscal Administrativa, em face da ineficiência e ineficácia da Execução Fiscal judicial; b) expor a Execução Fiscal, em seu âmbito judicial e administrativo; c) analisar o Federalismo, o sistema federativo brasileiro e as Competências constitucionais legislativas que disciplinam e delimitam os limites e possibilidades da adoção, pelos Estados-Membros, da Execução Fiscal Administrativa, sem convolar em ofensa à direitos fundamentais.

A crise de inadimplemento dos créditos públicos, notadamente o tributário, é reiteradamente demonstrada em diversas pesquisas empíricas do Conselho Nacional de Justiça (CNJ) e demais institutos, como o Instituto de Pesquisas Econômicas Aplicada (IPEA), Instituto de Ensino e Pesquisa (INSPER) e Universidade Federal do Rio Grande do Sul (UFRGS).

O inadimplemento dos créditos públicos se perpetua em razão de não se conseguir alcançar, através da Execução Fiscal judicial, resolução satisfativa do Processo, em prejuízo clarividente às receitas públicas que poderiam ser utilizadas para a correta prestação de serviços públicos essenciais.

A justificativa da obra está na busca de uma forma de tentar dar solução a tal quadro, de modo que se mostra necessário criar mecanismos e instrumentos como a Execução Fiscal Administrativa, pela qual, após o término de uma fase do Processo Administrativo Fiscal, iniciar-se-iam procedimentos executivos em busca de bens e do adimplemento da obrigação inadimplida. Foram levantados, neste cenário, fundamentos constitucionais restritivos e possibilitadores desta forma de Execução.

Para a pesquisa foram apresentados os seguintes problemas:

a) É possível a Execução Fiscal Administrativa no Brasil, contribuindo para a Desjudicialização da Administração Pública, sem ofender os direitos processuais fundamentais?

b) Os Estados-Membros, no Federalismo brasileiro, têm Competência Legislativa para produzir Direito sobre Execução Fiscal Administrativa?

O primeiro problema foi enfrentado nas Partes 1 e 2. O segundo problema, núcleo central da obra, foi contextualizado na Parte 3. Diante, portanto, do problema central apresentado, foram levantadas as seguintes hipóteses:

a) se for concluído que a Execução Fiscal Administrativa é norma de Processo, com aplicação do art. 22, I, da Constituição Federal, apenas a União poderá legislar a respeito;

    a.1) os Estados-Membros, nessa hipótese, apenas poderão legislar sobre procedimentos executivos e condicionados pela disciplina da lei federal;

b) se se concluir que a norma de Processo editada pela União pode ser genérica sobre Processo Administrativo ou sobre Processo Administrativo Fiscal – o que já existe pela Lei Federal n. 9.784, de 29 de janeiro de 1999, e pelo Decreto n. 70.235, de 6 de março de 1972 –, os Estados-Membros poderão legislar disciplinando, procedimentalmente, atos executivos no Processo Administrativo Fiscal estadual;

c) se for concluído que a Execução Fiscal Administrativa é norma de Procedimento, os Estados-Membros podem legislar a respeito, sem necessidade de uma lei federal prévia dispondo sobre o tema.

d) se for concluído que a Execução Fiscal Administrativa é norma de Processo Administrativo, em um contexto de Desjudicialização, não se aplicando o regime competencional dos arts. 22, I, e 24, XI, da Constituição Federal, os Estados-Membros podem disciplinar normativamente a forma com que o devido processo legal se exercerá para o efetivo cumprimento das próprias competências materiais, com a possibilidade de regulamentação autônoma.

A principal hipótese, portanto, a ser desenvolvida para responder especificamente ao problema central proposto, é a Competência dos Estados-Membros para produzir norma a respeito da Execução Fiscal Administrativa, o que se confirmará com a exposição das características do Federalismo brasileiro, mormente o Federalismo Processual, e a forma de repartição das Competências Legislativas preceituadas na Constituição Federal.

O ineditismo e a inovação da obra, neste cenário, não estão na perspectiva da comprovação de que a Execução Fiscal Administrativa tem autorização constitucional de ser realizada no Brasil, mas sim na demonstração de que os Estados-Membros podem legislar sobre a matéria, disciplinando o modo pelo qual os créditos tributários e demais créditos públicos podem ser executados no âmbito do próprio Processo Administrativo.

Nesse contexto, a obra está imbuída do Objetivo de Desenvolvimento Sustentável (ODS) número 16, da Organização das Nações Unidas (ONU), porquanto intenta construir instituições mais eficazes e proporcionar uma justiça sustentável economicamente.

Assim, os resultados do trabalho de exame das hipóteses estão expostos, de forma sintetizada, como segue.

Principia-se, na Parte 1, com a temática da Desjudicialização como forma de resolução de conflitos fora do âmbito jurisdicional. São apresentadas suas características, fundamentos constitucionais, causas, movimentos normativos que intentam regulamentá-la, e a própria Desjudicialização da Administração Pública.

Nesta Parte 1, as crises do Poder Judiciário, pela Judicialização, e do Poder Legislativo, pela ausência de normas ou inefetividade das existentes, são detalhadas com pesquisas empíricas que corroboram a necessidade de instrumentos normativos desjudiciais, que possam tornar a executividade dos créditos públicos minimamente eficiente. Trata-se de retirar do Poder Judiciário uma atribuição que não está sendo realizada eficazmente e uma tentativa de dar nova solução legislativa, constitucionalmente adequada e direcionada à eficientização da cobrança dos créditos públicos inadimplidos, particularmente pelo Poder Legislativo estadual.

A possibilidade constitucional de solução de conflitos pela Desjudicialização é também objeto de análise na Parte 1, em que diversas leis já vigentes, como da arbitragem, mediação, relativas às atividades dos Cartórios Extrajudiciais (inventário e partilha, divórcio e separação, usucapião, demarcação de terras, alteração de gênero e nome), execução hipotecária, alienação fiduciária em garantia, protesto de dívida ativa, transação administrativa e, ainda, projetos legislativos, são apresentados para corroborar que a Desjudicialização é uma realidade no cenário jurídico brasileiro.

Na Parte 2, a Execução Fiscal Administrativa é objeto de análise detalhada, com um prévio esboço sobre a Execução Fiscal judicial, em que se constata, mais uma vez, as mazelas de tal forma de processo executivo.

A Execução Fiscal Administrativa, antes de mais nada, é uma Ação de Direito Material consubstanciada em um Processo Administrativo, que visa o cumprimento de obrigações através do desapossamento patrimonial. Essas são as características da Execução Fiscal Administrativa.

Não se trata de uma novidade. Nesta Parte 2, vários projetos legislativos são apresentados e detalhados seus procedimentos, a demonstrar que muito embora não se tenha obtido êxito na aprovação de ao menos um projeto de lei no Brasil – por variáveis político-jurídicas-culturais –, é certo, contudo, que o tema tem ganhado espaço e amadurecimento na Câmara dos Deputados e no Senado Federal.

A Execução Fiscal Administrativa não é indene de críticas por entendimentos que a reputam inconstitucional, com lastro no direito de propriedade, na inafastabilidade do controle jurisdicional, na criação unilateral do título executivo e na parcialidade de seus julgadores.

Nada obstante, como assentado na Parte 2, afastam-se tais razões por ser a Execução Fiscal Administrativa consentânea com o texto constitucional, porquanto respeita os princípios administrativos da legalidade e impessoalidade, incide no atributo da imperatividade e autotutela administrativa, tem deferência ao devido processo legal administrativo e, assim processualizada, comprova a inexistência de reserva de jurisdição, já que oportunizado no Processo Administrativo o exercício do contraditório e da ampla defesa perante uma autoridade competente.

Na Parte 3, o Federalismo é objeto de estudo, iniciando pela sua origem e características gerais, em que se dá ênfase às diversas implicações decorrentes de tal forma de Estado e repartição de competências territoriais. São expostas sobre o Federalismo, base conceitual desta obra, as variações e características comuns, escolha, unidades constitutivas, divisão de poderes, recursos financeiros e poderes fiscais, instituições governamentais centrais, pilares legais, relações intergovernamentais, política, unidade e diversidade.

Na divisão territorial e de Competências da República Federativa do Brasil, os Estados-Membros são apresentados como entes normativos, detentores de diversas Competências Legislativas, dentre as quais a Competência Legislativa autônoma estadual para regulamentar a Execução Fiscal Administrativa.

Além da existência de um Federalismo Processual salientado nesta Parte 3, em relação às normas de Processo e normas de Procedimento, nos termos dos arts. 22, I, e 24, XI, da Constituição Federal, se defende a existência de um Federalismo Processual Administrativo, pelo qual se extrai a Tese defendida, qual seja, a Competência Legislativa dos Estados-Membros para Produção do Direito sobre Execução Fiscal Administrativa.

Referido Federalismo Processual Administrativo decorre das próprias Competências Materiais que possuem os entes federativos – notadamente para implantação de políticas públicas e cumprimento do quanto determina o direito material tributário –, que necessitam, para o seu integral cumprimento, de meios e instrumentos processuais. Há, portanto, estreita interconexão entre as Competências Legislativas e as Competências Materiais.

Mas não só. Destacada Competência Legislativa advém, igualmente, do princípio da subsidiariedade e da teoria dos poderes implícitos, que afirmam, pelo primeiro, que o exercício competencional, em um Estado Federal, deve prestigiar os entes que estão mais próximos das situações emergentes da sociedade, além de, pelo segundo, restar configurada a impositividade de se ter os meios, para se atingir os fins almejados pelas normas de Competência.

Neste cenário, o marco teórico da obra é o Federalismo Processual disposto na Constituição brasileira, tendo como um dos referenciais teóricos a Ação de Direito Material de Pontes de Miranda. Destacado marco teórico foi trabalhado na pesquisa por meio da demonstração da divisão das Competências Legislativas e Materiais dos Entes Federados, mormente a primeira, com o objetivo de comprovar a possibilidade constitucional dos Estados-Membros legislarem sobre a Execução Fiscal Administrativa.

Isto porque, no escólio de Pontes de Miranda, se a Ação de Direito Material possibilita o exercício da pretensão e da Ação fora da jurisdição, considerando a existência de um anterior direito constitucional objetivo sobre a imposição tributária e a efetivação de políticas públicas, o Federalismo Processual relacionado à Competência Legislativa dos Estados-Membros, igualmente trabalhado pelo referido autor e aqui denominado Federalismo Processual Administrativo, autoriza a conclusão de que é possível no constitucionalismo brasileiro a edição de lei sobre Execução Fiscal Administrativa pelos Entes Federados, sem depender de prévia legislação federal.

Sobre este Federalismo Processual Administrativo um esclarecimento prévio é pertinente: muito embora possa igualmente ser exercido pelos Municípios, como entes autônomos da Federação e detentores de Competências Materiais e Legislativas, como, também, das capacidades de auto-organização, autolegislação, autogoverno e autoadministração, a obra tem um direcionamento específico sobre os Estados-Membros, porquanto são tais unidades político-administrativas que constam, expressamente, nas Competências Legislativas concorrentes do art. 24 da Constituição Federal, particularmente a Competência para legislar sobre procedimentos em matéria processual, nos termos do inciso XI.

Daí que, se a obra objetiva comprovar que esta disposição constitucional, diretamente relacionada aos Estados-Membros no contexto do Federalismo brasileiro, não se aplica aos Processos Administrativos estaduais, sendo restrita ao Processo judicial, importa deixar assentado nesta Introdução este esclarecimento de que o objeto da pesquisa tem o recorte no nível estadual, nada obstante suas conclusões possam, de igual modo, serem aplicadas para se assentar o Federalismo Processual Administrativo pelos Municípios.

Quanto à Metodologia empregada, registra-se que, na fase de investigação[1] foi utilizado o método dedutivo, porquanto o problema principal foi respondido a partir da pesquisa, análise e exposição do Federalismo em seus aspectos gerais e globais, para, posteriormente, adentrar nas singularidades do sistema federativo brasileiro e, por fim, passar-se a detalhar, especialmente, as Competências Legislativas dos Estados-Membros disciplinadas na Constituição do Brasil sobre o Federalismo Processual Administrativo.

Com efeito, o método utilizado, notadamente no que concerne ao problema central proposto, é o dedutivo por se iniciar a investigação do Federalismo, como sistema de organização política-estatal, em seus aspectos amplos e abrangentes, na perspectiva de sua formação e formatação genérica no mundo, seguindo-se uma análise delimitada pelo contexto constitucional brasileiro, prosseguindo, afinal, na exposição e comprovação particularizada daquele Federalismo, direcionado, especificamente, à atribuição e repartição de Competências Legislativas dos Estados-Membros a respeito da Produção do Direito sobre a Execução Fiscal Administrativa.

Ainda sobre a metodologia, na fase de tratamento de dados adotou-se o procedimento cartesiano[2], e o relatório dos resultados expresso é composto na base lógica dedutiva.

---

1 "(...) momento no qual o Pesquisador busca e recolhe os dados, sob a moldura do Referente estabelecido (...)." PASOLD, Cesar Luiz. **Metodologia da pesquisa jurídica**: teoria e prática. 14. ed. ver., atual. e ampl. Florianópolis: Empório Modara, 2018. p. 112-113.

2 Sobre as quatro regras do Método Cartesiano (evidência, dividir, ordenar e avaliar) veja LEITE, Eduardo de Oliveira. **A monografia jurídica**. 5. ed. São Paulo: Revista dos Tribunais, 2001, p. 22-26.

Assim, os dados colhidos das pesquisas empíricas durante a investigação, além de corroborar um dos móveis da obra em relação à necessidade de melhoria da efetividade processual da execução dos créditos públicos inadimplidos, demonstram, em uma análise quantitativa, um diminuto êxito na cobrança pelo Poder Judiciário. Assim se vê pelas pesquisas anuais do Conselho Nacional de Justiça, de 2004 a 2022, e nas pesquisas de instituições como UFRGS, de 2010/2011, do IPEA, de 2013, e do INSPER, de 2022.

No aspecto qualitativo, os dados das referidas pesquisas evidenciam a morosidade da tramitação do processo judicial, a irracionalidade da duplicidade de instâncias processantes – a administrativa e a judicial –, além do reflexo tíbio no ingresso de valores para a concretização das políticas públicas que carece o Estado brasileiro.

Ou seja, a evolução histórica das pesquisas realizadas no Brasil e dos dados nelas tratados, sobre a efetividade processual e econômica da Execução Fiscal judicial, não deixam dúvidas que se mostra imperativa a adoção de outros instrumentos processuais que possam, ao menos, ter um êxito acima da atual realidade.

PARTE 1

DESJUDICIALIZAÇÃO

Capítulo 1

CARACTERÍSTICAS

Objeto de diversas pesquisas acadêmicas, a Desjudicialização caracteriza uma forma de solução de controvérsias sem a participação do Estado-Juiz. É a contraposição, no sentido de local da tramitação processual, à Judicialização.

Muito embora na Desjudicialização os instrumentos e métodos de pacificação sejam realizados em ambientes não jurisdicionais, recebem, contudo, a segurança jurídica e a força executiva estatal necessárias para que as decisões e atos jurídicos proferidos desjudicializadamente sejam efetivamente cumpridos. Há quem defenda, inclusive, que a "desjudicialização não perde a natureza de intervenção estatal – há, apenas, uma materialização estruturada de forma diversa do processo judicial"[1].

Nesse contexto, a Desjudicialização tem ganhado espaço no cenário jurídico nacional, sendo exemplos a decisão arbitral, a mediação extrajudicial, a execução de contratos civis, como de alienação fiduciária em garantia e de cédula imobiliária hipotecária, e diversos atos e procedimentos realizados no âmbito das Serventias Extrajudiciais, tais como o protesto extrajudicial de certidões de dívida ativa, a demarcação e divisão de terras, a separação, o divórcio, o inventário e a partilha extrajudiciais[2], a usucapião administrativa[3] e a alteração de direitos próprios da personalidade, como o nome e o gênero[4].

---

1. PINHO, Humberto Dalla Bernardina de; PORTO, José Roberto Sotero de Mello. A desjudicialização enquanto ferramenta de acesso à justiça no CPC/2015: a nova figura da usucapião por escritura pública, *In*, **Revista Eletrônica de Direito Processual**, vol. 17, n. 2, jul./dez. 2016, p. 5. Disponível em: https://www.e-publicacoes.uerj.br/index.php/redp/article/view/26605 . Acesso em 1 fev. 2023.
2. O inventário e a partilha extrajudiciais, além do divórcio e separação extrajudiciais, foram primeiramente disciplinados pela Lei n. 11.441, de 4 de janeiro de 2007. Posteriormente o CNJ editou a Resolução n. 35, de 24 de abril de 2007.
3. Conforme inclusão do art. 216-A à Lei n. 6.015, de 31 de dezembro de 1973, pelo Código de Processo Civil de 2015. O CNJ, através do Provimento n. 65, de 14 de dezembro de 2017, estabeleceu diretrizes para o procedimento da usucapião extrajudicial nos serviços notariais e de registro de imóveis.
4. O Provimento do CNJ n. 73, de 28 de junho de 2018, dispõe sobre a averbação da alteração do prenome e do gênero nos assentos de nascimento e casamento de pessoa transgênero no Registro Civil de Pessoas Naturais.

Em um cenário mais amplo, inclui-se a Desjudicialização dentro dos denominados meios alternativos de resolução de litígios ou ADR (*Alternative Dispute Resolution*)[5], caracterizado por diversas formas de resolução das controvérsias em vários setores da sociedade e do Estado, podendo-se incluir a negociação, a mediação, a conciliação, a transação e a arbitragem, todos contrapostos ou limitativos ao sistema jurisdicional.

Contrapostos porque objetivam dar resolutividade às demandas sem postular perante o Poder Judiciário. Limitativos porque, mesmo que estejam sendo tratados pela jurisdição, a solução engendrada não fica na dependência da imposição de uma decisão judicial, mas é construída e resolvida pelas próprias partes.

A Desjudicialização igualmente tem ganhado espaço na própria formação dos acadêmicos do curso de Direito, notadamente em Centros de Práticas Jurídicas, que tem como missão "to increase access to justice, assist in the dejudicialization process, and through its conciliation projects, seek the resolution of conflicts through alternative resolution methods"[6].

João Pedroso, autor português que pesquisa a ADR, salienta as múltiplas formas que podem ter, sejam estatais ou criadas por atores sociais. Enfatiza ainda:

> É, assim, constituído por meios informais ou formais não judiciais de resolução de litígios e tem uma matriz comum, mas um caminho cheio de diferenças e bastante plural. São bastante diferenciados quanto aos litígios que podem resolver (dos comerciais, passando pelos familiares, aos de consumo), quanto às formas da sua composição (da negociação assistida à heterocomposição), aos seus promotores (mercado, Estado, comunidade e parceria), ao espaço de intervenção (transnacional, estadual e local), ou à importância do discurso[7].

---

5. Sobre a terminologia é oportuno destacar: "A literatura especializada adota, em geral, as seguintes nomenclaturas para designar os meios 'alternativos': no Brasil, MASC – Meios Alternativos de Resolução de Conflitos; MESC – Meios Extrajudiciais de Resolução de Controvérsias, RAD – Resolução Apropriada de Disputas; nos Estados Unidos da América e Inglaterra, como visto, ADR – *Alternative Dispute Resolution*; em países na América Latina, RAD – *Resoluciones Alternativas de Disputas*; e, na França, MARC – *Modes Alternatifs de Règlement des Conflits*" (PANTOJA, Fernanda Medina; ALMEIDA, Rafael Alves de. Os métodos "alternativos" de solução de conflitos (ADRS), *In*, **Mediação de Conflitos**: para iniciantes, praticantes e docentes, coords. Tania Almeida, Samantha Pelajo e Eva Jonathan, Salvador: Editora Juspodivm, 2016, p. 58).
6. KLAUS, Claudio A.; PIFFER, Carla; HÜLSE, Levi. Center for Legal Practices as Instruments for Access to Justice in Southern Brazil, *In*, **IUC Working Papers Series**, Inter-University Centre Dubrovnik, Croatia, v. 8, 2023, p. 11. Disponível em: https://doi.org/10.53099/ntkd4310. Acesso em 23 ago. 2023.
7. PEDROSO, João. Percurso(s) da(s) reforma(s) da administração da justiça – uma nova relação entre o judicial e o não judicial, *In*, **Revista Direito e Democracia**, v. 4, n. 1, Canoas, 1º sem. 2003, p. 72 (p. 47-89).

Dentro desse panorama de meios alternativos de resolução de conflitos ganhou notoriedade o uso do termo "Justiça Multiportas" (*multi-door courthouse*), expressão "cunhada pelo Professor Frank Sander, na célebre Pound Conference, realizada em 1976 nos Estados Unidos"[8].

Frank Sander, em entrevista publicada no Brasil, ao ser indagado sobre o nome original de sua tese, explicou a origem do termo, de oportuno registro:

> Frank Sander – Sim. Após aquela palestra na Pound Conference, no verão de 1976, uma das revistas da ABA [American Bar Association – Ordem dos Advogados dos Estados Unidos] publicou um artigo sobre essa conversa. Na capa da revista, uma grande quantidade de portas, representando o que chamaram de Tribunal Multiportas. Eu tinha dado um nome bem mais acadêmico: "centro abrangente de justiça", mas muitas vezes o rótulo que se dá a uma ideia depende mais da divulgação e da popularidade dessa ideia. Assim, devo à ABA esse nome de fácil assimilação: Tribunal Multiportas. Agora, gostaria de dar uma breve explicação sobre o conceito, seja qual for o nome dado. A ideia inicial é examinar as diferentes formas de resolução de conflitos: mediação, arbitragem, negociação e "med-arb" (combinação de mediação e arbitragem). Procurei observar cada um dos diferentes processos, para ver se poderíamos encontrar algum tipo de taxonomia para aplicar aos conflitos, e que portas seriam adequadas a quais conflitos. Venho trabalhando nessa questão desde 1976, porque na verdade o Tribunal Multiportas é uma simples ideia, cuja execução não é simples, porque decidir que casos devem ir para qual porta não é uma tarefa simples. É nisso que temos trabalhado[9].

Veja-se que o conceito de Tribunal Multiportas tem quase 50 anos desde que foi idealizado e, muito embora tenha ocorrido na última década uma grande ampliação de sua aplicação, no que concerne aos litígios que envolvem a Administração Pública – notadamente a Execução Fiscal – muito pouco foi efetivamente pesquisado[10] e colocado em prática, apesar de alterações, por

---

8. HILL, Flávia Pereira. Desjudicialização e Acesso à Justiça além dos Tribunais: pela concepção de um devido processo legal extrajudicial, *In*, **Revista Eletrônica de Direito Processual – REDP**, Rio de Janeiro. Ano 15. Volume 22. Número 1. Janeiro a Abril de 2021, p. 381-382. Disponível em: https://www.e-publicacoes.uerj.br/index.php/redp/article/view/56701. Acesso em 1 fev. 2023.
9. SANDER, Frank. Diálogo entre os professores Frank Sander e Mariana Hernandez Crespo: explorando a evolução do Tribunal Multiportas, *In*, **Tribunal Multiportas**: Investindo no capital social para maximizar o sistema de solução de conflitos no Brasil, Orgs. Rafael Alves de Almeida, Tania Almeida, Mariana Hernandez Crespo, Rio de Janeiro: Editora FGV, 2012, p. 32.
10. Exemplo de pesquisa acadêmica direcionada especificamente ao tema do Tribunal Multiportas no direito público se vê em MACHADO, Carlos Henrique, **Modelo multiportas no direito tributário**, Porto Alegre: Editora Livraria do Advogado, 2021. Coletânea de artigos que igualmente tratou do tema: NOLASCO, Rita Dias; ÁVILA, Henrique; WATANABE, Kazuo;

exemplo, na Lei da Arbitragem para se possibilitar a participação de entes públicos e a conciliação, que sempre fica na dependência de leis autorizativas de cada unidade federativa para sua concretização.

Não se pode perder de vista, em contrapartida, que a ADR não é a *panaceia* para os problemas da Judicialização, mas um relevante instrumento e complemento para resolução de conflitos na sociedade e no Estado, que devem ser manejados de acordo com a natureza das partes e das controvérsias[11].

Voltando particularmente à Desjudicialização, a doutrina descreve essa categoria tendo como ponto central a resolução de controvérsias sem a intervenção obrigatória do Poder Judiciário. À guisa de exemplos é pertinente colacionar as seguintes definições:

> A desjudicialização consiste no fenômeno segundo o qual litígios ou atos da vida civil que tradicionalmente dependeriam necessariamente da intervenção judicial para a sua solução passam a poder ser realizados perante agentes externos ao Poder Judiciário, que não fazem parte de seu quadro de servidores. Trata-se, em suma, da consecução do acesso à justiça fora do Poder Judiciário, ou seja, do acesso à justiça extra muros[12].
>
> O conceito de desjudicialização, por seu turno, é concebido no quadro do direito estadual e do sistema judicial como resposta à incapacidade de resposta dos tribunais à procura (aumento de pendências), ao excesso de formalismo, ao custo, à "irrazoável" duração dos processos e ao difícil acesso à justiça. Os processos de desjudicialização têm consistido essencialmente, por um lado, na simplificação processual, recurso dos tribunais dentro do processo judicial a meios informais e a "não-juristas" para a resolução de alguns litígios. Por outro lado, desenvolve-se através da transferência da competência da resolução de um litígio do tribunal para instâncias não judiciais ou para

---

CABRAL, Trícia Navarro Xavier. **Desjudicialização, justiça conciliativa e poder público** [livro eletrônico] / coordenação Rita Dias Nolasco...[et al.]. - - 1. ed. -- São Paulo: Thomson Reuters Brasil, 2020.

11. A propósito: "Assim, é possível afirmar que o processo judicial mostra-se mais eficaz para decidir questões que envolvam direitos indisponíveis, ou para resolver litígios em que haja desequilíbrio de poder entre as partes; a arbitragem de um especialista pode ser o método ideal para responder a questões de especificidade técnica; a conciliação no curso do processo revela-se a mais indicada para dirimir conflitos derivados de uma relação descartável; e a mediação é capaz de lidar eficientemente com matérias de cunho subjetivo e com relações que se prolonguem no tempo" (PANTOJA, Fernanda Medina; ALMEIDA, Rafael Alves de. Os métodos "alternativos" de solução de conflitos (ADRS), *In*, **Mediação de Conflitos**: para iniciantes, praticantes e docentes, coords. Tania Almeida, Samantha Pelajo e Eva Jonathan, Salvador: Editora Juspodivm, 2016, p. 61).

12. HILL, Flávia Pereira. Desjudicialização e Acesso à Justiça além dos Tribunais: pela concepção de um devido processo legal extrajudicial, *In*, **Revista Eletrônica de Direito Processual – REDP**, Rio de Janeiro. Ano 15. Volume 22. Número 1. Janeiro a Abril de 2021, p. 383.

o âmbito de acção das "velhas" ou "novas" profissões jurídicas, ou mesmo das novas profissões de gestão e de resolução de conflitos[13].

João Pedroso cataloga o que denomina de "processos de desjudicialização". O primeiro, relativo à simplificação do processo legal e a utilização de meios e recursos informais no próprio processo judicial. O segundo concerne ao conflito não ser mais judicializável, por efeito da deslegalização, despenalização ou descriminalização, ou seja, certos conflitos passam a não ter relevância para o Direito. Um terceiro processo se refere à transferência de competência para a resolução do litígio, passando da esfera judicial para administrativa, privada ou híbrida. Em quarto lugar o processo de Desjudicialização se caracteriza pela transformação acelerada das profissões jurídicas, seja pela criação de novas, em que cita o exemplo dos mediadores familiares, seja pela reconstrução de velhas profissões, em que cita o exemplo de notários e conservadores do registo civil, com novas competências de gestão e resolução de litígios. Por fim, em um quinto processo o autor lusitano destaca a regulação de litígios por prevenção através da divulgação de informação jurídica por autoridades administrativas ou instâncias da sociedade. Sintetiza, assim, os "processos de desjudicialização":

> Os processos de desjudicialização são, no entanto, de natureza diversa, mais ou menos amplos, incluem mais ou menos recurso a meios não judiciais de resolução de litígios em função da cultura jurídica e judiciária, do desenvolvimento económico e social e do empenhamento político na reforma da administração da justiça em cada uma das sociedades em que se estejam a desenvolver[14].

Além de leis que amparam meios e instrumentos normativos de Desjudicialização, se vislumbram, de igual modo, condutas de instituições públicas direcionadas à minoração da Judicialização e maximização da resolução de conflitos em ambiente não jurisdicional, no sentido de uma política pública de pacificação social. A respeito, vale referir a atuação do Conselho Nacional de Justiça na institucionalização de programa denominado Política Judiciária do Tratamento Adequado dos Conflitos de Interesses[15].

---

13. PEDROSO, João. Percurso(s) da(s) reforma(s) da administração da justiça – uma nova relação entre o judicial e o não judicial, *In*, **Revista Direito e Democracia**, v. 4, n. 1, Canoas, 1º sem. 2003, p. 19.
14. PEDROSO, João. Percurso(s) da(s) reforma(s) da administração da justiça – uma nova relação entre o judicial e o não judicial, *In*, **Revista Direito e Democracia**, v. 4, n. 1, Canoas, 1º sem. 2003, p. 28-29.
15. "A Política de Tratamento Adequado dos Conflitos de Interesses, consubstanciada na Resolução CNJ nº 125/2010, foi instituída ao impulso do Movimento pela Conciliação, lançado em 2006.

Veja-se que a Desjudicialização pode também ser analisada como uma forma de retirar os conflitos que já estão judicializados, minorando o tempo de sua tramitação por solução organizada, para o fim de diminuir o número de processos e dar resolutividade tempestiva às controvérsias. Nesse cenário sobreleva mencionar, dentro da referida Política Judiciária do Tratamento Adequado dos Conflitos de Interesses do Conselho Nacional de Justiça, alguns programas temáticos como o "Resolve Poupança – Planos Econômicos", "Resolve – Métodos consensuais eletrônicos", "Resolve Previdenciário" e Resolve Execução Fiscal – Automação e Governança" [16], além de outros, como a "Estratégia Nacional Integrada para Desjudicialização da Previdência Social"[17].

A partir de então, separa-se no calendário forense período em que os órgãos do Judiciário estimulam os jurisdicionados à utilização dos métodos autocompositivos, por meio de uma pauta concentrada de audiências, em evento denominado Semana Nacional de Conciliação. A Resolução CNJ nº 125/2010 constituiu-se em importantíssimo passo rumo à consolidação da política da consensualidade no Brasil. Algumas das regras atualmente postas na legislação ordinária foram originariamente previstas na referida resolução, a qual, desde a redação originária, firma-se nos seguintes eixos: estruturação orgânica para o desenvolvimento da política nos tribunais (núcleos permanentes de métodos consensuais de solução de conflitos e centros judiciários de solução de conflitos e cidadania), capacitação de mediadores e conciliadores e acompanhamento estatístico para diagnóstico". (TOFFOLI, José Antonio Dias; PERES, Lívia Cristina Marques. Desjudicialização conforme a constituição e tratamento adequado dos conflitos de interesse, *In*, NOLASCO, Rita Dias; ÁVILA, Henrique; WATANABE, Kazuo; CABRAL, Trícia Navarro Xavier. **Desjudicialização, justiça conciliativa e poder público** [livro eletrônico] / coordenação Rita Dias Nolasco...[et al.]. -- 1. ed. -- São Paulo: Thomson Reuters Brasil, 2020, p. RB 1.3.)

16. TOFFOLI, José Antonio Dias; PERES, Lívia Cristina Marques. Desjudicialização conforme a constituição e tratamento adequado dos conflitos de interesse, *In*, NOLASCO, Rita Dias; ÁVILA, Henrique; WATANABE, Kazuo; CABRAL, Trícia Navarro Xavier. **Desjudicialização, justiça conciliativa e poder público** [livro eletrônico] / coordenação Rita Dias Nolasco...[et al.]. -- 1. ed. -- São Paulo: Thomson Reuters Brasil, 2020, p. RB 1.4.

17. "É digna de nota a Estratégia Nacional Integrada para Desjudicialização da Previdência Social, oriunda de acordo celebrado, em 20/8/2019, entre o CNJ, o Conselho da Justiça Federal (CJF), o Ministério da Economia, a AGU, a Defensoria Pública da União (DPU) e o INSS. A estratégia tem como propósito: i) promover o diálogo interinstitucional para a identificação de potenciais conflitos e de causas de litigiosidade em matéria previdenciária; e ii) implementar medidas de prevenção dos litígios, de fomento à resolução consensual das controvérsias e de otimização do processamento das ações previdenciárias" (TOFFOLI, José Antonio Dias; PERES, Lívia Cristina Marques. Desjudicialização conforme a constituição e tratamento adequado dos conflitos de interesse, *In*, NOLASCO, Rita Dias; ÁVILA, Henrique; WATANABE, Kazuo; CABRAL, Trícia Navarro Xavier. **Desjudicialização, justiça conciliativa e poder público** [livro eletrônico] / coordenação Rita Dias Nolasco...[et al.]. -- 1. ed. -- São Paulo: Thomson Reuters Brasil, 2020, p. RB 1.2).

As "metas" definidas pelo Conselho Nacional de Justiça igualmente tem o desiderato de desjudicializar os conflitos, acelerando os julgamentos[18]. Nesse sentido:

> As Metas Nacionais do Poder Judiciário representam o compromisso dos tribunais brasileiros com o aperfeiçoamento da prestação jurisdicional, buscando proporcionar à sociedade serviço mais célere, com maior eficiência e qualidade. As Metas Nacionais foram traçadas pela primeira vez em 2009, resultantes de acordo firmado entre os presidentes dos tribunais para o aperfeiçoamento da Justiça brasileira. O grande destaque foi a Meta 2, que teve por objetivo a identificação e o julgamento dos processos judiciais mais antigos, distribuídos aos magistrados até 31.12.2005. Com a Meta 2, o Poder Judiciário buscou estabelecer a duração razoável do processo na Justiça. Foi o começo de uma luta que contagiou o Poder Judiciário do País a acabar com o estoque de processos causadores de altas taxas de congestionamento nos tribunais[19].

Relativo às metas do CNJ Clovis Demarchi, analisando-as na sua correspondência com a Constituição Federal em relação ao equilíbrio entre temporalidade e processo, concluiu que, não obstante seja necessária uma melhor estruturação humana e material do Poder Judiciário para o seu completo cumprimento, as metas do CNJ são consonantes com os princípios da razoável duração do processo e da eficiência[20].

18. "Em 2020, as metas contemplavam os seguintes temas: (i) a produtividade; (ii) a celeridade na prestação jurisdicional; (iii) o estímulo à conciliação; (iv) a priorização no julgamento das causas relacionadas à improbidade administrativa, aos crimes contra a Administração Pública e aos ilícitos eleitorais; (v) o impulso aos processos na fase de cumprimento de sentença e execução não fiscal e de execução fiscal; (vi) as ações coletivas; (vii) o julgamento de processos dos maiores litigantes e dos recursos repetitivos; (viii) a priorização no julgamento de processos relacionados ao feminicídio e à violência doméstica e familiar contra as mulheres; (ix) a integração da Agenda 2030 ao Poder Judiciário; (x) a promoção da saúde de magistrados e servidores; (xi) a promoção dos direitos da criança e do adolescente; e (xii) o impulso dos processos relacionados com obras públicas paralisadas" (BRASIL. Conselho Nacional de Justiça. **Relatório Metas Nacionais do Poder Judiciário 2020**, maio/2021, p. 5. Disponível em: https://www.cnj.jus.br/wp-content/uploads/2021/06/Relat%C3%B3rio-de-Metas-Nacionais-2020-v.f.pdf . Acesso em 3 mai. 2022).
19. Disponível em: https://www.cnj.jus.br/gestao-e-planejamento/metas/sobre-as-metas/. Acesso em 3 mai. 2022.
20. DEMARCHI, Clovis. As metas do CNJ: controle e parâmetro para o prazo razoável do processo e o princípio da eficiência, *In*, **Revista Eletrônica Direito e Política**, Programa de Pós-Graduação *Stricto Sensu* em Ciência Jurídica da UNIVALI, Itajaí, v. 6, n. 2, 2º quadrimestre de 2011, p. 708. Disponível em: https://periodicos.univali.br/index.php/rdp/article/view/6071/3338. Acesso em 31 jan. 2023.

Pode-se afirmar que na Desjudicialização a pretensão da parte é exercida pelo que se denomina de Ação de Direito Material[21]. Vale dizer, a Ação pela qual se postula pela aplicação do direito se realiza sem que se exerça o Direito de Ação Processual, consoante será detalhado em tópico específico.

A Desjudicialização, assim, caracteriza-se por ser uma forma de solução de controvérsias que se realiza fora de um processo judicial, em um *locus* em que o Poder Judiciário não participa, nem é chamado a decidir. Quando muito, pode tal Poder atestar e/ou homologar a solução extrajudicial já definida pelas partes. Com efeito, a Desjudicialização pode ser realizada sem qualquer atuação jurisdicional, durante ou após um processo judicial.

Sem processo judicial pode ser referido, como situação de maior possibilidade, os procedimentos da arbitragem, a mediação e conciliação extrajudiciais, o cumprimento voluntário de cláusulas contratuais, atos jurídicos realizados por Serventias Extrajudiciais e o cumprimento de contratos pelo sistema financeiro.

Durante a tramitação de um processo judicial a controvérsia pode ser suspensa nesta sede, iniciada e concluída de maneira desjudicial e, para finalizar a demanda no Poder Judiciário, ser objeto de homologação do acordo então celebrado ou, até mesmo, extinção do processo judicial em razão da superveniente falta de interesse processual de se postular em juízo o que já foi solucionado fora dele.

Após a finalização de um processo judicial, com seu trânsito em julgado, o cumprimento das diversas obrigações impostas pela Jurisdição (obrigações de pagar, de dar, de fazer e de não fazer), naturalmente pode se dar espontaneamente pelas partes, sem a necessidade de se utilizar dos procedimentos executivos de Cumprimento de Sentença disciplinados no Código de Processo Civil.

Por fim, há situações em que, não obstante a Desjudicialização tenha sido utilizada, se faz necessária a atuação do Poder Judiciário para a certificação estatal do quanto estabelecido pelas partes. Exemplos disso são alguns procedimentos de homologação judicial de Jurisdição Voluntária estabelecidas no Código de Processo Civil: Notificação e Interpelação, Divórcio e Separação Consensuais, Extinção Consensual de União Estável e Alteração do Regime de Bens do Matrimônio, Testamentos e Codicilos, além do Acordo de Não Persecução Civil, disciplinado na Lei de Improbidade Administrativa.

---

21. OLIVEIRA, Weber Luiz de. Ação de direito material e execução fiscal administrativa no contexto da desjudicialização: (im)possibilidades constitucionais, *In*, **Revista Eletrônica Direito e Política**, Programa de Pós-Graduação *Stricto Sensu* em Ciência Jurídica da UNIVALI, Itajaí, v. 15, n. 2, 2º quadrimestre de 2020. Disponível em: https://periodicos.univali.br/index.php/rdp/article/view/16867/9582. Acesso em 31 dez. 2022.

Capítulo 2
FUNDAMENTOS CONSTITUCIONAIS

A Desjudicialização é visualizada no texto constitucional em diversas passagens que denotam a preocupação do legislador constituinte com métodos ou formas de solução de conflitos não judiciais.

De início, no próprio Preâmbulo há referência a "solução pacífica dos conflitos"[1] e, conquanto o Preâmbulo não integre o texto constitucional, não tendo, portanto, natureza normativa-constitucional, é uma diretriz hermenêutica a balizar a forma com que as normas constitucionais relacionadas aos conflitos e sua solução devem ser interpretadas[2].

O art. 3º da Constituição Federal estabelece, dentre os objetivos fundamentais da República Federativa do Brasil, "construir uma sociedade livre, justa e solidária". José Afonso da Silva, um dos comentadores clássicos da Constituição brasileira é oportuno:

> "Construir", aí, tem sentido contextual preciso. Reconhece que a sociedade existente no momento da elaboração constitucional não era livre, nem justa, nem solidária. Portanto, é signo linguístico que impõe ao Estado a tarefa de construir não a sociedade – porque esta já existia –, mas a liberdade, a justiça e a solidariedade a ela referidas. Ou seja: o que a Constituição quer, com esse objetivo fundamental, é que a República Federativa do Brasil construa uma ordem de homens livres, em que a justiça distributiva e retributiva seja um fator de dignificação da pessoa e em que o sentimento de responsabilidade e

---

1. Esse o texto integral do Preâmbulo da Constituição Federal: "Nós, representantes do povo brasileiro, reunidos em Assembléia Nacional Constituinte para instituir um Estado Democrático, destinado a assegurar o exercício dos direitos sociais e individuais, a liberdade, a segurança, o bem-estar, o desenvolvimento, a igualdade e a justiça como valores supremos de uma sociedade fraterna, pluralista e sem preconceitos, fundada na harmonia social e comprometida, na ordem interna e internacional, com a solução pacífica das controvérsias, promulgamos, sob a proteção de Deus, a seguinte CONSTITUIÇÃO DA REPÚBLICA FEDERATIVA DO BRASIL".
2. Nesse sentido: "Não se pode recusar ao Preâmbulo um relevante papel, todavia, no âmbito da interpretação e aplicação do direito constitucional. Ao desvendar as linhas estruturantes da Constituição, os objetivos que movem a sua concepção, o Preâmbulo se torna de préstimo singular para a descoberta do conteúdo dos direitos inscritos na Carta e para que se descortinam as finalidades dos institutos e instituições a que ela se refere; orienta, enfim, os afazeres hermenêuticos do constitucionalista" (MENDES, Gilmar Ferreira; GONET BRANCO, Paulo Gustavo. **Curso de direito constitucional**, 10ª ed., 2015, p. 78).

apoio recíprocos solidifique a ideia de comunidade fundada no bem comum. Surge aí o signo do Estado Democrático de Direito, voltado à realização da justiça social, tanto quanto a fórmula liberdade, igualdade e fraternidade o fora no Estado Liberal proveniente da Revolução Francesa[3].

Sociedade livre é princípio que se aplica à Desjudicialização, porquanto tem a liberdade como valor superior que ampara e subsidia a atuação das pessoas na resolução independente de seus conflitos. Sociedade justa, de igual modo, se atrela ao conceito de "justiça", particularmente justiça social e, nesse contexto, se pode aplicar o quanto é exposto por John Rawls, sobre o principal objeto da justiça, que é "a estrutura básica da sociedade, ou, mais precisamente, o modo como as principais instituições sociais distribuem os direitos e os deveres fundamentais e determinam a divisão de vantagens decorrentes da cooperação social"[4], que é o que a Desjudicialização propõe, uma institucionalização de uma solução não judicial dos direitos e deveres de pessoas com interesses contrapostos. E, por fim, sociedade solidária tem interligação direta com a Desjudicialização, na medida em que "a solidariedade passa a compor de modo claro a matriz ideológico-política, normativa e econômica do Estado brasileiro, determinando os parâmetros para a realização da justiça em suas mais variadas facetas"[5].

---

3. SILVA, José Afonso da. **Comentário contextual à Constituição**, 9ª ed., São Paulo: Editora Malheiros, 2014, p. 48.
4. RAWLS, John. **Uma teoria de justiça**, 3ª ed., São Paulo: Editora Martins Fontes, 2008, p. 8. Apesar da categoria "Justiça" ser um conceito dos mais tormentosos na teoria política e jurídica, como exposto por Amartya Sen (**The idea of justice**, The Belknap Press of Harvard University Press, Cambridge, Massachusetts, 2009), o conceito *"justiça como equidade"* de Rawls serve de fundamento para contextualizar que a Desjudicialização faz parte do ideal de uma Sociedade justa, desde que exista igualdade entre os contentores e voluntariedade na busca de solução: "...uma sociedade justa que satisfaça os princípios da justiça como equidade aproxima-se tanto quanto possível de ser um sistema voluntário, pois obedece aos princípios com os quais pessoas livres e iguais concordariam em circunstâncias equitativas. Nesse sentido, seus membros são autônomos e as obrigações que reconhecem são auto-assumidas" (RAWLS, John. **Uma teoria de justiça**, 3ª ed., São Paulo: Editora Martins Fontes, 2008, p. 16).
5. DE ARAÚJO, Jailton Macena. Ensaio sobre o valor solidariedade: proposta teórico-hermenêutica para superação do paradigma econômico neoliberal, *In*, **Revista Novos Estudos Jurídicos**, Itajaí (SC), v. 25, n. 2, 2020, p. 444. Disponível em: https://periodicos.univali.br/index.php/nej/article/view/16914 . Acesso em: 31 jan. 2023. A respeito da categoria Solidariedade colhe-se do texto de Jorge Renato dos Reis e Letícia Regina Konrad: "O conceito de solidariedade é muito amplo. Entretanto, para facilitar o entendimento, pode-se dividi-lo sob alguns enfoques, quais sejam: valor moral, valor ético e valor jurídico. Sob o aspecto moral, a solidariedade é entendida como generosidade, bondade e compaixão, intimamente ligada à ideia de caridade proveniente do cristianismo. Na perspectiva ética, o sentido encontra-se conectado à solidariedade filosófica, ou seja, a partir da cooperação com o outro, como dever se responsabilidade para com o outro sob uma perspectiva de alteridade. Já como valor jurídico-social, pretende reunir as pessoas sob uma perspectiva do bem comum, dizendo respeito a todas as partes de um

Ou seja, esse "construir" aludido pelo texto constitucional, no que se refere à Desjudicialização da Execução, seja civil ou administrativa, ainda está sendo edificado no ordenamento jurídico brasileiro. A presente pesquisa é um "tijolo" adicional na edificação normativa nacional.

Seguindo nos fundamentos constitucionais, ao estabelecer o direito de petição[6] no art. 5º, XXXIV, alínea 'a', a Constituição Federal estabelece importante instrumento de Desjudicialização relativo à desnecessidade de se amparar no Poder Judiciário para "defesa de direitos ou contra ilegalidade ou abuso de poder". Vale dizer, os Poderes Públicos são desde logo impelidos, diante do direito de petição a todos assegurados, a dar a resposta adequada, mesmo que, posteriormente, diante de tal pronunciamento, seja judicializado o conflito então objeto daquele direito de petição, seja sobre a questão fática-jurídica de mérito, ou a própria obtenção de resposta pelos Poderes Públicos, com o manejo da ação constitucional do *habeas data*.

O princípio do juiz natural, preconizado no art. 5º, LIII, do texto constitucional, não deve ser lido apenas com o direcionamento para a "autoridade" *judicial*, mas, textualmente, em relação à "autoridade *competente*". Ou seja, é direito fundamental ser "processado" não somente perante o Poder Judiciário, como também perante outros Poderes, decorrência e inter-relação

---

todo social. No presente artigo, foca-se a solidariedade como um valor. O princípio da solidariedade orienta o direito num sentido propriamente de valor, revelando que o reconhecimento da dignidade humana é uma forma de preservação da vida e da liberdade com igualdade e que, preceitos como justiça, ética e valor da pessoa humana constituem a base fundamental para que o direito seja efetivamente um fator de transformação social. A solidariedade visa a um direito ético e justo, direcionado para o bem comum, assim, afirma-se como um novo paradigma cuja sociedade civil interage para a evolução da humanidade e o direito por sua vez capacita-se para regular as ações individuais em benefício de um social difuso" (DOS REIS, Jorge Renato; KONRAD, Letícia Regina. O direito fundamental à solidariedade: a aplicação do instituto no direito civil, *In*, **Revista Novos Estudos Jurídicos**, Itajaí (SC), v. 20, n. 1, 2015, p. 79. Disponível em: https://periodicos.univali.br/index.php/nej/article/view/7195 . Acesso em: 31 jan. 2023).

6. O direito de petição é originário e consolida-se, historicamente, em razão das "accumulates lessons of the Magna Charta, the Petition of 1628, and the Declaration of Rights of 1689" (PLEASANTS III, Samuel A. The Bill of Rights, Columbus, Ohio: Charles E. Merril Books, Inc., 1966, p. 9). A doutrina clássica francesa de Leon Duguit assim expõe o direito de petição: "C'est droit qui appartient à l'individu d'adresser aux organes ou agents publics un écrit où il expose des opinions, des demandes ou des plaintes. Le droit de pétition est une forme de la liberté d'opinion. Chacun est libre d'exposer ses opinions, de les faire connaître au public au public et aussi, par conséquente, aux représentants de l'autorité. Le droit de pétittion est de plus une conséquence de la liberté individuelle en général et de sa garantie, la sûreté: chacun a le droit de ne pas être victime d'un acte arbitraire de la part des agents de l'autorité et de formuler une plainte ou une réclamation contre un pareil acte" (DUGUIT, Jean. **Traité de Droit Constitutionnel**: Las Libertés Publiques, Tome Cinquième et Dernier, Deuxième Édition, Paris: Ancienne Librairie Fontemoing & Cie., Éditeurs, 1925, p. 440).

que se tem com o direito de petição. Esta interpretação sobre o denominado princípio do juiz natural comprova, mais uma vez, a inexistência do monopólio da Jurisdição[7].

Note-se que o inciso LIII do art. 5º aduz genericamente sobre "autoridade competente" e, o inciso LXI do mesmo dispositivo, quando preceitua sobre requisitos da prisão, se refere à "autoridade judiciária competente", destacando, expressamente, uma diferenciação de "autoridades" que merece, de igual modo, uma hermenêutica diferenciada. Tal entendimento é corroborado quando se analisa o inciso LV do referido art. 5º, que estabelece os princípios do contraditório e da ampla defesa, destacando, expressamente, que são assegurados em "processo judicial ou administrativo".

Em outras palavras, quando o legislador constituinte escolheu a autoridade judiciária para processamento é porque valorou o bem jurídico a ser tutelado, no caso específico do inciso LXI se trata da liberdade; e, quando o bem jurídico processualizado não tem o mesmo nível e força judicial de proteção, o legislador constituinte escolheu como autoridade a "competente".

E qual é essa "autoridade competente"?

É justamente aquela devida e previamente estabelecida pela lei processual, seja do processo judicial, seja do processo administrativo. Essa é uma das razões pelas quais se busca demonstrar nesta obra a possibilidade constitucional de lei estadual disciplinar a Execução Fiscal Administrativa.

Assim também é o princípio do devido processo legal, que estatui no art. 5º, LIV, que "ninguém será privado da liberdade ou de seus bens sem o devido processo legal". Não se deduz que o devido processo legal é apenas judicial. A perda da liberdade, essa sim, é somente possível desde que processada perante autoridade judiciária, conforme impõe o inciso LXI, à exceção dos militares[8]. Já a privação dos bens pode se dar e é autorizado constitucionalmente também em um julgamento não judicial[9]. Esse aspecto será melhor detalhado em tópico específico.

---

7. Diferentemente entende José Afonso da Silva, para quem tal regra "está intimamente vinculada ao princípio do monopólio da jurisdição (inciso XXXV) e à regra que veda juízo ou tribunal de exceção (inciso XXXVI), porque 'autoridade competente' significa 'autoridade do Poder Judiciário', autoridade investida de poder jurisdicional (v. também inciso LXI) (SILVA, José Afonso da. **Comentário contextual à Constituição**, 9ª ed., São Paulo: Editora Malheiros, 2014, p. 156).
8. O próprio inciso LXI do art. 5º, da Constituição Federal, excepciona a autoridade judicial "nos casos de transgressão militar ou crime propriamente militar, definidos em lei".
9. Por exemplo, a desapropriação administrativa, nos termos do Decreto-Lei n. 3.365, de 21 de junho de 1941.

Ainda, nada obstante se referir às relações internacionais, os princípios discriminados no art. 4º da Constituição Federal igualmente dispõem sobre se buscar a solução pacífica dos conflitos (inciso VII) e a autodeterminação dos povos (III), o que reflete também internamente no tratamento de conflitos para sua não Judicialização.

Relativamente à Justiça do Trabalho, há regulamentação, anteriormente à Judicialização, de se tentar a solução extrajudicial do conflito, nos termos do art. 114, § 2º, da Constituição Federal, cuja constitucionalidade foi reconhecida no julgamento das ADIs 3.392, 3.223, 3.431, 3.432 e 3.520[10].

Particularmente sobre a Desjudicialização da Administração Pública pode-se destacar os seguintes preceitos constitucionais autorizativos, conforme será mais detidamente exposto em tópico específico: a autotutela, auto-organização e autolegislação administrativa, consoante Competências extraídas dos arts. 2º, 18 e 25, *caput* e § 1º; a imperatividade de concretização dos direitos sociais, elencados no art. 6º; as Competências Materiais e Legislativas, a teor dos arts. 23 e 24, XI; a imposição de eficiência administrativa, nos termos do art. 37, *caput*.

---

10. Colhe-se, a título ilustrativo, a ementa única de tais ações constitucionais: "Ação Direta de Inconstitucionalidade. 2. Art. 1º, da Emenda Constitucional nº 45/2004, na parte em que deu nova redação ao art. 114, §§ 2º e 3º, da Constituição Federal. 3. Necessidade de "mutuo acordo" para ajuizamento do Dissídio Coletivo. 4. Legitimidade do MPT para ajuizar Dissídio Coletivo em caso de greve em atividade essencial. 5. Ofensa aos artigos 5º, XXXV, LV e LXXVIII, e 60, § 4º, IV, da Constituição Federal. Inocorrência. 6. Condição da ação estabelecida pela Constituição. Estímulo às formas alternativas de resolução de conflito. 7. Limitação do poder normativo da justiça do trabalho. Violação aos artigos 7º, XXVI, e 8º, III, e ao princípio da razoabilidade. Inexistência. 8. Recomendação do Comitê de Liberdade Sindical da Organização Internacional do Trabalho. Indevida intervenção do Estado nas relações coletivas do trabalho. Dissídio Coletivo não impositivo. Reforma do Poder Judiciário (EC 45) que visa dar celeridade processual e privilegiar a autocomposição. 9. Importância dos acordos coletivos como instrumento de negociação dos conflitos. Mútuo consentimento. Precedentes. 10. Ação direta de inconstitucionalidade julgada improcedente". BRASIL. Supremo Tribunal Federal. **ADI's 3.392, 3.223, 3.431, 3.432 e 3.520**. Tribunal Pleno, Relator: Min. Gilmar Mendes. Disponível em: https://portal.stf.jus.br/processos/downloadPeca.asp?id=15344467306&ext=.pdf. Acesso em 31 jan. 2023.

Capítulo 3

CAUSAS

As causas da Desjudicialização são apontadas por Diógenes V. Hassan Ribeiro como a "velocidade das transformações sociais" e a "insuficiência jurisdicional no contexto de uma fragmentação social e do direito"[1].

Vários fatores, efetivamente, podem ser apontados para o incremento da Desjudicialização. Parece-nos que os mais relevantes são: a ausência de soluções dos problemas por outros meios institucionais, como o Poder Judiciário e o Poder Legislativo, a solução eficiente dos conflitos sem a intervenção de um terceiro interventor, os custos do processo judicial, publicidade e não confidencialidade dos conflitos empresariais judicializados, exercício pleno e autônomo da cidadania, com o empoderamento das próprias pessoas na tratativa de seus problemas e busca de resoluções satisfativas e efetivas. Algumas dessas causas serão mais detalhadas a seguir.

3.1. CRISE DO PODER JUDICIÁRIO. JUDICIALIZAÇÃO

O Poder Judiciário, através do exercício da Jurisdição[2], é a função estatal que tem como objetivo institucional a prestação de serviço público de solução e estabilização das insatisfações jurídicas na sociedade.

Clássica é a lição sobre os escopos da Jurisdição, de Cândido Rangel Dinamarco, quais sejam: o escopo social, pela "pacificação com justiça, educação para a consciência dos próprios direitos e respeito aos alheios"; o escopo político, pela "afirmação do poder estatal; participação democrática; preservação do valor liberdade; nos regimes socialistas, propaganda e

1. RIBEIRO, Diógenes V. Hassan. Judicialização e desjudicialização. Entre a deficiência do legislativo e a insuficiência do judiciário, *In*, **Revista de Informação Legislativa**, ano 50, n. 199, jul./set. 2013, p. 25-26.
2. Nos ensinamentos de Luigi Ferrajoli, a jurisdição configura-se "como una actividad que tiene por objeto otra actividad: como un acto sobre un acto, o si se quiere, como un meta-acto cuyo acto-objeto es siempre un acto inválido o un acto ilícito, o sea, la inobservancia de una norma primaria" (FERRAJOLI, Luigi. **Principia iuris**: Teoría del derecho y de la democracia, Madrid: Editorial Trotta, 2011, p. 832).

educação para a vida e a ação socialistas"; e o escopo jurídico, pela "atuação da vontade do direito substancial"[3].

Destacados escopos, muito embora tenham contribuído de forma significativa para o entendimento da instrumentalidade do processo[4] e da necessária visão angular externa do sistema processual, em que se integram e interagem o poder, o Estado e as instituições sociais, reforçam a intelecção da crise do Poder Judiciário pela ausência de respostas tempestivas aos participantes de um litígio jurisdicionalizado e, portanto, do cumprimento, a tempo e modo adequados, daqueles escopos.

Um primeiro ponto a ser enfrentado, nesse particular panorama da Judicialização, para delimitação do que se chama de crise[5], e que é analisada, no Direito, há décadas[6], é seu início, o acesso à Justiça, no Brasil constitucionalizado no art. 5º, XXXV, da Constituição Federal.

---

3. DINAMARCO, Cândido Rangel. **A instrumentalidade do processo**, 13ª ed., São Paulo: Editora Malheiros, 2008, p. 137.
4. "... a perspectiva instrumentalista do processo é teleológica por definição e o método teleológico conduz invariavelmente à visão do processo como instrumento predisposto à realização dos objetivos eleitos", que são, justamente, os escopos social, político e jurídico do processo (DINAMARCO, Cândido Rangel. **A instrumentalidade do processo**, 13ª ed., São Paulo: Editora Malheiros, 2008, p. 178)
5. A categoria crise pode ser sintetizada em algumas perspectivas, dentre as quais a pontuada por Zygmunt Baumann é pertinente para os fins desta exposição: "Falando de crise de qualquer natureza que seja, nós transmitidos em primeiro lugar o sentimento de *incertezas*, de nossa *ignorância* da direção que as questões estão prestes a tomar, e, secundariamente, do ímpeto de intervir: de *escolher* as medidas certas e *decidir* aplicá-las com presteza. Quando diagnosticamos uma situação 'crítica', é exatamente isso que queremos dizer, a conjunção de um diagnóstico e um chamado à ação" (BAUMAN, Zygmunt; BORDONI, Carlo. **Estado de Crise**, trad. Renato Aguiar, Rio de Janeiro: Editora Zahar, 2016, p. 16, grifos no original). Oportuna, também, a perspectiva mais "pessimista" do autor argentino José Roberto Dromi, sobre a crise do Estado e do poder político: "Las que están en crisis son las formas políticas actuales, como resultantes del choque entre el hecho y el derecho, entre la realidad y la ley, entre el Estado y la Constitución formal, pues las fórmulas políticas actuales sólo optan por un *Estado verdugo* de todos los ciudadanos o por un *Estado víctima* de un minúsculo número de hombres que empuñan las ramas más diversas: la pluma, la espada o la palavra. El problema se origina porque los que mandan quieren seguir mandando y los que obedecen no quieren seguir obedeciendo" (DROMI, José Roberto. **Instituciones del Derecho Administrativo**, Buenos Aires: Editorial Astrea de Rodolfo Depalma y Hnos, 1973, p. 13-15, grifos no original).
6. RIPERT, Georges. Evolución y progreso del derecho, p. 11-31; CAPOGRASSI, Giuseppe. La ambiguedad del derecho contemporáneo, p. 33-98; RAVÁ, Adolfo, Crisis del derecho y crisis mundial, p. 99-15; DELITALA, Giacomo. La crisis del derecho en la sociedad contemporánea, p. 153-182; JEMOLO, Arturo Carlo, La crisis del Estado moderno, p. 183-265; PALLIERI, Giorgio Balladore. La crisis de la personalidad del Estado, p. 267-297; CALAMANDREI, Piero. La crisis de la justicia, p. 299-335; CARNELUTTI, Francesco. La muerte del derecho, p. 337-361, *In*, **Las Crisis del Derecho**, traducción de Marcelo Cheret, revisada por Antiago Sentís Melendo, Buenos Aires: Ediciones Juridicas Europa-America, 1953.

Nesse tema não se pode deixar de se fazer menção à obra seminal de Mauro Cappelletti e Bryant Garth que, em resumo, assim delimitaram sua pesquisa e a categoria "acesso à Justiça":

> A expressão "acesso à Justiça" é reconhecidamente de difícil definição, mas serve para determinar duas finalidades básicas do sistema jurídico – o sistema pelo qual as pessoas podem reivindicar seus direitos e/ou resolver seus litígios sob os auspícios do Estado. Primeiro, o sistema deve ser igualmente acessível a todos; segundo ele deve produzir resultados que sejam individual e socialmente justos. Nosso enfoque, aqui, será primordialmente sobre o primeiro aspecto, mas não poderemos perder de vista o segundo. Sem dúvida, uma premissa básica será a de que a justiça social, tal como desejada por nossas sociedades modernas, pressupõe o acesso efetivo[7].

É justamente esse primeiro aspecto referido, do amplo e irrestrito acesso à Justiça que contribuiu, em alguma medida, para o abarrotamento de processos no Poder Judiciário e o consequente congestionamento que propicia a demora desrazoável da prestação jurisdicional, inclusive medida pelo Conselho Nacional de Justiça[8]. Deu-se, assim, grande ênfase à primeira "finalidade básica" do acesso à justiça, contudo, em relação à segunda finalidade apontada por Cappelletti e Garth, da produção de resultados justos – aqui se incluindo a tempestividade da tutela jurisdicional, medida pelo CNJ como Índice de Atendimento à Demanda (IAD)[9] –, o Poder Judiciário não teve a atuação necessária para concretização.

---

7. CAPPELLETTI, Mauro; GARTH, Bryant. **Acesso à Justiça**. Tradução de Ellen Gracie Northfleet. Porto Alegre: Editora Fabris, 1988, p. 8, grifos no original.
8. "A taxa de congestionamento mede o percentual de processos que ficaram represados sem solução, comparativamente ao total tramitado no período de um ano. Quanto maior o índice, maior a dificuldade do tribunal em lidar com seu estoque de processos. A taxa de congestionamento líquida, por sua vez, é calculada retirando do acervo os processos suspensos, sobrestados ou em arquivo provisório [...]. Conforme demonstrado na Figura 75, a taxa de congestionamento do Poder Judiciário oscilou entre 70,6% no ano de 2009 e 73,4% em 2016. A partir desse ano, a taxa cai gradativamente até atingir o menor índice da série histórica no ano de 2019, com taxa de 68,7%. Em 2020, em razão da pandemia causada pela covid-19, a taxa voltou a subir, sendo que, em 2021, já houve redução na taxa de congestionamento na ordem de 1,6 ponto percentual, finalizando o ano com um congestionamento mensurado em 74,2%" (BRASIL. Conselho Nacional de Justiça. **Justiça em números 2022**. Brasília: CNJ, 2022, p. 126). Disponível em: https://www.cnj.jus.br/wp-content/uploads/2022/09/justica-em-numeros-2022-1.pdf. Acesso em 3 fev. 2023.
9. "... reflete a capacidade das cortes em dar vazão ao volume de casos ingressados" e, conforme o Relatório Justiça em Número do CNJ 2022: "Quanto ao Índice de Atendimento à Demanda (IAD), o indicador global no Poder Judiciário alcançou 97,3% no ano de 2021, contribuindo para a elevação do estoque em 1,5 milhão de processos. Apenas na Justiça Eleitoral, que possui comportamentos sazonais, é que houve redução no IAD. Em todos os demais segmentos, os índices ficaram abaixo do patamar mínimo desejável, que é 100%. A Justiça do Trabalho foi

Não se está a dizer que a "culpa" são dos jurisdicionados, em que o acesso à justiça por parcela da população ganhou "contornos de uma veneração religiosa"[10] – nada obstante alguns setores da sociedade e do mercado tenham contribuído relevantemente para tanto –, mas sim que a leitura do Poder Judiciário –, como função estatal e prestador de serviço público essencial – da realidade social, política, econômica e jurídica pós constitucionalização de 1988, não foi adequada em termos de se dotar e instrumentalizar meios e condições estruturais materiais, humanos e processuais-procedimentais para o enfrentamento da avalanche de processos ingressados nas milhares de comarcas e dezenas de tribunais brasileiros[11].

A propósito, já em 1989 (ano da primeira edição), José Eduardo Faria advertia sobre a crise de identidade do Poder Judiciário e a necessária mudança da cultura jurídica nacional a respeito dos seus princípios ideológicos, em que o direito seria neutro, que a norma seria o ponto de equilíbrio entre interesses conflitantes e que os juízes seriam apenas executores de operações lógico-formais. Tal culturalidade jurídica e ausência de sensibilização pelos segmentos sociais, no dizer de Faria, poderia fazer o Poder Judiciário – e essa afirmação se fez concreta em determinados aspectos nos dias contemporâneos[12] –, "perder por completo sua função precípua de absorver as tensões, limites ou conflitos" e deixar de "impedir sua generalização e reduzir as incertezas do sistema político"[13].

As crises no sistema político-jurídico-econômico-social, no sentido da autossuficiência e de ausência de respostas e soluções efetivas e tempestivas às controvérsias sociais e econômicas, aqui, particularmente sobre a executividade judicial dos créditos públicos, desafiam, portanto, os agentes sociais e estatais, como sustentado por Faria[14] e, assim, "põem em xeque as

---

a de melhor resultado, e baixou 99,6% dos casos novos, com todos os 21 dos 24 TRTs registrando índices acima de 100%. Todos os tribunais da Justiça Eleitoral também apresentaram indicador superior a 100%. Na Justiça Estadual, 11 dos 27 órgãos não conseguiram atingir o 100%. Na Justiça Federal, na Justiça Militar e entre os tribunais superiores, nenhum tribunal chegou a baixar mais processos do que entrou (Figura 78)" (BRASIL. Conselho Nacional de Justiça. **Justiça em números 2022**. Brasília: CNJ, 2022, p. 126-127). Disponível em: https://www.cnj.jus.br/wp-content/uploads/2022/09/justica-em-numeros-2022-1.pdf. Acesso em 3 fev. 2023.

10. MAUS, Ingeborg. Judiciário como superego da sociedade: o papel da atividade jurisprudencial na "sociedade órfã", *In*, **Novos Estudos Ceprap**, n. 58, nov. 2000, p. 185.
11. DALLARI, Dalmo de Abreu. O poder dos juízes, 3ª ed., São Paulo: Editora Saraiva, 2007, p. 6-8.
12. Notadamente sobre o objeto da presente pesquisa, a Execução Fiscal.
13. FARIA, José Eduardo. Ordem legal x Mudança social: a crise do Judiciário e a formação do magistrado, *In*, **Direito e Justiça**: a função social do Judiciário, 3ª ed., org. José Eduardo Faria, São Paulo: Editora Ática, 1997, p. 108.
14. "Por isso, as crises não constituem apenas um desafio prático para dirigentes governamentais, autoridades monetárias, gestores públicos, parlamentares, empresários, executivos de bancos,

prioridades estabelecidas e exigem novas estratégias e novas formas de ação sistêmica"[15]. Angustiam-se também, nas palavras de Gustavo Zagrebelsky, a própria magistratura[16].

Esses um dos móveis da presente pesquisa, estabelecer uma nova forma de atuação estatal para o adimplemento de créditos públicos que se direcionam, em última análise, para a prestação de políticas públicas que se esperam eficientes e eficazes, não apenas para a presente geração, mas, considerando a inevitável necessidade de tempo para seu efetivo implemento, para as futuras gerações, numa perspectiva, portanto, de *justiça intergeracional*, consoante exposição de Gilson Jacobsen[17].

---

advogados corporativos, analistas financeiros, empresas de consultoria, acionistas, investidores e lideranças sindicais. As crises econômicas constituem também um desafio de caráter teórico, na medida em que ultrapassam os territórios disciplinares tradicionais, apontando, dessa maneira, nossa incapacidade de lidar, conceitual e analiticamente, com disfunções sistêmicas não conhecidas, não previstas ou subestimadas na literatura especializada" (FARIA, José Eduardo. **O Estado e o direito depois da crise**, 2ª ed., São Paulo: Editora Saraiva, 2017, p. 28).

15. FARIA, José Eduardo. **O Estado e o direito depois da crise**, 2ª ed., São Paulo: Editora Saraiva, 2017, p. 48.

16. "El punto sobre el que es preciso insistir es la posición dual que necesariamente corresponde a la magistratura en el Estado constitucional: una especialísima y dificilísima posición de intermediación entre el Estado (como poder político-legislativo) y la sociedad (como sede de los casos que plantean pretensiones en nombre de los principios constitucionales), que no tiene paralelo en ningún otro tipo de funcionarios públicos. De esta posición debe derivar una doble dependencia, en el sentido de doble fidelidad, ya una doble independencia, en el sentido de relativa autonomía, tanto respecto a la organización que expresa la ley, cuanto respecto a la sociedad que es titular de pretensiones constitucionalmente garantizadas. Dependencia e independencia dobles que deben combinarse, puesto que se condicionan recíprocamente. Las formas de reclutamiento de los jueces, la concepción de su responsabilidad, la valoración de sus aptitudes, la estructura de los órganos en los que se desarrolla su carrera, el modo de organizar su trabajo, una nueva definición de las competencias judiciales que elimine de la jurisdicción todo lo que es sólo 'legisdicción', y no propriamente 'jurisdición', y que bien podría ser desarrollado por órganos administrativos independientes, son sólo alguno de los aspectos implicados" (ZAGREBELSKI, Gustavo. **El derecho dúctil**: ley, derechos, justicia, Madrid: Editorial Trotta, 2009, p. 149).

17. JACOBSEN, Gilson. Justiça intergeracional e riscos globais: quem são as gerações futuras e por que protegê-las hoje?, *In*, **Revista Brasileira de Direito**, Passo Fundo, v. 15, n. 2, p. 197-211, ago. 2019. Disponível em: https://seer.atitus.edu.br/index.php/revistadedireito/article/view/3353/2463 . Acesso em: 01 fev. 2023. Extrai-se do pensamento do autor: "Saber se existe uma ideia de justiça que se aplique exclusivamente às relações intergeracionais e qual o conteúdo dessa justiça acaso exista são problemas que vão desde a ética até filosofia política, perpassando também pela economia, pela sociologia, pelo direito e pelos estudos ambientais. Em apertada síntese, a justiça intergeracional estabelece para as gerações de hoje um dever de evitar que as gerações futuras vivam numa situação de desigualdade intrageracional, porque não podem ficar em condições de bem-estar piores do que as das gerações anteriores. Com isso o foco isonômico transmuda para uma igualdade transgeracional" (p. 207).

Destaca-se, por outro lado, que a crise também é uma oportunidade, uma situação que pode levar à alterações positivas, sejam pessoais ou institucionais, como elucida Carlo Bordoni, em diálogo com Zygmunt Bauman[18].

No caso da crise do Poder Judiciário se trata de uma oportunidade para o crescimento da Desjudicialização, ou seja, a Judicialização como uma das causas da Desjudicialização, como aponta Diógenes V. Hassan Ribeiro:

> Por outro lado, a desjudicialização, tem como causa, especialmente, a insuficiência do Judiciário, em descompasso com a velocidade das transformações sociais. Estas, a par de contribuírem para a judicialização, também servem à desjudicialização. Num momento impõem a judicialização; noutro momento a desjudicialização. No primeiro, evidenciam a deficiência do Legislativo e então fazem com que a demanda seja solucionada jurisdicionalmente. No outro instante, promovem a desjudicialização porque o Estado-juiz não consegue apresentar uma solução eficaz[19].

É certo, ademais, que a complexidade da sociedade e de suas relações são, igualmente, matérias-primas para o incremento da Judicialização[20], de que são exemplos as relações de consumo, trabalhistas, familiares, bancárias, empresariais, ambientais e estatais (tributação, previdência e assistência social, políticas públicas de saúde, educação, segurança pública, habitação, alimentação, transporte).

A abertura irrestrita da interpretação judicial em detrimento do conteúdo estabelecido em lei pelo Poder Legislativo, com uso de valores morais e princípios de textura abrangente também pode ser catalogada para o au-

---

18. BAUMAN, Zygmunt; BORDONI, Carlo. **Estado de Crise**, trad. Renato Aguiar, Rio de Janeiro: Editora Zahar, 2016, p. 11: "Hoje, nós preferimos falar de 'crise', em vez de 'conjuntura' ou 'depressão'. Trata-se certamente de um termo mais neutro, que tem sido utilizado em muitos outros contextos, além do econômico, sendo, portanto, muito familiar. Das crises matrimoniais, que perturbam casais, a crises de adolescência, que marcam a transição da puberdade à vida adulta, a noção de 'crise' transmite a imagem de um momento de transição de uma condição anterior para uma nova – de uma transição que se presta necessariamente ao crescimento, como prelúdio de uma melhora para um status diferente, um passo adiante decisivo. Por isso o termo incita menos medo. Como se pode ver, 'crise', em seu sentido próprio, expressa algo positivo, criativo e otimista, pois envolve mudança e pode ser um renascimento após uma ruptura. Indica separação, com certeza, mas também escolha, decisões e, por conseguinte, a oportunidade de expressar uma opinião".
19. RIBEIRO, Diógenes V. Hassan. Judicialização e desjudicialização Entre a deficiência do legislativo e a insuficiência do judiciário, *In*, **Revista de Informação Legislativa**, ano 50, número 199, jul./set. 2013, p. 32.
20. RIBEIRO, Diógenes V. Hassan. Judicialização e desjudicialização. Entre a deficiência do legislativo e a insuficiência do judiciário, *In*, **Revista de Informação Legislativa**, ano 50, n. 199, jul./set. 2013, p. 26. GORETTI, Ricardo. **Mediação e Acesso à Justiça**, Salvador: Editora Juspodivm, 2016, p. 37-68.

mento da Judicialização e, a reboque, da crise do Poder Judiciário. Afinal, se "ninguém será obrigado a fazer ou deixar de fazer alguma coisa senão em virtude de lei" (CF, art. 5º, II), eventual proibição ou limitação de interesses decorrentes da lei pode ser afastada pela interpretação principiológica e axiológica do Poder Judiciário. Assim sintetiza Ingeborg Maus:

> A introdução de pontos de vista morais e de "valores" na jurisprudência não só lhe confere maior grau de legitimação, imunizando suas decisões contra qualquer crítica, como também conduz a uma liberação da Justiça de qualquer vinculação legal que pudesse garantir sua sintonização com a vontade popular. Toda menção a um dos princípios "superiores" ao direito escrito leva — quando a Justiça os invoca — à suspensão das disposições normativas individuais e a se decidir o caso concreto de forma inusitada. Assim, enriquecido por pontos de vista morais, o âmbito das "proibições" legais pode ser arbitrariamente estendido ao campo extrajurídico das esferas de liberdade. Somente a posteriori, por ocasião de um processo legal, é que o cidadão experimenta o que lhe foi "proibido", aprendendo a deduzir para o futuro o "permitido" (extremamente incerto) a partir das decisões dos tribunais. Os espaços de liberdade anteriores dos indivíduos se transformam então em produtos de decisão judicial fixados caso a caso[21].

Nesse contexto, uma faceta importante da Judicialização e da crise do Poder Judiciário é a Judicialização da Política e do ativismo judicial. A rigor, a presente construção teórica revive antiga discussão entre a concretização de direitos por uma função/poder estatal frente a ineficiência de outra função/poder, o que Piero Calamandrei denomina de "crisis de la legalidad"[22].

---

21. MAUS, Ingeborg. Judiciário como superego da sociedade: o papel da atividade jurisprudencial na "sociedade órfã", *In*, **Novos Estudos Ceprap**, n. 58, nov. 2000, p. 189-190.

22. "El problema se puede plantear en términos más generales: ¿puede hallarse una interpretación de ley que no implique conjuntamente un acto de fe política? ¿Pura lógica? ¿Pura ciencia? Pero si el jurista va busca de la *ratio legis*, esto quiere decir remontar las corrientes políticas que han originado la ley: y se trata por consiguiente de una investigación de naturaleza política, si bien retrospectiva, que lo lleva necesariamente a preguntarse si aquellas corrientes políticas son siempre actuales o viceversa si la ley no ha sido ya superada por las nuevas tendencias que preparan el derecho de mañana. Sos períodos de crisis de la legalidad aquellos en que se revela que los juristas, aun sin quererlo, se sirven de su hermenéutica lógica para hacer política: y que hasta sus tesis jurídicas (no obstante la ilusión de los mismos de seguir siendo puros juristas) constituyen tesis políticas. Conozco y aprecio a los juristas 'puros', que se horrorizan a la sola idea de entrar en contacto con la política" (CALAMANDREI, Piero. La crisis de la justicia, *In*, **Las Crisis del Derecho**, traducción de Marcelo Cheret, revisada por Antiago Sentís Melendo, Buenos Aires: Ediciones Juridicas Europa-America, 1953, p. 320-321)

A dúvida suscitada por Gilberto Bercovici também é aqui realçada, no sentido de saber "se o Poder Judiciário é o poder que deve ter esse papel fundamental de implementação da Constituição"[23].

É sabido que o que se denomina de ativismo judicial[24] se iniciou em razão de que o Poder Executivo não prestava os serviços públicos que a sociedade entendia necessários. Nesse contexto, a voz de clamor pela implementação efetiva de políticas públicas encontrou ressonância no Poder Judiciário que, baseado em direitos fundamentais e valorações morais – positivados ou não em uma Carta Política –, impôs a realização de tais direitos, substituindo-se, variadas vezes, a função/poder de outros poderes constituídos, o que se convencionou chamar judicialização da política[25].

---

23. BERCOVICI, Gilberto. Dilemas da concretização da Constituição de 1988, *In*, **Revista do Instituto de Hermenêutica Jurídica: RIHJ**, Belo Horizonte, v. 1, n. 2, jan./dez. 2004, p. 2.
24. "*Ativismo judicial* é uma expressão cunhada nos Estado Unidos e que foi empregada, sobretudo, como rótulo para qualificar a atuação da Suprema Corte durante os anos em que foi presidida por Earl Warren, entre 1954 e 1969. Ao longo desse período, ocorreu uma revolução profunda e silenciosa em relação a inúmeras práticas políticas nos Estados Unidos, conduzida por uma jurisprudência progressista em matéria de direitos fundamentais. Todas essas transformações foram efetivadas sem qualquer ato do Congresso ou decreto presidencial. A partir daí, por força de uma imensa reação conservadora, a expressão ativismo judicial assumiu, nos Estados Unidos, uma conotação negativa, depreciativa, equiparada ao exercício impróprio do poder judicial. Todavia, depurada dessa crítica ideológica – até porque pode ser progressista ou conservadora – a ideia de ativismo judicial está associada a uma participação mais ampla e intensa do Judiciário na concretização dos valores e fins constitucionais, com maior interferência no espaço de atuação dos outros dois Poderes. Em muitas situações, sequer há confronto, mas mera ocupação de espaços vazios" (BARROSO, Luís Roberto, Constituição, democracia e supremacia judicial: direito e política no Brasil contemporâneo, *In*, **As novas faces do ativismo judicial**, orgs. André Luiz Fernandes Fellet, Daniel Giotti de Paula e Marcelo Novelino, 2ª tiragem, Salvador: Editora Juspodivm, 2013, pp. 232-232).
25. OLIVEIRA, Claudio Ladeira; MOURA, Suellen. Judicialização da política e poder legiferante: a ilegitimidade da interferência do Supremo Tribunal Federal na política nacional, *In*, **Revista Novos Estudos Jurídicos**, v. 23, n. 2, mai-ago 2018, p. 466-490. Disponível em: https://siaiap32.univali.br/seer/index.php/nej/article/view/13378. Acesso 14 jul. 2020. BORTOLI, Adriano de; GARCIA, Marcos Leite. Judicialização da política e vinculação jurídica da Administração Pública. **Revista Eletrônica Direito e Política**, Programa de Pós-Graduação *Stricto Sensu* em Ciência Jurídica da UNIVALI, Itajaí, v.9, n.3, 3º quadrimestre de 2014. Disponível em: https://siaiap32.univali.br/seer/index.php/rdp/article/view/6749. Acesso 14 jul. 2020. FONSECA, Lorena; COUTO, Felipe Fróes. Judicialização da Política e ativismo judicial: uma diferenciação necessária. **Revista Eletrônica Direito e Política**, Programa de Pós-Graduação *Stricto Sensu* em Ciência Jurídica da UNIVALI, Itajaí, v.13, n.2, 2º quadrimestre de 2018. Disponível em: https://siaiap32.univali.br/seer/index.php/rdp/article/view/13361. Acesso 14 jul. 2020. NISTLER, Regiane. A judicialização da política e a efetividade dos direitos sociais. **Revista Eletrônica Direito e Política**, Programa de Pós-Graduação *Stricto Sensu* em Ciência Jurídica da UNIVALI, Itajaí, v.11, n.1, 1º quadrimestre de 2016. Disponível em: https://siaiap32.univali.br/seer/index.php/rdp/article/view/8709. Acesso 14 jul. 2020.

Assim se vê com a determinação de construção de creches e escolas[26], de presídios e delegacias[27], a internação em hospitais e fornecimento de medicamentos[28], apenas para citar direitos à educação, segurança e saúde públicas, respectivamente. Contudo, com Owen Fiss, pode-se afirmar que "a intervenção judicial deve ser vista mais como um catalisador do majoritarismo do que como um inimigo deste"[29]. Os *limites* dessa atuação que é controvertida em âmbito acadêmico, jurisdicional e administrativo.

Trata-se da controversa discussão acadêmica, segundo Juliano Zaiden Benvindo, sobre a "comprehension of the principle of separation of powers, the quest for keeping consistent the system of rights, and, lastly, the concern for otherness, all of them premises of a constitutional court committed to constitutional democracy"[30]. Destacado autor, ao comparar os sistemas jurídicos e respectivas Cortes Constitucionais da Alemanha e do Brasil, sintetiza:

> It is interesting, besides, to observe that the shift to activism and the corresponding development of a value-based approach to adjudication – with the deployment of methodologies reinforcing arguments with a clear political intent – also in Brazil coexist with the evolution of the democratization process after a period of authoritarianism. If this is merely a coincidence, it is nevertheless arguable that judicial activism seems to be associated, at least in the constitutional realities here examined, with the challenge to establish a new institution that could catalyze the exercise of citizenship still not practiced enough by the overall society. Moreover, to legitimate and "rationally" justify this new position, inevitably leading to the undertaking of the role of defender of the values of this recent democratic period, it is necessary to provide methods that, in principle, can expose reflected arguments the population is

---

26. A respeito: BRASIL. Supremo Tribunal Federal. **ARE 761.127**, Relator: Min. Roberto Barroso, Primeira Turma, julgado em 24/06/2014. Disponível em: http://redir.stf.jus.br/paginadorpub/paginador.jsp?docTP=TP&docID=6527605. Acesso em: 1 fev. 2023.
27. A respeito: BRASIL. Superior Tribunal de Justiça. **RESP 1.389.952**, Rel. Ministro Herman Benjamin, Segunda Turma, julgado em 03.06.2014. Disponível em: https://scon.stj.jus.br/SCON/GetInteiroTeorDoAcordao?num_registro=201301926710&dt_publicacao=07/11/2016. Acesso em 1 fev. 2023.
28. Conforme definição do Tema 106 pelo STJ. BRASIL. Superior Tribunal de Justiça. **RESP Repetitivo n. 1.657.156**, Relator: Min. Benedito Gonçalves, Primeira Seção, julgado em 25.04.2018. Disponível em: https://processo.stj.jus.br/repetitivos/temas_repetitivos/pesquisa.jsp?novaConsulta=true&tipo_pesquisa=T&cod_tema_inicial=106&cod_tema_final=106. Acesso em 1 fev. 2023.
29. FISS, Owen. As formas de justiça, *In*, **O processo para solução de conflitos de interesse público**, coords. Ada Pellegrini Grinover, Kazuo Watanabe e Susana Henriques da Costa, Salvador: Editora Juspodivm, 2017, p. 125.
30. BENVINDO, Juliano Zaiden. **On the Limits of Constitutional Adjudication**: Deconstructing Balancing and Judicial Activism, Heidelberg, Dordrecht, London, New York: Springer, 2010, p. xiv.

> able to widely accept. Decisions, for this reason, must be not only right but also correspond to the axiological parameters the society reasonably accepts. The court, consequently, appears to democratically anticipate the exercise of citizenship that, otherwise, other institutional channels, by expressing the political will and connecting directly to the social claims (parliament and government), must be representing[31].

Da mesma forma das reflexões sobre o ativismo judicial, mas visualizada em sentido contrário ou oposto, considerando a inefetividade da Execução Fiscal Judicial, defende-se a assunção, pelo Poder Executivo, legitimado por legislação específica, de uma suposta função *exclusiva* do Poder Judiciário, com o desiderato de alcançar melhor desempenho no adimplemento dos créditos públicos.

São imbricações institucionais, ante omissões de poderes constituídos, que impõem a reação de outros. Vale dizer, se em razão da não concretização de direitos prestacionais sociais pelo Poder Executivo o Poder Judiciário atua, na não concretização de direitos creditícios públicos pelo Poder Judiciário, o Poder Executivo igualmente pode atuar, desde que respaldado por legislação nesse sentido e respeitando, por evidente, direitos e garantias fundamentais.

O ativismo judicial não é um mal em si, mas apenas quando se tem uma "atuação defeituosa do Poder Judiciário, que se desprende das suas funções, passando de aplicador a criador de legislação. O ativismo que se percebe possível e necessário é o decorrente da ausência de lei"[32].

Há, efetivamente, um sério problema relacionado à legitimidade democrática, considerando a inexistência da participação popular na escolha de magistrados e a sobreposição jurisdicional "a uma decisão do Presidente da

---

31. BENVINDO, Juliano Zaiden. **On the Limits of Constitutional Adjudication**: Deconstructing Balancing and Judicial Activism, Heidelberg, Dordrecht, London, New York: Springer, 2010, p. 87.
32. RIBEIRO, Diógenes V. Hassan. Judicialização e desjudicialização. Entre a deficiência do legislativo e a insuficiência do judiciário, *In*, **Revista de Informação Legislativa**, ano 50, n. 199, jul./set. 2013, p. 27. Em sentido semelhante, ao tratar da politização do Judiciário e da judicialização do político, Pedro Manoel Abreu destaca: "O problema apenas reside quando os papéis se invertem e os juízes intentam assumir a condição de representantes do povo, ou os políticos, a pretexto de submeterem o Judiciário à lógica do consenso popular, procuram amordaça-lo, criando entraves que não possibilitam o funcionamento tanto do sistema jurídico quanto do sistema político. A Constituição, bem de ver, é o engenho pensado para impedir a politização do direito e proteger a representação das intromissões do Judiciário. É a Constituição que equaliza um sistema em relação ao outro e que delimita o território funcional de cada qual (ABREU, Pedro Manoel. **Processo e Democracia**: o processo jurisdicional com um *locus* da democracia participativa e da cidadania inclusiva no estado democrático de direito, vol. 3, São Paulo: Editora Conceito Editorial, 2011, p. 278-279).

República – sufragado por mais de 40 milhões de votos – ou do Congresso – cujos 513 membros foram escolhidos pela vontade popular"[33].

Portanto, o ganho democrático pela institucionalidade da Constituição e da Legislação, balizas de direitos e obrigações, resta diminuído se questões jurídicas são "solucionadas em parâmetros discricionários que são necessariamente *não jurídicos*, isto porque são pautados na vontade e na subjetividade do julgador, seja no âmbito administrativo ou judicial"[34].

De forma oposta entende Paulo Gustavo Gonet Branco:

> Como se vê, se é ativismo que o Judiciário interfira em alguma medida na execução de políticas públicas, se em certas circunstâncias ele supera decisões tomadas pelos canais políticos-representativos, se em outras ocasiões supre omissões dos poderes políticos que ofendem direitos fundamentais e se, ao exercer a jurisdição constitucional, por vezes é levado a ir além da mera função de legislador negativo, nada disso é, por si só, evidência de atuação desbordante do princípio da separação de poderes ou das exigências da democracia representativa. Ao prestigiar soluções impostas pelos direitos fundamentais, mesmo em contrariedade à vontade de uma momentânea maioria política, a jurisdição presa culto à maioria de maior status, àquela que se elaborou a Constituição. O Tribunal exerce, assim, função que se justifica no Estado democrático de Direito, ajustando-se ao modelo de distribuição de competências plasmado na Constituição. Não há, só por essas ações, que rotulá-las, pejorativamente, de ativistas[35].

É preciso, nesse momento, fincar posição a respeito desses entendimentos. Afinal, há um limite semântico do texto constitucional ou legal que se deve ter deferência, abrindo espaço para uma interpretação não tão linguística quando o próprio texto não possibilita uma intelecção direta para o intérprete[36]. Nessa situação a ciência hermenêutica, com suas várias

---

33. OLIVEIRA, Claudio Ladeira de; MOURA, Suellen Patrícia. O minimalismo judicial de Cass Sunstein e a resolução do Senado Federal no controle de constitucionalidade: ativismo judicial e legitimidade democrática, *In*, **Constituição, Economia e Desenvolvimento: Revista da Academia Brasileira de Direito Constitucional**, Curitiba, vol. 8, n. 14, nov. 2020, p. 242.
34. ABBOUD, Georges. **Discricionariedade administrativa e judicial**: o ato administrativo e a decisão judicial, São Paulo: Editora Revista dos Tribunais, 2014, p. 462.
35. GONET BRANCO, Paulo Gustavo. Em busca de um conceito fugidio – o ativismo judicial, *In*, **As novas faces do ativismo judicial**, 2ª tir., orgs. André Luiz Fernandes Fellet, Daniel Giotti de Paula, Marcelo Novelino, Salvador: Editora Juspodivm, 2013, p. 398.
36. Nesse sentido: "La correción judicial desde un enfoque semántico consiste en que el intérprete al decidir un caso no traspase los límites del lenguaje de las disposiciones normativas aplicable, de forma que respete el sentido de las palabras de la ley, su alcance y finalidad, muchas veces determinada mediante métodos exegético, teleológico o finalista y genético originalista (ARANGO, Rodolfo. Discrecionariedad, objetividad y correción de las decisiones

técnicas e instrumentos, é o caminho não só possível, mas necessário para extrair do texto a norma jurídica aplicável no caso concreto[37].

Teoria antagônica do ativismo judicial é o minimalismo judicial, descrito por Cass R. Sunstein[38]. Para o autor americano o minimalismo judicial é caracterizado por: reduzir o ônus da fundamentação judicial, uma vez que não aprofunda inadvertidamente as razões da decisão; limitação de erros do tribunal quando tenta dar respostas definitivas sobre questões constitucionais complexas e controversas em uma sociedade plural; promoção de uma maior deliberação e contribuição para o espaço democrático, já que não fecha o diálogo futuro com decisões judiciais amplas e abstratas; foco do tribunal sobre o caso particular ao não decidir sobre questões desnecessárias; recusa a decidir casos não maduros, o que denomina de "virtudes passivas" em decorrência de uma prudência judicial, o que veda, portanto, a interferência judicial em processos políticos.

Sem adentrar a fundo nesse debate teórico e prático sobre o ativismo (maximalismo) e o minimalismo judiciais parece adequado supor que o primeiro, ao dar respostas para tudo e potencializar a aplicação de discursos axiológicos e principiológicos, mesmo quando há regulamentação constitucional e legal a respeito em sentido diverso, igualmente potencializa a busca crescente da sociedade por tal forma de decidir, contribuindo, assim, para a Judicialização.

O objeto do estudo não é o aprofundamento deste candente e relevante tema, não só jurídico-constitucional, mas também da Ciência Política. Os fundamentos até então apresentados nesse tópico, portanto, são suficientes para assentar essa primeira causa do crescimento da Desjudicialização, que é a própria Judicialização.

3.2. CRISE DO PODER LEGISLATIVO

O Poder Legislativo, em um ambiente democrático, dentre as funções estatais, é a que mais reflete o perfil da sociedade, porquanto os legisladores representam as pessoas pelas quais foram eleitos. Uma sociedade conservadora terá um Legislativo conservador; uma sociedade liberal, de igual modo assim produz essa função; uma sociedade pluralista refletirá no Parlamento.

---

judiciales, *In*, **A discricionariedade nos sistemas jurídicos contemporâneos**, org. Lenio Luiz Streck, Salvador: Editora Juspodivm, 2017, p. 31).

37. MÜLLER, Friedrich. **Juristische Methodik**, 5ª ed., Berlin: Duncker&Humblot, 1993.

38. SUNSTEIN, Cass R. **One case at a time**: judicial minimalism on the Supreme Court, Havard University Press, 1999.

O modo de vida e das relações sociais encetadas decorrem da forma pela qual a regulamentação jurídica de um Estado é disciplinada. Daí que a análise do Poder Legislativo e da Produção do Direito no Brasil é necessária para demonstrar se contribuem também para a Desjudicialização, seja no sentido de busca de soluções dos conflitos ante a ausência de normas a regular determinadas situações, seja na feitura de leis e regulamentos que possibilitam uma experiência jurídica desjudicializante.

São dois lados ou sistemas que se retroalimentam, ou, nas palavras de Luhmann, se acoplam estruturalmente[39]. A sociedade fornece os valores para os legisladores que, por sua vez, editam normas com base em tais valorações e, assim seguidamente, com as pessoas e empresas se orientando por essa normatividade que pode ser alterada com novos valores e valorações advindos de uma sociedade cada vez mais complexa e plural. Um ciclo ou processo, portanto, contínuo de relações sociais e institucionais, que se espera eficaz e respeitoso para tomada de uma decisão majoritária, como acredita Jeremy Waldron[40].

Em uma perspectiva ativa de atuação normativa, o Poder Legislativo dá causa à Desjudicialização quando edita leis que objetivam, justamente, a solução extrajudicial de conflitos. Exemplo categórico é a Lei n. 9.307/1996, que dispôs sobre a arbitragem.

Podem ser referidas, dentre outras: Lei 8.560/1992, que trata sobre a investigação de paternidade; Lei 8.951/1994, que trata da consignação em pagamento extrajudicial; Lei 9.514/1997, a respeito da alienação fiduciária de coisa imóvel; Lei 10.931/2004, disciplinadora do patrimônio de afetação; Lei 11.441/2007, que regulou o divórcio e o inventário extrajudiciais; Lei 11.790/2008, que regula o registro de nascimento tardio; Lei 11.977/2009, que no Programa Minha Casa Minha Vida preceitua sobre a legitimação de posse[41]. Algumas dessas leis terão uma análise mais detida em tópicos específicos.

A presente pesquisa pode ser enquadrada, dentro do quadro da Produção do Direito na Federação, em uma tentativa de dar nova solução legislativa, constitucionalmente adequada e direcionada à eficientização da cobrança dos créditos públicos inadimplidos, particularmente pelo Legislativo estadual.

---

39. LUHMANN, Niklas. **La sociedad de la sociedad**, México: Herder, 2007, p. 615-634.
40. WALDRON, Jeremy. **A dignidade da legislação**, trad. Luís Carlos Borges, São Paulo: Editora Martins Fontes, 2003, p. 192.
41. PINHO, Humberto Dalla Bernadina de; PORTO, J R M. A desjudicialização enquanto ferramenta de acesso a justiça no CPC 2015. *In*, **Direito Intertemporal e o novo CPC**. PINHO, Humberto; GRECO, Leonardo; CARNEIRO, Paulo. (Org.). 1ª ed. Rio de Janeiro: GZ, 2017, v. 1, p. 321-353.

Trata-se de demonstrar o déficit do Poder Legislativo decorrente da inefetividade dessa função estatal no sentido de ausência de atos normativos, ou mesmo sua profusão sem facticidade, consoante adverte Diógenes V. Hassan Ribeiro:

> Mas, enfim, qual é a motivação para essa baixa produção e baixa qualidade? Existem, é certo, grandes obstáculos para uma produção qualitativa e quantitativamente superior. É possível que o maior obstáculo seja, exatamente, o número de projetos em tramitação e a excessiva demanda de legislação da sociedade. Isso impõe que sejam escolhidos determinados projetos. Essa escolha é feita com base em diversos critérios. O critério econômico e a opinião pública fixam, na maior parte dos casos, as prioridades. Entre os projetos que celebram o critério econômico estão os interesses do Poder Executivo. Os projetos que estão na pauta da mídia são os projetos impostos pela opinião pública. Em consequência, não há tempo suficiente para o exame dos demais projetos, pois, em muitos casos, os projetos são excessivamente complexos, que exigem, inclusive, a realização de audiências públicas, outros que devem tramitar por diversas comissões e passar por várias relatorias. O debate e a formação de consensos são indispensáveis no processo legislativo[42].

Por outro lado, não se pode descurar, diante da crescente transformação da sociedade, da sua complexidade e pluralismo de suas relações, que "no Brasil e no mundo, o Poder Legislativo não dá e nem nunca dará conta da demanda por legislação"[43], já que "la *ley* no contiene todo el *Derecho* que, en cada instante, necesita para su vida normal la sociedad"[44].

Certo é também que a correção das omissões legislativas não pode ser vista como uma panaceia para a regulação do modo de vida em sociedade, o que já foi demonstrado, em uma perspectiva sociológica, por Boaventura de Sousa Santos, ao tratar do discurso jurídico em Pasárgada[45].

---

42. RIBEIRO, Diógenes V. Hassan. Judicialização e desjudicialização. Entre a deficiência do legislativo e a insuficiência do judiciário, *In*, **Revista de Informação Legislativa**, Ano 50 Número 199 jul./set. 2013, p. 28.
43. RIBEIRO, Diógenes V. Hassan. Judicialização e desjudicialização. Entre a deficiência do legislativo e a insuficiência do judiciário, *In*, **Revista de Informação Legislativa**, Ano 50 Número 199 jul./set. 2013, p. 29. No mesmo sentido: FACHINI NETO, Eugênio. O protagonismo do Judiciário no mundo contemporâneo e algumas de suas razões, *In*, **Revista Novos Estudos Jurídicos**, vol. 23, n. 1, jan-abr 2018, p. 89-132. Disponível em: https://periodicos.univali.br/index.php/nej/article/view/12788/pdf . Acesso em 8 fev. 2023.
44. BRUTAU, José Puig. **La jurisprudencia como fuente del derecho**, 2ª ed., Barcelona: Editorial Bosch, 2006, p. 87, grifos no original.
45. "Pasárgada é uma comunidade densamente povoada, no seio da qual se estabeleceu uma teia muito complexa de relações sociais entre os habitantes e entre estes, individualmente, e a comunidade no seu todo, algumas das quais têm origem em contratos (compra e venda,

No Brasil, inclusive, há processos especiais constitucionalmente estabelecidos que dispõem e tentam dar eficácia e aplicabilidade às normas constitucionais e resolutividade às controvérsias em razão das omissões legislativas, como a ação direta de inconstitucionalidade por omissão e o mandado de injunção[46].

Nesse cenário, a crise de legislação eleva a produção normativa pelo Poder Executivo e aumenta a demanda do Poder Judiciário, deslocando, portanto, a esfera pública e a democraticidade relacionadas à atividade legislativa para funções estatais que não são constitucionalmente aparelhadas, de um ponto de vista democrático, para tanto[47]. Abrem-se também espaços vazios normativos que contribuem para a Judicialização ou mesmo o seu reverso, a busca de encerramento de controvérsias sociais sem a participação de quaisquer atores estatais, ou seja, a Desjudicialização, através de conciliações e mediações.

Alguns estudos empíricos subsidiam a análise da produção normativa no Brasil, o que pode contribuir para demonstrar a oportunidade deste estudo, que tem, como objetivo principal, assentar, num contexto desjudi-

---

arrendamento, etc.) e outros negócios jurídicos que envolvem a propriedade, a posse e direitos reais vários sobre a terra e as habitações (ou parte delas) individualmente apropriadas. Tais relações têm uma estrutura homológica das relações jurídicas. No entanto, à luz do direito oficial brasileiro, as relações desse tipo estabelecidas no interior das favelas são ilegais ou juridicamente nulas, uma vez que dizem respeito a transacções sobre terrenos ilegalmente ocupados e a construções duplamente clandestinas. Dentro da comunidade, contudo, tais relações são legais e como tal são vividas pelo que nelas participam; a intervenção da associação de moradores neste domínio visa constituir como que uma *ersatz* da protecção jurídica oficial de que carecem. A associação de moradores transformou-se, assim, gradualmente num *forum* jurídico, à volta do qual se foi desenvolvendo uma prática e um discurso jurídicos – o direito de Pasárgada" (SANTOS, Boaventura de Sousa. **O discurso e o poder**: ensaio sobre a sociologia da retórica jurídica, Porto Alegre: Editora Fabris, 1988, p. 14).

46. Em trabalho monográfico sobre o tema Flávia Piovesan pontua:"A Constituição só se torna viva, só permanece viva, quando há o esforço em conferir-lhe realização, que não se coaduna com a omissão inconstitucional, inviabilizadora de sua eficácia. A tarefa de realização das normas constitucionais deve, ademais, estar em consonância com o sentido essencial dos princípios consagrados pela Constituição, refletindo, assim, a consciência da necessidade e do valor específico de uma ordem normativa, bem como a convicção de que se trata de uma ordem a realizar, através de atos de vontade dos implicados no processo constitucional" (PIOVENSAN, Flávia. **Proteção judicial contra omissões legislativas**: ação direta de inconstitucionalidade por omissão e mandado de injunção, 2ª ed., São Paulo: Editora Revista dos Tribunais, 2003, p. 18).

47. GONÇALVES, Nicole Pilagallo da Silva Mader. O risco da crise do Poder Legislativo para o Estado Democrático de Direito: a necessária reconstrução da esfera pública, o resgate do político e a reformulação da democracia, *In*, **Revista Direitos Fundamentais & Democracia**, [S. l.], v. 5, n. 5, 2009. Disponível em: https://revistaeletronicardfd.unibrasil.com.br/index.php/rdfd/article/view/229. Acesso em 8 fev. 2023.

cializante, a possibilidade constitucional dos Estados-Membros legislarem sobre a Execução Fiscal Administrativa.

Com efeito, colhe-se de diversos textos publicados sobre a produção normativa que a grande maioria de proposições legislativas são arquivadas sem conclusão ao final de cada legislatura, como atesta a publicação Congresso em Números 2018, da Fundação Getúlio Vargas[48].

Há dominância de apresentação de propostas pelos parlamentares desde 2005, em relação às propostas do Poder Executivo, e os projetos mais relevantes que se transformaram em lei são oriundos de legislaturas passadas, demonstrando a demora na tramitação do processo legislativo[49], tendo como consequência "a defasagem de uma lei quando esta é aprovada ou as diversas situações em que o Judiciário pode ser instado a julgar questões envoltas em 'vazios jurídicos'"[50], sendo que a Mesa da Câmara concentra, em média, 40% do tempo total de tramitação dos projetos[51].

48. FUNDAÇÃO GETÚLIO VARGAS (FGV). Centro de Tecnologia e Sociedade – CTS. **Congresso em Números 2018**: Relatório de Atividades do Congresso Nacional (Bimestre Fev-Mar). Disponivel em: https://bibliotecadigital.fgv.br/dspace/bitstream/handle/10438/23993/Congresso%20em%20N%c3%bameros%202018%20-%20Relat%c3%b3rio%20de%20Atividades%20do%20Congresso%20Nacional%20-%20Bimestre%20fev.-mar.pdf?sequence=1&isAllowed=y. Acesso em 8 fev. 2023.

49. VASCONCELLOS, Fábio; CUNHA, Brenda; CARABETTA, João. A institucionalização da produção legal da Câmara dos Deputados a partir do artigo 105 do Regimento Interno (1988-2017), p. 101, *In*, **Poder legislativo nacional**: uma análise da produção legislativa do país sob a ótica do direito, Organização Pablo Cerdeira, Fábio Vasconcellos, Rogerio Sganzerla. – Rio de Janeiro: Escola de Direito do Rio de Janeiro da Fundação Getulio Vargas, 2018. https://bibliotecadigital.fgv.br/dspace/bitstream/handle/10438/25659/Poder%20Legislativo%20Nacional%20-%20uma%20an%C3%A1lise%20da%20produ%C3%A7%C3%A3o%20legislativa%20do%20pa%C3%ADs%20sob%20a%20%C3%B3tica%20do%20Direito.pdf?sequence=1&isAllowed=y. Acesso em 8 fev. 2023.

50. VASCONCELLOS, Fábio; CUNHA, Brenda; CARABETTA, João. A institucionalização da produção legal da Câmara dos Deputados a partir do artigo 105 do Regimento Interno (1988-2017), p. 128, *In*, **Poder legislativo nacional**: uma análise da produção legislativa do país sob a ótica do direito, Organização Pablo Cerdeira, Fábio Vasconcellos, Rogerio Sganzerla. – Rio de Janeiro: Escola de Direito do Rio de Janeiro da Fundação Getulio Vargas, 2018. https://bibliotecadigital.fgv.br/dspace/bitstream/handle/10438/25659/Poder%20Legislativo%20Nacional%20-%20uma%20an%C3%A1lise%20da%20produ%C3%A7%C3%A3o%20legislativa%20do%20pa%C3%ADs%20sob%20a%20%C3%B3tica%20do%20Direito.pdf?sequence=1&isAllowed=y. Acesso em 8 fev. 2023.

51. SGANZERLA, Rogerio; SCOVINO, Fernanda; SALES, Alifer. Otimização do processo legislativo analisando a concentração de tempo na Mesa da Câmara dos Deputados, p. 135, *In*, **Poder legislativo nacional**: uma análise da produção legislativa do país sob a ótica do direito, Organização Pablo Cerdeira, Fábio Vasconcellos, Rogerio Sganzerla. – Rio de Janeiro: Escola de Direito do Rio de Janeiro da Fundação Getulio Vargas, 2018. https://bibliotecadigital.fgv.br/dspace/bitstream/handle/10438/25659/Poder%20Legislativo%20Nacional%20-%20uma%20an%C3%A1lise%20da%20produ%C3%A7%C3%A3o%20legislativa%20do%20

As pesquisas demonstram, não obstante em algumas situações o Poder Legislativo tenha atuado em temas importantes, conforme Notas de Pesquisas do Boletim de Análise Político-Institucional do IPEA[52], que é o Poder Executivo que pauta a aprovação do maior número de projetos de lei, com predomínio sobre o Poder Legislativo[53], ante o presidencialismo de coalizão a evidenciar um desequilíbrio entre os Poderes. Caroline Somesom Tauk expõe:

> Os projetos de lei representam a maior quantidade de apresentações desde 1988 (56,8 mil no total), mas o percentual de sua aprovação é de apenas 4,63%. Em contrapartida, 79% das medidas provisórias – que perfazem um total de 816 proposições a partir de 1988 e, desde 1995, têm sido sistematicamente utilizadas pela Presidência – convertem-se em lei. Entre 2002 e 2007, foi editada uma média de 65 medidas provisórias ao ano, reduzindo para uma média anual de 37 durante 2008 a 2015, e subindo novamente para uma média de 53 edições ao ano em 2016 e 2017[54].

---

pa%C3%ADs%20sob%20a%20%C3%B3tica%20do%20Direito.pdf?sequence=1&isAllowed=y. Acesso em 8 fev. 2023.

52. "Mas o protagonismo legislativo do Congresso não se limitou à produção de políticas particularistas nem simbólicas. Também houve aumento substancial na quantidade de leis regulatórias de natureza difusa, ou seja, que instituem direitos e deveres com amplo alcance na sociedade: a média anual dessas leis passou de 21,4 para 32,4 (aumento de 51,5%), entre 1995-2002 e 2007-2014. Exemplos neste sentido são as leis que instituem o Sistema de Consórcios (Lei no 11.795/2008), a Política Nacional sobre Mudança do Clima (12.187/2009), o Estatuto da Igualdade Racial (12.288/2010), e a Política Nacional de Irrigação (12.787/2013). Em suma, o recente aumento na produção legal de origem parlamentar inclui tanto leis muito relevantes para o país quanto leis de importância questionável. Se e em que medida a produção destas últimas implica em custo de oportunidade para a produção das primeiras é uma questão em aberto. Por isto, não obstante os exemplos mencionados, ao Congresso coloca-se o desafio de não preterir deliberações sobre políticas públicas de interesse difuso em favor da produção de legislação de natureza particularista ou simbólica" (ALMEIDA, Acir. Processo Legislativo: mudanças recentes e desafios, p. 48-49, *In*, Instituto de Pesquisa Econômica Aplicada. **Boletim de análise político-institucional**, n. 7, jan-jun. 2015, Brasília: IPEA. Disponível em: https://portalantigo.ipea.gov.br/portal/images/stories/PDFs/boletim_analise_politico/150714_boletim_analisepolitico_07.pdf. Acesso em 8 fev. 2023).
53. María Paula Bertino utiliza o termo marginalidade e centralidade para divisar tais atuações dos poderes (BERTINO, María Paula. Actividad legislativa, éxito e importancia como factores detrás de la producción legislativa. **colomb.int.**, Bogotá, n. 83, p. 77-101, Jan. 2015). Disponível em: <http://www.scielo.org.co/scielo.php?script=sci_arttext&pid=S0121-56122015000100005&lng=en&nrm=iso>. Acesso em 09 fev. 2023.
54. TAUK, Caroline Somesom. Produção legislativa no presidencialismo de coalizão. Há espaço para mudanças?, *In*, **Revista de Informação Legislativa, RIL**, Brasília, ano 56, n. 222 abr./jun. 2019, p. 206. No mesmo sentido, demonstrando a prevalência de aprovação de projetos do Poder Executivo ou de sua base governista: FINGER, Anays Martins; SANTOS, Miriam Cheissele dos; RODRIGUES, Nina Trícia Disconzi. Democracia representativa: produção legislativa e o papel do executivo e do legislativo, *In*, **Revista do Direito Público**, Londrina, v. 17, n. 2, p. 173-187, out. 2022.

As pesquisas tem um perfil de análise quantitativo, praticamente inexistindo pesquisas específicas sobre o aspecto qualitativo das leis editadas pelo Poder Legislativo, no sentido de influência nas relações sociais, na atividade econômica e reflexos nas demandas judiciais, o que é denominado em Ciência ou Teoria da Legislação de *avaliação legislativa retrospectiva* ou *ex post*[55], incluída na disciplina *Legística Material* ou *Metódica da Legislação*[56].

No que concerne especificamente a um dos temas desta obra, a Execução Fiscal Judicial, as pesquisas anuais empíricas do CNJ cumprem, de certa forma, a Metódica da Legislação em relação à avaliação legislativa retrospectiva, porquanto demonstram o quadro de inefetividade da Lei n. 6.830/1980 em relação ao objeto pelo qual foi editada, qual seja, a execução forçada de créditos públicos inadimplidos.

De modo que, com base em tais estudos, que podem ser incluídos na Ciência ou Teoria da Legislação - que objetiva não apenas descrever o que é a lei, mas principalmente prescrever o deve ser[57] –, a análise deve ser direcionada para readequação legal ou mesmo novas normatizações sobre o tema, com o desiderato de dotar a lei de eficácia e efetividade de acordo com os fins a que foi elaborada.

Esse é, também, um móvel da presente pesquisa. Ou seja, diante da demonstração de inexpressividade do cumprimento dos objetivos da Lei de

---

55. Nesta *avaliação legislativa retrospectiva* ou *ex post* se procura identificar "(i) se a norma produziu os efeitos pretendidos pelo legislador; (ii) se os objetivos previstos para a legislação foram atingidos total ou parcialmente; (iii) se foram produzidos outros efeitos, não previstos e nem pretendidos; e (iii) as causas determinantes da produção dos efeitos não esperados" (ALINAS, Natasha Schmitt Caccia. Avaliação legislativa no Brasil: apontamentos para uma nova agenda de pesquisa sobre o modo de produção das leis, *In*, **Revista Brasileira de Políticas Públicas**, Brasília, v. 10, n. 1, 2013, p. 236).
56. "A disciplina *Legística Material, ou Metódica da Legislação*, corresponde a um ramo da *Ciência da legislação* que se propõe a desenvolver os preceitos metodológicos para cada uma das etapas do processo de elaboração do conteúdo das normas jurídicas, diferenciando-se da *Legística Formal*, que se ocupa da sistematização, da redação e da comunicação legislativa" (ALINAS, Natasha Schmitt Caccia. Avaliação legislativa no Brasil: apontamentos para uma nova agenda de pesquisa sobre o modo de produção das leis, *In*, **Revista Brasileira de Políticas Públicas**, Brasília, v. 10, n. 1, 2013, p. 234, grifos no original). A análise feita pela autora brasileira da Ciência da Legislação é amparada em MADER, Luzius. Evaluating the effects: a contribution to the quality of legislation. **Statute Law Review**, vol. 22, n. 2, 2001, p. 119-131. Para o destacado autor suíço, a avaliação da legislação, seja ela prospectiva ou retrospectiva, é um elemento indispensável de qualquer abordagem metódica e racional da legislação.
57. HOMMERDING, Adalberto Narcico. **Teoría de la legislacion y derecho como integridad**, Curitiba: Editora Juruá, 2012, p. 34-35, *apud*, MELO FILHO, João Aurino de. **Racionalidade Legislativa do Processo Tributário**, Salvador: Editora Juspodivm, 2018, p. 30.

Execução Fiscal, trazer a hipótese de que a Execução Fiscal Administrativa pode ser um caminho a ser trilhado em âmbito federativo estadual[58].

Os indicadores[59] apontados reiteradamente nas pesquisas do CNJ evidenciam que se faz premente uma reestruturação da Execução Fiscal Judicial e mesmo a institucionalização de outros instrumentos processuais e procedimentais que possam dotar a legislação de eficácia e efetividade.

Com efeito, há quase 20 anos o CNJ[60] iniciou a série de pesquisas dos números do Poder Judiciário, em diversas variáveis e indicadores: insumos, dotações e graus de utilização (recursos humanos, estruturais e financeiros); litigiosidade e carga de trabalho; acesso à justiça (despesas com assistência judiciária, custos do processo); perfil das demandas.

O Relatório Justiça em Número do CNJ foi se aprimorando e se consolidando ano a ano, detalhando e retratando a realidade do Poder Judiciário

---

58. O que pode ser enquadrado na Ciência da Legislação nas seguintes etapas da disciplina de Métódica da Legislação: "A segunda etapa do percurso legislativo consiste na determinação dos objetivos da legislação, em que o legislador ou editor de atos normativos deverá identificar com precisão o que pretende alcançar com a medida proposta. Essa ação do percurso legislativo condicionará as estratégias a serem adotadas em todas as etapas seguintes. Para se identificarem os meios aptos a solucionar os problemas inseridos na pauta legislativa, torna-se necessário ter clareza de seus fins. A indefinição ou imprecisão nas definições dos objetivos da legislação enseja, portanto, um rompimento na racionalidade de todo o processo de elaboração normativa. Nessa etapa será ainda necessário averiguar também a possibilidade, a necessidade e a oportunidade de um ato normativo. Por possibilidade entende-se a viabilidade de uma lei para solucionar problemas. A esse respeito, verifica-se que há fatores de ordem natural, econômica e jurídica que inviabilizam uma lei de solucionar certos problemas. Nesses casos, é possível identificar de antemão a incapacidade de uma lei de atingir os objetivos almejados pelo legislador. Em outras situações, a lei poderá até ser possível, porém não será necessária, em face de alternativas que permitam o alcance dos objetivos pretendidos sem a necessidade de intervenção do legislador. Por fim, uma lei poderá ser possível, necessária, porém o momento de legislar poderá não ser oportuno. [...] A quarta etapa de Metódica da Legislação corresponde à avaliação legislativa prospectiva ou ex ante, que consiste em prever as consequências da lei, antes de sua entrada em vigor, com o auxílio da melhor informação possível sobre os problemas que se pretende solucionar com a intervenção normativa" (ALINAS, Natasha Schmitt Caccia. Avaliação legislativa no Brasil: apontamentos para uma nova agenda de pesquisa sobre o modo de produção das leis, *In*, **Revista Brasileira de Políticas Públicas**, Brasília, v. 10, n. 1, 2013, p. 234-235).
59. O uso de indicadores no processo legislativo é um importante instrumento para balizar a técnica legislativa. A respeito: STAFFEN, Marcio Ricardo. Legislar por indicadores: a iniciativa legislativa brasileira anticorrupção conforme a influência de atores transnacionais, *In*, **Revista de Informação Legislativa: RIL**, Brasília, DF, v. 56, n. 221, p. 169-193, jan./mar. 2019. Disponível em: http://www12.senado.leg.br/ril/edicoes/56/221/ril_v56_n221_p169 . Acesso em: 10 fev. 2023.
60. BRASIL. Conselho Nacional de Justiça. **Justiça em números 2003**: Variáveis e Indicadores do Poder Judiciário, Conselho Nacional de Justiça, Brasília: CNJ, 2004. Disponível em: https://www.cnj.jus.br/wp-content/uploads/2011/02/justica_numeros_2003.pdf. Acesso em 10 fev. 2023.

nas referidas variáveis e indicadores. Dentre os quais, e particularmente relacionado a subsídios para o Poder Legislativo, destaca-se a sempre recorrente exposição dos processos judiciais de Execução Fiscal.

A título ilustrativo, já que essa questão será melhor detalhada em tópico específico, colhe-se do primeiro Relatório de 2004 (ano base 2003) que as receitas decorrentes da Execução Fiscal na Justiça Estadual em relação às despesas de cada Poder Judiciário foram, praticamente em todos as unidades federativas, inexpressivas[61].

Da análise desses dados vê-se que sequer a Execução Fiscal Judicial consegue cobrir as despesas do próprio poder em que é processualizada, o que dirá, então, de reverter efetivamente valores para políticas públicas essenciais.

Mais expressiva ainda são as pesquisas realizadas pela Universidade Federal do Rio Grande do Sul (UFRGS) e pelo Instituto de Pesquisas Econômicas Aplicadas (IPEA) encomendadas pelo CNJ, que em 2011 alertavam de forma incisiva e baseada em dados sólidos:

> Os dados referentes à taxa de congestionamento de execução fiscal revelam um quadro preocupante. Em média, no 1º Grau da Justiça estadual, de cada cem processos em tramitação em 2010, aproximadamente quinze foram finalizados no mesmo período. Já no caso das execuções fiscais, esse número cai ainda mais, ou seja, de cem execuções fiscais em andamento na 1ª instância estadual no exercício de 2010, apenas oito foram finalizadas no mesmo ano. Tomando a Justiça Federal por base, os dados apontam que a taxa de congestionamento foi de 77% quando não considerados os executivos fiscais. Porém, ao contabilizar apenas os processos de execução fiscal esse valor sobe para 92%, uma diferença de 15 pontos percentuais.
>
> Tais estatísticas somente confirmam a relevância de se focar, com prioridade e urgência, a temática das execuções fiscais pelas três esferas de Poder: Judiciário, Executivo e Legislativo. As pesquisas contratadas trouxeram a

---

61. A fórmula I2=i/DPJ, em que I2 é o percentual do resultado das receitas (i) sobre as despesas (DPJ), expõe os seguintes resultados percentuais dos Estados que disponibilizaram os dados naquele primeiro estudo de 2004: Acre, 0,15%; Bahia, 2,48%; Ceará, 1,13%; Distrito Federal, 0,14%; Goiás, 3,43%; Maranhão: 4,07%; Mato Grosso, 28,25%; Mato Grosso do Sul, 0,02%; Minas Gerais, 11,76%; Pará: 47,39%; Paraíba, 0,82%; Paraná, 6,20%; Pernambuco, 14,28%; Piauí, 0,01%; Rio de Janeiro, 0,39%; Rio Grande do Sul, 41,87%; Rondônia, 4,41%; Roraima, 2,28%; Santa Catarina: 2,05%; Sergipe, 0,17%, Tocantins, 0,04%. Média de 8,16% (BRASIL. Conselho Nacional de Justiça. **Justiça em números 2003**: Variáveis e Indicadores do Poder Judiciário, Conselho Nacional de Justiça, Brasília: CNJ, 2004, p. 19. Disponível em: https://www.cnj.jus.br/wp-content/uploads/2011/02/justica_numeros_2003.pdf. Acesso em 10 fev. 2023).

lume uma série de contribuições inovadoras para o conhecimento do modus operandi desta matéria específica e não menos controvertida[62].

Há que se buscar, nas palavras de João Aurino de Melo Filho, dentro da Teoria da Legislação, uma racionalidade legislativa do processo tributário, na medida em que a "racionalidade da decisão legislativa, em suma, não acompanhou o desenvolvimento da racionalidade da decisão judicial, o que acabou gerando um distanciamento nos graus de evolução dos dois tipos de racionalidade jurídica"[63].

Afinal, a quem interessa a produção de normas jurídicas que dariam efetividade à cobrança de trilhões de reais de créditos tributários inadimplidos[64]?

Certamente que ao Estado, indiretamente, e à sociedade, diretamente. Nada obstante, a sociedade é representada pelos Parlamentos e, considerando a ausência de produção normativa eficiente, a conclusão inicial que se pode chegar é a notória falta de interesse e manifestação dos agentes legislativos a respeito de se dotar o sistema jurídico de instrumentos processuais-procedimentais para a busca de satisfação do inadimplementos de pessoas e empresas[65]. Afinal, como esclarece Paulo Bonavides, à propósito da sua

---

62. BRASIL. Conselho Nacional de Justiça. **A Execução Fiscal no Brasil e o Impacto no Judiciário**, Brasília: CNJ, 2011, p. 17-18. Disponível em: https://www.cnj.jus.br/wp-content/uploads/2011/02/2d53f36cdc1e27513af9868de9d072dd.pdf. Acesso em 10 fev. 2023.
63. MELO FILHO, João Aurino de. **Racionalidade Legislativa do Processo Tributário**, Salvador: Editora Juspodivm, 2018, p. 23. Melo Filho expõe em sua tese os níveis de racionalidade legislativa proposto por Manuel Atienza (R1: linguística, R2: jurídico-formal; R3: pragmática; R4: teleológica; R5:ética), assim sintetizado pelo autor espanhol: "[...] una racionalidad comunicativa o linguistica (R1), en cuanto que el emisor (edictor) deve ser capaz de transmitir com fluidez um mensage (la ley) ao receptor (el destinatario); una racionalidad juridico-formal (R2), pues la nueva ley debe insertarse armoniosamente en un sistema juridico; una racionalidad pragmática (R3), pues la conducta de los destinatarios tendría que adecuarse a lo prescrito em la ley; una racionalidad teleológica (R4), pues la ley tendría que alcanzar los fines sociales perseguidos; y una racionalid ética (R5), pues las conductas prescritas y los fines de las leys presuponen valores que tendrían que ser susceptibiles de justificación ética" (ATIENZA, Manuel. **Contribucción a una teoría de la legislación**, Madrid: Civitas, 1997, p. 27-28, *apud*, MELO FILHO, João Aurino de. **Racionalidade Legislativa do Processo Tributário**, Salvador: Editora Juspodivm, 2018, p. 59)
64. Apenas relativo ao estoque da Fazenda Nacional tem-se R$ 2,7 trilhões, assim divididos: FGTS, R$ 41.953.179.475,42; Tributário Previdenciário, R$ 630.899.533.413,26; Tributário Não Previdenciário, R$ 1.941.364.865.763,26; Não Tributário, R$ 95.264.397.725,23. BRASIL. Procuradoria da Fazenda Nacional. **PGFN em Números 2022 – Dados de 2021**. Brasília: PGFN, 2022, p. 16. Disponível em: https://www.gov.br/pgfn/pt-br/acesso-a-informacao/institucional/pgfn-em-numeros/pgfn_em_numeros25042022-compressed.pdf. Acesso em 10 fev. 2023.
65. Aqui, a doutrina de Gustavo Zagrebelsky é oportuna, ao criticar o "*vox populi, vox dei*", que se trataria de uma "grosera teologia política democrática correspondente a los conceptos triunfalistas y acríticos del poder del pueblo que, como hemos visto, no son sino adulaciones interesadas". Assim, esclarece o juiz da Corte Constitucional italiana, na exposição de sua "de-

defesa sobre o federalismo regional e aqui aplicável, "as ideias se acham aí, mas não entram na cabeça adormecida de legisladores, presidentes, ministros, e homens de Estado"[66].

A segunda conclusão é que tal forma de atuação omissiva reflete, a rigor, o próprio interesse de pessoas e corporações na manutenção do *status quo*, no sentido da inefetividade da Execução Fiscal Judicial.

Dessa segunda conclusão é possível extrair a terceira, a de que a sociedade brasileira não se importa com a busca da eficiência administrativa nessa área, talvez pela desconfiança que é dada, há gerações, sobre a malversação do dinheiro público, a aplicação indevida de recursos em diversos setores que carecem, e sempre careceram, de políticas públicas exitosas[67], ou mesmo em razão do denominado "jeitinho brasileiro", já objeto de estudos específicos no Direito[68].

O Poder Legislativo, portanto, é uma das causas para a Desjudicialização, cabendo-lhe a tarefa de buscar ferramentas legais que possam dar concretude às soluções de conflitos na sociedade e no Estado. Essa pesquisa pretende ser uma contribuição para tanto.

---

mocracia crítica", que apesar das falibilidades do povo é preciso reconhecer, a bem do sistema democrático, "una insuperable falta de algo mejor" (ZAGREBELSKY, Gustavo. **La crucifixión y la democracia**, Barcelona: Editorial Ariel, 1996, p. 105).

66. BONAVIDES, Paulo. **A Constituição Aberta**: temas políticos e constitucionais da atualidade, com ênfase no Federalismo das Regiões, 3ª ed., 2004, p. 339. É oportuno destacar uma síntese do pensamento de Bonavides sobre o Federalismo das Regiões: "Em suma, a Região é peça básica de nosso sistema federativo. Entidade constitucional, administrativamente faz parte já da Constituição, posto que, pelo prisma político e normativo, ainda não faça parte da Federação em termos formais. Mas, para alcançar materialmente esta última dimensão, abrem-se duas artérias; a via judicial, isto é, a dos tribunais, interpretando a Constituição, e a via legislativa constituinte, a do Congresso, legislando dentro da própria Carta Magna, por meio de emenda, a criação das Regiões autônomas. [...] Com isso, evitaremos a crise da unidade nacional, cimentaremos o futuro do País, consolidado na solidariedade dos entes regionais, e espancaremos, assim, do horizonte da Nação as sombras do separatismo, o mais letal das doenças da cidadania" (BONAVIDES, Paulo. **A Constituição Aberta**: temas políticos e constitucionais da atualidade, com ênfase no Federalismo das Regiões, 3ª ed., 2004, p. 345).
67. SEVEGNANI, Joacir. **A resistência aos tributos no Brasil**: Estado e Sociedade em conflito, Florianópolis: Conceito Editorial, 2009, p. 139-181.
68. KEITH S. Rosenn (1998), em obra sobre o jeito na cultura jurídica brasileira destaca: "A peculiaridade no Brasil é que essa prática de desvio das normas legais para alcançar o fim desejado elevou-se de um modo tal, que resultou na criação de uma instituição paralegal altamente cotada conhecida como 'o jeito'. O jeito se tornou parte integrante da cultura jurídica do Brasil. Em muitas áreas do direito, o jeito é a regra; a norma jurídica formal, a exceção" (ROSENN, Keith S. **O jeito na cultura jurídica brasileira**, Rio de Janeiro: Editora Renovar, 1998, p. 13).

3.3. EFICIENTIZAÇÃO E CELERIDADE PROCESSUAIS

Outras causas que podem ser colacionadas para o incremento da Desjudicialização são a eficientização e a celeridade de processos e procedimentos realizados fora da Jurisdição.

Se litígios são decorrentes de questões não resolvidas é natural que as pessoas – físicas e jurídicas –, tenham o maior interesse na expedita solução e, portanto, buscam se afastar do ambiente judicial pela morosidade e burocracia inerente ao peso da máquina judiciária, que igualmente é vítima da anunciada *tragédia da justiça.*

Consoante demonstrou Erik Navarro Wolkart, a *tragédia da justiça* tem por base a famosa parábola da *tragédia dos comuns*, de Garrett Hardin[69], pela qual se "ilustra como os recursos comuns (bens comuns) tendem a ser explorados em níveis acima do desejável do ponto de vista social, gerando uma tendência de esgotamento (o que seria a tragédia)"[70]. É pertinente, a propósito:

---

69. HARDIN, Garret. The Tragedy of the Commons, **Science**, New series, v. 162, n. 3.859 (Dec. 13, 1968), p. 1243-1248. Disponível em: https://www.hendrix.edu/uploadedFiles/Admission/GarrettHardinArticle.pdf. Acesso em 10 fev. 2023.
70. WORKART, Erik Navarro. **Análise econômica do processo civil**: como a economia, o direito e a psicologia podem vencer a tragédia da justiça, São Paulo: Thomson Reuters Brasil, 2019, p. 85. Assim explica o autor: "A parábola consiste na singela história de uma pequena cidade medieval na qual a criação de ovelhas era uma das principais atividades comerciais. As ovelhas pertencentes às diversas famílias da cidade pastavam em um campo que a rodeava, chamado *Town Common*. Esse pasto era público e grande o suficiente para que todas as ovelhas pudessem alimentar-se, ao mesmo tempo em que áreas não utilizadas iam renovando-se, funcionando, portanto, muito bem. Ocorre que, conforme a cidade crescia, mais e mais ovelhas eram colocadas na terra pelas famílias. Logo a gleba tornou-se um bem escasso, levando a uma concorrência no consumo. Como não havia incentivos para diminuir o uso da pastagem, ela esgotou-se e *Tow Common* acabou tornando-se um terreno barroso e inútil para todas as ovelhas. O pequeno conto traz lições importantíssimas e extremamente úteis aos objetivos deste trabalho. O que causa a tragédia é a evidente divergência entre os incentivos públicos e privados ao uso da terra. Enquanto do ponto de vista social seria interessante preservar parte da gleba para proporcionar sua contínua renovação, do ponto de vista privado cada família deseja colocar cada vez mais ovelhas na gleba, aumentando, assim, seus rendimentos. De outro lado, de nada adiantaria apenas uma ou duas famílias conscientizarem-se do problema. É preciso uma ação coletiva organizada de um grande número de famílias. Sem essa *coordenação da coletividade*, as *externalidades* causadas pela utilização do pasto acabem levando ao seu esgotamento. É esse o trágico fim dos *bens comuns*". (grifos no original). Elionor Ostrom também trabalhou com o conceito da tragédia dos comuns, em sua obra sobre os recursos de uso comum (RUC), que teve o objetivo central de estabelecer premissas e variáveis sobre a organização, funcionamento, operacionalidade, regramento, administração e governabilidade dos RUC, considerando a escassez que pode advir de um uso insustentável de longo prazo e da existência de indivíduos não cooperantes (OSTROM, Elinor. **El gobierno de los bienes comunes**: la evolución de las instituciones de acción colectiva. 2. ed. México: Fondo de Cultura Económica, 2011).

> No caso da Justiça, várias soluções são possíveis, ainda que algumas sejam indesejáveis. Outras, ainda que óbvias, encontram barreiras na Constituição Federal. Note-se que, do ponto de vista jurídico, não se pode excluir o acesso à Justiça e aos meios inerentes à busca da tutela jurisdicional efetiva. No entanto, assim como a municipalidade na parábola poderia ter limitado o número de ovelhas por família ou simplesmente taxado o pastoreiro, a lei brasileira pode criar regras que promovam a internalização das consequências negativas do uso da atividade jurisdicional, diminuindo a ânsia no ajuizamento de novas demandas ou estimulando comportamentos que levem os processos pendentes a terminar mais rapidamente[71].

Novamente deve-se socorrer de dados empíricos do Conselho Nacional de Justiça, que relata que "as maiores faixas de duração estão concentradas no tempo do processo pendente, em específico na fase de execução da Justiça Federal (8 anos e 6 meses) e da Justiça Estadual (5 anos e 9 meses)"[72].

Em contrapartida, esse mesmo Relatório destaca em relação às conciliações judiciais:

> No primeiro grau, a conciliação foi de 13,9%. No segundo grau, a conciliação é praticamente inexistente (0,9%), apresentando índices muito baixos em todos os segmentos de justiça (Figura 142). Os únicos tribunais que alcançaram mais de 3% de conciliação no segundo grau foram: TRT12 (3,2%), TRT13 (5,4%) e TRT24 (6,6%).

Note-se que em ambiente judicial a conciliação é diminuta, o que pode corroborar para que controvérsias sejam dirimidas extrajudicialmente.

Nesse sentido, o Relatório Cartório em Números expõe que enquanto o tempo de tramitação de um processo de divórcio demorava 1 ano para ser finalizado, no Tabelionato de Notas o tempo é de 1 dia. Os processos judiciais de inventário, que demoravam em média 10 anos para solução final são encerrados em tais Serventias em 15 dias[73].

---

71. WORKART, Erik Navarro. **Análise econômica do processo civil**: como a economia, o direito e a psicologia podem vencer a tragédia da justiça, São Paulo: Thomson Reuters Brasil, 2019, p. 209.
72. BRASIL. Conselho Nacional de Justiça. **Justiça em números 2022**. Brasília: CNJ, 2022. Disponível em: https://www.cnj.jus.br/wp-content/uploads/2022/09/justica-em-numeros-2022-1.pdf. Acesso em 10 fev. 2023.
73. ASSOCIAÇÃO DOS NOTÁRIOS E REGISTRADORES DO BRASIL. **Cartórios em Números**, 4ª edição, Brasília: Anoreg-BR, 2022, p. 50. Disponível em: https://www.anoreg.org.br/site/wp-content/uploads/2022/12/Carto%CC%81rios-em-Nu%CC%81meros-Edic%CC%A7a%CC%83o-2022.pdf. Acesso em 10 fev. 2023.

As atas notariais são também um relevante instrumento de prova que evita o ajuizamento de ações, notadamente para subsidiar o procedimento de usucapião extrajudicial[74]. Segundo o referido Relatório Cartório em Números foram feitas 832.256 atas notariais no Brasil, de 2006 a 2022[75].

Em relação à Arbitragem, a pesquisa de Selma Ferreira Lemes demonstra que o tempo de tramitação dos processos arbitrais foi de 19,12 meses em 2020, e 18,41 meses em 2021[76].

Os conflitos colocados nas Câmaras de Arbitragem abrangem, notadamente, a arbitragem empresarial, setor da sociedade que tem maiores condições econômicas de solucionar as demandas desjudicialmente. Os valores envolvidos são elevados e isso contribui para que as partes viabilizem uma conclusão expedita, o que é relevante no cenário do mercado e das atividades empresariais e comerciais.

Assim, são também causas para a Desjudicialização a eficiência e a celeridade de outros caminhos processuais/procedimentais.

3.4. CIDADANIA E EMPODERAMENTO DAS PARTES

Inclui-se dentre as causas e também consequências da Desjudicialização a cidadania e o empoderamento das partes.

Especificamente sobre a mediação, Adolfo Braga Neto relata que os conflitos não envolvem casos, mas pessoas, e assim devem ser visualizadas, com base em suas perspectivas e a partir de seus próprios saberes e recursos. O protagonismo é a autonomia das vontades das partes[77].

74. De acordo com o mencionado Relatório "9.040 processos de usucapião foram iniciados no Estado de São Paulo entre os anos de 2019 e 2022, desde a normativa que permitiu que a comprovação de posse prolongada e ininterrupta de bens imóveis fosse possível pela via extrajudicial, isto é, via Cartório de Registro de Imóveis. Deste total, 2,9 mil encontram-se em andamento" (ASSOCIAÇÃO DOS NOTÁRIOS E REGISTRADORES DO BRASIL. **Cartórios em Números**, 4ª edição, Brasília: Anoreg-BR, 2022, p. 120. Disponível em: https://www.anoreg.org.br/site/wp-content/uploads/2022/12/Carto%CC%81rios-em-Nu%CC%81meros-Edic%CC%A7a%CC%83o-2022.pdf. Acesso em 10 fev. 2023).

75. ASSOCIAÇÃO DOS NOTÁRIOS E REGISTRADORES DO BRASIL. **Cartórios em Números**, 4ª edição, Brasília: Anoreg-BR, 2022, p. 67. Disponível em: https://www.anoreg.org.br/site/wp-content/uploads/2022/12/Carto%CC%81rios-em-Nu%CC%81meros-Edic%CC%A7a%CC%83o-2022.pdf. Acesso em 10 fev. 2023.

76. LEMES, Selma Ferreira. **Arbitragem em Números**: pesquisa 2020/2021, p. 19. Disponível em: http://selmalemes.adv.br/artigos/pesquisaarbitragem_2020_2021.pdf. Acesso em 10 fev. 2023. A pesquisa não envolve todas as Câmaras de Arbitragem do Brasil, mas as 8 Câmaras que participam do estudo, de São Paulo, Rio de Janeiro, Belo Horizonte, Brasília e Recife, dão um retrato da realidade que pode ser tomado como parâmetro para análise ora empreendida.

77. NETO, Adolfo Braga. **Mediação**: uma experiência brasileira, São Paulo: CLA Editora, 2017, p. 89-111.

Cidadania aqui considerada

> consiste na consciência de pertinência à sociedade estatal como titular dos direitos fundamentais, da dignidade como pessoa humana, da integração participativa no processo do poder, com a igual consciência de que essa situação subjetiva envolve também deveres de respeito à dignidade do outro, de contribuir para o aperfeiçoamento de todos[78].

Por sua vez, o empoderamento caracteriza-se pela tomada de auto-afirmação e auto-decisão das partes, no sentido delas próprias estabelecerem e direcionarem o modo pelo qual determinado conflito será solucionado. As pessoas se empoderam porque não dependem de um terceiro para ditar a forma com que suas vidas e relações devem ser direcionadas. Nesse contexto, tomam para si, autonomamente, a resolução de seus conflitos.

Afastam-se de uma assistência ou imposição externa para voltarem-se para dentro de si mesmas, conscientes das condições que cada pessoa possui do poder de fazer escolhas e de se auto-administrar, pois se vêem como autores de seu direito[79].

Claro que o empoderamento pressupõe o saber da relação jurídica em que está envolvida e as consequências da tomada de posição independente e autônoma, sob pena de ser a Desjudicialização apenas um simulacro teatral de pseudo resoluções "amistosas".

Isso porque o "empoderamento está disponível rotineiramente para o leigo como parte da reflexividade da modernidade, mas muitas vezes há

---

78. SILVA, José Afonso da. **Comentário contextual à Constituição**, 9ª ed., São Paulo: Editora Malheiros, 2014, p. 38. Na perspectiva da cidadania exposta não se pode descurar, notadamente em processos desjudiciais, em que a relação econômica é desigual, como por exemplo entre instituições bancárias e creditícias em face de inadimplemento de pessoas hipossuficientes, da crítica de Luiz Asnar, da Universidade de Bueno Aires, sobre a inversão de importância entre Estado e Mercado: "Esta inversión teórica se manifiesta, a nivel de las políticas concretas, a través de una accionar mediante el cual se intenta subordinar la totalidad de las relaciones sociales a las leys del mercado. Desde esa perspectiva se deriva, entonces, que el 'ciudadano' consumidor debe prevalecer sobre el 'ciudadano' político, la lógica del mercado sobe la lógica política, lo privado sobre lo público, la eficiencia económica sobre la dinámica democrática" (ASNAR, Luiz. Autoritarismo de mercado, insitucionalizacion democrática y ciudadania. Los conflictos de la globalizacion en America Latina, *In*, **Ciudadania y Democracia en el Cono Sur**, Susana Mallo, comp., Montevideo: Editorial Trazas, 1996, p. 239). Daí que a Desjudicialização deve ter internalizado que não pode ser um fim em si mesma, com o objetivo de retirar demandas do Poder Judiciário e resolver mais rapidamente o conflito, mas sim ter sempre presente a natureza deste conflito e o perfil dos contentores.
79. HABERMAS, Jürgen. **A inclusão do outro**: estudos de teoria política, trad. George Sperber e Paulo Astor Soethe, São Paulo: Edições Loyola, 2002, p. 293.

problemas sobre como esse empoderamento se traduz em convicções e ação"[80]. Assim, é imprescindível que o empoderamento seja adquirido após prévio e pleno conhecimento das condições fáticas e jurídicas e dos resultados que podem ser obtidos.

Exercer a cidadania e se empoderar são, portanto, causas que contribuem para que as controvérsias possam ser solucionadas em ambiente extrajudicial.

80. GIDDENS, Anthony. **Modernidade e identidade**, trad. Plínio Dentzien, Rio de Janeiro: Editora Jorge Zahar, 2002, p. 133.

Capítulo 4

MOVIMENTOS NORMATIVOS

Desde a Constituição Federal de 1988 diversas normas foram editadas com o desiderato de desjudicializar as controvérsias na Sociedade, nos diversos campos do Direito.

Neste estudo, particularmente, será objeto de uma análise específica algumas leis que trazem um panorama geral do movimento legislativo com que o ordenamento jurídico brasiliero tem regulado a Desjudicialização, além de alguns Projetos de Lei que objetivam disciplinar formas não judiciais de solução de conflitos.

4.1. LEI DA ARBITRAGEM

A Lei da Arbitragem, n. 9.307, de 23 de setembro de 1996, efetivamente foi fundamental para assentar a possibilidade jurídico-constitucional de se obter a satisfação do direito de partes em conflito em ambiente não-jurisdicional, sendo objeto de intensos debates legislativos, acadêmicos e jurisdicionais[1].

A arbitragem, de raiz constitucional brasileira antiga[2], é considerada, em conceito que já se tornou clássico, "mecanismo privado de solução de litígios, através do qual um terceiro, escolhido pelos litigantes, impõe sua decisão, que deverá ser cumprida pelas partes"[3].

1. Excertos deste tópico foram extraídos, com adaptações, de: OLIVEIRA, Weber Luiz de. A nova Lei de Introdução às Normas do Direito Brasileiro e sua aplicação na Arbitragem com a Administração Pública, *In*, Pedro Manoel Abreu [et. al.] (Org.). **Acesso à Justiça**: novas perspectivas, Florianópolis: Habitus, 2021, v. 2, p. 217-236. Publicado também em: MARINHO, Daniel Octávio Silva [et. al.] (Org.). **Fazenda pública**: Atuação em juízo, consensualidade e prerrogativas, Londrina: Editora Thoth, 2022, p. 75-95.
2. Dalmo de Abreu Dallari assim se pronuncia: "Para muitos que têm escrito e falado sobre a arbitragem como novidade, será surpreendente saber que a primeira Constituição brasileira, de 1824, já tratava expressamente da arbitragem". DALLARI, Dalmo de Abreu. A tradição da arbitragem e sua valorização contemporânea, *In*, **Aspectos atuais da arbitragem**: coletânea de artigos sobre arbitragem, coord. Adriana Noemi Pucci, Rio de Janeiro: Editora Forense, 2001, p. 101. O autor se refere ao art. 164: "Nas causas cíveis e nas penais civilmente intentadas, poderão as Partes nomear Juízes Árbitros. Suas sentenças serão executadas sem recurso, se assim o convencionarem as mesmas Partes".
3. CARMONA, Carlos Alberto. **Arbitragem e Processo**, São Paulo: Editora Atlas, 2000, p. 31.

Controversa é a natureza jurídica da arbitragem, existindo correntes doutrinárias no sentido da natureza pública, privada, mista (*sui generis*) e jurisdicional.

A nosso juízo, não se confunde a arbitragem com a Jurisdição, nem tampouco se insere aquela nesta, sendo meio alternativo ao Judiciário para solução de controvérsias, constituindo-se um sistema próprio, vale dizer, tem autonomia sistêmica[4].

Trata-se, a rigor, de espécie de Ação de Direito Material, em consonância com a doutrina de Pontes de Miranda[5].

A reforçar a posição exposta, veja-se que na arbitragem as partes podem escolher, livremente, as regras que serão aplicadas, conforme art. 2º, § 1º, da Lei 9.307/1996, e, contrariamente, na Jurisdição, as regras de direito são as impositivamente disciplinadas no Código de Processo Civil e demais regras processuais civis, conforme arts. 13 a 15 do CPC/2015. Uma pequena abertura a este disciplinamento cerrado é dado pelo art. 190, do Código de Processo Civil, que autoriza os denominados negócios jurídicos processuais.

Ademais, o art. 32 da Lei da Arbitragem, que disciplina que se deve usar a ação anulatória e não a rescisória para anulação de uma sentença arbitral, corrobora que a atividade se dá fora da Jurisdição, não sendo jurisdicional, porquanto se considera a sentença arbitral um ato jurídico, passível de anulação por ação anulatória, como todos os atos jurídicos.

Muito embora a sentença arbitral seja considerada título executivo judicial para fins de cumprimento nos termos do Código de Processo Civil, art. 515, VII, e art. 31 da Lei da Arbitragem, isso não transforma a arbitragem em atividade jurisdicional ou ação de direito processual. Trata-se de dar aos efeitos da sentença arbitral os atributos executivos judiciais, dotando-lhe de força executiva estatal, o que não retira a natureza inerente da Arbitragem como ação de direito material.

Diversa é a posição de Joaquim de Paiva Muniz, para quem, considerando as disposições do arts. 3º, § 1º, e 42 do Código de Processo Civil de 2015, a "jurisdição é regra geral, prevista no *caput*, e a arbitragem representa forma de aplicação concreta dessa regra, e assim referida em parágrafo", afirmando, ainda, que o "fato de constar do mesmo dispositivo menção à

---

4. CASADO FILHO, Napoleão. **Arbitragem e Acesso à Justiça**: o novo paradigma do third party funding. São Paulo: Editora Saraiva, 2017, pp. 69-71.
5. MIRANDA, Pontes de. **Tratado das ações**, tomo 1, Campinas: Editora Bookseller, 1998, pp. 124-126.

jurisdição e à arbitragem demonstra que pertencem ao mesmo sistema, uma como gênero e outro como espécie"[6].

Abstraindo a discussão doutrinária a respeito da natureza jurídica da arbitragem, importa destacar que, seja de natureza privada, pública, jurisdicional ou mista, as suas decisões têm força de lei, uma vez que a "sentença arbitral produz, entre as partes e seus sucessores, os mesmos efeitos da sentença proferida pelos órgãos do Poder Judiciário e, sendo condenatória, constitui título executivo", consoante os termos do art. 31 da Lei da Arbitragem.

O Supremo Tribunal Federal reconheceu a constitucionalidade da Lei da arbitragem, assentando entendimento que o acesso à justiça é um direito, e não uma obrigação, de modo que é constitucional a adoção de meios alternativos e de solução extrajudiciais de controvérsias[7].

E, por assim ser dotada de força executiva, impondo e criando obrigações entre as partes fora do Poder Judiciário, é que sobreleva aqui destacar a arbitragem como um dos principais processos da Desjudicialização.

4.2. CARTÓRIOS EXTRAJUDICIAIS. DIREITO NOTARIAL E REGISTRAL

Crescente aumento da Desjudicialização tem se dado no direito notarial e registral[8], com a edição de leis que possibilitam a realização de atos jurídicos e a resolução de questões jurídicas por serventias extrajudiciais, que antes eram monopólio da Jurisdição, o que, segundo Marcia Cristina Zavataro trazem a "segurança nas relações jurídicas, a prevenção de litígios

---

6. MUNIZ, Joaquim de Paiva. **Curso básico de direito arbitral**: teoria e prática, 4ª ed., Curitiba: Editora Juruá, 2017, p. 44.
7. BRASIL. Supremo Tribunal Federal. **SE 5.206-7**, Tribunal Pleno, Relator: Min. Sepúlveda Pertence, julgado em 12.12.2001. Disponível em: https://redir.stf.jus.br/paginadorpub/paginador.jsp?docTP=AC&docID=345889 . Acesso em: 12 fev. 2023.
8. O Direito Notarial pode ser definido como "o conjunto de normas e princípios que regulam a função do notário, a organização do notariado e os documentos ou instrumentos redigidos por este profissional do direito que, a título privado, exerce uma função pública por delegação do Estado". Por sua vez, Direito Registral "trata-se do conjunto de normas e princípios que regulam a atividade do registrador, o órgão do Registro, os procedimentos registrais e os efeitos da publicidade registral, bem como o estatuto jurídico aplicável a este profissional do direito" (LOUREIRO, Luiz Guilherme. **Registros públicos**: teoria e prática, 11ª ed., Salvador: Editora Juspodivm, 2021, p. 53)

e fraudes, em benefício para toda a coletividade"[9], atributos decorrentes da fé pública que esses serviços possuem[10].

Considerando a dimensão nacional de tais serviços extrajudiciais, expostos na publicação Cartório em Números[11], alguns procedimentos merecem referência, como se passam a expor.

4.2.1. Separação e Divórcio. Inventário e Partilha

A Lei Federal n. 11.441, de 4 de janeiro de 2007, alterou o Código de Processo Civil de 1973 para possibilitar a realização de inventário, partilha, separação consensual e divórcio consensual por via administrativa.

Para Flávia Pereira Hill, no que concerne à Desjudicialização através dos Cartórios, "o *turning point* ocorreu com a edição da Lei Federal nº 11.441, em 2007"[12].

Com a alteração do art. 982 do CPC/1973 o inventário e a partilha passaram a ser autorizados de serem feitos por escritura pública, nos Tabelionatos de Notas, se todas as partes forem capazes e concordes e estiverem assistidas por advogado. Atualmente a regulamentação consta no art. 610, § 1º, do Código de Processo Civil de 2015, que acresceu que a assistência jurídica das partes pode se dar também por defensor público.

O divórcio e a separação consensual, com a redação do art. 1.124-A pela Lei 11.441/2007, de igual modo, passaram a ser possíveis se serem imple-

---

9. ZAVATARO, Marcia Cristina. A importância do notário no processo de desjudicialização dos serviços, *In*, **Tabelionato de Notas**: temas aprofundados, coords. Izaías Gomes Ferro Júnior, Márcia Rosália Schwarzer, coord. geral Martha El Debs, 2ª ed., São Paulo: Editora Juspodivm, 2021, p. 102.

10. "A Fé Pública Notarial e Registral é a confiança atribuída por lei aos atos que o notário ou registrador declare ou faça dentro do exercício de sua função, os quais são presumidos como verdadeiros, até prova em contrário; torna os acordos jurídicos eficazes com base no ato praticado ou declarado pelo notário" (MASSONETO JUNIOR, João Francisco. A fé pública na atividade notarial e registral, *In*, **Tabelionato de Notas**: temas aprofundados, coords. Izaías Gomes Ferro Júnior, Márcia Rosália Schwarzer, coord. geral Martha El Debs, 2ª ed., São Paulo: Editora Juspodivm, 2021, p. 149). A fé pública dos Notários e Registradores está legalmente estabelecida no art. 3º, da Lei Federal n. 8.935, de 18 de novembro de 1994.

11. O Brasil tem 13.440 Cartórios distribuídos pelos 5.570 municípios, já que a Lei n. 6.015/1973 impõe que cada município deve ter, ao menos, um Cartório de Registro Civil de nascimentos, casamentos e óbitos (ASSOCIAÇÃO DOS NOTÁRIOS E REGISTRADORES DO BRASIL. **Cartórios em Números**, 4ª edição, Brasília: Anoreg-BR, 2022, p. 12. Disponível em: https://www.anoreg.org.br/site/wp-content/uploads/2022/12/Carto%CC%81rios-em-Nu%CC%81meros-Edic%CC%A7a%CC%83o-2022.pdf. Acesso em 10 fev. 2023).

12. HILL, Flávia Pereira. Desjudicialização e Acesso à Justiça além dos Tribunais: pela concepção de um devido processo legal extrajudicial, *In*, **Revista Eletrônica de Direito Processual – REDP**, Rio de Janeiro. Ano 15. Volume 22. Número 1. Janeiro a Abril de 2021, p. 384.

mentados apenas com a escritura pública – sem necessidade de homologação judicial –, com os requisitos de inexistência de filhos menores ou incapazes e da representação das partes por advogado. O CPC/2015, no art. 733, apenas alterou a questão dos filhos, para constar "nascituro ou filhos incapazes" e incluiu a possibilidade de escritura pública, com os mesmos requisitos, para a extinção da união estável.

O número desses atos desjudiciais já realizados é expressivo, conforme o já referenciado Cartório em Números:

> Desde 2007, quando foi instituída a Lei nº 11.441/07, que autorizou a lavratura de inventários, partilhas, separações e divórcios consensuais em Tabelionato, mediante escritura pública, os Cartórios de Notas de todo o Brasil já realizaram mais de 4,8 milhões de atos dessa natureza, gerando uma economia histórica ao Estado[13].

O Cartório em Números ainda destaca que foram economizados com tais processos extrajudiciais R$ 5 bilhões para o Poder Judiciário até 2018. Foram realizados 951.854 divórcios diretos realizados de 2007 a 2022; no mesmo período foram 52.847 atos de separações extrajudiciais, 7.725 atos de reconciliação, 40.684 partilhas, 142.371 sobrepartilhas e 2 milhões de atos de inventário[14].

Esses dados demonstram a grande aceitação da sociedade e a implementação efetiva do inventário, partilha, separação e divórcio consensuais pelos Tabelionatos de Notas no Brasil.

O CNJ regulamentou essas formas de Desjudicialização pela Resolução n. 35, de 24 de abril de 2007[15]. De destacada disposição é extraído de mais relevante para o contexto ora apresentado, que a competência para instauração e processamento não é a disposta no Código de Processo Civil, que estabelece as competências para o exercício da Jurisdição, mas sim de livre

---

13. ASSOCIAÇÃO DOS NOTÁRIOS E REGISTRADORES DO BRASIL. **Cartórios em Números**, 4ª edição, Brasília: Anoreg-BR, 2022, p. 50. Disponível em: https://www.anoreg.org.br/site/wp-content/uploads/2022/12/Carto%CC%81rios-em-Nu%CC%81meros-Edic%CC%A7a%CC%83o-2022.pdf. Acesso em 10 fev. 2023.
14. ASSOCIAÇÃO DOS NOTÁRIOS E REGISTRADORES DO BRASIL. **Cartórios em Números**, 4ª edição, Brasília: Anoreg-BR, 2022, p. 51-62. Disponível em: https://www.anoreg.org.br/site/wp-content/uploads/2022/12/Carto%CC%81rios-em-Nu%CC%81meros-Edic%CC%A7a%CC%83o-2022.pdf. Acesso em 10 fev. 2023.
15. BRASIL. Conselho Nacional de Justiça. **Resolução n. 35, de 24 de abril de 2007**. Disciplina a lavratura dos atos notariais relacionados a inventário, partilha, separação consensual, divórcio consensual e extinção consensual de união estável por via administrativa. Disponível em: https://atos.cnj.jus.br/atos/detalhar/179. Acesso em 13 fev. 2023.

escolha, conforme mesmo é o regime de competências dos Tabelionatos de Notas, consoante art. 8º da Lei n. 8.835/1994[16].

O art. 3º da Resolução CNJ n. 35/2007, em reforço aos efeitos de fé pública e executoriedade dos atos realizados, dispõe:

> Art. 3º As escrituras públicas de inventário e partilha, separação e divórcio consensuais não dependem de homologação judicial e são títulos hábeis para o registro civil e o registro imobiliário, para a transferência de bens e direitos, bem como para promoção de todos os atos necessários à materialização das transferências de bens e levantamento de valores (DETRAN, Junta Comercial, Registro Civil de Pessoas Jurídicas, instituições financeiras, companhias telefônicas, etc.)

Interessante também é a possibilidade de retificação da escritura pública de separação ou divórcio consensuais quanto ao nome de casado, que pode ser, inclusive, unilateral, conforme art. 45, da Resolução CNJ n. 35/2007[17]. O art. 48 contém regulamentação no sentido de que, ainda que a separação tenha sido judicial, o restabelecimento da sociedade conjugal pode ser feito extrajudicialmente por escritura pública[18]. A conversão da separação judicial pode, de igual modo, ser realizada por escritura pública, nos termos do art. 52[19].

4.2.2. Usucapião Administrativa

A usucapião administrativa foi incluída no ordenamento jurídico brasileiro pelo art. 1.071 do Código de Processo Civil de 2015, que acrescentou à Lei Federal n. 6.015, de 31 de dezembro de 1973, conhecida como Lei de Registros Públicos, o art. 216-A, assim redigido, conforme alterações realizadas pela Lei Federal n. 13.465, de 11 de julho de 2017[20]:

---

16. "Art. 8º É livre a escolha do tabelião de notas, qualquer que seja o domicílio das partes ou o lugar de situação dos bens objeto do ato ou negócio".
17. "Art. 45. A escritura pública de separação ou divórcio consensuais, quanto ao ajuste do uso do nome de casado, pode ser retificada mediante declaração unilateral do interessado na volta ao uso do nome de solteiro, em nova escritura pública, com assistência de advogado".
18. "Art. 48. O restabelecimento de sociedade conjugal pode ser feito por escritura pública, ainda que a separação tenha sido judicial. Neste caso, é necessária e suficiente a apresentação de certidão da sentença de separação ou da averbação da separação no assento de casamento".
19. "Art. 52. Os cônjuges separados judicialmente, podem, mediante escritura pública, converter a separação judicial ou extrajudicial em divórcio, mantendo as mesmas condições ou alterando-as. Nesse caso, é dispensável a apresentação de certidão atualizada do processo judicial, bastando a certidão da averbação da separação no assento do casamento".
20. A Lei 13.465/2017 dispôs "sobre a regularização fundiária rural e urbana, sobre a liquidação de créditos concedidos aos assentados da reforma agrária e sobre a regularização fundiária

Art. 216-A. Sem prejuízo da via jurisdicional, é admitido o pedido de reconhecimento extrajudicial de usucapião, que será processado diretamente perante o cartório do registro de imóveis da comarca em que estiver situado o imóvel usucapiendo, a requerimento do interessado, representado por advogado, instruído com:

I – ata notarial lavrada pelo tabelião, atestando o tempo de posse do requerente e de seus antecessores, conforme o caso e suas circunstâncias, aplicando-se o disposto no art. 384 da Lei no 13.105, de 16 de março de 2015 (Código de Processo Civil);

II – planta e memorial descritivo assinado por profissional legalmente habilitado, com prova de anotação de responsabilidade técnica no respectivo conselho de fiscalização profissional, e pelos titulares de direitos reais e de outros direitos registrados ou averbados na matrícula do imóvel usucapiendo e na matrícula dos imóveis confinantes;

II – planta e memorial descritivo assinado por profissional legalmente habilitado, com prova de anotação de responsabilidade técnica no respectivo conselho de fiscalização profissional, e pelos titulares de direitos registrados ou averbados na matrícula do imóvel usucapiendo ou na matrícula dos imóveis confinantes;

III – certidões negativas dos distribuidores da comarca da situação do imóvel e do domicílio do requerente;

IV – justo título ou quaisquer outros documentos que demonstrem a origem, a continuidade, a natureza e o tempo da posse, tais como o pagamento dos impostos e das taxas que incidirem sobre o imóvel.

Nos parágrafos seguintes estabelece-se que a competência para instrução do pedido de usucapião administrativa é do Oficial de Registro de Imóveis, que presidirá o procedimento extrajudicial com poderes para expedição de atos, notificações e determinação de diligências.

Ao final do procedimento "se a documentação não estiver em ordem, o oficial de registro de imóveis rejeitará o pedido" (§ 8º), o que "não impede o ajuizamento de ação de usucapião" (§ 9º).

Inexistindo diligências ou pendências a serem realizadas e sanadas, com inclusão da concordância expressa dos titulares de direitos reais e de outros direitos registrados ou averbados na matrícula do imóvel usucapiendo e na matrícula dos imóveis confinantes, o oficial de registro de imóveis registrará a aquisição do imóvel com as descrições apresentadas, sendo permitida a abertura de matrícula, se for o caso.

---

no âmbito da Amazônia Legal; institui mecanismos para aprimorar a eficiência dos procedimentos de alienação de imóveis da União" e alterou diversas leis que tratam sobre a matéria.

Vê-se que o processo objetiva acelerar a tramitação desta forma originária de aquisição da propriedade, dividindo entre as Serventias extrajudiciais – Tabelionato de Notas e Registro de Imóveis –, o procedimento. Para o primeiro compete lavrar a ata notarial, com o atestado do tempo de posse; para o segundo compete instruir todo o processo e decidir pela alteração, ou não, do direito de propriedade[21].

Possibilita o Provimento n. 65/2017 do CNJ, ademais, a desistência do processo judicial para promoção da via extrajudicial, aproveitando-se as provas produzidas judicialmente, nos termos do art. 2, §§ 2º e 3º.

Portanto, há mudança de um direito fundamental, o direito de propriedade assentado na Carta Constitucional no art. 5º, XXII, sem oitiva do proprietário registral e sem que seja necessária a atuação ou fiscalização do Poder Judiciário. Destitui-se o proprietário inscrito no fólio real[22] e inclui-se quem comprovar os requisitos para usucapir o bem imóvel. Dá-se, assim, relevância à função social da posse, aprimoramento e desmistificando o acesso à propriedade[23].

Antes desta regulamentação legal a aquisição da propriedade por meio da usucapião somente poderia se dar por expressa manifestação judicial, conforme dispunha os arts. 941 a 945 do Código de Processo Civil de 1973. A denominada "ação de usucapião de terras particulares" estava disposta no Capítulo VII, do Título I, que sistematizava os Procedimentos Especiais de Jurisdição Contenciosa, incluído no Livro IV, sobre os Procedimentos Especiais.

---

21. O Conselho Nacional de Justiça estabeleceu diretrizes para o procedimento de usucapião extrajudicial nos serviços notariais e de registro de imóveis pelo Provimento n. 65/2017. BRASIL. Conselho Nacional de Justiça. **Provimento n. 65, de 14 de dezembro de 2017**. Estabelece diretrizes para o procedimento da usucapião extrajudicial nos serviços notariais e de registro de imóveis. Disponível em: https://atos.cnj.jus.br/atos/detalhar/2527. Acesso em 20 fev. 2023.
22. Sobre o uso do termo "fólio real" Luiz Guilherme Loureiro explica: "Cada imóvel deve ser inscrito no registro imobiliário em folha aparte ou abranger um conjunto de folhas no livro de registro geral, ou mediante um sistema de fichas. É aberto um fólio, uma folha ou registro particular para o imóvel correspondente, na qual serão feitos todos os assentos relativos aos direitos reais sobre ele incidentes. Este registro particular é a matrícula ou fólio real, denominação proveniente do direito germânico. É nesta folha, ou conjunto de folhas, do livro de registro que será inscrita toda mutação jurídico-real do imóvel: daí no nome 'fólio (folha) real'" (LOUREIRO, Luiz Guilherme. **Registros públicos**: teoria e prática, 11ª ed., Salvador: Editora Juspodivm, 2021, p. 606).
23. BARROSO, Lucas Abreu; PASSAMANI, Brígida Roldi. Usucapião Extrajudicial: o Procedimento para além da Desjudicialização, *In*, **Scientia Iuris**, Londrina, v. 21, n. 1, mar. 2017, p. 193.

Impunha-se, portanto, a prolação de uma sentença pelo juiz, que seria "transcrita, mediante mandado, no registro de imóveis, satisfeitas as obrigações fiscais", de acordo com a redação do art. 945, do CPC/1973.

Relevante se mostra destacar que, com a alteração feita no art. 216-A na Lei de Registros Públicos pela Lei Federal n. 13.465/2017, se possibilitou, inclusive, que o processo extrajudicial de aquisição da propriedade por usucapião se dê no silêncio do atual titular. Isso porque, a exigência de assinatura de qualquer titular de direito registrado ou averbado no registro do imóvel na planta do imóvel, conforme requisito do inciso II acima descrito, é afastada pelo § 2º se ficar inerte o proprietário que não opôs sua a assinatura após notificação pelo Oficial de Registro de Imóveis, pessoalmente ou pelo correio com aviso de recebimento –, de modo que se interpreta o silêncio como concordância com a transferência do direito real sobre o imóvel[24].

Ainda, se o proprietário ou notificando não for encontrado ou esteja em lugar incerto e não sabido, haverá certificação pelo Oficial de Registro de Imóveis, "que deverá promover a sua notificação por edital mediante publicação, por duas vezes, em jornal local de grande circulação, pelo prazo de quinze dias cada um, interpretado o silêncio do notificando como concordância", consoante disposição do § 13, do destacado art. 216-A, da Lei de Registros Públicos.

Autoriza-se, no caso de publicação de edital, que por regulamentação do órgão correicional a publicação seja feita por meio eletrônico, "caso em que ficará dispensada a publicação em jornais de grande circulação", de acordo com o § 14.

Em outras palavras, o proprietário pode ser destituído de sua propriedade e da proteção jurídica que a Constituição Federal lhe garante, sem ter tido sequer ciência ou se manifestado em contraditório, já que o efeito jurídico do silêncio é interpretado pela lei como concordância com a transferência de titularidade do imóvel. Isso tudo sem a participação do Estado-Juiz.

Conforme a publicação "Cartório em Números":

---

24. A redação original do § 2º do art. 216-A, da Lei de Registros Públicos, dispunha que o silêncio do titular seria interpretado como "discordância" com o procedimento, impedindo o prosseguimento da aquisição da propriedade, o que recebeu diversas críticas da comunidade jurídica, como as de BARROSO e PASSAMANI, no sentido de que a usucapião é forma originária de aquisição de propriedade, prescindindo de manifestação ou consenso entre o usucapido e o usucapiente. Aduziram que se alteração legislativa não houvesse – como de fato posteriormente foi feito – destinava-se à insignificância a nova forma de usucapião extrajudicial (BARROSO, Lucas Abreu; PASSAMANI, Brígida Roldi. Usucapião Extrajudicial: o Procedimento para além da Desjudicialização, *In*, **Scientia Iuris**, Londrina, v. 21, n. 1, p.189-211, mar. 2017).

> 9.040 processos de usucapião foram iniciados no Estado de São Paulo entre os anos de 2019 e 2022, desde a normativa que permitiu que a comprovação de posse prolongada e ininterrupta de bens imóveis fosse possível pela via extrajudicial, isto é, via Cartório de Registro de Imóveis. Deste total, 2,9 mil encontram-se em andamento[25].

Trata-se, efetivamente, de importante processo de Desjudicialização que tem, mais uma vez, as Serventias Extrajudiciais como personagens principais na procedimentalização e definição de direitos para as pessoas e instituições fora do contexto judiciário.

4.2.3. Demarcação e Divisão de Terras

A propriedade também pode ser delimitada e alterada pela ação de divisão e demarcação de terras particulares, estabelecida dentre os Procedimentos Especiais do Código de Processo Civil de 2015 nos arts. 569 a 598. No revogado CPC/1973 a divisão e demarcação de terras particulares somente poderia ser feita perante o Poder Judiciário, de acordo com as disposições dos arts. 946 a 981.

O art. 571 do CPC/2015 autoriza a demarcação e divisão por escritura pública, "desde que maiores, capazes e concordes todos os interessados", devendo ser observado o procedimento estabelecido no respectivo capítulo, ou seja, tanto em sede judicial, quanto extrajudicial, os atos processuais são iguais, devendo o juiz ou o Oficial de Registro de Imóveis atender, no que cabível, a procedimentalização estabelecida na lei processual civil.

Muito embora não se tenha uma regulamentação específica do CNJ a respeito, a demarcação e a divisão de terras somam-se à abertura legal de se alterar a propriedade mediante um processo não judicial. No presente caso há que se ter capacidade e concordância entre os interessados no uso desta forma de Desjudicialização.

Essa possibilidade legal, por exemplo, aliada ao inventário extrajudicial, pode facilitar as transferências de bens da herança, dividindo-se imóveis entre os herdeiros sem a necessidade de atuação ou homologação judicial. Assim, em um mesmo processo desjudicializado podem se juntar os processos de inventário e divisão do condomínio dos herdeiros sobre um determinado bem imóvel, se estabelecendo, em uma única escritura pública, além da

---

25. ASSOCIAÇÃO DOS NOTÁRIOS E REGISTRADORES DO BRASIL. **Cartórios em Números**, 4ª edição, Brasília: Anoreg-BR, 2022, p. 120. Disponível em: https://www.anoreg.org.br/site/wp-content/uploads/2022/12/Carto%CC%81rios-em-Nu%CC%81meros-Edic%CC%A7a%CC%83o-2022.pdf. Acesso em 20 fev. 2023.

transferência a título universal da propriedade para os herdeiros, a extinção do condomínio decorrente da aquisição conjunta pela morte do *de cujus*, atribuindo desde logo a parcela singular, o quinhão ou cota parte do imóvel de cada herdeiro, nos casos de imóvel rural.

Evidente, como já salientado, a eficiência e celeridade dos processos e o empoderamento das pessoas no uso de tal forma de Desjudicialização, otimizando o tempo e contribuindo para a transferência de propriedades e eventuais novos negócios jurídicos que possam advir, favorecendo o mercado imobiliário, a economia e a circulação de riquezas.

4.2.4. Direitos de Personalidade. Alteração de Gênero e Nome

Os direitos de personalidade, particularmente o gênero e o nome, igualmente podem ser modificados sem a participação do Poder Judiciário. Neste assunto, apropriamos o conceito de Cifuentes, para quem direitos de personalidade são

> derechos subjetivos privados, innatos y vitalicios que tienen por objeto manifestaciones interiores dela persona y que, por ser inherentes, extrapatrimoniales y necesarios, no pueden transmitirse ni disponerse en forma absoluta y radica[126].

Os direitos de personalidade inserem-se nos direitos humanos e na sua relação com a decisão política da sociedade mundial de estabelecer sua importância inalienável e, como tal, estipular instrumentos de garantia[27]. Trata-se, portanto, os direitos humanos e, consectariamente, os direitos da personalidade, do "signe le plus révélateur du rapport entre Pouvoir et persone, c'est-à-dire du rapport politique premier"[28]. Como "política primária" revela e impõe que sua modificação deve ser realizada dentro do espectro de proteção maior do Estado.

Houve, assim, pelo Estado brasileiro, uma decisão política, de Poder, portanto, de possibilitar que direitos da personalidade relativos ao gênero e ao nome sejam alterados, desde que pela própria pessoa no exercício de sua dimensão existencial.

---

26. CIFUENTES, Santos. **Los Derechos Personalisimos**, Buenos Aires: Ediciones Lerner, 1974, p. 157.
27. COLLIARD, Claude-Albert. **Libertés Publiques**, Sixième édition, Paris: Précis Dalloz, 1982, p. 137-196.
28. MOURGEON, Jacques. **Les droits de l'homme**. Septième èdition corrigée, Paris: Presses Universitaires de France, 1998, p. 10.

É mais uma forma de Desjudicialização a comprovar o empoderamento das pessoas na tomada de decisões a si inerentes, característica do direito da pessoa humana como objeto central não apenas do Direito e da sociedade, mas de si própria.

O Código Civil estatui que "os direitos da personalidade são intransmissíveis e irrenunciáveis, não podendo o seu exercício sofrer limitação voluntária" (art. 11), positivando parcela das características do direito de personalidade.

Não existe pessoa humana sem nome. Mesmo que não seja levado à registro o nascimento[29], oportunidade em que será registrado o nome e prenome conforme a legislação[30], toda pessoa é identificada no meio em que vive por uma insígnia que o identifica, a diferencia e a distingue das demais. Daí o nome conter um atributo relevante, que é da singularidade, em que cada pessoa é um indivíduo que se particulariza em sua dimensão existencial, que é publicizada e identificada pelo seu nome.

Adquire-se o nome não apenas pelo nascimento, mas também pela adoção, casamento e união estável.

Por ser direito de personalidade e conter aquele atributo de singularidade, sendo usado para adequada identificação das pessoas, a modificação do nome sempre teve limites no ordenamento jurídico. O art. 57 da Lei 6.016/1973 dispunha em sua redação original, – praticamente mantida até 2022:

> Art. 57 – Qualquer alteração posterior de nome, somente por exceção e motivadamente, após audiência do Ministério Público, será permitida por sentença do juiz a que estiver sujeito o registro, arquivando-se o mandato e publicando-se a alteração pela imprensa.

---

29. Pesquisa do IBGE demonstra o percentual de sub-registros por regiões no Brasil (IBGE. **Estudo complementar à aplicação da técnica de captura-recaptura**: estimativas desagregadas dos totais de nascidos vivos e óbitos: 2020 / IBGE, Coordenação de População e Indicadores Sociais. – Rio de Janeiro: IBGE, 2022) Disponível em: https://biblioteca.ibge.gov.br/visualizacao/livros/liv101978.pdf. Acesso em 21 fev. 2023. O problema da falta de registro de nascimento se reacendeu no Brasil com a pandemia do Coronavírus (Covid-19), em que se necessitava do uso de documentos oficiais para o percebimento de benefícios sociais ("auxílio emergencial"), o que ficou conhecido como os "invisíveis" brasileiros, pessoas impedidas de exercer em plenitude a cidadania e os diversos direitos individuais e sociais por não terem o primeiro registro oficial, o de nascimento.

30. A Lei de Registros Públicos, Lei n. 6.015/1973, assim dispõe: "Art. 55. Toda pessoa tem direito ao nome, nele compreendidos o prenome e o sobrenome, observado que ao prenome serão acrescidos os sobrenomes dos genitores ou de seus ascendentes, em qualquer ordem e, na hipótese de acréscimo de sobrenome de ascendente que não conste das certidões apresentadas, deverão ser apresentadas as certidões necessárias para comprovar a linha ascendente".

Portanto, exigia-se não apenas a Judicialização para alteração do nome, mas também a oitiva do Ministério Público, além de comprovação dos motivos, que poderiam ser negados pelo juiz.

Eram situações autorizativas e excepcionais de alteração do nome a aquisição de maioridade civil, o casamento, o divórcio ou a morte de um dos cônjuges, e para proteção e segurança de pessoas que sofrem "fundada coação ou ameaça decorrente de colaboração com a apuração de crime", conforme disposição do art. 57, § 7º, da Lei de Registros Públicos.

A respeito da alteração do nome pelo atingimento da maioridade civil o art. 56 da Lei 6.015/1973 autorizava apenas no primeiro ano da maioridade, vedando alteração se ultrapassado tal lapso temporal. Tratava-se de nítida hipótese de decadência do direito de alteração do nome.

A mudança ocorreu com o advento da Lei Federal n. 14.382, de 27 de junho de 2022, que dispôs sobre o Sistema Eletrônico dos Registros Públicos (SERP), e objetivou modernizar e simplificar os procedimentos relativos aos registros públicos e atos e negócios jurídicos da Lei de Registros Públicos e de Incorporações Imobiliárias, conforme consta no art. 1º.

Com efeito, pela nova redação dada ao art. 56 possibilitou-se a denominada "alteração imotivada" do prenome e sem limitação temporal após o atingimento da maioridade. A desconstituição desta alteração, contudo, apenas pode ser feita por sentença judicial. Faz-se necessária a transcrição do dispositivo legal:

> Art. 56. A pessoa registrada poderá, após ter atingido a maioridade civil, requerer pessoalmente e imotivadamente a alteração de seu prenome, independentemente de decisão judicial, e a alteração será averbada e publicada em meio eletrônico.
>
> § 1º A alteração imotivada de prenome poderá ser feita na via extrajudicial apenas 1 (uma) vez, e sua desconstituição dependerá de sentença judicial.
>
> § 2º A averbação de alteração de prenome conterá, obrigatoriamente, o prenome anterior, os números de documento de identidade, de inscrição no Cadastro de Pessoas Físicas (CPF) da Secretaria Especial da Receita Federal do Brasil, de passaporte e de título de eleitor do registrado, dados esses que deverão constar expressamente de todas as certidões solicitadas.
>
> § 3º Finalizado o procedimento de alteração no assento, o ofício de registro civil de pessoas naturais no qual se processou a alteração, a expensas do requerente, comunicará o ato oficialmente aos órgãos expedidores do documento de identidade, do CPF e do passaporte, bem como ao Tribunal Superior Eleitoral, preferencialmente por meio eletrônico.

> § 4º Se suspeitar de fraude, falsidade, má-fé, vício de vontade ou simulação quanto à real intenção da pessoa requerente, o oficial de registro civil fundamentadamente recusará a retificação.

A alteração do sobrenome foi, de igual modo, autorizada pela Lei Federal n. 14.382/2022, para o fim de: inclusão de sobrenomes familiares (inciso I), inclusão ou exclusão de sobrenome do cônjuge, na constância do casamento (inciso II), exclusão de sobrenome do ex-cônjuge, após a dissolução da sociedade conjugal, por qualquer de suas causas (inciso III), inclusão e exclusão de sobrenomes em razão de alteração das relações de filiação, inclusive para os descendentes, cônjuge ou companheiro da pessoa que teve seu estado alterado (inciso IV), além de inclusão e alteração pelos conviventes em união estável (§ 2º).

Situação que ainda persiste a demonstração de motivo justificável, mas mesmo assim perante o oficial de registro civil e não o juiz, é do enteado ou enteada para averbação do nome de família do padrasto ou madrasta, e desde que haja concordância expressa destes e inexistência de prejuízo aos sobrenomes de família dos alterantes, conforme disciplina do § 8º do art. 57 da Lei de Registros Públicos, com a redação dada pela Lei Federal n. 14.382/2022.

Outro direito de personalidade relacionado à forma como se é, e como se vê, não apenas relativo ao corpo, mas principalmente em sua identidade psicossocial, é o gênero, passível também de alteração desjudicializadamente, conforme regulamentação do CNJ pelo Provimento n. 73, de 28 de junho de 2018.

Os Tribunais Superiores foram propulsores de decisões que contribuíram para a evolução do tema e estabelecimento da regulamentação normativa atualmente existente. Primeiramente pelo Superior Tribunal de Justiça, em razão de cirurgia de transgenitalização[31]; após, sem essa exigência

31. Colhe-se de notícia do site do STJ: "No Superior Tribunal de Justiça (STJ), o primeiro passo para que os transgêneros pudessem ter o direito de usar o nome social sem maiores burocracias aconteceu no julgamento do REsp 1.008.398, em 2009. Na ocasião, a Terceira Turma do STJ deu provimento ao recurso de uma mulher transgênero que, após a cirurgia de transgenitalização, buscava alterar o gênero e o nome registrados em sua certidão de nascimento. A relatora do recurso, ministra Nancy Andrighi, destacou que, para as pessoas transexuais, ter uma vida digna importa em ver reconhecida a sua identidade sexual, sob a ótica psicossocial, a refletir a verdade real vivenciada por esses indivíduos. "Vetar a alteração do prenome do transexual redesignado corresponderia a mantê-lo em uma insustentável posição de angústia, incerteza e conflitos, que inegavelmente atinge a dignidade da pessoa humana assegurada pela Constituição Federal. No caso, a possibilidade de uma vida digna para o recorrente depende da alteração solicitada", declarou a ministra". Disponível em: https://www.stj.jus.br/

biológica[32]. Por fim, o Supremo Tribunal Federal assentou entendimento no julgamento do Recurso Extraordinário n. 670.422, em que se definiu o Tema 761 de Repercussão Geral, e na ADI 4.275[33].

Com as decisões da Corte Constitucional o CNJ editou o Provimento 73/2018, dispondo "sobre a averbação da alteração do prenome e do gênero nos assentos de nascimento e casamento de pessoa transgênero no Registro Civil das Pessoas Naturais (RCPN)"[34].

Inseriu-se o conceito de "identidade autopercebida", que pode ser sintetizado no trecho da Min. Carmem Lúcia no julgamento da ADI 4.275, ao

---

sites/portalp/Paginas/Comunicacao/Noticias/2023/29012023-Decisoes-do-STJ-foram-marco-inicial-de-novas-regras-sobre-alteracao-no-registro-civil-de-transgeneros.aspx . Acesso em 21 fev. 2023.

32. Da referida notícia ainda se extrai: "Em 2017, a Quarta Turma do STJ evoluiu para decidir que, independentemente da realização de cirurgia de adequação sexual, é possível a alteração do nome e do sexo constantes no registro civil de pessoas transgênero, desde que comprovada judicialmente essa condição. Até então, o tribunal só tinha permitido a mudança do nome e da indicação de sexo no registro de pessoas submetidas à cirurgia. No julgamento, o ministro Luis Felipe Salomão – relator do recurso especial interposto por uma mulher transgênero – defendeu uma interpretação jurídica que privilegiasse a identidade psicossocial em relação à biológica, de modo que, para a alteração do sexo em documentos públicos, foi dispensada a prova de intervenção cirúrgica. Segundo o magistrado, esse olhar conferia a máxima efetividade ao princípio constitucional da promoção da dignidade da pessoa humana". Disponível em: https://www.stj.jus.br/sites/portalp/Paginas/Comunicacao/Noticias/2023/29012023-Decisoes-do-STJ-foram-marco-inicial-de-novas-regras-sobre-alteracao-no-registro-civil-de-transgeneros.aspx . Acesso em 21 fev. 2023.

33. A ementa está assim redigida: "Ementa: AÇÃO DIRETA DE INCONSTITUCIONALIDADE. DIREITO CONSTITUCIONAL E REGISTRAL. PESSOA TRANSGÊNERO. ALTERAÇÃO DO PRENOME E DO SEXO NO REGISTRO CIVIL. POSSIBILIDADE. DIREITO AO NOME, AO RECONHECIMENTO DA PERSONALIDADE JURÍDICA, À LIBERDADE PESSOAL, À HONRA E À DIGNIDADE. INEXIGIBILIDADE DE CIRURGIA DE TRANSGENITALIZAÇÃO OU DA REALIZAÇÃO DE TRATAMENTOS HORMONAIS OU PATOLOGIZANTES. 1. O direito à igualdade sem discriminações abrange a identidade ou expressão de gênero. 2. A identidade de gênero é manifestação da própria personalidade da pessoa humana e, como tal, cabe ao Estado apenas o papel de reconhecê-la, nunca de constituí-la. 3. A pessoa transgênero que comprove sua identidade de gênero dissonante daquela que lhe foi designada ao nascer por autoidentificação firmada em declaração escrita desta sua vontade dispõe do direito fundamental subjetivo à alteração do prenome e da classificação de gênero no registro civil pela via administrativa ou judicial, independentemente de procedimento cirúrgico e laudos de terceiros, por se tratar de tema relativo ao direito fundamental ao livre desenvolvimento da personalidade. 4. Ação direta julgada procedente" (BRASIL. Supremo Tribunal Federal. **ADI 4.275**, Relator: Min. Marco Aurélio, Rel. para Acórdão: Min. Edson Fachin, Tribunal Pleno, julgado em 01/03/2018). Disponível em: https://jurisprudencia.stf.jus.br/pages/search?classeNumeroIncidente=adi%204275&base=acordaos&pesquisa_inteiro_teor=false&sinonimo=true&plural=true&radicais=false&buscaExata=true&page=1&pageSize=10&sort=_score&sortBy=desc&isAdvanced=true. Acesso em 21 fev. 2023.

34. Disponível em: https://atos.cnj.jus.br/atos/detalhar/2623. Acesso em 21 fev. 2023.

considerar que "o Estado há que registrar o que a pessoa é, e não o que acha que cada um de nós deveria ser, segundo a sua conveniência"[35].

Possibilita-se que o requerente faça o pedido de alteração de gênero em registro civil diverso daquele em que foi registrado seu nascimento e, "nesse caso, deverá o registrador encaminhar o procedimento ao oficial competente, às expensas da pessoa requerente", consoante parágrafo único do art. 3º do Provimento n. 73/2018.

Verifica-se que as normas que deram direito à alteração do gênero nos registros públicos são judiciais – notadamente a ADI 4.275 –, e regulamentar, o Provimento do CNJ n. 73/2018, o que, para alguns autores deveria ser feito por lei, após debate democrático no Poder Legislativo[36].

Sintetizados os direitos de personalidade concernentes ao nome e ao gênero, tendo sido já realizados de 2018 a 2022, segundo o relatório "Cartório em Números", 8.607 mudanças[37], se evidencia que o processo de Desjudi-

---

35. BRASIL. Supremo Tribunal Federal. **ADI 4.275**, Relator: Min. Marco Aurélio, Rel. para Acórdão: Min. Edson Fachin, Tribunal Pleno, julgado em 01/03/2018. Disponível em: https://jurisprudencia.stf.jus.br/pages/search?classeNumeroIncidente=adi%204275&base=acordaos&pesquisa_inteiro_teor=false&sinonimo=true&plural=true&radicais=false&buscaExata=true&page=1&pageSize=10&sort=_score&sortBy=desc&isAdvanced=true. Acesso em 21 fev. 2023. Acesso em 21 fev. 2023. A propósito, calha transcrever os arts. 2º e 4º do Provimento n. 73/2018: "Art. 2º Toda pessoa maior de 18 anos completos habilitada à prática de todos os atos da vida civil poderá requerer ao ofício do RCPN a alteração e a averbação do prenome e do gênero, a fim de adequá-los à identidade autopercebida". "Art. 4º O procedimento será realizado com base na autonomia da pessoa requerente, que deverá declarar, perante o registrador do RCPN, a vontade de proceder à adequação da identidade mediante a averbação do prenome, do gênero ou de ambos. § 1º O atendimento do pedido apresentado ao registrador independe de prévia autorização judicial ou da comprovação de realização de cirurgia de redesignação sexual e/ou de tratamento hormonal ou patologizante, assim como de apresentação de laudo médico ou psicológico".
36. Nesse sentido Luiz Guilherme Loureiro, não adentrando sobre o modo de vida de cada pessoa, por ser espaço de vida privada de cada um, critica a forma jurídica que se deu a possibilidade de alteração do gênero no registro civil, entendendo que o conteúdo nocional da comunidade deve ser objeto de debate democrático por meio de um processo legislativo (LOUREIRO, Luiz Guilherme. **Registros públicos**: teoria e prática, 11ª ed., Salvador: Editora Juspodivm, 2021, p. 236).
37. ASSOCIAÇÃO DOS NOTÁRIOS E REGISTRADORES DO BRASIL. **Cartórios em Números**, 4ª edição, Brasília: Anoreg-BR, 2022, p. 32. Disponível em: https://www.anoreg.org.br/site/wp-content/uploads/2022/12/Carto%CC%81rios-em-Nu%CC%81meros-Edic%CC%A7a%CC%83o-2022.pdf. Acesso em 21 fev. 2023. Em pesquisa empírica com dados dos Cartórios de Registro Civil de Recife, nos oito primeiros meses da edição do Provimento do CNJ n. 73/2018, apurou-se que 108 pessoas procuraram os cartórios recifenses para alteração, sendo que 96,3% eram solteiros, 100% alteraram além do nome, também o gênero, sendo que 45,37% optaram pelo gênero masculino e 54,63% pelo feminino, a maioria (54,63%) na faixa de idade de 18 a 27 anos (LANDO, Giorge André; LIRA, Roberta Julliane de Lima Santos. A desjudicialização da alteração do nome e do gênero no registro civil da pessoa transexual, *In*, **Gênero & Direito:** Periódico do Núcleo de Estudos e Pesquisas sobre Gênero e Direito, Centro de Ciências Jurí-

cialização abrange não apenas questões patrimoniais, mas igualmente, com mais ênfase e relevância, direitos que concretizam, em última essência, a dignidade da pessoa humana.

4.3. EXECUÇÃO HIPOTECÁRIA

Outra norma desjudicializante é o Decreto-Lei n. 70, de 21 de novembro de 1966, que institui a cédula hipotecária, representativa de créditos hipotecários e emitida pelo credor hipotecário nos seguintes casos, conforme art. 10: operações compreendidas no Sistema Financeiro da Habitação (inciso I), hipotecas de que sejam credores instituições financeiras em geral, e companhias de seguro (inciso II), hipotecas entre outras partes, desde que a cédula hipotecária seja originariamente emitida em favor das pessoas jurídicas a que se refere o inciso II.

A cédula hipotecária deve ser averbada na matrícula do imóvel dado em hipoteca, situação que autoriza a sua circulação como título de crédito. Com a emissão da cédula hipotecária, conforme art. 16, parágrafo único do Decreto-Lei n. 70/1966, passa a hipoteca sôbre a qual incidir e fazer parte integrante dela, acompanhando-a nos endossos subseqüentes, sub-rogando-se automàticamente o favorecido ou o endossatário em todos os direitos creditícios respectivos, que serão exercidos pelo último dêles, titular pelo endôsso em prêto" (redação conforme consta na publicação do Decreto-Lei).

Não sendo liquidada a dívida, caracterizado o inadimplemento, a norma autoriza a escolha do credor pela execução judicial ou extrajudicial (art. 29), sendo essa última processualizada, em síntese, de acordo com o seguinte procedimento:

a) art. 31: formalização pelo credor hipotecário junto ao agente fiduciário da execução da dívida, instruindo com documentos. O agente fiduciário notificará o devedor para purgar a mora no prazo de vinte dias, podendo essa notificação ser por edital na hipótese de estar o devedor em lugar incerto e não sabido;

b) art. 32: inocorrendo a purgação da mora o credor já fica de pleno direito autorizado a leiloar o imóvel hipotecado e a expedir os editais respectivos; o primeiro leilão deve alcançar o valor da dívida e despesas e, assim não sendo, o segundo leilão é realizado nos quinze dias seguintes, em que se aceitará o maior lance, mesmo que inferior

---

dicas da Universidade Federal da Paraíba, v. 9, n. 02, 2020). Disponível em: https://periodicos.ufpb.br/index.php/ged/article/view/50714/29545. Acesso em 25 fev. 2023.

ao débito, situação autorizativa para o credor cobrar o valor remanescente pela via executiva judicial;

c) art. 34: até a arrematação o devedor pode purgar o débito, com o acréscimo de multa e despesas;

d) art. 37: perfectibilizada a alienação do imóvel no leilão expedir-se-á carta de arrematação para registro no Cartório de Registro de Imóveis, autorizando o adquirente, se assim for necessário, a requerer a imissão na posse perante o Poder Judiciário, estipulando-se que a imissão será concedida liminarmente;

e) art. 38: o devedor é obrigado a pagar uma taxa de ocupação, fixada pelo juiz, se for necessária a ação de imissão de posse, desde o registro da arrematação até a efetiva imissão pelo arrematante.

Dos procedimentos resumidamente descritos se vê que a propriedade é retirada do devedor sem atuação da Jurisdição, em procedimento desjudicial que prima pela celeridade para resolução da crise de inadimplemento.

O Poder Judiciário somente é chamado a intervir residualmente, se for necessária intentar ação de imissão de posse ou continuar o credor na cobrança de eventual saldo remanescente. Significa dizer, a atuação jurisdicional é somente realizada e, eventualmente, em momento posterior a todo o procedimento e transferência da titularidade da propriedade.

Note-se que a arrematação em segundo leilão pode se dar apenas com o valor do maior lance, possibilitando a perda da propriedade que possa ter valor de mercado expressivo, ocasionando, consectariamente, enriquecimento indevido pelo arrematante/adquirente em detrimento do devedor/proprietário que, inclusive, pode ficar ainda com débito, que será executado judicialmente.

Tal forma de resolução de conflito creditício foi declarada constitucional pelo Supremo Tribunal Federal no julgamento do Recurso Extraordinário n. 627.106, em que se definiu, por seis votos a cinco[38], em 8 de abril de 2021, tese de Repercussão Geral no Tema 249[39].

---

38. Votaram com o relator que teve o voto vencedor, Min. Dias Toffoli, os ministros Ricardo Lewandowski, Gilmar Mendes, Rosa Weber, Alexandre de Moraes e Nunes Marques. Ficaram vencidos os ministros Luiz Fux, Cármen Lúcia, Ayres Britto, Edson Fachin e Marco Aurélio. BRASIL. Supremo Tribunal Federal. **RE 627.106**, Relator Min. Dias Toffoli, Tribunal Pleno, julgado em 08.04.2021. Disponível em: https://redir.stf.jus.br/paginadorpub/paginador.jsp?docTP=TP&docID=756135673 . Acesso em 23 fev. 2023.

39. A tese do Tema 249 ficou assim redigida: "É constitucional, pois foi devidamente recepcionado pela Constituição Federal de 1988, o procedimento de execução extrajudicial, previsto no

Colhe-se do voto do relator, Min. Dias Toffoli, que a execução extrajudicial pode ter o controle judicial, uma vez que o devedor pode acessar a justiça se vislumbrar irregularidades na tramitação do procedimento. Ainda, da análise dos demais votos que acompanharam o relator se afastou as alegações de ofensas aos princípios constitucionais da inafastabilidade da jurisdição, do devido processo legal, da ampla defesa e do contraditório pelo procedimento de execução extrajudicial.

Os fundamentos contrapostos foram delineados no sentido de que o princípio do devido processo legal impõe a atuação jurisdicional e que a autotutela não é constitucional no caso, por se estar diante da destituição da propriedade por agente privado.

4.4. ALIENAÇÃO FIDUCIÁRIA EM GARANTIA DE BEM IMÓVEL

A alienação fiduciária em garantia de bem imóvel tem, guardadas algumas particularidades, o mesmo procedimento da execução hipotecária, considerando que há diferenciação em razão de já ser a propriedade resolúvel do credor fiduciário[40].

A Lei Federal n. 9.514, de 20 de novembro de 1997, que dispõe sobre a alienação fiduciária de coisa imóvel, autoriza que o credor concretize a propriedade em seu nome, com realização de leilão do bem sem que o Poder Judiciário seja instado a intervir.

Decreto-lei nº 70/66". BRASIL. Supremo Tribunal Federal. **RE 627.106**, Relator Min. Dias Toffoli, Tribunal Pleno, julgado em 08.04.2021. Disponível em: https://redir.stf.jus.br/paginadorpub/paginador.jsp?docTP=TP&docID=756135673 . Acesso em 23 fev. 2023.

40. Tal diferenciação foi bem demonstrada no voto do Min. Luiz Fux que admitiu a Repercussão Geral do Tema 982, nos autos do RE 860631: "Cumpre destacar que, nada obstante recaia a discussão sobre a constitucionalidade da execução extrajudicial em contratos imobiliários, a matéria versada nos autos não guarda identidade com a tratada no RE 627.106 – Tema 249 da repercussão geral do Supremo Tribunal Federal. Naquele *leading case*, discute-se a recepção constitucional do Decreto-Lei 70/1966, que prevê a execução extrajudicial para dívidas contraídas no regime do Sistema Financeiro Habitacional, com garantia hipotecária, situação diversa da presente demanda, cujo objeto é a constitucionalidade da Lei 9.514/1997, que prevê a possibilidade de execução extrajudicial nos contratos de mútuo pelo Sistema Financeiro Imobiliário, com alienação fiduciária de imóvel. Nessa última modalidade de contrato não há transmissão da propriedade ao devedor, mas tão somente transferência da posse direta do bem. O credor fiduciário, portanto, não se imiscui no patrimônio do devedor para excutir bem de propriedade alheia, uma vez que o imóvel permanece sob propriedade da instituição financeira até a quitação do contrato pela outra parte, o que se traduz em diferença substancial entre as relações jurídicas de hipoteca e de alienação fiduciária para a finalidade de análise à luz dos princípios constitucionais invocados". BRASIL. Supremo Tribunal Federal. **RE 860.631**, Relator Min. Luiz Fux, julgado em 28.11.2017. Disponível em: https://portal.stf.jus.br/jurisprudenciaRepercussao/verPronunciamento.asp?pronunciamento=7313067. Acesso em 23 fev. 2023.

Com efeito, na Lei de Alienação Fiduciária o procedimento está regulamentado no sentido de que, uma vez inadimplida a obrigação e não purgada a mora perante o Registro de Imóveis competente, seguem-se atos não jurisdicionais (art. 26), com consolidação da propriedade em nome do credor fiduciário, que deve, inclusive, pagar o imposto de transmissão inter vivos (art. 26, § 7º), e posterior realização de leilão para alienação do bem imóvel (art. 27), podendo, ainda, ser intimado o devedor fiduciante eletronicamente (art. 27, § 2º)[41].

A constitucionalidade desse procedimento extrajudicial executivo foi também debatida pelo Supremo Tribunal Federal no tema 982 de Repercussão Geral, nos autos do Recurso Extraordinário n. 860.631, relatado pelo Ministro Luiz Fux.

A Corte Constitucional, seguindo a racionalidade do Código de Processo Civil de 2.015, dos tribunais manterem sua jurisprudência íntegra, estável e coerente, reconheceu a constitucionalidade de tal forma privada executiva, assim como se decidiu sobre a execução hipotecária[42].

4.5. CÓDIGO DE PROCESSO CIVIL DE 2015

O Código de Processo Civil de 2015 desjudicializou diversos processos e procedimentos que eram apenas jurisdicionais.

Já foram apontados nesta obra a usucapião administrativa, a divisão e demarcação de terras particulares, a manutenção da separação, divórcio, inventário e partilhas extrajudiciais.

Acresce-se, outrossim, diversos processos e/ou procedimentos que foram disciplinados pela reforma da legislação processual civil de 2015, que contribuem para a Desjudicialização e são ora mencionados brevemente e

41. Excertos retirados, com adaptações, de: OLIVEIRA, Weber Luiz de. Ação de direito material e execução fiscal administrativa no contexto da desjudicialização: (im)possibilidades constitucionais. **Revista Eletrônica Direito e Política**, Programa de Pós-Graduação *Stricto Sensu* em Ciência Jurídica da UNIVALI, Itajaí, v.15, n.2, 2º quadrimestre de 2020. Disponível em: www.univali.br/direitoepolitica. Acesso em 23 fev. 2023.

42. A tese do tema 982 foi assim assentada: "É constitucional o procedimento da Lei nº 9.514/1997 para a execução extrajudicial da cláusula de alienação fiduciária em garantia, haja vista sua compatibilidade com as garantias processuais previstas na Constituição Federal". BRASIL. Supremo Tribunal Federal. **RE 860.631**, Relator Min. Luiz Fux, julgado em 26.10.2023. Disponível em: https://portal.stf.jus.br/processos/detalhe.asp?incidente=4694303. Acesso em 26 nov. 2023.

à guisa de contextualização sobre o crescimento da resolução não judicial de conflitos na sociedade[43].

A obrigatoriedade de audiência prévia de mediação ou conciliação, nos termos do art. 334, que se interliga aos §§ 2º e 3º do art. 3º[44], em que se determina ao juiz a sua designação antes da apresentação de defesa pelo réu, é um instrumento que pode contribuir com a finalização prematura do processo, além de, em tese, possibilitar uma resolução satisfativa permeada pelo consenso.

Autor e réu são impelidos a participar da audiência de conciliação ou mediação, sob pena de, em caso de não comparecimento injustificado, sofrerem a pena de ato atentatório à dignidade da justiça, com sanção de multa de até dois por cento da vantagem econômica pretendida ou do valor da causa, que será revertida em favor da União ou do Estado, de acordo com o § 8º do art. 334.

Os custos do processo, notadamente honorários advocatícios, consoante a disciplina do art. 85, inibem a propositura de ações para que possa ser solucionada a controvérsia em ambiente extrajudicial, com um dispêndio menor para as partes.

Com efeito, se pelas disposições do art. 85 os honorários devem ser fixados em percentuais sobre o valor da condenação ou do proveito econômico obtido, sendo residualmente aplicado como base de cálculo o valor da causa, vedando-se, inclusive, a fixação por apreciação equitativa quando os valores forem líquidos ou liquidáveis[45], além de incluir os honorários

---

43. Para Loïc Cadiet o processo civil deve ser eficaz e proporcionar garantias necessárias para uma boa justiça, defendendo que os dois valores (eficácia e garantia) são coexistenciais e não excludentes uma da outra, contudo, o juiz não deve ser concebido como o primeiro recurso, mas sim como o último "al que se acude únicamente cuando no hay otra manera de resolver el conflicto" e que toda reforma processual "debe por tanto inscribirse en una misión mucho más amplia de democratización de la regulación social" (La justicia civil francesa entre eficiencia y garantías, *In*, **Civil Procedure Review**, v.4, n.3, sep-dec., 2013, p. 49-50).

44. "Art. 3º Não se excluirá da apreciação jurisdicional ameaça ou lesão a direito. [...] § 2º O Estado promoverá, sempre que possível, a solução consensual dos conflitos. § 3º A conciliação, a mediação e outros métodos de solução consensual de conflitos deverão ser estimulados por juízes, advogados, defensores públicos e membros do Ministério Público, inclusive no curso do processo judicial".

45. A Lei Federal n. 14.365, de de 2022, incluiu o § 6º-A ao art. 85, com a seguinte redação: "Quando o valor da condenação ou do proveito econômico obtido ou o valor atualizado da causa for líquido ou liquidável, para fins de fixação dos honorários advocatícios, nos termos dos §§ 2º e 3º, é proibida a apreciação equitativa, salvo nas hipóteses expressamente previstas no § 8º deste artigo". Tal inclusão legislativa é decorrente de julgamento pelo STJ dos Recursos Especiais Repetitivos ns. 1.850.512, 1.877.883, 1.906.623 e 1.906.618, julgados por maioria em 16 de março de 2022, relator Min. Og Fernandes, em que se definiu o Tema 1076

recursais para majorar o valor já anteriormente estipulado na hipótese de insucesso no recurso interposto[46], é conjectura natural que há um freio ou inibição pecuniária para a Judicialização.

Essa sistemática pode refletir na tomada de posição das partes em tentar resolver o conflito extrajudicialmente ou mesmo acatar, antecipadamente, o resultado jurisdicional, muito embora se tenha também o que se denomina de "problema de agência" ou "direito de agência"[47], que é a perspectiva em sentido diverso do advogado em relação ao seu ganho com a propositura ou manutenção da demanda, como demonstrou Erik Navarro Wolkart[48].

O julgamento antecipado parcial do mérito, estatuído no art. 356, possibilita que pedidos que se mostrem incontroversos ou estiverem em condições de imediato julgamento – por não necessitar de provas ou o réu for revel –, sejam julgados desde logo, excluindo da Judicialização questões que já podem ser resolvidas, mesmo que o processo tenha continuidade para instrução e julgamento de outros pedidos. Otimiza-se, assim, a prestação jurisdicional e desjudicializam-se conflitos de forma antecipada.

---

com a seguinte tese") A fixação dos honorários por apreciação equitativa não é permitida quando os valores da condenação, da causa ou o proveito econômico da demanda forem elevados. É obrigatória nesses casos a observância dos percentuais previstos nos §§ 2º ou 3º do artigo 85 do CPC – a depender da presença da Fazenda Pública na lide –, os quais serão subsequentemente calculados sobre o valor: (a) da condenação; ou (b) do proveito econômico obtido; ou (c) do valor atualizado da causa. ii) Apenas se admite arbitramento de honorários por equidade quando, havendo ou não condenação: (a) o proveito econômico obtido pelo vencedor for inestimável ou irrisório; ou (b) o valor da causa for muito baixo". BRASIL. Superior Tribunal de Justiça. **RESP's Repetitivos 1.850.512, 1.877.883, 1.906.623 e 1.906.618**. Relator Min. Og Fernandes, julgado em 16.03.2022. Disponível em: https://processo.stj.jus.br/repetitivos/temas_repetitivos/pesquisa.jsp?novaConsulta=true&tipo_pesquisa=T&cod_tema_inicial=1076&cod_tema_final=1076. Acesso em 23 fev. 2023.

46. "§ 11. O tribunal, ao julgar recurso, majorará os honorários fixados anteriormente levando em conta o trabalho adicional realizado em grau recursal, observando, conforme o caso, o disposto nos §§ 2º a 6º, sendo vedado ao tribunal, no cômputo geral da fixação de honorários devidos ao advogado do vencedor, ultrapassar os respectivos limites estabelecidos nos §§ 2º e 3º para a fase de conhecimento".

47. POSNER, Richard. **Economic analysis of law**, 6ª ed., New York: Aspen Pusblishers, 2003, p. 114.

48. WORKART, Erik Navarro. **Análise econômica do processo civil**: como a economia, o direito e a psicologia podem vencer a tragédia da justiça, São Paulo: Thomson Reuters Brasil, 2019, p. 307-343. O seguinte trecho é ilustrativo, ao tratar da dupla remuneração do advogado: "Como o advogado utilizou os honorários contratuais para *cobrir* seus custos operacionais, ele *transferiu* para parte todos os riscos de sua atividade. Essa é uma *descoberta* fundamental: *a cobrança de um valor fixo de honorários, retira todos os riscos da atividade do advogado, que terá incentivos para aconselhar o ajuizamento de ações ainda que a chance de vitória seja muito reduzida (demanda frívola)*" (WORKART, Erik Navarro. **Análise econômica do processo civil**: como a economia, o direito e a psicologia podem vencer a tragédia da justiça, São Paulo: Thomson Reuters Brasil, 2019, p. 332, grifos no original).

A estabilização da tutela antecipada também é um instrumento processual novo que autoriza o julgamento do mérito de forma célere e finalizadora do conflito, porquanto pelo procedimento da tutela antecipada requerida em caráter antecedente, conforme arts. 303 a 304, a pretensão é limitada apenas ao pedido antecipatório e indicativa do pedido final.

Sendo deferida a tutela antecipada antecedente e não havendo impugnação a tempo e modo pelo réu, haverá a sua estabilização, o que determina a extinção do processo com a conservação dos efeitos da decisão enquanto não revista, reformada ou invalidada no prazo de dois anos, contados da ciência da decisão de extinção. Isso tudo sem mesmo o réu ter se pronunciado.

A Desjudicialização da produção de prova, inclusive oral, é defendida por Júlio Guilherme Müller, para quem, com suporte no art. 190, que autoriza a realização de convenções processuais[49], havendo tal consenso e convenção, com a possibilidade do juiz renovar parcial ou integralmente o ato, a produção desjudicializada da prova oral "é uma opção alinhada com o modelo constitucional de processo"[50].

O aumento das hipóteses de dispensa da remessa necessária, a teor dos §§ 3º e 4º do art. 496[51], igualmente denota a preocupação do legislador do processo civil em evitar a Judicialização de casos que se reputou não ser indicado manter o processo em andamento apenas para que a segunda instância certifique o acerto ou desacerto da decisão de primeiro grau.

---

49. "Art. 190. Versando o processo sobre direitos que admitam autocomposição, é lícito às partes plenamente capazes estipular mudanças no procedimento para ajustá-lo às especificidades da causa e convencionar sobre os seus ônus, poderes, faculdades e deveres processuais, antes ou durante o processo. Parágrafo único. De ofício ou a requerimento, o juiz controlará a validade das convenções previstas neste artigo, recusando-lhes aplicação somente nos casos de nulidade ou de inserção abusiva em contrato de adesão ou em que alguma parte se encontre em manifesta situação de vulnerabilidade".

50. MÜLLER, Júlio Guilherme. **Negócios processuais e desjudicialização da produção da prova**: análise econômica e jurídica, São Paulo: Editora Revista dos Tribunais: 2017, p. 261.

51. "§ 3º Não se aplica o disposto neste artigo quando a condenação ou o proveito econômico obtido na causa for de valor certo e líquido inferior a: I – 1.000 (mil) salários-mínimos para a União e as respectivas autarquias e fundações de direito público; II – 500 (quinhentos) salários-mínimos para os Estados, o Distrito Federal, as respectivas autarquias e fundações de direito público e os Municípios que constituam capitais dos Estados; III – 100 (cem) salários-mínimos para todos os demais Municípios e respectivas autarquias e fundações de direito público. § 4º Também não se aplica o disposto neste artigo quando a sentença estiver fundada em: I - súmula de tribunal superior; II - acórdão proferido pelo Supremo Tribunal Federal ou pelo Superior Tribunal de Justiça em julgamento de recursos repetitivos; III – entendimento firmado em incidente de resolução de demandas repetitivas ou de assunção de competência; IV – entendimento coincidente com orientação vinculante firmada no âmbito administrativo do próprio ente público, consolidada em manifestação, parecer ou súmula administrativa".

O art. 517 regula procedimento de protesto sem a participação ou deferimento do juiz, bastando ao exequente, desde que não ocorrido o pagamento voluntário no prazo legal do Cumprimento de Sentença, a apresentação de certidão de teor da decisão transitada em julgado que consubstancia dívida pecuniária.

O Código de Processo Civil manteve, no art. 539, a possibilidade de a Ação de Consignação em Pagamento de obrigação em dinheiro ser realizada diretamente em instituições bancárias. Essa forma de Desjudicialização foi incluída no Código de Processo Civil de 1973, no art. 890, pela Lei Federal n. 8.951, de 13 de dezembro de 1994.

Assim, o devedor ou terceiro pode depositar o valor que entende devido em estabelecimento bancário do lugar do pagamento, que cientificará o credor por aviso de recebimento do valor depositado para que, em dez dias, manifeste recusa. Transcorrido esse prazo sem manifestação o devedor é considerado liberado da obrigação e a quantia ficará à disposição do credor. Em caso de recusa manifestada pelo credor ao estabelecimento bancário, daí se pode iniciar a Judicialização.

Portanto, uma crise de adimplemento relacionada à obrigação de pagar dinheiro pode ser solucionada apenas com a atuação de instituição que não pertence ao Poder Judiciário, que processará e realizará os procedimentos pertinentes para que as partes possam ver solucionada a controvérsia.

Outro procedimento especial disciplinado no Código de Processo Civil de 2015 que recebeu os influxos da Desjudicialização foi o de Homologação do Penhor Legal. Pela redação dos §§ 2º a 4º do art. 703 a homologação do penhor legal pode se dar pela via extrajudicial, por requerimento do credor a notário de sua livre escolha, que promoverá a notificação extrajudicial do devedor para pagamento ou impugnação em cinco dias.

Realizado o pagamento, homologa-se o penhor legal por escritura pública. Caso contrário, na apresentação de impugnação pelo devedor perante o notário o procedimento deve ser encaminhado ao juízo competente para decisão.

Assim, somente no caso de manifestação impugnativa é que o Poder Judiciário é chamado a intervir, recebendo o processo já devidamente instaurado, instruído e contraditado, com o que bastará prolatar decisão.

Por fim, os precedentes vinculantes aplicam-se em diversas fases do processo para que sejam aplicados, de modo a acelerar os julgamentos ou dar solução final ao litígio, além de ter um papel persuasivo relevante no sentido de se evitar o ajuizamento de ações desnecessárias (frívolas), já que se pode mensurar o resultado final em razão da obrigatoriedade de juízes e tribunais aplicarem tais precedentes vinculantes estabelecidos no art. 927[52].

A primeira situação aplicativa de precedentes vinculantes, que auxilia a Desjudicialização pelo Código de Processo Civil, é a improcedência liminar do pedido, disposta no art. 332, em que inexistindo necessidade de produção de prova o juiz deverá, liminarmente, julgar improcedente o pedido se for contrário a enunciado de súmula do Supremo Tribunal Federal ou do Superior Tribunal de Justiça, acórdão proferido pelo Supremo Tribunal Federal ou pelo Superior Tribunal de Justiça em julgamento de recursos repetitivos, entendimento firmado em incidente de resolução de demandas repetitivas ou de assunção de competência, e enunciado de súmula de tribunal de justiça sobre direito local.

Dentro da tutela provisória a tutela de evidência pode ser concedida, inclusive liminarmente, se "as alegações de fato puderem ser comprovadas apenas documentalmente e houver tese firmada em julgamento de casos repetitivos ou em súmula vinculante", de acordo com o art. 311, II.

Há dispensa de remessa necessária quando se tem sentença que é consentânea com precedentes vinculantes (art. 496, § 4º)

Em âmbito recursal, a lei processual determina o uso de tais pronunciamentos jurisprudenciais para, antecipadamente, prover ou improver recursos monocraticamente (art. 932, IV e V), disciplinando toda uma sistemática de recursos repetitivos e de repercussão geral (arts. 1.030 e 1.036 a 1.041) que intentam dar racionalidade ao sistema processual, com suspensão de processos e aplicação das teses assentadas, diminuindo o tempo de tramitação e julgamento das ações e recursos, o que contribui com a diminuição do número de processos em andamento e, consectariamente, com a Desjudicialização.

4.6. LEI DA MEDIAÇÃO

A Lei Federal n. 13.140, de 26 de junho de 2015 dispôs "sobre a mediação entre particulares como meio de solução de controvérsias e sobre a

52. "Art. 927. Os juízes e os tribunais observarão: I – as decisões do Supremo Tribunal Federal em controle concentrado de constitucionalidade; II – os enunciados de súmula vinculante; III – os acórdãos em incidente de assunção de competência ou de resolução de demandas repetitivas e em julgamento de recursos extraordinário e especial repetitivos; IV – os enunciados das súmulas do Supremo Tribunal Federal em matéria constitucional e do Superior Tribunal de Justiça em matéria infraconstitucional; V – a orientação do plenário ou do órgão especial aos quais estiverem vinculados".

autocomposição de conflitos no âmbito da administração pública", conforme seu art. 1º.

Disciplinou tanto a mediação judicial quanto a extrajudicial. Ao que importa ao presente tópico será dado enfoque à segunda. A mediação judicial, além do quanto estabelecido na Lei de Mediação, é também regulada pela Resolução do CNJ n. 125, de 29 de novembro de 2010, que instituiu a Política Judiciária Nacional de tratamento adequado dos conflitos de interesses no âmbito do Poder Judiciário[53].

Das Disposições Gerais da Lei 13.140/2015 tem-se o estabelecimento dos princípios da mediação: imparcialidade do mediador, isonomia entre as partes, oralidade, informalidade, autonomia da vontade das partes, busca do consenso, confidencialidade e boa-fé.

Estabelece-se a não obrigatoriedade da permanência em procedimento de mediação. Acerca do objeto estatui que pode ser todo ou parte do conflito, e versar sobre direitos disponíveis e direitos indisponíveis que admitam transação, sendo que nesse último caso exige-se a homologação judicial e a prévia oitiva do Ministério Público.

O mediador extrajudicial é pessoa de confiança escolhida pelas partes, devendo ter capacidade para fazer mediação "independentemente de integrar qualquer tipo de conselho, entidade de classe ou associação, ou nele inscrever-se" (art. 9º).

A assistência de advogado ou defensor público é permitida, contudo, se apenas uma das partes esteja assim acompanhada, "o mediador suspenderá o procedimento, até que todas estejam devidamente assistidas" (art. 10, parágrafo único), concretizando, assim, a igualdade e paridade de armas no processo de mediação.

Se a causa for complexa é admitida a participação de outros mediadores e, mesmo que já exista processo judicial ou arbitral é possível a chamada mediação incidental[54], em que "as partes poderão submeter-se à mediação, hipótese em que requererão ao juiz ou árbitro a suspensão do processo por prazo suficiente para a solução consensual do litígio" (art. 16, *caput*).

A mediação extrajudicial, de acordo com o art. 21 da Lei de Mediação, se inicia por convite de uma parte à outra, podendo ser feita por qualquer

---

53. BRASIL. Conselho Nacional de Justiça. **Resolução 125, de 29 de novembro de 2010**. Dispõe sobre a Política Judiciária Nacional de tratamento adequado dos conflitos de interesses no âmbito do Poder Judiciário e dá outras providências. Disponível em: https://atos.cnj.jus.br/atos/detalhar/156. Acesso em 25 fev. 2023.
54. GORETTI, Ricardo. **Mediação e Acesso à Justiça**, Salvador: Editora Juspodivm, 2016, p. 265.

meio de comunicação e discriminado "o escopo proposto para a negociação, a data e o local da primeira reunião". Considera-se rejeitado o pedido se não for respondido em trinta dias.

Ao término do procedimento, a mediação é encerrada com a lavratura de um termo final e, se logrado êxito para a celebração de acordo, o termo final de mediação "constitui título executivo extrajudicial e, quando homologado judicialmente, título executivo judicial" (art. 20, parágrafo único).

Não se adentrará detalhadamente no procedimento da mediação, porquanto o objetivo aqui é apenas demonstrar tal forma de Desjudicialização, que recebeu tratamento legislativo específico, a corroborar a internalização e crescimento dessa forma consensual e extrajudicial de solução de controvérsias na sociedade brasileira.

4.7. PROJETOS LEGISLATIVOS

Alguns projetos legislativos que têm relação com o objeto desta obra foram escolhidos para contextualizar esse capítulo que trata dos "movimentos normativos" da Desjudicialização, como os da Desjudicialização da Execução Civil, a arbitragem tributária e a cessão de créditos tributários para iniciativa privada.

Os projetos de lei concernentes à Execução Fiscal Administrativa serão expostos na Parte 2, destinada a detalhar as suas características, limites e possibilidades constitucionais.

4.7.1. Desjudicialização da Execução Civil

A Desjudicialização da Execução Civil segue a mesma racionalidade de se retirar do Poder Judiciário a competência para realização de atos executivos, na busca de bens do devedor e com o objetivo de cumprimento de obrigações inadimplidas.

A Execução Civil judicial pode se dar de acordo com a origem do título executivo. Se judicial[55], a execução é uma fase do processo de conhecimento,

---

55. "Art. 515. São títulos executivos judiciais, cujo cumprimento dar-se-á de acordo com os artigos previstos neste Título: I – as decisões proferidas no processo civil que reconheçam a exigibilidade de obrigação de pagar quantia, de fazer, de não fazer ou de entregar coisa; II – a decisão homologatória de autocomposição judicial; III – a decisão homologatória de autocomposição extrajudicial de qualquer natureza; IV – o formal e a certidão de partilha, exclusivamente em relação ao inventariante, aos herdeiros e aos sucessores a título singular ou universal; V – o crédito de auxiliar da justiça, quando as custas, emolumentos ou honorários tiverem sido aprovados por decisão judicial; VI – a sentença penal condenatória transitada

denominada de Cumprimento de Sentença; se extrajudicial[56], a execução é tratada como um processo especial pela legislação processual civil. Nada obstante cada processo tenha suas particularidades, os procedimentos executivos são aplicados em ambos, sendo as disposições do Cumprimento de Sentença aplicáveis ao Processo de Execução e vice-versa, nos termos do art. 771 do Código de Processo Civil.

A regulamentação processual da Execução Civil Judicial estatui todos os aspectos subjetivos (competência, exequentes e executados, avaliadores, leiloeiros, arrematantes, etc.), objetivos ou materiais (títulos executivos, responsabilidade patrimonial) e procedimentais (requisitos da petição inicial, contraditório, impugnações, penhora, avaliação, expropriação dos bens, satisfação do crédito, suspensão da execução e sua extinção) sobre as diversas espécies e formas de execução (execução provisória e definitiva, para entrega de coisa certa e incerta, obrigações de fazer e não fazer, por quantia certa, de alimentos e contra a Fazenda Pública).

À exceção da decisão em que se estabelece controvérsia entre exequente e executado sobre questão jurídica, tanto no Cumprimento[57], quanto na Exe-

---

em julgado; VII – a sentença arbitral; VIII – a sentença estrangeira homologada pelo Superior Tribunal de Justiça; IX – a decisão interlocutória estrangeira, após a concessão do exequatur à carta rogatória pelo Superior Tribunal de Justiça."

56. Art. 784. São títulos executivos extrajudiciais: I – a letra de câmbio, a nota promissória, a duplicata, a debênture e o cheque; II – a escritura pública ou outro documento público assinado pelo devedor; III – o documento particular assinado pelo devedor e por 2 (duas) testemunhas; IV – o instrumento de transação referendado pelo Ministério Público, pela Defensoria Pública, pela Advocacia Pública, pelos advogados dos transatores ou por conciliador ou mediador credenciado por tribunal; V – o contrato garantido por hipoteca, penhor, anticrese ou outro direito real de garantia e aquele garantido por caução; VI – o contrato de seguro de vida em caso de morte; VII – o crédito decorrente de foro e laudêmio; VIII – o crédito, documentalmente comprovado, decorrente de aluguel de imóvel, bem como de encargos acessórios, tais como taxas e despesas de condomínio; IX – a certidão de dívida ativa da Fazenda Pública da União, dos Estados, do Distrito Federal e dos Municípios, correspondente aos créditos inscritos na forma da lei; X – o crédito referente às contribuições ordinárias ou extraordinárias de condomínio edilício, previstas na respectiva convenção ou aprovadas em assembleia geral, desde que documentalmente comprovadas; XI – a certidão expedida por serventia notarial ou de registro relativa a valores de emolumentos e demais despesas devidas pelos atos por ela praticados, fixados nas tabelas estabelecidas em lei; XI-A – o contrato de contragarantia ou qualquer outro instrumento que materialize o direito de ressarcimento da seguradora contra tomadores de seguro-garantia e seus garantidores; XII – todos os demais títulos aos quais, por disposição expressa, a lei atribuir força executiva.

57. "Art. 525. Transcorrido o prazo previsto no art. 523 sem o pagamento voluntário, inicia-se o prazo de 15 (quinze) dias para que o executado, independentemente de penhora ou nova intimação, apresente, nos próprios autos, sua impugnação. § 1º Na impugnação, o executado poderá alegar: I – falta ou nulidade da citação se, na fase de conhecimento, o processo correu à revelia; II – ilegitimidade de parte; III – inexequibilidade do título ou inexigibilidade da obrigação; IV – penhora incorreta ou avaliação errônea; V – excesso de execução ou cumu-

cução[58], todos os atos processuais realizados são meros expedientes direcionados à procura de bens do devedor para penhora e posterior expropriação para satisfação da obrigação.

E, mesmo na existência de impugnação ou embargos, não há impedimento da prática de atos executivos, inclusive expropriatórios, o que pode ser obstado apenas com prévia penhora que garanta a execução, se os fundamentos da impugnação ou dos embargos forem relevantes e a execução puder causar dano ao executado de difícil ou incerta reparação, situação em que se pode deferir, portanto, o efeito suspensivo à impugnação ou embargos (CPC, arts. 525, § 6º, e 919, § 1º). Entretanto, se o exequente oferecer caução suficiente e idônea a execução poderá prosseguir (CPC, art. 525, § 10).

Nesse cenário da grande maioria de atos processuais executivos sem conteúdo jurisdicional, há intenso debate doutrinário a respeito de manter a Judicialização obrigatória da tutela executiva. Além da ineficácia do processo, se tem o custo para o Poder Judiciário, e assim para o erário público, de se manter toda a máquina estatal direcionada para um processo e procedimentos que podem ser realizados, e talvez de forma mais exitosa, fora do ambiente judicial.

Afinal, como defende Humberto Theodoro Júnior,

> quando se cogita de desjudicializar a execução, o que, em regra, se procura é apenas afastar do juiz a atividade rotineira dos atos executivos, resguardando, porém, sua competência para decidir as questões que eventualmente possam surgir durante o procedimento[59].

Em tal sentido, grande influência e repercussão no Brasil que vem sendo dadas pela doutrina que trata do tema é advinda de Portugal, em que,

---

lação indevida de execuções; VI – incompetência absoluta ou relativa do juízo da execução; VII – qualquer causa modificativa ou extintiva da obrigação, como pagamento, novação, compensação, transação ou prescrição, desde que supervenientes à sentença". Tem-se ainda o art. 518: "Art. 518. Todas as questões relativas à validade do procedimento de cumprimento da sentença e dos atos executivos subsequentes poderão ser arguidas pelo executado nos próprios autos e nestes serão decididas pelo juiz.".

58. "Art. 917. Nos embargos à execução, o executado poderá alegar: I – inexequibilidade do título ou inexigibilidade da obrigação; II – penhora incorreta ou avaliação errônea; III – excesso de execução ou cumulação indevida de execuções; IV – retenção por benfeitorias necessárias ou úteis, nos casos de execução para entrega de coisa certa; V – incompetência absoluta ou relativa do juízo da execução; VI – qualquer matéria que lhe seria lícito deduzir como defesa em processo de conhecimento".

59. THEODORO JÚNIOR, Humberto. As novas codificações francesa e portuguesa e a desjudicialização da execução forçada, *In*, **Revista Juris Plenum**, ano XV, número 88, julho de 2019, p. 96.

inicialmente pelo Decreto-Lei n. 38, de 8 de março de 2003, chamado de "Reforma da Acção Executiva", se alterou o já revogado Código de Processo Civil português. Dos fundamentos prévios da alteração legislativa constam que a reforma era necessária em razão de que os "atrasos do processo de execução têm-se assim traduzido em verdadeira denegação de justiça, colocando em crise o direito fundamental de acesso à justiça"[60].

A penhora, naquela legislação portuguesa, é efetivada pela criação de um sujeito processual que se denominou "agente de execução" (arts. 838º, 848º, 856º e outros), com competência também para a venda executiva, além de deter diversas competências elencadas no art. 808º[61].

Em 2008 Portugal editou o Decreto-Lei n. 226, de 20 de novembro, alterando novamente o seu Código de Processo Civil, sendo descrito em seus fundamentos que "actuar em benefício do bom funcionamento da acção executiva significa agir directamente sobre uma parte muito significativa do

60. PORTUGAL **Decreto-Lei n. 38, de 8 de março de 2003**. Disponível em: https://www.igf.gov.pt/leggeraldocs/DL_038_2003.htm. Acesso em 28 fev. 2023.

61. "Artigo 808.º Agente de execução 1 – Cabe ao agente de execução, salvo quando a lei determine diversamente, efectuar todas as diligências do processo de execução, incluindo citações, notificações e publicações, sob controlo do juiz, nos termos do n.º 1 do artigo seguinte. 2 – As funções de agente de execução são desempenhadas por solicitador de execução, designado, pelo exequente ou pela secretaria, de entre os inscritos na comarca e nas comarcas limítrofes, ou, na sua falta, de entre os inscritos em outra comarca do mesmo círculo judicial; não havendo solicitador de execução inscrito no círculo ou ocorrendo outra causa de impossibilidade, são essas funções, com excepção das especificamente atribuídas ao solicitador de execução, desempenhadas por oficial de justiça, determinado segundo as regras da distribuição. 3 – Nas execuções por custas, o agente de execução é sempre um oficial de justiça. 4 – O solicitador de execução designado só pode ser destituído por decisão do juiz de execução, oficiosamente ou a requerimento do exequente, com fundamento em actuação processual dolosa ou negligente ou em violação grave de dever que lhe seja imposto pelo respectivo estatuto, o que será comunicado à Câmara dos Solicitadores. 5 – As diligências que implicariam deslocação para fora da área da comarca da execução e suas limítrofes, ou da área metropolitana de Lisboa ou Porto no caso de comarca nela integrada, são, salvo impossibilidade ou grave dificuldade, efectuadas, a solicitação do agente de execução designado e, sendo este solicitador, sob sua responsabilidade, por agente de execução dessa área; a solicitação do oficial de justiça é dirigida à secretaria do tribunal da comarca da área da diligência, pelo meio que, nos termos do n.º 5 do artigo 176.º, se revele mais eficaz. 6 – O solicitador de execução pode, sob sua responsabilidade, promover a realização de diligências, que não constituam acto de penhora, venda, pagamento ou outro de natureza executiva, por empregado ao seu serviço, credenciado pela Câmara dos Solicitadores nos termos do n.º 4 do artigo 161.º 7 – Na prática de diligências junto do executado, de organismos oficiais ou de terceiros, e sem prejuízo da emissão de certidão pela secretaria, o solicitador de execução identifica-se com o recibo de entrega do requerimento executivo em que tenha aposto a sua assinatura ou com a exibição da notificação referida no n.º 2 do artigo 811.º-A". Disponível em: https://www.igf.gov.pt/leggeraldocs/DL_038_2003.htm. Acesso em 28 fev. 2023

sistema judicial"[62], aumentando os procedimentos de Desjudicialização. Dos destacados fundamentos da norma portuguesa se extrai:

> Em primeiro lugar, introduzem-se inovações para tornar as execuções mais simples e eliminar formalidades processuais desnecessárias.
>
> Assim, reserva-se a intervenção do juiz para as situações em que exista efectivamente um conflito ou em que a relevância da questão o determine. É o que sucede quando, por exemplo, se torne necessário proferir despacho liminar, apreciar uma oposição à execução ou à penhora, verificar e graduar créditos, julgar reclamações, impugnações e recursos dos actos do agente de execução ou decidir questões que este suscite. Desta forma, eliminam-se intervenções actualmente cometidas ao juiz ou à secretaria que envolvem uma constante troca de informação meramente burocrática entre o mandatário, o tribunal e o agente de execução, com prejuízo para o bom andamento da execução.
>
> O papel do agente de execução é reforçado, sem prejuízo de um efectivo controlo judicial, passando este a poder aceder ao registo de execuções, designadamente para introduzir e actualizar directamente dados sobre estas. Igualmente, o agente de execução passa a realizar todas as diligências relativas à extinção da execução, sendo esta arquivada através de um envio electrónico de informação ao tribunal, sem necessidade de intervenção judicial ou da secretaria.
>
> Elimina-se ainda a necessidade de envio ao tribunal de relatórios sobre as causas de frustração da penhora, o que consistia numa formalidade redundante e sem valor acrescentado, tanto para o tribunal como para o agente de execução.
>
> Permite-se, também, que o requerimento executivo seja enviado e recebido por via electrónica, assegurando-se a sua distribuição automática ao agente de execução, sem necessidade de envio de cópias em papel[63].

Possibilitou o Decreto-Lei português n. 226/2008 o aumento dos agentes de execução, alargando a possibilidade de advogados igualmente exercerem tais funções.

Seguindo na melhoria dos procedimentos executivos extrajudiciais foi editado o novo Código de Processo Civil Português pela Lei n. 41, de 26 de junho de 2013. Nessa nova codificação se estabeleceu mais detalhadamente

62. PORTUGAL. **Decreto-Lei n. 226, de 20 de novembro de 2008**. Disponível em: https://www.pgdlisboa.pt/leis/lei_mostra_articulado.php?nid=1030&tabela=leis&so_miolo=S. Acesso em 28 fev. 2023.
63. Disponível em: https://www.pgdlisboa.pt/leis/lei_mostra_articulado.php?nid=1030&tabela=leis&so_miolo=S. Acesso em 28 fev. 2023.

a repartição de competências entre juiz[64], secretaria e agente de execução, sendo que este último deve estar registrado em lista oficial, designado pelo exequente ou, não sendo assim escolhido, designado pela secretaria de acordo com uma escala constante na lista oficial (art. 720º), com competências para "citações, notificações, publicações, consultas de bases de dados, penhoras e seus registos, liquidações e pagamentos", conforme art. 719º.

Os honorários e as despesas do agente de execução são pagos pelo exequente, que pode exigir o reembolso pelo executado. Enquanto não adimplidos esses valores a execução não prossegue (art. 721º).

Diversos outros países da Europa adotam, em determinados aspectos, a Execução Civil não judicial, tais como Holanda, Bélgica, Escócia, França, Suécia, Finlândia, Espanha, Itália, Alemanha, Eslováquia, República Checa[65], cada qual com suas particularidades[66]. Sintetizam Mouta e Franco:

> A análise da experiência europeia demonstra a existência de diversas formas de tratamento do procedimento executivo: em alguns países, as técnicas executivas são integralmente empregadas em instâncias administrativas e sem a intervenção direta do Poder Judiciário (v.g., Suécia e Finlândia); em outros, há o compartilhamento das atividades executivas entre juízes e agentes

64. "Artigo 723.º Competência do juiz 1 – Sem prejuízo de outras intervenções que a lei especificamente lhe atribui, compete ao juiz: a) Proferir despacho liminar, quando deva ter lugar; b) Julgar a oposição à execução e à penhora, bem como verificar e graduar os créditos, no prazo máximo de três meses contados da oposição ou reclamação; c) Julgar, sem possibilidade de recurso, as reclamações de atos e impugnações de decisões do agente de execução, no prazo de 10 dias; d) Decidir outras questões suscitadas pelo agente de execução, pelas partes ou por terceiros intervenientes, no prazo de cinco dias. 2 – Nos casos das alíneas c) e d) do número anterior, pode o juiz aplicar multa ao requerente, de valor a fixar entre 0,5 UC e 5 UC, quando a pretensão for manifestamente injustificada". PORTUGAL. **Lei n. 41, de 26 de junho de 2013**. Disponível em: https://dre.pt/dre/legislacao-consolidada/lei/2013-34580575. Acesso em 28 fev. 2023.
65. HECKTHEUER, Pedro Abib; LOPES ASSIS, Ana Cláudia Miranda. A desjudicialização da execução civil: uma tendência universal a ser seguida pelo Brasil, p. 296-313, *In*, **Revista Eletrônica Direito e Política**, Programa de Pós-Graduação *Stricto Sensu* em Ciência Jurídica da UNIVALI, Itajaí, v. 17, n. 1, 1º quadrimestre de 2021. Disponível em: https://periodicos.univali.br/index.php/rdp/article/view/18663. Acesso em 28 fev. 2023. MOUTA, José Henrique; FRANCO, Marcelo Veiga. Execução civil extrajudicial brasileira em perspectiva: da experiência europeia a algumas reflexões sobre o Projeto de Lei nº. 6.204/2019, p. 622-655, *In*, **Revista Eletrônica de Direito Processual – REDP**. Rio de Janeiro. Ano 16. Volume 23. Número 1. Janeiro a Abril de 2022. Periódico Quadrimestral da Pós-Graduação *Stricto Sensu* em Direito Processual da UERJ. Disponível em: https://www.e-publicacoes.uerj.br/index.php/redp/article/view/64386. Acesso em 28 fev. 2023.
66. A consulta a diversos países membros da União Europeia sobre a execução de suas decisões judiciais pode ser acessada em: EUROPEAN UNION. **How to enforce a court decision**. Disponível em: https://e-justice.europa.eu/52/EN/how_to_enforce_a_court_decision. Acesso em 28 fev. 2023.

auxiliares da administração da justiça, os quais ora se vinculam ao Estado (v.g., Espanha, Itália e Alemanha), ora atuam como profissionais liberais no ambiente da iniciativa privada percebendo remuneração específica para a prática dos atos executivos (v.g., Portugal e França). E há também a possibilidade da autotutela executiva – a qual, contudo, não é objeto deste estudo[67].

Por fim, Portugal editou a Lei n. 32, de 30 de maio de 2014, em que aprovou o procedimento extrajudicial pré-executivo, conhecido como PEPEX, assim especificada sua natureza e fins no art. 2º:

> O procedimento extrajudicial pré-executivo é um procedimento de natureza facultativa que se destina, entre outras finalidades expressamente previstas na presente lei, à identificação de bens penhoráveis através da disponibilização de informação e consulta às bases de dados de acesso direto eletrónico previstas no Código de Processo Civil, aprovado pela Lei n.º 41/2013, de 26 de junho, para os processos de execução cuja disponibilização ou consulta não dependa de prévio despacho judicial[68].

O procedimento se inicia com o requerimento em plataforma de informática criada especialmente para o PEPEX, anexando documento exigidos no art. 5º; após o pagamento do que se pode chamar de "custas", o requerimento é automaticamente distribuído para um agente da execução, conforme regras de distribuição pelo "sistema informático de suporte à atividade dos agentes de execução (SISAAE)"; o agente de execução inicia com consultas

67. MOUTA, José Henrique; FRANCO, Marcelo Veiga. Execução civil extrajudicial brasileira em perspectiva: da experiência europeia a algumas reflexões sobre o Projeto de Lei nº. 6.204/2019, *In*, **Revista Eletrônica de Direito Processual – REDP**. Rio de Janeiro. Ano 16. Volume 23. Número 1. Janeiro a Abril de 2022, p. 639. Periódico Quadrimestral da Pós-Graduação *Stricto Sensu* em Direito Processual da UERJ. Disponível em: https://www.e-publicacoes.uerj.br/index.php/redp/article/view/64386. Acesso em 28 fev. 2023. Hecktheuer e Lopes Assis igualmente sintetizam a forma da Desjudicialização da Execução Civil na Europa:"De todo modo, no direito europeu moderno, conquanto não haver eliminação total da judicialização do cumprimento da sentença e também não haver uniformidade dos meios de simplificar e agilizar a execução, denota-se dos modelos indicados uma redução na intervenção judicial na fase executiva. Demonstra-se ser, pois, uma preocupação comum entre os países europeus de tradição civil law reduzir o quanto possível a judicialização, tanto que atualmente foram editadas pela Comunidade Europeia diretrizes recomendando e orientando a implantação do sistema de agentes executivos nos moldes de Portugal, em todo os Estados-membros" (HECKTHEUER, Pedro Abib; LOPES ASSIS, Ana Cláudia Miranda. A desjudicialização da execução civil: uma tendência universal a ser seguida pelo Brasil, p. 296-313, *In*, **Revista Eletrônica Direito e Política**, Programa de Pós-Graduação *Stricto Sensu* em Ciência Jurídica da UNIVALI, Itajaí, v. 17, n. 1, 1º quadrimestre de 2021, p. 305). Disponível em: https://periodicos.univali.br/index.php/rdp/article/view/18663. Acesso em 28 fev. 2023.

68. PORTUGAL. **Lei n. 32, de 30 de maio de 2014**. Disponível em: https://dre.pt/dre/detalhe/lei/32-2014-25345939. Acesso em 28 fev. 2023.

às diversas bases de dados (administração tributária, segurança social, registo civil, registo nacional de pessoas coletivas, registo predial, registo comercial e registo de veículos e outros registos ou arquivos semelhantes, como do Banco de Portugal sobre instituições financeiras em que o requerido possa ter contas ou depósitos bancários) "para obtenção de informação referente à identificação e localização do requerido, bem como dos bens penhoráveis de que seja titular", nos termos do art. 9º.

Daí em diante segue-se um procedimento de relatório do agente de execução sobre a situação de solvabilidade do devedor e manifestação do credor. Havendo bens poderá ser postulada a convolação do PEPEX em processo de execução, ou, inexistindo bens, a notificação do requerido para, no prazo de 30 dias, pagar, celebrar acordo, indicar bens penhoráveis ou opor-se ao procedimento (arts. 10º ao 12º). Transcorrido o prazo sem manifestação "o agente de execução procede à inclusão do devedor na lista pública de devedores no prazo de 30 dias" (art. 15º).

A Judicialização pela Lei portuguesa n. 32/2014 apenas se dá em três hipóteses: oposição do requerido ao PEPEX (art. 16º); convolação do procedimento em processo de execução (art. 18º); impugnação jurisdicional acerca da legalidade dos atos do agente de execução (art. 27º).

Segundo Elias Marques de Medeiros Neto o objetivo do PEPEX é o credor se "valer do procedimento extrajudicial pré-executivo para, o quanto antes, descobrir se o devedor realmente tem bens para satisfazer a obrigação a ser executada"[69].

Adotando Portugal como parâmetro, o legislador brasileiro propôs o Projeto de Lei (PL) n. 6.204/2019[70], com início no Senado Federal, que dispõe sobre a desjudicialização da execução civil de título executivo judicial e extrajudicial, além de objetivar alterar as Leis ns. 9.430, de 27 de dezembro

69. MEDEIROS NETO, Elias Marques de. **O Pepex e a busca antecipada de bens do devedor** [livro eletrônico]. São Paulo: Escola Superior de Advocacia OAB SP, 2021, p. 60. Disponível em: https://bd.tjdft.jus.br/jspui/bitstream/tjdft/50385/1/PEPEX%20e%20busca%20antecipada%20de%20bens%20do%20devedor.pdf . Acesso em 28 fev. 2023.

70. BRASIL. Senado Federal. **PL n. 6204/2019**. Dispõe sobre a desjudicialização da execução civil de título executivo judicial e extrajudicial; altera as Leis nª a nº 9.430, de 27 de dezembro de 1996, a nº 9.492, de 10 de setembro de 1997, a nº 10.169, de 29 de dezembro de 2000, e a nº 13.105 de 16 de março de 2015 – Código de Processo Civil. Disponível em: https://legis.senado.leg.br/sdleg-getter/documento?dm=8049470&ts=1674176466202&disposition=inline. Acesso em 28 fev. 2023.

de 1996, 9.492, de 10 de setembro de 1997, 10.169, de 29 de dezembro de 2000, e 13.105 de 16 de março de 2015 (Código de Processo Civil)[71].

Colhe-se da "Justificação" do PL 6204/2019:

> Objetivando simplificar e desburocratizar a execução de títulos executivos civis, e, por conseguinte alavancar a economia do Brasil, propõe-se um sistema normativo novo, mas já suficientemente experimentado com êxito no direito estrangeiro.
>
> Nessa linha, na maioria dos países europeus a execução de títulos executivos é realizada sem a interferência do Judiciário, sendo atribuição do "agente de execução", quem recebe o pedido do credor e lhe dá o devido processamento – desde que presentes os requisitos formais do título executivo –, incluindo citações, notificações, penhoras e alienação de bens. O juízo competente só participará desse procedimento em situações excepcionais quando chamado a decidir alguma questão passível de discussão por meio de embargos do devedor, suscitação de dúvidas, determinação de medidas de força ou coercitivas.

Optou-se no PL n. 6.204/2019, como agente de execução, exclusivamente, o tabelião de protesto[72], delimitando sua competência para realização dos seguintes atos extrajudiciais:

> Art. 4º. Incumbe ao agente de execução:

---

71. Segundo Humberto Theodoro Júnior o próprio Código de Processo Civil, no art. 782, "ao prever que a direção do procedimento executivo compete ao juiz, ressalva que a regra prevalecerá se a lei não dispuser de modo diverso", de modo a amparar processualmente a edição de lei que prescreva atos executivos fora do Poder Judiciário (THEODORO JÚNIOR, Humberto. As novas codificações francesa e portuguesa e a desjudicialização da execução forçada, *In*, **Revista Juris Plenum**, ano XV, número 88, julho de 2019, p. 103).

72. Consta na "Justificação" do PL 6204/2019: "Para tanto, propõe-se que a função pública da execução dos títulos executivos seja 'delegada' a um tabelião de protesto, que é um profissional devidamente concursado e remunerado de acordo com os emolumentos fixados por lei, cobrados via de regra do devedor ao final do procedimento executivo. Salienta-se que a fiscalização dos tabeliães de protesto já é realizada pelo Poder Judiciário – CNJ e corregedorias estaduais. A delegação, portanto, é o regime jurídico sugerido para que a desjudicialização da execução seja colocada em prática no Brasil, nos termos do artigo 236 da Constituição Federal. Dentre os agentes delegados existentes no ordenamento jurídico, sugere-se que o tabelião de protesto tenha sua atribuição alargada, para que assuma também a realização das atividades executivas, uma vez que afeito aos títulos de crédito. Além disso, propõe-se a valorização do protesto como eficiente medida para o cabal cumprimento das obrigações". BRASIL. Senado Federal. **PL n. 6204/2019**. Dispõe sobre a desjudicialização da execução civil de título executivo judicial e extrajudicial; altera as Leis nª a nº 9.430, de 27 de dezembro de 1996, a nº 9.492, de 10 de setembro de 1997, a nº 10.169, de 29 de dezembro de 2000, e a nº 13.105 de 16 de março de 2015 – Código de Processo Civil. Disponível em: https://legis.senado.leg.br/sdleg-getter/documento?dm=8049470&ts=1674176466202&disposition=inline. Acesso em 28 fev. 2023.

I – examinar o requerimento e os requisitos do título executivo, bem como eventual ocorrência de prescrição e decadência;

II – consultar a base de dados mínima obrigatória, nos termos do art. 29, para localização do devedor e de seu patrimônio;

III – efetuar a citação do executado para pagamento do título, com os acréscimos legais;

IV – efetuar a penhora e a avaliação dos bens;

V – realizar atos de expropriação;

VI – realizar o pagamento ao exequente;

VII – extinguir a execução;

VIII – suspender a execução diante da ausência de bens suficientes para a satisfação do crédito;

IX – consultar o juízo competente para sanar dúvida relevante;

X – encaminhar ao juízo competente as dúvidas suscitadas pelas partes ou terceiros em casos de decisões não reconsideradas.

O art. 6º do PL n. 6204/2019 exige o protesto prévio do título executivo para apresentação ao agente de execução.

A atuação jurisdicional se dá no caso de o executado apresentar embargos, que independem de penhora, depósito ou caução (art. 18, *caput*), pela consulta pelo agente de execução sobre questões afetas ao título executivo e ao procedimento, além de quando houver necessidade de medidas de força e coerção e, por fim, encaminhamento de suscitação de dúvida pelo agente de execução, em razão de impugnação por qualquer das partes em face de suas decisões, se não houver retratação.

Parece-nos adequado e oportuno o destacado PL 6204/2019, inclusive pela escolha do agente de execução ser o tabelião de protesto, que já detém expertise na cobrança e recolhimento de dívidas, pelo êxito da Desjudicialização realizado no ambiente notarial e registral, como já destacado nesta obra acerca do inventário, partilha, divórcio e separação extrajudiciais, alteração de gênero e nome, divisão e demarcação de terras e a usucapião administrativa.

Destacados profissionais, com obrigatória formação jurídica, delegatários de serviço público, além de serem fiscalizados, por mandamento constitucional, pelo Poder Judiciário, nos termos do arts. 103-B, § 4º, III e 236, § 1º, da Constituição Federal, e arts. 37 e 38 da Lei Federal n. 8.935/1994 – o que aproxima as atuações judiciais e não judiciais –, tem toda a atividade regulada normativamente pelo Conselho Nacional de Justiça, órgão que, igualmente, fiscaliza a atuação dos notários e registradores.

A capilaridade dos Cartórios de Protesto é também ponto positivo que pode possibilitar a implementação imediata e exitosa da Desjudicialização da Execução Civil no Brasil.

Ainda, elemento de realce importante, e diferenciador, é terem tais delegatários atributo essencial para o exercício de atos de poder, como citações, penhoras e expropriações, que é a fé pública, pela qual se consideram com veracidade e legitimidade pública os atos do agente de execução brasileiro, conforme prevê o projeto de lei.

Nada obstante, há entendimentos contrários que refutam o PL 6.204/2019 por entendê-lo inconstitucional, notadamente em razão de que se entende violado o princípio da inafastabilidade da jurisdição aos atos expropriatórios[73], ou pela exclusividade que é dada aos Tabeliães de Protesto, defendendo-se que a atividade de agente de execução brasileiro poderia ser exercido também por advogados, uma nova categoria profissional autônoma, ou todos os notários e registradores[74].

No mesmo sentido Luciano Vianna Araújo e Rogéria Dotti afirmam que o agente de execução também pode ser exercido por advogados regularmente inscritos na OAB, o que permitiria uma maior eficiência em razão do grande número de profissionais, a experiência jurídica que já possuem e a fiscalização pelo órgão de classe, que já teria uma estrutura própria e eficiente[75].

Não se coaduna com tais impugnações ao PL 6.204/2019, porquanto inexiste no ordenamento jurídico-constitucional o monopólio da Jurisdição na resolução de conflitos, nem mesmo para expropriação de bens[76]. O STF,

73. GIUSEPPINA PARISI COSTA, Pâmella; BERNARDO DE LIMA, Raphael; GRASSI DE GOUVEIA, Lúcio. Cinco problemas sensíveis ao Projeto de Lei nº 6.204/2019 (desjudicialização da execução civil), p. 251-274, *In*, **Revista Brasileira de Direito Processual**, v. 30, n. 118 abr./jun. 2022.

74. FARIA, Márcio Carvalho. Primeiras impressões sobre o Projeto de Lei 6.204/2019: críticas e sugestões acerca da tentativa de se desjudicializar a execução civil brasileira (parte dois), p. 371-391, *In*, **Revista de Processo**, v. 314, abr. 2021.

75. ARAÚJO, Luciano Vianna; DOTTI, Rogéria Fagundes. Passado, presente e futuro da execução: meios de tornar efetiva a tutela executiva, *In*, **Estudos em homenagem ao Professor Arruda Alvim**. Execução civil. Novas tendências, Marco Aurélio Bellizze; Aluisio Gonçalves de Castro Mendes; Teresa Arruda Alvim; Trícia Navarro Xavier Cabral. (Org.), Indaiatuba: Editora Foco, 2022, p. 79-92.

76. Em igual sentido: "Quanto à constitucionalidade, parece-nos que a proposta de desjudicialização de atos executivos não se mostra materialmente incompatível com a Constituição Federal, na medida em que os atos executivos não necessariamente estão inseridos em cláusula de reserva de jurisdição. Isso porque não há qualquer dispositivo constitucional que, de modo expresso, imponha a prática desses atos exclusivamente aos juízes de direito. O art. 5º, inciso LIV, da Constituição determina a observância do devido processo legal quanto à privação da liberdade e de bens, sendo que tal garantia deve ter incidência em qualquer processo, judicial ou extrajudicial, que possa causar prejuízo àqueles que dele participem. Desse ponto,

desde o reconhecimento da constitucionalidade da Lei da Arbitragem, assim já assentou esta interpretação constitucional.

Demais profissionais fora da estrutura do regime jurídico de direito público – ao qual estão inseridos o Direito Notarial e Registral e a respectiva atividade jurídica –, não têm os dois fundamentos bases para a expropriação de bens: vinculação e fiscalização por mandamento constitucional do Poder Judiciário e fé pública.

A escolha pelos Tabeliães de Protesto é adequada por estar relacionada às atividades típicas de tal delegatário. A abertura para outros delegatários é indevida por não se relacionar a cobrança de valores inadimplidos com a atividade registral (registro de imóveis, civil, de pessoa jurídica, de títulos e documentos) ou notarial (Tabelião de Notas).

A valer tal interpretação seria como que possibilitar, de igual modo, que o Tabelião de Protesto realize o inventário ou divórcio extrajudicial ou mesmo altere o nome e o gênero de pessoas transgêneros.

4.7.2. Cessão de Créditos Tributários para Iniciativa Privada

Adiciona-se ao contexto dos movimentos normativos da Desjudicialização a cessão de créditos tributários para a iniciativa privada, particularmente para instituições financeiras, com diversos projetos legislativos do Senado Federal: 583/1999, 584/1999, 3.417/2004, projeto de Resolução n. 57/2013. Também se tem denominado securitização da dívida ou terceirização da cobrança da dívida ativa.

Contemporaneamente, o Projeto de Lei Complementar (PLP) n. 181/2015, da Câmara dos Deputados, objetiva alterar o Código Tributário Nacional para "dispor sobre cessão de créditos da dívida ativa consolidada a instituições financeiras"[77], com a inclusão do art. 204-A[78]. Conjuntamente se

---

o projeto de lei não se distancia porque estabelece que todo o procedimento em cartório deve ser pautado pela garantia do referido devido processo legal" (BECKER, Rodrigo Frantz; BARÃO, Renan Lima. A desjudicialização e a tecnologia em busca da efetividade na execução civil, *In*, **Revista Eletrônica de Direito Processual – REDP**. Rio de Janeiro. Ano 15. Volume 22. Número 3. Setembro a Dezembro de 2021, p. 922. Periódico Quadrimestral da Pós-Graduação *Stricto Sensu* em Direito Processual da UERJ. Disponível em: https://www.e-publicacoes.uerj.br/index.php/redp/article/view/62271/39117. Acesso em 2 mar. 2023).

77. BRASIL. Câmara dos Deputados. **PLP n. 181/2015**. Modifica a Lei nº 5.172, de 25 de outubro de 1966 – Código Tributário Nacional, para dispor sobre cessão de créditos da dívida ativa consolidada a instituições financeiras. Disponível em: https://www.camara.leg.br/proposicoesWeb/fichadetramitacao?idProposicao=2018511. Acesso em 11 mar. 2023.

78. "Art. 204-A. A União, Estados, Distrito Federal e Municípios podem, mediante lei, ceder créditos tributários de sua dívida ativa consolidada a pessoas jurídicas de direito privado. § 1º O crédito

apresentou o Projeto de Lei (PL) n. 3.337/2015[79], para regulamentar a forma com que se daria a cessão de créditos tributários, por intermédio de licitação[80].

Conforme referido por João Aurino de Melo Filho[81], destacados projetos de leis foram objeto de análise pela Procuradoria-Geral da Fazenda Nacional, que exarou o Parecer PGFN/CDA n. 1.505, de 27 de outubro de 2015. Concluiu-se ser inconstitucional ao fundamento de que o crédito tributário é inalienável e indisponível, atributos esses que decorreriam dos princípios da igualdade e da capacidade contributiva, da sistemática constitucional de repartição e vinculação de receitas tributárias, e da obrigatoriedade de cobrança do crédito tributário por órgãos específicos[82].

Em sentido diverso, o Senado Federal editou a Resolução n. 17, de 12 de novembro de 2015, autorizando a cessão de créditos tributários ao excepcionalizar apenas duas vedações para cessão: créditos de dívida ativa não

---

cedido mantém as garantias e privilégios assegurados à dívida ativa da Fazenda Pública. § 2º A cessão a que se refere o caput pode ser feita com deságio. § 3º O cedente responde perante o cessionário somente pela existência e legalidade do crédito. § 4º O cessionário poderá transigir sobre o pagamento do crédito com o sujeito passivo". BRASIL. Câmara dos Deputados. **PLP n. 181/2015**. Modifica a Lei nº 5.172, de 25 de outubro de 1966 – Código Tributário Nacional, para dispor sobre cessão de créditos da dívida ativa consolidada a instituições financeiras. Disponível em: https://www.camara.leg.br/proposicoesWeb/fichadetramitacao?idProposicao=2018511. Acesso em 11 mar. 2023.

79. BRASIL. Câmara dos Deputados. **PL n. 3.337/2015**. Dispõe sobre a cessão de créditos da Dívida Ativa da União a pessoas jurídicas de direito privado e dá outras providências. Disponível em: https://www.camara.leg.br/proposicoesWeb/fichadetramitacao?idProposicao=2018512. Acesso em 11 mar. 2023.

80. "Art. 3º A cessão se dará por licitação na modalidade leilão, considerado vencedor o licitante que oferecer o menor valor de deságio entre o crédito cedido e o valor pago à União. § 1º O instrumento convocatório fixará o valor máximo do deságio, considerada a classificação do crédito de acordo com sua qualidade, a viabilidade da execução e as características socioeconômicas do devedor. § 2º Se não constar do instrumento convocatório, a informação referida no § 1º deste artigo possuirá caráter sigiloso e será disponibilizada estrita e permanentemente aos órgãos de controle externo e interno. § 3º O licitante vencedor efetuará o pagamento à União no momento da assinatura do instrumento de cessão, autorizada a autoridade administrativa a parcelar o montante em até seis prestações mensais". BRASIL. Câmara dos Deputados. PL n. 3.337/2015. Dispõe sobre a cessão de créditos da Dívida Ativa da União a pessoas jurídicas de direito privado e dá outras providências. Disponível em: https://www.camara.leg.br/proposicoesWeb/fichadetramitacao?idProposicao=2018512. Acesso em 11 mar. 2023.

81. MELO FILHO, João Aurino de. **Racionalidade Legislativa do Processo Tributário**, Salvador: Editora Juspodivm, 2018, p. 157.

82. BRASIL. Procuradoria da Fazenda Nacional. **Parecer/PGFN/CDA Nº 1.505/2015**. Projeto de Lei Complementar de nº 181, de 2015 e Projeto de Lei de nº 3.777, de 2015, que dispõem sobre a cessão de créditos inscritos em dívida ativa da União a instituições de direito privado e dão outras providências. Inconstitucionalidade. Pela total rejeição dos projetos. Disponível em: http://dados.pgfn.fazenda.gov.br/file/8057c9bc-18e9-315c-9a4a-b70141ee2963/parecer1505.pdf. Acesso em 11 mar. 2023.

definitiva ou com cláusula revogatória; se houver assunção pelos Estados-Membros, perante o cessionário, da responsabilidade de pagamento pelo contribuinte ou outro compromisso financeiro que caracterize operação de crédito[83].

Regulamentação semelhante, mas dispondo ser a cessão realizada por endosso-mandato, já tinha sido realizada pela Resolução do Senado Federal n. 33/2016. Contudo, teve sua inconstitucionalidade reconhecida pelo Supremo Tribunal Federal na ADI 3.786, especialmente por não estar, no âmbito de competência do Senado Federal, nos termos do art. 52, VII, o disciplinamento de tal forma de operação de crédito[84].

A Resolução n. 17/2015, em relação ao mérito, está em consonância com o Projeto de Lei Complementar (PLP) do Senado Federal n. 204/2016[85], que almeja, com a alteração da Lei Federal n. 4.320, de 17 de março de 1964 – que estabelece normas gerais de direito financeiro e controle de orçamentos dos entes federativos –, permitir a todos os entes da federação a cessão de direitos creditórios, conforme redação do art. 39-A[86].

---

83. BRASIL. Senado Federal. **Resolução n. 17, de 12 de novembro de 2015**. Altera a Resolução do Senado Federal nº 43, de 2001, que "dispõe sobre as operações de crédito interno e externo dos Estados, do Distrito Federal e dos Municípios, inclusive concessão de garantias, seus limites e condições de autorização, e dá outras providências", para modificar as regras de cessão de recebíveis relativos aos direitos creditórios da dívida ativa. Disponível em: https://legis.senado.leg.br/norma/578698/publicacao/15637372. Acesso em 11 mar. 2023.
84. "Ementa: AÇÃO DIRETA DE INCONSTITUCIONALIDADE. DIREITO TRIBUTÁRIO. DÍVIDA ATIVA. CESSÃO A INSTITUIÇÕES FINANCEIRAS POR ENDOSSO-MANDATO. IMPUGNAÇÃO DA RESOLUÇÃO DO SENADO FEDERAL 33/2006. INTELIGÊNCIA DO INCISO VII DO ART. 52 DA CONSTITUIÇÃO FEDERAL. AÇÃO DIRETA DE INCONSTITUCIONALIDADE JULGADA PROCEDENTE. 1. Não caracterização como operação de crédito, para fins de submissão ao disposto no art. 52, inciso VII, da Constituição Federal, da autorização prevista pela Resolução do Senado Federal 33/2006, de cessão da Dívida Ativa de Estados, do Distrito Federal e de Municípios a instituições financeiras mediante emprego de endosso-mandato e antecipação de receita. 2. A leitura constitucional do conceito de operações de crédito, incluída a por antecipação de receita, deve atentar para o de responsabilidade fiscal. 3. Alteração na forma de cobrança da Dívida Ativa tributária e não tributária demanda tratamento estritamente legal. 4. Ação Direta de Inconstitucionalidade julgada procedente". BRASIL. Supremo Tribunal Federal. **ADI 3786**, Relator: Min. Alexandre de Moraes, Tribunal Pleno, julgado em 03.10.2019. Disponível em: https://jurisprudencia.stf.jus.br/pages/search?classeNumeroIncidente=adi%203786&base=acordaos&pesquisa_inteiro_teor=false&sinonimo=true&plural=true&radicais=false&buscaExata=true&page=1&pageSize=10&sort=_score&sortBy=desc&isAdvanced=true. Acesso em 11 mar. 2023.
85. BRASIL. Senado Federal. **PLP n. 204/2016**. Dispõe sobre a cessão de direitos creditórios originados de créditos tributários e não tributários dos entes da Federação. Disponível em: https://www25.senado.leg.br/web/atividade/materias/-/materia/125723. Acesso em 11 mar. 2023.
86. A redação aprovada pelo Plenário do Senado Federal foi a seguinte: ""Art. 39-A. A União, o Estado, o Distrito Federal ou o Município poderá ceder onerosamente, nos termos desta Lei e de lei específica que o autorize, direitos originados de créditos tributários e não tributários,

O PLP n. 204/2016 já foi aprovado pelo Senado Federal e encaminhado para análise pela Câmara Federal. Do referido projeto consta na "Justificação" que somente a União poderia obter uma receita de R$ 110,0 bilhões, potencial igualmente refletido em Estados e Municípios. A respeito do instrumento normativo, a valer o entendimento do STF já exarado no sentido de que se faz necessário lei complementar para regular a cessão de créditos tributários para a iniciativa privada, o PLP n. 204/2016 tem grande chance de se convolar em lei.

Necessário esclarecer que a cessão de créditos tributários do ente público para o particular, com o nítido objetivo de desjudicializar as controvérsias tributárias e incrementar as receitas públicas, difere da cessão de créditos tributários entre contribuintes, que vem sendo tratada no Projeto de Lei n. 2.209/220, da Câmara dos Deputado, e intenta "permitir a cessão de créditos tributários próprios e sua compensação com débitos relativos a quaisquer tributos e contribuições administrados pela Secretaria da Receita Federal do Brasil"[87].

---

inclusive quando inscritos em dívida ativa, a pessoas jurídicas de direito privado ou a fundos de investimento regulamentados pela Comissão de Valores Mobiliários (CVM)". BRASIL. Senado Federal. **PLP n. 204/2016**. Dispõe sobre a cessão de direitos creditórios originados de créditos tributários e não tributários dos entes da Federação. Disponível em: https://www25.senado.leg.br/web/atividade/materias/-/materia/125723. Acesso em 11 mar. 2023.

87. BRASIL. Câmara dos Deputados. **PL n. 2.209/2020**. Altera a Lei nº 9.430, de 27 de dezembro de 1996, para permitir a cessão de créditos tributários próprios e sua compensação com débitos relativos a quaisquer tributos e contribuições administrados pela Secretaria da Receita Federal do Brasil. Disponível em: https://www.camara.leg.br/proposicoesWeb/fichadetramitacao?idProposicao=2250663. Acesso em 11 mar. 2023.

Capítulo 5

DESJUDICIALIZAÇÃO DA ADMINISTRAÇÃO PÚBLICA

Particularmente sobre a Desjudicialização da Administração Pública, afora a Execução Fiscal Administrativa objeto desta obra, se pode referir os seguintes procedimentos já vigentes no ordenamento jurídico brasileiro: protesto da certidão de dívida ativa, termo de ajustamento de conduta, súmulas e pareceres administrativos vinculantes, mediação e conciliação pelo Poder Público, transação tributária e arbitragem.

A relevância da Desjudicialização da Administração Pública se evidencia quando se analisa a presença em juízo dos entes públicos e o dispêndio de tempo e dinheiro na tramitação processual, que não se converte, em uma mínima proporção aceitável, em efetividade processual, mormente da Execução Fiscal, como adiante será demonstrado.

A Judicialização do direito tributário não tem uma causa específica a ser apontada, mas pode ser sintetizada, de maneira genérica, pela contraposição de interesses entre o público e o privado, como sintetiza Carlos Henrique Machado:

> O emblemático problema da litigiosidade expõe os sintomas de uma crise que é também econômica. Por um lado, a ânsia desenfreada por receitas destinadas ao custeio das necessidades reivindicadas por um Estado a cada dia mais corpulento, assolado por compromissos invencíveis atrelados à autossustentação e promoção de direitos assegurados constitucionalmente; de outro, os contribuintes sufocados por uma carga tributária galopante, que praticamente dobrou de volume durante os períodos políticos que sucederam o marco da redemocratização do Estado brasileiro[1].

Frente a tal cenário, considerando a crescente Judicialização, foram implantados em território nacional instrumentos e processos que objetivam desjudicializar as disputas entre aqueles interesses público e privado, seja para diminuir o custo e a sobrecarga da máquina judiciária, seja para incrementar recursos ao erário, ou seja para dar resolutividade às controvérsias de forma mais célere e eficiente.

1. MACHADO, Carlos Henrique. **Modelo multiportas no direito tributário**, Porto Alegre: Editora Livraria do Advogado, 2021, p. 237.

5.1. PROTESTO DA CERTIDÃO DE DÍVIDA ATIVA

O protesto da certidão de dívida ativa (CDA) foi normatizado pela Lei Federal n. 9.492, de 10 de setembro de 1997, ao conceituar no art. 1º o ato de protesto como "ato formal e solene pelo qual se prova a inadimplência e o descumprimento de obrigação originada em títulos e outros documentos de dívida".

Assim, ao possibilitar o protesto de "outros documentos de dívida" houve a inclusão, consciente ou não do legislador, da certidão de dívida ativa, porquanto reflete, certamente, um autêntico e público documento de dívida.

Nada obstante, a consolidação legislativa somente se fez mais clara, e expressa, com a inclusão do parágrafo único ao referido art. 1º pela Lei Federal n. 12.767, de 27 de dezembro de 2012, dispondo textualmente: "Incluem-se entre os títulos sujeitos a protesto as certidões de dívida ativa da União, dos Estados, do Distrito Federal, dos Municípios e das respectivas autarquias e fundações públicas".

O Supremo Tribunal Federal, chamado a se pronunciar sobre a nova legislação autorizativa do protesto de CDAs, na ADI n. 5.153, assentou a sua constitucionalidade em dois pilares.

O primeiro, por não visualizar efetiva restrição de direitos fundamentais dos contribuintes, uma vez que inexiste vedação de utilização de meios extrajudiciais para cobrança, não há vedação de acesso ao Poder Judiciário, não há violação à livre iniciativa e à liberdade profissional pela publicidade que é dada ao protesto.

O segundo, pela constatação de que não há ofensa ao princípio da proporcionalidade, sendo medida adequada como mecanismo extrajudicial de cobrança, estimulando a adimplência e incrementando a arrecadação e justiça fiscal, como também é o protesto da CDA medida necessária, por trazer mais eficiência e resultados e ser menos gravosa ao devedor, contendo, por fim, uma proporcionalidade em sentido estrito, pela compensação dos custos de tal procedimento pelos seus superiores benefícios, quais sejam,

> (i) a maior eficiência e economicidade na recuperação dos créditos tributários, (ii) a garantia da livre concorrência, evitando-se que agentes possam extrair vantagens competitivas indevidas da sonegação de tributos, e (iii) o alívio da sobrecarga de processos do Judiciário, em prol da razoável duração do processo[2].

---

2. Excerto da ementa da ADI 5.135. No julgamento foi definida a seguinte tese: "O protesto das Certidões de Dívida Ativa constitui mecanismo constitucional e legítimo, por não restringir

Defendendo, igualmente, a constitucionalidade do protesto da CDA, Carlos Rogério de Oliveira Londe sustenta que não há sanção política pela ausência de suas características, dentre as quais: ser a sanção política uma forma indireta de se obrigar o contribuinte a pagar o tributo; ser um indevida restrição ao direito de exercer atividade econômica; ser um cobrança sem o devido processo legal; a ausência de previsão legal; a impossibilidade do contribuinte transacionar com bancos oficiais; a impossibilidade de discussão do débito e de sua legalidade; e a pressão, coação e força da sanção política[3].

Com efeito, particularmente sobre ser uma cobrança escudada em lei e no devido processo legal não jurisdicional, sobreleva ressaltar que a Lei de Protesto regulamenta todo o processo e procedimento para que a efetivação da restrição extrajudicial seja somente realizada se respeitada a forma determinada. Trata-se, portanto, de um apontamento negativo sobre título em nome do devedor que pressupõe, para tanto, o respeito ao devido processo legal que não é judicial, a corroborar uma das variáveis desta obra, de que a restrição de direitos patrimoniais não exige que o devido processo legal seja apenas exercido pelo Poder Judiciário.

Na pesquisa de Carlos Rogério de Oliveira Londe, em um recorte com dados dos três níveis da Federação – município de São Bernardo do Campo, Estado de Minas Gerais e União (PGFN) –, foi demonstrado que o município recuperou pelo protesto da CDA 30% de sua dívida ativa; no âmbito estadual a recuperação chegou a ser, no ano de 2013, de 33,62%, nunca sendo menor que 22,25% entre os anos de 2012 a 2015; e, na esfera federal, os dados de 2016 analisados evidenciaram que o adimplemento foi de 17,71% do valor total cobrado. Dados consolidados dos anos de 2013 a 2018 atesta o percentual de 25,64% de adimplemento do total cobrado por protesto de CDAs, o que equivale a quase 10 bilhões de reais recuperados em cinco anos[4].

Os números apresentados na pesquisa acadêmica de Carlos Rogério de Oliveira Londe são corroborados com dados mais atualizados.

---

de forma desproporcional quaisquer direitos fundamentais garantidos aos contribuintes e, assim, não constituir sanção política". BRASIL. Supremo Tribunal Federal. **ADI 5.135**, Relator: Min. Roberto Barroso, julgada em 09.11.2016. Disponível em: https://jurisprudencia.stf.jus.br/pages/search?classeNumeroIncidente=adi%205135&base=acordaos&pesquisa_inteiro_teor=false&sinonimo=true&plural=true&radicais=false&buscaExata=true&page=1&pageSize=10&sort=_score&sortBy=desc&isAdvanced=true. Acesso em 11 mar. 2023.

3. LONDE, Carlos Rogério de Oliveira. **O protesto extrajudicial de certidões de dívida ativa prévio à execução fiscal**, 2ª ed., Salvador: Editora Juspodivm, 2018, p. 114.

4. LONDE, Carlos Rogério de Oliveira. **O protesto extrajudicial de certidões de dívida ativa prévio à execução fiscal**, 2ª ed., Salvador: Editora Juspodivm, 2018, p. 164-171.

A publicação da Anoreg, Cartório em Números, dá a dimensão quantitativa e qualitativa do uso do protesto de CDAs no Brasil. Em 30 meses, de 2020 a novembro de 2022, foram recuperados 341.441 títulos protestados, totalizando mais de R$ 10 bilhões de arrecadação[5].

A publicação PGFN em Números 2022, com dados de 2021, relatou uma arrecadação decorrente do protesto da certidão de dívida ativa de mais de R$ 2.143.983.215,31, representando 6,7% da arrecadação[6].

Assim, o protesto de certidão de dívida ativa se mostra um instrumento normativo que além de contribuir com a Desjudicialização da Administração Pública, particularmente da Execução Fiscal, incrementa, consideravelmente, a arrecadação tributária.

5.2. TRANSAÇÃO

A transação pela Administração Pública era um dogma doutrinário, na medida em que, se o direito público objetiva regular e tutelar o interesse da coletividade, não poderia haver disponibilidade de seu conteúdo e aplicação, com concessões mútuas entre os transatores, sob pena daquela tutela não ser adequadamente prestada[7]. O interesse público, portanto, sempre se sobreporia ao interesse particular.

Nesse aspecto da indisponibilidade, pela Administração, do interesse público, clássica é a lição de Bandeira de Mello:

> A indisponibilidade dos interesses públicos significa que, sendo interesses qualificados como próprios da coletividade – interno ao setor público –, não se encontram à livre disposição de quem quer que seja, por inapropriáveis. O próprio órgão administrativo que os representa não tem disponibilidade

---

5. ASSOCIAÇÃO DOS NOTÁRIOS E REGISTRADORES DO BRASIL. **Cartórios em Números**, 4ª edição, Brasília: Anoreg-BR, 2022, p. 100. Disponível em: https://www.anoreg.org.br/site/wp-content/uploads/2022/12/Carto%CC%81rios-em-Nu%CC%81meros-Edic%CC%A7a%CC%83o-2022.pdf. Acesso em 10 fev. 2023.
6. BRASIL. Procuradoria da Fazenda Nacional. **PGFN em Números 2022 – Dados de 2021**. Brasília: PGFN, 2022. Disponível em: https://www.gov.br/pgfn/pt-br/acesso-a-informacao/institucional/pgfn-em-numeros/pgfn_em_numeros25042022-compressed.pdf. Acesso em 11 mar. 2023.
7. "Trata-se de verdadeiro axioma reconhecível no moderno Direito Público. Proclama a superioridade do interesse da coletividade, firmando a prevalência dele sobre o do particular, como condição, até mesmo, da sobrevivência e asseguramento deste último. É pressuposto de uma ordem social estável, em que todos e cada um possam sentir-se garantidos e resguardados" (BANDEIRA DE MELLO, Celso Antônio. **Curso de Direito Administrativo**, 17ª ed., São Paulo: Editora Malheiros, 2004, p. 60).

sobre eles, no sentido de que lhe incumbe apenas curá-los – o que é também um dever – na estrita conformidade do que predispuser a intentio legis[8].

Tal forma de descrever a natureza da Administração Pública e sua relação com a sociedade, muito embora tenha razão de ser no sentido de dar primazia à implementação de políticas pública gerais e não particularizadas, tem sido objeto de críticas da doutrina ao relativizar o interesse público, que antes se entendia absoluto, notadamente quando se trata de questões patrimoniais.

Assentada a possibilidade de se dispor no direito público de interesses que, em síntese, não ofendem ou usurpam o interesse geral relacionado à direitos fundamentais, abriu-se o flanco para a transação na Administração Pública, possibilitando que agentes estatais transacionem sobre direitos disponíveis.

É nesse contexto que se inserem outros meios de Desjudicialização, como o Termo de Ajustamento de Conduta, o Acordo de Não Persecução Civil e a Transação Tributária.

Conforme já referido, importa esclarecer que se entende a Desjudicialização não somente em razão de se evitar o uso do Poder Judiciário, mas, de igual modo, de se retirar um processo do âmbito de julgamento de tal Poder, para dar resolutividade à controvérsia desjudicialmente, ou ainda, de diminuir o tempo de tramitação do processo judicial, com o uso de formas de soluções extrajudiciais. Em outras, palavras, a Desjudicialização, na perspectiva da transação, mesmo a judicial, evita uma decisão jurisdicional forçada e impositiva para as partes.

5.2.1. Termo de Ajustamento de Conduta

O Termo de Ajustamento de Conduta, conhecido como TAC, foi inicialmente disciplinado pelo Estatuto da Infância e Adolescência (ECA), no art. 211, limitado às demandas objeto da referida legislação.

Posteriormente, com a inclusão pelo Código de Defesa do Consumidor do § 6º ao art. 5º, da Lei de Ação Civil Pública, ganhou generalidade e aplicabilidade irrestrita na tutela de direitos difusos e coletivos, com a seguinte redação: "Os órgãos públicos legitimados poderão tomar dos interessados

8. BANDEIRA DE MELLO, Celso Antônio. **Curso de Direito Administrativo**, 17ª ed., São Paulo: Editora Malheiros, 2004, p. 64). Legislativamente, o Código Civil dá guarida a essa forma de pensar, ao estabelecer no art. 841 que "Só quanto a direitos patrimoniais de caráter privado se permite a transação".

compromisso de ajustamento de sua conduta às exigências legais, mediante cominações, que terá eficácia de título executivo extrajudicial".

Outros diplomas legais incorporaram o TAC como meio de solução de controvérsias, objetivando a cooperação e o consenso entre os transatores[9].

Segundo Humberto Dalla Bernardina de Pinho, voltado à proteção de interesses coletivos,

> surgiu o termo ou compromisso de ajustamento de conduta (TAC), como uma ferramenta conciliatória relevante, viabilizadora do acesso à justiça consensual, além de apta a colaborar para a desobstrução da máquina judiciária por se evitar a propositura da ação coletiva competente quando possível solução consensual efetiva. A voluntariedade é marca do compromisso. Nem o legitimado ativo para a propositura da ação civil pública pode ser compelido a ofertar a solução consensual e nem pode o investigado sofrer algum tipo de sanção por recusá-lo[10].

O TAC pode ter a Administração Pública como requerente ou requerido, apesar de ser visto na prática os entes públicos figurarem como sujeitos objeto de obrigações delimitadas pelo Ministério Público. O art. 174, III, do Código de Processo Civil é claro ao especificar que União, Estados, Distrito Federal e Municípios, com a criação das câmaras de mediação e conciliação, devem dispor dentre suas atribuições a promoção de celebração de Termos de Ajustamento de Condutas.

---

9. "A Lei 13.140/2015, que dispõe sobre a mediação como meio de solução de controvérsias entre particulares e sobre a autocomposição de conflitos no âmbito da administração pública, prevê, dentre outras soluções semelhantes, o TAC. O Decreto-lei 4.657/42 (Lei de Introdução às normas do Direito Brasileiro), após as modificações trazidas pela Lei 13.655/2018, passou a prever a celebração de compromisso como forma de eliminar irregularidade, incerteza jurídica ou situação contenciosa em matéria de Direito Pública. Em igual norte, é possível destacar o termo de compromisso previsto na Lei 12.529/2011 (Lei do Sistema Brasileiro de Defesa da Concorrência), na Lei 6.385/1976 (Lei do Mercado e da Comissão de Valores Mobiliários) e nas Leis 9.656/1998 e 9.961/2000 (Lei dos Planos e Seguros Privados de Assistência à Saúde e Lei da Agência Nacional de Saúde Suplementar – ANS). Mesmo em matéria ambiental, antes dessas normas, a Lei 9.605/98 (Lei dos Crimes e das Infrações Administrativas Ambientais), após as alterações impingidas pelas Medidas Provisórias 1.710/98 e 2.163-41/2001, já tinha previsto a possibilidade de celebração de Termos de Compromisso, por parte dos órgãos integrantes do SISNAMA, fazendo uso de uma sistemática muito parecida com a do TAC". FARIAS, Talden. **Termo de Ajustamento de Conduta e celeridade processual**. Disponível em: https://www.conjur.com.br/2020-abr-04/ambiente-juridico-termo-ajustamento-conduta-celeridade-processual#sdfootnote4anc. Acesso em 17 mar. 2023.
10. PINHO. Humberto Dalla Bernardina de. O acordo de não persecução cível na nova sistemática da Lei de Improbidade Administrativa: exame das alterações impostas pela Lei n. 14.230/21 à luz da jurisprudência do Supremo Tribunal Federal, *In*, **Improbidade Administrativa**: aspectos materiais e processuais da Lei n. 14.230, de 25 de outubro de 2021, coords. Daniel Octávio Silva Marinho, Marco Aurélio Ventura Peixoto, Londrina: Editora Thoth, 2023, p. 287.

A efetividade do TAC e, consectariamente, de um efetivo instrumento de Desjudicialização, decorre da legislação processual civil dotá-lo de executividade judicial, elencando-o como um título executivo, judicial (CPC, arts. 487, III, b, 515, II e III) e extrajudicial (CPC, art. 784, IV), que pode ser manejado, portanto, de acordo com os procedimentos executivos das obrigações de fazer, não fazer ou pagar quantia, utilizando, para tanto, dos instrumentos de concretização da tutela executiva, como penhora, arresto, leilão e uma variedade de medidas executivas atípicas, a teor do art 139, IV, do Código de Processo Civil[11].

Ou seja, o TAC possibilita que o conflito seja consensualizado antes, durante ou após o processo judicial, sendo um importante procedimento desjudicializante do sistema de justiça brasileiro.

5.2.2. Acordo de Não Persecução Civil

A redação original da Lei Federal n. 8.429/1992 (Lei de Improbidade Administrativa – LIA) vedou, expressamente no art. 17, § 1º, a realização de transação ou conciliação nas ações de improbidade administrativa.

A evolução legislativa, com o advento das leis que disciplinam acordos de direitos públicos em seus âmbitos[12], e doutrinária sobre o tema da transação sobre direitos da Administração Pública levou, inclusive, a se defender uma revogação tácita da vedação legal da LIA[13]. O Supremo Tribunal Federal igualmente deliberou sobre a matéria, definindo tese no tema n. 1.043 de Repercussão Geral[14].

---

11. "Art. 139. O juiz dirigirá o processo conforme as disposições deste Código, incumbindo-lhe: [...] IV – determinar todas as medidas indutivas, coercitivas, mandamentais ou sub-rogatórias necessárias para assegurar o cumprimento de ordem judicial, inclusive nas ações que tenham por objeto prestação pecuniária".
12. Como as seguintes leis: Lei Federal n. 12.846/2013 (Lei Anticorrupção), que estabeleceu o acordo de leniência; Lei Federal n. 12.850/2013, que dispôs sobre a colaboração premiada; Lei Federal n. 13.140/2015 (Lei da Mediação); Lei Federal n. 13.105 (Código de Processo Civil), que disciplinou o negócio jurídico processual; Lei Federal n. 13.655/2018, que alterou a Lei de Introdução às Normas do Direito Brasileiro, autorizando a celebração de compromisso entre Administração Pública e interessados.
13. ARAÚJO, Fernando Henrique de Moraes. Da possibilidade de formalização de compromisso de ajustamento de conduta pelo Ministério Público em investigações de atos de improbidade administrativa, *In*, **O Ministério Público na Defesa da Probidade Administrativa**, Conselho Nacional do Ministério Público: Brasília, 2019, p. 76-91. Disponível em: https://www.cnmp.mp.br/portal/images/Publicacoes/documentos/2019/Revista_Defesa_da_Probidade_Administrativa.pdf. Acesso em 17 mar. 2023.
14. A tese do tema 1.043 tem a seguinte redação: "É constitucional a utilização da colaboração premiada, nos termos da Lei 12.850/2013, no âmbito civil, em ação civil pública por ato de improbidade administrativa movida pelo Ministério Público, observando-se as seguintes

A definição da autorização de transação nas ações de improbidade administrativa se deu pela Lei Federal n. 13.964, de 24 de dezembro de 2019, ao alterar o § 1º do art. 17 da LIA, para admitir "a celebração de acordo de não persecução cível", o que foi posteriormente reiterado pela Lei Federal que alterou substancialmente a LIA, n. 14.230, de 25 de outubro de 2021 (art. 17-B).

Impôs a nova legislação sobre improbidade administrativa para o Acordo de Não Persecução Civil (ANPC), contudo, o atendimento de, ao menos, duas condições: integral ressarcimento do dano e reversão à pessoa jurídica lesada da vantagem indevida obtida, ainda que oriunda de agentes privados. Estabeleceu, ainda, pressupostos para a celebração, nos termos do § 1º do art. 17-B:

> I – da oitiva do ente federativo lesado, em momento anterior ou posterior à propositura da ação;
>
> II – de aprovação, no prazo de até 60 (sessenta) dias, pelo órgão do Ministério Público competente para apreciar as promoções de arquivamento de inquéritos civis, se anterior ao ajuizamento da ação;
>
> III – de homologação judicial, independentemente de o acordo ocorrer antes ou depois do ajuizamento da ação de improbidade administrativa.

Segundo Fernando da Fonseca Gajardoni:

> Os acordos em tema de improbidade são avenças que podem ser celebradas entre Ministério Público e investigado/acusado pela prática de improbidade administrativa, com o fito de, sem prejuízo da aceitação da eventual inci-

---

diretrizes: (1) Realizado o acordo de colaboração premiada, serão remetidos ao juiz, para análise, o respectivo termo, as declarações do colaborador e cópia da investigação, devendo o juiz ouvir sigilosamente o colaborador, acompanhado de seu defensor, oportunidade em que analisará os seguintes aspectos na homologação: regularidade, legalidade e voluntariedade da manifestação de vontade, especialmente nos casos em que o colaborador está ou esteve sob efeito de medidas cautelares, nos termos dos §§ 6º e 7º do artigo 4º da referida Lei 12.850/2013; (2) As declarações do agente colaborador, desacompanhadas de outros elementos de prova, são insuficientes para o início da ação civil por ato de improbidade; (3) A obrigação de ressarcimento do dano causado ao erário pelo agente colaborador deve ser integral, não podendo ser objeto de transação ou acordo, sendo válida a negociação em torno do modo e das condições para a indenização; (4) O acordo de colaboração deve ser celebrado pelo Ministério Público, com a interveniência da pessoa jurídica interessada e devidamente homologado pela autoridade judicial; (5) Os acordos já firmados somente pelo Ministério Público ficam preservados até a data deste julgamento, desde que haja previsão de total ressarcimento do dano, tenham sido devidamente homologados em Juízo e regularmente cumpridos pelo beneficiado". BRASIL. Supremo Tribunal Federal. **ARE 1.175.650**. Disponível em: https://portal.stf.jus.br/processos/detalhe.asp?incidente=5587841. Acesso em 26 nov. 2023.

> dência de algumas sanções, ser ajustada a reparação ao patrimônio público e/ou a reversão das vantagens obtidas com ilícito (art. 17-B, caput, da LIA, conforme Lei 14.230/2021).
>
> Estamos convictos de que tais acordos são instrumento *sui generis* no universo jurídico brasileiro, tendo natureza mista[15].

O Acordo de Não Persecução Civil, que pode ser celebrado antes, durante ou depois da ação judicial, ou seja, na execução da sentença, deve ser conduzido pelo Ministério Público e, no caso de o investigado ou demandado descumpri-lo tem como sanção o impedimento, por cinco anos, de celebrar novo acordo, a teor do § 7º do referido art. 17-B.

A disposição da LIA de se estabelecer somente o Ministério Público como parte ativa para as negociações e celebração do acordo deve ser lido em conformidade com a decisão do Supremo Tribunal Federal na ADI 7.042, que julgou inconstitucional a exclusividade do Ministério Público para tanto, assim como para propor a ação de improbidade[16].

---

15. GAJARDONI. Fernando da Fonseca. **Comentários à Lei de improbidade administrativa**: Lei 8.249/1992, com as alterações da Lei 14.230/2021 [livro eletrônico]. Fernando da Fonseca Gajardoni...[et al.], 4ª ed., São Paulo: Thomson Reuters Brasil, 2023, p. RL-1.9.
16. Eis a ementa: "CONSTITUCIONAL E ADMINISTRATIVO. CONSTITUCIONALIZAÇÃO DE REGRAS RÍGIDAS DE REGÊNCIA DA ADMINISTRAÇÃO PÚBLICA, PROTEÇÃO AO PATRIMONIO PÚBLICO E RESPONSABILIZAÇÃO DOS AGENTES PÚBLICOS CORRUPTOS PREVISTAS NO ARTIGO 37 DA CF. VEDAÇÃO À EXCLUSIVIDADE DO MINISTÉRIO PÚBLICO PARA PROPOSITURA DA AÇÃO POR ATO DE IMPROBIDADE ADMINISTRATIVA E DO ACORDO DE NÃO PERSECUÇÃO CIVIL (CF, ARTIGO 129, §1º). LEGITIMIDADE CONCORRENTE E DISJUNTIVA ENTRE FAZENDA PÚBLICA E MINISTÉRIO PÚBLICO. VEDAÇÃO À OBRIGATORIEDADE DE ATUAÇÃO DA ASSESSORIA JURÍDICA NA DEFESA JUDICIAL DO ADMINISTRADOR PÚBLICO. AÇÃO PARCIALMENTE PROCEDENTE. 1. Reconhecida a legitimidade ativa da Associação Nacional dos Procuradores dos Estados e do Distrito Federal – ANAPE e da Associação Nacional dos Advogados Públicos Federais – ANAFE para o ajuizamento das presentes demandas, tendo em conta o caráter nacional e a existência de pertinência temática entre suas finalidades institucionais e o objeto de impugnação. Precedentes. 2. Vedação constitucional à previsão de legitimidade exclusiva do Ministério Público para a propositura da ação por ato de improbidade administrativa, nos termos do artigo 129, §1º da Constituição Federal e, consequentemente, para oferecimento do acordo de não persecução civil. 3. A legitimidade da Fazenda Pública para o ajuizamento de ações por improbidade administrativa é ordinária, já que ela atua na defesa de seu próprio patrimônio público, que abarca a reserva moral e ética da Administração Pública brasileira. 4. A supressão da legitimidade ativa das pessoas jurídicas interessadas para a propositura da ação por ato de improbidade representa uma inconstitucional limitação ao amplo acesso à jurisdição (CF, art. 5º, XXXV) e a defesa do patrimônio público, com ferimento ao princípio da eficiência (CF, art. 37, caput) e significativo retrocesso quanto ao imperativo constitucional de combate à improbidade administrativa. 5. A legitimidade para firmar acordo de não persecução civil no contexto do combate à improbidade administrativa exsurge como decorrência lógica da própria legitimidade para a ação, razão pela qual estende-se às pessoas jurídicas interessadas. 6. A previsão de obrigatoriedade de atuação da assessoria jurídica na defesa judicial do administrador público afronta a autonomia dos Estados-Membros e desvirtua a conformação constitucional da Advocacia Pública delineada pelo art. 131 e 132 da Constituição Federal,

5.2.3. Transação Tributária

A transação é possível também no direito tributário, abrindo espaço em um campo do direito material que é reconhecido por ter um disciplinamento de estrita legalidade e de indisponibilidade do interesse público, com expressa vedação ao agente público para realização de concessões sobre a imposição tributária, de que é exemplo categórico o parágrafo único do art. 142, do Código Tributário Nacional (CTN), ao preceituar que a "atividade administrativa de lançamento é vinculada e obrigatória, sob pena de responsabilidade funcional".

Paradoxalmente, é do próprio Código Tributário Nacional, de 1972, que estipula, entre as formas de extinção do crédito tributário do art. 156, a transação no inciso III, detalhando, no art. 171, as condições transacionais[17].

Na realidade, o que é de atuação vinculante e taxativa é o lançamento, vale dizer, o ato formal que reconhece e dá início à impositividade executiva do direito tributário. A solução da crise de inadimplemento não tem tal forma cerrada de atividade, possibilitando o Código Tributário Nacional diversos modos de extinguir o crédito tributário[18].

---

ressalvada a possibilidade de os órgãos da Advocacia Pública autorizarem a realização dessa representação judicial, nos termos de legislação específica. 7. Ação julgada parcialmente procedente para (a) declarar a inconstitucionalidade parcial, com interpretação conforme sem redução de texto, do caput e dos §§ 6º-A e 10-C do art. 17, assim como do caput e dos §§ 5º e 7º do art. 17-B, da Lei 8.429/1992, na redação dada pela Lei 14.230/2021, de modo a restabelecer a existência de legitimidade ativa concorrente e disjuntiva entre o Ministério Público e as pessoas jurídicas interessadas para a propositura da ação por ato de improbidade administrativa e para a celebração de acordos de não persecução civil; (b) declarar a inconstitucionalidade parcial, com interpretação conforme sem redução de texto, do § 20 do art. 17 da Lei 8.429/1992, incluído pela Lei 14.230/2021, no sentido de que não inexiste "obrigatoriedade de defesa judicial"; havendo, porém, a possibilidade de os órgãos da Advocacia Pública autorizarem a realização dessa representação judicial, por parte da assessoria jurídica que emitiu o parecer atestando a legalidade prévia dos atos administrativos praticados pelo administrador público, nos termos autorizados por lei específica;(c) declarar a inconstitucionalidade do art. 3º da Lei 14.230/2021. Em consequência, declara-se a constitucionalidade: (a) do § 14 do art. 17 da Lei 8.429/1992, incluído pela Lei 14.230/2021; e (b) do art. 4º, X, da Lei 14.230/2021". (BRASIL. Supremo Tribunal Federal. **ADI 7.042**, Relator: Min. Alexandre de Moraes, Tribunal Pleno, julgado em 31.08.2022. Disponível em: https://jurisprudencia.stf.jus.br/pages/search?classeNumeroIncidente=adi%207042&base=acordaos&pesquisa_inteiro_teor=false&sinonimo=true&plural=true&radicais=false&buscaExata=true&page=1&pageSize=10&sort=_score&sortBy=desc&isAdvanced=true. Acesso em 18 mar. 2023.

17. "Art. 171. A lei pode facultar, nas condições que estabeleça, aos sujeitos ativo e passivo da obrigação tributária celebrar transação que, mediante concessões mútuas, importe em determinação de litígio e conseqüente extinção de crédito tributário. Parágrafo único. A lei indicará a autoridade competente para autorizar a transação em cada caso".

18. "Art. 156. Extinguem o crédito tributário: I – o pagamento; II – a compensação; III – a transação; IV – remissão; V – a prescrição e a decadência; VI – a conversão de depósito em renda; VII – o

A transação tributária, segundo João Aurino de Melo Filho, se afasta de um modelo de discricionariedade unilateral e passa a adotar um modelo democrático e participativo, fixando-se no controle de resultados, e não de procedimentos, tendo, enfim, um fundamento ético e jurídico incontestável[19].

Pela disposição do art. 171 do CTN se faz imperativa a edição de lei que faculte a transação, podendo a autoridade, por conseguinte e segundo doutrina clássica, celebrar a transação "com relativo discricionismo administrativo na apreciação das condições, conveniências e oportunidades, se a lei lho facuta e dentro dos limites e requisitos por ela fixados"[20].

Recentemente, após décadas de vigência da norma geral de direito tributário, que é o CTN, foi editada a Lei Federal n. 13.988, de 14 de abril de 2020, dispondo sobre a transação tributária pela União, suas autarquias e fundações.

Destaca-se, de maneira geral, que a transação tributária, nos moldes da Lei Federal n. 13.988/2020, pode se dar por proposta individual ou por adesão, estabelece alguns compromissos pelo devedor[21], não pode reduzir o montante principal do crédito, e não suspende a exigibilidade dos créditos, nem tampouco a execução fiscal.

---

pagamento antecipado e a homologação do lançamento nos termos do disposto no artigo 150 e seus §§ 1º e 4º; VIII – a consignação em pagamento, nos termos do disposto no § 2º do artigo 164; IX – a decisão administrativa irreformável, assim entendida a definitiva na órbita administrativa, que não mais possa ser objeto de ação anulatória; X – a decisão judicial passada em julgado. XI – a dação em pagamento em bens imóveis, na forma e condições estabelecidas em lei".

19. MELO FILHO, João Aurino de. **Racionalidade Legislativa do Processo Tributário**, Salvador: Editora Juspodivm, 2018, p. 644.

20. BALEEIRO, Aliomar. **Direito tributário brasileiro**, 11ª ed., atualizada por Misabel Abreu Machado Derzi, Rio de Janeiro: Editora Forense, 1999, p. 905.

21. "Art. 3º A proposta de transação deverá expor os meios para a extinção dos créditos nela contemplados e estará condicionada, no mínimo, à assunção pelo devedor dos compromissos de: I – não utilizar a transação de forma abusiva, com a finalidade de limitar, de falsear ou de prejudicar, de qualquer forma, a livre concorrência ou a livre iniciativa econômica; II – não utilizar pessoa natural ou jurídica interposta para ocultar ou dissimular a origem ou a destinação de bens, de direitos e de valores, os seus reais interesses ou a identidade dos beneficiários de seus atos, em prejuízo da Fazenda Pública federal; III – não alienar nem onerar bens ou direitos sem a devida comunicação ao órgão da Fazenda Pública competente, quando exigido em lei; IV – desistir das impugnações ou dos recursos administrativos que tenham por objeto os créditos incluídos na transação e renunciar a quaisquer alegações de direito sobre as quais se fundem as referidas impugnações ou recursos; e V – renunciar a quaisquer alegações de direito, atuais ou futuras, sobre as quais se fundem ações judiciais, inclusive as coletivas, ou recursos que tenham por objeto os créditos incluídos na transação, por meio de requerimento de extinção do respectivo processo com resolução de mérito, nos termos da alínea c do inciso III do caput do art. 487 da Lei nº 13.105, de 16 de março de 2015 (Código de Processo Civil)".

Como se expôs, a Lei Federal n. 13.988/2020 apenas autorizou a transação pela União e suas autarquias e fundações, de modo a que Estados e Municípios não tiveram o disciplinamento pela legislação federal. Deu-se deferência, portanto, ao Federalismo brasileiro, ao não adentrar o legislador federal em Competência Legislativa dos demais entes federativos, facultando-se aos mesmos, conforme suas diferenças regionais, locais e perfil arrecadatório e de atividades econômicas, a normatização a respeito da transação tributária em seus territórios dos tributos de suas Competências.

5.3. SÚMULAS E PARECERES VINCULANTES

A Desjudicialização da Administração Pública igualmente é possível pela edição de normas que impõem um modo de agir das atividades administrativas, com o desiderato de conformar todos os órgãos à uma atuação uniforme, evitando, além de uma aplicação desigual do texto legal para os administrados, também a Judicialização decorrente desta forma de conduta não isonômica.

Com efeito, se no atuar administrativo há análise da juridicidade de atos e fatos jurídicos, isso se dá mediante a interpretação do texto normativo aplicável (regras e princípios), com a concretização da norma ao caso concreto e superação de eventual vagueza e ambiguidade[22]. Esta atividade hermenêutica-administrativa não é uníssona pelos variados órgãos, de modo a ser necessário instrumentos que possam direcionar a forma de agir com uniformidade e coerência.

Nesse contexto é que se inserem as súmulas e pareceres vinculantes da Administração Pública.

Muito embora já existissem leis federais e estaduais que dispusessem sobre referidos instrumentos de gestão, se pode afirmar que foi com a inclusão do art. 30 à Lei de Introdução às Normas do Direito Brasileiro (LINDB), pela Lei Federal n. 13.655, de 25 de abril de 2018, que se estabeleceu na Administração Pública brasileira uma *cláusula geral* de vinculação das atividades

---

22. Marcelo Neves é oportuno: "Para a superação da ambiguidade de disposições normativas, é fundamental a *interpretação do* respectivo *texto*. Para a superação da vagueza e a aplicação normativa a um caso concreto, vai-se além, desenvolvendo-se um amplo processo seletivo de *concretização da norma*. Esclareça-se, porém, que, com o final da concretização, a norma jurídica não se torna individual e concreta, apenas torna-se possível ser-lhe subsumido o caso mediante uma norma de decisão (em regra, individual de concreta). A concretização implica, portanto, a interpretação tanto do texto da norma quanto dos fatos jurídicos relevantes para o caso" (NEVES, Marcelo. **Entre Hidra e Hércules**: princípios e regras constitucionais como diferença paradoxal do sistema jurídico, 2ª ed., São Paulo: Editora WMF Martins Fontes, 2014, p. 7, grifos no original).

administrativas por intermédio de regulamentos, súmulas administrativas e respostas a consultas[23].

Portanto, se mostra relevante, para fins de diminuição da litigiosidade administrativa, a conformação dos atos públicos ao quanto foi delimitado em súmulas e pareceres editados pelo Administrador Público que orientam, vinculativamente, as atividades de gestores, dotando de racionalidade, eficiência e coerência o atuar administrativo, que é o que se espera de todo ente ou pessoa detentora de poder.

5.3.1. Reflexos dos Precedentes Judiciais Vinculantes na Administração Pública

Segundo já se afirmou em outra oportunidade[24], a influência da Jurisdição na Administração Pública também é constatada pela edição de normas pelos próprios entes públicos que reconhecem que o entendimento jurisprudencial deve prevalecer em detrimento do que até então era realizado, com base estrita na lei.

Diversas súmulas administrativas já foram editadas em âmbito federal, com base na Lei Orgânica da Advocacia-Geral da União (AGU), Lei Complementar n. 73, de 10 de fevereiro de 1993. O art. 4º, XII atribui competência ao Advogado-Geral da União de "editar enunciados de súmula administrativa, resultantes de jurisprudência iterativa dos Tribunais". A obrigatoriedade dessas súmulas da AGU restringe-se aos órgãos jurídicos, como se conclui pela redação do art. 43 da Lei Complementar 73/1993.

Nada obstante, como se defendeu no estudo referenciado[25], admite-se que os precedentes judiciais também devem ser aplicados não só pelos órgãos de representação jurídica da Administração Pública, por aplicação de súmulas administrativas para área do contencioso judicial, mas também espraiar-se por toda atividade administrativa, o que, efetivamente, contribui para a Desjudicialização, porquanto se retira a controvérsia em âmbito administrativo que deixa, por conseguinte, de ser judicializada.

---

23. "Art. 30. As autoridades públicas devem atuar para aumentar a segurança jurídica na aplicação das normas, inclusive por meio de regulamentos, súmulas administrativas e respostas a consultas. Parágrafo único. Os instrumentos previstos no caput deste artigo terão caráter vinculante em relação ao órgão ou entidade a que se destinam, até ulterior revisão".
24. OLIVEIRA, Weber Luiz de. **Precedentes Judiciais na Administração Pública**: limites e possibilidades de aplicação, Salvador: Editora Juspodivm, 2016.
25. OLIVEIRA, Weber Luiz de. **Precedentes Judiciais na Administração Pública**: limites e possibilidades de aplicação, Salvador: Editora Juspodivm, 2016.

Em sentido similar se tem o Decreto Federal n. 2.346, de 10 de outubro de 1997, que consolida normas a serem observadas pela Administração Pública em virtude de decisões judiciais, dispondo no art. 1º:

> As decisões do Supremo Tribunal Federal que fixem, de forma inequívoca e definitiva, interpretação do texto constitucional deverão ser uniformemente observadas pela Administração Pública Federal direta e indireta, obedecidos aos procedimentos estabelecidos neste Decreto.

Todavia, para que seja efetivada essa obrigatoriedade de seguimento descrito no preceptivo regulamentar destacado, fazem-se necessários ainda procedimentos administrativos no âmbito da Advocacia-Geral da União, do Ministério do Planejamento, Orçamento e Gestão, nos termos do 1º-B. A chamada extensão administrativa dos efeitos da decisão judicial se dá por Portaria Interministerial.

No campo estadual, também se encontra norma que conforma o atuar administrativo à interpretação do direito dada pela jurisdição.

No Estado de Santa Catarina, editou-se a Lei Complementar n. 534, de 20 de abril de 2011, que alterou a redação original do § 1º do art. 53 da Lei Complementar n. 381, de 7 de maio de 2007, passando a constar o seguinte:

> Para assegurar a adequação entre as práticas administrativas e a jurisprudência dos tribunais, compete ao Procurador-Geral do Estado editar enunciados de súmula administrativa ou determinar providências específicas de observância obrigatória pelas Secretarias de Estado, seus órgãos e entidades vinculadas.

Destacada legislação foi revogada pela Lei Complementar n. 741, de 12 de junho de 2019, sendo mantida essa regulamentação no art. 24, § 1º, com a pontual alteração de que a competência para a edição dos atos mencionados passa a ser, doravante, do Conselho Superior da Procuradoria Geral do Estado, ratificado pelo Governador do Estado.

Criaram-se assim, em âmbito estadual, dois institutos até então inexistentes, que objetivam justamente dar o enquadramento aos órgãos públicos, não só jurídicos, da forma como deverão atuar em consonância com a jurisprudência dos tribunais.

No âmbito municipal, por fim, Rodolfo de Camargo Mancuso descreve que a Lei Municipal da cidade de São Paulo, n. 14.107/2005, com a redação dada pela Lei 15.690/2013, autorizou no art. 44, § 2º, o Presidente do Conselho Municipal de Tributos a propor súmula, de caráter vinculante para todos os órgãos da Administração Tributária, decorrente de decisões definitivas de mérito, proferidas pelo Supremo Tribunal Federal em matéria constitucional ou pelo Superior Tribunal de Justiça em matéria infraconstitucional, em consonância com a sistemática prevista nos arts. 543-B e 543-C do Código de Processo Civil [...][26]

Assim, a aplicação de precedentes judiciais pela Administração Pública não apenas pacifica as relações administrativas e sociais, como também contribui para a Desjudicialização.

5.4. MEDIAÇÃO E CONCILIAÇÃO

A mediação tem conceito legal, estabelecido no parágrafo único do art. 1º, da Lei Federal n. 13.140, de 26 de junho de 2015: "Considera-se mediação a atividade técnica exercida por terceiro imparcial sem poder decisório, que, escolhido ou aceito pelas partes, as auxilia e estimula a identificar ou desenvolver soluções consensuais para a controvérsia".

A conciliação difere da mediação no sentido de que na primeira há participação mais efetiva do conciliador, que pode sugerir soluções, sendo indicada para os casos em que inexiste vínculo anterior entre as partes, dando-se um enfoque objetivo e retrospectivo. A mediação, por sua vez, facilita a comunicação entre os interessados, esclarecendo pontos para a solução consensual; não sugere soluções, com o que tenta construir uma solução negociada do conflito pelas próprias partes, sendo indicado para casos em que há uma relação anterior e que terá continuidade, como nos conflitos familiares e societários, tendo um enfoque subjetivo e prospectivo.

Ambas são formas de solução de conflitos em que um terceiro intervém para auxiliar as partes objetivando a autocomposição, em um papel catalisador de solução. Não há resolução da questão por esse terceiro, como na arbitragem, mas sim a busca de direcionamento – um pouco mais intensivo na conciliação –, para que as partes, por si mesmas, cheguem a um consenso resolutivo.

São clássicas técnicas de solução alternativa ao Judiciário, no contexto do sistema multiportas já aludido nesta obra, sendo instrumentos importantes para o alívio na sobrecarga excessiva de processos judiciais, impulsionado pela já relatada crise do Poder Judiciário.

26. MANCUSO, Rodolfo de Camargo. **Sistema brasileiro de precedentes**: natureza, eficácia, operacionalidade, São Paulo: Editora Revista dos Tribunais, 2014, p. 42.

Enquanto a Lei Federal n. 13.140/2015 trata da mediação judicial e extrajudicial, o Código de Processo Civil disciplina procedimentos relativos à ambas formas resolutivas no processo judicial.

No CPC/2015 há regulamentação em capítulo específico (arts. 165 a 175), com a imposição de que todos os sujeitos do processo estimulem a conciliação e a mediação, estruturação de procedimento para a autocomposição antes da apresentação da defesa (arts. 334 e 695), possibilidade da homologação judicial de acordo extrajudicial (arts. 515, III, e 725, VIII), autorização da inclusão, nos acordos judiciais, de matéria estranha ao objeto litigioso (art. 515, § 2º), em uma nítida exceção ao princípio da congruência ou adstrição, permitindo, ainda, acordos processuais atípicos (art. 190).

A Desjudicialização é visualizada e incentivada pelo CPC/2015 também pela determinação de criação pelos tribunais de centros judiciários de solução consensual de conflitos (art. 165, *caput*), a inscrição de conciliadores, mediadores e câmaras privadas de conciliação e mediação "em cadastro nacional e em cadastro de tribunal de justiça ou de tribunal regional federal, que manterá registro de profissionais habilitados, com indicação de sua área profissional" (art. 167, *caput*), pela possibilidade do próprio tribunal poder criar "quadro próprio de conciliadores e mediadores, a ser preenchido por concurso público de provas e títulos" (art. 167, § 6º), pelo estabelecimento de remuneração conforme tabela fixada pelo tribunal, e, por fim, pela disposição de criação pela União, Estados, Distrito Federal e Municípios de suas próprias Câmaras de Mediação e Conciliação.

A propósito desta última regulação do CPC/2015, objeto da presente seção sobre a Desjudicialização da Administração Pública, a Lei da Mediação preceitua capítulo específico (Capítulo II), denominado "DA AUTOCOMPOSIÇÃO DE CONFLITOS EM QUE FOR PARTE PESSOA JURÍDICA DE DIREITO PÚBLICO".

Panoramicamente se pode expor que as câmaras de prevenção e resolução administrativa de conflitos poderão ser criadas no âmbito dos órgãos da advocacia pública, com as seguintes competências estatuídas no art. 32: dirimir conflitos entre órgãos e entidades da administração pública (inciso I), avaliar a admissibilidade dos pedidos de resolução de conflitos, por meio de composição, no caso de controvérsia entre particular e pessoa jurídica de direito público (inciso ii), promover, quando couber, a celebração de termo de ajustamento de conduta (inciso III).

É facultada a submissão de conflito às câmaras e somente em relação a casos autorizados pela legislação do respectivo ente público. Nesse aspecto, o legislador poderia ter sido mais "audacioso", no sentido de concretizar e prestigiar processos desjudiciais e evitar a Judicialização, impondo a obrigatoriedade de submissão do conflito às câmaras antes da busca pelo Poder Judiciário, estabelecendo-se, para evitar prejuízo ao administrado, prazo razoável para que os trabalhos nas referidas câmaras se iniciem e tenham fim. Passado o prazo então fixado, a tutela jurisdicional, se de interesse do interessado, estaria, doravante, franqueada; caso contrário, haveria ausência de interesse processual, uma das condições da ação elencadas no art. 17, do Código de Processo Civil.

Tal forma de regulamentação, com a obrigatoriedade de prévia tentativa de solução extrajudicial não é novidade no ordenamento jurídico brasileiro e não ofende o princípio da inafastabilidade da jurisdição, tendo o Supremo Tribunal Federal já assentado, em tese de Repercussão Geral no julgamento do Tema 350 (RE 631.240), inexistir inconstitucionalidade nesta forma de normatização[27].

---

27. A tese do Tema 350/STF está assim redigida: "I – A concessão de benefícios previdenciários depende de requerimento do interessado, não se caracterizando ameaça ou lesão a direito antes de sua apreciação e indeferimento pelo INSS, ou se excedido o prazo legal para sua análise. É bem de ver, no entanto, que a exigência de prévio requerimento não se confunde com o exaurimento das vias administrativas; II – A exigência de prévio requerimento administrativo não deve prevalecer quando o entendimento da Administração for notória e reiteradamente contrário à postulação do segurado; III – Na hipótese de pretensão de revisão, restabelecimento ou manutenção de benefício anteriormente concedido, considerando que o INSS tem o dever legal de conceder a prestação mais vantajosa possível, o pedido poderá ser formulado diretamente em juízo – salvo se depender da análise de matéria de fato ainda não levada ao conhecimento da Administração –, uma vez que, nesses casos, a conduta do INSS já configura o não acolhimento ao menos tácito da pretensão; IV – Nas ações ajuizadas antes da conclusão do julgamento do RE 631.240/MG (03/09/2014) que não tenham sido instruídas por prova do prévio requerimento administrativo, nas hipóteses em que exigível, será observado o seguinte: (a) caso a ação tenha sido ajuizada no âmbito de Juizado Itinerante, a ausência de anterior pedido administrativo não deverá implicar a extinção do feito; (b) caso o INSS já tenha apresentado contestação de mérito, está caracterizado o interesse em agir pela resistência à pretensão; e (c) as demais ações que não se enquadrem nos itens (a) e (b) serão sobrestadas e baixadas ao juiz de primeiro grau, que deverá intimar o autor a dar entrada no pedido administrativo em até 30 dias, sob pena de extinção do processo por falta de interesse em agir. Comprovada a postulação administrativa, o juiz intimará o INSS para se manifestar acerca do pedido em até 90 dias. Se o pedido for acolhido administrativamente ou não puder ter o seu mérito analisado devido a razões imputáveis ao próprio requerente, extingue-se a ação. Do contrário, estará caracterizado o interesse em agir e o feito deverá prosseguir; V – Em todos os casos acima – itens (a), (b) e (c) –, tanto a análise administrativa quanto a judicial deverão levar em conta a data do início da ação como data de entrada do requerimento, para todos os efeitos legais". BRASIL. Supremo Tribunal Federal. **Tema 350 de Repercussão Geral**. Disponível em: https://jurisprudencia.stf.jus.br/pages/search?base=acordaos&sinonimo=true&plural=true&page=1&pageSize=10&sort=_score&sortBy=desc&isAdvance=true&classeNumeroIncidente=RE%20631240. Acesso em 21 mar. 2023.

No mesmo sentido, no que concerne ao prévio "comum acordo" para ajuizamento de dissídio coletivo de natureza econômica na Justiça do Trabalho, o Supremo Tribunal Federal definiu na ADI 3.423[28] e no Tema 841 de Repercussão Geral (RE 1.002.295)[29], a constitucionalidade do § 2º do art. 114, da Constituição Federal.

A Lei de Mediação, além de autorizar as câmaras das advocacias públicas para "prevenção e a resolução de conflitos que envolvam equilíbrio econômico-financeiro de contratos celebrados pela administração com particulares" (art. 32, § 5º), possibilitou a instauração, de ofício ou por provocação, de "procedimento de mediação coletiva de conflitos relacionados à prestação de serviços públicos", o que pode ser um instrumento relevante não apenas para a própria resolução coletiva de conflitos, mas, de igual

---

28. Eis a ementa da ADI 3.423: "Ação Direta de Inconstitucionalidade. 2. Art. 1º, da Emenda Constitucional nº 45/2004, na parte em que deu nova redação ao art. 114, §§ 2º e 3º, da Constituição Federal. 3. Necessidade de 'mútuo acordo' para ajuizamento do Dissídio Coletivo. 4. Legitimidade do MPT para ajuizar Dissídio Coletivo em caso de greve em atividade essencial. 5. Ofensa aos artigos 5º, XXXV, LV e LXXVIII, e 60, § 4º, IV, da Constituição Federal. Inocorrência. 6. Condição da ação estabelecida pela Constituição. Estímulo às formas alternativas de resolução de conflito. 7. Limitação do poder normativo da justiça do trabalho. Violação aos artigos 7º, XXVI, e 8º, III, e ao princípio da razoabilidade. Inexistência. 8. Recomendação do Comitê de Liberdade Sindical da Organização Internacional do Trabalho. Indevida intervenção do Estado nas relações coletivas do trabalho. Dissídio Coletivo não impositivo. Reforma do Poder Judiciário (EC 45) que visa dar celeridade processual e privilegiar a autocomposição. 9. Importância dos acordos coletivos como instrumento de negociação dos conflitos. Mútuo consentimento. Precedentes. 10. Ação direta de inconstitucionalidade julgada improcedente". BRASIL. Supremo Tribunal Federal. **ADI 3.423**, Relator: Min. Gilmar Mendes, Tribunal Pleno, julgado em 29.05.2020. Disponível em: https://jurisprudencia.stf.jus.br/pages/search?classeNumeroIncidente=adi%203423&base=acordaos&pesquisa_inteiro_teor=false&sinonimo=true&plural=true&radicais=false&buscaExata=true&page=1&pageSize=10&sort=_score&sortBy=desc&isAdvanced=true. Acesso em 21 mar. 2023.
29. A tese do Tema 841/STF está assim redigida: "É constitucional a exigência de comum acordo entre as partes para ajuizamento de dissídio coletivo de natureza econômica, conforme o artigo 114, § 2º, da Constituição Federal, na redação dada pela Emenda Constitucional 45/2004". BRASIL. Supremo Tribunal Federal. Tema 841 de Repercussão Geral. Disponível em: https://portal.stf.jus.br/jurisprudenciaRepercussao/verAndamentoProcesso.asp?incidente=5065252&numeroProcesso=1002295&classeProcesso=RE&numeroTema=841. Acesso em: 21 mar. 2023. Na ADI 3.423, à título ilustrativo, colhe-se do voto do Ministro Alexandre de Moraes, redator para o acórdão: "Some-se, ainda, que a necessidade de comum acordo para o ajuizamento de dissídio coletivo é uma condição procedimental para sua propositura, com o objetivo de privilegiar a solução consensual dos conflitos, colocando a intervenção estatal, por meio da sentença normativa, como última *ratio*. Ora, as normas processuais impõem diversos requisitos para que os litigantes entrem em juízo, sendo o 'comum acordo' mais um pré-requisito implementado, de estatura constitucional". BRASIL. Supremo Tribunal Federal. **ADI 3423**, Relator: Min. Marco Aurélio, Redator: Min. Alexandre de Moraes, julgado em 22.09.2020. Disponível em: https://jurisprudencia.stf.jus.br/pages/search?base=acordaos&sinonimo=true&plural=true&page=1&pageSize=10&sort=_score&sortBy=desc&isAdvance=true&classeNumeroIncidente=RE%201002295. Acesso em 21 mar. 2023.

forma, para a Desjudicialização destas questões em um número que pode ser expressivo, a depender da área de prestação do serviço público, como, por exemplo, saneamento e fornecimento de água, distribuição de energia elétrica, fornecimento de medicamentos e tratamentos médico-hospitalares, transporte coletivo.

Respeitando o Federalismo e as Competências dos entes federativos o legislador federal detalhou procedimentos mais específicos somente em relação à União, acerca da forma com que se pode dar a transação por adesão, sobre a "controvérsia jurídica entre órgãos ou entidades de direito público que integram a administração pública federal" (art. 36, *caput*), e a respeito da faculdade para Estados e Municípios também submeterem seus litígios "com órgãos ou entidades da administração pública federal à Advocacia-Geral da União, para fins de composição extrajudicial do conflito" (art. 37).

Os procedimentos para a mediação pela Administração Pública Federal são de competência da Câmara de Mediação e de Conciliação da Administração Pública Federal (CCAF/AGU), sendo um órgão incluído na estrutura da Consultoria da União, que se insere, por sua vez, como órgão de assistência direta e imediata ao Advogado-Geral da União, consoante Decreto n. 11.328, de 1º de janeiro de 2023[30].

---

30. BRASIL. **Decreto n. 11.328, de 1º de janeiro de 2023**. Aprova a Estrutura Regimental e o Quadro Demonstrativo dos Cargos em Comissão e das Funções de Confiança da Advocacia-Geral da União e remaneja cargos em comissão e funções de confiança. Disponível em: https://www.in.gov.br/en/web/dou/-/decreto-n-11.328-de-1-de-janeiro-de-2023-455352807. Acesso em 21 mar. 2023. Referido Decreto descreve as competências da CCAF/AGU:"Art. 41. À Câmara de Mediação e de Conciliação da Administração Pública Federal compete: I – avaliar a admissibilidade dos pedidos de resolução de conflitos, por meio de conciliação, no âmbito da Advocacia-Geral da União; II – requisitar aos órgãos e às entidades da administração pública federal, envolvidos ou não no conflito submetido à Câmara diligências, cooperação técnica e manifestação sobre a oportunidade e conveniência de sua atuação administrativa na solução do conflito; III – dirimir, por meio de mediação, as controvérsias: a) entre órgãos públicos federais, entre entidades públicas federais ou entre órgão e entidade pública federal; b) que envolvam órgão ou entidade da administração pública federal e os Estados, o Distrito Federal ou os Municípios ou suas autarquias ou fundações públicas; c) que envolvam órgão ou entidade da administração pública federal e empresa pública ou sociedade de economia mista federal; ou d) que envolvam particular e órgão ou entidade da administração pública federal, nos casos previstos no regulamento de que trata o § 2º do art. 32 da Lei nº 13.140, de 26 de junho de 2015; IV – buscar a solução de conflitos judicializados, nos casos remetidos pelos Ministros dos Tribunais Superiores ou por outros membros do Poder Judiciário, ou por proposta dos titulares dos órgãos de direção superior, de execução e vinculados da Advocacia-Geral da União; V – promover, quando couber, a celebração de termo de ajustamento de conduta nos casos submetidos a procedimento de mediação; VI – encaminhar, quando couber, ao Consultor-Geral da União as controvérsias jurídicas não solucionadas por procedimento de mediação para os fins do disposto no § 1º do art. 36 da Lei nº 13.140, de 2015; e VII – coordenar, orientar e supervisionar as atividades conciliatórias no âmbito das Consultorias Jurídicas da União nos Estados".

Trata-se de um importante instrumento com atuação ativa no âmbito da União, contribuindo para a pacificação entre pessoas e instituições sem o intervencionismo judicial.

5.5. ARBITRAGEM NA ADMINISTRAÇÃO PÚBLICA

A Lei da Arbitragem foi modificada para possibilitar que a Administração Pública processualize e solucione seus conflitos através de tal forma de Ação de Direito Material.

Eis a autorização dada pela Lei 13.129, de 26 de maio de 2015: "A administração pública direta e indireta poderá utilizar-se da arbitragem para dirimir conflitos relativos a direitos patrimoniais disponíveis" (art 1º, § 1º)[31]. Ultrapassada, assim, a discussão acadêmica acerca da arbitrabilidade subjetiva em relação à participação de pessoas jurídicas de direito público em processo arbitral.

Considerando o regime jurídico administrativo estatuído no art. 37, *caput*, da Constituição Federal, impôs-se que a "arbitragem que envolva a administração pública será sempre de direito e respeitará o princípio da publicidade" (art. 2º, § 3º). Em outras palavras, "diante da supremacia do interesse público, pelos princípios e características da Administração Pública em litígios, há de se rejeitar o julgamento por equidade e a confidencialidade"[32].

Já se afirmou que

> a arbitragem administrativa faz parte do contexto de um Estado cooperativo, permeado de relações emancipatórias com a sociedade civil, que busca construir, direito mediante relações mais paritárias, colaborativas, de coordenação e conciliação entre interesses públicos e privados[33].

---

31. Excertos deste tópico foram extraídos, com adaptações, de: OLIVEIRA, Weber Luiz de. A nova Lei de Introdução às Normas do Direito Brasileiro e sua aplicação na Arbitragem com a Administração Pública, *In*, Pedro Manoel Abreu [et. al.] (Org.). **Acesso à Justiça**: novas perspectivas, Florianópolis: Habitus, 2021, v. 2, p. 217-236. Publicado também em: MARINHO, Daniel Octávio Silva [et. al.] (Org.). Fazenda pública: Atuação em juízo, consensualidade e prerrogativas, Londrina: Editora Thoth, 2022, p. 75-95.
32. CAHALI, Francisco José. **Curso de arbitragem**: mediação: conciliação: resolução CNJ 125/2016, 5ª ed., São Paulo: Editora Revista dos Tribunais, 2015, p. 432.
33. VALLE, Vivian Lima López. Arbitragem administrativa e consensualidade: análise pontual do novo paradigma da ação administrativa, *In*, **Revista de Direito Administrativo**, Rio de Janeiro, v. 277, n. 3, set/dez. 2018, p. 213.

Controversa é a questão a respeito de identificar os conflitos da Administração Pública que são arbitráveis, vale dizer, qual o alcance da arbitrabilidade objetiva.

O texto legal é expresso em delimitar que somente direitos patrimoniais disponíveis podem ser passíveis de arbitragem, de modo que se afastariam os interesses públicos ditos primários e de império, restando os interesses públicos secundários, aqueles em "que o Estado (pelo só fato de ser sujeito de direitos) poderia ter como qualquer outra pessoa, isto é, independentemente de sua qualidade de servidor de interesses de terceiros: os da coletividade"[34].

Há autores que oferecem um catálogo em que a Administração Pública poderá se submeter à arbitragem[35]. Defende-se a possibilidade da arbitragem em litígios tributários, desde que exista autorização legal[36].

É possível, inclusive, a intervenção anômala da União em arbitragens que não é parte, intervenção caracterizada pelo ingresso da União e demais entes federativos em processos judiciais, sem necessidade da demonstração de interesse jurídico, bastando o interesse econômico, em relação aos Estados e Municípios, ou a participação da Administração Indireta, no caso da União[37].

34. BANDEIRA DE MELLO, Celso Antônio. **Curso de Direito Administrativo**, 17ª ed., São Paulo: Editora Malheiros, 2004, p. 63.

35. "[...] podemos apontar padrões para indicar hipóteses de cabimento da arbitragem pela administração: a) é possível usar a arbitragem quando se trata de ato de gestão; b) em relação aos serviços comerciais e industriais do Estado, c) nos atos negociais, em que a administração se iguala ao particular, porque age sem prerrogativas públicas, d) nos contratos de direito privado e, por fim, e) nos contratos das empresas estatais que exercem atividade econômica com base no art. 173, § 1º, da CF/88" (MONTEIRO, Fagner César Lobo. Arbitragem na administração pública: uma realidade possível, *In*, **Revista da Procuradoria Geral do Estado de Santa Catarina**, n. 7, Florianópolis: PGE/SC, 2018, p. 85).

36. "Deve-se, portanto, separar o interesse público do interesse da Administração ou Fazenda Pública para que se possa avaliar o que realmente deve ser considerado indisponível e o que é disponível, o que pertence a uma coletividade indiscriminada e o que cabe à Fazenda Pública enquanto ente personalizado. Fazendo uma analogia com a utilização da arbitragem na seara administrativa, pode-se considerar como se o tributo cobrado decorresse de um contrato firmado entre contribuinte e fisco, do qual podem decorrer multas, juros, discordâncias acerca de eventuais descumprimentos serem devidos ou não e em que medida, etc. É nesse sentido, de que apesar de o poder do Estado para instituir e cobrar tributos decorre de ato de império, a cobrança em si e a fiscalização são atos de gestão, configurando matéria passível de discussão em arbitragem, assim como todas as suas repercussões patrimoniais". (SOUZA, Mayara Nunes Medeiros de. Arbitragem com a Administração Pública e os conflitos tributários no Brasil, *In*, **Revista do Centro de Estudos Jurídicos / Procuradoria Geral do Estado de Pernambuco**, v. 11, n. 11, 2018, Recife: Procuradoria Geral do Estado de Pernambuco - CEJ, p. 283).

37. STRÄTZ, Murilo; RODRIGUES, Roberto de Aragão Ribeiro. Intervenção anômala da União em procedimentos arbitrais, *In*, **Fazenda Pública**: Atuação em Juízo, consensualidade e prerrogativas, Daniel Octávio Silva Marinho [et. al.] (Org.), Londrina: Editora Thoth, 2022, 287-301.

Destacada intervenção anômala foi regulamentada pela União no Decreto n. 10.025/2019 e Portaria Conjunta PGU-CGU/AGU n. 7, de 24 de setembro de 2021, para os procedimentos arbitrais atinentes à matéria de transportes rodoviário, ferroviário, aquaviário e aeroportuário.

O próprio regime processual da arbitragem afasta prerrogativas da Fazenda Pública em juízo que contribuem para que se proponha que a controvérsia patrimonial seja dirimida em arbitragem, porquanto inaplicáveis

> i) os prazos diferenciados; ii) o reexame necessário; iii) a isenção relativa à taxa judiciária, custas ou emolumentos na arbitragem; iv) as regras relacionadas à fixação do valor dos honorários de sucumbência; v) o regime do precatório ou da requisição de pequeno valor, pois são possíveis os pagamentos espontâneos de valores [...][38]

Nada obstante, a pesquisa da Comitê Brasiliero de Arbitragem sobre a Arbitragem no Brasil[39] revela um outro lado, demonstrando que 79% dos entrevistados visualizam algumas desvantagens da arbitragem (genericamente e não apenas com a Administração Pública) em relação ao processo judicial, principalmente o seu custo e, secundariamente, demais aspectos desvantajosos apontados, como: ausência de publicidade das decisões, ausência de recursos, qualidade das decisões ou dos árbitros, dificuldades para a integração de terceiros à arbitragem e flexibilidade e informalidade do procedimento.

Assentada, portanto, a constitucionalidade e legalidade da arbitragem na Administração Pública importa verificar, ainda que perfunctoriamente, sua aplicabilidade e efetividade para resolução de conflitos e forma de Desjudicialização do Poder Público.

Na publicação "Arbitragem em Números" da pesquisadora Selma Ferreira Lemes, considerando as Câmaras de Arbitragem objeto da pesquisa[40],

---

38. OLIVEIRA, Gustavo Justino de; ESTEFAM, Felipe Faiwichow. **Curso prático de arbitragem e administração pública** [livro eletrônico]. São Paulo: Thomson Reuters Brasil, 2019, p. RB-3.21.

39. COMITÊ BRASILEIRO DE ARBITRAGEM (CBAr). **Arbitragem no Brasil, 2021**. Disponível em: https://cbar.org.br/site/wp-content/uploads/2021/09/pesquisa-cbar-ipsos-2021-arbitragem-no-brasil.pdf. Acesso em 12 mar. 2023.

40. Em São Paulo: Centro de Arbitragem da AMCHAM – BRASIL (AMCHAM), Centro de Arbitragem da Câmara de Comércio Brasil-Canadá (CAM-CCBC), Câmara de Mediação, Conciliação e Arbitragem de São Paulo – CIESP/FIESP (CAM-CIESP/FIESP), Câmara de Arbitragem do Mercado – B3 (CAM-MERCADO), Corte Internacional de Arbitragem da Câmara de Comércio Internacional – (CCI). No Rio De Janeiro: Câmara de Arbitragem da Fundação Getúlio Vargas (CAM – FGV), Centro Brasileiro de Mediação e Arbitragem (CBMA). Abrangendo Belo Horizonte/São Paulo/Rio de Janeiro/Brasília e Recife, Câmara de Arbitragem Empresarial – Brasil

se colhe que em 2019 a Administração Pública, direta e indireta, participou de 48 procedimentos arbitrais, o que representou 16,66% das arbitragens. Em 2020 e 2021 o percentual diminuiu para, respectivamente 8,7% (29 procedimentos) e 8,38% (27 procedimentos).

Não se localizou dados mais acurados dos próprios entes públicos que pudessem demonstrar aspectos quantitativos e qualitativos da arbitragem na Administração Pública. Entretanto, é certo que se trata de um importante instrumento processual que pode contribuir com a Desjudicialização da Administração Pública.

O que se tem, no âmbito da União, é a publicação de denominadas "Planilhas de Arbitragem da União"[41], em que se extraem informações importantes como: a Câmara de Arbitragem, o setor (energia, infraestrutura terrestre-portuária-aeroviária, societário, telecomunicações), os valores envolvidos, que atingem bilhões de reais, os árbitros, requerentes e requeridos, e a fase processual.

Tais planilhas dão a dimensão de que a arbitragem com a Administração Pública federal abrange, notadamente, questões patrimoniais de valores expressivos, retirando do Poder Judiciário – pela sua inerente morosidade decorrente de problemas estruturais de variadas ordens – controvérsias que envolvem agentes de setores relevantes do mercado, que buscam efetividade e celeridade dos processos para continuidade, com segurança jurídica, de suas atividades empresariais e investimentos[42] que, ao final, retornam à sociedade e ao Estado por meio da geração de empregos, rendas, tributos e infraestruturas.

(CAMARB). Disponível em: http://selmalemes.adv.br/artigos/pesquisaarbitragem_2020_2021.pdf. Acesso em 11 mar. 2023.

41. Disponível em: https://www.gov.br/agu/pt-br/composicao/cgu/cgu/neadir/casos-de-arbitragem-2/planilhas-de-arbitragem-da-uniao. Acesso em 11 mar. 2023.

42. Expressiva é a descrição de Arnoldo Wald: "São distintos os tempos da justiça e do mundo dos negócios, tendo até finalidades diferentes. Efetivamente, por muito tempo, os magistrados e os juristas, em geral, não se preocuparam com a demora para que fosse encontrada uma solução definitiva para os litígios, nem davam maior importância às consequências das suas decisões. Prevalecia, ao menos na teoria, o princípio *fiat justitia, pereat mundus* (que se faça justiça, mesmo que o mundo pereça). Ao contrário, na vida comercial, as pendências não podem perdurar e não devem demorar as respectivas soluções em virtude dos prejuízos que causam às partes. Só recentemente, em todos os países, tanto no Poder Judiciário como na arbitragem, houve uma reação saudável no sentido de tornar o processo mais eficiente e rápido" (WALD, Arnoldo. As novas regras de arbitragem: maior eficiência e transparência, *In*, **Revista de Arbitragem e Mediação**. São Paulo, v. 33, p. 239-244, abr.-jun./2012).

PARTE 2

EXECUÇÃO FISCAL ADMINISTRATIVA

Capítulo 1

PREVIAMENTE. A EXECUÇÃO FISCAL JUDICIAL

Antes de adentrar especificamente na Execução Fiscal Administrativa, suas características, limites e possibilidades no ordenamento jurídico brasileiro, é necessário expor a razão pela qual se pesquisa tal forma extrajudicial de resolução de conflitos tributários, que é a Execução Fiscal Judicial e sua ausência de efetividade processual.

1.1. LEI DA EXECUÇÃO FISCAL

A Execução Fiscal Judicial é regulada pela Lei Federal n. 6.830, de 22 de setembro de 1980, conhecida como Lei de Execução Fiscal (LEF). Já expressa, textualmente, o local em que será processualizada, ao aludir na ementa a respeito da lei dispor "sobre a cobrança *judicial*" e o art. 1º estatuir que a "execução *judicial*" dos entes federativos será regida por destacada legislação e, subsidiariamente, pelo Código de Processo Civil.

Ao tempo de sua promulgação vigia a Constituição Federal de 1969, que estabelecia no art. 8º, XVII, alínea *b*, a competência à União para legislar sobre direito processual. A Competência Legislativa dos Estados e Municípios era restrita, podendo apenas os primeiros legislar supletivamente sobre determinadas matérias[1] e, os segundos, tinham tão somente Competência Legislativa sobre seus tributos, aplicação das rendas deles decorrentes e a organização dos seus serviços públicos locais, conforme art. 15, II, alíneas *a* e *b*.

Humberto Theodoro Júnior, um dos principais comentadores da Lei de Execução Fiscal, apresentou críticas à então nova codificação de 1980:

1. O parágrafo art. 8º, da Constituição Federal de 1969 estabelecia a competência suplementar dos Estados para as seguintes matérias, conforme as alíneas do inciso XVII: "c) normas gerais sôbre orçamento, despesa e gestão patrimonial e financeira de natureza pública; de direito financeiro; de seguro e previdência social; de defesa e proteção da saúde; de regime penitenciário"; "d) produção e consumo"; "e) registros públicos e juntas comerciais"; "n) tráfego e trânsito nas vias terrestres"; "v) organização, efetivos, instrução, justiça e garantias das polícias militares e condições gerais de sua convocação, inclusive mobilização". BRASIL. **Constituição da República Federativa do Brasil de 1969**. Disponível em: https://www.planalto.gov.br/ccivil_03/Constituicao/Constituicao67EMC69.htm . Acesso em: 24 ago. 2023.

> Na verdade, padece a nova Lei de Execução Fiscal de, pelo menos, dois graves defeitos fundamentais:
>
> a) a decodificação de um procedimento que já se integrara ao Código de Processo Civil, como peça de um todo harmônico e funcional; e
>
> b) a instituição de privilégios exagerados e injustificáveis para a Fazenda Pública, que foi cumulada com favores extremos que chegam, em vários passos, a repugnar à tradição e à consciência jurídica do direito nacional.
>
> [...]
>
> Se algumas medidas procedimentais criadas pela Lei n. 6.830 aperfeiçoam e tornam mais expedito o processo executivo de cobrança de quantia certa, razão não se encontra, por último, para que tivessem sido instituídas apenas para a execução fiscal.
>
> O lógico e o razoável, a meu ver, seria a introdução delas, em caráter geral, dentro do próprio Código de Processo Civil, o que beneficiaria todo e qualquer credor, mantendo o princípio da isonomia, aperfeiçoando o Código como um todo e preservando, acima de tudo, a unidade do direito processual[2].

O título executivo é a Certidão de Dívida Ativa (CDA), que consubstancia um crédito tributário ou não tributário. O art. 2º disciplina os consectários legais de atualização do débito, a natureza do ato de inscrição e os seus efeitos sobre a prescrição, o órgão competente para a inscrição da dívida ativa, o instrumento extraído (Termo de Inscrição em Dívida Ativa) que certifica a inscrição e contém seus dados essenciais (devedor, valor, origem, natureza, fundamento legal ou contratual, encargos moratórios, data e número, processo administrativo ou auto de infração).

A CDA é o resultado e o instrumento final de um prévio Processo Administrativo iniciado pelo lançamento que, pelos termos do art. 142 do Código Tribunal Nacional (CTN), é

> o procedimento administrativo tendente a verificar a ocorrência do fato gerador da obrigação correspondente, determinar a matéria tributável, calcular o montante do tributo devido, identificar o sujeito passivo e, sendo caso, propor a aplicação da penalidade cabível[3].

---

2. THEODORO JÚNIOR, Humberto. **Lei de Execução Fiscal**: comentários e jurisprudência, 7ª ed., São Paulo: Editora Saraiva, 2000, p. 4-6.

3. Da doutrina se colhe o conceito de Aliomar Baleeiro: "*Podemos dizer que* o lançamento é ato jurídico administrativo vinculado e obrigatório, de individuação e concreção da norma tributária ao caso concreto (ato aplicativo), desencadeando efeitos confirmatórios-extintivos (no caso de homologação do pagamento) ou conferindo exigibilidade ao direito de crédito que lhe é preexistente para fixar-lhe os termos e possibilitar a formação do título executivo" (BALEEIRO, Aliomar. **Direito tributário brasileiro**, 11ª ed., atualizada por Misabel Abreu Machado Derzi, Rio de Janeiro: Editora Forense, 1999, p. 784, grifos no original).

A dívida ativa que é refletida pela CDA somente se constitui, de acordo com o art. 201 do CTN, com o esgotamento do prazo de pagamento definido em lei "ou por decisão final proferida em processo regular". Em outras palavras, há um devido processo administrativo que, ao final, se extrai título executivo apto à propositura da cobrança judicial ou, como afirma Aliomar Baleeiro, a "inscrição cria o título líquido e certo, ao passo que a certidão da inscrição o documenta para entrada da Fazenda em Juízo"[4]. A reflexão ora empreendida é da obrigatoriedade desta Judicialização.

O art. 3º da LEF contém expressamente os atributos do ato administrativo, dispondo que a "Dívida Ativa regularmente inscrita goza da presunção de certeza e liquidez", só podendo "ser ilidida por prova inequívoca, a cargo do executado ou de terceiro, a quem aproveite" (parágrafo único).

Referidas presunções legais são um dos fundamentos pelos quais se defende a dispensa de Judicialização da Execução Fiscal, porquanto o ato estatal que é dotado destas presunções[5], ainda que relativas, de certeza e liquidez, não necessita de outro Poder de Estado para procedimentalizar a execução dos créditos inadimplidos. A Administração Pública, como poder estatal e diante dessas presunções - mas não somente em face delas -, não depende, obrigatoriamente, da tutela do Poder Judiciário para exercer suas Competências e atributos constitucionais e legais.

Em tal contexto, é relevante lembrar a doutrina de Jürgen Habermas, no sentido de que o tribunal "não pode assumir o papel de um regente que entra no lugar de um sucessor menor de idade"[6], o que será objeto de uma melhor análise quando se enfrentar as possibilidades constitucionais da Execução Fiscal Administrativa.

---

4. BALEEIRO, Aliomar. **Direito tributário brasileiro**, 11ª ed., atualizada por Misabel Abreu Machado Derzi, Rio de Janeiro: Editora Forense, 1999, p. 1.007.
5. Em monografia sobre "el acto administrativo" Manuel Maria Diez bem expõe "la presunción de legitimidad de los actos administrativos": "Así como se presume la legitimidad en la actividad administrativa, también se presume en la legislativa. Las leyes se presumen constitucionales salvo que una sentencia dictada por autoridad competente declarase que no lo son. Otro tanto puede decirse de las sentencias, que también se presumen legítimas. La actividad del Estado es jurídica y por ello presuntivamente legal; si faltara la legalidad en la administración habría disminuído el valor del Estado de derecho. La presunción de legitimidad se basa además en las ideas de que los órganos administrativos son, en realidad, instrumentos desinteresados que sólo persiguen la satisfacción de una necesidad colectiva dentro del orden jurídico" (DIEZ, Manuel Maria. **El acto administrativo**, segunda edición, Buenos Aires: Tipografia Editora Argentina S.A., 1961, p. 278).
6. HABERMAS, Jürgen. **Direito e democracia**: entre facticidade e validade, vol. I, trad. Flávio Beno Siebeneicher, Rio de Janeiro: Editora Tempo Brasileiro, 2003, p. 347.

Na sequência da análise da LEF o art. 4º define os executados, que podem ser o devedor, o fiador, o espólio, a massa, o responsável de pessoas físicas ou pessoas jurídicas de direito privado, e os sucessores a qualquer título. O art. 5º dispõe sobre a competência judicial, sendo ela excludente de qualquer outro juízo, e o art. 6º expõe os requisitos da petição inicial.

O procedimento executivo está assim estruturado na LEF:

a) recebimento da petição inicial por despacho do juiz (que interrompe a prescrição), sendo considerado ordem para citação, penhora, arresto, registros respectivos e avaliação;

b) citado, o executado pode, no prazo de cinco dias, pagar ou oferecer as seguintes garantias da execução: depósito em dinheiro, fiança ou seguro garantia, nomeação à penhora de bens próprios ou de terceiros;

c) na ausência de pagamento ou prestação de garantias no prazo de cinco dias da citação, os bens do execução ficam passíveis de serem penhorados, conforme ordem estabelecida no art. 11, na seguinte sequência: dinheiro, título da dívida pública, bem como título de crédito, que tenham cotação em bolsa, pedras e metais preciosos, imóveis, navios e aeronaves, veículos, móveis ou semoventes, direitos e ações;

d) a intimação da penhora se dará por publicação oficial, pelos Correios ou pessoalmente, sendo que no termo ou ato de penhora deverá constar a avaliação dos bens;

e) o executado ou o exequente podem impugnar a avaliação dos bens, sendo decidida a impugnação pelo juiz com base em laudo de avaliador oficial ou entidade habilitada pelo juiz nos autos;

f) autoriza-se a substituição do bem penhorado, tanto por requerimento do executado quanto pelo exequente;

g) a defesa contra o processo executivo se dá mediante apresentação de embargos à execução, sem efeito suspensivo legal e desde que garantida a execução, no prazo de trinta dias contados do depósito, da comprovação da fiança ou seguro garantia, ou da intimação da penhora;

h) apresentados os embargos abre-se o contraditório para o exequente, para impugnação no prazo de trinta dias; se não forem apresentados embargos o exequente se manifesta sobre a garantia, se houver;

i) seguem-se os procedimentos de expropriação, que pode se dar por alienação antecipada dos bens, arrematação por leilão público e adjudicação. As outras formas de expropriação disciplinadas pelo Código de Processo Civil, tais como alienação por iniciativa particular e leilão eletrônico, são também possíveis na Execução Fiscal Judicial, em consonância com a subsidiariedade do Código de Processo Civil estabelecida no art. 1º da LEF[7];

j) os recursos contra a sentença podem ser por embargos infringentes, no caso de valores inferiores a 50 (cinquenta) ORTN[8] – situação que a decisão é do próprio juiz –, ou apelação;

k) a execução pode ser suspensa pelo juiz no caso de não localização de bens do devedor, iniciando-se um regime especial em relação à prescrição intercorrente[9];

---

7. "Art. 1º – A execução judicial para cobrança da Dívida Ativa da União, dos Estados, do Distrito Federal, dos Municípios e respectivas autarquias será regida por esta Lei e, subsidiariamente, pelo Código de Processo Civil".

8. O Superior Tribunal de Justiça definiu o Tema 395 de Recurso Especial Repetitivo no REsp 1.168.625 com a seguinte tese:"Adota-se como valor de alçada para o cabimento de apelação em sede de execução fiscal o valor de R$ 328,27 (trezentos e vinte e oito reais e vinte e sete centavos), corrigido pelo IPCA-E a partir de janeiro de 2001, valor esse que deve ser observado à data da propositura da execução". BRASIL. Superior Tribunal de Justiça. **RESP 1.168.625**, Relator: Min. Luiz Fux, julgado em 09.06.2010. Disponível em: https://scon.stj.jus.br/SCON/GetInteiroTeorDoAcordao?num_registro=200901055704&dt_publicacao=01/07/2010. Acesso em 24 mar. 2023. Fazendo-se a atualização monetária com base no Tema 395 se chega ao valor de 50 ORTN, em março de 2023, de R$ 1.286,04 (um mil duzentos e oitenta e seis reais e quatro centavos).

9. O Superior Tribunal de Justiça, no julgamento do Recurso Especial n. 1.340.553 definiu os Temas ns. 566 ao 571 de Recursos Especiais Repetitivos com as seguintes teses: "4.1.) O prazo de 1 (um) ano de suspensão do processo e do respectivo prazo prescricional previsto no art. 40, §§ 1º e 2º da Lei n. 6.830/80 – LEF tem início automaticamente na data da ciência da Fazenda Pública a respeito da não localização do devedor ou da inexistência de bens penhoráveis no endereço fornecido, havendo, sem prejuízo dessa contagem automática, o dever de o magistrado declarar ter ocorrido a suspensão da execução; 4.1.1.) Sem prejuízo do disposto no item 4.1., nos casos de execução fiscal para cobrança de dívida ativa de natureza tributária (cujo despacho ordenador da citação tenha sido proferido antes da vigência da Lei Complementar n. 118/2005), depois da citação válida, ainda que editalícia, logo após a primeira tentativa infrutífera de localização de bens penhoráveis, o Juiz declarará suspensa a execução. 4.1.2.) Sem prejuízo do disposto no item 4.1., em se tratando de execução fiscal para cobrança de dívida ativa de natureza tributária (cujo despacho ordenador da citação tenha sido proferido na vigência da Lei Complementar n. 118/2005) e de qualquer dívida ativa de natureza não tributária, logo após a primeira tentativa frustrada de citação do devedor ou de localização de bens penhoráveis, o Juiz declarará suspensa a execução. 4.2.) Havendo ou não petição da Fazenda Pública e havendo ou não pronunciamento judicial nesse sentido, findo o prazo de 1 (um) ano de suspensão inicia-se automaticamente o prazo prescricional aplicável (de acordo com a natureza do crédito exequendo) durante o qual o processo deveria estar arquivado sem baixa na distribuição, na forma do art. 40, §§ 2º, 3º e 4º da Lei n. 6.830/80 – LEF, findo o

1.2. INEFICIÊNCIA E INEFICÁCIA

A Execução Fiscal Judicial, da forma como é processualizada até os dias atuais, é um caso singular de *insucesso constante e duradouro*, sendo ineficiente e ineficaz a mais de quatro décadas sem que o Estado brasileiro tenha conseguido ultrapassar barreiras[10] que impedem a reversão do quadro já diversas vezes apontado em pesquisas específicas.

---

qual o Juiz, depois de ouvida a Fazenda Pública, poderá, de ofício, reconhecer a prescrição intercorrente e decretá-la de imediato; 4.3.) A efetiva constrição patrimonial e a efetiva citação (ainda que por edital) são aptas a interromper o curso da prescrição intercorrente, não bastando para tal o mero peticionamento em juízo, requerendo, v.g., a feitura da penhora sobre ativos financeiros ou sobre outros bens. Os requerimentos feitos pelo exequente, dentro da soma do prazo máximo de 1 (um) ano de suspensão mais o prazo de prescrição aplicável (de acordo com a natureza do crédito exequendo) deverão ser processados, ainda que para além da soma desses dois prazos, pois, citados (ainda que por edital) os devedores e penhorados os bens, a qualquer tempo – mesmo depois de escoados os referidos prazos –, considera-se interrompida a prescrição intercorrente, retroativamente, na data do protocolo da petição que requereu a providência frutífera. 4.4.) A Fazenda Pública, em sua primeira oportunidade de falar nos autos (art. 245 do CPC/73, correspondente ao art. 278 do CPC/2015), ao alegar nulidade pela falta de qualquer intimação dentro do procedimento do art. 40 da LEF, deverá demonstrar o prejuízo que sofreu (exceto a falta da intimação que constitui o termo inicial – 4.1., onde o prejuízo é presumido), por exemplo, deverá demonstrar a ocorrência de qualquer causa interruptiva ou suspensiva da prescrição. 4.5.) O magistrado, ao reconhecer a prescrição intercorrente, deverá fundamentar o ato judicial por meio da delimitação dos marcos legais que foram aplicados na contagem do respectivo prazo, inclusive quanto ao período em que a execução ficou suspensa". BRASIL. Superior Tribunal de Justiça. **RESP 1.340.553**, Relator: Min. Mauro Campbell Marques, julgado em 12.09.2018. Disponível em: https://processo.stj.jus.br/processo/revista/documento/mediado/?componente=ATC&sequencial=78186560&num_registro=201201691933&data=20181016&tipo=5&formato=PDF. Acesso em 4 abr. 2023.

10. Não é objeto deste estudo analisar, sociológica e/ou institucionalmente, as barreiras para alteração legislativa que contribua para uma verdadeira efetividade da execução de títulos públicos inadimplidos, contudo, se pode apontar a crise do Poder Legislativo, como já exposto de forma breve na Parte 1, o desinteresse da própria sociedade, pessoas e empresas em um procedimento executivo eficaz, e a desconfiança destes sujeitos na aplicação de recursos públicos pelos governantes, daí decorrendo a miopia em não enxergar que os valores arrecadados objetivam, em última razão (é o que se espera!), o implemento de políticas públicas em um país em que milhões de pessoas não recebem sequer o mínimo de alimentação, o que dirá de serviços públicos afetos à saúde, educação e segurança pública. A corroborar a ilação do desinteresse da sociedade a pesquisa de campo da Universidade Federal do Rio Grande do Sul fornece os dados para nosso entendimento: "Os respondentes concordam de forma geral, com elevado percentual (79,3%), de que a duplicidade de instâncias contribui para protelar o não cumprimento das obrigações dos contribuintes. 61,6% dos respondentes concordam fortemente com esta percepção. Vice-versa, somente 20,7% dos respondentes discorda que a duplicidade enseje o não cumprimento das obrigações dos contribuintes. É possível interpretar as respostas dos respondentes por outro ponto de vista: os respondentes percebem que os contribuintes não se opõem a protelar ou descumprir as obrigações em matéria fiscal, mas querem discutir até o limite possível suas demandas e direitos, especialmente na instância judicial" (UNIVERSIDADE FEDERAL DO RIO GRANDE DO SUL – FACULDADE DE DIREITO. Pesquisa CNJ – Edital de Seleção n.° 01/2009. **Inter-relações entre o processo administrativo e o judicial [em matéria fiscal] a partir da identificação**

Uma primeira pesquisa detalhada e estruturada que se pode expor e que ganhou notoriedade foi a realizada pelo Instituto de Pesquisas Econômicas Aplicadas (IPEA), em que se expôs análise empírica acerca de aspectos relacionados à Execução Fiscal, "entre os quais, a identificação dos exequentes e dos executados, o objeto, o tempo e o custo envolvidos no processo, bem como a probabilidade de êxito e de expropriação de bens por meio de leilões judiciais", além de colacionar reflexões de acadêmicos sobre "o aprimoramento e as possíveis reformas no sistema", com análises do "redesenho das instituições, o modelo processual e questões relacionadas à gestão e jurisdição – elementos estes imbricados"[11].

A Introdução desta relevante publicação já dá a dimensão existencial da morosidade da prestação da tutela jurisdicional no executivo fiscal:

> Do ponto de vista macroinstitucional, a disputa judicial sobre o pagamento de impostos envolve as grandes burocracias estatais e as mais complexas teses jurídicas. O Estado, credor, custeia toda uma organização de pessoas e cargos em torno da cobrança administrativa e judicial dos impostos. Os advogados esmeram-se nas mais estreitas brechas jurídicas (e não jurídicas) para conceber a defesa de seus clientes. Um cenário de batalha judicial comparável apenas aos grandes julgamentos criminais pelo qual o direito, o jornalismo, a história e a literatura têm sempre interesse[12].

Seguindo a linha temporal do procedimento da Execução Fiscal Judicial a pesquisa do IPEA traz luzes sobre as razões da morosidade e falta de êxito processual[13],

---

de contenciosos cuja solução deveria ser tentada previamente na esfera administrativa, Porto Alegre: UFRGS, dez./2010 – jan./2011, p. 74. Disponível em: https://bibliotecadigital.cnj.jus.br/jspui/bitstream/123456789/141/1/UFRGS%20-%20Universidade%20Federal%20do%20rio%20Grande%20do%20Sul%20-%20Edital%20n%c2%b0%2001-2009%20-%20Inter-rela%c3%a7%c3%b5es%20entre%20o%20processo%20administrativo%20e%20o%20Judicial.pdf. Acesso em 8 abr. 2023).

11. IPEA. **Gestão e jurisdição**: o caso da execução fiscal da União / Organizadores: Alexandre dos Santos Cunha, Paulo Eduardo Alves da Silva. – Brasília: Ipea, 2013, p. 10.
12. IPEA. **Gestão e jurisdição**: o caso da execução fiscal da União / Organizadores: Alexandre dos Santos Cunha, Paulo Eduardo Alves da Silva. – Brasília: Ipea, 2013, p. 12.
13. "A morosidade não resulta significativamente do cumprimento de prazos legais, do sistema recursal ou das garantias de defesa do executado. Nem tampouco do grau de complexidade das atividades administrativas requeridas. Fundamentalmente, é a cultura organizacional burocrática e formalista, associada a um modelo de gerenciamento processual ultrapassado, que torna o executivo fiscal um procedimento moroso e propenso à prescrição. A forma de organização administrativa na Justiça se assemelha ao modelo fordista clássico, caracterizado pela rígida divisão de tarefas excessivamente reguladas, repetitivas e autorreferentes. Esse modelo impede a construção de uma visão completa do processo de trabalho, privilegiando o cumprimento de tarefas em detrimento da obtenção dos resultados" (IPEA. **Gestão e ju-**

particularmente em relação à citação[14] e à penhora de bens[15].

Com efeito, a decisão judicial que defere a inicial, conforme art. 7º da Lei de Execução Fiscal, ordena ainda a citação, a penhora, o arresto e a avaliação dos bens. Como ressaltado, a perfectibilização da citação é morosa, ficando o processo paralisado no aguardo de diligências cartorárias e de oficiais de justiça, como também na busca de novos endereços; a penhora infrutífera, pela ausência de bens passíveis para tanto. Quando muito, penhoras de créditos, que poderiam auxiliar no adimplemento, são insuficientes e, ante a demora em sua postulação e realização, já encontram as empresas em situação financeira que não se mostra exitosa tal tipo de constrição.

Essa notória falta de êxito na execução decorre, portanto, da não localização dos executados, da demora na tramitação processual (seja pela atuação jurisdicional, seja pela atuação administrativa e das procuradorias), como, principalmente, da inexistência de recursos e bens passíveis de serem penhorados, leiloados ou adjudicados ao ente exequente[16].

Outra pesquisa relevante no cenário nacional foi a realizada pela Universidade Federal do Rio Grande do Sul (UFRGS), por contratação do Conselho Nacional de Justiça. No Relatório Final há alguns questionamentos inquietantes sobre a duplicidade radical das instâncias administrativa e judicial[17], a racionalidade ou irracionalidade do não aproveitamento pelo

---

risdição: o caso da execução fiscal da União / Organizadores: Alexandre dos Santos Cunha, Paulo Eduardo Alves da Silva. – Brasília: Ipea, 2013, p. 308-309).

14. "aproximadamente três quintos dos processos de execução fiscal vence a etapa de citação. Destes, 25% conduzem à penhora, mas somente uma sexta parte das penhoras resulta em leilão. Em 47,4% dos processos ocorre pelo menos uma tentativa inexitosa de citação, e 46,2% das tentativas de citação por AR são exitosas, contra 47,1% das tentativas de citação por oficial de justiça e 53,8% das tentativas de citação por edital" (IPEA. **Gestão e jurisdição**: o caso da execução fiscal da União / Organizadores: Alexandre dos Santos Cunha, Paulo Eduardo Alves da Silva. – Brasília: Ipea, 2013, p. 306).

15. "em 15% dos casos há penhora de bens, e somente um terço dessas penhoras resulta da apresentação voluntária de bens pelo devedor. Apenas 2,6% das ações de execução fiscal resultam em algum leilão judicial, com ou sem êxito. Do total de processos, o pregão gera recursos suficientes para satisfazer o débito em apenas 0,2% dos casos" (IPEA. **Gestão e jurisdição**: o caso da execução fiscal da União / Organizadores: Alexandre dos Santos Cunha, Paulo Eduardo Alves da Silva. – Brasília: Ipea, 2013, p. 306).

16. OLIVEIRA, Weber Luiz de. Ação de direito material e execução fiscal administrativa no contexto da desjudicialização: (im)possibilidades constitucionais. **Revista Eletrônica Direito e Política**, Programa de Pós-Graduação *Stricto Sensu* em Ciência Jurídica da UNIVALI, Itajaí, v.15, n. 2, 2º quadrimestre de 2020, p. 647. Disponível em: https://periodicos.univali.br/index.php/rdp/article/view/16867/9582 . Acesso em 8 abr. 2023.

17. "qual o efeito dessa duplicidade para a efetivação da Justiça e da Segurança nas relações fisco-contribuinte? A Justiça e a Segurança, valores substantivos essenciais ao EDD [Estado Democrático de Direito], em suas relações recíprocas, compendiam todos os valores supremos do

Poder Judiciário das provas constituídas em âmbito administrativo[18], e a conveniência, viabilidade e juridicidade da articulação e integração entre Jurisdição e Administração.

Do referido Relatório da pesquisa a conclusão extraída foi, ao se identificar e caracterizar os principais impactos que decorrem da duplicidade das instâncias administrativa e judicial, que na etapa qualitativa-exploratória "a atuação entre as instâncias administrativa e judiciária deveria possuir maior enfoque sistêmico, caracterizado principalmente por aspectos de maior integração entre as suas diferentes partes"[19].

Na etapa quantitativa-descritiva obteve-se resultados que clarificam as diferentes visões do processo de Execução Fiscal de diversos de seus partícipes e regiões do Brasil, o que evidencia e dificulta uma regulamentação uníssona, por todo o território nacional, do mesmo procedimento e gestão

---

ordenamento jurídico. Justiça é a equação equilibrada entre Liberdade e Igualdade. Segurança é a Justiça estendida no tempo, preservando uma equação equilibrada de Ordem, adaptada às exigências do Progresso. E há, além, uma segunda pergunta: qual o efeito dessa duplicidade para a Economicidade e a Eficiência do Poder Público na realização da Segurança e da Justiça? Qual o tempo que se consome nessa duplicidade de esforços? O que se ganha ou se perde nessa dilação? O que custa à sociedade e aos contribuintes essa repetição de instâncias? Hoje, economicidade e eficiência também são exigências instrumentais do EDD contemporâneo" (UNIVERSIDADE FEDERAL DO RIO GRANDE DO SUL – FACULDADE DE DIREITO. Pesquisa CNJ – Edital de Seleção n.° 01/2009. **Inter-relações entre o processo administrativo e o judicial [em matéria fiscal] a partir da identificação de contenciosos cuja solução deveria ser tentada previamente na esfera administrativa**, Porto Alegre: UFRGS, dez./2010 – jan./2011, p. 8. Disponível em: https://bibliotecadigital.cnj.jus.br/jspui/bitstream/123456789/141/1/UFRGS%20-%20Universidade%20Federal%20do%20rio%20Grande%20do%20Sul%20-%20Edital%20n%c2%b0%2001-2009%20-%20Inter-rela%c3%a7%c3%b5es%20entre%20o%20processo%20administrativo%20e%20o%20Judicial.pdf. Acesso em 8 abr. 2023).

18. "O que significa esse grau de desconfiança ou de rejeição da atuação administrativa no quadro geral das funções e das tarefas do Estado? Ela tem remédio?" (UNIVERSIDADE FEDERAL DO RIO GRANDE DO SUL – FACULDADE DE DIREITO. Pesquisa CNJ – Edital de Seleção n.° 01/2009. **Inter-relações entre o processo administrativo e o judicial [em matéria fiscal] a partir da identificação de contenciosos cuja solução deveria ser tentada previamente na esfera administrativa**, Porto Alegre: UFRGS, dez./2010 – jan./2011, p. 8. Disponível em: https://bibliotecadigital.cnj.jus.br/jspui/bitstream/123456789/141/1/UFRGS%20-%20Universidade%20Federal%20do%20rio%20Grande%20do%20Sul%20-%20Edital%20n%c2%b0%2001-2009%20-%20Inter-rela%c3%a7%c3%b5es%20entre%20o%20processo%20administrativo%20e%20o%20Judicial.pdf. Acesso em 8 abr. 2023).
19. UNIVERSIDADE FEDERAL DO RIO GRANDE DO SUL – FACULDADE DE DIREITO. Pesquisa CNJ – Edital de Seleção n.° 01/2009. **Inter-relações entre o processo administrativo e o judicial [em matéria fiscal] a partir da identificação de contenciosos cuja solução deveria ser tentada previamente na esfera administrativa**, Porto Alegre: UFRGS, dez./2010 – jan./2011, p. 198. Disponível em: https://bibliotecadigital.cnj.jus.br/jspui/bitstream/123456789/141/1/UFRGS%20-%20Universidade%20Federal%20do%20rio%20Grande%20do%20Sul%20-%20Edital%20n%c2%b0%2001-2009%20-%20Inter-rela%c3%a7%c3%b5es%20entre%20o%20processo%20administrativo%20e%20o%20Judicial.pdf. Acesso em 8 abr. 2023).

da arrecadação tributária advinda de um processo judicial para regiões com perfis estruturais, culturais e sócio-econômicos diferenciados[20]. Desta etapa quantitativa-descritiva é sintomática a seguinte aferição:

> Em relação à questão seguinte, se os custos da duplicidade de instâncias (administrativa e a judicial) são elevados para a sociedade em geral, mais de 4/5 (82%) dos respondentes considera que sim. Os respondentes percebem que existe uma lógica irracional do sistema, que força contribuintes a percorrer o caminho das demandas judiciais (litigar com o poder público), em que a relação custo-benefício é positiva, mas a custos elevados, sobrecarregando por sua vez o sistema judicial; ou seja, o sistema está estruturado para sobrecarregar-se e ser ineficiente[21].

Mais recentemente, em 2022, novo estudo encomendado pelo CNJ ao INSPER (Instituto de Ensino e Pesquisa)[22] atualizou as pesquisas antes mencionadas, de uma década passada.

Colhe-se da pesquisa que na base de dados analisada "a penhora foi efetivada em 12,6% das execuções fiscais"[23]; que pela metodologia da pesquisa

---

20. "Das percepções mais coerentes entre os respondentes das regiões Norte e Nordeste, em oposição às percepções bastante vezes coerentes entre os respondentes das regiões Sul e Centro-Oeste, sendo que os respondentes da região Sudeste trilham caminho de opinião intermediária entre esses pólos com opiniões mais divergentes entre si;" (UNIVERSIDADE FEDERAL DO RIO GRANDE DO SUL – FACULDADE DE DIREITO. Pesquisa CNJ – Edital de Seleção n.° 01/2009. **Inter-relações entre o processo administrativo e o judicial [em matéria fiscal] a partir da identificação de contenciosos cuja solução deveria ser tentada previamente na esfera administrativa**, Porto Alegre: UFRGS, dez./2010 – jan./2011, p. 199. Disponível em: https://bibliotecadigital.cnj.jus.br/jspui/bitstream/123456789/141/1/UFRGS%20-%20Universidade%20Federal%20do%20rio%20Grande%20do%20Sul%20-%20Edital%20n%c2%b0%2001-2009%20-%20Inter-rela%c3%a7%c3%b5es%20entre%20o%20processo%20administrativo%20e%20o%20Judicial.pdf. Acesso em 8 abr. 2023).
21. (UNIVERSIDADE FEDERAL DO RIO GRANDE DO SUL – FACULDADE DE DIREITO. Pesquisa CNJ – Edital de Seleção n.° 01/2009. **Inter-relações entre o processo administrativo e o judicial [em matéria fiscal] a partir da identificação de contenciosos cuja solução deveria ser tentada previamente na esfera administrativa**, Porto Alegre: UFRGS, dez./2010 – jan./2011, p. 76. Disponível em: https://bibliotecadigital.cnj.jus.br/jspui/bitstream/123456789/141/1/UFRGS%20-%20Universidade%20Federal%20do%20rio%20Grande%20do%20Sul%20-%20Edital%20n%c2%b0%2001-2009%20-%20Inter-rela%c3%a7%c3%b5es%20entre%20o%20processo%20administrativo%20e%20o%20Judicial.pdf. Acesso em 8 abr. 2023).
22. BRASIL. Conselho Nacional de Justiça. **Diagnóstico do contencioso judicial tributário brasileiro**: relatório final de pesquisa / Conselho Nacional de Justiça; Instituto de Ensino e Pesquisa. – Brasília: CNJ, 2022. Disponível em: https://www.cnj.jus.br/wp-content/uploads/2022/02/relatorio-contencioso-tributario-final-v10-2.pdf. Acesso em 8 abr. 2023.
23. BRASIL. Conselho Nacional de Justiça. **Diagnóstico do contencioso judicial tributário brasileiro**: relatório final de pesquisa / Conselho Nacional de Justiça; Instituto de Ensino e Pesquisa. – Brasília: CNJ, 2022, p. 139. Disponível em: https://www.cnj.jus.br/wp-content/uploads/2022/02/relatorio-contencioso-tributario-final-v10-2.pdf. Acesso em 8 abr. 2023.

se obteve o resultado de expropriação em 1,6% das execuções fiscais objeto de análise[24]; que em apenas 16% dos processos foram opostos embargos à execução fiscal[25]; que houve a extinção pelo pagamento de processos da PGFN, entre 2018 e agosto de 2021, de 24% do valor consolidado[26]; que "verificou-se a prolação de decisões de procedência da exceção de pré-executividade em 22% dos casos, sendo a manifestação julgada improcedente nos demais 78%"[27].

De algumas das conclusões da pesquisa do INSPER, tomando como referente a descrição da ineficiência e ineficácia da Execução Fiscal Judicial, colhe-se a seguinte:

> Os dados coletados sugerem que a sistemática de cobrança de créditos tributários por meio de execução fiscal possui baixíssima eficácia, considerando tanto o baixo percentual de débitos garantidos quanto o baixo índice de extinção da execução pela satisfação do débito nos casos em que ocorre a indisponibilidade de bens.
>
> Considerando, ainda, a expressividade das execuções fiscais na composição do estoque processual no período abrangido pela pesquisa, pode-se concluir que o modelo de cobrança por execução fiscal é uma das causas do elevado contencioso judicial tributário[28].

Esta situação, ademais, é perniciosa para o próprio Poder Judiciário, que leva a reputação de ser incapaz, institucionalmente, de solucionar a crise de adimplemento dos créditos públicos, quando muitas vezes recebe a petição inicial da Execução Fiscal de forma atrasada, já passado tempo suficiente

24. BRASIL. Conselho Nacional de Justiça. **Diagnóstico do contencioso judicial tributário brasileiro**: relatório final de pesquisa / Conselho Nacional de Justiça; Instituto de Ensino e Pesquisa. – Brasília: CNJ, 2022, p. 142. Disponível em: https://www.cnj.jus.br/wp-content/uploads/2022/02/relatorio-contencioso-tributario-final-v10-2.pdf. Acesso em 8 abr. 2023.
25. BRASIL. Conselho Nacional de Justiça. **Diagnóstico do contencioso judicial tributário brasileiro**: relatório final de pesquisa / Conselho Nacional de Justiça; Instituto de Ensino e Pesquisa. – Brasília: CNJ, 2022, p. 144. Disponível em: https://www.cnj.jus.br/wp-content/uploads/2022/02/relatorio-contencioso-tributario-final-v10-2.pdf. Acesso em 8 abr. 2023.
26. BRASIL. Conselho Nacional de Justiça. **Diagnóstico do contencioso judicial tributário brasileiro**: relatório final de pesquisa / Conselho Nacional de Justiça; Instituto de Ensino e Pesquisa. – Brasília: CNJ, 2022, p. 197. Disponível em: https://www.cnj.jus.br/wp-content/uploads/2022/02/relatorio-contencioso-tributario-final-v10-2.pdf. Acesso em 8 abr. 2023.
27. BRASIL. Conselho Nacional de Justiça. **Diagnóstico do contencioso judicial tributário brasileiro**: relatório final de pesquisa / Conselho Nacional de Justiça; Instituto de Ensino e Pesquisa. – Brasília: CNJ, 2022, p. 219. Disponível em: https://www.cnj.jus.br/wp-content/uploads/2022/02/relatorio-contencioso-tributario-final-v10-2.pdf. Acesso em 8 abr. 2023.
28. BRASIL. Conselho Nacional de Justiça. **Diagnóstico do contencioso judicial tributário brasileiro**: relatório final de pesquisa / Conselho Nacional de Justiça; Instituto de Ensino e Pesquisa. – Brasília: CNJ, 2022, p. 273. Disponível em: https://www.cnj.jus.br/wp-content/uploads/2022/02/relatorio-contencioso-tributario-final-v10-2.pdf. Acesso em 8 abr. 2023.

desde o lançamento tributário, a oportunizar a dilapidação dos bens pelos executados que poderiam garantir a execução ou mesmo a coibição de atos elisivos pelos devedores, além de ficar na dependência, para agir e expedir atos jurisdicionais, de requerimentos e informações que devem ser prestadas pelos próprios exequentes.

O Código de Processo Civil de 2015, tendo aplicação subsidiária à Lei 6.830/1980[29], trouxe alguns reflexos nas execuções fiscais, podendo ser destacado[30]: cooperação jurisdicional para recuperação e preservação de empresas e facilitação de habilitação de créditos na falência e na recuperação judicial (art. 69, § 2º, IV e V); possibilidade de negócio jurídico, inclusive processual (arts. 174, 784, IV, 190); disciplina da concessão de efeito suspensivo aos embargos (art. 919); regime jurídico dos honorários advocatícios (art. 85); (in)aplicabilidade do incidentes de desconsideração da personalidade jurídica (arts. 133-137); hipóteses de dispensa de remessa necessária (art. 496, §§ 3º e 4º); fornecimento de informações por terceiros (arts. 772-773); condenação por atos atentatórios à dignidade da justiça (arts. 774 e 777); (in)aplicabilidade da inclusão do nome do executado em cadastro de inadimplentes (art. 782, §§ 3º e 4º); regulamentação da fraude à execução (arts. 789-796); possibilidade da alienação antecipada de bens penhorados (arts. 852-853).

Apesar de algumas inovações processuais e sua aplicabilidade à Execução Fiscal, não se denota que serão suficientes para dar uma celeridade e satisfação nesse processo judicial.

Assim, a Execução Fiscal Judicial, conquanto detentora de um procedimento especial para sua tramitação, encontra dilemas que levam a reflexão no sentido de buscar soluções que otimizem a execução e aumentem o nível de resolução dos processos executivos de créditos públicos[31].

---

29. O art. 1º da Lei 6.830/1980 descreve que a "execução judicial execução judicial para cobrança da Dívida Ativa da União, dos Estados, do Distrito Federal, dos Municípios e respectivas autarquias será regida por esta Lei e, subsidiariamente, pelo Código de Processo Civil", tendo o CPC/2015, nas Disposições Finais e Transitórias, estabelecido no art. 1.046, § 4º que "As remissões a disposições do Código de Processo Civil revogado, existentes em outras leis, passam a referir-se às que lhes são correspondentes neste Código". Assim, evidente a aplicação subsidiária do CPC/2015 aos processos de execução fiscal judicial.
30. DAL'COL, Caio de Sá; ABREU, Lívia Dalla Bernadina. Reflexos do CPC/2015 nas execuções fiscais, *In*, **Fazenda Pública**, Coleção Repercussões do Novo CPC, coords. José Henrique Mouta Araújo, Leonardo Carneiro da Cunha e Marco Antonio Rodrigues; coord. geral Fredie Didier Jr., 2ª ed., Salvador: Editora Juspodivm, 2016, p. 67-94.
31. OLIVEIRA, Weber Luiz de. Ação de direito material e execução fiscal administrativa no contexto da desjudicialização: (im)possibilidades constitucionais. **Revista Eletrônica Direito e Política**, Programa de Pós-Graduação *Stricto Sensu* em Ciência Jurídica da UNIVALI, Itajaí, v.15, n. 2, 2º

1.3. RELATÓRIOS DO CONSELHO NACIONAL DE JUSTIÇA. GARGALOS DA EXECUÇÃO FISCAL JUDICIAL

Os Relatórios do Conselho Nacional de Justiça atestam o que até o momento foi exposto. Anos após ano, desde 2005, o CNJ vem advertindo sobre as mazelas da Execução Fiscal Judicial no cenário do sistema de justiça brasileiro.

Já na edição do ano de 2009 o relatório do CNJ "Justiça em Números", utilizou o termo "gargalos", para esclarecer a realidade de congestionamento de tal tipo de processo judicial, destacando naquela publicação de 14 anos passados,

> que o combate à morosidade judicial no Brasil deve envolver necessariamente o debate específico sobre a temática dos procedimentos de execução fiscal, já que o enfrentamento dessa questão tem potencial de solucionar um dos principais gargalos da Justiça brasileira[32].

Desde então, nada se realizou de concreto para se alterar mencionado contexto, a não ser as relevantes pesquisas já referidas que dão, com mais ênfase, dados e subsídios empíricos que deveriam ser utilizados para uma alteração não apenas legislativa, mas, de igual modo, de gestão administrativa e processual pelos Poderes que atualmente são responsáveis pelo processamento da Execução Fiscal Judicial.

É recorrente a seguinte passagem constante nos últimos Relatórios:

> Historicamente as execuções fiscais têm sido apontadas como o principal fator de morosidade do Poder Judiciário. O processo de execução fiscal chega ao Poder Judiciário depois que as tentativas de recuperação do crédito tributário se frustraram na via administrativa, provocando sua inscrição na dívida ativa. Dessa forma, o processo judicial acaba por repetir etapas e providências de localização do devedor ou patrimônio capaz de satisfazer o crédito tributário já adotadas, sem sucesso, pela administração fazendária ou pelo conselho de fiscalização profissional. Acabam chegando ao Judiciário títulos de dívidas antigas ou com tentativas prévias de cobranças e, por consequência, com menor probabilidade de recuperação[33].

---

quadrimestre de 2020, p. 648. Disponível em: https://periodicos.univali.br/index.php/rdp/article/view/16867/9582 . Acesso em 8 abr. 2023.

32. BRASIL. Conselho Nacional de Justiça. **Justiça em números 2009**. Brasília: CNJ, 2010, p. 182. Disponível em: https://www.cnj.jus.br/wp-content/uploads/2011/02/rel_sintetico_jn2009.pdf . Acesso em 8 abr. 2023.
33. BRASIL. Conselho Nacional de Justiça. **Justiça em números 2022**. Brasília: CNJ, 2022, p. 170. Disponível em: https://www.cnj.jus.br/wp-content/uploads/2022/09/justica-em-numeros-2022-1.pdf. Acesso em 8 abr. 2023.

A taxa de congestionamento dos processos mantém-se, anualmente, em torno de 90%. Representam, em média, na Justiça Estadual, 40% do total de processos em tramitação.

Conforme o Relatório de 2022 (ano base 2021), o "tempo médio de tramitação do processo de execução fiscal baixado no Poder Judiciário é de 6 anos e 11 meses"[34], sendo que o Índice de Atendimento à Demanda (IAD) permanece demonstrando que não se consegue baixar mais processos acima dos ingressantes no ano, contribuindo para o aumento do estoque de processos e para a morosidade processual.

Entretanto, os relatórios do CNJ, a rigor, não expõem, claramente, os "gargalos". Parece-nos, da análise da Lei de Execução Fiscal e das pesquisas realizadas sobre o tema que os gargalos estão nas seguintes fase processuais:

a) ajuizamento da própria Execução Fiscal: há demora na tramitação administrativa até sua solução final para que a petição inicial seja então protocolada, contribuindo para o insucesso processual, considerando a alteração da realidade econômica e patrimonial dos devedores;

b) ajuizamento de ações com valores inexpressivos, que não cobrem nem mesmo o custeio do processo perante o Poder Judiciário;

c) localização dos executados: bases de dados desatualizadas; atos furtivos dos devedores; falta de uso de tecnologias de localização;

d) localização de bens: ausência de bens penhoráveis, falta de interlocução e trocas de informações entre instituições (cartórios e demais órgãos de cadastros de bens e rendas); estratagemas de ocultação de bens;

e) ineficiência e demora nos atos de expropriação;

f) duplicidade de meios de defesa pelos executados, com os embargos à execução e também pela exceção de pré-executividade, o que atravanca a marcha processual.

Dos gargalos referidos parece-nos que os mais expressivos e que contribuem para a taxa de congestionamento e o índice de atendimento à

---

34. BRASIL. Conselho Nacional de Justiça. **Justiça em números 2022**. Brasília: CNJ, 2022, p. 175. Disponível em: https://www.cnj.jus.br/wp-content/uploads/2022/09/justica-em-numeros-2022-1.pdf. Acesso em 8 abr. 2023.

demanda atuais medidos pelo CNJ estão nos itens 'a' (propositura da ação), 'c' (citação) e 'd' (penhora de bens).

Adotando-se a Execução Fiscal Administrativa evitariam-se as etapas dos itens 'a' e 'c', considerando que após o devido processo legal, contraditório e ampla defesa realizados no Processo Administrativo-fiscal, já se pode iniciar atos expropriatórios, porquanto citado e localizado está o devedor. Contribui-se, assim, para a reversão dos índices medidos pelo CNJ, a efetividade processual e o incremento de receitas públicas.

Economiza-se, ademais, conforme dados da pesquisa do IPEA, 1.315 dias da etapa de citação[35], ou seja, o Estado poderá, na Execução Fiscal Administrativa, já obter a satisfatividade de seu crédito em três anos e meio antes da Execução Fiscal Judicial, em um cenário, evidentemente, de solvabilidade do devedor.

Os denominados "gargalos", portanto, são conhecidos e merecem um tratamento normativo que possibilite que a Execução Fiscal seja melhor e tempestivamente desenvolvida para o cumprimento de seu objetivo principal, que é a entrada de dinheiro nas contas públicas, para a prestação de políticas e serviços públicos.

Como já se disse anteriormente, essa obra é uma tentativa de demonstrar uma normatividade constitucional na esfera de Competência Legislativa dos Estados Federados que possa contribuir com aquele objetivo.

35. "Sendo um momento importante e capaz de definir o sucesso ou insucesso da execução, pode-se imaginar que deveria haver uma concentração de esforços nesta etapa. No entanto, apurou-se que a etapa de citação é um dos gargalos da execução fiscal. Consta no relatório final da pesquisa: Após o despacho inicial, transcorrem em média 28 dias até que seja ordenada a citação, e mais 1.287 dias até que se encontre o executado ou extinga-se o processo, nos casos em que este não venha a ser encontrado. Logo, pode-se afirmar que o PEFM permanece durante 1.315 dias na etapa de citação (anexo B, p. B22). A conclusão parece óbvia: em que pese sabida a importância conceitual e teórica da citação, não obstante a pesquisa demonstre que a eficiência da cobrança está ligada ao procedimento de citação, verifica-se que há um gargalo quase intransponível de 1.315 dias para se concluir a etapa de citação, o que merece, no mínimo, atenção de todos aqueles que operam com a execução fiscal", sendo que "PEFM" é considerado o Processo de Execução Fiscal Médio (IPEA. **Gestão e jurisdição**: o caso da execução fiscal da União / Organizadores: Alexandre dos Santos Cunha, Paulo Eduardo Alves da Silva. – Brasília: Ipea, 2013, p. 226).

Capítulo 2

CARACTERÍSTICAS DA EXECUÇÃO FISCAL ADMINISTRATIVA

Por características se entende aquilo que é da essência de algo, que está intrinsecamente relacionado ao objeto analisado, que reflete e dá a dimensão da sua natureza.

Esta seção objetiva descrever, portanto, algumas características que se entendem relevantes para o entendimento da Execução Fiscal Administrativa e a sua praticabilidade[1] no direito estatal brasileiro.

2.1. PROCESSO ADMINISTRATIVO TRIBUTÁRIO

A importância de análise da possibilidade constitucional de Execução Fiscal Administrativa tem reflexos na diminuição dos processos judiciais e, consectariamente, nos gastos públicos do Poder Judiciário com a tramitação da Execução Fiscal Judicial.

Mas não só, tal Desjudicialização perpassa pela busca de eficiência e efetividade da cobrança dos créditos públicos (CF, art. 37, *caput*).

Se a abertura irrestrita do acesso à justiça é salutar e necessária em um Estado Democrático de Direito, igualmente, a forma como se dá esse acesso, o disciplinamento de critérios para tanto e a existência de outros processos/procedimentos que possam dar o resultado que se espera daquela Judicialização, *desde que respeitantes direitos fundamentais processuais*, também podem contribuir para a concretização da eficaz tutela jurídica que, na temática apresentada, se daria na esfera administrativa.

A Execução Fiscal Administrativa é, antes de tudo, um Processo, especialmente um Processo Administrativo. Segundo a doutrina espanhola de Francisco Javier Sanz Larruga, ao dissertar sobre o "procedimiento de

1. "Praticabilidade é o nome que se dá a todos os meios e técnicas utilizáveis com o objetivo de tornar simples e viável a execução das leis. Como princípio geral de economicidade e exequibilidade, inspira o direito de forma global. Toda lei nasce para ser aplicada e imposta, por isso não falta quem erija a praticabilidade a imperativo constitucional implícito" (DERZI, Mizabel Abreu Machado. **Direito Tributário, Direito Penal e Tipo**, 4ª ed., Belo Horizonte: Editora Fórum, 2021, p. 148).

apremio", que é um meio ordinário de execução forçada realizada pela Administração na Espanha, o que se persegue é "la ejecución de un acto administrativo que contiene la obligación de dar una cantidad líquida y se desarrolla mediante un procedimiento administrativo"[2].

A doutrina já controverteu sobre, em âmbito administrativo, ter-se, ou não, um Processo ou apenas Procedimento. Contemporaneamente parece que tal discussão está ultrapassada, na medida em que se consolidou o entendimento de que Processo é uma solução, um fim, um instrumento que o sistema de justiça estabelece e oferece para ser dada a resposta adequada às questões jurídicas, conflituosas ou não[3]. Procedimento é o meio, a forma pela qual são realizados atos no âmbito do Processo, utilizado, portanto, para se alcançar o fim[4].

Há legislação federal sobre o tema.

A Lei Federal n. 9.784, de 29 de janeiro de 1999, regula o Processo Administrativo no âmbito da Administração Pública Federal.

Particularmente sobre o Processo Administrativo Tributário, o Decreto n. 70.235, de 6 de março de 1972, regulamenta-o em relação à exigência de créditos tributários da União.

---

2. LARRUGA, Francisco Javier Sanz. **El Procedimiento de Apremio**, Madrid: Editoral La Ley, 1991, p. 43. A respeito deste "procedimineto de apremio" espanhol, seu início se dá "mediante la providencia de apremio (artículo 167, LGT), que es el acto administrativo de trámite que se debe notificar al deudor una vez que se constata la falta de pago en periodo voluntario (certificación de descubierto). Es un título ejecutivo contra el patrimonio del administrado que tiene la misma fuerza que una sentencia judicial" (SÁNCHEZ SÁEZ, Antonio José. La Ejecución Forzosa del Acto Administrativo en el Derecho Español, *In*, **Boletín Mexicano de derecho comparado**, Vol. 49 (145), 2016, p. 273. Disponível em: https://revistas.juridicas.unam.mx/index.php/derecho-comparado/article/view/4998/12467 . Acesso em 4 jun. 2022).
3. "O processo judicial encerra o exercício de função jurisdicional e sempre há conflito de interesses, ao passo que o processo administrativo implica o desempenho de atividade administrativa, nem sempre se verificando qualquer tipo de conflito" (CARVALHO FILHO, José dos Santos. **Manual de direito administrativo**, 25ª ed., São Paulo: Editora Atlas, 2012, p. 959)
4. "Essa é a razão por que entendemos inadequada a expressão *procedimento administrativo* como substituta de *processo administrativo*, como propõem alguns estudiosos que não aceitam esta última expressão. São coisas inteiramente diversas. Denominar-se o processo administrativo de *procedimento administrativo* é enfocar apenas um aspecto daquele, qual seja, o relativo à dinâmica do processo. Este instituto, porém, considerado como relação jurídica, ficaria sem a denominação exata. Desse modo, *processo* e *procedimento* – é importante acentuar – não são coisas antagônicas, mas sim figuras intrinsecamente ligadas entre si: todo processo demanda um procedimento – que é a tramitação dos atos –, da mesma forma que todo procedimento só tem existência se houver o respectivo processo –, este indicando a relação jurídica firmada entre aqueles que dele participam" (CARVALHO FILHO, José dos Santos. **Manual de direito administrativo**, 25ª ed., São Paulo: Editora Atlas, 2012, p. 960)

Tendo como referente desta seção ser o Processo Administrativo Tributário uma característica da Execução Fiscal Administrativa, sobreleva anotar, escudado no art. 1º da Lei do Processo Administrativo Federal, que a EFA deve visar, "em especial, à proteção dos direitos dos administrados e ao melhor cumprimento dos fins da Administração".

Com efeito, se o Processo é o instrumento de política pública que possibilita o exercício de direitos fundamentais processuais, tais como o direito de petição e o direito de defesa, com os meios de prova das respectivas alegações a ele inerentes, é de se concluir que para que o Estado exerça sua pretensão executiva se faz imperativo, por não se poder adentrar na esfera patrimonial dos contribuintes sem o escorreito cumprimento do devido processo legal, um instrumento capaz de, a um só tempo, amalgamar em seu interior os interesses, direitos e pretensões conflitantes para, ao final, estabelecer a razão jurídica que autorizará, ou não, que se adentre no direito da propriedade privada que seja consentânea constitucionalmente.

Daí que os princípios legais constantes na Lei Federal n. 9.784/1999 aplicáveis à Administração Pública[5], como também os denominados critérios de observância obrigatória peculiares à toda forma de Processo Administrativo[6], são aplicáveis, igualmente, ao Processo Administrativo Tributário caracterizador da Execução Fiscal Administrativa.

O Processo Administrativo, portanto, dá segurança jurídica para os administrados, na medida em que impede o poder estatal de atuar sem que

5. "Art. 2º A Administração Pública obedecerá, dentre outros, aos princípios da legalidade, finalidade, motivação, razoabilidade, proporcionalidade, moralidade, ampla defesa, contraditório, segurança jurídica, interesse público e eficiência".

6. Art. 2º. Parágrafo único. Nos processos administrativos serão observados, entre outros, os critérios de: I – atuação conforme a lei e o Direito; II – atendimento a fins de interesse geral, vedada a renúncia total ou parcial de poderes ou competências, salvo autorização em lei; III – objetividade no atendimento do interesse público, vedada a promoção pessoal de agentes ou autoridades; IV – atuação segundo padrões éticos de probidade, decoro e boa-fé; V – divulgação oficial dos atos administrativos, ressalvadas as hipóteses de sigilo previstas na Constituição; VI – adequação entre meios e fins, vedada a imposição de obrigações, restrições e sanções em medida superior àquelas estritamente necessárias ao atendimento do interesse público; VII – indicação dos pressupostos de fato e de direito que determinarem a decisão; VIII – observância das formalidades essenciais à garantia dos direitos dos administrados; IX – adoção de formas simples, suficientes para propiciar adequado grau de certeza, segurança e respeito aos direitos dos administrados; X – garantia dos direitos à comunicação, à apresentação de alegações finais, à produção de provas e à interposição de recursos, nos processos de que possam resultar sanções e nas situações de litígio; XI – proibição de cobrança de despesas processuais, ressalvadas as previstas em lei; XII – impulsão, de ofício, do processo administrativo, sem prejuízo da atuação dos interessados; XIII – interpretação da norma administrativa da forma que melhor garanta o atendimento do fim público a que se dirige, vedada aplicação retroativa de nova interpretação".

seja dentro de tal forma de resolução de conflitos, possibilitando a fiscalização dos atos processuais administrativos não apenas pelo interessado ou terceiros, mas, principalmente pelo Poder Judiciário, se for demandado para o controle do atuar administrativo.

Consectário dessa segurança jurídica e controle jurisdicional é a publicidade imposta ao Processo Administrativo, consubstanciado no acesso aos autos, à determinação de ciência dos atos e decisões e, sequencialmente, à apresentação, ou não, de impugnações respectivas que concretizam o devido processo legal.

Referida fiscalização e controle não se dá apenas internamente; se dá, ainda, por terceiros, no sentido de que analisem os atos e possam ter claros os entendimentos da Administração Pública, até mesmo para aplicação isonômica de situações que se igualam, fática e juridicamente, inibindo tratamentos ofensivos ao princípio da igualdade.

A organização da burocracia estatal estabelecida pelo modo de ser do Processo Administrativo é também fundamento para que seja processualizada as pretensões de adimplemento dos créditos públicos, dando-se organicidade procedimental que, subjacentemente, reflete na facilitação da defesa pelos administrados, tudo em consideração a que eventual ato de poder realizado ao final do Processo seja dotado de legitimidade constitucional.

No Estado de Santa Catarina há disposição normativa que disciplina o Processo Administrativo Tributário. Trata-se da Lei Complementar n. 465, de 3 de dezembro de 2009, que criou, em substituição ao Conselho Estadual de Contribuintes, o Tribunal Administrativo Tributário, "para julgar em instância administrativa os litígios fiscais suscitados pela aplicação da legislação tributária estadual", consoante redação do art. 1º[7].

Em recente julgamento o Supremo Tribunal Federal alargou a normatividade do Código de Processo Civil para os processos administrativos dos Estados-Membros, de forma supletiva e subsidiária, assentando o caráter nacional da legislação processual judicial e, por isso, a necessidade de uniformidade no tratamento das questões federativas. Colhe-se no ponto, do voto vencedor do Ministro Relator, Dias Toffoli, nas ADIs 5492 e 5737, com julgamento finalizado em 24 de abril de 2023:

7. ESTADO DE SANTA CATARINA. **Lei Complementar Estadual n. 465, de 3 de dezembro de 2009**. Cria o Tribunal Administrativo Tributário do Estado de Santa Catarina e estabelece outras providências. Disponível em: http://leis.alesc.sc.gov.br/html/2009/465_2009_lei_complementar.html . Acesso em 1 mai. 2023.

> Há disciplinas que, por sua natureza e por mandamento constitucional, devem manter uniformidade em todo o território nacional, o que explica o fato de a União guardar um amplo rol de competências privativas, dentre as quais, a competência para legislar sobre direito processual civil.
>
> À opção do constituinte subjaz a necessidade de se conferir tratamento uniforme aos jurisdicionados submetidos ao processo, de modo que não recebam tratamento díspar a depender, unicamente, do estado-membro onde litiguem.
>
> Assim, conquanto seja norma emanada do Parlamento Federal, o Código de Processo Civil não é diploma meramente federal – ou seja, aplicável aos órgãos, serviços, entidades e servidores do Governo Federal. Trata-se, sim, de lei de caráter nacional, cogente, à qual estão vinculados todos os que demandem em território nacional[8].

Especificamente sobre a aplicação do Código de Processo Civil contida no art. 15[9], em relação aos Processos Administrativos, sobreleva destacar os seguintes fundamentos do acórdão: que, como prefacialmente descrito no voto, se trata de lei de caráter nacional, incidente em todas as unidades federativas; a aplicação do CPC se dará no caso de omissão legislativa, não havendo revogação da Lei Federal n. 9.784/1999 ou de leis de Processos Administrativos dos Estados e Municípios; o que houve foi a ampliação, atualização e enriquecimento das normas que poderão ser utilizadas pelos entes públicos em caso de lacunas; e que a solução pela aplicabilidade do CPC aos Processos Administrativos se dará pelos critérios hermenêuticos clássicos, como o da especialidade. Eis o fechamento do raciocínio do voto ora comentado:

> Não há, assim, cerceamento da capacidade de os entes federados se organizarem e estabelecerem ritos e regras para os seus processos administrativos, pois a lei processual civil somente será aplicável aos processos administrativos das demais entidades federativas a título de complementação ou preenchimento de lacunas.

Destacado reconhecimento da constitucionalidade da expressão "administrativos" do art. 15 do Código de Processo Civil está em consonância com o entendimento jurisprudencial da aplicação subsidiária da Lei do

8. BRASIL. Supremo Tribunal Federal. **ADIs 5492 e 5737**, Relator: Min. Dias Toffoli, Tribunal Pleno, julgado em 24.04.2023. Disponível em: https://portal.stf.jus.br/processos/detalhe.asp?incidente=4959031. Acesso em 1 mai. 2023. Grifos no original.
9. "Art. 15. Na ausência de normas que regulem processos eleitorais, trabalhistas ou administrativos, as disposições deste Código lhes serão aplicadas supletiva e subsidiariamente".

Processo Administrativo Federal, Lei Federal n. 9.784/1999, aos Processos Administrativos de Estados de Municípios[10].

2.2. AÇÃO DE DIREITO MATERIAL[11]

A Desjudicialização e, particularmente a Execução Fiscal Administrativa, é uma forma de exercício da Ação de Direito Material já amplamente discutida em doutrina[12], muito embora não imune às críticas que toda teoria que se pretenda científica e aplicável deve receber da comunidade jurídica[13].

Neste contexto, Pontes de Miranda divide a Ação em sentido do direito material e, "ação", em sentido do direito processual. Utiliza, assim, as aspas para se referir a Ação Processual. Destaca-se que nesta pesquisa a Ação Processual será referida somente em relação à Ação exercida perante a Jurisdição, resguardando o termo Ação de Direito Material para outras formas do

10. Nesse sentido, a súmula 633 do Superior Tribunal de Justiça: "A Lei n. 9.784/1999, especialmente no que diz respeito ao prazo decadencial para a revisão de atos administrativos no âmbito da Administração Pública federal, pode ser aplicada, de forma subsidiária, aos estados e municípios, se inexistente norma local e específica que regule a matéria". Disponível em: https://www.stj.jus.br/publicacaoinstitucional/index.php/sumstj/article/download/5064/5190#:~:text=A%20Lei%20n.,espec%C3%ADfica%20que%20regule%20a%20mat%C3%A9ria. Acesso em 4 mai. 2023.
11. Excertos deste tópico foram retirados, com adaptações, de: OLIVEIRA, Weber Luiz de. Ação de direito material e execução fiscal administrativa no contexto da desjudicialização: (im) possibilidades constitucionais. **Revista Eletrônica Direito e Política**, Programa de Pós-Graduação *Stricto Sensu* em Ciência Jurídica da UNIVALI, Itajaí, v.15, n. 2, 2º quadrimestre de 2020. Disponível em: https://periodicos.univali.br/index.php/rdp/article/view/16867/9582. Acesso em 8 abr. 2023.
12. Por todos, Pontes de Miranda, **Tratado das ações**, tomo 1, Campinas: Editora Bookseller, 1998; e Ovídio Baptista da Silva, **Jurisdição e execução na tradição romano-canônica**, 2ª ed., São Paulo: Editora Revista dos Tribunais, 1997; Curso de processo civil: processo de conhecimento, vol. 1, 5ª ed., São Paulo: Editora Revista dos Tribunais, 2000. Também afirmando a existência da ação de direito material, com fundamento nos autores retro citados, Pedro Henrique Pedrosa Nogueira, **Teoria da ação de direito material**, Salvador: Editora Juspodivm, 2008.
13. Autores críticos da teoria da ação de direito material pode-se citar: OLIVEIRA, Carlos Alberto Alvaro. Efetividade e tutela jurisdicional, *In*, **Princípios e temas gerais do processo civil**, Coleção doutrinas essenciais: processo civil, v. 1, orgs. Luiz Rodrigues Wambier, Teresa Arruda Alvim Wambier, São Paulo: Editora Revista dos Tribunais, 2011, pp. 1091-1121; O problema da eficácia da sentença, *In*, **Atos decisórios, meios de impugnação das decisões judiciais e coisa julgada**, Coleção doutrinas essenciais: processo civil, v. 6, orgs. Luiz Rodrigues Wambier, Teresa Arruda Alvim Wambier, São Paulo: Editora Revista dos Tribunais, 2011, pp. 448-464; BEDAQUE, José Roberto dos Santos. **Efetividade do processo e técnica processual**, 2ª ed., São Paulo: Editora Malheiros, 2007 p. 234; MARINONI, Luiz Guilherme. **Teoria geral do processo**, 3ª ed., São Paulo: Editora Revista dos Tribunais, 2008, pp. 292-295; AMARAL, Guilherme Rizzo. A polêmica em torno da ação de direito material, *In*, **Revista Gênesis de Direito Processual Civil**, v. 33, 2005, pp. 161-185.

exercício de Ação que não a jurisdicional, mas, igualmente, concretizadoras do acesso à justiça[14], o que nada mais é do que a própria Desjudicialização.

Afirma Pontes de Miranda que a *exigibilidade*, nascente do não atendimento à *pretensão*[15] de quem possui o *direito subjetivo*[16], decorrente de anterior preceito de *direito objetivo*, pode se dar pela Ação de Direito Material ou, na maioria das vezes, pela "ação" de direito processual, essa oriunda, agregamos ao pensamento do clássico autor brasileiro, da inafastabilidade do controle jurisdicional (CF, art. 5º, XXXV).

É clarificante a transcrição do seu pensamento:

> Ação (em direito material) e "ação" (em direito processual). A ação exerce-se principalmente por meio de "ação" (remédio jurídico processual), isto é, exercendo-se a pretensão à tutela jurídica, que o Estado criou. A ação exercer-se, porém, de outros modos. Nem sempre é preciso ir-se contra o Estado para que ele, que prometeu a tutela jurídica, a preste; nem, portanto, estabelecer-se a relação jurídica processual, na qual o juiz haja de entregar, afinal, a prestação jurisdicional. A ação nada tem com a pretensão à tutela jurídica. [...]
>
> "Ação" judicial e "ação administrativa". À ação corresponde ou a "ação" (judicial), ou a "ação" administrativa (qualquer que seja o nome que lhe dê), trate-se de tribunal administrativo, ou de simples administração, e a "ação" em juízo arbitral em outro corpo não-estatal, ou paraestatal, ou qualquer, ou a "ação" própria, em justiça de autotutela. Se qualquer desses caminhos lhe é fechado, ou se lhe obstrui, nem por isso deixa de existir a ação; porque

---

14. "Assim, alarga-se o conceito de acesso à justiça, compreendendo os meios alternativos, que se inserem em um amplo quadro de política judicial" (CINTRA, Antonio Carlos de Araújo, GRINOVER, Ada Pelegrini, DINAMARCO, Cândido Rangel, **Teoria Geral do Processo**, 28ª ed., São Paulo: Editora Malheiros, 2012, p. 44).

15. "A ação ocorre na vida da pretensão, ou do direito mesmo, (a) quando a pretensão exercida não é satisfeita e o titular *age* (reminiscência do ato de realização ativa dos direitos e pretensões), ou (b) quando, tratando-se de pretensão que vem satisfeitas pelos atos positivos ou negativos, ocorre interrupção dessa conduta duradoura" (MIRANDA, Pontes de. **Tratado das ações**, tomo 1, Campinas: Editora Bookseller, 1998, p. 128).

16. Lapidar J. J. Calmon de Passos: "O direito subjetivo nem é só interesse protegido, nem é só o poder de vontade conferido pela norma, nem igualmente a norma de direito vista do ângulo do sujeito. Êle é uma realidade-síntese, na qual a vontade é a sua essência, o interesse o seu fim e a norma a sua fonte, seu limite e sua garantia" (CALMON DE PASSOS, J. J. **A ação no direito processual brasileiro**, Coleção "Obras de J. J. Calmon de Passos – Clássicos", orgs. Fredie Didier Jr. e Paula Sarno Braga, Salvador: Editora Juspodivm, 2014, p. 112). Para Jean Dabin, "el derecho subjetivo es esencialmente una *pertenencia-dominio*, en la que la pertenencia es causa ya determina el dominio" (DABIN, Jean. **El Derecho Subjetivo**, traducida por Francisco Javier Osset, Madrid: Editorial Revista de Derecho Privado, 1955, p. 100). Segundo Alf Ross, "El concepto de derecho subjetivo es una herramienta en la técnica de presentación" (ROSS, Alf. **Sobre el derecho y justicia**, Buenos Aires: Editorial Universitaria de Buenos Aires, 1977, p. 169).

> tais cortes são no direito processual, ou no direito público, provavelmente constitucionais. O corte total ou parcial da ação tem de ocorrer no direito material. A ação não é a constelação dessas "ações"; mas o sol do sistema[17].

Desse modo, quando há referência à Ação, não se pode limitar seu conceito ao aspecto processual, mas, de igual forma, à Ação quanto ao direito de perseguir o que é devido, nos termos mesmo da antiga definição de *actio*, ou seja, "actio autem nihil est, quam ius persequendi iudicio quod sibi debeatur", conforme destacado por Ovídio Baptista da Silva[18].

Pode-se visualizar a Ação de Direito Material através de uma linha do tempo nos seguintes termos:

Direito Objetivo

↓

Direito Subjetivo

↓

Pretensão de Direito Material

↓

Ação de Direito Material
DESJUDICIALIZAÇÃO

↓

Direito Abstrato de Ação (CF, art. 5º, XXXV)

↓

Pretensão de Direito Processual
(em face do Estado, pelo pedido imediato; em face do réu, pelo pedido mediato)

↓

Ação Processual

Aplicando tal referencial teórico à obra, pode-se dizer que, estabelecido no direito objetivo o dever de pagar tributos e outros valores aos poderes

---

17. MIRANDA, Pontes de. **Tratado das ações**, tomo 1, Campinas: Editora Bookseller, 1998, pp. 124-126.
18. Adverte Ovídio Baptista da Silva, também, que houve um duplo equívoco sobre o moderno conceito de ação. O primeiro foi transferir "para o direito processual civil a categoria conhecida como *actio*, equivalente à *pretensão de direito material*"; o segundo equívoco foi "imaginar que o direito processual estivesse inteiramente desligado do direito material" (SILVA, Ovídio Baptista da. **Jurisdição e execução na tradição romano-canônica**, 2ª ed., São Paulo: Editora Revista dos Tribunais, 1997, pp. 171-172). Em relação ao apontado segundo equívoco, é certo que a doutrina já demonstrou que, efetivamente, o processo deve ser instrumento para a concretização do direito material (DINAMARCO, Cândido Rangel. **A instrumentalidade do processo**, 13ª ed., São Paulo: Editora Malheiros, 2008; BEDAQUE, José Roberto dos Santos. **Efetividade do processo e técnica processual**, 2ª ed., São Paulo: Editora Malheiros, 2007.

públicos, imanente nasce o direito subjetivo de recebimento e de busca daqueles valores em caso de inadimplemento, que se faz através da pretensão, da exigência de cumprimento da obrigação[19].

Inexitosa a exigência, a posterior conduta pode se dar desjudicializadamente, pela Ação de Direito Material, *existentes procedimentos e instrumentos legais que a autorizem*, ou pelo exercício do direito abstrato, público e incondicionado de Ação, com a propositura da Ação Processual – no caso a Execução Fiscal Judicial – em que a pretensão é então judicializada[20].

A Ação de Direito Material se insere na Desjudicialização, ou é ela própria, no sentido de solução de questões que podem ser dirimidas em um ambiente que se distancia do Poder Judiciário, visando uma resolução da lide de modo célere e eficiente e, quando possível, menos custosa financeiramente.

Assim, o direito subjetivo do Estado de cobrança de seus créditos seria exercido em um procedimento executivo no interno do órgão estatal, com respeito, por evidente, aos princípios fundamentais processuais.

---

19. "O poder de instituir e exigir tributos encontra a sua legitimação na soberania que o Estado é detentor, permitindo-lhe apropriar-se de parte do patrimônio dos particulares, o que se convencionou denominar poder fiscal. Portanto, se o poder fiscal encontra-se inserido no conceito de soberania e esta provém do povo, não é mais uma imposição exigida arbitrariamente do contribuinte, à semelhança da submissão do vencido ao vencedor, como se viu nas épocas mais antigas. Os tributos decorrem da lei que é aprovada por representantes escolhidos pelo povo (SEVEGNANI, Joacir. **A resistência aos tributos no Brasil**: Estado e Sociedade em conflito, Florianópolis: Editora Conceito Editorial, 2009, p. 129).
20. Humberto Theodoro Jr. tem uma visão particular dessa dicotomia entre a ação de direito material e a ação de direito processual: "Do compromisso da prestação jurisdicional com a *efetividade* do direito material no plano constitucional, advém a possibilidade de divisar mais de um sentido para o direito de ação, ou seja: é possível entrever uma ação processual, como 'o direito público e subjetivo imediato de exercer contra o Estado a pretensão à tutela jurídica' (ou, mais precisamente, à *prestação jurisdicional*); e uma *ação material*, como o mecanismo de realização da pretensão de direito material que atua na falta de colaboração espontânea do obrigado, ensejando meio de sujeitá-lo, por meio do poder coercitivo do Estado, ao cumprimento da prestação devida. Dessa maneira, sem negar a construção da teoria processual do direito de ação, como algo distinto do direito subjetivo material disputado no processo, restabelece-se a antiga visão romanística de que a todo direito corresponde uma ação que o protege e assegura, sempre que sofre ameaça ou lesão. São duas realidades jurídicas distintas, portanto: o direito à *prestação jurisdicional* (ação processual) e o direito à *tutela jurisdicional* (ação material). O último exercita-se, *in concreto*, por meio da ação processual; esta, porém, pode ser exercida, sem que afinal se reconheça ao demandante o direito à tutela jurisdicional. A parte, diante do conflito jurídico, tem sempre a *ação processual*, que é autônoma e abstrata, mas nem sempre tem a *ação material*, que se apresenta como *concreta*, sem embargo de configurar direito distinto daquele em prol do qual se realiza a tutela estatal" (THEODORO JÚNIOR, Humberto. **Curso de Direito Processual Civil** – Teoria geral do direito processual civil, processo de conhecimento e procedimento comum, vol. I, 56ª ed., Rio de Janeiro: Editora Forense, 2015, p. 174, grifos no original).

Após o término da fase de formação do título executivo, realiza-se a pretensão estatal de cobrança, pela intimação do contribuinte para pagamento. Como ensina Pontes de Miranda[21], com a pretensão há exigência, ainda não exercício de Ação.

Inexistente pagamento, vale dizer, sendo a pretensão resistida, aí se iniciaria a possibilidade de agir, do exercício da Ação que, na temática exposta, não se daria pela "ação" de direito processual, mas pela Ação de Direito Material através do início do procedimento da Execução Fiscal Administrativa, desde de que o direito objetivo assim autorize e discipline, donde nascente o direito subjetivo da Administração Pública de exercer sua pretensão creditícia desjudicializadamente.

2.3. DESAPOSSAMENTO PATRIMONIAL

Terceira característica da Execução Fiscal Administrativa é o desapossamento patrimonial que é intrínseco ao seu objetivo.

O processo executivo, seja judicial ou administrativo, existe para forçar o executado ao pagamento do crédito do exequente, ainda que seja necessário, para tanto, a excussão forçada de seus bens. Trata-se da máxima de que os bens do devedor respondem por suas dívidas, estando formalizada no art. 789, do Código de Processo Civil[22].

Em um Processo judicial, sabe-se, após a prolação da sentença no Processo de conhecimento, inexistindo o pagamento espontâneo por parte do devedor descrito no título judicial, mister se faz a utilização da fase de Cumprimento de Sentença, um tipo de procedimento executivo para que se entregue ao ganhador da demanda o bem da vida pelo qual a sentença judicial reconheceu. De igual forma isso pode se dar no âmbito do Processo Administrativo. Isto em razão da força coercitiva material que detém a execução, seja judicial ou administrativa; o próprio nome já denota esta força.

Encontra-se no Novo Dicionário Aurélio da Língua Portuguesa alguns significados para a palavra executar: "levar a efeito; efetuar, realizar", "tornar efetivas as prescrições de; cumprir; executar uma tarefa", "supliciar em nome da lei; justiçar", "supliciar"[23].

---

21. MIRANDA, Pontes de. **Tratado das ações**, tomo 1, Campinas: Editora Bookseller, 1998, p. 64.
22. "Art. 789. O devedor responde com todos os seus bens presentes e futuros para o cumprimento de suas obrigações, salvo as restrições estabelecidas em lei".
23. FERREIRA, Aurélio Buarque de Holanda. **Novo Dicionário da Língua Portuguesa**. 2. ed., 30. impressão, Rio de Janeiro: Editora Nova Fronteira, 1994, p. 739.

O Processo de execução, aqui denominado de forma genérica, sendo incluído o judicial e o administrativo, tem em sua natureza a força coercitiva do Estado, que se manifesta, "de maneira preponderante, através de atos materiais, destinados a modificar a realidade sensível, afeiçoando-a, na medida do possível, àquilo que, segundo o direito, ela deve ser"[24].

A natureza coercitiva da atividade executória advém da força que o Estado empresta à sua efetivação, porquanto é vetada a justiça privada ou pelas próprias mãos. A execução e o desapossamento patrimonial estão dentro, portanto, da Jurisdição do Estado e, na esteira da presente obra, incluída, igualmente, na tutela dos direitos do Estado Federado. A Competência normativa de como se dá destacada força e forma executiva administrativa é o problema de pesquisa a ser dirimido.

Evidencia-se que os atos executivos trazem em seu substrato o objetivo maior de mudança empírica, da natureza das coisas, da inércia do devedor, e o faz tendo como premissas a coação e o emprego de meios materiais para concretização do direito do credor. O já referido art. 789 do Código de Processo Civil bem expõe esta faceta da execução.

Ao estabelecer que todos os bens do devedor estão afetados à garantia da dívida, impõe-se uma restrição ao direito de propriedade, constitucionalmente assegurado no artigo 5º, XXII, da Constituição Federal, desde, é cediço, que se respeite o devido processo legal, também disposto no mesmo artigo 5º, inciso LIV.

O citado art. 789 também delimita o objeto da execução, qual seja, que a execução forçada é restrita à pessoa do devedor, não alcançando terceiros, exceto nas hipóteses legais, e restrita aos seus bens, excluindo a execução pessoal, isto é, a execução é essencialmente real, patrimonial.

Esta noção de desapossamento patrimonial do devedor está ligada à sanção inerente à atividade executória. A sanção patrimonial é a resposta que o ordenamento jurídico dá àquele que não se submete voluntariamente ao quanto disposto no título executivo, em síntese, àquele que não atende à prescrição normativa fica sujeito à sanção.

A sanção, assim, "traduz-se em medidas práticas que o próprio ordenamento jurídico traça para que o Estado possa invadir a esfera de autonomia do indivíduo e fazer cumprir efetivamente a regra de direito"[25].

---

24. BARBOSA MOREIRA, José Carlos. **O Novo Processo Civil Brasileiro**. 25. ed. Rio de Janeiro: Editora Forense, 2007, p. 203.
25. THEODORO JÚNIOR, Humberto. **Curso de Direito Processual Civil**: processo de execução e processo cautelar, vol. 2, 20ª ed. Rio de Janeiro: Editora Forense, 1997, p. 7. Pertinente é a

A propósito da decisão das ADIs ns. 5492 e 5737, já citadas, em que o STF entendeu constitucional a aplicação do CPC aos Processos Administrativos, vale a reflexão no sentido de que, particularmente em relação ao Processo de Execução do Código de Processo Civil, se poderá aplicar as suas disposições, tais como sobre a "responsabilidade patrimonial" (arts. 789 a 796), sobre a "penhora, depósito e avaliação" (arts. 831 a 875) e a expropriação de bens (arts. 876 a 903).

Dessarte, se pelo entendimento da Suprema Corte o Código de Processo Civil é aplicável aos Processos Administrativos dos demais entes federativos que não apenas a União, e se no próprio Código de Processo Civil há regra específica sobre a aplicabilidade de procedimentos executivos judiciais para atos e fatos que a lei atribuir força executiva, nos termos do art. 771[26], é conclusão lógico-sistemática da possibilidade de a Execução Fiscal Administrativa, nos casos de lacuna normativa da lei que a regular, poder ser integrada, supletiva ou subsidiariamente, pelos procedimentos executivos do Código de Processo Civil, caracterizando-se, assim, a EFA como mais uma forma no sistema jurídico brasileiro de desapossamento patrimonial.

---

lição de Norberto Bobbio: "Não há dúvida de que o principal efeito da institucionalização da sanção é a maior eficácia das normas respectivas. Quando se fala de sanção institucionalizada, entendem-se três coisas, ainda que nem sempre se elas encontrem juntas ao mesmo tempo, a saber: 1) para toda violação de uma regra primária, é estabelecida a respectiva sanção; 2) é estabelecida, mesmo que dentro de certos limites, a medida da sanção; 3) são estabelecidas as pessoas encarregadas de obter sua execução. Como se vê, trata-se de limitações que tendem a disciplinar o fenômeno da sanção espontânea e imediata de grupo. Com a primeira limitação assegura-se a certeza da resposta; com a segunda, a proporcionalidade; com a terceira, a imparcialidade. Todas as três limitações, juntas, têm o objetivo comum de aumentar a eficácia das regras institucionais e, em suma, da instituição em seu todo" (BOBBIO, Norberto. **Teoria Geral do Direito**. Tradução Denise Agostinetti. São Paulo: Editora Martins Fontes, 2007, p. 141).

26. "Art. 771. Este Livro regula o procedimento da execução fundada em título extrajudicial, e suas disposições aplicam-se, também, no que couber, aos procedimentos especiais de execução, aos atos executivos realizados no procedimento de cumprimento de sentença, bem como aos efeitos de atos ou fatos processuais a que a lei atribuir força executiva".

Capítulo 3

PROJETOS LEGISLATIVOS SOBRE EXECUÇÃO FISCAL ADMINISTRATIVA

O primeiro projeto de lei sobre Execução Fiscal Administrativa data de 1996 (PL 174/1996), oriundo do Senado Federal. Foi arquivado em 19 de janeiro de 1999[1], ao final da legislatura. Da mesma forma o PL 608/1999[2]. Ambos foram propostos pelo Senador Lúcio Alcântara (PSDB), com idênticas redações.

Em 16 de fevereiro de 2005, foi reapresentado o texto dos PLs 174/1996 e 608/1999 pelo Senador Pedro Simon (MDB), na forma de PL do Senado Federal n. 10/2005, objetivando, assim como os PLs anteriores, "a penhora administrativa, por órgão jurídico da Fazenda Pública"[3].

Destaca-se, dentre os dispositivos dos três projetos de lei, que se deu opção entre executar a dívida ativa nos termos da Lei de Execução Fiscal ou conforme a disciplina do projeto, com a cobrança do débito desjudicializadamente até a efetivação da penhora e a defesa do executado de forma judicial.

Assim, a penhora de bens de forma administrativa seria realizada no âmbito da Procuradoria ou órgão jurídico competente por servidor habilitado, conforme regulamento (art. 3º, parágrafo único), atendendo as formalidades da Lei de Execução Fiscal, particularmente os arts. 7º, IV, 8º, 9º, 10 e 11. Sendo efetivada a penhora, a defesa por embargos se daria perante o juiz competente para a execução judicial, que requisitaria o Processo Administrativo (art. 5º).

---

1. BRASIL. Senado Federal. **PLS n. 174/1996.** Institui a penhora administrativa, por orgão jurídico da Fazenda Pública, e dá outras providências. Disponível em: https://www25.senado.leg.br/web/atividade/materias/-/materia/28983 . Acesso em 2 mar. 2023.
2. BRASIL. Senado Federal. **PLS n. 608/1999.** Institui a penhora administrativa, por órgão jurídico da Fazenda Pública, e dá outras providências. Disponível em: https://www25.senado.leg.br/web/atividade/materias/-/materia/42412 . Acesso em 2 mar. 2023.
3. BRASIL. Senado Federal. **PLS n. 10/2005**. Institui a penhora administrativa, por órgão jurídico da Fazenda Pública, e dá outras providências. Disponível em: https://www25.senado.leg.br/web/atividade/materias/-/materia/72393 . Acesso em 2 mar. 2023.

Os três projetos de lei não especificaram os atos posteriores à penhora administrativa, apenas estabelecendo que se aplicaria, no que couberem, "as disposições do Código de Processo Civil e da Lei nº 6.830, de 1980" (art. 6º).

Como se constata, essa primeira tentativa de disciplinar a Execução Fiscal Administrativa era limitada e ausente de detalhamentos específicos sobre a expropriação dos bens penhorados. A determinação de aplicação das disposições do CPC e da Lei de Execução Fiscal também eram lacônicas e poderiam ser interpretadas pela competência de expropriação pela Administração Pública, com utilização dos procedimentos das referidas legislações, ou apenas pelo Poder Judiciário, já que se remetia àquelas disposições que se referem, especificamente, ao Processo de execução judicial.

Parecia mais uma forma de coerção indireta, em que se possibilitaria, desde logo, a penhora administrativa, na expectativa de forçar o devedor a pagar o débito para desonerar o bem de sua propriedade.

Ainda no ano de 2005 iniciou, na Câmara dos Deputados, o PL 5.615/2005[4], de autoria do Deputado Federal Celso Russomanno (PP), que, em 2010 foi retirado por requerimento do próprio proponente, sob a justificativa da existência de outras propostas legislativas sobre o mesmo tema que estavam tramitando, sem, todavia, nominá-las.

O PL 5.615/2005 tinha uma pretensão mais profunda e transformadora, objetivando revogar inteiramente a Lei de Execução Fiscal e dispositivos das Leis Federais ns. 8.212/1991 e 8.397/1992, que tratam, respectivamente, da execução da dívida ativa da União e da medida cautelar fiscal. Tratou-se, de fato, do primeiro movimento normativo integral sobre a Execução Fiscal Administrativa, expondo, inclusive, sobre sua constitucionalidade. Da "Justificação", a propósito, é colhido:

> A execução administrativa do crédito da Fazenda Pública afigura-se juridicamente possível na força dos atributos dos atos administrativos, que se revestem da presunção de legitimidade, decorrente do princípio da legalidade da Administração, da imperatividade impositiva de seu cumprimento coercitivo e da auto-executoriedade consistente na possibilidade desses atos serem imediata e diretamente executados pela própria Administração, no uso de sua supremacia de Poder Público, independentemente de ordem judicial.

4. BRASIL. Câmara dos Deputados. **PL n. 5615/2005**. Dispõe sobre a cobrança administrativa do crédito da Fazenda Pública, a defesa do executado e dá outras providências. Disponível em: https://www.camara.leg.br/proposicoesWeb/fichadetramitacao?idProposicao=293488. Acesso em 2 mar. 2023.

> A competência da União para legislar, através do Congresso Nacional, privativamente, sobre direito processual, e, concorrentemente, sobre procedimentos em matéria processual, com supremacia da lei federal sobre normas gerais, na espécie, resulta das disposições dos artigos 22, I e 24, XI e respectivo parágrafo 4º, da Constituição Federal, em que se ampara a validade formal do projeto ora proposto.
>
> A figura do Juiz natural e o princípio da inafastabilidade da jurisdição (CF, art. 5º, inciso XXXV) restam plenamente garantidos aos jurisdicionados, nas linhas do novo projeto, que haverá de substituir o da penhora administrativa, dispondo, também, integralmente, sobre a ampla defesa do executado, em juízo.

O PL 5.615/2005 era um projeto denso, com a intenção de alterar, numa guinada de direção e processualização, a execução fiscal dos créditos públicos.

Dentre os dispositivos projetados sobreleva destacar o art. 8º, que estabelecia a competência para processar a Execução Fiscal "das Procuradorias Fiscais da União, dos Estados, do Distrito Federal, dos Municípios e de suas Autarquias e Fundações Públicas, nos próprios autos de Inscrição do Crédito Fiscal".

O art. 10, dispunha que pelo despacho do Procurador Fiscal, ordenando a expedição de mandado executivo, a ordem autorizava a notificação do executado (inciso I), o arresto dos bens (inciso II), penhora de bens (inciso III), registro do arresto ou penhora (inciso IV), avaliação (inciso V).

No § 1º do art. 10 autorizou-se a apresentação de exceção de pré-executividade sobre matéria de ordem pública, declarável de ofício e manifestada por simples petição nos autos administrativos e decidida pela Procuradoria Fiscal.

Os embargos à execução, elencado no art. 11, sem exigência de garantia por penhora e com efeito suspensivo, deveriam ser apresentados ao "Juízo competente, onde funciona a Procuradoria processante", seguindo-se o contraditório nos termos do art. 17 que, se julgados procedentes os embargos, não haveria "remessa oficial", de acordo com § 2º, do art. 17. Se rejeitados os embargos à execução, seguiria-se o procedimento para penhora e avaliação de bens, a serem realizados pelo Agente Fiscal (arts. 11 a 14).

A alienação e arrematação deveriam ser precedidas de edital fixado na sede da Procuradoria Fiscal e o leilão em lugar por esse órgão designado (arts. 23 e 24), sendo possível o oferecimento pelo executado de embargos à arrematação ou adjudicação, avaliação ou quaisquer nulidades e pagamentos perante o Juízo competente (art. 26).

Estabelecia o art. 29 responsabilizações civil, penal e administrativa ao Procurador e ao Agente Fiscal por ação ou omissão prejudicial à execução.

O PL 5.615/2005 regulava também a prescrição intercorrente no art. 31, §§ 1º ao 6º, e a possibilidade de permuta de informações entre as unidades federativas sobre a situação patrimonial dos executados (§ 7º). Autorizava, ainda, pelo § 8º, em uma disciplina de efetividade da Execução Fiscal Administrativa, os Agentes Fiscais a:

> exigir todas as informações de que disponham os tabeliães, escrivães, diretores de Secretarias de Varas e demais serventuários de ofício, entidades bancárias e demais instituições financeiras, empresas de administração de bens, corretores, leiloeiros e despachantes oficiais, inventariantes, síndicos, comissários e liquidatários e quaisquer outras entidades ou pessoas portadoras de informações necessárias à execução do crédito da Fazenda Pública, com relação a bens, rendas, negócios ou atividades de terceiros, mantendo-se o sigilo legal, sem prejuízo do disposto no artigo 5º, inciso XXXIV, alínea b, da Constituição Federal, podendo utilizar-se, para essa finalidade, do sistema virtual de informações.

Por fim, de extrema importância o art. 33 do projeto de lei deixar assentado, expressamente, a admissão de diversos meios de defesa do executado judicialmente[5], muito embora isso já decorra do princípio da inafastabilidade da Jurisdição.

O PL 5.615/2005, apresentado a quase 20 anos, realmente tratou de um projeto inovador e de vanguarda, transformador da Execução Fiscal no Brasil, de judicial para praticamente ser processada e procedimentalizada administrativamente, criando desde então, antes mesmo da contemporânea discussão da doutrina nacional, o agente de execução, que denominou de Agente Fiscal, com atribuições semelhantes ao de Portugal, mas com competências adicionais e melhor estruturadas para o andamento e efetividade dos atos executivos.

Dispôs, ainda, sobre a defesa do executado e outros meios de alcançar a tutela jurisdicional para a defesa dos seus direitos, inexigindo penhora para embargos, dotando-o de efeito suspensivo da execução e excluindo, ainda, a remessa necessária, no caso de vencida a Fazenda Pública.

5. "Art. 33. Para a defesa dos direitos e garantias do executado e da Fazenda Pública são admissíveis todas as espécies de ações capazes de propiciar sua adequada e efetiva tutela jurisdicional, observadas as normas do Código de Processo Civil e da legislação especial".

Certamente é um texto que pode ser um guia para novas regulamentações e tem, praticamente, a maioria dos aspectos processuais e procedimentais que se entendem adequados e constitucionais, identificando-se com a dogmática da Execução Fiscal Administrativa defendida nesta obra.

Seguindo uma trajetória histórica, em 2007 foi apresentado na Câmara dos Deputados o PL 2.412/2007[6], atualmente em tramitação, que, em síntese, é uma adaptação redacional do PL 5.615/2005, mas tendo como autoria o Deputado Régis de Oliveira.

No ano de 2009 a Câmara dos Deputados deliberou sobre o PL 5.080/2009[7], submetido pelo Poder Executivo e apensado em 2015 ao PL 2.412/2007, decorrente de um processo de consenso entre diversos atores e instituições[8]. Da mensagem executiva, subscrita por Guido Mantega e José Antonio Dias Toffoli, colhe-se a orientação do projeto:

---

6. BRASIL. Câmara dos Deputados. **PL n. 2412/2007**. Dispõe sobre a execução administrativa da Dívida Ativa da União, dos Estados, do Distrito Federal, dos Municípios, de suas respectivas autarquias e fundações públicas, e dá outras providências. Disponível em: https://www.camara.leg.br/proposicoesWeb/fichadetramitacao?idProposicao=376419 . Acesso em 5 mar. 2023.
7. BRASIL. Câmara dos Deputados. **PL n. 5080/2009**. Dispõe sobre a cobrança da dívida ativa da Fazenda Pública e dá outras providências. Disponível em: https://www.camara.leg.br/proposicoesWeb/fichadetramitacao?idProposicao=431260 . Acesso em 5 mar. 2023.
8. Extrai-se da mensagem fundamentadora da apresentação do PL 5.080/2009: "33. A partir da Audiência Pública sobre a Execução Fiscal Administrativa realizada pelo Conselho da Justiça Federal em 2007, sob a coordenação do Ministro Gilson Dipp, Coordenador-Geral da Justiça Federal, foi iniciada a elaboração de um anteprojeto de Lei de Execução Fiscal judicial, que incorporasse as sugestões do anteprojeto de Lei de Execução Fiscal Administrativa da PGFN, do anteprojeto de Lei de Penhora Administrativa do Prof. Kioshi Arada, bem como as sugestões do Prof. Sacha Calmon Navarro Coelho, insigne tributarista presente naquele ato. 34. Ademais, o modelo que ora se propõe tem respaldo no objeto da Consulta Pública nº 01/2005, visando propor um anteprojeto de lei voltado à revisão da Lei n.º 6.830 de 22 de setembro de 1980, Lei de Execução Fiscal, apresentado pelo Conselho da Justiça Federal, tendo em vista o interesse geral de que se reveste a matéria, havendo sido elaborado a partir de proposta formulada por comissão formada no âmbito do Conselho da Justiça Federal, coordenada pelo Ministro Teori Zavascki e de idéias contidas no anteprojeto de lei de execução fiscal administrativa idealizado pela PGFN, na pessoa do Procurador-Geral Dr. Luís Inácio Lucena Adams, no sentido de agilizar a cobrança da Dívida Ativa. 35. O grupo de trabalho foi composto por representante da AJUFE, Juiz Federal Marcus Lívio Gomes e da Procuradoria Geral da Fazenda Nacional, Procurador da Fazenda Nacional Paulo César Negrão, sendo as conclusões apresentadas ao Presidente da Ajufe, Juiz Federal Walter Nunes da Silva Júnior e ao Procurador Geral da Fazenda Nacional, Dr. Luís Inácio Lucena Adams e ao Coordenador-Geral da Justiça Federal, Ministro Gilson Dipp. 36. Alcançado o consenso em relação à maioria dos pontos controversos, o Coordenador-Geral da Justiça Federal, Ministro Gilson Dipp, aprovou a consolidação de um texto comum, que ora é apresentado ao Excelentíssimo Senhor Presidente da República para ser encaminhado ao Congresso Nacional como Anteprojeto de Lei de Execução Fiscal fruto do consenso entre vários atores da sociedade". BRASIL. Câmara dos Deputados. **PL n. 5080/2009**. Dispõe sobre a cobrança da dívida ativa da Fazenda Pública e dá outras providências. Disponível em: https://www.camara.leg.br/proposicoesWeb/fichadetramitacao?idProposicao=431260 . Acesso em 5 mar. 2023.

> A proposta ora apresentada orientou-se pela construção de um procedimento que propicie a integração da fase administrativa de cobrança do crédito público com a subseqüente fase judicial, evitando a duplicidade de atos e reservando ao exame e atuação do Poder Judiciário apenas as demandas que, sem solução extrajudicial, tenham alguma base patrimonial para a execução forçada.

Novidade trazida neste PL de 2009 é a autorização do Poder Executivo instituir o que denominou Sistema Nacional de Informações Patrimoniais dos Contribuintes (SNIPC), administrado pelo Ministério da Fazenda, objetivando a organização do "acesso eletrônico às bases de informação patrimonial de contribuintes, contemplando informações sobre o patrimônio, os rendimentos e os endereços, entre outras" (art. 4º, § 1º), o que poderia ser disponibilizado aos demais entes federativos mediante convênio (art. 4º, § 3º).

Contém o PL 5.080/2009 algumas medidas mais gravosas, como já se considerar responsável tributário, nos termos do art. 135 do Código Tributário Nacional, por infração à lei, o devedor ou responsável legal que não relacionar bens penhoráveis (art. 5º, § 5º), abrindo oportunidade para o protesto da certidão de dívida ativa (art. 5º, § 7º); o impedimento das pessoas jurídicas devedoras que não garantirem a execução por dinheiro, fiança bancária ou seguro-garantia, de

> distribuir quaisquer bonificações a seus acionistas ou dar ou atribuir participação de dividendos, juros sobre o capital próprio, bonificações e assemelhados a seus sócios, diretores, gerentes, mandatários e demais membros de órgãos dirigentes, fiscais ou consultivos (art. 34).

No contraditório administrativo perante a Fazenda Pública, após a notificação o devedor poderá arguir, no prazo de trinta dias e sem efeito suspensivo, "o pagamento, a compensação anterior à inscrição, matérias de ordem pública e outras causas de nulidade do título que possam ser verificadas de plano, sem necessidade de dilação probatória" (art. 7º), o que poderá ser renovado em sede de embargos à execução, esse apresentado ao Poder Judiciário.

Criou-se outra novidade que é a constrição preparatória, com avaliação dos bens, autorizada desde logo pelo despacho da autoridade administrativa que determinar a notificação, com posterior intimação do devedor e registro (art. 9º), sendo delimitado o prazo de 120 para a convolação em penhora ou arresto pela autoridade judiciária, sob pena de desconstituição automática da constrição (art. 9º, § 3º). Autoriza-se, inclusive, a constrição preparatória sobre dinheiro a ser efetivado pela própria Fazenda Pública por intermédio do Banco Central (art. 17, *caput*), o que obriga, em três dias, a ajuizar a Execução Fiscal, "sob pena de ineficácia da constrição" (art. 17, § 1º). No caso de outros bens que não dinheiro o ajuizamento da Execução Fiscal deve ser dar no prazo de trinta dias, "contados da primeira constrição" (art. 13).

Judicializada a Execução Fiscal o despacho do juiz é ordem para convolação da constrição preparatória em penhora ou arresto (art. 13, § 1º, II), podendo o juiz adotar medidas acautelatórias (art. 13, § 8º).

Disciplinou-se capítulo específico sobre o acesso ao Poder Judiciário (arts. 22 ao 26), estabelecendo os meios de impugnação à constrição preparatória e outros atos praticados pela Fazenda Pública, além de embargos à execução e ações autônomas. As defesas por impugnação e embargos independem de penhora e não têm efeito suspensivo, a não ser se for deferido pelo juiz.

A ação autônoma não inibe a execução, contudo, a execução poderá ser suspensa se houver garantia por depósito em dinheiro, fiança bancária ou seguro-garantia, sendo que sua propositura "importa em renúncia ao poder de recorrer na esfera administrativa e desistência do recurso acaso interposto, quando o objeto da defesa ou do recurso administrativo for idêntico ao da ação judicial" (art. 26, § 1º).

Por fim, o último projeto de lei apresentado é do Senado Federal, tendo como autor o senador Antonio Anastasia. Trata-se do PL 4.257/2019[9], em tramitação, em que se pretende alterar dispositivos da Lei de Execução Fiscal para instituir a Execução Fiscal Administrativa como opção à Fazenda Pública em relação aos seguintes tributos: contribuição de melhoria, propriedade territorial rural (ITR), propriedade de veículos automotores (IPVA), propriedade predial e territorial urbana (IPTU), taxas sobre imóveis e veículos.

Na "Justificação" do projeto foi esclarecido que a escolha dos tributos referidos se deu em razão da desnecessidade "de se localizar um bem do devedor, já que a obrigação tributária surge pelo fato de o devedor ser proprietário, usufrutuário ou possuidor de certo bem". Aduziu-se, ainda, como fundamento da escolha, além da afirmativa de que na Justiça Estadual a maioria das demandas executivas estarem relacionadas à cobrança justamente dos tributos elencados, o seguinte:

---

9. BRASIL. Senado Federal. **PL n. 4.257/2019**. Modifica a Lei nº 6.830, de 22 de setembro de 1980, para instituir a execução fiscal administrativa e a arbitragem tributária, nas hipóteses que especifica. Disponível em: https://www25.senado.leg.br/web/atividade/materias/-/materia/137914 . Acesso em 5 mar. 2023.

> A razão pela qual esse projeto se restringe a instituir um procedimento de execução fiscal administrativa para a cobrança do IPTU, do IPVA, do ITR, da contribuição de melhoria e das taxas incidentes em razão da propriedade é justamente porque, nesses casos, não há, em virtude de previsão legal expressa, possibilidade de se invocar a garantia do bem de família. Assim, se o devedor não quitar os tributos, a solução legal, a qual não pode ser afastada pelo magistrado consoante a jurisprudência pátria à luz da legislação, é justamente a alienação dos imóveis ou veículo para quitação.

Pelo PL 4.257/2019, após a notificação administrativa e com o não pagamento, fica autorizada a Fazenda Pública a lavrar termo de penhora e avaliação, com os respectivos registros no Cartório de Registro de Imóveis ou no registro dos veículos (art. 41-D).

O devedor poderá impugnar através do Poder Judiciário, por embargos à penhora, a validade da dívida, a avaliação, alegando toda matéria útil à defesa, requerendo provas, inclusive testemunhal (art. 41-F).

No caso de não pagamento, parcelamento ou ajuizamento de embargos à penhora, desde logo fica a Fazenda Pública autorizada "a efetuar imediatamente o primeiro leilão do imóvel ou do veículo penhorado" (art. 41-G), que poderá ser realizado por agente fiduciário ou por órgão ou entidade da Administração Pública. No caso do maior lance no primeiro leilão for inferior ao valor atualizado da dívida e despesas, "deve ser realizado o segundo leilão público, no qual deve ser aceito o maior lance apurado, ainda que inferior à soma das aludidas quantias" (art. 41-H), com a expedição da carta de arrematação e possibilidade de imissão na posse do imóvel ou veículo (art. 41-O, § 2º).

Possibilita-se que os entes públicos desistam dos processos de Execução Fiscal que estejam tramitando judicialmente, que tratam dos tributos elencados, para executar os créditos nos termos do procedimento estatuído no projeto de lei.

Por fim, o PL 4.247/2019, em relação às disposições sobre arbitragem tributária, autoriza ao executado optar, nos embargos à execução, por tal processo e procedimento, "na forma do regulamento de cada entidade da Federação" (art. 16-A), além de estatuir a opção também nas ações de consignação em pagamento de crédito tributário e ações anulatórias, desde que "garanta o juízo por depósito em dinheiro, fiança bancária ou seguro garantia".

Vê-se, da exposição histórica dos projetos de lei sobre Execução Fiscal Administrativa, ser um movimento normativo que se almeja legislativamente desde 1996. Passados quase trinta anos o Brasil ainda não conseguiu dar concretude e vigência a nenhum projeto de lei apresentado.

Apesar de tal deficiência institucional, entende-se oportuna e adequada a discussão científica acerca da possibilidade constitucional, processual e procedimental da Execução Fiscal Administrativa, particularmente sobre a produção normativa pelos Estados Federados, considerando a inércia do legislador federal.

Capítulo 4

LIMITES PARA EXECUÇÃO FISCAL ADMINISTRATIVA NO ORDENAMENTO JURÍDICO BRASILEIRO

Em uma pesquisa que se pretende científica, importa demonstrar e estabelecer os pontos e contrapontos relativos ao objeto de estudo.

Particularmente sobre a Execução Fiscal Administrativa, sobreleva realçar limites, de natureza constitucional, que podem ser entendidos como impeditivos de sua regulamentação normativa, tais como o direito de propriedade, a inafastabilidade do controle jurisdicional, a unilateralidade do título executivo e a parcialidade do julgador.

Como se verá, não obstante tais limites, eles não suplantam as situações possibilitadoras da Execução Fiscal Administrativa.

4.1. DIREITO DE PROPRIEDADE

O direito de propriedade está constitucionalmente disposto no art. 5º, XXII e XXIII, no sentido de que "é garantido o direito de propriedade" e que "a propriedade atenderá a sua função social". O art. 170 da Constituição Federal também dispõe, como princípio da ordem econômica, a propriedade privada e a função social da propriedade, revelando, assim, a proteção jurídica-constitucional do direito de propriedade e sua importância nas perspectivas econômica e social.

Raísa Jálfina, à propósito do direito de propriedade do Estado na então União Soviética, assim destaca a sua relevância:

> Las formas de propiedad caracterizan todo el régimen de la sociedad, su estructura clasista, su régimen político y el proceso de su desarrollo social. Por eso, el derecho de propiedad, que reglamenta las relaciones de propiedad, es una de las instituciones más importantes de cada sistema jurídico. Como categoría económica, la propiedad existe en todas las etapas de la producción social. El derecho de propiedad, categoría jurídica, únicamente se configura y rige en la sociedad organizada en Estado. El Estado asegura la protección de las relaciones de propiedad existentes en tal sociedad y su adelantamiento en

dirección coincidente con los intereses de la clase (o las clases) dominante; en la sociedad socialista desarrollada, con los intereses de toda la sociedad[1].

Até ser constitucionalizado como direito fundamental, o direito de propriedade passou por um percurso histórico, conforme expõe Jean-Philippe Lévy, que se inicia pela propriedade primitiva e antiga, passa pela propriedade medieval e pela propriedade moderna, finalizando na propriedade dos séculos XIX e XX[2].

Como um dos direitos fundamentais preceituados no texto constitucional brasileiro merece, portanto, proteção efetiva dos poderes públicos, em todas suas esferas, legislativa, executiva e jurisdicional, de modo que quaisquer atos que possam atingir a propriedade devem estar devidamente pautados em legislação autorizativa, que discipline a forma pela qual o direito de propriedade deve ser exercido ou relativizado. A propriedade tem, em síntese, como direito fundamental em um Estado Constitucional de Direito, a garantia constitucional de sua proteção[3].

---

1. JÁLFINA, Raísa. **El Derecho de Propiedad del Estado en la URSS**, traducido del ruso por Federico Pita, Moscú: Editorial Progresso, 1981, p. 9.
2. LÉVY, Jean-Philippe. **História da Propriedade**, trad. Fernando Guerreiro, Lisboa: Editorial Estampa, 1973. Em sua conclusão, colhe-se desta obra: "O que esta revela é a extrema diversidade dos regimes de propriedade. Diversidade de concepções jurídicas, diversidade, sobretudo, na sua repartição. Neste ponto ressalta, contudo, uma constante: em toda a parte e em todos os tempos existiu uma propriedade de Estado e também, parece (exceptuando talvez raras exceções pouco conhecidas), uma propriedade privada, por mais reduzida que seja. Mas entres estes dois extremos subsistem todas as possibilidades. [...] Se a propriedade é posta em questão é devido ao seu aspecto social. Mas não será um erro confundir o problema social com o da propriedade? Os problemas que ela levanta são diversos e devem ser distinguidos. O problema jurídico é o da noção, da definição de propriedade e das suas características. À parte os adjectivos 'absoluto e ilimitado' – adiantados numa época recente e já bem ultrapassados – ele não devia levantar muitas paixões. O problema económico é o da empresa. Qual será a sua dimensão óptima? Quem a dirigirá: um detentor de capitais, um delegado dos trabalhadores, um funcionário designado pelo poder público? Isto não diz respeito a todas as propriedades e a questão da propriedade passa, neste campo, para segundo plano. Pode existir um problema político, posto pela grande propriedade sob diversas formas: 'latifundia' bens de mão-morta, feudalidade, acumulação de capitais. A propriedade pode ser um instrumento de dominação sobre os homens e um perigoso rival para o Estado. Finalmente, o problema social, que não se põe senão a propósito da grande propriedade da terra ou das fábricas, é, na verdade, menos um problema da propriedade que o da fortuna, quaisquer que sejam as formas de que se reveste, propriedade ou outras. [...] Mas ao lado da propriedade que oprime existe também, e a história prova-o, uma propriedade que liberta. Enquanto a sociedade não for perfeita, ela responderá a uma das necessidades profundas da natureza humana e, em certos casos, a propriedade, pelo menos um mínimo de propriedade, aparecerá como o último refúgio capaz de garantir a segurança e a liberdade" (p. 149-151).
3. MARTINS NETO, João dos Passos; THOMASELLI, Bárbara L. M. Do Estado de Direito ao Estado de Justiça, *In*, **Seqüência Estudos Jurídicos e Políticos**, v. 34, n. 67, p. 309-334, 2013. Disponível

Assim, o Código Civil regula a propriedade no art. 1.228[4], no que a doutrina de Orlando Gomes denomina de um "*direito complexo*, se bem que unitário, consistindo num feixe de direitos consubstanciados nas faculdades de usar, gozar, dispor e reivindicar a coisa que lhe serve de objeto"[5].

Pode-se conjecturar que eventual possibilidade de incursão da Administração Pública na propriedade privada, sem a autorização do Poder Judiciário, reviveria o *Manifesto Comunista* de Karl Marx e Friedrich Engels, no sentido da abolição da propriedade burguesa, aqui caracterizada pelos devedores de créditos tributários. Nesse contexto, se o crédito tributário é advindo dos meios de produção capitalista, vale dizer, existe a obrigação tributária porque se tem, consectariamente, poder econômico e dos meios de produção, são tais pessoas (*burgueses*) que seriam afetados na sua esfera patrimonial, com a supressão de suas propriedades em proveito do social[6].

Daí que, perpassaria a Execução Fiscal Administrativa, em síntese, por uma doutrina comunista já de décadas ultrapassada, e constitucionalmente obstada pelos princípios da ordem econômica e da proteção da propriedade privada, com a consequente inversão da natureza da propriedade, que

---

em: https://periodicos.ufsc.br/index.php/sequencia/article/view/2177-7055.2013v34n67p309. Acesso em: 23 ago. 2023.

4. "O proprietário tem a faculdade de usar, gozar e dispor da coisa, e o direito de reavê-la do poder de quem quer que injustamente a possua ou detenha".

5. GOMES, Orlando. **Direitos Reais**, 20ª ed., atualizada por Luiz Edson Fachin, Rio de Janeiro: Editora Forense, 2010, p. 104. Orlando Gomes ainda cataloga as seguintes características do direito de propriedade: direito absoluto, perpétuo, pessoal e elástico. Destacadas características, contudo, de muito tempo são objeto de críticas da doutrina especializada em razão de "un relativismo y un funcionalismo del derecho de propiedad", como expõe Jean Carbonier, no sentido de que a "propiedad es un derecho-función, en el cual los poderes están condicionados por los deberes" (CARBONIER, Jean. **Derecho Flexible**: para una sociología no rigurosa del Derecho, traducción por Luis Diez-Picazo, Madrid: Editorial Tecnos, 1974, p. 222).

6. Pertinente sobre o pensamento comunista exposto no texto a seguinte passagem: "O que caracteriza o comunismo não é a abolição da propriedade em geral, mas a abolição da propriedade burguesa. Mas a moderna propriedade privada burguesa é a última e mais perfeita expressão do modo de produção e de apropriação baseado nos antagonismos de classes, na exploração de uns pelos outros. Nesse sentido, os comunistas podem resumir sua teoria numa única expressão: supressão da propriedade privada. Nós, comunistas, temos sido censurados por querer abolir a propriedade pessoalmente adquirida, fruto do trabalho do indivíduo – propriedade que dizem ser a base de toda liberdade, de toda atividade, de toda independência individual. Propriedade pessoal, fruto do trabalho e do mérito! Falais da propriedade anterior à propriedade burguesa? Não precisamos aboli-la, porque o progresso da indústria já a aboliu e continua abolindo-a diariamente. Ou porventura falais da moderna propriedade privada, da propriedade burguesa? Mas o trabalho do proletário, o trabalho assalariado cria propriedade para o proletário? De modo algum. Cria o capital, isto é, a propriedade que explora o trabalho assalariado, para voltar a explorá-lo. Em sua forma atual, a propriedade se move entre dois termos antagônicos: capital e trabalho" (MARX, Karl; ENGELS, Friedrich. **Manifesto comunista**, São Paulo; Editora Boitempo, 2010, p. 52).

deixaria de ser um poder sobre uma coisa, para ser tornar um poder sobre os homens, segundo adverte Carlos Mario Londoño[7].

Ademais, o direito de propriedade, como direito fundamental, tem funções que limitam a atuação do Poder Público, como a função de defesa e da liberdade perante os poderes do Estado, assim exposta por Canotilho:

> Os direitos fundamentais cumprem a função de direitos de defesa dos cidadãos sob uma dupla perspectiva: (1) constituem, num plano jurídico-objectivo, normas de competência negativa para os poderes públicos, proibindo fundamentalmente as ingerências destes na esfera jurídica individual; (2) implicam, num plano jurídico-subjectivo, o poder de exercer positivamente direitos fundamentais (liberdade positiva) e de exigir omissões dos poderes públicos, de forma a evitar agressões lesivas por parte dos mesmos (liberdade negativa)[8].

Assim, o direito de propriedade é um limite para a Execução Fiscal Administrativa em uma perspectiva objetiva, na medida em que veda a edição de atos normativos que possam adentrar no patrimônio privado sem autorização judicial e, numa perspectiva subjetiva, autoriza as pessoas a postular em juízo eventuais intervenções ofensivas do direito fundamental de propriedade.

4.2. DIREITO DE AÇÃO PROCESSUAL – INAFASTABILIDADE DO CONTROLE JURISDICIONAL OU RESERVA DE JURISDIÇÃO

A organização da sociedade civil e do Estado somente é possível pela criação de pautas de condutas – o Direito –, que objetivam manter a harmonia e respeito às relações, privadas e públicas, que são, em realidade, o objetivo

---

7. "La propiedad es el poder sobre las cosas. El poder es cierta propiedad de los hombres. Pero las palabras son en este caso reveladoras. El poder es de esencia política, porque se refiere en *primer lugar* a las relaciones de los hombres para con los hombres. La propiedad es de esencia económica, porque se refiere en *primer lugar* a las relaciones de los hombres para con las cosas. Por el poder, un hombre gobierna a otros hombres. Por la propiedad, administra cosas, es decir, de la economía (y querer, a la inversa, sustituir por la administración de las cosas el gobierno de los hombres en el dominio de los hombres, es decir, de la política), es la gran utopía socialista que sólo ha podido ser engendrada por los excesos capitalistas. La regla de oro es que, por el contrario, el poder de los hombres que nace de la propiedad se halle limitado por la pureza del poder político, árbitro de la justicia; lo mismo que la propiedad de las cosas, que nace del poder político, debe ser limitada por la prosperidad de la economía privada, fundamento del poderío de los Estados" (LONDOÑO, Carlos Mario. **Libertad y Propiedad**, Madrid: Ediciones Rialp, 1965, p. 87-88, grifos no original).
8. CANOTILHO, José Joaquim Gomes. **Direito constitucional e teoria da Constituição**, 7ª ed., Coimbra: Editora Almedina, 2003, p. 408, grifos no original.

maior de uma convivência comunitária: o relacionamento entre pessoas plurais e instituições para o bem-estar individual e social[9].

Estas pautas de condutas são consubstanciadas em normas jurídicas de obediência cogente, sob pena da consequente cominação de sanções[10].

A conduta desconforme à pauta estabelecida e, portanto, o descumprimento da norma jurídica, torna o sujeito passível de responsabilização, contudo, exige-se, no atual estágio de desenvolvimento do Estado Democrático de Direito, a realização de atos que possam não apenas certificar tal responsabilidade, mas, também e principalmente, dar voz às pessoas então envolvidas.

Em tal cenário, já que aquela organização da sociedade, civil e estatal, pressupõe a manutenção pacífica e coesa da ordem então estabelecida, não se poderia autorizar que a pessoa lesada pela conduta alheia pudesse, por si própria, cominar a sanção que a norma jurídica disciplinou, de modo que é vedado a justiça pelas próprias mãos, sob pena de desestruturação da ordem estabelecida, porquanto cada sujeito faria a sua justiça sem limites de natureza pessoal e procedimental[11].

Assim, se fez imperativo a criação de um mecanismo que pudesse não apenas evitar a justiça e/ou vingança privada, mas, de igual modo, possibilitar que as pessoas pudessem ser ouvidas e, após, houvesse legitimamente a definição da responsabilidade, ou não, do ofensor da norma jurídica. Isso se dá com o Processo, o qual tem o papel de amalgamar os interesses conflitantes em um só espaço de discussão.

Mas o Processo não poderia ser iniciado e exercido por qualquer um. Justamente para manter a organização social – evitando-se a anarquia –, e a organização do Estado – evitando-se a tirania –, é que se escolheu um ente particular e especial, reservado e exclusivo, para a resolução dos conflitos

9. Trata-se do âmago de estudos da filosofia moral e política que, muito embora seja de extrema relevância, escapa ao objeto do presente estudo. Uma visão especial se pode ver no debate intelectual entre Jürgen Habermas e John Rawls: **Debate sobre el liberalismo político**, Ediciones Paidós: Barcelona: 1998.

10. BOBBIO, Norberto. **Studi per una teoria generale del diritto**, Torino: Giappichelli Editore, 1970, p. 122-128. BOBBIO, Norberto. **Giusnaturalismo e positivismo giuridico**, Milano: Edizioni di Comunità,1984, p. 85-89.

11, "A esse regime chama-se *autotutela* (ou *autodefesa*), e hoje, encarando-a do ponto de vista da cultura da presente fase da civilização dos povos, é fácil ver como era precária e aleatória, pois não garantia a *justiça*, mas a vitória do mais forte, mais astuto ou mais ousado sobre o mais fraco ou mas tímido" (CINTRA, Antonio Carlos de Araújo; GRINOVER, Ada Pelegrini; DINAMARCO, Cândido Rangel. **Teoria Geral do Processo**, 31ª ed., São Paulo: Editora Malheiros, 2015, p. 42, grifos no original).

com poder de decisão, que é justamente, na contemporaneidade, o Poder Judiciário, que exerce a Jurisdição[12].

Aquela conduta desconforme ao Direito, portanto, somente pode ser objeto de responsabilização perante este órgão jurisdicional, sendo iniciado porque se vetou a justiça de mão própria e, por conseguinte, se criou o Direito de Ação para possibilitar o exercício da pretensão da pessoa lesada perante a Jurisdição, em um procedimento ordinarizado e exauriente, dentro do contexto do liberalismo político, como aponta Ovídio Baptista da Silva[13].

Toda e qualquer lesão à Direito deve ser passível de conhecimento pelo Poder Judiciário, o que está constitucionalmente estabelecido no art. 5º, XXXV, da Constituição Federal. Vale dizer, a cobrança de obrigações inadimplidas, particularmente as obrigações tributárias, não é auto-executável. A corroborar tal assertiva a doutrina é enfática:

> A obrigação tributária não destoa das demais obrigações jurídicas, cuja característica comum é a inexistência de auto-executoriedade. Nem a obrigação tributária, nem o direito de crédito da Fazenda Pública, após efetuado o lançamento que o formaliza, nem o título executivo assim constituído, que goza de forte presunção de legitimidade e certeza, prescindem de intervenção do Poder Judiciário para concretizar a satisfação da pretensão. O credor, um ente estatal ou interposta pessoa, encontrando resistência do devedor ao pa-

---

12. A doutrina processual clássica de CINTRA, GRINOVER e DINAMARCO novamente é oportuna: "Que ela é uma função do Estado já foi dito; resta agora dizer que a jurisdição é ao mesmo tempo *poder, função* e *atividade*. Como *poder*, é manifestação do poder estatal, conceituado como capacidade de decidir imperativamente e impor decisões. Como *função*, expressa o encargo que têm os órgãos jurisdicionais de promover a pacificação de conflitos interindividuais, mediante a realização do direito justo e através do processo. E como *atividade* ela é o complexo de atos do juiz ou do árbitro no processo, exercendo o *poder* e cumprindo a função que a lei lhes comete. O poder, a função e a atividade somente transparecem legitimamente através do processo adequadamente estruturado (devido processo legal)" (CINTRA, Antonio Carlos de Araújo; GRINOVER, Ada Pelegrini; DINAMARCO, Cândido Rangel. **Teoria Geral do Processo**, 31ª ed., São Paulo: Editora Malheiros, 2015, p. 165, grifos no original).
13. "A ciência do processo civil nascera, portanto, irremediavelmente comprometida com o ideais do liberalismo político do século XIX: ao mesmo tempo em que lhe cabia oferecer às partes um procedimento suficientemente amplo, capaz de assegurar ao cidadão-litigante a plenitude de defesa em juízo, e ao Estado condições para que o magistrado decidisse com a segurança que o exaustivo tratamento probatório do conflito lhe daria; o procedimento haveria de esgotar as possíveis questões litigiosas, de modo a assegurar, para sempre, com a máxima amplitude da coisa julgada, por tal modo obtida, o resultado prático alcançado pelo litigante vitorioso. Todas estas virtudes da ordinariedade somadas naturalmente àquele pressuposto racionalista determinante da submissão do juiz ao poder político" (SILVA, Ovídio Baptista da. **Jurisdição e execução na tradição romano-canônica**, 2ª ed., São Paulo: Editora Revista dos Tribunais, 1997, p. 164).

> gamento, não pode executar o seu título de crédito sem recorrer à via judicial, único caminho adequado a percorrer no Estado Democrático de Direito[14].

Em uma perspectiva latinoamericana Héctor Fix-Zamudio igualmente adverte que os órgãos da justiça administrativa devem ser inseridos no Poder Judiciário ou, ao menos exigir "el establecimiento de las garantías judiciales y de las parte, en el funcionamiento de los organismos administrativos facultados para resolver controversias administrativas". Na sequência, este clássico autor mexicano assevera que melhor é abandonar o sistema de tribunais administrativos com competências limitadas e criar um órgão jurisdicional com competência genérica

> que conozca de todas las impugnaciones de las resoluciones y actos de la administración activa, y de esta manera se evite su fraccionamiento, pero además, debe dotarse a este tribunal de todas las atribuciones de los organismos judiciales ordinarios, entre ellas la de ejecutar en forma imperativa los fallos condenatorios de la administración, que es la que más resistencia encuentra por parte de las autoridades afectadas, las que por todos los medios pretenden conservar sus privilegios tradicionales, desvirtuando la posibilidad de una verdadera justicia administrativa[15].

Nesse sentido, autorizar que o próprio Estado exerça sua pretensão executória sem o uso do mecanismo judicial então criado para manter a organização social e estatal, contra a anarquia e a tirania, é o mesmo que autorizar que a própria pessoa lesada exerça a justiça pelas próprias mãos, em ofensa direta ao princípio da inafastabilidade do controle jurisdicional ou da reserva da jurisdição. Estar-se-ia diante de uma tirania, já que o exercício da justiça se daria dentro da própria esfera pública.

4.3. TÍTULO EXECUTIVO UNILATERAL

As relações jurídicas são estabelecidas pelo vínculo entre as pessoas. A inexistência da vontade, na seara obrigacional, não cria obrigações jurídicas[16].

Muito embora também as obrigações jurídicas possam decorrer da lei - como a obrigação tributária –, sua criação advém de ato unilateral da

---

14. BALEEIRO, Aliomar. **Direito tributário brasileiro**, 11ª ed., atualizada por Misabel Abreu Machado Derzi, Rio de Janeiro: Editora Forense, 1999, p. 788, grifos no original.
15. ZAMUDIO, Héctor Fix. **Latinoamerica**: Constitucion, Proceso y Derechos Humanos, México: Udual, 1988, p. 238.
16. TRABUCCHI, Alberto. **Istituzioni di Diritto Civile**, Quindicesima Edizione, Padova: Cedam, 1966, p. 509.

autoridade tributária. Não há a participação efetiva de quem teria realizado o fato gerador na concretização do crédito tributário[17].

Mesmo na existência de controvérsia em âmbito administrativo, em que após o devido processo legal administrativo tributário se reconheça o crédito tributário do Estado, é certo que este ato estatal não se origina de um acordo de vontades livres, pelo contrário, resulta de um poder que o contribuinte, sujeito passivo da imposição da tributação, não possui.

Esclarece Cláudia Rodrigues, sobre a participação do sujeito passivo na formação do título executivo fiscal, que a mesma

> não é relevante do ponto de vista jurídico, porque o título de inscrição em dívida ativa parte do lançamento e este, pelo nosso sistema, é ato privativo da autoridade administrativa e, portanto, nesse sentido, sua formação é unilateral[18].

Portanto, se há unilateralidade na criação do título executivo não se pode, de imediato após a sua formação, adentrar na esfera patrimonial do devedor sem que se possibilite sua defesa por aquele instrumento de pacificação das controvérsias, que é a Jurisdição.

4.4. PARCIALIDADE

Por fim, decorrente justamente do anterior limite da unilateralidade do título é que se mostra obrigatório que o incursionamento no patrimônio de qualquer pessoa somente possa se dar por um terceiro equidistante das partes, que detenha o atributo da imparcialidade no julgamento, evitando-se privilégios de uns em detrimento de outros, em ofensa ao princípio da igualdade.

Se o Estado é parte diretamente interessada no pagamento do tributo não pode ser, ao mesmo tempo, julgador do conflito e executor da própria decisão, adentrando, sem força judicial, na propriedade dos executados.

---

17. "Ou, em outras palavras: a vontade das partes na relação jurídica de natureza obrigacional privada é fundamental para a formação e extinção do respectivo vínculo, isto é, o credor é titular de sua vontade, podendo dela dispor livremente, até mesmo para remir o devedor do cumprimento da obrigação; enquanto a relação tributária nasce e se forma, sem depender diretamente da vontade dos sujeitos participantes dela, mas decorre da lei e somente outra tem o condão de remir" (RODRIGUES, Cláudia. **O título executivo na execução da dívida ativa da Fazenda Pública**, São Paulo: Editora Revista dos Tribunais, 2002, p. 146).

18. RODRIGUES, Cláudia. **O título executivo na execução da dívida ativa da Fazenda Pública**, São Paulo: Editora Revista dos Tribunais, 2002, p. 149.

A parcialidade estatal deslegitima qualquer ato que afaste o direito de propriedade, daí que se mostra imperativo que somente o Poder Judiciário exerça a função executória, porquanto além de possibilitar o exercício do contraditório e ampla defesa, tem legitimidade constitucional para decidir e impor suas decisões por não ter interesse pessoal na resolução da demanda fiscal.

O princípio da impessoalidade, nesse aspecto, não se aplica à Administração Pública, refletida na atuação dos órgãos tributários, mas sim está diretamente relacionado à atuação do Poder Judiciário, que tem, como premissa maior, proteger as pessoas contra ameaça ou lesão à direitos.

Ainda, a parcialidade do Estado no julgamento e execução afronta a isonomia entre partes de um processo litigioso, como o Processo Administrativo Tributário. Somente o Poder Judiciário tem a necessária imparcialidade para tratar igualmente os sujeitos processuais, legitimando seus atos por deter o poder jurisdicional.

As garantias da magistratura dispostas no art. 95 da Constituição Federal[19], inclusive, foram justamente criadas para que o exercício da atividade jurisdicional seja realizado sem receios de que se sofrerá consequências que possam prejudicar a carreira, a pessoa do prolator da decisão e sua forma de atuação[20].

Diferentemente, o julgamento e execução de processos por agente estatal destituído de tais garantias possibilita que, por receios de sofrer reprimendas de superiores hierárquicos, tenha uma atuação parcial direcionada à salvaguarda do interesse do ente que é vinculado, em detrimento do direito dos contribuintes.

Nesse sentido, por exemplo, a pesquisa realizada pela Universidade Federal do Rio Grande do Sul dispôs, entre suas propostas e conclusões a

---

19. "Art. 95. Os juízes gozam das seguintes garantias: I – vitaliciedade, que, no primeiro grau, só será adquirida após dois anos de exercício, dependendo a perda do cargo, nesse período, de deliberação do tribunal a que o juiz estiver vinculado, e, nos demais casos, de sentença judicial transitada em julgado; II – inamovibilidade, salvo por motivo de interesse público, na forma do art. 93, VIII; III – irredutibilidade de subsídio, ressalvado o disposto nos arts. 37, X e XI, 39, § 4º, 150, II, 153, III, e 153, § 2º, I".

20. "As garantias do Poder Judiciário, em geral, e do magistrado, em particular, destinam-se a emprestar a conformação de independência que a ordem constitucional pretende outorgar à atividade judicial. Ao Poder Judiciário incumbe exercer o último controle da atividade estatal, manifeste-se ela por ato da Administração ou do próprio Poder Legislativo (controle de constitucionalidade). Daí a necessidade de que, na sua organização, materialize-se a clara relação de independência do Poder Judiciário e do próprio juiz em relação aos demais Poderes ou influências externas" (MENDES, Gilmar Ferreira; GONET BRANCO, Paulo Gustavo. **Curso de direito constitucional**, 10ª ed., 2015, p. 962).

respeito da dualidade de instâncias julgadoras no contencioso tributário brasileiro (administrativa e judicial), que "membros julgadores administrativos devem ser selecionados via concurso público, nos mesmos paradigmas dos magistrados do Poder Judiciário"[21]. Uma segunda proposta aludida no estudo referenciado é a criação de uma Instância julgadora independente:

> Ainda, para firmar os órgãos julgadores administrativos estaduais e federais como jurisdição competente de primeira instância, seria necessário uma mais acertada organização dos mesmos, a começar pelo provimento dos cargos de vogais administrativos. Seu provimento poderia ser por concurso público de provas e títulos, sendo preciso que o concorrente possua ao menos 5 (cinco) anos de experiência na matéria ou mais. Necessidade ainda de garantir a imparcialidade e independência destes órgãos julgadores, talvez até mesmo retirando-os da hierarquia do Ministério da Fazenda ou das Secretaria da Fazenda dos Estados; transformá-los em Instância Julgadora livre de qualquer influência governamental[22].

Portanto, estudos demonstram que, para se ter legitimidade constitucional a destituição do patrimônio do devedor, a atuação independente e imparcial dos julgamentos é obrigatória, o que somente pode se dar pelo Poder Judiciário, ou, ao menos, por um terceiro equidistante de ambas as partes.

---

21. UNIVERSIDADE FEDERAL DO RIO GRANDE DO SUL – FACULDADE DE DIREITO. Pesquisa CNJ – Edital de Seleção n.° 01/2009. **Inter-relações entre o processo administrativo e o judicial [em matéria fiscal] a partir da identificação de contenciosos cuja solução deveria ser tentada previamente na esfera administrativa**, Porto Alegre: UFRGS, dez./2010 – jan./2011, p. 182. Disponível em: https://bibliotecadigital.cnj.jus.br/jspui/bitstream/123456789/141/1/UFRGS%20-%20Universidade%20Federal%20do%20rio%20Grande%20do%20Sul%20-%20Edital%20n%c2%b0%2001-2009%20-%20Inter-rela%c3%a7%c3%b5es%20entre%20o%20processo%20administrativo%20e%20o%20Judicial.pdf. Acesso em 8 jun. 2023.
22. UNIVERSIDADE FEDERAL DO RIO GRANDE DO SUL – FACULDADE DE DIREITO. Pesquisa CNJ – Edital de Seleção n.° 01/2009. **Inter-relações entre o processo administrativo e o judicial [em matéria fiscal] a partir da identificação de contenciosos cuja solução deveria ser tentada previamente na esfera administrativa**, Porto Alegre: UFRGS, dez./2010 – jan./2011, p. 184. Disponível em: https://bibliotecadigital.cnj.jus.br/jspui/bitstream/123456789/141/1/UFRGS%20-%20Universidade%20Federal%20do%20rio%20Grande%20do%20Sul%20-%20Edital%20n%c2%b0%2001-2009%20-%20Inter-rela%c3%a7%c3%b5es%20entre%20o%20processo%20administrativo%20e%20o%20Judicial.pdf. Acesso em 8 jun. 2023.

Capítulo 5

POSSIBILIDADES PARA EXECUÇÃO FISCAL ADMINISTRATIVA NO ORDENAMENTO JURÍDICO BRASILEIRO

É cediço, como demonstrado na Parte 1, que milhares e milhares de Execuções Fiscais apenas são um "*ping-pong*", indo e vindo dos cartórios das varas judiciais para as procuradorias apenas para andamento no sentido de busca de endereços e bens de executados, na maioria das vezes infrutíferos, mormente por ter se passado muito tempo entre a constituição definitiva do crédito tributário e a efetiva busca de sua satisfação.

A Execução Fiscal Administrativa poderá diminuir consideravelmente esse tempo de tramitação entre a propositura da petição inicial da Execução Fiscal Judicial e a citação ou penhora de bens. Após a intimação para pagamento nos autos do Processo Administrativo, inicia-se, de pronto, o Procedimento de busca de bens para satisfação do crédito inadimplido.

É necessário perceber que a medida ora em análise evitaria a Judicialização excessiva e ineficiente da Execução Fiscal Judicial. O contribuinte já realizou sua defesa no Processo Administrativo, ou, ao menos, teve oportunidade para tanto, não havendo, assim, ofensa à sua ampla defesa, ao contraditório, nem tampouco ao devido processo legal.

Daí que, para assentar o contraponto dos limites apresentados, referente às possibilidades da Execução Fiscal Administrativa no Brasil, são elencados fundamentos, jurídico-constitucionais, que autorizam tal forma de execução forçada, tais como: regulamentação legal pelo exercício da competência legislativa da União sobre norma de processo; princípio da impessoalidade administrativa; imperatividade dos atos públicos ou autotutela administrativa; devido processo legal; inexistência de reserva de jurisdição; princípio da eficiência; jurisprudência do Supremo Tribunal Federal.

5.1. LEGALIDADE

Se ninguém pode fazer ou deixar de fazer algo senão em razão de uma lei regulamentadora do modo de agir e, se, de igual modo, a Administração Pública é delimitada em sua atuação pela lei, é conclusão singela que a Execução Fiscal Administrativa no Brasil somente é possível se houver lei que discipline tal forma desjudicial de execução, uma vez que a "legalidad y gobernanza son criterios de acción conjuntos, de inevitable seguimiento por las instituciones públicas"[1].

Portanto, sendo editada lei que regulamente a Execução Fiscal Administrativa, como, aliás, já demonstrado os projetos legislativos com tal objeto, legitima-se, constitucionalmente, a execução forçada no âmbito exclusivamente administrativo.

5.1.1. Norma de Processo. Competência da União

A Constituição Federal, considerando a forma federativa do Estado brasileiro, reparte as Competências dos entes federativos para legislar e para atuar. Tal forma de divisão das Competências, legislativas e materiais, será melhor analisada na Parte 3, até porque se insere no centro da presente pesquisa acadêmica.

Contudo, no presente tópico é relevante destacar, para o fim de demonstrar a possibilidade da Execução Fiscal Administrativa, que a edição de lei pela União tem assento constitucional. Isso porque se trata de norma de processo e, nos termos do art. 22, I, da Constituição Federal, compete à União legislar sobre direito processual[2].

Aliás, da Exposição de Motivos do PL 5.615/2005[3], da Câmara dos Deputados, é novamente oportuno extrair:

> A competência da União para legislar, através do Congresso Nacional, privativamente, sobre direito processual, e, concorrentemente, sobre procedimentos em matéria processual, com supremacia da lei federal sobre normas gerais, na espécie, resulta das disposições dos artigos 22, I e 24, XI e respectivo parágrafo 4º, da Constituição Federal, em que se ampara a validade formal do projeto ora proposto.

1. GALINDO, Fernando. Justicia, gobernanza y legalidad, *In*, **Revista Sequência: estudos jurídicos e políticos**, vol. 28, n. 55, Florianópolis: Publicação do Programa de Pós-graduação em Direito da UFSC, dez. 2007, p. 31.
2. A celeuma sobre o alcance do art. 22, I, da Constituição Federal, ser apenas sobre o processo jurisdicional ou também para o processo administrativo, será exposto e problematizado na Parte 3, com o desiderato de assentar a possibilidade constitucional, ou não, dos próprios Estados legislarem autonomamente acerca da Execução Fiscal Administrativa. No presente momento, a alusão à competência da União para legislar sobre direito processual é suficiente para demonstrar a possibilidade da Execução Fiscal Administrativa no Brasil, se assim a União exercer sua competência legislativa.
3. BRASIL. Câmara dos Deputados. **PL 5.615/2005**. Dispõe sobre a cobrança administrativa do crédito da Fazenda Pública, a defesa do executado e dá outras providências. Disponível em: https://www.camara.leg.br/proposicoesWeb/fichadetramitacao?idProposicao=293488. Acesso em 24 mai. 2023.

Conclui-se, assim, que se a União exercer sua Competência Legislativa, editando uma lei nacional de Execução Fiscal Administrativa, autoriza-se que todos os entes federativos possam executar seus créditos públicos inadimplidos dentro de seus próprios órgãos administrativos, sem a obrigatoriedade da Judicialização da Execução Fiscal.

O procedimento inerente à tramitação dos atos no Processo Administrativo tributário da Execução Fiscal Administrativa de cada Estado e Município, de igual modo encontra possibilidade normativa-constitucional no art. 24, XI, e chancela também a legitimidade de adaptação procedimental de acordo com a natureza do tributo e particularidades regionais e locais.

5.2. IMPESSOALIDADE

Princípio geral da Administração Pública, estatuído no art. 37, *caput*, da Constituição Federal, o princípio da impessoalidade é caracterizado por obstar que, no exercício da atividade administrativa, interesses subjetivos sem autorização legal sejam realizados em detrimento do direito privado.

Assim, se impõe que o atuar da Administração Pública deve ser imparcial e objetivo, ou seja, sem subjetivismos que possam privilegiar pessoas ou grupos determinados. As escolhas administrativas lastreiam-se pela impessoalidade, a se reputar todas as pessoas iguais nas suas relações com o Poder Público e impedir tratamentos privilegiados não só entre os administrados, mas, igualmente, para a própria Administração Pública.

Neste contexto da impessoalidade e imbricado com o devido processo legal administrativo – como será visto em sequência –, a alegação de parcialidade e unilateralidade da criação do título se mostra uma falsa premissa[4].

Isso porque é sabido que o crédito, seja público ou privado, é resultado de uma prévia obrigação estabelecida entre credor e devedor.

4. É sempre oportuna a doutrina de Alfredo Augusto Becker: "Deve-se tomar extremo cuidado na escolha e no uso de vocábulos e expressões jurídicas. A impropriedade de expressões facilmente desencadeará no cérebro reflexos condicionados àquela impropriedade, fazendo-o raciocinar com idéias errôneas que servem de premissas para conclusões. Basta uma premissa falsa para inutilizar a conclusão, embora esta seja a perfeita decorrência lógica daquela premissa falsa. Porém o jurista muito dificilmente perceberá (ou admitirá) o erro porque costuma-se atentar mais para a lógica da conclusão que para a veracidade das premissas. [...] E se o vocábulo ou expressão está sendo utilizado para designar um conceito fundamental, não há *uma* conclusão errada, *mas falsa estará toda a teoria ou doutrina* que se desenvolveu com base naquele fundamento" (BECKER, Alfredo Augusto. **Teoria geral do direito tributário**, 3ª ed., São Paulo: Editora Lejus, 2002, p. 318-319, grifos no original).

Indaga-se se as obrigações ou vínculos jurídicos somente se perfectibilizam por intermédio de uma relação contratual. A resposta é dada pela teoria geral das obrigações, em que é secular o ensinamento de que as obrigações têm como fontes a vontade e também a lei.

Portanto, muito embora se afirme que o Estado cria de forma parcial, não impessoal e unilateralmente seu título executivo – e daí ser impositivo que um terceiro imparcial (Poder Judiciário) analise e certifique a sua correção para fins de exigibilidade – tal criação não é arbitrária e nem mesmo unilateral.

São as pessoas, físicas e jurídicas, que participam da relação obrigacional tributária realizando os fatos jurígenos que estão discriminados na hipótese de incidência. Este é o vínculo entre o devedor e o credor da teoria das obrigações.

A fonte primária da obrigação é a lei que estabelece o suporte fático ou a hipótese de incidência e, a fonte secundária é justamente a realização fenomênica do suporte fático relacionado ao que a fonte obrigacional legal dispõe. Segundo ensina Rafael Entrena Cuesta, a "relación jurídico-administrativa, como cualquier tipo de relación jurídica, puede tener su origen en la ley, de forma directa o indirecta, o en los hechos jurídicos"[5].

Daí que se afirma ser uma falsa premissa a alegação de impossibilidade de autoexecutoriedade da CDA porque há estipulação de um crédito pela obrigação criada por lei – fonte, portanto, de obrigações –, com a participação necessária e essencial das pessoas na criação e estabelecimento da obrigação tributária. Vale dizer, o Estado não cria, a seu bel prazer, o título executivo sem amparo nos fatos e atos realizados na sociedade, na medida em que eles decorrem de atos próprios das pessoas que dão o suporte fático necessário e em conformidade com a hipótese de incidência da norma tributária, para que nasça, em razão da lei como fonte, a obrigação de pagar tributos. Nada mais objetivo e impessoal.

Se há, no estabelecimento da dívida ativa oriunda deste primeiro ato de nascimento da obrigação, um escorreito devido processo legal para se apurar, com a certeza que deve ser imposta, todas as características do suporte fático e seus aspectos ou critérios da regra-matriz de incidência (material, pessoal, temporal, espacial, e quantitativo)[6], evidente que se desconstrói a

---

5. CUESTA, Rafael Entrena. **Curso de Derecho Administrativo**, 5ª edición, Madrid: Editorial Tecnos, 1976, p. 480.
6. CARVALHO, Paulo de Barros. **Curso de Direito Tributário**, 26ª ed., São Paulo: Saraiva, 2014, p. 331-339.

afirmação de parcialidade e unilateralidade de formação do título executivo, autorizando-se, por conseguinte, a sua execução pelo ente público credor, já aqui em razão do exercício de competências constitucionais.

5.3. IMPERATIVIDADE OU AUTOTUTELA ADMINISTRATIVA

No regime jurídico-administrativo vige a autotutela administrativa que, segundo Francisco Javier Sanz Larruga, tem duas principais manifestações: a declaratória ou decisória, pela "faculdad que posee la Administración para crear sus derechos mediante espontáneas decisiones unilaterales que pueden originar obligaciones jurídicas para los administrados" [7]; e a autotutela executiva, que é,

> dando un paso más, la facultad que tiene la Administración para el uso directo de su propia coacción, para la ejecución forzosa de sus propios actos contra los destinatarios de los mismos que resistan a su cumplimiento, sin necesitar para ello la colaboración de los tribunales"[8].

Para José Roberto Dromi as denominadas *potestades administrativas* "no existen, no son tales; lo real y existencial es el poder, la capacidad del Estado, que es única, una, *propia* del orden estatal"[9]. Mais recentemente, Fredie Didier Júnior e Leandro Fernandez expuseram que a autotutela administrativa é visualizada nas manifestações de direitos potestativos e poderes-deveres[10].

Assim, no pressuposto de que o Estado foi criado para possibilitar a convivência entre as pessoas, direcionando condutas e pacificando conflitos[11], é conclusão adequada que, para tanto, deve ter inerente à sua forma de ser um atuar que seja imposto às individualidades a fim de manter a organização e pacificação sociais.

---

7. LARRUGA, Francisco Javier Sanz. **El Procedimiento de Apremio**, Madrid: Editoral La Ley, 1991, p. 14.
8. LARRUGA, Francisco Javier Sanz. **El Procedimiento de Apremio**, Madrid: Editoral La Ley, 1991, p. 15.
9. DROMI, José Roberto. **Instituciones del Derecho Administrativo**, Buenos Aires: Editorial Astrea de Rodolfo Depalma y Hnos, 1973, p. 174, grifos no original.
10. DIDIER JÚNIOR, Fredie; FERNANDEZ, Leandro. A autotutela administrativa no sistema brasileiro de justiça multiportas, *In*, **Direito Federal Brasileiro**: 15 anos de jurisdição no STJ dos Ministros Og Fernandes, Luis Felipe Salomão e Mauro Campbell Marques, Londrina: Editora Thoth, 2023, p. 182.
11. "Es, por cierto, esta conciência colectiva, a la que dan su consentimiento los individuos de una democracia, conciencia que es 'racionalizada' por parte del órgano del pensamiento social, es decir, el estado" (MELOSSI, Dario. **El Estado del control social**: un estudio sociológico de los conceptos de estado y control social en la conformación de la democracia, Siglo veintiuno editores, México: 1992, p. 84).

Daí que a doutrina administrativa alude à categoria interesse público, que seria o resultado "*do conjunto dos interesses que os indivíduos pessoalmente têm quando considerados em sua qualidade de membros da Sociedade e pelo simples fato de o serem*"[12].

Não se trata, aqui, de uma autotutela reduplicativa ou em segunda potência, aludida por Eduardo Garcia de Enterria e Tomas-Ramon Fernandez, pela qual a Administração tem um segundo plano de autoproteção, que os autores entendem de todo questionável, como a vedação do acesso do Poder Judiciário se não se buscar precedentemente a tutela administrativa, um poder sancionatório penal direto, sem necessidade da atuação jurisdicional, e a imposição do princípio do *solve et repete*, em que se condiciona a interposição de recursos ao prévio pagamento da dívida então executada[13].

Considerando o entendimento que aquele primeiro pacto social deve ser mantido, evitando-se a anarquia e a tirania, é que se defende que o interesse público – consubstanciado, por exemplo, nos objetivos da República Federativa do Brasil[14] – é o móvel pelo qual o Estado justifica suas ações, inclusive em contrariedade aos interesses individualmente considerados, o que "confere sentido"[15] ao conviver em sociedade e legitima as ações estatais, já que baseadas em "normas de competência"[16].

---

12. BANDEIRA DE MELLO, Celso Antônio. **Curso de Direito Administrativo**, 17ª ed., São Paulo: Editora Malheiros, 2004, p. 53, grifos no original.
13. ENTERRIA, Eduardo Garcia de; FERNANDEZ, Tomas-Ramon. **Curso de Derecho Administrativo I**, Tercera edición, Madrid: Editorial Civitas, 1981, p. 432-434.
14. "Art. 3º Constituem objetivos fundamentais da República Federativa do Brasil: I – construir uma sociedade livre, justa e solidária; II – garantir o desenvolvimento nacional; III – erradicar a pobreza e a marginalização e reduzir as desigualdades sociais e regionais; IV – promover o bem de todos, sem preconceitos de origem, raça, sexo, cor, idade e quaisquer outras formas de discriminação".
15. "La función principal de los sistemas de interpretación que procuran la estabilización del mundo (*world-maintaining*) consiste en evitar el caos, es decir, dominar contingencias. La legitimación de los regímenes de poder y normas básicas puede entenderse entonces como una especialización de una función de 'conferir sentido'" (HABERMAS, Jürgen. **Problemas de legitimación en el capitalismo tardío**, traducción de José Luis Etcheverry, Ediciones Cátedra: Madrid, 1999, p. 197).
16. Robert Alexy, dentro do conceito de restrição a direitos fundamentais, assim descreve o alcance das normas de competência: "Para la solución del problema de saber qué es lo que hace que normas constitucionales sean restricciones de derechos fundamentales, hay que distinguir entre diferentes tipos de normas. Especial importancia tiene la distinción entre normas de competencia que fundamentan la competencia del Estado para dictar normas, por una parte, y las normas de mandato o prohibición dirigidas a los ciudadanos, por otra. Las *normas de competencia* más importantes para la teoría de las restricciones son establecidas por las reservas legales iusfundamentales. A través de ellas, el legislador queda autorizado para imponer restricciones de derechos fundamentales. A la competencia del legislador corresponde aquí la sujeción del titular de derecho fundamental" (ALEXY, Robert. **Teoría de los**

Particularmente sobre a relação jurídica do direito tributário a força executiva advém da própria natureza deste ramo especializado, que se caracteriza inerentemente pela subtração do patrimônio privado para obter receitas – que, doravante, se tornam públicas –, para realizar despesas atinentes à implementação de políticas concretizadoras de direitos fundamentais.

Segundo João Aurino de melo Filho:

> A autotutela tributária, enfim, não significa o exercício unilateral de um poder administrativo, mas, sim, o exercício de prerrogativas processuais legais.
>
> Do exposto até aqui, pode-se concluir, sinteticamente, que a obrigação tributária tem características específicas, não sendo assimilável a nenhuma outra espécie de obrigação; das particularidades da relação tributária, surge uma lide também peculiar, a lide tributária; como essa lide tributária é diferente da lide civil, ensejará um processo tributário também distinto do processo civil[17].

A imperatividade ou autotutela da Administração Pública no direito brasileiro é possível por diversas disposições legais, que disciplinam e possibilitam que se adentre no patrimônio das pessoas sem a intervenção do Poder Judiciário[18]. A Execução Fiscal Administrativa não se trata, portanto, de uma novidade normativa, nem tampouco inconstitucional.

Derechos Fundamentales, Centro de Estudios Constitucionales: Madrid, 1993, p. 272-273, grifos no original).

17. MELO FILHO, João Aurino de. **Racionalidade Legislativa do Processo Tributário**, Salvador: Editora Juspodivm, 2018, p. 461.

18. "O devido processo legal na esfera administrativa, no caso específico da expropriação de bens, é, deve-se pontuar, parte indissociável da atuação da Administração Pública. No Direito positivo brasileiro, há diversas previsões de atos administrativos autoexecutórios que implicam na perda de bens, podendo-se citar, apenas para exemplificar, as normas do artigo 72, IV, V, VII e VIII, da Lei nº 9.605, de 12 de fevereiro de 1998; o artigo 58 do Código das Águas (Decreto nº 24.643, de 10 de julho de 1934); o artigo 7º do Decreto-lei nº 3.365, de 21 de junho de 1941; o artigo 45 da Lei nº 9.784, de 29 de janeiro de 1999; as normas da Lei nº 6.024, de 13 de março de 1974, que dispõe sobre intervenção e liquidação extrajudicial de instituições financeiras privadas e públicas não federais, assim como as cooperativas de crédito, pelo Banco Central do Brasil: a intervenção administrativa nas sociedades seguradoras, na forma do artigo 90 do Decreto-lei nº 73, de 21 de novembro de 1996; a intervenção administrativa prevista na Lei Complementar nº 109, de 29 de maio de 2001, nas entidades de previdência complementar; e, especialmente com reflexos na seara tributária, a pena administrativa de perdimento de bens, prevista no artigo 105 do Decreto-lei nº 37, de 18 de novembro de 1966, e no artigo 23, § 1º, do Decreto-lei 1.445 de 7 de abril de 1976". (MELO FILHO, João Aurino de. **Racionalidade Legislativa do Processo Tributário**, Salvador: Editora Juspodivm, 2018, p. 493-494). Fredie Didier Júnior e Leandro Fernandez catalogam 22 normas que expressamente disciplinam a autotutela administrativa: Decreto n. 1.102/1902, art. 14; Decreto-Lei n. 5.452/1941, art. 462, § 1º; Lei n. 3.807/1960, art. 79, § 2º; Lei n. 4.591/1964, art. 63; Lei 4.864, art. 1º, VI e VII; Decreto-Lei n. 70/1966, art. 31 a 37; Decreto-Lei n. 116/1967, art. 7º; Decreto-Lei n. 745/1969, art. 1º, parágrafo único; Decreto-Lei n. 911/1969, art. 2º; Lei n. 6.404/1976, art. 107, II; Lei 6.766/1979,

Assim, do questionamento se há norma constitucional sobre o direito de propriedade e sua função social, dentro do aspecto da autotutela administrativa, que autoriza o incursionamento na propriedade privada sem um processo judicial, se pode responder, além dos objetivos antes referidos da República Federativa do Brasil, igualmente, o princípio do devido processo legal administrativo, estabelecido e concretizado nas diversas leis de autotutela administrativa.

Trata-se, a rigor, da conhecida e clássica doutrina da colisão de princípios e seus sopesamentos, de Robert Alexy, pela qual as restrições a direitos fundamentais, além de estarem baseadas em "normas de competência", também estabelecem restrições a direitos fundamentais por princípios[19].

5.4. DEVIDO PROCESSO LEGAL ADMINISTRATIVO[20]

A Constituição Federal estatui que "ninguém será privado da liberdade ou de seus bens sem o devido processo legal" (art. 5º, LIV).

O que é devido processo legal?[21]

---

art. 32; Lei 7.565/1986, art. 16; Constituição Federal, art. 9º, e Lei n. 7.783/1989; Lei 8.245/1991, art. 35; Lei 9.492/1997; Lei 9.514/1997; Lei 9.973/2000, art. 9º; Código Civil, arts. 188, I, 242, 249, parágrafo único, 251, parágrafo único, 319, 368, 418, 420, 476, 527, 571, parágrafo único, 578, 644, 664, 681, 708, 742, 878, 1.210, § 1º, 1.219, 1.283, 1.313, 1.423, 1.422, II, 1.455, parágrafo único, 1.469-1.470, 1.507, § 2º; Lei n. 10.820/2003, Lei 10.931/2004; Lei 13.606/2018; Lei 13.786/2018. DIDIER JÚNIOR, Fredie; FERNANDEZ, Leandro. A autotutela administrativa no sistema brasileiro de justiça multiportas, *In*, **Direito Federal Brasileiro**: 15 anos de jurisdição no STJ dos Ministros Og Fernandes, Luis Felipe Salomão e Mauro Campbell Marques, Londrina: Editora Thoth, 2023, p. 182-186.

19. "Principios contrapuestos restringen materialmente las posibilidades juridicas de la realización de principios iusfundamentales. Si no tuvieran vigencia los principios contrapuestos o si no tuvieran rango constitucional, aquellas posibilidades serían más amplias. Por ello, el problema no es el carácter de restriciciones sino la constatación del alcance de su restricción definitiva. Por ello, tambíen los principios pertenecen a las normas que pueden ser restricciones de derechos fundamentales. Un *principio* es una restricción de un derecho fundamental cuando hay casos en los cuales es una razón para que, en lugar de una liberdad iusfundamental *prima facie* o de un derecho fundamental *prima facie*, aparezca una no-liberdad definitiva o un no-derecho definitivo de igual contenido" (ALEXY, Robert. **Teoría de los Derechos Fundamentales**, Centro de Estudios Constitucionales: Madrid, 1993, p. 275-276, grifos no original).
20. Excertos deste tópico foram extraídos, com adaptações, de: OLIVEIRA, Weber Luiz de. Ação de direito material e execução fiscal administrativa no contexto da desjudicialização: (im)possibilidades constitucionais, *In*, **Revista Eletrônica Direito e Política**, Programa de Pós-Graduação Stricto Sensu em Ciência Jurídica da UNIVALI, Itajaí, v.15, n. 2, 2º quadrimestre de 2020, p. 644-673. Disponível em: https://periodicos.univali.br/index.php/rdp/article/view/16867/9582. Acesso em 8 abr. 2023.
21. Questionamento realizado por Humberto Ávila, *In*, **Revista de Processo**, vol. 163, ano 33, pp. 50-59, São Paulo: Editora Revista dos Tribunais, set. 2008.

Tem assento apenas no processo judicial?[22]

Divide a doutrina[23], seguida pela jurisprudência[24], o devido processo legal em uma dimensão substancial e procedimental, sendo aquela concernente à aplicação dos princípios/postulados da proporcionalidade-razoabilidade, podendo-se, eventualmente, afastar formalidades em procedimentos legalmente estatuídos para concretizar direitos fundamentais em disputa no processo, e, a procedimental, relativa ao respeito às formas e procedimentos estabelecidos na legislação. Essa construção não é imune às críticas[25].

---

22. Indaga também Fernão Borba Franco: "Será o 'devido processo legal' judicial o mesmo 'devido processo legal' administrativo? Será possível, enfim, um raciocínio comum entre eles?" (Processo administrativo, teoria geral do processo, imparcialidade e coisa julgada, *In*, **Teoria do processo**: panorama doutrinário mundial, vol. 1, coords. Fredie Didier Jr. e Eduardo Ferreira Jordão, Salvador: Editora Juspodivm, 2008, p. 233).
23. CANOTILHO, José Joaquim Gomes. **Direito constitucional e teoria da Constituição**, 7ª ed., Coimbra: Editora Almedina, 2003, p. 494-495. NERY JR., Nelson. **Princípios do processo civil na Constituição Federal**, 8ª ed., São Paulo: Editora Revista dos Tribunais, 2004, p. 65-70. DIDIER JR. Fredie. **Curso de direito processual civil**: introdução ao direito processual civil, parte geral e processo de conhecimento, 17ª ed., Salvador: Editora Juspodivm, 2015, p. 67-71. THEODORO JR., Humberto. **Curso de Direito Processual Civil** – Teoria geral do direito processual civil, processo de conhecimento e procedimento comum – vol. I, 56ª ed., Rio de Janeiro: Editora Forense, 2015, p. 82-82.
24. Colhe-se, por exemplo, do Supremo Tribunal Federal: ADI 173, Rel.: Min. Joaquim Barbosa, Tribunal Pleno, j. em 25/09/2008; RE 565048, Rel.: Min. Marco Aurélio, Tribunal Pleno, j. em 29/05/2014. Como exemplo da aplicação do devido processo legal em sua dimensão substancial no Superior Tribunal de Justiça: REsp 1303284/PR, Rel. Min. Nancy Andrighi, Terceira Turma, j. em 16/04/2013; RMS 14.170/AP, Rel. Min. Humberto Gomes de Barros, Primeira Turma, j. em 25/06/2002.
25. Humberto Ávila manifesta-se nos seguintes termos: "Não é correto usar o dispositivo relativo ao 'devido processo legal' como fundamento dos deveres de proporcionalidade e de razoabilidade e, portanto, do chamado 'devido processo legal substancial'. Em primeiro lugar, porque leva ao entendimento de que o fundamento normativo dos deveres de proporcionalidade e razoabilidade é o dispositivo relativo ao 'devido processo', quando o seu fundamento reside na positivação dos princípios de liberdade e igualdade conjuntamente com finalidades estatais. Em segundo lugar, porque o 'devido processo legal substancial', se compreendido como os deveres de proporcionalidade e de razoabilidade, dá a entender que esses deveres não estão presentes no 'devido processo legal procedimental', quando, em verdade, servem para a sua própria configuração como processo adequado ou justo. E, em terceiro lugar, porque aquilo que o uso da expressão 'devido processo legal substancial' quer designar – deveres de proporcionalidade e razoabilidade – também é realizado fora do 'processo'. Igualmente não é consistente separar o 'devido processo legal substancial' do chamado 'devido processo legal procedimental'. Em primeiro lugar, porque o 'devido processo procedimental' não é independente, no seu fundamento, de determinado princípio cuja aplicação reflexiva gera um direito subjetivo ou de determinada regra que o garanta, mas decorrente do seu próprio conteúdo normativo, ainda que ilegitimamente proclamado. Em segundo lugar, porque só se sabe se um processo é adequado ou justo se os atos praticados no processo forem proporcionais e razoáveis ao ideal de protetividade do direito alegado" (ÁVILA, Humberto. O que é devido processo legal?, *In*, **Revista de Processo**, vol. 163, ano 33, São Paulo: Editora Revista dos Tribunais, set. 2008, p. 58-59). No mesmo sentido, Luiz Guilherme Marinoni e Daniel Mitidiero

O devido processo legal também é considerado, além de um direito, uma garantia contra o exercício abusivo do direito, uma limitação ao poder[26], com funções integrativa, interpretativa e bloqueadora[27].

Renomada doutrina defende, inclusive, que destacado princípio seria gênero em relação aos demais princípios constitucionais processuais, que seriam espécies daquele, ou seja, "bastaria a norma constitucional haver adotado o princípio do *due process of law* para que daí decorressem todas as consequências processuais que garantiriam aos litigantes o direito a um processo e a uma sentença justa"[28].

Significa dizer, o princípio do devido processo legal seleciona e direciona o estabelecimento de regras processuais que concretizam demais princípios constitucionais processuais, como a ampla defesa, realizada através do contraditório, a publicidade, a isonomia, a duração razoável do processo, a presunção de inocência, o juiz natural, a inadmissibilidade de provas ilícitas e a coisa julgada, de modo que, em última *ratio*, concretizam o próprio princípio do devido processo legal.

Tal relação circular ou reflexiva dos princípios em relação às regras é enfatizada por Marcelo Neves, ao ponderar que os princípios "podem servir de balizamento, à construção, desenvolvimento, à fortificação ou ao enfraquecimento, à restrição ou ampliação de conteúdo de regras"[29].

(SARLET, Ingo Wolfgang. **Curso de Direito Constitucional**, 2ª ed., São Paulo: Editora Revista dos Tribunais, 2013, p. 700-701).

26. DIDIER JR. Fredie. **Curso de direito processual civil**: introdução ao direito processual civil, parte geral e processo de conhecimento, 17ª ed., Salvador: Editora Juspodivm, 2015, p. 63.

27. "Sendo o 'devido processo legal procedimental' um princípio que exige a realização de um estado ideal de protetividade de direitos, sem, no entanto, indicar os comportamentos cuja adoção irá contribuir para a promoção gradual desse ideal, tem a função de criar os elementos necessários à promoção do ideal de protetividade (função integrativa), interpretar as regras que já prevêem elementos necessários à promoção do ideal de protetividade (função interpretativa) e bloquear a eficácia das regras que prevêem elementos que são incompatíveis com a promoção do ideal de protetividade (função bloqueadora)" (ÁVILA, Humberto, O que é devido processo legal?, *In*, **Revista de Processo**, vol. 163, ano 33, São Paulo: Editora Revista dos Tribunais, set. 2008, p. 57-58).

28. NERY Júnior., Nelson. **Princípios do processo civil na Constituição Federal**, 8ª ed., , São Paulo: Editora Revista dos Tribunais, 2004, p. 60.

29. NEVES, Marcelo. **Entre Hidra e Hércules**: princípios e regras constitucionais como diferença paradoxal do sistema jurídico, 2ª ed., São Paulo: Editora WMF Martins Fontes, 2014, p. 131. Não se pode deixar de destacar, que para Neves, conforme a obra referenciada, os princípios constitucionais "também são diabólicos", referindo nos seguintes termos: "É verdade que um sistema jurídico moderno que superestime as regras em detrimento dos princípios constitucionais tende a uma consistência excessivamente rígida, isolando-se do seu ambiente: a rigidez do cristal torna-o socialmente inadequado perante uma sociedade altamente dinâmica e complexa. Entretanto, a fascinação pelos princípios constitucionais, em detrimento das

Poderia se conjecturar que os atos de desapossamento, como a penhora de bens, não poderiam ser realizados pelo Poder Executivo, mas tão-somente pelo Poder Judiciário. Nada obstante, é certo que o que delimita a Constituição Federal é que "ninguém será privado da liberdade ou de seus bens sem o devido processo legal" (art. 5º, LIV), não estabelecendo que a perda de bens seja obrigatoriamente realizada em um processo judicial, ou seja, o "devido processo legal" pode ser judicial ou administrativo[30]. Afinal,

> quando a Constituição determina a observância do devido processo legal como condição para interferência no patrimônio dos cidadãos, não impede que tal interferência seja realizada diretamente no âmbito administrativo, apenas exige que, caso seja realizada, os atos administrativos praticados com tal objetivo devam ser guiados pelo devido processo legal[31].

Concluída a fase de formação do título executivo, após obrigatória ampla defesa e contraditório por parte do contribuinte, o título executivo então formado (CDA), ingressaria em uma nova fase do processo-procedimento administrativo, com a excussão de bens do devedor até sua final satisfação.

Evidente, por óbvio, que eventuais lesões ou ameaças a direito (CF, art. 5º, XXXV) estarão sob o amparo do Poder Judiciário, por intermédio de proposituras de ações judiciais pelos contribuintes.

Portanto, a destituição da propriedade mediante a participação num procedimento em contraditório não é função exclusiva do Poder Judiciário, não se efetiva apenas em um Processo jurisdicional, conforme antes já de-

---

regras, tende a bloquear a consistência jurídica, dissolvendo o direito amorfamente em seu ambiente e subordinando-o imediatamente às intrusões particularistas do poder, do dinheiro, dos moralismos intolerantes, dos valores excludentes inegociáveis etc." (p. 133)

30. MEDAUAR, Odete. **A processualidade do direito administrativo**, São Paulo: Editora Revista dos Tribunais, 1993. MOREIRA, Egon Bockmann. **Processo administrativo**: princípios constitucionais e a Lei 9.784/1999, 2ª ed., São Paulo: Editora Malheiros, 2003. A propósito, Fredie Didier Jr. enfatiza: "Processo é método de exercício de poder normativo. As normas jurídicas são produzidas após um processo (conjunto de atos organizados para a produção de um ato final). As leis, após o processo legislativo; as normas administrativas, após um processo administrativo; as normas individualizadas jurisdicionais, enfim, após um processo jurisdicional. Nenhuma norma jurídica pode ser produzida sem a observância do devido processo legal. Pode-se, então, falar em devido processo legal legislativo, devido processo legal administrativo e devido processo legal jurisdicional (DIDIER JR. Fredie. **Curso de direito processual civil**: introdução ao direito processual civil, parte geral e processo de conhecimento, 17ª ed., Salvador: Editora Juspodivm, 2015, p. 63). De modo similar Ada Pelegrini Grinover (**Ensaio sobre a processualidade**: fundamentos para uma nova teoria geral do processo, Brasília: Editora Gazeta Jurídica, 2016, p. 21-24).
31. MELO FILHO, João Aurino de. **Racionalidade Legislativa do Processo Tributário**, Salvador: Editora Juspodivm, 2018, p. 456.

monstrado, notadamente pelos processos desjudiciais da Lei de Alienação Fiduciária (Lei Federal n. 9.514, de 20 de novembro de 1997), do Decreto-Lei n. 70, de 21 de novembro de 1966, que institui a cédula hipotecária, e a usucapião administrativa, disciplinada no art. 216-A na Lei de Registros Públicos, Lei n. 6.015, de 31 de dezembro de 1973.

Tais procedimentos legais de Desjudicialização ou de Ação de Direito Material, respeitados o devido processo legal em âmbito privado, transferem a propriedade sem a intervenção jurisdicional.

Qual, portanto, a diferença do que se propõe nesse estudo?

Parece correto afirmar que inexiste, uma vez que, assim como faz o credor particular, o credor público igualmente atuaria baseado em legislação que respalda seus atos, dentro de um obrigatório e constitucional devido processo legal. Existindo controvérsia em que se entenda pela intervenção judicial, a inafastabilidade do controle jurisdicional é medida natural, assim como se tem no procedimento de usucapião extrajudicial (art. 216-A, § 10, da Lei 6.015/1973).

Por fim, merece referência a Lei n. 13.606, de 9 de janeiro de 2018, que incluiu na Lei 10.522, de 19 de julho de 2002, dispositivos que possibilitam a realização de procedimentos direcionados à satisfação do crédito tributário e não tributário (art. 20-B a 20-E), não se chegando, como ora se defende, a autorizar o ingresso no patrimônio do contribuinte devedor no âmbito do Processo Administrativo[32].

A Portaria n. 33, de 8 de fevereiro de 2018, da Procuradoria Geral da Fazenda Nacional, ao regulamentar a lei destacada, autorizou a adoção de diversos atos administrativos de cobrança extrajudicial tendentes a, indiretamente, forçar o adimplemento, estando preceituado (art. 7º), inclusive, a possibilidade de realização de negócio jurídico processual visando a recuperação dos débitos (art. 38).

---

32. Assim dispõe o art. 20-B, da Lei 10.522/2002: "Inscrito o crédito em dívida ativa da União, o devedor será notificado para, em até cinco dias, efetuar o pagamento do valor atualizado monetariamente, acrescido de juros, multa e demais encargos nela indicados. § 1o A notificação será expedida por via eletrônica ou postal para o endereço do devedor e será considerada entregue depois de decorridos quinze dias da respectiva expedição. § 2o Presume-se válida a notificação expedida para o endereço informado pelo contribuinte ou responsável à Fazenda Pública. § 3o Não pago o débito no prazo fixado no caput deste artigo, a Fazenda Pública poderá: I – comunicar a inscrição em dívida ativa aos órgãos que operam bancos de dados e cadastros relativos a consumidores e aos serviços de proteção ao crédito e congêneres; e II – averbar, inclusive por meio eletrônico, a certidão de dívida ativa nos órgãos de registro de bens e direitos sujeitos a arresto ou penhora, tornando-os indisponíveis."

Quanto à possibilidade de alienação de bens ainda se manteve regulamentado a obrigatoriedade de postulação ao juízo, conforme enuncia o art. 42, ao dispor que a "manifestação para realização de alienação por iniciativa própria será feita mediante petição endereçada ao juízo competente".

Esses atos normativos demonstram, enfim, uma mudança de entendimento de que atos extrajudiciais, em um contexto de Desjudicialização, podem ser realizados pela Administração Pública.

5.5. INEXISTÊNCIA DE RESERVA DE JURISDIÇÃO

A Judicialização da Execução Fiscal apenas é uma repetição do que já teria ocorrido nos autos do Processo Administrativo, em uma dualidade de instâncias julgadoras já objeto de pesquisas empíricas[33], que demonstraram a perda de tempo e dinheiro públicos com a repetição de atos procedimentais, com consequências danosas ao Estado brasileiro pela inefetividade da Execução Fiscal Judicial, o que, como já asseverado, é reiteradamente demonstrado pelos relatórios do Conselho Nacional de Justiça[34].

Há, portanto, obrigatoriedade de judicializar a Execução Fiscal[35]?

Ou melhor, o direito de "ação" processual é impositivo?[36]

---

33. UNIVERSIDADE FEDERAL DO RIO GRANDE DO SUL – FACULDADE DE DIREITO. Pesquisa CNJ – Edital de Seleção n.° 01/2009. **Inter-relações entre o processo administrativo e o judicial [em matéria fiscal] a partir da identificação de contenciosos cuja solução deveria ser tentada previamente na esfera administrativa**, Porto Alegre: UFRGS, dez./2010 – jan./2011, p. 182. Disponível em: https://bibliotecadigital.cnj.jus.br/jspui/bitstream/123456789/141/1/UFRGS%20-%20Universidade%20Federal%20do%20rio%20Grande%20do%20Sul%20-%20Edital%20n%c2%b0%2001-2009%20-%20Inter-rela%c3%a7%c3%b5es%20entre%20o%20processo%20administrativo%20e%20o%20Judicial.pdf. Acesso em 8 jun. 2023.
34. É oportuno reafirmar o descrito pelo CNJ, que o "processo judicial acaba por repetir etapas e providências de localização do devedor ou patrimônio capaz de satisfazer o crédito tributário já adotadas pela administração fazendária" (BRASIL. Conselho Nacional de Justiça. **Justiça em Números 2021**, p. 175) Disponível em: https://www.cnj.jus.br/wp-content/uploads/2021/11/relatorio-justica-em-numeros2021-221121.pdf .Acesso em 2 mai. 2022.
35. Conforme referido por Carlos Francisco Lopes Melo, diversos doutrinadores entendem pela obrigatoriedade da judicialização da execução fiscal, tais como, Hugo de Brito Machado, José Eduardo Soares de Melo e Sacha Calmon Navarro Coelho (LOPES MELO, Carlos Francisco. Execução Fiscal à luz da Constituição Federal, *In*, **Revista da AGU**, ano 11, número 31, jan. 2012).
36. Oportuna, novamente, a lição de Pontes de Miranda: "Porém há um ponto que ainda merece referência. A exigibilidade através de órgãos do Estado ou de corpo que tutele o direito (*e. g.*, juízo arbitral, obrigatório ou não) não se limita à justiça. Quando se fala de acionabilidade e de exigibilidade judicial como sinônimos, parte-se do *quod plerumque fit*. Somente com essa advertência é possível usar-se a sinonímia. Os órgãos estatais não-judiciais e os corpos não-estatais (se o monopólio estatal da tutela jurídica o permite) apresentam espécies de exigibilidade que não é a auto-satisfativa. Também ocorre, por vezes, que a pretensão perde apenas essa via (administrativa, arbitral, insertiva no orçamento) e conserva a ação perante

Há, nesta temática, reserva de jurisdição?

Parece adequado afirmar que não, porquanto a Ação, "antes de um dever, é um ato voluntário e livre, que pode não ser exercido se os interessados conseguiram resolver o seu conflito por outro meio, ou se o deixaram, inclusive, deliberadamente sem solução"[37].

Trata-se, em realidade, de visualizar que a duplicidade obrigatória de instâncias decisórias estatais não traz qualquer racionalidade ao sistema jurídico, ao orçamento público e à atividade privada[38].

Se o serviço jurisdicional em um Estado Democrático de Direito deve ser prestado, em última razão, quando não se obteve resolução extrajudicial do litígio, a existência de um instrumento processual que possibilita, dentro de um devido processo legal, o incursionamento da atividade pública na atividade privada, como a Execução Fiscal Administrativa, se afasta, neste primeiro momento, a obrigatoriedade da intervenção do Poder Judiciário e eventual limitação de reserva da jurisdição.

---

a justiça. Esta é, portanto, espécie (ou uma das direções) da ação e leva a 'ação', processual" (MIRANDA, Pontes de. **Tratado das ações**, tomo 1, Campinas: Editora Bookseller, 1998, p. 124).

37. CALMON DE PASSOS, José Joaquim. **A ação no direito processual brasileiro**, Coleção "Obras de J. J. Calmon de Passos – Clássicos", orgs. Fredie Didier Jr. e Paula Sarno Braga, Salvador: Editora Juspodivm, 2014, p. 72.

38. "Isso porque a Constituição, embora tenha assegurado tanto o direito de petição a todos os Poderes quanto o direito de acesso ao Judiciário, em nenhum momento assegurou o direito de acesso a duas instâncias distintas de resolução de conflitos para discussão de uma mesma questão. Inexiste, pois, o direito constitucional de a mesma parte discutir a mesma questão jurídica tanto no âmbito do Estado-Administração quanto no do Estado-Juiz: é preciso racionalizar o aparato estatal de resolução de conflitos, não apenas por uma questão de coerência lógica, mas por uma imposição de eficiência e de celeridade – não se podendo esquecer, ainda, da também necessária racionalização dos recursos orçamentários que irrigam, ao final, ambas as instâncias processuais (MELO FILHO, João Aurino de. **Racionalidade Legislativa do Processo Tributário**, Salvador: Editora Juspodivm, 2018, p. 439-440).

PARTE 3

FEDERALISMO E PRODUÇÃO DO DIREITO PELOS ESTADOS-MEMBROS PARA EXECUÇÃO FISCAL ADMINISTRATIVA

Os problemas de pesquisa enfrentados na Tese são:

É possível a Execução Fiscal Administrativa no Brasil, contribuindo para a Desjudicialização da Administração Pública, sem ofender os Direitos Processuais Fundamentais?

Os Estados Federados têm competência legislativa para produzir Direito sobre Execução Fiscal Administrativa?

A respeito do primeiro problema – base conceitual para o segundo –, acredita-se que as Partes 1 e 2 comprovaram a possibilidade jurídico-constitucional no ordenamento brasileiro da Execução Fiscal Administrativa, em um contexto de Desjudicialização da Administração Pública.

No que concerne ao segundo e principal problema, particularmente a Tese a ser apresentada, tem-se como hipótese a ser desenvolvida e corroborada a Competência dos Estados-Membros para produzir norma a respeito da Execução Fiscal Administrativa, o que se confirmará com a exposição das características do Federalismo brasileiro e a forma de repartição das Competências Legislativas preceituadas na Constituição Federal.

Assentadas, portanto, as premissas da possibilidade constitucional da Execução Fiscal Administrativa a Tese adentra, nesta Parte 3, na sua originalidade: a Produção do Direito na perspectiva de os Estados-Membros terem Competência Legislativa para legislar a respeito, de forma autônoma e independente. Afinal,

> a falta de leis que regulamentam, de maneira específica, os procedimentos em matéria processual, não é fruto apenas da existência de leis nacionais que teriam esgotado completamente a matéria, sem deixar espaço para legislações específicas. Também o legislador estadual, ainda preso às tradições legislativas brasileiras, tem se mostrado tímido em utilizar estes meios de adaptar as regras procedimentais às necessidades de seus respectivos Estados[1].

Para tanto, serão enfrentadas as características do Federalismo brasileiro, considerando que a demonstração de Competências Legislativas pressupõe, na divisão de Competências inerente em um Estado Federal, o esclarecimento da forma com que esta Competência é disposta na normatividade constitucional[2].

1. SOUZA, Márcia Cristina Xavier. A competência constitucional para legislar sobre processo e procedimentos e o Código de Processo Civil de 2015, *In*, **Revista de Direito da Faculdade Guanambi**, v. 4, n. 01, jan.-jun. 2017, p. 139.
2. LOPES FILHO, Juraci Mourão. **Competências Federativas na Constituição e nos precedentes do STF**, 2ª ed., Salvador: Editora Juspodivm, 2019.

Capítulo 1
FEDERALISMO

Em uma pesquisa que pretende uma cientificidade a respeito da Produção do Direito pelos Estados brasileiros no que concerne à Execução Fiscal Administrativa, sem depender do ente central, a pesquisa, análise e estudo sobre as Competências Legislativas é de impositiva realização.

Antes, porém, imprescindível e obrigatório, igualmente, enquadrar tais Competências no quadro em que estão inseridas, institucional e politicamente, de modo que a Federação, como forma de Estado e de repartição de poderes na governança dos países e de seus territórios, como o Federalismo e sua relevância[1], serão objeto inicial de exposição desta terceira e última parte da pesquisa acadêmica, a fim de assentar as premissas teóricas do Federalismo mundial e brasileiro para, depois, imiscuir-se especificamente na produção de normatividade dos Estados constituintes da Federação brasileira.

1.1. ORIGENS E CARACTERÍSTICAS DO FEDERALISMO

O modo pelo qual o Estado desenvolve suas atividades, cria e administra suas instituições e se relaciona com as pessoas viventes em seu território é estreitamente interligado com sua forma, federativa ou unitária, e com seu governo, republicano ou monárquico[2].

Em comentário ao "O Federalista", reunião de textos publicados em 1.778 por Alexander Hamilton, James Madison e John Jay, para demonstrarem que os Estados americanos deveriam ratificar a recente Constituição,

---

1. Eduardo Kugelmas, a propósito, destaca: "O interesse pelo federalismo como tema estratégico de análise política e institucional aumentou dramaticamente nos últimos anos; antes visto sobretudo como um capítulo dos manuais de Direito Constitucional e objeto de um tratamento mais circunscrito ao campo jurídico-formal, sua dimensão política e econômica tem sido objeto de estudos, pesquisas, seminários e congressos com uma intensidade digna de nota" (KUGELMAS, Eduardo. A evolução recente do regime federativo no Brasil, *In*, **Federalismo na Alemanha e no Brasil**, Whilhelm Hofmeister e José Mario Brasiliense Carneiro (Org.), São Paulo: Fundação Konrad Adenauer, 2001, p. 29).
2. Excertos desta parte foram extraídos, com adaptações, de pesquisa inicial sobre a temática: OLIVEIRA, Weber Luiz de. Abstrativização do Controle Concreto de Constitucionalidade na perspectiva do Federalismo, *In*, **Revista Magister de Direito Civil e Processual Civil**, v. 103, jul./ago. 2021, p. 113-135.

esclarece Fernando Papaterra Limongi[3] que a ideia era a criação de um governo central que não apenas se relacionasse com os Estados, como em uma Confederação, mas, igualmente, com os indivíduos e que as normas então emanadas também devessem ser por eles cumpridas[4].

Sobre as relações entre os Estados-Membros a Constituição dos Estados Unidos impôs três obrigações (cláusulas), extraídas dos artigos da Confederação, quais sejam,

> require the states to give full faith and credit to one another´s public acts, records, and judicial proceedings; to extend to one another´s citizens the privileges and immunities of their own citizens; and to return persons who are fleeing from justice[5].

Em uma coletânea de discursos, cartas e artigos proferidos durante a controvérsia entre federalistas e antifederalistas para a ratificação da Constituição dos Estados Unidos[6], colhe-se o entendimento dos denominados antifederalistas sobre a disputa entre Estados-Membros menos e mais populosos e suas representações parlamentares, mas, principalmente, acerca

---

3. LIMONGI, Fernando Papaterra. **Os clássicos da política**, vol. 1, org. Francisco C. Weffort, 14ª ed., São Paulo: Editora Ática, 2006, p. 247-248.
4. HAMILTON, Alexander; MADISON, James. **O Federalista**, Tomo Primeiro, Rio de Janeiro: Typ. Imp. e Const. de J. Villeneuve e Comp., 1840, p. 170-171.
5. BURNS, James Mac Gregor; PELTASON, J.W.; CRONIN, Thomas E. **Government by the People**, New Jersey: Prentice-Hall, Inc., 1984, p. 50. Destacados autores assim descrevem, na mesma página, as três cláusulas: "FULL FAITH AND CREDIT. The full faith and credit clause is one of the most technical provisions of the Constitution. In general, it requires each state court to enforce civil judgments of other state courts and to accept their public records and acts as valid documents. (It does not require states to enforce the criminal laws of other states; in most cases, for one state to enforce the criminal laws of another would be unconstitutional.) The clause applies especially to noncriminal judicial proceedings. INTERSTATE PRIVILEGES AND IMMUNITIES. States must extend to citizens of other states the privileges and immunities granted to their own citizens, including the protection of the laws, the right to engage in peaceful occupations, access to the courts, and freedom from discriminatory taxes. Further, a state may not withhold political rights from United States citizens who move into the state by imposing unreasonable 'durational residency' requirements. EXTRADITION. The Constitution asserts that a state shall deliver to proper officials criminals who have fled from another state when requested to do so by the government of the state from which the criminal have fled. Congress has supplemented this constitutional provision for extradition by making the governor of the state to which fugitives have fled the responsible agent for returning ernors to surrender (extradite) persons wanted in other states. Normally extradition is handled in a routine fashion. Further, Congress has made it a federal crime to flee from one state to another for the purpose of avoiding prosecution for a felony and has ordered the federal trial to take place in the state from which the person has fled" (grifos no original).
6. BAILYN, Bernard. **The Debate on the Constitution**: Federalist and Antifederalist Speeches, Articles, and Letters During the Struggle over Ratification, part one, New York: The Library of America, 1993.

da divisão de poderes, em que os denominados antifederalistas pretendiam um governo federal central fraco e, consequentemente, governos estaduais fortes, na preocupação do enfraquecimento destes – que estavam mais próximos do povo – em detrimento daquele – que passou a ter poderes e competências superiores[7].

Assim, é consabido que o Federalismo, nos moldes contemporâneos, surgiu com os debates para a elaboração de uma nova Constituição dos Estados Unidos, de 1.787, e, particularmente, sobre a forma de Estado que se almejava pelas colônias americanas, diversa da Confederação, que se caracteriza pela união de Estados que mantêm suas soberanias e, há, portanto, um único centro de poder[8].

Ainda em relação à formação federativa dos Estados Unidos, base conceitual e viva do Federalismo, Cass Sunstein aduz sobre o debate de James Madison e os antifederalistas a respeito da adoção, no extenso território americano, de um governo republicano, no sentido de que, na crença republicana clássica, a virtude do governo do povo, para os antifederalistas, não seria consonante com grandes territórios[9]. Venceu a ideia de que é justamente em grandes áreas territoriais que a Federação é a forma de Estado republicano adequada.

Considerando o território um dos elementos essenciais do Estado, o Federalismo está ligado à delimitação e repartição de poderes dentro dessa territorialidade e das suas subdivisões internas, formando um Estado composto e plural[10] vinculado pelo laço federativo[11] na medida em que, ao contrário do Estado Unitário, "o poder se reparte, se divide, no espaço

---

7. O seguinte trecho de artigo de George Mason é exemplificativo: "There is no declaration of rights; and the laws of the general government being paramount to the laws and constitutions of the several States, the declarations of rights in the separate State are no security. Nor are the people secured even in the enjoyment of the benefits of the common law, which stands here upon no other foundation than its having been adopted by the respective acts forming the constitutions of the several States". MASON, George. "Objections to the Constitution", circulated early October 1787, published in full in the Virginia Journal (Alexandria), November 22, 1787. America Under the Constitution: "A Monarchy, or a Corrupt Oppressive Aristocracy", *In*, BAILYN, Bernard. **The Debate on the Constitution**: Federalist and Antifederalist Speeches, Articles, and Letters During the Struggle over Ratification, part one, New York: The Library of America, 1993, p. 346.
8. HOLTON, Woody. **Unruly Americans and the Origins of the Constitution**, New York: Hill and Wang, 2007.
9. SUNSTEIN, Cass. **The Partial Constitution**. Cambridge: Harvard Univesity Press, 1994, p. 20.
10. HORTA, Raul Machado. **Direito Constitucional**, 2ª ed., Belo Horizonte: Editora Del Rey, 1999, p. 351.
11. HORTA, Raul Machado. Reconstrução do federalismo brasileiro, *In*, **Revista de Informação Legislativa**, ano 18, n. 72, out./dez. 1981, p. 13.

territorial (divisão espacial de poderes), gerando uma multiplicidade de organizações governamentais, distribuídas regionalmente"[12] e possibilitando a coexistência de normas válidas em todo o território nacional e normas válidas em determinadas partes, circunscritas ao território de uma das partes do Estado Federal, o que Hans Kelsen classifica, respectivamente, como normas centrais e normas não-centrais ou locais[13].

Um conceito abrangente de Federalismo e detalhado é proposto por Daniel J. Elazar, em trabalho específico na perspectiva dos Estados Federados americanos, suas competências e relações com o governo central e suas comunidades:

> Federalism can be defined as the mode of political organization that unites separate polities within an overarching political system by distributing power among general and constituent governments in a manner designed to protect the existence and authority of both. By requiring that basic policies be made and implemented through a process of negotiation that involves all polities concerned, federal systems enable all to share in the overall system's decision-making and executing processes. In its simplest form, federalism means political integration through the compounding of political systems that continue to exist within the new whole. In a larger sense, however, federalism is more than an arrangement of governmental structures; it is a mode of political activity that requires the extension of certain kinds of cooperative relationships throughout any political system it animates[14].

Portanto,

> Federalism refers to a political system in which there are local (territorial, regional, provincial, state, or municipal) units of government, as well as a national government, that can make final decisions with respect to at least some governmental activities and whose existence is specially protected[15].

Essa divisão é caracterizada pela manutenção de alguns poderes e competências, o que dá certa liberdade de atuação às partes, de modo que se entende que existe uma autonomia federativa, assentada, conforme José

12. SILVA, José Afonso da. **Curso de Direito Constitucional Positivo**, 42ª ed., São Paulo, Editora Malheiros, 2019, p. 100.
13. KELSEN, Hans. **Teoria Geral do Direito e do Estado**, 3ª ed., trad. de Luís Carlos Borges, São Paulo: Editora Martins Fontes, 1998, p. 434.
14. ELAZAR, Daniel Judah. **American Federalism**: A View from the States, Third Edition, New York: Harper & Row, Publishers, 1984, p. 2.
15. WILSON, James Q. **American Government**: Institutions & Policies, Third Edition, Toronto: D. C. Heath and Company, 1986, p. 48.

Afonso da Silva, em dois elementos: a "*existência de órgãos governamentais próprios*" e na "*posse de competências exclusivas*"[16].

É importante esclarecer que o Estado Federal é detentor da Soberania e, os Estados Federados, enquanto entes federativos e subnacionais, "são titulares tão-só de autonomia, compreendida *como governo próprio dentro do círculo de competências traçadas pela Constituição Federal*[17]". Costuma-se utilizar o termo federal para designar o governo nacional, ou seja, "*federal* is frequently used as a synonym for *national*"[18].

Sendo a Autonomia uma das categorias essenciais desta obra, sobreleva realçá-la na teoria geral do Federalismo exposta por José Alfredo de Oliveira Baracho:

> A autonomia é princípio do Estado-ordenamento. Não é simples desdobramento da atividade estatal, através de órgãos ou de áreas incumbidas de realizar determinadas atribuições.
>
> A autonomia constitui uma pluralidade de ordenamentos, revestindo de organização própria os centros territoriais de atividade jurídica, política e social. Autonomia é, no caso, expressão do poder estatal.
>
> A autonomia está vinculada à ideia de pluralidade de ordenamentos. Por isso, a sua mais elevada realização, do domínio da forma do Estado, encontra-se naquela pluralidade inconfundível.
>
> A autonomia permite que as comunidades federadas conservem, cada uma, certa independência, que lhes permite efetuar a gestão de seus negócios[19].

Segundo Raul Machado Horta, expoente brasileiro dos estudos sobre o Federalismo, muito embora na

> diversidade de tipos constitucionais e históricos recolhem-se, entretanto, elementos definidores, às vezes mais nítidos e constantes, outras vezes fluídos e imprecisos, mas, de qualquer forma, presentes na estrutura federal: a composição plural dos entes estatais, a indissolubilidade do vínculo federativo, a repartição de competências, a autonomia do Estado-Membro, a intervenção federal, o sistema bicameral, a repartição tributária, a existência

16. SILVA, José Afonso da. **Curso de Direito Constitucional Positivo**, 42ª ed., São Paulo, Editora Malheiros, 2019, p. 102, grifos no original.
17. SILVA, José Afonso da. **Curso de Direito Constitucional Positivo**, 42ª ed., São Paulo, Editora Malheiros, 2019, p. 102, grifos no original.
18. BURNS, James Mac Gregor; PELTASON, J.W.; CRONIN, Thomas E. **Government by the People**, New Jersey: Prentice-Hall, Inc., 1984, p. 43, grifos no original.
19. BARACHO, José Alfredo de Oliveira. **Teoria Geral do Federalismo**, Belo Horizonte: Fumarc, 1982, p. 50.

> de um Supremo Tribunal, dotado de jurisdição conclusiva na interpretação e na aplicação da lei federal e da Constituição Federal, conforme o modelo federal norte-americano, ou de um Tribunal Constitucional Federal, para o exercício concentrado da jurisdição constitucional, na mais recente criação do federalismo europeu[20].

George Anderson, candadense, Presidente do Fórum das Federações[21], cataloga aspectos gerais do Federalismo no mundo, como suas variações e características comuns, escolha, unidades constitutivas, divisão de poderes, dinheiro e poderes fiscais, instituições governamentais centrais, pilares legais, relações intergovernamentais, política, unidade e diversidade[22]. Por ser uma sistematização bem estruturada do panorama global acerca do Federalismo, os principais pontos desta publicação serão adiante abordados.

A importância do Federalismo no mundo é apontada por George Anderson com os seguintes dados: 40% (quarenta por cento) da população mundial, em 28 países[23], vivem em Federações; a maioria das democracias de grande extensão territorial ou muito populosas são Federações; alguns Estados Unitários se tornaram Federais, como Bélgica, Etiópia e Espanha; em regiões pós-conflito o Federalismo foi a forma de Estado adotada, como na Bósnia, República Democrática do Iraque, Sudão e África do Sul[24].

---

20. HORTA, Raul Machado. Reconstrução do federalismo brasileiro, *In*, **Revista de Informação Legislativa**, ano 18, n. 72, out./dez. 1981, p. 14.
21. "The Forum is an international organization that develops and shares comparative expertise on the practice of federal and decentralized governance through a global network. The Government of Canada provided the impetus for the establishment off the ground with the inaugural International Conference on Federalism held in 1999 at Mont Tremblant, Quebec, Canada. This conference led to the founding of The Forum as an ongoing institution, based in Ottawa. Four consecutive International Conferences have subsequently been held in Switzerland, Belgium, India, and Ethiopia. Following the 2005 Conference in Belgium and the partnership of a number of countries with The Forum, it became a truly international organization. Ten governments have now signed agreements with the Forum and are represented on the Forum's Strategic Council, supporting the activities of the organization and providing expertise. These countries are Australia, Brazil, Canada, Ethiopia, Germany, India, Mexico, Nigeria, Pakistan, and Switzerland. The Forum has operated field offices in Ethiopia, Sudan, Nepal and Nigeria. Over the years, The Forum has expanded the focus of its work from established federal countries to include countries in post-conflict situations adopting federal forms of governance and those involved in processes of devolution and decentralization", *In*, Forum of Federations: The Global Network on Federalism and Devolved Governance (site). Disponível em: https://forumfed.org/about/. Acesso em 15 jun. 2023.
22. ANDERSON. George. **Federalism**: An Introduction, Ontario: Oxford University Press, 2008.
23. África do Sul, Alemanha, Argentina, Austrália, Áustria, Belau, Bélgica, Bósnia-Herzegovna, Brasil, Comores, Canadá, Emirados Árabes Unidos, Espanha, Estados Unidos, Índia, Iraque, Malásia, México, Micronésia, Nigéria, Paquistão, República Democrática do Congo, Rússia, St. Kitts e Nevis, Sudão, Suíça e Venezuela.
24. ANDERSON. George. **Federalism**: An Introduction, Ontario: Oxford University Press, 2008, p. 1.

Apesar de existirem variações do Federalismo, Anderson relata traços comuns desta formação de Estado, com as seguintes características gerais:

a) mínimo de dois níveis de governo, com autonomia e competência legislativa, inclusive na área fiscal;

b) uma Constituição escrita, com cláusulas imodificáveis pelo governo federal, sendo que alterações substanciais exigem anuência das unidades federativas e do governo federal;

c) participação, principalmente nas denominadas "câmaras altas", das regiões federativas em instituições importantes do governo central, com influências no processo de tomada de decisões pelo governo federal;

d) estabelecimento de procedimentos sobre disputas constitucionais entre os níveis de governo, geralmente de competência de um tribunal, podendo ser referendado ou de alçada da "câmara alta";

e) relações entre os governos através de um conjunto de processos e instituições[25].

Sobre a escolha do Federalismo, o autor canadense faz uma interessante relação entre o Federalismo e a Democracia:

> Federalism is not always best, and there is no best version of federalism. Federalism seem particularly suited to democracies with very large populations or territories or with highly diverse populations that are regionally concentrated. Over time, federalism requires a significant part of the population to have a sense of identity with the the whole country, as well as lively and engaged political communities at the regional level.
>
> Federalism is suitable for some countries, not all. Federalism is a democratic form of government, rooted in constitutionalism and the rule of law. It can be a sham in non-democratic countries, though there have been cases of partial democracy or liberalization where federal structures had some real life[26].

Em relação às unidades constitutivas George Anderson expõe que as Federações geralmente são formadas por unidades em nível subnacional, podendo existir unidades secundárias, que são relativas a territórios menos

---

25. ANDERSON. George. **Federalism**: An Introduction, Ontario: Oxford University Press, 2008, p. 3-4.
26. ANDERSON. George. **Federalism**: An Introduction, Ontario: Oxford University Press, 2008, p. 12, grifos no original.

desenvolvidos ou destinados à região da capital federal. Os municípios, em algumas Federações, também podem ser um terceiro nível de unidades constitutivas. Alude que a formação das unidades no Estado Federal varia conforme a disparidade regional das populações envolvidas e, onde existe grande diversidade, o sentimento de identidade das pessoas relativo à sua respectiva região pode ser acentuado, a ponto das desavenças inter-federativas ser uma questão central da realidade política e um aspecto crítico do sistema federativo[27].

A forma da divisão dos poderes e competências das unidades é destacada pelo Presidente do Fórum das Federações como sendo de dois modelos, o dual ou clássico e o integrado. O primeiro atribui a cada ordem federativa competências para administrar seus próprios programas e assim prestar os serviços; para o modelo federativo integrado as competências são compartilhadas e as unidades constitutivas administram ou cumprem os programas definidos pela legislação do ente central[28].

Enquanto no Federalismo dual se tem matérias de competências legislativas comuns e concorrentes, com autonomias de ambas as ordens de governo para legislar, no modelo integrado algumas matérias são de competência exclusiva de uma esfera governamental, "but most subject matters are concurrent, where the central government sets framework legislation that the constituent units can complement (but not contravene) with their own legislation[29]".

Relevância especial é dada por George Anderson à competência para auferir receitas, sua distribuição e transferências entre o governo central e os entes federativos, ressaltando a questão do desequilíbrio fiscal e sua equalização[30].

Dentro desta temática ressalta-se a discussão econômica sobre a competição fiscal, no sentido centralizar as competências de arrecadação

---

27. ANDERSON. George. **Federalism**: An Introduction, Ontario: Oxford University Press, 2008, p. 16.
28. ANDERSON. George. **Federalism**: An Introduction, Ontario: Oxford University Press, 2008, p. 21.
29. ANDERSON. George. **Federalism**: An Introduction, Ontario: Oxford University Press, 2008, p. 22. O autor descreve que Canadá, Brasil e os Estados Unidos são exemplos de Federações dualistas; Alemanha, Áustria, África do Sul e Espanha são de modelo integrado; Índia e Suíça contém características de ambas. Mas afirma, também, que inexiste Federação com características de um só modelo.
30. ANDERSON. George. **Federalism**: An Introduction, Ontario: Oxford University Press, 2008, p. 30-41.

para a unidade central[31] ou, de modo diverso, possibilitar que as unidades constitutivas tenham, igualmente, competências para dispor sobre a arrecadação de receitas, o que promoveria melhores políticas e denota uma das vantagens do Federalismo.

A distribuição dos gastos entre as ordens de governo varia de acordo com a normatividade constitucional, as prioridades de dispêndio eleitas (programas sociais, segurança nacional), a história e a cultura política de cada Federação. No que pertine às transferências do governo central para as unidades constitutivas aponta Anderson que todas as Federações assim fazem essas transferências fiscais, diferindo o grau de dependência de cada país[32].

Seguindo nos aspectos gerais do Federalismo global, a publicação em análise cataloga os tipos de instituições governamentais centrais, tanto em sistemas parlamentaristas, presidencialistas ou mistos, aduzindo que os arranjos institucionais das unidades constitutivas costumam ser os mesmos do ente central e que, na prática, em todos os sistemas de governo pode existir um Executivo forte ou frágil, a depender da regulamentação da Constituição e do sistema partidário. Nos países federais geralmente se tem no Poder Legislativo uma representação igualitária das unidades constitutivas e uma representação populacional (câmaras altas e baixas, respectivamente), sen-

31. "In Canada and Switzerland, the central government collects around 45 per cent of total revenues, and in the United States, 54 per cent. There is a cluster of federalism (Austria, Australia, Belgium, Brazil, India, Germany, and Spain) in which the central government collects between 60 to 75 per cent of total revenues. And there are some federations (Argentina, Malaysia, Mexico, Nigeria, Russia, South of Africa, and Venezuela) where the federal government levies and collects over 80 per cent of revenues. Nigeria and Venezuela are the most extreme cases, with central revenues of 98 and 97 per cent respectively. The European Union is not a federation and its federation and its central revenues are around two per cent of total government revenues. Some non-federations are more decentralized in regards to raising revenue than are some highly centralized federations" (ANDERSON. George. **Federalism**: An Introduction, Ontario: Oxford University Press, 2008, p. 33-34, grifos no original).

32. "The smallest central transfers relative to total constituent-unit spending are in Canada, Switzerland, and the United States (around 13 to 26 per cent); Russia and Malaysia have relatively low transfers (23 and 30 per cent respectively) in a context of highly centralized program spending, reflecting the weakness of their constituent units. Germany has significant revenues sharing, which brings total transfers there to 44 per cent. The Australian and Indian central governments are large funders of constituent units (46 per cent in both). Spain (73 per cent) and Belgium (68 per cent) provide large transfers since they are recent federations that have devolved program responsibilities far more than revenue powers. At the extreme are South Africa, Nigeria and Mexico, where the constituent units are dependent on central transfers for more than 87 per cent of their revenues" (ANDERSON. George. **Federalism**: An Introduction, Ontario: Oxford University Press, 2008, p. 35-36, grifos no original).

do que há dois principais modelos de sistema eleitoral, o de representação proporcional e de representação majoritária[33].

Para o autor espanhol Josep M. Colomer, as instituições básicas de um modelo federal socialmente eficiente são:

> la división de poderes entre el Gobierno central y los Gobiernos regionales, las elecciones no concurrentes que facilitan el voto dividido y la formación de diferentes mayorías políticas en los distintos ámbitos institucionales, un número elevado de unidades territoriales que impide el dominio de una de ellas y el bicameralismo simétrico que promueve la cooperación multilateral[34].

George Anderson prossegue a exposição do panorama global do Federalismo enunciando as bases constitucionais nos diversos países, ressaltando que a governança federativa baseia-se em uma Constituição escrita e no Estado de Direito, em que se estabelece, dentre outros arcabouços, os limites de atuação de cada ordem de governo, o respeito às instituições fundamentais e as responsabilidades de cada unidade federativa, de modo que exsurge nos Estados Federais, assentados, portanto, em uma Constituição escrita, grande relevância às Cortes de Justiça e sua interpretação jurídica[35].

Nesse contexto, no Brasil, o Supremo Tribunal Federal, considerando as competências estabelecidas no art. 36, III, sobre intervenção federal[36], e art. 102, I, 'a', 'e' e 'f', da Constituição Federal, que dispõem sobre as ações, litígios e causas federativas de competência originária de julgamento, é conhecido como o Tribunal da Federação[37]. Na Alemanha, o respectivo Tribunal Federal Constitucional, segundo Karl Doehring, tem dentre suas

---

33. ANDERSON. George. **Federalism**: An Introduction, Ontario: Oxford University Press, 2008, p. 44-49.
34. COLOMER, Josep M. Las instituciones del federalismo, *In*, **Revista Española de Ciencia Política**, vol. 1, n. 1, octubre 1999, p. 42. Disponível em: https://recyt.fecyt.es/index.php/recp/article/view/37287/20805. Acesso 25 jun. 2023.
35. ANDERSON. George. **Federalism**: An Introduction, Ontario: Oxford University Press, 2008, p. 55-63.
36. "Art. 36. A decretação da intervenção dependerá: III – de provimento, pelo Supremo Tribunal Federal, de representação do Procurador-Geral da República, na hipótese do art. 34, VII, e no caso de recusa à execução de lei federal". Sendo que o citado art. 34, VII, trata dos denominados princípios sensíveis da Constituição Federal, quais sejam, forma republicana, sistema representativo e regime democrático, direitos da pessoa humana, autonomia municipal e prestação de contas da administração pública, direta e indireta.
37. "Art. 102. Compete ao Supremo Tribunal Federal, precipuamente, a guarda da Constituição, cabendo-lhe: I – processar e julgar, originariamente: a) a ação direta de inconstitucionalidade de lei ou ato normativo federal ou estadual e a ação declaratória de constitucionalidade de lei ou ato normativo federal; e) o litígio entre Estado estrangeiro ou organismo internacional e a União, o Estado, o Distrito Federal ou o Território; f) as causas e os conflitos entre a União e os

competências essenciais as disputas "entre a federação e seus estados membros no que tange às competências constitucionais"[38].

No que concerne às relações intergovernamentais e política a exposição do Fórum das Federações apresenta a interdependência e interação das unidades federadas, sendo preponderante nas unidades constitutivas em que se implementam muitas políticas do governo central. O papel do Executivo é dominante, seja no sistema presidencialista ou parlamentarista, variando a sua força em razão das variações do regime político partidário[39].

Sobre este aspecto da intergovernabilidade e interações federativas se expõe as categorias do Federalismo coercitivo e do Federalismo consultivo. O primeiro reflete a dominância do governo central (ampla competência legislativa, expressivo poder de gasto e consequente discricionariedade na transferências de recursos para as unidades constitutivas, o que enseja a ocorrência de *lobbys*), ao passo que no segundo há maior equivalência entre os governos, com as relações marcadas por processos de consulta, negociação e acordos[40].

Acerca da unidade e diversidade no território federal Anderson explica que em algumas Federações há grande desafio de união face questões de identidade entre classes, idiomas, etnias e religiões, o que pode chegar ao

Estados, a União e o Distrito Federal, ou entre uns e outros, inclusive as respectivas entidades da administração indireta;".

38. DOEHRING, Karl. A função do Tribunal Federal Constitucional Alemão na qualidade de principal guardião da Constituição, dos termos da lei e da democracia, *In*, **O Federalismo na Alemanha**, São Paulo: Fundação Konrad-Adenauer-Stiftung, 1995, p. 207. Colhe-se, ainda, a exposição de outros autores desta publicação: "Nos chamados litígios União-Estados, o governo federal ou cada governo estadual podem defender pela via judicial que a outra parte teria violado um dever decorrente de uma relação federativa. Trata-se, aqui, por exemplo, de questões da delimitação de competências entre a União e os estados ou do significado do princípio da fidelidade à União" (ARNDT, Klaus Friedrich; HEYDER, Wolfgang; ZILLER, Gebhard. O Poder Judiciário e a proteção dos direitos fundamentais no federalismo alemão, *In*, **O Federalismo na Alemanha**, São Paulo: Fundação Konrad-Adenauer-Stiftung, 1995, p. 198).

39. ANDERSON. George. **Federalism**: An Introduction, Ontario: Oxford University Press, 2008, p. 65-67.

40. ANDERSON. George. **Federalism**: An Introduction, Ontario: Oxford University Press, 2008, p. 68.

ponto de assunção de movimentos separatistas[41] e questionamentos sobre o direito de secessão, vedada na maioria dos Estados Federados[42].

A propósito, no Brasil, a Lei Federal n. 14.197, de 1º de setembro de 2021, incluiu alguns tipos penais no Código Penal brasileiro em defesa do Estado Democrático de Direito, destacando-se, para a presente temática,

41. A respeito das controvérsias de secessão na Espanha, J. M. Ruiz Soroa esclarece: "Los nacionalistas rara vez hablan de 'derecho a la secesión' o 'independencia'. Prefieren utilizar los vagos términos de 'derecho a decidir' para referirse a lo que les parece como algo evidente por sí mismo y no necesitado de prueba alguna: es decir, que una Comunidad Autónoma española posee el derecho (unilateral) a decidir su estatus político por relación al conjunto del Estado, bien para separarse bien sea para definir una forma de integración diversa de la actual (tal como una de tipo confederal, de soberanía compartida, cosoberanía, libre asociación, y demás vagas fórmulas que sin mucha precisión suelen emplear). Esta asociación de diversas opciones parece justificarse en la vaga idea de que 'si se puede lo más, se puede lo menos', de manera que si el sujeto político catalán o vasco – se dice – posee el derecho a la secesión o independencia, debe lógicamente poseer el derecho a establecer situaciones políticas menos rompedoras y traumáticas para la integración" (SOROA, J. M. Ruiz. **Regular la Secesión**: una propuesta política para España, p. 6. Disponível em: http://federalistainfo.files.wordpress.com/2012/11/ruiz_soroa.pdf . Acesso em: 25 jun. 2023. Ao final de seu texto, este autor espanhol conclui: "3º) La secesión de una parte de España es una posibilidad constitucional, pero para realizarse dentro del vigente Estado de Derecho, exigiría una reforma de la Constitución por el procedimiento agravado del art. 167, lo cual supone una enorme dificultad práctica si se intenta abordar directamente. 4º) Sin embargo, la posibilidad de una secesión de una parte de España podría regularse de una manera más posibilista si el foco normativo se pone en el procedimiento previo de verificación de la voluntad secesionista y trámites de la consiguiente negociación de la separación, diseñados como pasos previos para la puesta en marcha del proceso del art. 167. 5º) Esta regulación positiva tendría probablemente como efecto la reconversión de las tensiones secesionistas en demandas más razonables y reflexivas, obligando a todos los actores a asumir escenarios de responsabilidad que evitarían el uso interesado de tales peticiones e, indirectamente, consolidaría a la larga el sistema autonómico de vocación federal. 6º) En todo caso, la regulación de la secesión como posibilidad real actuaría como una fuente de relegitimación democrática del sistema político español" (SOROA, J. M. Ruiz. **Regular la Secesión**: una propuesta política para España, p. 22. Disponível em: http://federalistainfo.files.wordpress.com/2012/11/ruiz_soroa.pdf. Acesso em 25 jun. 2023).

42. ANDERSON. George. **Federalism**: An Introduction, Ontario: Oxford University Press, 2008, p. 70.

o crime de atentado à soberania[43], atentado à integridade nacional[44] e de abolição violenta do Estado Democrático de Direito[45].

Por fim, em uma reflexão derradeira sobre o Federalismo, o Presidente do Fórum das Federações esclarece que se trata de uma forma de governança já testada e mais peculiar em Estados democráticos, o que contribui para seu crescimento e relevância no mundo, uma vez que funciona melhor onde há respeito ao Estado de Direito, à cultura da tolerância e aceitação entre diferentes grupos populacionais com traços de identidade comuns. Inexiste, contudo, uma compreensão e formatação uníssona do Federalismo, que deve se adaptar, dentro de suas características principais, aos diversos contextos institucionais particulares de cada país[46].

Prosseguindo na exposição dos aspectos e características do Federalismo, a repartição de competências ou de poderes autônomos, conquanto possibilitem vicissitudes e particularidades regionais e locais – na tentativa de transpor uma assimetria de fato para uma assimetria de direito[47] – há

---

43. "Art. 359-I. Negociar com governo ou grupo estrangeiro, ou seus agentes, com o fim de provocar atos típicos de guerra contra o País ou invadi-lo: Pena – reclusão, de 3 (três) a 8 (oito) anos. § 1º Aumenta-se a pena de metade até o dobro, se declarada guerra em decorrência das condutas previstas no caput deste artigo. § 2º Se o agente participa de operação bélica com o fim de submeter o território nacional, ou parte dele, ao domínio ou à soberania de outro país: Pena – reclusão, de 4 (quatro) a 12 (doze) anos". BRASIL. Código Penal. Disponível em: https://www.planalto.gov.br/ccivil_03/_Ato2019-2022/2021/Lei/L14197.htm#art4. Acesso em 24 jun. 2023.
44. "Art. 359-J. Praticar violência ou grave ameaça com a finalidade de desmembrar parte do território nacional para constituir país independente: Pena – reclusão, de 2 (dois) a 6 (seis) anos, além da pena correspondente à violência". BRASIL. **Código Penal**. Disponível em: https://www.planalto.gov.br/ccivil_03/_Ato2019-2022/2021/Lei/L14197.htm#art4 . Acesso em 24 jun. 2023.
45. "Art. 359-L. Tentar, com emprego de violência ou grave ameaça, abolir o Estado Democrático de Direito, impedindo ou restringindo o exercício dos poderes constitucionais: Pena – reclusão, de 4 (quatro) a 8 (oito) anos, além da pena correspondente à violência". BRASIL. **Código Penal**. Disponível em: https://www.planalto.gov.br/ccivil_03/_Ato2019-2022/2021/Lei/L14197.htm#art4 . Acesso em 24 jun. 2023.
46. ANDERSON. George. **Federalism**: An Introduction, Ontario: Oxford University Press, 2008, p. 72-74.
47. "A distinção entre a assimetria *de facto e de jure* é importante. Enquanto para o cientista político o impacto da primeira sobre o sistema federal é uma importante área para análise, para aqueles envolvidos na elaboração da Constituição ou seus ajustes, a questão básica é se a própria Constituição deveira *de jure* tratar as várias unidades constituintes diferentemente e quais os efeitos prováveis da aplicação dessa assimetria. A existência de um número de sistemas federais com assimetria ide jure *faz* claro que os arranjuos são evidentemente possíveis. Ao tempo que tais arranjos são possíveis, fica a questão sobre a conveniência de atal assimetria e se há limites além dos quais os acertos *de jure* são desestabilizantes ou disfuncionais" (RAMOS, Dircêo Torrecillas. O Federalismo Assimétrico: Unidade na Diversidade, *In*, **O federalista atual**: teoria do federalismo, coord. Dircêo Torrecillas Ramos, Belo Horizonte: Arraes Editores, 2013, p. 128).

a calibragem para se manter um equilíbrio federativo realizado através de discriminação de Competências privativas para o ente central em razão de interesses comuns e, para tanto, as próprias Entidades Autônomas Federadas devem também "concorrer para a formação da vontade federal, participar na organização dos órgãos centrais federativos"[48].

Daí que, para se manter uma unidade e coesão político-jurídica no território do Estado Federal – de modo que se possa então reconhecê-lo como Nação[49], mesmo em Estados multi ou plurinacionais[50] –, existem temas comuns que são disciplinados de maneira uniforme na Federação[51]. Por

---

48. AZAMBUJA, Darcy. **Teoria Geral do Estado**, 25. ed., Rio de Janeiro: Editora Globo, 1986, p. 376.
49. Ramón Máiz destaca três argumentos sobre a relevância normativa da nação na teoria da democracia: "a) la nación como contexto de elección para la autonomía individual y la libertad; b) la nación como contexto social y cultural para justicia social y el Estado de Bienestar; c) la nación como contexto político institucional para la participación y la deliberación" (MÁIZ, Ramón. **Nacionalismo, Democracia y Federalismo**, p. 9. Disponível em: https://fcampalans.cat/uploads/publicacions/pdf/paper_nacionalismo.pdf. Acesso em 25 jun. 2023). Luis Sanchez Agesta destaca quatro funções que desempenha a nação na estrutura e processos políticos: legitimação de independência, legitimação dos processos de incorporação, legitimação da autoridade e legitimação da ação política. Assim sintetiza: "La nación aparece así como un concepto político básico que define el ámbito de las comunidades políticas como unidades nacionales y constituye la legitimación de *su mismo origen*, su superveniencia, *su poder y su actividad* como basado en la *voluntad de la nación* para defender la *seguridad de los intereses nacionales*" (AGESTA, Luis Sanchez. **Principios de Teoría Política**, séptima edición, Madrid: Editora Nacional, 1983, p. 146-147).
50. "El federalismo multinacional no es el resultado de la unión de diferentes Estados nación para crear un nuevo y más amplio Estado federal multinacional. El federalismo multinacional parece ser el resultado de un esfuerzo para mantener unidos en el Estado territorios dentro de los cuales existe o ha surgido un sentimiento nacional (viejo o nuevo) o una identidad incompatible con un Estado unitario. Es una respuesta a tendencias potencialmente desintegradoras. En muchos casos, puede reflejar el fracaso del intento de construcción nacional de la nación dominante, es decir un fracaso de asimilación a una lengua y una cultura dominantes" (LINZ, Juan J. Democracia, multinacionalismo y federalismo, *In*, **Revista Española de Ciencia Política**, vol. 1, n. 1, octubre 1999, p. 20. Disponível em: https://recyt.fecyt.es/index.php/recp/article/view/37286/20804 . Acesso em 25 jun. 2023). Ferran Requejo igualmente expõe sobre o que denomina "democracias plurinacionales", concluindo que em "contextos plurinacionales la exigencia normativa básica, en buena medida aún por explorar en el ámbito institucional, es el desarrollo de los valores de libertad, igualdad, dignidad y pluralismo a través de una acomodación política efectiva de las diferentes realidades nacionales que coexisten en una misma democracia" (REQUEJO, Ferran. El federalismo liberal y la calidad de las democracias plurinacionales. Déficits actuales y posibles mejoras, *In*, **Revista Española de Ciencia Política**, n. 3, Octubre 2000, p. 49. Disponível em: https://recyt.fecyt.es/index.php/recp/article/view/37304/20822 . Acesso em 25 jun. 2023.
51. A relação entre as unidades da Federação assim é exposta por Luigi Ferrajoli: "Podemos caracterizar a las *federaciones* o *instituciones federales* mediante dos elementos: la distribución de las competencias entre instituciones federales e instituciones federadas y la producción, mediante actos realizados por las primeras, de normas que directamente entran en vigor en los ordenamientos de las *instituciones federadas*, definidas a su vez como las instituciones

conseguinte, há de se indagar se a Execução Fiscal Administrativa imprescinde de uma regulamentação normativa uniforme para todas as unidades federativas ou se, pela autonomia político-administrativa e Competências Materiais e Legislativas, os Estados brasileiros podem disciplinar em seus respectivos territórios a Execução Fiscal Administrativa.

O Federalismo não é apenas uma conjugação de poderes em um órgão central com divisões específicas de Competências para os entes regionais. Trata-se também de uma forma de limitação daquele poder central por esses poderes regionais e dos correspectivos direitos a si inerentes e da pessoas por eles abrangidos[52]. Nesse sentido, ao dispor sobre o exercício de poderes e direitos com carga normativa no território federal, efetivamente o Federalismo é um conceito constitucional, como defende Richard H. Fallon Jr[53].

Conforme Pierre-Joseph Proudhon, para quem todos as constituições políticas e os sistemas de governo, incluído o Federalismo, se resumem no equilíbrio da autoridade pela liberdade e da liberdade pela autoridade[54], a Federação é um contrato político, um pacto, uma convenção ou aliança, pelo qual "um ou mais grupos de comunas ou Estados, obrigam-se recíproca e igualmente uns em relação aos outros para um ou mais objetos particulares, cuja carga incumbe especial e exclusivamente aos delegados da federação"[55].

Esse ponto de vista reflete umas das formas com que pode surgir um Estado Federal, originária de um contrato ou tratado.

A doutrina especializada ainda classifica o Federalismo conforme alguns critérios já consolidados, como o histórico (Federalismo por agregação e por desagregação), a divisão de competências (Federalismo dual ou competitivo, cooperativo e novo Federalismo pós-cooperativo)[56], o equilíbrio entre as unidades (Federalismo simétrico e assimétrico) e o grau de concentração

---

políticas originarias de las que se componen las instituciones federales" (FERRAJOLI, Luigi. **Principia iuris**: Teoría del derecho y de la democracia, Madrid: Editorial Trotta, 2011, p. 886, grifos no original)

52. FERRAJOLI, Luigi. Principia iuris: **Teoría del derecho y de la democracia**, Madrid: Editorial Trotta, 2011, p. 888-889.
53. FALLON JR., Richard H. Federalism as a Constitutional Concept, *In*, **Arizona State Law Journal** 49: 3, p. 961-984, 2017. Disponível em: https://arizonastatelawjournal.org/wp-content/uploads/2017/11/Fallon_Pub.pdf . Acesso em 18 nov. 2023.
54. PROUDHON, Pierre-Joseph, **Do Princípio Federativo**, trad. Francisco Trindade, São Paulo: Editora Imaginário, 2001, p. 47.
55. PROUDHON, Pierre-Joseph, **Do Princípio Federativo**, trad. Francisco Trindade, São Paulo: Editora Imaginário, 2001, p. 90.
56. A respeito: KINCAID, John. The Eclipse of Dual Federalism by One-Way Cooperative Federalism, *In*, **Arizona State Law Journal** 49: 3, p. 1061-1089, 2017. Disponível em: https://arizonastatelawjournal.org/wp-content/uploads/2017/11/Kincaid_Pub.pdf . Acesso em 18 nov. 2023.

de poder (Federalismo centrípeto, centrífugo e de equilíbrio). O quadro abaixo, extraído da obra de Juraci Mourão Lopes Filho[57], é aqui tomado de empréstimo por bem retratar e sintetizar esta classificação:

<table>
<tr><th>CRITÉRIO</th><th>ESPÉCIES DE FEDERALISMO</th></tr>
<tr><td rowspan="2">Formação histórica</td><td>Por agregação: resultado da união de estados originariamente soberanos, sendo os exemplos mais conhecidos os Estados Unidos, da Alemanha e da Suíça, razão pela qual muito da teoria clássica do federalismo toma como premissa essa formação histórica. Normalmente, ocasiona maior autonomia aos entes periféricos, tanto que indicado muitas vezes como sinônimo de federalismo centrípeto.</td></tr>
<tr><td>Por desagregação: fruto de uma descentralização político-constitucional de um estado unitário. É o caso brasileiro instaurado com a República em contraposição ao modelo centralizador da Monarquia. Via de regra, a centralização anterior repercute na maior preponderância do ente central em detrimento dos periféricos, o que justifica muitos autores o associarem ao federalismo centrífugo.</td></tr>
<tr><td rowspan="3">Divisão de competências</td><td>Dual: comum no século XIX, a divisão de competência se dá mediante uma separação rígida dos âmbitos de atuação, sem qualquer superposição ou interseção das partes.</td></tr>
<tr><td>Cooperativo: surgido no século XX, dividem-se as competências de modo a permitir atuação conjunta e de mútua cooperação, normalmente mediante a coordenação do ente central.</td></tr>
<tr><td>Novo federalismo: fórmula ainda não inteiramente definida, surgida após o fim da Guerra Fria, que busca uma ideia de "nacionalismo regional", com incremento das funções dos entes periféricos em face da União, sem, contudo, ser estanque e completamente apartada.</td></tr>
</table>

57. LOPES FILHO, Juraci Mourão. **Competências Federativas na Constituição e nos precedentes do STF**, 2ª ed., Salvador: Editora Juspodivm, 2019, p. 41-42.

Equilíbrio entre as unidades	Simétrico: dá o mesmo tratamento orgânico e material a todos os entes periféricos.
	Assimétrico: estabelece tratamento diferenciado às unidades federativas, com prerrogativas distintas e mesmo estruturação orgânica diferenciada.
Grau de concentração de poder	Centrípeto: em que a maior parte das competências toca ao entre central.
	Centrífugo: em que os entes periféricos desfrutam de mais poder.
	De equilíbrio: que foge dos extremos dos dois anteriores, estabelecendo um balanceamento entre as partes.

Afinal, da indagação de Nelson A. Rockefeller ("The federal idea: what does this mean?")[58], pode-se responder com as quatro características elencadas pelo autor americano: 1ª) fomento da diversidade dentro da unidade; 2ª) permite e incentiva a criatividade, a imaginação e a inovação para atender às necessidades das pessoas; 3ª) é pluralista, por dar vazão a muitas energias, muitas crenças, muitas iniciativas e as direciona para o bem-estar das pessoas; 4ª) caracteriza-se pelo equilíbrio, em que se evita o excesso[59].

1.2. FEDERALISMO NA CONSTITUIÇÃO DO BRASIL

Particularmente sobre o Federalismo na Constituição do Brasil pode-se afirmar que a Federação[60] foi a forma de Estado mantida pelo Constituinte brasileiro de 1.988[61], que incluiu dentre os entes federativos, além da União

58. ROCKEFELLER, Nelson A. **The future of federalism**, Cambridge: Harvard University Press, 1962, p. 6-10.
59. Sobre esta última e quarta ideia do Federalismo de Rockefeller, é oportuno destacar: "This balance is essentially achieved by: the division of power between the national and state government, the separation of legislative, executive, and judicial authority, the absence of monolithic national parties, the permissive encouragement giver to local municipal governments to achieve a measure of home rule either in fact or in law, the competitive action of commercial entreprise, an – above all – the freedom of individual initiative, rooted in a basic and unwavering belief in the dignity of the human person" (ROCKEFELLER, Nelson A. **The future of federalism**, Cambridge: Harvard University Press, 1962, p. 10).
60. OLIVEIRA, Weber Luiz de; ABREU, Pedro Manoel. Concepções de Estado na Constituição do Brasil: a premência de uma concepção socioambiental, *In*, **Revista da Procuradoria Geral do Estado de Santa Catarina**, n. 8, Florianópolis: PGE/SC, 2019, p. 156.
61. José Afonso da Silva, a propósito dessa manutenção da forma do Estado brasileiro, assim se pronuncia: "O Brasil [...] assumiu a forma de Estado federal, em 1889, com a proclamação da República, o que foi mantido nas constituições posteriores, embora o federalismo da

e dos Estados-Membros, os Municípios e o Distrito Federal, conforme se vê nos artigos 1º e 18[62].

Celso Ribeiro Bastos, assim como José Afonso da Silva, entendem que a forma federativa teria surgido juntamente com a República, em que "se viu a necessidade de criarem-se os Estados-Membros, aos quais delegaram-se algumas competências"[63]. É o que se colhe dos arts. 2º e 3º do Decreto n. 1, de 15 de novembro de 1889:

> Art. 2º – As Províncias do Brasil, reunidas pelo laço da Federação, ficam constituindo os Estados Unidos do Brasil.
>
> Art. 3º – Cada um desses Estados, no exercício de sua legítima soberania, decretará oportunamente a sua constituição definitiva, elegendo os seus corpos deliberantes e os seus Governos locais.

Por essa origem, segundo Bastos, em que existia anteriormente um só Estado e não diversos, como na experiência norte-americana, é que de-

---

Constituição de 1967 e de sua Emenda 1/69 tenha sido apenas nominal. A Constituição de 1988 recebeu-a da evolução histórica do ordenamento jurídico. Ela não instituiu a federação. Manteve-a mediante declaração, constante no art. 1º, que configura o Brasil como uma República Federativa". SILVA, José Afonso da. **Curso de Direito Constitucional Positivo**, 42ª ed., São Paulo: Editora Malheiros, 2019, p. 101. Celina Souza realça o tratamento histórico dado aos Estados-Membros nas Constituições brasileiras, condensando o perfil histórico-federativo no Brasil nos seguintes termos: "Essa síntese da trajetória do federalismo brasileiro à luz das constituições mostra uma Federação que passou por vários formatos e sobreviveu a dois longos regimes autoritários. Mostra também uma Federação que demorou a se constituir em mecanismo de freio e contrapeso do sistema democrático e que em vários períodos não cumpriu os requisitos das teorias do federalismo, isto é, eleições diretas, Judiciário independente e autonomia decisória sobre parte de seus impostos exclusivos, em razão dos dois longos períodos autoritários" (SOUZA, Celina. Estados: o elo perdido da cadeia federativa?, *In*, **E os Estados? Federalismo, relações intergovernamentais e políticas públicas no Brasil contemporâneo**. Orgs. PALOTTI, Pedro; LICIO, Elaine Cristina; GOMES, Sandra; SEGATTO, Catarina Ianni; SILVA, André Luis Nogueira da. Instituto de Pesquisa Econômica Aplicada (IPEA), Rio de Janeiro, 2023, p. 102).

62. Além desses três níveis federativos, Paulo Bonavides advoga a criação de um quarto nível de governo, a Região: "Urge criá-la, mediante estudos que reformulem a organização federativa, que contemplem a possibilidade de levar a bom termo um ensaio de governo regional (executivo e legislativo) ou pelo menos, de início, em estilo ainda rudimentar, um centro superior de ação, coordenado em âmbito regional, que estaria para os Estados autônomos assim como os governos ou as preferituras metropolitanas para os respectivos Municípios autônomos. É de recomendar que se faça com as Regiões, numa esfera sem dúvida diferente e qualificada, o que já se intenta fazer com os pólos urbanos, que são as chamadas áreas metropolitanas: institucionalizá-las assim jurídica como politicamente" (BONAVIDES, Paulo. **A Constituição Aberta**: temas políticos e constitucionais da atualidade, com ênfase no Federalismo das Regiões, 3ª ed., 2004, p. 416).

63. BASTOS, Celso Ribeiro. **Curso de Direito Constitucional**, 19ª ed., São Paulo: Editora Saraiva, 1998, p. 155.

fende o autor paulista que "talvez seja uma das razões pelas quais o Brasil nunca chegou a ter uma verdadeira Federação, onde os Estados alcançam autonomia real"[64].

Na perspectiva histórica de Oswaldo Ferreira de Mello, diversamente, as origens do Estado Federal no Brasil são as antigas províncias coloniais, estabelecidas na forma de capitanias hereditárias, que seriam entidades quase autárquicas e que "moldaram as províncias imperiais fixadas antes mesmo da Carta de 1.824 e por esta convalescida"[65].

No entendimento do destacado autor catarinense, a divisão do território brasileiro se deu pelas capitanias hereditárias, para fixação de colonos e sua atividade na agricultura e artesanato no esquema feudal, oportunizando-se a criação de comunidades, com representações em câmaras locais e, assim, a elevação das capitanias em Províncias institucionalizou, pela Constituição Imperial de 1.824[66], a demarcação geográfica e suas unidades políticas. Daí que Oswaldo Ferreira de Mello sustenta: "Quem examinar em profundidade a história das províncias imperiais não repetirá a leviana afirmação, muito corrente aliás, de que a nossa Federação foi arbitrariamente criada com a Carta Republicana"[67].

A síntese de Mello sobre as origens do Estado Federal brasileiro, à guisa de contextualização geral, se faz oportuna e necessária:

> A idéia de federalismo esteve no bojo das manifestações políticas mais representativas de nossa História: na Conspiração Mineira; na Revolução Pernambucana; na Confederação do Equador; na Revolução Farroupilha.

---

64. BASTOS, Celso Ribeiro. **Curso de Direito Constitucional**, 19ª ed., São Paulo: Editora Saraiva, 1998, p. 155.
65. MELLO, Oswaldo Ferreira de. **Tendências do Federalismo no Brasil**, Florianópolis: Editora Lunardelli, 1977, p. 40. Nesse sentido também Pinto Ferreira: **Comentários à Constituição brasileira**, v. 2, Arts. 22 a 53, São Paulo: Editora Saraiva, 1989, p. 117-120.
66. Esta afirmação se pode confirmar pela análise do texto constitucional da Constituição de 1824, como o art. 2º, que expressa a divisão do território brasileito ("Art. 2. O seu territorio é dividido em Provincias na fórma em que actualmente se acha, as quaes poderão ser subdivididas, como pedir o bem do Estado"); e arts. 40 e 41, que aludem sobre a composição do Senado ("Art. 40. O Senado é composto de Membros vitalicios, e será organizado por eleição Provincial. Art. 41. Cada Provincia dará tantos Senadores, quantos forem metade de seus respectivos Deputados, com a differença, que, quando o numero dos Deputados da Provincia fôr impar, o numero dos seus Senadores será metade do numero immediatamente menor, de maneira que a Provincia, que houver de dar onze Deputados, dará cinco Senadores"). BRASIL. **Constituição Politica do Imperio do Brazil, de 25 de março de 1824**. Disponível em: https://www.planalto.gov.br/ccivil_03/constituicao/constituicao24.htm . Acesso em 8 jul. 2023.
67. MELLO, Oswaldo Ferreira de. **Tendências do Federalismo no Brasil**, Florianópolis: Editora Lunardelli, 1977, p. 41.

Todos os movimentos em que se manifestava, com autenticidade, a Nação, continham idéias republicanas e federativistas. São significativos os documentos que nos ficaram da Guerra dos Farrapos, da Balaiada, da Sabinada; da República Juliana.

Tudo o que de mais autêntico houve como expressão liberal desejou o federalismo, cujas causas mais remotas ocorreram ainda na fase colonial e as mais próximas já no decorrer do 2º Reinado.

Tais origens da autonomia política que a Constituição de 1891 consagraria, emprestam uma força histórica muito grande à nossa Federação que, na verdade, longe está de ter sido arbitrariamente formada por um artifício jurídico, conforme têm afirmado alguns historiadores mais apressados. As mesmas vinte províncias do Império foram os Estados-Membros da 1ª República. A Constituição de 1891 definiu, finalmente, com precisão, não só a competência dos Estados como também sua autonomia política e sua participação na vontade nacional, fenômenos que vinham evoluindo durante o Império, nos costumes, como matéria política fundamental, embora não constante do texto outorgado por D. Pedro I, em 1824, nem das emendas respectivas.

Da mesma forma que o ato de D. Pedro em 7 de setembro de 1822 veio apenas declarar um fato política e sociologicamente notório, a carta republicana de 1891 veio, em parte, declarar a existência constitucional de uma federação a que faltava apenas o respaldo jurídico[68].

---

68. MELLO, Oswaldo Ferreira de. **Tendências do Federalismo no Brasil**, Florianópolis: Editora Lunardelli, 1977, p. 43-44. No mesmo sentido sustenta Paulo Bonavides: "Com efeito, as sementes do federalismo foram deitadas ao subsolo político do Brasil na Revolução Pernambucana de 1817, antes, portanto, da Independência; no art. 2º do Projeto Antônio Carlos, apresentando no Rio de Janeiro a 30.8.1823 e já em adiantada fase de discussão e aprovação pela Constituinte quando esta foi dissolvida em novembro do mesmo ano, e onde o sobredito artigo soldava a união do Império com o Estado Cisplatino por laços de Federação; na chamada Confederação do Equador, em 1824; no Projeto que em outrubro de 1831 o partido liberal mandou ao Senado para reformar a Constituição do Império e instalar no Brasil a Federação Monárquica, sendo esse Projeto o que depois originou o ato Adicional de 1834; na Sedição Paraense, de 1832; na Revolução Gaúcha de 1835, que instalou em Alegrete uma Constituinte e em Piratini uma República; no Ato Adicional à Constituição do Império promulgado em 1834; no Programa do Partido Liberal Radical de 1868; no Manifesto Republicano, de 3.12.1870; na Convenção de Itu, de 18.4.1873; na Convenção de São Paulo de 1.7.1873 e no seu Manifesto de 2 de julho do mesmo ano; no Projeto de Constituição do Estado de São Paulo, com base federativa, de 19.10.1973; nos Congressos de 1874 e 1878; no Congresso Republicano Rio-Grandense de 1882; no Congresso de 1883; na fundação do diário *A Federação*, de Venâncio Aires, em 1884, cujo programa fazia constar esta diretriz: 'todo procedimento político dos candidatos deve subordinar-se à aspiração suprema do Partido Republicano Brasileiro – a transformação das Províncias em Estados autônomos, confederados sob a forma republicana'; no Projeto de estabelecimento da Monarquia Federativa apresentada por Joaquim Nabuco na sessão de 14 de setembro de 1885 e renovado em 1888, ambos transformando o Brasil numa espécie de Monarquia Federativa; no Congresso do Partido Liberal celebrado em São Paulo e que aprovou o manifesto de 11.6.1888; no Cponfresso do Partido Liberal de 1889; na edificante e assídua pregação de Rui Barbosa estampada em órgãos da imprensa carioca, e de que resultou a monumental obra intitulada *A Queda do Império*; e, finalmente, nos fatos que culminaram

Na Federação Brasileira a União é um dos entes federativos e quem possui e exerce a soberania é a República Federativa do Brasil[69]; os Estados-Membros, o Distrito Federal e os Municípios possuem autonomia.

Note-se, em reafirmação da autonomia federativa e da dependência aos ditames comuns à Federação, que os *caputs* dos arts. 25, 29 e 32 descrevem que os "Estados organizam-se e regem-se pelas Constituições e leis que adotarem, observados os princípios desta Constituição", e que os Municípios e o Distrito Federal, em suas leis orgânicas, devem atender "os princípios estabelecidos nesta Constituição".

Verifica-se, ainda, que os Municípios brasileiros, conquanto possuam autonomia, têm uma dupla dependência federativa, em relação à Constituição Federal e à Constituição Estadual.

Conforme a Constituição Federal tal união federativa é indissolúvel (art. 1º), caracterizando-se como uma das denominadas cláusulas pétreas do texto constitucional, que não podem ser objeto nem mesmo de deliberação por emenda para sua abolição (art. 60, § 4º, I). Significa dizer, somente com uma nova ordem constitucional, com outra ruptura normativa-constitucional e a elaboração de uma nova Constituição poderá ser dada diferente forma ao Estado brasileiro[70].

Por tal princípio da indissociabilidade que se regulamentam situações de intervenção federal da União nos Estados-Membros, dentre as quais a de "manter a integridade nacional", a teor do art. 34, I, da Constituição Federal. A autonomia municipal, de igual modo, está também inserida dentre as hipóteses de intervenção federal, sendo um dos chamados princípios sensíveis constitucionais descritos no art. 34, VII, somando-se às situações passíveis de intervenção do ente central nas unidades estaduais[71].

---

com a expedição do Decreto 1, de 15.11.1889, da lavra do próprio Rui" (BONAVIDES, Paulo. **A Constituição Aberta**: temas políticos e constitucionais da atualidade, com ênfase no Federalismo das Regiões, 3ª ed., 2004, p. 340-341, grifos no original).

69. BASTOS, BASTOS, Celso Ribeiro. **Curso de Direito Constitucional**, 19ª ed., São Paulo: Editora Saraiva, 1998, p. 287. LOPES FILHO, Juraci Mourão. **Competências Federativas na Constituição e nos precedentes do STF**, 2ª ed., Salvador: Editora Juspodivm, 2019, p. 29.

70. Paulo Bonavides, na sua defesa do Federalismo das Regiões defende que "o que o texto imutável literalmente proíbe é abolir o regime republicano-federativo, coisa inteiramente distinta de transformá-lo ou alterá-lo, para ditar-lhe aperfeiçoamento e acomodação a circunstâncias novas advenientes dos imperativos sociais e econômicos de nossa época (BONAVIDES, Paulo. **A Constituição Aberta**: temas políticos e constitucionais da atualidade, com ênfase no Federalismo das Regiões, 3ª ed., 2004, p. 400)

71. "Art. 34. A União não intervirá nos Estados nem no Distrito Federal, exceto para: I – manter a integridade nacional; II – repelir invasão estrangeira ou de uma unidade da Federação em outra; III – pôr termo a grave comprometimento da ordem pública; IV – garantir o livre exercício de

Assim, nada obstante o princípio federativo não estar expressamente catalogado dentre as hipóteses de intervenção federal, a determinação de que a integridade nacional deve ser mantida, sob pena de se romper a autonomia dos Estados-Membros pela intervenção da União, demonstra que a Federação, além de não poder ser extinta, uma vez que indissolúvel, sendo cláusula permanente e imodificável do texto constitucional, não pode também sofrer ameaça ou ação que atinja sua integridade.

Aponta Geraldo Ataliba que a Federação é intimamente relacionada à República, sendo uma "decorrência necessária, no sistema brasileiro, do próprio regime republicano"[72] e, por conseguinte, o Federalismo é reconhecido também como instrumento para concretização da democracia[73].

O Federalismo brasileiro concretizado pela Constituição Federal é paradoxal. Ao mesmo tempo em que dá uma igualdade federativa e possibilita autonomias regionais e locais, elege na sua repartição vertical uma hierarquia entre os membros da Federação, que ficam submetidos às políticas nacionais[74].

Os arts. 18, *caput*, e 19, III, da Constituição Federal demonstram o primeiro ponto de igualdade, ao dispor que a "organização político-adminis-

---

qualquer dos Poderes nas unidades da Federação; V – reorganizar as finanças da unidade da Federação que: a) suspender o pagamento da dívida fundada por mais de dois anos consecutivos, salvo motivo de força maior; b) deixar de entregar aos Municípios receitas tributárias fixadas nesta Constituição, dentro dos prazos estabelecidos em lei; VI – prover a execução de lei federal, ordem ou decisão judicial; VII – assegurar a observância dos seguintes princípios constitucionais: a) forma republicana, sistema representativo e regime democrático; b) direitos da pessoa humana; c) autonomia municipal; d) prestação de contas da administração pública, direta e indireta; e) aplicação do mínimo exigido da receita resultante de impostos estaduais, compreendida a proveniente de transferências, na manutenção e desenvolvimento do ensino e nas ações e serviços públicos de saúde".

72. ATALIBA, Geraldo. **República e Constituição**, 3ª ed., São Paulo; Editora Malheiros, 2011, p. 44.
73. BAIMA DE ALMEIDA, Plínio Régis. O Federalismo como instrumento de consolidação da democracia, *In*, **Revista Novos Estudos Jurídicos**, v. 14, n. 3, p. 168-182, 3º quadrimestre 2009. Disponível em: https://siaiap32.univali.br/seer/index.php/nej/article/view/1937. Acesso em 11 jul. 2020. No mesmo sentido: "Por sua vez, o federalismo é uma descentralização do poder, guardando íntima relação com a democracia. Não se nega a possibilidade de a forma unitária de Estado conviver com regimes políticos que adotem o princípio democrático, mas a descentralização do poder peculiar à forma federal de Estado acarreta mais facilmente a república democrática" (DERZI, Mizabel Abreu Machado. **Direito Tributário, Direito Penal e Tipo**, 4ª ed., Belo Horizonte: Editora Fórum, 2021, p. 128).
74. Este paradoxo é também visualizado por Celina Souza: "À luz das teorias mais difundidas do federalismo, baseadas no modelo norte-americano, a Federação brasileira pode parecer paradoxal, uma vez que a marca normativa do federalismo é a diversidade, e a de políticas públicas nacionais é a uniformidade. SOUZA, Celina. Estado: o elo perdido da cadeia federativa?, *In*, **E os Estados? Federalismo, relações intergovernamentais e políticas públicas no Brasil contemporâneo**. Orgs. PALOTTI, Pedro; LICIO, Elaine Cristina; GOMES, Sandra; SEGATTO, Catarina Ianni; SILVA, André Luis Nogueira da. Instituto de Pesquisa Econômica Aplicada (IPEA), Rio de Janeiro, 2023, p. 109.

trativa da República Federativa do Brasil compreende a União, os Estados, o Distrito Federal e os Municípios, todos autônomos", vedando preferências entre si.

A propósito de tal vedação de preferências o Supremo Tribunal Federal, na ADPF 357, declarou não recepcionadas pela Constituição Federal de 1.988 as disposições do parágrafo único do 187, do Código Tribunal Nacional, e parágrafo único do art. 29, da Lei de Execução Fiscal, que estabeleciam preferência da União no concurso de créditos tributários com Estados e Municípios[75].

Por outro lado, em que pese a Constituição Federal afirmar a igualdade de seus integrantes, elegeu e deu prioridade, sequencial e hierarquicamente, à União, depois aos Estados-Membros e, por fim, aos Municípios. Basta analisar as hipóteses de intervenção federal e estadual.

Com efeito, apenas a União pode intervir nos Estados e nos Municípios localizados em Território Federal; apenas os Estados podem intervir nos Municípios; e, os Municípios, não tem competência para tanto.

Outrossim, diversas outras competências de maior dimensão e alcance, como será melhor detalhado adiante, são atribuídas à União, levando, inclusive, a doutrina a indagar para quem é o Federalismo no Brasil[76].

---

75. Eis a ementa da ADPF 357: "ARGUIÇÃO DE DESCUMPRIMENTO DE PRECEITO FUNDAMENTAL. CONSTITUCIONAL. TRIBUTÁRIO. PARÁGRAFO ÚNICO DO ART. 187 DO CÓDIGO TRIBUTÁRIO NACIONAL. PARÁGRAFO ÚNICO DO ART. 29 DA LEI N. 6.830/1980. CONCURSO DE PREFERÊNCIA ENTRE OS ENTES FEDERADOS NA COBRANÇA JUDICIAL DOS CRÉDITOS TRIBUTÁRIOS E NÃO TRIBUTÁRIOS. INCOMPATIBILIDADE DAS NORMAS IMPUGNADAS COM A CONSTITUIÇÃO DA REPÚBLICA DE 1988. AFRONTA AO INC. III DO ART. 19 DA CONSTITUIÇÃO. ARGUIÇÃO JULGADA PROCEDENTE. 1. A arguição de descumprimento de preceito fundamental viabiliza a análise de constitucionalidade de normas legais pré-constitucionais insuscetíveis de conhecimento em ação direta de inconstitucionalidade. Precedentes. 2. A autonomia dos entes federados e a isonomia que deve prevalecer entre eles, respeitadas as competências estabelecidas pela Constituição, é fundamento da Federação. O federalismo de cooperação e de equilíbrio posto na Constituição da República de 1988 não legitima distinções entre os entes federados por norma infraconstitucional. 3. A definição de hierarquia na cobrança judicial dos créditos da dívida pública da União aos Estados e Distrito Federal e esses aos Municípios descumpre o princípio federativo e contraria o inc. III do art. 19 da Constituição da República de 1988. 4. Cancelamento da Súmula n. 563 deste Supremo Tribunal editada com base na Emenda Constitucional n. 1/69 à Carta de 1967. 5. Arguição de descumprimento de preceito fundamental julgada procedente para declarar não recepcionadas pela Constituição da República de 1988 as normas previstas no parágrafo único do art. 187 da Lei n. 5.172/1966 (Código Tributário Nacional) e no parágrafo único do art. 29 da Lei n. 6.830/1980 (Lei de Execuções Fiscais)". (BRASIL Supremo Tribunal Federal. **ADPF 357**, Relatora: Mina. Cármen Lúcia, Tribunal Pleno, julgado em 24.06.2021. Disponível em: http://redir.stf.jus.br/paginadorpub/paginador.jsp?docTP=TP&docID=757652654 . Acesso em 8 jul. 2023.
76. PIRES, Thiago Magalhães. Federalismo para quem? Um balanço aos 30 anos da Constituição de 1988, *In*, **Revista Publicum**, Rio de Janeiro, v. 4, Edição Comemorativa, 2018, p. 63-84.

A Federação brasileira assenta-se, assim, em uma divisão e sobreposição do território nacional. Divisão porque se reconheceu que cada ente federativo tem um espaço geográfico delimitado para governar; sobreposição, porquanto em um mesmo território existe uma atuação conjunta dos três níveis federativos[77]. Ou seja, e como exemplo, o território de Florianópolis é governado pela municipalidade, além de estar incluído no espaço territorial do Estado de Santa Catarina que, por sua vez, está contido na República Federativa do Brasil.

Muito embora seja apenas uma parcela do território nacional, aplicam-se três níveis de forças normativas e governamentais. São esses imbricamentos e sobreposições de competências federativas em uma mesma localidade que, variadas vezes, convertem-se em choques sobre qual ente federativo tem a Competência constitucional para atuar nas diversas áreas: estruturais, políticas, econômicas e sociais. Aqui, particularmente, importa problematizar a sobreposição de Competências Legislativas sobre a Execução Fiscal Administrativa.

Prosseguindo na análise do Federalismo na Constituição de 1.988, importa destacar duas Instituições de Estado que compõem o perfil federativo brasileiro, em consonância com a doutrina federalista.

Tratam-se do Senado Federal e do Supremo Tribunal Federal.

O equilíbrio federativo se dá no Senado Federal, conhecido como a Casa da Federação[78].

Nesse sentido, exemplificadamente, podem ser referidas algumas competências privativas do Senado Federal, consubstanciadas na Constituição Federal nos incisos do art. 52.

Membros representantes e chefes nacionais dos poderes estatais (Presidente e Vice-Presidente da República, Ministros de Estado, Comandantes da Marinha, do Exército e da Aeronáutica, Ministros do Supremo Tribu-

---

Disponível em: https://www.e-publicacoes.uerj.br/index.php/publicum/article/view/34038. Acesso em 26 jun. 2023.

77. "O federalismo brasileiro é de duplo grau, declinando por dois degraus entre três patamares. Pelo que, suporta, em três níveis de poder, três repartições genéricas de competência: União, Estado e Município" (BARROS, Sérgio Resende. Lei Federal, Lei Federativa, Lei Nacional, *In*, **O federalista atual**: teoria do federalismo, coord. Dircêo Torrecillas Ramos, Belo Horizonte: Arraes Editores, 2013, p. 61).

78. Alguns excertos sobre o Senado Federal foram extraídos, com adaptações, de: OLIVEIRA, Weber Luiz de. Abstrativização do Controle Concreto de Constitucionalidade na perspectiva do Federalismo, *In*, **Revista Magister de Direito Civil e Processual Civil**, v. 103, jul./ago. 2021, p. 113-135.

nal Federal, do Conselho Nacional de Justiça, do Conselho Nacional do Ministério Público, Procurador-Geral da República e Advogado-Geral da União), são processados e julgados pela Casa da Federação nos crimes de responsabilidade (art. 52, incisos I e II).

A aprovação de nomes para compor Poderes e Instituições Públicas essenciais da Federação, como Ministros dos Tribunais Superiores, Ministros do Tribunal de Contas da União, Governador de Território, presidente e diretores do Banco Central e o Procurador-Geral da República, são de competência privativa do Senado Federal (art. 52, inciso III).

As dívidas das entidades autônomas têm limites e condições estabelecidas pelo Senado e são fixados os limites globais das suas dívidas consolidadas (art. 52, IX e VI). É do Senado também a competência privativa para "autorizar operações externas de natureza financeira, de interesse da União, dos Estados, do Distrito Federal, dos Territórios e dos Municípios", de acordo com o art. 52, V.

Relevante, ademais, é a competência privativa, a teor do art. 52, XV, para "avaliar periodicamente a funcionalidade do Sistema Tributário Nacional, em sua estrutura e seus componentes, e o desempenho das administrações tributárias da União, dos Estados e do Distrito Federal e dos Municípios".

Competência importante do Senado Federal, no aspecto normativo do controle de constitucionalidade difuso exercido pelo Supremo Tribunal Federal, é a disciplinada no inciso X, do art. 52, da Constituição[79]. Com efeito, apesar das autonomias e liberdades das entidades, há um nível de unidade que mantém o laço indissociável da Federação. Dentro desse nível se tem as normas jurídicas de interesse comum e aplicabilidade uniforme, isonômica e simétrica no território federal, por todos os Estados-Membros.

Nesse contexto, a uniformidade e aplicação das normas jurídicas de interesse comum se dá pela análise de um órgão estatal escolhido para ser o guardião da Federação e, como tal, analisar e dispor sobre a manutenção ou alteração daquela unidade e uniformidade normativa. Particularmente, sobre dotar de efeito *erga omnes*, para todas as Unidades Federativas, decisões judiciais exaradas em processos subjetivos, conforme o referido art. 52, X, da Constituição Federal.

É notório, portanto, que o Federalismo brasileiro, considerando as Competências de atuação do ente central e dos entes autônomos, tem, em

79. "X – suspender a execução, no todo ou em parte, de lei declarada inconstitucional por decisão definitiva do Supremo Tribunal Federal;".

muitos aspectos, seu desenvolvimento e realização através do exercício das Competências privativas do Senado Federal.

Por sua vez, para proteção e conservação do Federalismo brasileiro o Supremo Tribunal Federal é o órgão que desempenha tal papel, sendo denominado também como o Tribunal da Federação[80].

Tal se dá pela análise de suas competências federativas de controle de constitucionalidade abstrato de leis e atos normativos, do julgamento de conflitos entre os Entes Federados e das atribuições que lhe são dadas em relação à intervenção federal, nos termos do art. 102, I, *a*, *e* e *f*, e art. 36, III, da Constituição Federal.

A respeito do controle abstrato de constitucionalidade ressalte-se que o pacto federativo é resguardado em situações que lei ou ato normativo federal ou estadual afrontá-lo, assentando o almejado equilíbrio do Federalismo brasileiro, já que compete ao Tribunal a guarda da Constituição e, consectariamente, da forma de Estado nela consubstanciada.

Em conflitos federativos, externos e internos, as competências do Supremo Tribunal Federal estão assim discriminadas no art. 102, I, alíneas *e* e *f*, respectivamente, para processar e julgar: "o litígio entre Estado estrangeiro ou organismo internacional e a União, o Estado, o Distrito Federal ou o Território"; "as causas e os conflitos entre a União e os Estados, a União e o Distrito Federal, ou entre uns e outros inclusive as respectivas entidades da administração indireta".

É pertinente destacar que a atuação do Supremo Tribunal Federal como Tribunal da Federação se dá em conflito federativo e não somente em razão de conflito entre entes federados[81].

---

80. "A Constituição da República confere, ao Supremo Tribunal Federal, a posição eminente de Tribunal da Federação (CF, art. 102, I, 'f'), atribuindo, a esta Corte, em tal condição institucional, o poder de dirimir as controvérsias, que, ao irromperem no seio do Estado Federal, culminam, perigosamente, por antagonizar as unidades que compõem a Federação. Essa magna função jurídico-institucional da Suprema Corte impõe-lhe o gravíssimo dever de velar pela intangibilidade do vínculo federativo e de zelar pelo equilíbrio harmonioso das relações políticas entre as pessoas estatais que integram a Federação brasileira. A aplicabilidade da norma inscrita no art. 102, I, 'f', da Constituição estende-se aos litígios cuja potencialidade ofensiva revela-se apta a vulnerar os valores que informam o princípio fundamental que rege, em nosso ordenamento jurídico, o pacto da Federação. Doutrina. Precedentes". BRASIL. Supremo Tribunal Federal. **ACO 1.048**. Questão de Ordem, Relator: Min. Celso de Mello, Tribunal Pleno, julgado em 30.08.2007. Disponível em: https://redir.stf.jus.br/paginadorpub/paginador.jsp?docTP=AC&docID=492840. Acesso em 23 ago. 2023.

81. "Diferença entre conflito entre entes federados e conflito federativo: enquanto no primeiro, pelo prisma subjetivo, observa-se a litigância judicial promovida pelos membros da Federação, no segundo, para além da participação desses na lide, a conflituosidade da causa

Em relação à intervenção federal é do Supremo Tribunal Federal a competência para resguardar e restabelecer os princípios sensíveis (forma republicana, sistema representativo e regime democrático, direitos da pessoa humana, autonomia municipal, prestação de contas da administração pública, direta e indireta, aplicação do mínimo exigido da receita resultante de impostos estaduais, compreendida a proveniente de transferências, na manutenção e desenvolvimento do ensino e nas ações e serviços públicos de saúde), porquanto lhe cabe dar provimento à representação do Procurador-Geral da República.

Daí que, o Supremo Tribunal Federal, considerando as competências descritas, desempenha papel de relevo no Federalismo brasileiro.

Por fim, a respeito dos aspectos centrais e gerais do Federalismo na Constituição do Brasil, sobreleva realçar o Federalismo Fiscal, construído para que, dentro do território nacional, representado pela União, e em cada território então dividido em Estados e Municípios, se possibilite o exercício da tributação independente de cada ente, o que se dá através do estabelecimento de Competências tributárias exclusivas.

Dessarte, a Constituição, no escólio de Roque Antonio Carrazza, "delimitou o *campo tributável*", exclusivamente, a cada unidade federativa, vale dizer, "a União, cada um dos Estados, cada um dos Municípios e o Distrito Federal receberam, da Constituição, um campo tributável próprio"[82].

Esse campo tributável referido é de extrema relevância por possibilitar o exercício autônomo das atividades estatais pelos membros no Estado Federal brasileiro, como ainda destaca Carrazza:

> Ademais, a rígida discriminação de competências tributárias assegura a isonomia das pessoas políticas, já que lhes garante a autonomia financeira e, graças a ela, as autonomias política, administrativa e legislativa. Assim, permitir que uma pessoa política, ainda que por meio de artifícios exegéticos, se aposse de competências tributárias alheias é o mesmo que ferir de

---

importa em potencial desestabilização do próprio pacto federativo. Há, portanto, distinção de magnitude nas hipóteses aventadas, sendo que o legislador constitucional restringiu a atuação da Corte à última delas, nos moldes fixados no Texto Magno, e não incluiu os litígios e as causas envolvendo Municípios como ensejadores de conflito federativo apto a exigir a competência originária da Corte". BRASIL. Supremo Tribunal Federal. **ACO 1.295**, Relator. Min. Dias Toffoli, julgado em 14.10.2010. Disponível em: Disponível em: http://www.stf.jus.br/portal/constituicao/constituicao.asp#1076. Acesso em 8 jul. 2023.

82. CARRAZZA, Roque Antonio. **Curso de Direito Constitucional Tributário**, 30ª ed., São Paulo: Editora Malheiros, 2015, p. 601.

> morte a igualdade jurídica que a Constituição quer que reine entre a União, os Estados-membros, os Municípios e o Distrito Federal[83].

Portanto, no "Brasil, a questão da discriminação da competência tributária é manifestação do próprio federalismo por configurar partilha, descentralização do poder de instituir e regular tributos", conforme destaca Mizabel Derzi[84]. Parafraseando a autora se pode afirmar que a discriminação das Competências sobre Processo e Procedimentos executivos configura, igualmente, manifestação do Federalismo na partilha e descentralização do poder de regular o devido processo legal com que os débitos serão cobrados e a propriedade de pessoas será excutida.

Em síntese, conforme alude Paulo de Barros Carvalho, a Competência tributária "é uma das parcelas entre as prerrogativas legiferantes de que são portadoras as pessoas políticas, consubstanciada na possibilidade de legislar para a produção de normas jurídicas sobre tributos"[85].

Nada obstante o espaço competencional das Unidades Federativas, a Constituição Federal exige uma uniformidade principiológica na tributação em todo o território, estabelecida, notadamente, nas "limitações do poder de tributar" elencadas nos arts. 150 a 152, e na vedação à União de "instituir tributo que não seja uniforme em todo o território nacional ou que implique distinção ou preferência em relação a Estado, ao Distrito Federal ou a Município, em detrimento de outro", admitindo-se, contudo, "a concessão de incentivos fiscais destinados a promover o equilíbrio do desenvolvimento sócio-econômico entre as diferentes regiões do País", nos termos do art. 151, I.

Tais disciplinamentos ocorrem para uniformizar, para todos – entes e contribuintes – uma matriz de princípios que devem reger toda a forma de tributação estabelecida por qualquer ente tributante, como, exemplificadamente, os princípios da legalidade tributária, igualdade, anterioridade e capacidade contributiva.

Imerso no Federalismo Fiscal da Constituição brasileira, e considerando que "a questão da distribuição da receita fiscal é o cerne da constituição

---

83. CARRAZZA, Roque Antonio. **Curso de Direito Constitucional Tributário**, 30ª ed., São Paulo: Editora Malheiros, 2015, p. 601, grifos no original.

84. DERZI, Mizabel Abreu Machado. **Direito Tributário, Direito Penal e Tipo**, 4ª ed., Belo Horizonte: Editora Fórum, 2021, p. 146.

85. CARVALHO, Paulo de Barros. **Curso de Direito Tributário**, 26ª ed., São Paulo: Editora Saraiva, 2014, p. 218.

financeira do estado federativo"[86], se tem, ainda, a repartição das receitas tributárias de um ente para outro, disciplinada nos arts. 157 a 162, em que a União entrega para os Estados e Municípios parcela do produto da arrecadação de seus tributos, e os Estados, igualmente, para os Municípios.

1.2.1. Classificação e Repartição de Competências Federativas

A repartição das Competências federativas, como "tema central da organização federal" e "parte inelimável da Constituição Federal material"[87], tem o desiderato de amalgamar, em só território, forças políticas diversas para uma unidade dentro da pluralidade cultural, social, econômica e normativa. Raul Machado Horta, assevera:

> A importância da repartição de competências reside no fato de que ela é a coluna de sustentação de todo o edifício constitucional do Estado federal. A organização federal provém da repartição de competências, pois a repartição vai desencadear as regras de configuração da União e dos Estados, indicando a área de atuação constitucional de cada um[88].

As Competências constitucionais federativas são divididas em materiais ou administrativas e legislativas. Estão elencadas, primordialmente, nas disposições dos arts. 21 a 24, 25 e 30, da Constituição Federal.

José Afonso da Silva sintetiza adequadamente:

> A nossa Constituição adota esse sistema complexo que busca realizar o equilíbrio federativo, por meio de uma repartição de competências que se fundamenta na técnica da *enumeração dos poderes da União* (arts. 21 e 22), com *poderes remanescentes para os Estados* (art. 25, § 1º) e *poderes definidos indicativamente para os Municípios* (art. 30), mas combina, com essa reserva de campos específicos (nem sempre exclusivos, mas apenas privativos), possibilidades de delegação (art. 22, parágrafo único), áreas comuns em que se prevêem atuações paralelas da União, Estados, Distrito Federal e Municípios (art. 23) e setores concorrentes entre União e Estados em que a competência para estabelecer políticas gerais, diretrizes gerais ou normas gerais cabe à União, enquanto se defere aos Estados e até aos Municípios a competência suplementar[89].

86. LAUFER, Heinz. O ordenamento financeiro no estado federativo alemão, *In*, **O Federalismo na Alemanha**, São Paulo: Fundação Konrad-Adenauer-Stiftung, 1995, p. 149.
87. HORTA, Raul Machado. **Direito Constitucional**, 2ª ed., Belo Horizonte: Editora Del Rey, 1999, p. 352
88. HORTA, Raul Machado. Organização Constitucional do Federalismo, *In*, **Revista de Informação Legislativa**, ano 22, n. 87, jul./set. 1985, p. 12.
89. SILVA, José Afonso da. **Curso de Direito Constitucional Positivo**, 42ª edição, São Paulo: Editora Malheiros, 2019, p. 483.

Adota-se, igualmente, para fins descritivos, a classificação deste notório constitucionalista brasieiro[90]. Assim, a Competência Material é dividida em exclusiva[91] e comum, cumulativa ou paralela[92].

---

90. SILVA, José Afonso da. **Curso de Direito Constitucional Positivo**, 42ª edição, São Paulo: Editora Malheiros, 2019, p. 483-486.

91. "Art. 21. Compete à União: I – manter relações com Estados estrangeiros e participar de organizações internacionais; II – declarar a guerra e celebrar a paz; III – assegurar a defesa nacional; IV – permitir, nos casos previstos em lei complementar, que forças estrangeiras transitem pelo território nacional ou nele permaneçam temporariamente; V – decretar o estado de sítio, o estado de defesa e a intervenção federal; VI – autorizar e fiscalizar a produção e o comércio de material bélico; VII – emitir moeda; VIII – administrar as reservas cambiais do País e fiscalizar as operações de natureza financeira, especialmente as de crédito, câmbio e capitalização, bem como as de seguros e de previdência privada; IX – elaborar e executar planos nacionais e regionais de ordenação do território e de desenvolvimento econômico e social; X – manter o serviço postal e o correio aéreo nacional; XI – explorar, diretamente ou mediante concessão a empresas sob controle acionário estatal, os serviços telefônicos, telegráficos, de transmissão de dados e demais serviços públicos de telecomunicações, assegurada a prestação de serviços de informações por entidades de direito privado através da rede pública de telecomunicações explorada pela União. XI – explorar, diretamente ou mediante autorização, concessão ou permissão, os serviços de telecomunicações, nos termos da lei, que disporá sobre a organização dos serviços, a criação de um órgão regulador e outros aspectos institucionais; XII – explorar, diretamente ou mediante autorização, concessão ou permissão: a) os serviços de radiodifusão sonora, e de sons e imagens e demais serviços de telecomunicações; a) os serviços de radiodifusão sonora, e de sons e imagens; b) os serviços e instalações de energia elétrica e o aproveitamento energético dos cursos de água, em articulação com os Estados onde se situam os potenciais hidroenergéticos; c) a navegação aérea, aeroespacial e a infra-estrutura aeroportuária; d) os serviços de transporte ferroviário e aquaviário entre portos brasileiros e fronteiras nacionais, ou que transponham os limites de Estado ou Território; e) os serviços de transporte rodoviário interestadual e internacional de passageiros; f) os portos marítimos, fluviais e lacustres; XIII – organizar e manter o Poder Judiciário, o Ministério Público e a Defensoria Pública do Distrito Federal e dos Territórios; XIII – organizar e manter o Poder Judiciário, o Ministério Público do Distrito Federal e dos Territórios e a Defensoria Pública dos Territórios; XIV – organizar e manter a polícia federal, a polícia rodoviária e a ferroviária federais, bem como a polícia civil, a polícia militar e o corpo de bombeiros militar do Distrito Federal e dos Territórios; XIV – organizar e manter a polícia civil, a polícia militar e o corpo de bombeiros militar do Distrito Federal, bem como prestar assistência financeira ao Distrito Federal para a execução de serviços públicos, por meio de fundo próprio; XIV – organizar e manter a polícia civil, a polícia penal, a polícia militar e o corpo de bombeiros militar do Distrito Federal, bem como prestar assistência financeira ao Distrito Federal para a execução de serviços públicos, por meio de fundo próprio; XV – organizar e manter os serviços oficiais de estatística, geografia, geologia e cartografia de âmbito nacional; XVI – exercer a classificação, para efeito indicativo, de diversões públicas e de programas de rádio e televisão; XVII – conceder anistia; XVIII – planejar e promover a defesa permanente contra as calamidades públicas, especialmente as secas e as inundações; XIX – instituir sistema nacional de gerenciamento de recursos hídricos e definir critérios de outorga de direitos de seu uso; XX – instituir diretrizes para o desenvolvimento urbano, inclusive habitação, saneamento básico e transportes urbanos; XXI – estabelecer princípios e diretrizes para o sistema nacional de viação; XXII – executar os serviços de polícia marítima, aérea e de fronteira; XXII – executar os serviços de polícia marítima, aeroportuária e de fronteiras; XXIII – explorar os serviços e instalações nucleares de qualquer natureza e exercer monopólio estatal sobre a pesquisa, a lavra, o enriquecimento e reprocessamento, a industrialização e o comércio de minérios nucleares e seus derivados, atendidos os seguintes

A Competência Legislativa é discriminada em exclusiva[93], privativa[94],

---

princípios e condições: a) toda atividade nuclear em território nacional somente será admitida para fins pacíficos e mediante aprovação do Congresso Nacional; b) sob regime de concessão ou permissão, é autorizada a utilização de radioisótopos para a pesquisa e usos medicinais, agrícolas, industriais e atividades análogas; b) sob regime de permissão, são autorizadas a comercialização e a utilização de radioisótopos para a pesquisa e usos médicos, agrícolas e industriais; b) sob regime de permissão, são autorizadas a comercialização e a utilização de radioisótopos para pesquisa e uso agrícolas e industriais; c) a responsabilidade civil por danos nucleares independe da existência de culpa; c) sob regime de permissão, são autorizadas a produção, comercialização e utilização de radioisótopos de meia-vida igual ou inferior a duas horas; c) sob regime de permissão, são autorizadas a produção, a comercialização e a utilização de radioisótopos para pesquisa e uso médicos; d) a responsabilidade civil por danos nucleares independe da existência de culpa; XXIV – organizar, manter e executar a inspeção do trabalho; XXV – estabelecer as áreas e as condições para o exercício da atividade de garimpagem, em forma associativa. XXVI – organizar e fiscalizar a proteção e o tratamento de dados pessoais, nos termos da lei".

92. "Art. 23. É competência comum da União, dos Estados, do Distrito Federal e dos Municípios: I – zelar pela guarda da Constituição, das leis e das instituições democráticas e conservar o patrimônio público; II – cuidar da saúde e assistência pública, da proteção e garantia das pessoas portadoras de deficiência; III – proteger os documentos, as obras e outros bens de valor histórico, artístico e cultural, os monumentos, as paisagens naturais notáveis e os sítios arqueológicos; IV – impedir a evasão, a destruição e a descaracterização de obras de arte e de outros bens de valor histórico, artístico ou cultural; V – proporcionar os meios de acesso à cultura, à educação, à ciência, à tecnologia, à pesquisa e à inovação; VI – proteger o meio ambiente e combater a poluição em qualquer de suas formas; VII – preservar as florestas, a fauna e a flora; VIII – fomentar a produção agropecuária e organizar o abastecimento alimentar; IX – promover programas de construção de moradias e a melhoria das condições habitacionais e de saneamento básico; X – combater as causas da pobreza e os fatores de marginalização, promovendo a integração social dos setores desfavorecidos; XI – registrar, acompanhar e fiscalizar as concessões de direitos de pesquisa e exploração de recursos hídricos e minerais em seus territórios; XII – estabelecer e implantar política de educação para a segurança do trânsito".

93. "Art. 25 [...] § 1º São reservadas aos Estados as competências que não lhes sejam vedadas por esta Constituição. § 2º Cabe aos Estados explorar diretamente, ou mediante concessão, os serviços locais de gás canalizado, na forma da lei, vedada a edição de medida provisória para a sua regulamentação".

94. "Art. 22. Compete privativamente à União legislar sobre: I – direito civil, comercial, penal, processual, eleitoral, agrário, marítimo, aeronáutico, espacial e do trabalho; II – desapropriação; III – requisições civis e militares, em caso de iminente perigo e em tempo de guerra; IV – águas, energia, informática, telecomunicações e radiodifusão; V – serviço postal; VI – sistema monetário e de medidas, títulos e garantias dos metais; VII – política de crédito, câmbio, seguros e transferência de valores; VIII – comércio exterior e interestadual; IX – diretrizes da política nacional de transportes; X – regime dos portos, navegação lacustre, fluvial, marítima, aérea e aeroespacial; XI – trânsito e transporte; XII – jazidas, minas, outros recursos minerais e metalurgia; XIII – nacionalidade, cidadania e naturalização; XIV – populações indígenas; XV – emigração e imigração, entrada, extradição e expulsão de estrangeiros; XVI – organização do sistema nacional de emprego e condições para o exercício de profissões; XVII – organização judiciária, do Ministério Público do Distrito Federal e dos Territórios e da Defensoria Pública dos Territórios, bem como organização administrativa destes; XVIII – sistema estatístico, sistema cartográfico e de geologia nacionais; XIX – sistemas de poupança, captação e garantia da poupança popular; XX – sistemas de consórcios e sorteios; XXI – normas gerais de organiza-

concorrente[95] e suplementar[96], sendo que "a diferença entre a exclusiva e privativa está nisso, aquela não admite suplementariedade nem delegação"[97].

Quanto à forma ou processo de sua distribuição, a Competência é enumerada ou expressa, como disposta nos arts. 21 e 22; reservada ou remanescente e residual[98]; implícita ou resultante" (ou inerente ou decorrente, porque decorre da natureza de outro ente)"[99].

Quanto ao conteúdo, a Competência pode ser econômica, social, político-administrativa, financeira e tributária, internacional (direitos de

---

ção, efetivos, material bélico, garantias, convocação, mobilização, inatividades e pensões das polícias militares e dos corpos de bombeiros militares; XXII – competência da polícia federal e das polícias rodoviária e ferroviária federais; XXIII – seguridade social; XXIV – diretrizes e bases da educação nacional; XXV – registros públicos; XXVI – atividades nucleares de qualquer natureza; XXVII – normas gerais de licitação e contratação, em todas as modalidades, para as administrações públicas diretas, autárquicas e fundacionais da União, Estados, Distrito Federal e Municípios, obedecido o disposto no art. 37, XXI, e para as empresas públicas e sociedades de economia mista, nos termos do art. 173, § 1°, III; XXVIII – defesa territorial, defesa aeroespacial, defesa marítima, defesa civil e mobilização nacional; XXIX – propaganda comercial. XXX – proteção e tratamento de dados pessoais".

95. "Art. 24. Compete à União, aos Estados e ao Distrito Federal legislar concorrentemente sobre: I – direito tributário, financeiro, penitenciário, econômico e urbanístico; II – orçamento; III – juntas comerciais; IV – custas dos serviços forenses; V – produção e consumo; VI – florestas, caça, pesca, fauna, conservação da natureza, defesa do solo e dos recursos naturais, proteção do meio ambiente e controle da poluição; VII – proteção ao patrimônio histórico, cultural, artístico, turístico e paisagístico; VIII – responsabilidade por dano ao meio ambiente, ao consumidor, a bens e direitos de valor artístico, estético, histórico, turístico e paisagístico; IX – educação, cultura, ensino, desporto, ciência, tecnologia, pesquisa, desenvolvimento e inovação; X – criação, funcionamento e processo do juizado de pequenas causas; XI – procedimentos em matéria processual; XII – previdência social, proteção e defesa da saúde; XIII – assistência jurídica e Defensoria pública; XIV – proteção e integração social das pessoas portadoras de deficiência; XV – proteção à infância e à juventude; XVI – organização, garantias, direitos e deveres das polícias civis".
96. "Art. 24 [...] § 2º A competência da União para legislar sobre normas gerais não exclui a competência suplementar dos Estados".
97. SILVA, José Afonso da. **Curso de Direito Constitucional Positivo**, 42ª edição, São Paulo: Editora Malheiros, 2019, p. 485.
98. "a que compreende toda matéria não expressamente incluída numa enumeração, reputando-se sinônimas as expressões reservada e remanescente com o significado de competência que sobra a uma entidade após a enumeração da competência de outra (art. 25, § 1º: cabem aos Estados as competências não vedadas pela Constituição), enquanto a competência residual consiste no eventual resíduo que reste após enumerar a competência de todas as entidades, como na matéria tributária, em que a competência residual – a que eventualmente possa surgir apesar da enumeração exaustiva – cabe à União (art. 154, I)" (SILVA, José Afonso da. **Curso de Direito Constitucional Positivo**, 42ª edição, São Paulo: Editora Malheiros, 2019, p. 484).
99. SILVA, José Afonso da. **Curso de Direito Constitucional Positivo**, 35ª edição, São Paulo: Editora Malheiros, 2019, p. 484.

paz e guerra, de fazer tratados e, por fim, quanto à origem, a competência é originária e delegada, como a estabelecida no parágrafo único do art. 22[100].

1.2.1.1. Crítica ao Princípio da Predominância dos Interesses

A divisão e repartição de Competências para os entes federativos, sejam Competências Materiais ou sejam Competências Legislativas, têm que ser calibrada em razão dos interesses envolvidos que serão disciplinados normativamente ou terão atuação concreta dos poderes públicos.

No contexto em que, havendo interesse nacional, consubstanciado em situações que abrangem toda e qualquer pessoa – física ou jurídica – e ultrapassam fronteiras estaduais, a Competência Material e Legislativa é do ente que representa a predominância de tais interesses nacionais - a União –, como, por exemplo, as Competências Materiais de relações com Estados estrangeiros e a declaração de guerra e paz, e as Competências Legislativas sobre direito marítimo, aeronáutico e espacial, requisições militares no caso de iminente perigo ou guerra, sistema monetário, comércio exterior e nacionalidade.

Havendo situações em que existe uma delimitação territorial, vale dizer, que os atos e fatos são adstritos ao espaço do Estado ou do Município, o interesse predominante é destes entes federativos e, por conseguinte, a atuação material e legislativa são a eles direcionados.

Pode-se citar, para os Estados-Membros - em uma predominância de interesse regional –, as competências de exploração dos serviços de gás canalizado e da instituição de regiões metropolitanas. Para os Municípios, a predominância do interesse local estaria elencada, notadamente, na Competência sobre seus tributos, na organização do transporte coletivo e na promoção e planejamento do ordenamento territorial, parcelamento e ocupação do seu solo urbano.

Quando não há predomínio, mas convergência de interesses, a Constituição Federal cataloga-os dentro das Competência Materiais comuns e Competências Legislativas concorrentes, estabelecendo instrumentos de cooperação entre os entes para um equilíbrio de funções estatais e impedimento de conflitos, calibrando a forma de sobreposição de uma norma em razão de outra, ambas com o mesmo objeto de regulação.

100. "Lei complementar poderá autorizar os Estados a legislar sobre questões específicas das matérias relacionadas neste artigo".

Destacados aspectos descritivos da regulação de Competências constitucionais no Brasil, nada obstante, merece uma análise crítica no sentido de demonstrar que o predomínio, sem plausibilidade fática-constitucional, de um Membro da Federação em relação a outro, em matéria de interesses comuns, ou não, e contidos na mesma territorialidade, afasta e ofende a isonomia que a própria Constituição Federal, paradoxalmente, intenta estabelecer, mormente pela disposição do art. 19, III, parte final.

A regulamentação uniforme em temas que não necessitam que assim sejam feitos inibe as singularidades regionais e locais, tornando os Estados e Municípios satélites que gravitam em torno de um núcleo central, pelo qual não podem se afastar sob pena de se perderem na órbita estatal. Ao assim se proceder não se está diante de um Estado Federal, mas sim de uma configuração singular de Estado Unitário. Isso porque a "autonomia do Estado-Membro é requisito básico para qualificar a natureza do Estado Federal e sem ela a coletividade estadual não se distinguiria da Província do Estado unitário dotada de descentralização administrativa"[101].

No julgamento da Ação Direta de Inconstitucionalidade n. 5.996, sobre direito constitucional ambiental, em que se julgou lei do Estado do Amazonas que proibiu o uso de animais para o desenvolvimento, experimentos e testes de produtos cosméticos, de higiene pessoal, perfumes e seus componentes, o Supremo Tribunal Federal acolheu, de forma unânime, voto do relator, Ministro Alexandre de Moraes, no sentido de afastar a alegação de usurpação de Competência da União na matéria, em razão da visualização da predominância do interesse local.

Extrai-se de tal pronunciamento da Corte Constitucional que a Constituição Federal presumiu, de forma absoluta, o princípio da predominância do interesse, optando por estabelecer e dividir as diversas Competências entre os entes federativos para, "ora acentuar maior centralização de poder, principalmente na própria União (CF, art. 22), ora permitir uma maior descentralização nos Estados-Membros e Municípios (CF, arts. 24 e 30, inciso I)", aduzindo que "as contingências históricas, político-econômicas e culturais mantiveram a concentração dos temas mais importantes no Congresso Nacional, em detrimento das Assembleias locais".

Nada obstante essa concentração, deixou-se claro também no voto que a Constituição Federal não afastou

101. HORTA, Raul Machado. Reconstrução do federalismo brasileiro, *In*, **Revista de Informação Legislativa**, ano 18, n. 72, out./dez. 1981, p. 19.

> os princípios básicos de nossa tradição republicana federalista, que gravita em torno do princípio da autonomia, da participação política e da existência de competências legislativas próprias dos Estados/Distrito Federal e Municípios, indicando ao intérprete a necessidade de aplicá-los como vetores principais em cada hipótese concreta em que haja a necessidade de análise da predominância do interesse, para que se garanta a manutenção, fortalecimento e, principalmente, o equilíbrio federativo [...] que se caracteriza pelo respeito às diversidades locais (...).

E, concluindo a fundamentação jurisdicional, o voto em análise, escudado na doutrina[102], assentou que

> Nos regimes federalistas, respeitadas as opções realizadas pelo legislador constituinte e previamente estabelecidas no próprio texto constitucional, quando surgem dúvidas sobre a distribuição de competências e, consequentemente, a necessidade de definição do ente federativo competente para legislar sobre determinado e específico assunto, que engloba uma ou várias matérias com previsão ou reflexos em diversos ramos do Direito, caberá ao intérprete priorizar o fortalecimento das autonomias locais e o respeito às suas diversidades como pontos caracterizadores e asseguradores do convívio no Estado Federal, que garantam o imprescindível equilíbrio federativo.

Nesta temática e à guisa de ilustração e comparação com outro país em que há também discussão sobre a repartição das Competências, Eduardo Garcia de Enterria e Tomas-Ramon Fernandez concluem, sobre os princípios da hierarquia e da competência no direito espanhol para solucionar a inserção de normas das entidades autônomas no ordenamento geral do país, pelo afastamento do princípio da hierarquia e aplicabilidade do princípio da competência. Isso porque,

> Al repartirse las competencias entre el Estado y las Comunidades Autónomas se reparte también la potestad legislativa de forma que cada materia que requiera una disciplina con rango de Ley sólo podrá en adelante ser regulada por quien tenga atribuida la competencia sobre dicha materia, dentro, claro

102. Conforme consta, textualmente, no voto:"JUAN FERRANDO BADÍA. *El estado unitário: El federal y El estado regional*. Madri: Tecnos, 1978, p. 77; MANOEL GONÇALVES FERREIRA FILHO. *O Estado federal brasileiro na Constituição de 1988*. Revista de Direito Administrativo, n. 179, p. 1; RAUL MACHADO HORTA. *Tendências atuais da federação brasileira*. Cadernos de direito constitucional e ciência política, n. 16, p. 17; e, do mesmo autor: *Estruturação da federação*. Revista de Direito Público, n. 81, p. 53 e ss.; CARLOS MÁRIO VELLOSO. *Estado federal e estados federados na Constituição brasileira de 1988: do equilíbrio federativo*. Revista de Direito Administrativo, n. 187, p. 1 e ss.; JOSAPHAT MARINHO. *Rui Barbosa e a federação*. Revista de Informação Legislativa, n. 130, p. 40 e ss.; SEABRA FAGUNDES. *Novas perspectivas do federalismo brasileiro*. Revista de Direito Administrativo, n. 99, p. 1 e ss" (grifos no original).

> está, del concreto territorio al que se extiende su jurisdicción. En presencia de dos Leyes en aparente conflicto, una de las Cortes y otra de una Comunidad Autónoma, la opción por una o por otra no podrá ser adoptada sobre la base de una superioridad jerárquica que no existe, ya que ambas Leyes tienen idéntica fuerza y están directamente ordenadas a la Constitución de la que son exactamente equidistantes, sino a partir del análisis de la atribución que la propia Constitución, con la ayuda del Estatuto de autonomía correspondiente, hace a uno u otro órgano legislativo de la materia de que en cada caso se trate[103].

Não se afirma que o ordenamento espanhol e que seu Federalismo tem identidade com o brasileiro e suas disposições podem ser tomadas de empréstimo para fundamentar a autonomia dos Estados-Membros frente à União. O que se sustenta é que, assim como no direito espanhol, que tem entidades federativas com autonomia política e legislativa, no Brasil, de igual modo, inexiste a solução pelo predomínio de interesses direcionada a favor do ente central através do princípio da hierarquia, o que, de fato, inexiste. Aplica-se o princípio da competência, que inclui não apenas a Competência Legislativa, mas também a análise das Competências Materiais para perquirir sobre a constitucionalidade de produção de Direito pelos Estados-Membros.

Não se está a dizer, igualmente, que não devem existir normas gerais, aplicáveis por todo o território brasileiro, que disciplinam o modo de ser e de viver das pessoas e instituições, o que dá, consoante já explanado, uma identidade do país como nação.

O que é ora objeto de crítica é o corte e limites ao exercício das autonomias federativas em temas que são de interesse delas mesmas, como a objeto deste estudo, que defende a Competência Legislativa autônoma e independente dos Estados-Membros produzirem Direito sobre a Execução Fiscal Administrativa de seus próprios créditos públicos. Vale dizer, a tributação de um Estado, muito embora deva atender à matriz principiológica da Constituição Federal, não afasta o poder de se reger situações que estão dentro da esfera estadual.

Indaga-se: qual a predominância de interesse da União em dispor sobre a forma com que Estados-Membros devem executar os tributos inadimplidos de sua inerente e particular Competência Material?

Desde que se respeite o devido processo legal, a ampla defesa e o contraditório, princípios processuais já dispostos na Constituição Federal, não

---

103. ENTERRIA, Eduardo Garcia de; FERNANDEZ, Tomas-Ramon. **Curso de Derecho Administrativo I**, Tercera edición, Madrid: Editorial Civitas, 1981, p. 256-257.

se vê predomínio da União em tal matéria a ponto de se impor que uma legislação sobre Execução Fiscal Administrativa somente poderá ser editada se for pelo entre central.

1.2.2. Os Estados-Membros na Federação brasileira

Os Estados-Membros formam, juntamente com os Municípios, nos termos do art. 1º da Constituição Federal, a República Federativa do Brasil. O art. 18 do texto constitucional adiciona, na sua organização político-administrativa, também a União.

Os Estados-Membros são, portanto, centros de poder autônomo, delimitados territorialmente em uma parcela do espaço nacional, que possibilitam que singularidades da forma de ser e viver das pessoas e instituições sejam realizadas sem sofrer ingerências e impostividades do órgão central, em uma deferência ao pluralismo cultural, social, econômico e político, à exceção das restrições precedentemente preconizadas na própria Constituição Federal.

Na síntese de Pinto Ferreira, o Estado-Membro é "aquela coletividade integrante do Estado federal e descentralizada, dotada do poder de organização constitucional, a fim de criar seu próprio governo e o processo de elaboração de normas jurídicas"[104]. No escólio de Dircêo Torrecillas Ramos, os Estados dão a estrutura conceitual do Estado Federal e, sem "os mesmos, não poderá haver federação, independentemente dos nomes que recebem"[105].

Como já salientado, à propósito do estudo das origens e características do Federalismo, é vedada a secessão, contudo, autoriza-se a incorporação de um Estado pelo outro, sua subdivisão ou desmembramento para se anexarem a outros, além de ser possível a formação de novos Estados-Membros, o que se deve dar "mediante aprovação da população diretamente interessada, através de plebiscito, e do Congresso Nacional, por lei complementar", consoante a redação do art. 18, § 3º, da Constituição Federal.

É clássica a doutrina sobre as capacidades dos Estados-Membros, sendo de auto-organização, autolegislação, autogoverno e autoadministração. Segundo José Afonso da Silva,

> A capacidade de auto-organização e de autolegislação está consagrada na cabeça do artigo em comentário [art. 25, da Constituição Federal]. A capa-

104. FERREIRA, Pinto. **Comentários à Constituição brasileira**, v. 2, Arts. 22 a 53, São Paulo: Editora Saraiva, 1989, p. 125.
105. RAMOS, Dircêo Torrecillas. Composição da Federação Brasileira, *In*, **O federalista atual**: teoria do federalismo, coord. Dircêo Torrecillas Ramos, Belo Horizonte: Arraes Editores, 2013, p. 85.

> cidade de autogoverno encontra seu fundamento explícito nos arts. 27, 28 e 125, ao disporem sobre os princípios de organização dos Poderes estaduais, respectivamente: Poder Legislativo, que se expressa por Assembleias Legislativas; Poder Executivo, exercido pelo governador; e Poder Judiciário, que repousa no Tribunal de Justiça e outros tribunais e juízes. A capacidade de autoadministração decorre das normas que distribuem as competências entre União, Estados e Municípios, especialmente do art. 25, § 1º, que contém, como se vê de sua leitura, o princípio de que, na partilha federativa das competências, aos Estados cabem os poderes remanescentes, aqueles que sobram da enumeração dos poderes da União (arts. 21 e 22, especialmente) e dos indicados aos Municípios (art. 30)[106].

Destacadas capacidades de auto-organização, autolegislação, autogoverno e autoadministração decorrem do necessário estabelecimento de autonomia das unidades federativas, sob pena de descaracterizar a Federação, porquanto uma das premissas do Federalismo, como já ressaltado, é a reunião de centros políticos em torno de um órgão central, sem se deixar de exercer, em menor ou maior grau, poderes próprios de suas particularidades regionais e locais. Afinal, conforme o art. 18, *caput*, da Constituição Federal, a organização da República Federativa do Brasil é *político-administrativa*, e não apenas *administrativa*.

Assim, a autonomia estadual reflete-se, inicialmente, na competência de estabelecer sua própria forma de organização, materializada no poder constituinte decorrente, pelo qual editam suas Constituições, "que não se iguala, entretanto, ao poder constituinte originário, já que é criatura deste e se acha sujeito a limitações de conteúdo e de forma"[107].

Conectado a esta capacidade de auto-organização se assenta o princípio da simetria, no sentido da impositividade de se repetir nas Constituições estaduais preceitos da Constituição Federal, notadamente relacionados à forma e disciplina da separação dos poderes[108].

---

106. SILVA, José Afonso da. **Comentário contextual à Constituição**, 9ª ed., São Paulo: Editora Malheiros, 2014, p. 287, grifos no original.

107. MENDES, Gilmar Ferreira; GONET BRANCO, Paulo Gustavo. **Curso de direito constitucional**, 10ª ed., 2015, p. 827.

108. Gilmar Mendes e Paulo Gustavo Gonet Branco destacam: "A exuberância de casos em que o princípio da separação de Poderes cerceia toda a criatividade do constituinte estadual, levou a que se falasse num *princípio da simetria*, para designar a obrigação do constituinte estadual de seguir fielmente as opções de organização e de relacionamento entre os poderes acolhidos pelo constituinte federal. O princípio da simetria serve, sobretudo, de fundamento para que se declarem inválidas leis estaduais que resultam de projeto apresentado sem observância do sistema federal de reserva de iniciativa. São diversos os casos de declaração de inconstitucionalidade de diplomas normativos locais por vício dessa ordem. Se a Constituição do

A capacidade de autolegislação será detalhada no capítulo seguinte, uma vez que entrelaçada diretamente com o objeto desta obra. Por ora, importa destacar a Competência dos Estados-Membros de participarem da feitura da legislação federal, porquanto o Brasil adotou, no Poder Legislativo federal, o bicameralismo, pelo qual existem dois órgãos legislativos, a Câmara dos Deputados, que representa a proporcionalidade da população brasileira, e o Senado Federal, que representa, com igual composição de Senadores, os Estados Federados.

No escólio de Paolo Biscaretti di Ruffìa, esta regulamentação em favor dos Estados-Membros é "una garantía válida para su posición de independencia jurídica en su directa participación en la formación del *Poder Legislativo* federal"[109].

A capacidade de autogoverno está fundamentada na Competência de os Estados-Membros definirem, por seus órgãos legislativo e executivo, a implementação de suas políticas e serviços públicos. Isso se dá com a regulamentação de um Poder Legislativo estadual, através das Assembleias Legislativas, e de um Poder Executivo encabeçado por um Governador. Ambas formas de autogoverno imprescindem do sistema democrático para se estabelecerem e exercerem suas funções constitucionais, porquanto Deputados e Governadores estaduais são eleitos pelo voto da população de seus respectivos territórios.

O Poder Judiciário também se insere na capacidade de autogoverno dos Estados-Membros, na medida em que sua atividade delimita o Direito aplicável em seus territórios e, consectariamente, a forma com que as demais funções estatais devem se pautar, em consonância com o controle da Jurisdição.

Por fim, em relação às capacidades estaduais, a autoadministração determina que os Estados-Membros cumpram, por seus órgãos e instituições, suas competências materiais, sejam as genéricas do 23, sejam outras específicas, como a do regime jurídico de seus servidores públicos, preceituado, principalmente, nos arts. 37 e 39, todos da Constituição Federal.

Estado não pode dispensar a observância das regras de reserva de iniciativa dispostas no plano federal, com maior razão não será válida lei estadual que concretize o procedimento censurável" (MENDES, Gilmar Ferreira; GONET BRANCO, Paulo Gustavo. **Curso de direito constitucional**, 10ª ed., 2015, p. 831).

109. RUFFÌA, Paolo Biscaretti. **Derecho Constitucional**, Madrid: Editorial Tecnos, 1973, p. 613, grifos no original.

Portanto, se a Administração Pública está adstrita ao princípio da legalidade, as atividades administrativas devem ser exercidas em conformidade com leis estaduais e nacionais, concretizando os serviços públicos e administrativos por intermédio desta capacidade de autoadministração.

Os Estados-Membros também possuem bens próprios, discriminados na Constituição Federal no art. 26[110], além dos conhecidos bens públicos de uso comum do povo, de uso especial e dominicais, conceituados no art. 99 do Código Civil[111].

1.2.3. Centralização Política-Jurídica do Ente Central, Fortalecimento das Competências da União e Enfraquecimento das Competências Estaduais

O estudo da Constituição Federal, tendo como referente as Competências dos entes federativos, demonstra, efetivamente, a centralização político-jurídica da União, de variadas causas, conforme descreveu Raul Machado Horta[112].

O debate acadêmico a respeito da centralização e da descentralização no Federalismo mundial é demonstrado por Paolo Dardanelli e John Kincaid[113],

---

110. "Art. 26. Incluem-se entre os bens dos Estados: I – as águas superficiais ou subterrâneas, fluentes, emergentes e em depósito, ressalvadas, neste caso, na forma da lei, as decorrentes de obras da União; II – as áreas, nas ilhas oceânicas e costeiras, que estiverem no seu domínio, excluídas aquelas sob domínio da União, Municípios ou terceiros; III – as ilhas fluviais e lacustres não pertencentes à União; IV – as terras devolutas não compreendidas entre as da União".

111. "Art. 99. São bens públicos: I – os de uso comum do povo, tais como rios, mares, estradas, ruas e praças; II – os de uso especial, tais como edifícios ou terrenos destinados a serviço ou estabelecimento da administração federal, estadual, territorial ou municipal, inclusive os de suas autarquias; III – os dominicais, que constituem o patrimônio das pessoas jurídicas de direito público, como objeto de direito pessoal, ou real, de cada uma dessas entidades. Parágrafo único. Não dispondo a lei em contrário, consideram-se dominicais os bens pertencentes às pessoas jurídicas de direito público a que se tenha dado estrutura de direito privado".

112. "É certo que o alargamento dos poderes federais não decorre simplesmente de preferência formal por esta ou aquela técnica de repartição de competências. As causas dessa concentração de poderes residem nas mudanças operadas no comportamento do Estado moderno, na passagem do liberalismo econômico para o intervencionismo, o dirigismo, e as formas mais amplas da atividade social e econômica do Estado. As exigências centralizadoras do Estado intervencionista e dirigista concentraram na União, como centro de poder nacional, os instrumentos da intervenção e da direção nacional da economia. A repartição de competências serviu a esses objetivos, ampliando os poderes federais, o que acarretou o automático sacrifício do residualismo dos poderes estadusi" (HORTA, Raul Machado. Reconstrução do federalismo brasileiro, *In*, **Revista de Informação Legislativa**, ano 18, n. 72, out./dez. 1981, p. 14).

113. DARDANELLI, Paolo; KINCAID, John. Descentralização e centralização em federações democráticas: uma perspectiva comparada de longo prazo, *In*, **E os Estados? Federalismo, relações intergovernamentais e políticas públicas no Brasil contemporâneo**. Orgs. PALOTTI, Pedro;

ao catalogar diversas pesquisas descritivas deste fenômeno, com destaques sobre a esfera política e fiscal, ou seja, a definição sobre uma Federação ser mais centralizadora ou não perpassa pela aferição do estabelecimento e repartição do poder no território federal, consubstanciado nas autonomias política (legislativa e administrativa) e fiscal.

Das Federações pesquisadas por Dardanelli e Kincaid (Austrália, Suíça, Estados Unidos, Canadá, Alemanha e Índia), algumas situações contribuíram para a centralização e descentralização em uma Federação[114], como tendências socioeconômicas e socioculturais, choques econômicos e de segurança, atitudes coletivas e de grupos de interesses e a agência política relacionada ao sistema partidário. A conclusão desta destacada pesquisa foi que as "federações tornaram-se geralmente mais centralizadas ao longo do tempo, mas principalmente na esfera legislativa do que nas esferas administrativa e fiscal"[115].

Outro estudo de Paolo Dardanelli, John Kincaid e demais autores[116] que envolveu, além do Brasil, Argentina, México, Nigéria e Paquistão, em um recorte de pesquisa a respeito do impacto da mudança do regime democrático/autoritário na centralização e descentralização nas Federações, demonstrou, igualmente, que assim como nas democracias consolidadas, nos países com recentes alterações de regimes a centralização é dominante a longo prazo e, conquanto tais mudanças desempenhem papel importante, nem sempre corroboram a expectativa habitual de que os regimes autoritários centralizam e os democráticos descentralizam. No caso particular do Brasil, a pesquisa assim sintetizou:

LICIO, Elaine Cristina; GOMES, Sandra; SEGATTO, Catarina Ianni; SILVA, André Luis Nogueira da. Instituto de Pesquisa Econômica Aplicada (IPEA), Rio de Janeiro, 2023, p. 43-71.

114. DARDANELLI, Paolo; KINCAID, John. Descentralização e centralização em federações democráticas: uma perspectiva comparada de longo prazo, *In*, **E os Estados? Federalismo, relações intergovernamentais e políticas públicas no Brasil contemporâneo**. Orgs. PALOTTI, Pedro; LICIO, Elaine Cristina; GOMES, Sandra; SEGATTO, Catarina Ianni; SILVA, André Luis Nogueira da. Instituto de Pesquisa Econômica Aplicada (IPEA), Rio de Janeiro, 2023, p. 60-65.

115. DARDANELLI, Paolo; KINCAID, John. Descentralização e centralização em federações democráticas: uma perspectiva comparada de longo prazo, *In*, **E os Estados? Federalismo, relações intergovernamentais e políticas públicas no Brasil contemporâneo**. Orgs. PALOTTI, Pedro; LICIO, Elaine Cristina; GOMES, Sandra; SEGATTO, Catarina Ianni; SILVA, André Luis Nogueira da. Instituto de Pesquisa Econômica Aplicada (IPEA), Rio de Janeiro, 2023, p. 66.

116. DARDANELLI, Paolo; KINCAID, John; ADENEY, Katharine; MOSCOVICH, Lorena; OLMEDA, Juan Cruz; SCHLEGEL, Rogerio; SUBERU, Rotimi; BONI, Filippo; LACROIX EUSSLER, Santiago. Authoritarianism, Democracy and De/Centralization in Federations: What Connections?, *In*, **Regional and Federal Studies**. Taylor & Francis, 2023, p. 577-606. Disponível em: https://kar.kent.ac.uk/103398/1/Dardanelli%20et%20al%20RFS%2023.pdf . Acesso em 17 nov. 2023.

> While the dynamics of politico-institutional autonomy were closely associated with regime change, policy autonomy followed a distinct centripetal trajectory occasionally punctuated by decentralization episodes. Fiscal autonomy, by contrast, bucked the trend and, with the exception of borrowing autonomy, remainedbroadlystableor increased over time. He finds ideological orientations to have been an important factor in shapingde/centralization dynamics. The embrace of developmentalism helped sustain or deepen centralization for along period while movements in the opposite direction were facilitated by the belief that democracy goes hand in hand with decentralization[117].

Em mais um relevante estudo de direito comparado, que englobou os modelos de repartição de Competências Legislativas nos sistemas federativos alemão, argentino, australiano, austríaco, brasileiro, indiano, norte-americano e suíço, corrobora-se o que vem sendo exposto, consoante sua conclusão no sentido de que

> observa-se que a federação brasileira, não obstante a previsão de formas de cooperação legislativa entre os entes federativos, comparativamente, aparece como sendo o país mais centralizado em matéria legislativa e, ao lado da Áustria, como a federação, em termos gerais, mais centralizada, colocando em evidência a tendência das últimas Constituições brasileiras em ampliar as atribuições do poder central ao sacrifício da autonomia dos Estados. No extremo oposto, situam-se os Estado Unidos, Austrália e Suíça, que se colocam como exemplos de experiências de descentralização legislativa[118].

Paulo Márcio Cruz cataloga alguns elementos[119] que entende definir o grau de centralização ou descentralização de um Estado, afirmando que

---

117. DARDANELLI, Paolo; KINCAID, John; ADENEY, Katharine; MOSCOVICH, Lorena; OLMEDA, Juan Cruz; SCHLEGEL, Rogerio; SUBERU, Rotimi; BONI, Filippo; LACROIX EUSSLER, Santiago. Authoritarianism, Democracy and De/Centralization in Federations: What Connections?, *In*, **Regional and Federal Studies**. Taylor & Francis, 2023, p. 600. Disponível em: https://kar.kent.ac.uk/103398/1/Dardanelli%20et%20al%20RFS%2023.pdf . Acesso em 17 nov. 2023.

118. TOMIO, Fabricio Ricardo de Limas; ORTOLAN, Marcelo Augusto Biehl; CAMARGO, Fernando Santos de. Análise comparativa dos modelos de repartição de competências legislativas nos Estados Federados, *In*, **Revista da Faculdade de Direito – UFPR**, Curitiba, n. 51, 2010, p. 98-99.

119. "*1 – em primeiro lugar, se existe uma uniformidade do ordenamento jurídico dentro do mesmo Estado, no sentido de que em todo território estatal são aplicadas as mesmas normas jurídicas ou se, pelo contrário, existem ordenamentos próprios em algumas ou em todas as diferentes regiões do território; 2 – em segundo lugar, se existe um único conjunto de instituições cujas competências se estendem por todo território (um só Poder Legislativo, ,um só aparelho de Governo, um só Poder Judiciário) ou se existem instituições regionais – chamadas também de provinciais, estaduais ou autonômicas – com competências restritas a determinados territórios e que funcionam de maneira paralela e harmônica com as instituições centrais do Estado; 3 – finalmente, se todos os poderes públicos estão organizados de forma hierárquica, de maneira que, em todo caso, suas atuações sejam dirigidas por um órgão superior com competência em todo o Estado ou se, pelo contrário,*

é "possível classificar as Constituições de acordo com sua maior ou menor aproximação a um destes princípios [centralização e descentralização], mesmo que ambos, não raro, estejam combinados em modelos intermediários"[120]. Destacada forma de visualização da centralização e da descentralização em uma Federação é compartilhada por outros autores, no sentido de não visualizar os dois termos como uma dicotomia, explícita ou implícita, mas sim como fenômenos contínuos da distribuição de poder entre as instituições do governo central e das unidades constituintes[121].

A centralização não deixa de ser, em realidade, um dos aspectos do Federalismo, de acordo com o que foi exposto anteriormente.

Com efeito, o reconhecimento de um país como nação pressupõe não apenas a soberania sobre o seu território nacional, mas, de igual modo, tem como premissas a identidade e uniformidade em variadas características: cultural, linguística, social, jurídica e política.

Em outras palavras, o Brasil é originário de uma culturalidade indígena, africana e europeia; tem como idioma a língua portuguesa; sua sociedade é marcada ainda pela colonização e os efeitos dela decorrentes; a política, igualmente, é devota e mantenedora de tal forma de organização patriarcal[122], tendo uma figura proeminente no cenário político-institucional, que é o Presidente da República, com poderes, inclusive, de editar norma com força de lei de forma monocrática, como são as medidas provisórias; no campo jurídico sobreleva ressaltar o estabelecimento dos fundamentos e objetivos da República Federativa do Brasil[123].

---

existem poderes regionais que não dependem das instâncias supremas do Estado" (CRUZ, Paulo Márcio. **Fundamentos do direito constitucional**, 2ª ed., Curitiba: Editora Juruá, 2010, p. 240-241, grifos no original).

120. CRUZ, Paulo Márcio. **Fundamentos do direito constitucional**, 2ª ed., Curitiba: Editora Juruá, 2010, p. 240.

121. DARDANELLI, Paolo; KINCAID, John; FENNA, Alan; KAISER, André; LECOURS, André; SINGH, Ajay Kumar (2019) Conceptualizing, Measuring, and Theorizing Dynamic De/Centralization, *In*, **Federations. Publius: The Journal of Federalism**, 49 (1), 2019, p. 13. Disponível em: https://kar.kent.ac.uk/64342/1/Dardanelli%20et%20al%20CMT%20Publius%2049.1.pdf. Acesso em 17 nov. 2023.

122. HOLANDA, Sérgio Buarque. **Raízes do Brasil**, 26ª ed., 36ª reimpressão, São Paulo: Editora Companhia das Letras, 2011. FAORO, Raimundo. **Os donos do poder**, 5ª ed., São Paulo: Editora Globo, 2012.

123. "Art. 1º A República Federativa do Brasil, formada pela união indissolúvel dos Estados e Municípios e do Distrito Federal, constitui-se em Estado Democrático de Direito e tem como fundamentos: I – a soberania; II – a cidadania; III – a dignidade da pessoa humana; IV – os valores sociais do trabalho e da livre iniciativa; V – o pluralismo político". "Art. 3º Constituem objetivos fundamentais da República Federativa do Brasil: I – construir uma sociedade livre, justa e solidária; II – garantir o desenvolvimento nacional; III – erradicar a pobreza e a margi-

Daí que se disciplinou diversas Competências, Materiais e Legislativas, para a União, dispostas nos arts. 21 e 22 da Constituição Federal. Dentre as primeiras, merece destaque a Competência sobre relações internacionais, guerra e paz, emissão de moeda, elaboração de planos nacionais e regionais de ordenação do território e a exploração de serviços e instalações de energia elétrica e nucleares e a proteção de dados pessoais. Sobre as Competências Legislativas privativas impõe-se citar legislar sobre direito civil, penal, eleitoral, agrário, marítimo, aeronáutico, espacial e do trabalho, águas, energia, informática, telecomunicações e radiodifusão, comércio exterior e interestadual, nacionalidade, cidadania e naturalização, populações indígenas, seguridade social, diretrizes e bases da educação nacional e registros públicos.

Estabeleceu-se, ademais, um idioma oficial em todo o território nacional, que é a língua portuguesa, nos termos do art. 13, *caput*, da Constituição Federal[124].

Contudo, destacadas identidades e uniformidades nacionais, corporificadas nas Competências discriminadas nos arts. 21 e 22, devem ser estabelecidas, regidas e aplicadas em temas que assim são caracterizados, deixando espaço competencional para que os entes regionais e locais desenvolvam suas singularidades e particularidades regionais e locais, desde que em consonância àqueles fundamentos e objetivos nacionais. Esta é a descentralização para os Etsados-Membros que se extrai do texto constitucional brasileiro[125].

---

nalização e reduzir as desigualdades sociais e regionais; IV – promover o bem de todos, sem preconceitos de origem, raça, sexo, cor, idade e quaisquer outras formas de discriminação".

124. Este disciplinamento constitucional orginário da divisão e repartição de Competências, Legislativas e Materiais, é conceituado por Paolo Dardanelli e John Kincaid como centralização e descentralização estática: "Definiu-se a descentralização ou centralização estática como a distribuição de poderes entre as instituições do governo central e as instituições das unidades constituintes de uma Federação em um dado momento. Poder é aqui entendido como a capacidade que uma unidade constituinte tem de tomar decisões vinculantes sem restrições por parte do governo central ou de outras unidades constituintes" (DARDANELLI, Paolo; KINCAID, John. Descentralização e centralização em federações democráticas: uma perspectiva comparada de longo prazo, *In*, **E os Estados? Federalismo, relações intergovernamentais e políticas públicas no Brasil contemporâneo**. Orgs. PALOTTI, Pedro; LICIO, Elaine Cristina; GOMES, Sandra; SEGATTO, Catarina Ianni; SILVA, André Luis Nogueira da. Instituto de Pesquisa Econômica Aplicada (IPEA), Rio de Janeiro, 2023, p. 47).

125. Gilberto Bercovici e José Francisco Siqueira Neto apontam, após criticar que "a utilização da descentralização como panacéia de todos os problemas relacionados à execução de políticas públicas fundamenta-se nos mesmos argumentos utilizados pelos teóricos do federalismo neodualista para justificar a necessidade do princípio da subsidiariedade" e que a "descentralização virou, assim, um fim em si mesmo", que é necessário direcionar o debate para "qual descentralização e para que (e para quem) descentralizar" (BERCOVICI, Gilberto; SIQUEIRA NETO, José Francisco. O artigo 23 da Constituição de 1988 e as competências comuns, *In*, **Revista Brasileira de Estudos Constitucionais**, Belo Horizonte, v. 2, n. 6, abr. 2008, p. 4. Disponível em: <http://bdjur.stj.jus.br/dspace/handle/2011/29037>. Acesso em: 21 nov. 2023). Espera-se,

A centralização política-jurídica da União pode ser constatada, por exemplo, nas Competências Materiais exclusivas, dispostas no art. 21 da Constituição Federal, de manutenção de serviço postal, na exploração, concessão ou permissão sobre portos fluviais e lacustres, na classificação de diversões públicas, programas de rádio e televisão, no planejamento e promoção da defesa permanente contra as calamidades públicas, na inspeção do trabalho.

Em relação às Competências Legislativas, elencadas no art. 22 da Constituição Federal, infere-se a centralidade e fortalecimento do ente central na produção normativa privativa sobre direito civil, comercial e processual, desapropriação, serviço postal, regime de portos e navegação lacustre e fluvial, sistemas de consórcios e sorteios e propaganda comercial[126].

Maior força centralizadora advém da Competência privativa da União de tributar a sociedade e empresas mediante contribuições especiais estatuídas no art. 149 da Constituição Federal[127]. Destacadas contribuições especiais não exigem repartição de suas receitas para os demais membros da Federação[128].

As alterações pontuais na Constituição Federal e na legislação, em uma perspectiva de centralização dinâmica exposta por Paolo Dardanelli John

---

no cenário exposto, demonstrar que a descentralização no aspecto do Federalismo Processual Administrativo é possível constitucionalmente para que os Estados-Membros incrementem de melhor forma o ingresso de dinheiro no erário público, para o fim de efetivar políticas públicas eficientes.

126. Fernando da Fonseca Gajardoni destaca que, "se analisarmos a Constituição Federal, veremos que o rol de bens (art. 20), as receitas (arts. 153, 154 e 157) e as competências administrativas (art. 21) e legislativas (art. 22) da União são bem maiores e mais relevantes que a dos Estados e Municípios (art. 30), de modo que pouca importância tem a legislação estadual em assuntos de interesse maior (GAJARDONI, Fernando da. **Flexibilização procedimental**: um novo enfoque para o estudo do procedimento em matéria processual, de acordo com as recentes reformas do CPC, São Paulo: Editora Atlas, 2008, p. 19).

127. "Art. 149. Compete exclusivamente à União instituir contribuições sociais, de intervenção no domínio econômico e de interesse das categorias profissionais ou econômicas, como instrumento de sua atuação nas respectivas áreas, observado o disposto nos arts. 146, III, e 150, I e III, e sem prejuízo do previsto no art. 195, § 6º, relativamente às contribuições a que alude o dispositivo".

128. "Historicamente, entretanto, as contribuições surgem no contexto da parafiscalidade e da facilidade de sua criação (já que imune as rígidas regras tributárias e orçamentárias), aliada à necessidade de rápida intervenção/atuação, seja ela social, econômica ou setorial profissional/econômica. Outra vantagem na utilização dessa figura exacional é a desnecessidade de repassar parte da receita arrecada aos Estados-membros, o que acarreta uma maior concentração fiscal federal" (BERCOVICI, Gilberto; ANDRADE, José Maria Arruda de; MASSONETTO, Luís Fernando. Reforma do Estado, prestação de serviços públicos, contribuições especiais e federalismo, *In*, **Revista do Instituto de Pesquisas e Estudos, Bauru**, v. 40, n. 45, jan./jun. 2006, p. 184).

Kincaid[129], demonstram que a União utiliza as contribuições especiais como forma de burlar a obrigatória repartição de receitas tributárias decorrentes dos impostos federais que o ente central deve realizar para os demais, como as dispostas nos arts. 157, 158 e 159, pelos quais se impõe a entrega de parcelas das receitas de impostos da União, relativas a renda e proventos de qualquer natureza e sobre produtos industrializados. Ofende-se, assim, o Federalismo fiscal.

Com efeito, pela Emenda Constitucional de Revisão n. 1, de 1º de março de 1994, iniciou-se um processo de desvinculação de receitas da União (DRU), inicialmente denominado de Fundo Social de Emergência e, posteriormente, pela Emenda Constitucional n. 10, de 4 de março de 1996, Fundo de Estabilização Fiscal, possibilitando, muito embora as contribuições especiais tenham vinculação específica, que parcela do produto desta arrecadação fosse desvinculada, dando liberdade financeira e orçamentária para a União aplicar tais valores sem cumprir com sua destinação constitucional.

Aliado a isso, a União incrementou sua arrecadação através da criação de contribuições especiais (COFINS, CSLL, CPMF e CIDE's) e elevação de suas alíquotas. Para não majorar a tributação, conjuntamente minorou as alíquotas dos impostos federais. Esse estratagema diminuiu sobremaneira as receitas estaduais e municipais decorrentes da repartição constitucional do produto da arrecadação dos impostos federais[130].

Atualmente, a DRU está disciplinada no art. 76, do Ato das Disposições Constitucionais Transitórias (ADCT), com a seguinte redação:

> Art. 76. São desvinculados de órgão, fundo ou despesa, até 31 de dezembro de 2024, 30% (trinta por cento) da arrecadação da União relativa às contribuições sociais, sem prejuízo do pagamento das despesas do Regime Geral de

129. "A descentralização ou centralização dinâmica é a mudança na distribuição ao longo do tempo, seja para a centralização, seja para a descentralização" (DARDANELLI, Paolo; KINCAID, John. Descentralização e centralização em federações democráticas: uma perspectiva comparada de longo prazo, *In*, **E os Estados? Federalismo, relações intergovernamentais e políticas públicas no Brasil contemporâneo**. Orgs. PALOTTI, Pedro; LICIO, Elaine Cristina; GOMES, Sandra; SEGATTO, Catarina Ianni; SILVA, André Luis Nogueira da. Instituto de Pesquisa Econômica Aplicada (IPEA), Rio de Janeiro, 2023, p. 43-71, p. 47).

130. Conforme expõe Onofre Alves Batista Júnior e Marina Soares Marinho: "Entre 1994 e 2002, a carga tributária brasileira subiu de 24% para 34% do PIB. Nesse mesmo período, a parcela das contribuições na receita total cresceu de 11% para 48%" (BATISTA JÚNIOR, Onofre Alves; MARINHO, Marina Soares. A DRU e a deformação do sistema tributário nacional nestes 30 anos de Constituição, *In*, **Revista de Informação Legislativa**, Brasília, ano 55, n. 219, jul./set. 201, p. 35).

Previdência Social, às contribuições de intervenção no domínio econômico e às taxas, já instituídas ou que vierem a ser criadas até a referida data.

Estados e Municípios também embarcaram nesta desvinculação pela Emenda Constitucional n. 93, de 8 de setembro de 2016, com a inclusão no ADCT dos arts. 76-A e 76-B. Contudo, o curioso e diferentemente da União, é que às suas desvinculações de receitas se excepcionou as receitas de transferências previstas na Constituição Federal e nas leis, a teor do do parágrafo único, II, do art. 76-A, e parágrafo único, III, do art. 76-B.

Essa é mais uma reafirmação, em nível constitucional, da centralização política-jurídica e do fortalecimento das Competências da União, em detrimento às demais Unidades Federativas.

Celso Ribeiro Bastos é um dos críticos desta centralização federal, dispondo enfaticamente:

> A autonomia estadual é, sob muitos aspectos, uma irrisão. Fatores diversos têm demonstrado que muitos Estados-Membros não têm condições de sobreviver financeiramente se lhes faltar o apoio do governo federal. Por outro lado, a partilha constitucional de competências não aquinhoa, devidamente, Estados e Municípios, centralizando, ainda, na mão da União a determinação, ao menos nos seus princípios gerais, das diretrizes a prevaleceram em todos os campos legislativos[131].

Mais enfático é José Renato Nalini, em crítica contundente ao Federalismo brasileiro: "O Brasil é um Estado unitário, centralizado, embora no discurso e formalmente se considere uma Federação. O absolutismo é imanente ao exercício do poder. A história da civilização é cíclica. O homem não aprende com a História"[132].

---

131. BASTOS, Celso Ribeiro. **Curso de Direito Constitucional**, 19ª ed., São Paulo: Editora Saraiva, 1998, p. 281.

132. NALINI, José Roberto. Funéreos Círios Federais, *In*, **O federalista atual**: teoria do federalismo, coord. Dircêo Torrecillas Ramos, Belo Horizonte: Arraes Editores, 2013, p. 338. À propósito do título do artigo, Nalini assim expôs: "O título pode parecer estranho. O autor se propõe a uma provocação: o Federalismo no Brasil seria aquilo que Claude Lévy-Strauss teria dito do Brasil quando de seu retorno a São Paulo, 50 anos depois de ter aqui permanecido durante 4 anos. O *Brasil chegou ao declínio, sem ter passado pelo ápice.* Também o Federalismo vive uma agonia sem qualquer êxtase. Importado do modelo americano, introduzido num Estado unitário e centralizado que nunca prestigiou as autonomias locais, nunca chegou a se desenvolver como saudável repartição de competências para a obtenção de um equilíbrio entre as forças locais, regionais e nacionais. Continua a ser a opção formal de uma Constituição que o converteu em cláusula pétrea. Qual Inês de Castro, o Federalismo Brasileiro foi sem nunca ter sido. O autor se penitencia por antecipação do tom provocativo, utilizado exclusivamente com vistas a fazer com a lucidez dos que se propuserem a lê-lo se debruce sobre o tema e encontre alternativa

No âmbito jurisdicional da Corte Constitucional, de igual forma se encontram decisões que contribuem para a centralização de Competências da União Federal e o enfraquecimento das Competências estaduais, apesar de algumas decisões que excepcionam um entendimento dominante a favor do ente central, como a já referida ADI 5.996, o que corrobora o escrutínio de Nalini[133].

À guisa de exemplo se pode referir, além de decisões que reconheceram a constitucionalidade da DRU[134], recursos e ações que afastaram as Competências estaduais para definir uma Competência privativa da União em diversos ramos jurídicos, como Competência para legislar sobre direito do consumidor[135], direito ambiental[136] e direito processual[137].

à constatação de que o unitarismo e a centralização dominam o panorama político em plagas tupiniquis" (p. 331, grifos no original).

133. "Em relação ao Poder Judiciário, não é melhor a situação do Federalismo pátrio. A opção por um modelo sofisticado de Justiça – Poder Judiciário considerado *uno e nacional*, mas dividiso em duas Justiças *comuns*, a federal e a estadual, e em três Justiças *especiais*, a militar, a trabalhista e a eleitoral – não tem muito a ver com o espírito federalista. Pois a Justiça Federal é hegemônica. Somente ela pode definir se há ou não interesse da União em um processo. Sua preponderância transparece até na forma de composição do Superior Tribunal de Justiça, pois, enquanto mil desembargadores estaduais disputam onze vagas naquela Corte, a centreza de juízes federais de segunda instância também oncorre ao mesmo número de cadeiras". (NALINI, José Roberto. Funéreos Círios Federais, *In*, **O federalista atual**: teoria do federalismo, coord. Dircêo Torrecillas Ramos, Belo Horizonte: Arraes Editores, 2013, p. 335-336, grifos no original).

134. O debate no Supremo Tribunal Federal se deu no RE 566.007/RS, Relatora a Ministra Cármen Lúcia, julgado em 2015, e na ADPF 523, Relatora Ministra Rosa Weber, julgada em 2021.

135. "Ementa: AGRAVO REGIMENTAL NO RECURSO EXTRAORDINÁRIO COM AGRAVO. LEI 12.128/2002 DO ESTADO DE SANTA CATARINA, QUE OBRIGA A ROTULAGEM DE PRODUTOS TRANSGÊNICOS. SUPERVENIÊNCIA DE DECRETO FEDERAL QUE IMPÕE A INFORMAÇÃO SOBRE A NATUREZA TRANSGÊNICA DO PRODUTO APENAS QUANDO, NA COMPOSIÇÃO DO PRODUTO, A QUANTIDADE DE ORGANISMOS GENETICAMENTE MODIFICADOS SUPERAR 1% (UM POR CENTO). SUSPENSÃO DA NORMA ESTADUAL NO REFERIDO PONTO. AGRAVO A QUE SE NEGA PROVIMENTO. I – A jurisprudência desta Corte foi firmada no sentido de não se permitir ao legislador estadual inaugurar uma regulamentação paralela e contraposta à legislação federal vigente em situação análoga (ADI 3.645/PR, de relatoria da Ministra Ellen Gracie). II – In casu, a Lei 12.128/2002 do Estado de Santa Catarina, ante a superveniência do Decreto Federal 4.680/2003, teve sua eficácia suspensa no ponto em que obriga a rotulagem de todos os produtos que contenham organismos geneticamente modificados, para que prevaleça o limite de 1% (um por cento) tolerado pela regulamentação federal. III – Agravo regimental a que se nega provimento". BRASIL. Supremo Tribunal Federal ARE 1.002.805, Relator: Min. Ricardo Lewandowski, Segunda Turma, julgado em 30/08/2019. Disponível em: https://jurisprudencia.stf.jus.br/pages/search?classeNumeroIncidente=ARE%201002805&base=acordaos&pesquisa_inteiro_teor=true&sinonimo=true&plural=true&radicais=false&buscaExata=true&page=1&pageSize=10&sort=_score&sortBy=desc&isAdvanced=true . Acesso em 4 ago. 2023.

136. "AÇÃO DIRETA DE INCONSTITUCIONALIDADE. DIREITO AMBIENTAL E CONSTITUCIONAL. FEDERALISMO E RESPEITO ÀS REGRAS DE REPARTIÇÃO DE COMPETÊNCIAS LEGISLATIVAS. LEI ESTADUAL QUE VERSA SOBRE PROCEDIMENTOS AMBIENTAIS SIMPLIFICADOS. LEI Nº 14.882, DE 27.01.2011, DO ESTADO DO CEARÁ. PRINCÍPIO DA PREDOMINÂNCIA DO INTERESSE. JURIS-

Outra situação a retratar, no Supremo Tribunal Federal, o fortalecimento

---

PRUDÊNCIA PACÍFICA E DOMINANTE. PRECEDENTES. 1. O princípio norteador da repartição de competências entre os entes componentes do federalismo brasileiro é o princípio da predominância do interesse, que é aplicado não apenas para as matérias cuja definição foi preestabelecida pela Constituição Federal, mas também em interpretações que envolvem diversas matérias. Quando surgem dúvidas sobre a distribuição de competências para legislar sobre determinado assunto, caberá ao intérprete priorizar o fortalecimento das autonomias locais e o respeito às suas diversidades como características que assegurem o Estado Federal, garantindo o imprescindível equilíbrio federativo. 2. O constituinte distribuiu entre todos os entes da federação as competências legislativas e materiais em matéria ambiental, de modo a reservar à União o protagonismo necessário para a edição de normas de interesse geral e aos demais entes a possibilidade de suplementarem a legislação federal (arts. 23, VI ao VIII, e 24, VI e VIII, CF). 3. Este Supremo Tribunal Federal, em diversas oportunidades, já se pronunciou sobre o tema, afirmando a regra de que a matéria ambiental é disciplina de competência legislativa concorrente, cabendo à União estabelecer as normas gerais, restando aos Estados a atribuição de complementar as lacunas da normatização federal, consideradas as situações regionais específicas. Nesse sentido: ADI 5.312, Rel. Min. Alexandre de Moraes; ADI 3.035, Rel. Min. Gilmar Mendes; ADI 3.937, Rel. Min. Dias Toffoli; RE 194.704, Rel. p/ acórdão, Min. Edson Fachin. 4. A Lei nº 6.938/1981, de âmbito nacional, ao instituir a Política Nacional do Meio Ambiente, elegeu o Conselho Nacional do Meio Ambiente – CONAMA como o órgão competente para estabelecer normas e critérios para o licenciamento de atividades efetiva ou potencialmente poluidoras a ser concedido pelos Estados e supervisionado pelo IBAMA. O CONAMA, diante de seu poder regulamentar, editou a Resolução nº 237/1997, que, em seu art. 12, § 1º, fixou que poderão ser estabelecidos procedimentos simplificados para as atividades e empreendimentos de pequeno potencial de impacto ambiental, que deverão ser aprovados pelos respectivos Conselhos de Meio Ambiente. 5. A legislação federal, retirando sua força de validade diretamente da Constituição Federal, permitiu que os Estados-membros estabelecessem procedimentos simplificados para as atividades e empreendimentos de pequeno potencial de impacto ambiental. 6. Ação direta de inconstitucionalidade cujo pedido se julga improcedente". BRASIL. Supremo Tribunal Federal. ADI 4.615, Relator: Min. Roberto Barroso, Tribunal Pleno, julgado em 20.09.2019. Disponível em: https://redir.stf.jus.br/paginadorpub/paginador.jsp?docTP=TP&docID=751257523 . Acesso em 4 ago. 2023.

137. "EMENTA Ação direta de inconstitucionalidade. Artigos 9º e 60, com os respectivos incisos, da Lei nº 6.176/1993 do Estado do Mato Grosso, com as alterações operadas pela Lei nº 6.490/1994. Fixação, no âmbito estadual, da competência dos juizados especiais cíveis e criminais. Vício Formal. Procedência da ação. 1. A definição de regras de competência, na medida em que estabelece limites e organiza a prestação da atividade jurisdicional pelo Estado, é um dos componentes básicos do ramo processual da ciência jurídica, cuja competência legislativa foi atribuída, pela Constituição Federal de 1988, privativamente à União (Art. 22, I, CF/88). 2. A lei estadual, indubitavelmente, ao pretender delimitar as matérias de competência dos juizados especiais, invadiu esfera reservada da União para legislar sobre direito processual civil e criminal. A fixação da competência dos juizados especiais cíveis e criminais é matéria eminentemente processual, de competência privativa da União, não se confundindo com matéria procedimental em matéria processual, essa, sim, de competência concorrente dos estados-membros. 3. O Supremo Tribunal Federal, por diversas vezes, reafirmou a ocorrência de vício formal de inconstitucionalidade de normas estaduais que exorbitem da competência concorrente para legislar sobre procedimento em matéria processual, adentrando aspectos típicos do processo, como competência, prazos, recursos, provas, entre outros. Precedentes. 4. Ação julgada procedente". BRASIL. Supremo Tribunal Federal. **ADI 1.807**, Relator: Min. Dias Toffoli, Tribunal Pleno, julgado em 30.10.2014. Disponível em: https://redir.stf.jus.br/paginadorpub/paginador.jsp?docTP=TP&docID=7695066. Acesso em 4 ago. 2023.

e centralização das Competências do ente central, é a criação e aplicação do princípio da simetria, pelo qual normas das Constituições Estaduais, notadamente sobre a organização dos três poderes, devem seguir, obrigatoriamente, a disciplina da Constituição Federal. Em outras palavras, mesmo não sendo um princípio expresso no texto constitucional, o STF vem reafirmando que determinadas normas do constituinte federal devem ser impositivamente seguidas pelo constituinte estadual, decotando diretamente a autonomia dos Estados e Municípios, como adverte, a tempos, Raul Machado Horta[138] e, mais recentemente, Juraci Mourão Lopes Filho[139].

Referidas situações de revisão da Corte Constituicional no Federalismo não é uma singularidade brasileira, consoante demonstra Jonathan F. Mitchell, à propósito do Federalismo estadunidense[140], em que sustenta que o futuro do Federalismo está diretamente relacionado ao futuro da *judicial review*, que, contemporaneamente, por decisões unilaterais de um Poder em razão de votos majoritários impõe políticas de âmbito nacional aos Estados-Membros que são contrárias às tomadas de decisões estaduais. Defende Mitchell, assim, a necessidade dos defensores do Federalismo de estabelecer estratégias para fortalecê-lo e preservá-lo, como o revigoramento das limitações dos poderes federais, seja por reforma constitucional ou por persuação dos julgadores, e a ampliação de barreiras de veto e requisitos supermajoritários que devem ser suplantados pela Suprema Corte, em uma forma de controle da atual supremacia interpretativa judicial sobre a própria Constituição[141].

---

138. Horta ressalta que a expansão e transbordamento das competências da União pela Constituição de 1967 – o que, como se tenta demonstrar está presente na disiciplina da Constituição Federal de 1988 – tem como consequência final "a transformação da Constituição Federal em Constituição total, que paralisa o razoável esforço criador do constituinte estadual, submetido ao processo de uniformização dos ordenamentos estaduais com sacrifício das peculiaridades locais. A Constituição Estadual tornou-se o produto da passiva transplantação de normas simétricas que jorram da Constituição Federal e deságuam no ordenamento pós-confeccionado da Constituição Estadual (HORTA, Raul Machado. Reconstrução do federalismo brasileiro, *In*, **Revista de Informação Legislativa**, ano 18, n. 72, out./dez. 1981, p. 19).

139. LOPES FILHO, Juraci Mourão. **Competências Federativas na Constituição e nos precedentes do STF**, 2ª ed., Salvador: Editora Juspodivm, 2019, p. 50-65.

140. MITCHELL, Jonathan F. Judicial Review and the Future of Federalism, *In*, **Arizona State Law Journal** 49: 3, p. 1091-1107, 2017. Disponível em: https://arizonastatelawjournal.org/wp-content/uploads/2017/11/Mitchell_Pub.pdf . Acesso em 18 nov. 2023.

141. A conclusão deste estudo é de oportuna transcrição: "For now, the future of federalism remains at the mercy of a Supreme Court that asserts the prerogative to unilaterally impose 'fundamental rights' and other nationwide policies by a simple majority vote—but that is careful to do so only after public opinion has shifted to the point that its actions will not trigger a backlash that strips the Court of its authority. Federalism proponents who are dissatisfied with this arrangement can work to erode judicial supremacy as a habit of thinking in

No cenário exposto, tanto em uma análise da atividade legislativa, quanto pela atuação da Corte Constitucional, resta demonstrada a centralização política-jurídica do Ente Central, o fortalecimento das Competências da União e, consequentemente, o enfraquecimento das Competências dos Estados-Membros.

our political and legal culture. And they can hope for a more ideologically uniform judiciary that will induce legislators to resist the courts' incursions on federalism out of partisan loyalties or constituent-driven pressures. It will be a monumental task to change the Supreme Court's role as a unilateral national policymaker, but perhaps not an entirely hopeless one" (MITCHELL, Jonathan F. Judicial Review and the Future of Federalism, *In*, **Arizona State Law Journal** 49: 3, 2017, p. 1107). Disponível em: https://arizonastatelawjournal.org/wp-content/uploads/2017/11/Mitchell_Pub.pdf . Acesso em 18 nov. 2023.

Capítulo 2

PRODUÇÃO DO DIREITO E COMPETÊNCIAS LEGISLATIVAS DOS ESTADOS-MEMBROS

O Direito produzido em um país independente advém de seu poder de criar em seu território balizas normativas da organização estatal e social, com o desiderato de manter os ideais de vida da sua população, os interesses e princípios da ordem social adotada[1].

Essa Produção do Direito, em um primeiro momento, decorre do poder constituinte materializado em um texto fundante da estrutura estatal e disciplinador daqueles ideais, interesses e princípios. Inicia-se uma nova normatividade constitucional[2].

O poder constituinte originário estabelece, então, consideradas as infinitudes de situações político-sociais que não cabem na Constituição - ou não se sugerem que sejam nela incluídas -, Competências ou poderes de legislar para as Unidades Federativas, se assim for a forma de Estado, vale dizer, "a competência para estabelecer normas jurídicas, editar regras e fixar princípios dominantes, disciplinando as atividades políticas e administrativas"[3].

Nesse contexto, a lei, como forma e instrumento, encampa, concretiza e valoriza o conteúdo[4], que é justamente as Competências Materiais discriminadas no texto constitucional.

Em uma Federação não apenas o Ente Central possui referido poder legiferante; as suas Unidades ou Membros Federativos igualmente detém,

---

1. HAURIOU, André. **Droit Constitutionnel et Institutions Politiques**, Sixiéme Édition, Paris, Éditions Montchrestien, 1975, p. 139.
2. "Quando se fala da inicialidade do Poder Constituinte originário, se está querendo dizer que a Constituição, obra última e acabado do Poder Constituinte originário, se torna a nova base do novo ordenamento jurídico positivo. Nesse sentido, então, a Constituição é um ato inicial, porque ela funda a ordem jurídica, não é fundada na ordem jurídica positiva, nem é fundada por meio da ordem jurídica positiva" (FERREIRA FILHO, Manoel Gonçalves. **O poder constituinte**, 5ª ed., São Paulo: Editora Saraiva, 2007, p. 81).
3. FERREIRA, Pinto. **Comentários à Constituição brasileira**, v. 2, Arts. 22 a 53, São Paulo: Editora Saraiva, 1989, p. 1.
4. BURDEAU, Georges. **Droit Constitutionnel et Institutions Politiques**, Seizième Édition, Paris: Librairie Générale de Droit et de Jurisprudence, 1974, p. 573.

conforme a disciplina constitucional, a Competência para produzir Direito em seus respectivos territórios.

2.1. OS ESTADOS-MEMBROS COMO ENTES NORMATIVOS

A capacidade de autolegislação dos Estados-Membros está diretamente estabelecida no art. 25 da Constituição Federal, ao dispor que "Os Estados organizam-se e regem-se pelas Constituições e leis que adotarem, observados os princípios desta Constituição".

Para a adoção de suas próprias leis, o texto constitucional regulamenta os respectivos Poderes Legislativos e Executivos estaduais, dispondo sobre as Assembleias Legislativas no art. 27.

Trata-se da maior cristalização da autonomia ou "soberania interna"[5] das unidades que compõem um Estado Federal, porquanto dota-as de poder normativo e, consectário disso, de Competências de, autonomamente, exercer, de igual forma, os ideais, interesses e princípios contidos em sua respectiva ordem social.

A doutrina de Enterría e Fernandez, sobre a autonomia das unidades e seu poder de criar normas próprias é oportuna:

> El reconocimiento del poder de hacer leyes es, justamente, la frontera conceptual que separa la descentralización política de la simplemente administrativa. Ello es así porque la Ley es hoy, antes que nada, vehículo y cauce de expresión de opciones y decisiones políticas en orden al desenvolvimiento de una comunidad. Si una comunidad determinada carece de potestad legislativa propia, carecerá también de la posibilidad de realizar su propia política y quedará por ello reducida al papel de simple gestora de las opciones y decisiones políticas que para ella se adopten por quien tenga esa potestad[6].

A Competência Legislativa dos Estados-Membros não está apenas elencada, genericamente, nos arts. 24 e 25. São estabelecidas no texto constitucional Competências diretas sobre direito previdenciário, direito tributário e os respectivos impostos, a teor do art. 40, *caput*, §§ 4º-A ao 4º-C e § 14, e art. 155.

Há, ainda, na esfera da autolegislação dos Estados-Membros, uma normatividade jurisdicional decorrente do exercício das competências da jurisdição estadual.

---

5. RUFFÌA, Paolo Biscaretti. **Derecho Constitucional**, Madrid: Editorial Tecnos, 1973, p. 608.
6. ENTERRIA, Eduardo Garcia de; FERNANDEZ, Tomas-Ramon. **Curso de Derecho Administrativo I**, Tercera edición, Madrid: Editorial Civitas, 1981, p. 265.

Dessarte, o Código de Processo Civil de 2015 estabeleceu um sistema de precedentes judiciais que vincula a atuação de juízes e tribunais, consoante se constata, principalmente, na redação do art. 927, III e V.

Em tal cenário, se o processo então objeto de pronunciamento judicial ficar adstrito ao âmbito do Tribunal de Justiça, com o trânsito em julgado das decisões do incidente de de assunção de competência, de resolução de demandas repetitivas ou a orientação do plenário ou do órgão especial, é certo que a normatividade decorrente destes precedentes vinculantes irradiarão por toda a jurisdição estadual e, a depender de uma regulação legal autorizativa, igualmente pela Administração Pública[7].

2.2. COMPETÊNCIAS LEGISLATIVAS DOS ESTADOS-MEMBROS NA CONSTITUIÇÃO FEDERAL

Destacadas as características da Federação brasileira e do Federalismo, além da capacidade de autolegislação, necessário iniciar o enfrentamento do objeto central desta obra, qual seja, a possibilidade constitucional dos Estados Federados legislarem sobre a Execução Fiscal Administrativa, o que pode ser incluída no contexto da centralização e descentralização dinâmica da Federação brasileira[8].

Assim, será imperativa a descrição das Competências Legislativas dispostas na Constituição Federal. Trata-se de analisar nesta pesquisa acadêmica se essas Competências podem ser exercidas para o estabelecimento da Execução Fiscal Admistrativa, com o desiderado de reforçar a Federação e o Federalismo brasileiros para implementação de suas próprias políticas fiscal, administrativa e públicas[9].

---

7. O problema da normatividade jurisdicional na atividade administrativa foi enfrentado em nível de pesquisa de Mestrado, publicado comercialmente em: OLIVEIRA, Weber Luiz de. **Precedentes vinculantes na Administração Pública**: limites e possibilidades de aplicação, Salvador: Editora Juspodivm, 2016.

8. "Where some policy fields are either constitutionally shared between the central and constituent governments or where the constitution is silent, the decision to enact (or repeal) legislation by either order of government – thereby often preempting (or allowing) action by the other – also constitutes dynamic de/centralization" (DARDANELLI, Paolo; KINCAID, John; FENNA, Alan; KAISER, André; LECOURS, André; SINGH, Ajay Kumar (2019) Conceptualizing, Measuring, and Theorizing Dynamic De/Centralization, *In*, **Federations. Publius: The Journal of Federalism**, 49 (1), 2019, p. 19. Disponível em: https://kar.kent.ac.uk/64342/1/Dardanelli%20et%20al%20CMT%20Publius%2049.1.pdf . Acesso em 17 nov. 2023).

9. Recente pesquisa do IPEA igualmente se debruçou sobre as Competências federativas dos Estados, em que se colhem, do Prefácio de Luciana Jaccoud, indagações extremamente pertinentes ao presente estudo: "Como, ao longo das últimas décadas, foram mobilizadas e aperfeiçoadas as capacidades fiscal e administrativa dos estados para a formulação, implemen-

Prefacialmente, porém, sublinhe-se que o exercício do poder de legislar pressupõe seguir regras previamente estabelecidas, que definem "cuáles son las condiciones necesarias para crear una nueva norma legal"[10]. Para Alf Ross:

> Un conjunto de reglas de competencia constituye una unidad que puede dividirse usualmente en tres partes: (1) reglas que determinan la competencia personal, indicando qué personas están calificadas para participar en el procedimiento creador de nuevas leyes; (2) reglas que determinan la competencia de procedimiento, pues definen el procedimiento a seguir; y (3) reglas que determinan la competencia de materia, indicando aquellos asuntos de los que puede ocuparse el directivo en cuestión[11].

As competências no Federalismo são de duas ordens, horizontal e vertical. Pela repartição horizontal há matérias reservadas a cada ente federativo; pela repartição vertical uma mesma matéria é repartida entre os membros da Federação, com possibilidade de legislar cumulativamente ou não.

2.2.1. Competência Legislativa Exclusiva

Inicialmente, os Estados detêm Competência exclusiva para disporem sobre seus próprios impostos. Segundo Paulo de Barros Carvalho, tal competência tributária "é uma das parcelas entre as prerrogativas legiferantes de que são portadoras as pessoas políticas, consubstanciada na possibilidade de legislar para a produção de normas jurídicas sobre tributos"[12].

O art. 155 da Constituição Federal estabelece que compete aos Estados-Membros instituir os seguintes impostos: transmissão causa mortis e doação, de quaisquer bens ou direitos (ITCMD); operações relativas à circulação de

---

tação e coordenação de políticas públicas? Como os estados vêm exercendo sua autonomia na formulação e implementação de políticas próprias e sob qual desenho institucional? Como reagiram os estados aos ganhos de autonomia local na implementação de ofertas públicas e ao avanço das ações indutivas da coordenação federal? Como os estados se organizaram para participar dos múltiplos espaços e dinâmicas de interação entre os níveis de governo no jogo federativo que atravessa a formulação e a implementação de políticas públicas? Como variou a atuação dos estados na produção de políticas públicas próprias ou compartilhadas? Como se diversificaram as iniciativas em oferta e em regulação e coordenação, quer entre os estados, quer em um mesmo estado, entre diferentes políticas públicas?" (JACCOUD, Luciana. Prefácio, *In*, **E os Estados? Federalismo, relações intergovernamentais e políticas públicas no Brasil contemporâneo**, orgs.: Pedro Palotti ... [et al.], Rio de Janeiro: IPEA, 2023, p. 14). Disponível em: https://repositorio.ipea.gov.br/handle/11058/12003. Acesso em 21 nov. 2023.

10. ROSS, Alf. **Logica de las normas**, Madrid: Editorial Tecnos, 1971, p. 93.
11. ROSS, Alf. **Logica de las normas**, Madrid: Editorial Tecnos, 1971, p. 93, grifos no original.
12. CARVALHO, Paulo de Barros, **Curso de Direito Tributário**, 26ª ed., São Paulo: Editora Saraiva, 2014, p. 218.

mercadorias e sobre prestações de serviços de transportes interestadual e intermunicipal e de comunicação (ICMS); e propriedade de veículos automotores (IPVA).

Não há delimitação ou possibilidade de outros entes federativos, seja União ou Municípios, de disporem sobre referidos impostos; nem tampouco a possibilidade de delegação, de modo que o exercício desta Competência é exclusivo, por ter como princípio a indelegabilidade da competência tributária, já que, "em caso de não aproveitamento da faculdade legislativa, a pessoa competente estará impedida de transferi-la a qualquer outra"[13].

Nos termos expostos por Carrazza,

> permitir que uma pessoa política, ainda que por meio de artifícios exegéticos, se aposse de competências tributárias alheias é o mesmo que ferir de morte a igualdade jurídica que a Constituição quer que reine entre União, Estados-membros, os Municípios e o Distrito Federal[14].

No entanto, não se trata de uma competência exclusiva plena e independente, na medida que a regulamentação de diversos aspectos da incidência tributária encontra limites constitucionais, relativas a edição lei complementar de competência da União, ou de resolução do Senado Federal, nos termos do art. 155, § 1º, III, § 2º, XII, e § 6º, I, da Constituição Federal.

2.2.2. Competência Legislativa Concorrente

A Competência Legislativa concorrente é a primeira disposta no texto constitucional para os Estados-Membros. Contém um rol de matérias no art. 24 que o legislador constituinte entendeu estar dentro do poder normativo da União, dos Estados e do Distrito Federal.

Trata-se de uma repartição vertical da Competência que, segundo Tércio Sampaio Ferraz Júnior, seria, pelo texto constitucional, não-cumulativa, uma vez que se determina "previamente que a União 'limitar-se-á' a legislar sobre normas gerais quanto às matérias que enumera"[15]. Contudo, não é o que se verifica na facticidade.

---

13. CARVALHO, Paulo de Barros, **Curso de Direito Tributário**, 26ª ed., São Paulo: Editora Saraiva, 2014, p. 219.
14. CARRAZZA, Roque Antonio. **Curso de Direito Constitucional Tributário**, 30ª ed., São Paulo: Editora Malheiros, 2015, p. 601.
15. FERRAZ JÚNIOR, Tércio Sampaio. Normas gerais e competência concorrente, *In*, **Revista da Faculdade de Direito da Universidade de São Paulo**, São Paulo, v. 90, 1995, p. 248.

Legislar concorrentemente é exercer e dividir aquela capacidade de autolegislação com outro ente federativo. Para tanto, impõe-se o atendimento aos comandos constitucionais de interação federativa que a Competência Legislativa concorrente estabelece.

Gilbeto Bercovici enquadra a Competência Legislativa concorrente, no contexto da complexidade das relações interdependentes entre a União e os entes federados, como uma forma de coordenação, em que "a decisão comum, tomada em escala federal, é adaptada e executada autonomamente por ente federado, adaptando-a às suas particularidades e necessidades"[16], Difere assim, Bercovici, coordenação de cooperação, uma vez que esta trata de competências comuns materiais, à exemplo das discriminadas no art. 23 da Constituição Federal[17].

Reflete a Competência Legislativa concorrente o perfil do Federalismo de um país. As matérias passíveis de legislação concorrente dependem da maior ou menor autonomia que é dada às Unidades Federativas na Federação. São inversamente proporcionais, vale dizer, quanto maior a autonomia federativa, menor são as matérias legislativas concorrentes, e vice-versa.

Um rol extenso de Competências concorrente dá a noção, portanto, se um Estado Federal tem uma centralização de poder e Competências para o Ente Central, em detrimento da autonomia e singularidades regionais.

Muito embora uma unidade normativa seja necessária para manter a coesão nacional das estruturas estatais, um grande número de matérias incluídas na Competência Legislativa concorrente limita o exercício das principais atividades ou capacidades dos membros da Federação, que é de atribuir-se a normatividade inerente às culturalidades e particularidades regionais.

Na Constituição Federal, no art. 24, contam-se 47 matérias de legislação concorrente entre União, Estados e Distrito Federal. Desde matérias estritamente jurídicas (direito tributário, financeiro, penitenciário, econômico e urbanístico), a matérias que representam singularidades próprias estaduais (educação, cultura, ensino, desporto, ciência, tecnologia, pesquisa, desenvolvimento e inovação e organização, garantias, direitos e deveres das polícias civis).

---

16. BERCOVICI, Gilberto. A Descentralização de Políticas Sociais e o Federalismo Cooperativo Brasileiro, *In*, **Revista de Direito Sanitário**, vol. 3, n. 1, mar./2002, p. 15.
17. BERCOVICI, Gilberto. A Descentralização de Políticas Sociais e o Federalismo Cooperativo Brasileiro, *In*, **Revista de Direito Sanitário**, vol. 3, n. 1, mar./2002, p. 16.

Dentro do imbricamento subjacente à concorrência de Competências Legislativas e para o fim de estabelecer critérios para impedir sobreposição, divergências e conflitos de normas, a Constituição Federal criou um regime especial.

O § 1º do referido art. 24 preceitua que no "âmbito da legislação concorrente, a competência da União limitar-se-á a estabelecer normas gerais". O § 2º estabelece que a edição destas normas gerais não exclui a competência suplementar dos Estados-Membros. Pelo § 3º os Estados podem legislar plenamente, se inexistir lei federal sobre normas gerais. E, por fim, o § 4º regulamenta que a "superveniência de lei federal sobre normas gerais suspende a eficácia da lei estadual, no que lhe for contrário".

Destacado regime é objeto, corriqueiramente, de controvérsias federativas entre a legislação federal e as estaduais, dirimidas no âmbito do Supremo Tribunal Federal. À guisa de ilustração, pesquisa realizada no site do STF com o uso do termo "competência legislativa concorrente" demonstrou a existência de 126 acórdãos e 788 decisões monocráticas[18], sejam de natureza objetiva ou subjetiva. O uso do termo de pesquisa "competência concorrente" trouxe 654 acórdãos e 1.973 decisões monocráticas[19] dos ministros do Tribunal da Federação.

Isso dá uma noção, ainda que quantitativa e não qualitativa, sobre os conflitos federativos no Federalismo brasileiro em relação à concorrência de competências para legislar sobre as 47 matérias estatuídas no art. 24 da Constituição Federal, demonstrando, ademais, grande Judicialização e desarmonia entre os entes federativos.

2.2.2.1. Competência Legislativa concorrente suplementar

A Competência Legislativa concorrente suplementar possibilita que mesmo que o ente central exerça sua Competência Legislativa sobre normas gerais em relação às matérias do art. 24 da Constituição Federal, não ficam os Estados-Membros impedidos de também exercer sua autolegislação. No caso de a União não exercer sua Competência Legislativa concorrente, ficam

18. Disponível em: https://jurisprudencia.stf.jus.br/pages/search?base=acordaos&pesquisa_inteiro_teor=false&sinonimo=true&plural=true&radicais=false&buscaExata=true&page=1&pageSize=10&queryString=%20%22compet%C3%AAncia%20legislativa%20concorrente%22&sort=_score&sortBy=desc. Acesso em 10 ago. 2023.
19. Disponível em: https://jurisprudencia.stf.jus.br/pages/search?base=acordaos&pesquisa_inteiro_teor=false&sinonimo=true&plural=true&radicais=false&buscaExata=true&page=1&pageSize=10&queryString=%20%22compet%C3%AAncia%20concorrente%22&sort=_score&sortBy=desc. Acesso em 10 ago. 2023.

os Estados-Membros autorizados a legislar de forma plena, até que advenha norma geral federal, que suspenderá a eficácia da lei estadual, particularmente no que for contrário à lei federal.

As duas situações são de Competências suplementares, sendo o primeiro caso denominado pela doutrina[20] de complementar, discriminado no § 2º do art. 24, da Constituição Federal e, o segundo, de supletiva, estabelecido nos subsequentes, §§ 3º e 4º.

Portanto, há restrição neste exercício competencial, no sentido de a lei estadual ficar adstrita e em consonância com as disposições da lei federal, de natureza geral.

Dentro, portanto, da Competência Legislativa concorrente suplementar, é essencial tentar dirimir o que se entende por norma geral, que no constitucionalismo espanhol é denominado de "ley marco"[21]. Tércio Sampaio Ferraz Júnior contribui com esta empreitada, ao enunciar dois pontos de vista que devem ser analisados, o lógico – em que as normas podem ser gerais, particulares e individuais[22] – e o teleológico.

Na perspectiva da lógica, a Constituição Federal estaria tratando de normas gerais pelo conteúdo ou normas universais, que são gerais pelo destinatário; aos Estados-Membros caberia o "estabelecimento de normas especiais e individuais (conforme o destinatário) ou particulares e singulares

---

20. SILVA, José Afonso da. **Comentário contextual à Constituição**, 9ª ed., São Paulo: Editora Malheiros, 2014, p. 281.

21. "Sobre este precepto, que, como puede verse, articula la concurrencia sobre la base de un desdoblamiento en dos fases del proceso de normación, se ha construído el concepto de Ley marco, como Ley estatal que fija los grandes principios de la regulación de una materia a los efectos de que, una vez asegurado a través de ella un mínimo de unidad y coherencia para el conjunto del ordenamiento jurídico, los entes autónomos puedan, desarrollándolos adecuadamente, completar a nivel de Ley formal esa regulación del modo que más convenga a sus necesidades y circunstancias peculiares" (ENTERRIA, Eduardo Garcia de; FERNANDEZ, Tomas-Ramon. **Curso de Derecho Administrativo I**, Tercera edición, Madrid: Editorial Civitas, 1981, p. 269-270).

22. "Esta distinção pode ser vista quanto aos destinatários ou quanto aos conteúdos da norma. Uma norma é geral, *quanto aos destinatários*, quando se aplica à universalidade deles, sem distinções. Melhor seria, neste caso, chamá-la de norma *universal*. A *contrario sensu*, ela será *particular*, quando se destina a uma coletividade ou categoria de destinatários. Melhor se fala aqui em norma *especial*. Por fim, é *individual* a que se destina a um único endereçado. *Quanto aos conteúdos*, as normas são *gerais* quando a matéria prescrita se reporta a toda e qualquer ocorrência da espécie (*facti species*, fato gerador, hipótese de incidência). *Particular*, quando a matéria assinala apenas um grupo ou parte da espécie. Individual, ou melhor, *singular*, quando sua matéria delimita um único caso" (FERRAZ JÚNIOR, Tércio Sampaio. Normas gerais e competência concorrente, *In*, **Revista da Faculdade de Direito da Universidade de São Paulo**, São Paulo, v. 90, 1995, p. 248, grifos no original).

(conforme o conteúdo)"[23]. Nada obstante, destacado autor entende que esse ponto de vista lógico não é suficiente para definir normas gerais, devendo o intérprete se socorrer da hermenêutica teleológica.

Nesta perspectiva teleológica, normas gerais são aquelas que extravasam o interesse de uma unidade federativa. A dificuldade aqui, é revelar, efetivamente, este extravasamento, para se evitar, como já se destacou, a centralização política-jurídica do ente central.

Na busca de uma conceituação da categoria normas gerais, de igual forma Diogo de Figueiredo Moreira Neto, em extenso estudo, colacionou diversos entendimentos da doutrina nacional e estrangeira a respeito[24], aduzindo sobre uma "sobrecaracterística" das normas gerais, que seria um conceito-limite no sentido que "endereçam limites, ao mesmo tempo, para os legisladores federais e estaduais embora possam estendê-los para os aplicadores federais e, eventualmente, os estaduais"[25].

Para o referido autor normas gerais seriam um *tertium genus*, por se diferenciar de normas clássicas e dos princípios. Oferece o seguinte conceito:

> [...] normas gerais são declarações principiológicas que cabe à União editar, no uso de sua competência concorrente limitada, restrita ao estabelecimento de diretrizes nacionais sobre certos assuntos, que deverão ser respeitadas pelos Estados-Membros na feitura das suas respectivas legislações, através

---

23. FERRAZ JÚNIOR, Tércio Sampaio. Normas gerais e competência concorrente, *In*, Revista da Faculdade de Direito da Universidade de São Paulo, São Paulo, v. 90, 1995, p. 249.
24. "Sintetizando-as, a partir dessas características, as normas gerais seriam institutos que: *a)* estabelecem princípios, diretrizes, linhas mestras e regras jurídicas gerais (BOLHER, MAUNZ, BURDEAU, PONTES, PINTO FALCÃO, CLÁUDIO PACHECO, SHAID MALUF, TOS:É AFONSO DA SILVA, PAULO DE BARROS CARVALHO, MARCO AURÉLIO GRECCO); *b)* não podem entrar em pormenores ou detalhes nem, muito menos, esgotar o assunto legislado (MATZ, BOHLER, MAUNZ, PONTES, MANOEL GONÇALVES FERREIRA FILHO, PAULO DE BARROS CARVALHO e MARCO AURÉLIO GRECCO); *c)* devem ser regras nacionais, uniformemente aplicáveis a todos os entes públicos (PINTO FALCÃO, SOUTO MAIOR BORGES, PAULO DE BARROS CARVALHO, CARVALHO PINTO e ADILSON ABREU DALLARI); *d)* devem ser regras uniformes para todas as situações homogêneas (PINTO FALCÃO, CARVALHO PINTO e ADILSON ABREU DALLARI); *e)* só cabem quando preencham lacunas constitucionais ou disponham sobre áreas de conflito (PAULO DE BARROS CARVALHO e GERALDO ATALIBA): *f)* devem referir-se a questões fundamentais (PONTES e ADILSON ABREU DALLARI); *g)* são limitadas, no sentido de não poderem violar a autonomia dos Estados (PONTES, MANOEL GONÇALVES FERREIRA FILHO, PAULO DE BARROS CARVALHO e ADILSON ABREU DALLARI); *h)* não são normas de aplicação direta (BURDEAU e CLÁUDIO PACHECO)" (MOREIRA NETO, Diogo de Figueiredo. Competência concorrente limitada: o problema da conceituação das normas gerais, *In*, **Revista de Informação Legislativa**, v. 25, n. 100, out./dez. 1988, p. 149-150, grifos no original).
25. MOREIRA NETO, Diogo de Figueiredo Competência concorrente limitada: o problema da conceituação das normas gerais, *In*, **Revista de Informação Legislativa**, v. 25, n. 100, out./dez. 1988, p. 152.

de normas específicas e particularizantes que as detalharão, de modo que possam ser aplicadas, direta e imediatamente, às relações e situações concretas a que se destinam, em seus respectivos âmbitos políticos[26].

Contemporaneamente ainda se afirma que normas gerais da União são "normas não exaustivas, leis-quadro, princípios amplos, que traçam um plano, sem descer a pormenores"[27]. Entretanto, não é o que se constata no estudo de algumas leis ditas gerais, como o Código de Defesa do Consumidor, a Lei de Licitações e Contratos Administrativos, e leis processuais que estabelecem procedimentos detalhados (Código de Processo Civil, Lei dos Juizados Especiais).

Ademais, muito embora a destacada doutrina aludir a inexistência de hierarquia ou superioridade hierárquica entre lei federal e lei estadual, havendo divisão de competências entre os entes[28], é certo que se uma unidade federativa deve obediência ao quanto já estabelecido pelo ente central, há, efetivamente, hierarquia na Federação, principalmente quando se verifica que, a pretexto de se editar normas gerais, o legislador federal esmiúça, com exaustão, a matéria legal.

Os Estados-Membros, portanto, realizarão apenas algo parecido com um decreto governamental, que deve se ater ao quanto já imposto pelo legislador federal. Nesse sentido, corrobora-se o entendimento de Ferraz Júnior, que afirma não se tratar, a Competência suplementar, de Competência concorrente, mas sim Competência decorrente:

> A competência suplementar não se confunde com o exercício da competência plena "para atender a suas peculiaridades" conforme consta do § 2º, que é competência para editar normas gerais e m caso de lacuna (inexistência) na legislação federal. Não se trata, pois, de competência para editar normas gerais eventualmente concorrentes. Se assim fosse, o § 3º seria inútil ou o § 3º tornaria inútil o § 2º. Além disso, é competência também atribuída aos Municípios que estão, porém, excluídos da legislação concorrente. Isto nos leva a concluir que a competência suplementar não é para a edição de legislação concorrente, mas para a edição de legislação decorrente, que é um a legislação de regulamentação, portanto de normas gerais que regulam situações

---

26. MOREIRA NETO, Diogo de Figueiredo. Competência concorrente limitada: o problema da conceituação das normas gerais, *In*, **Revista de Informação Legislativa**, v. 25, n. 100, out./dez. 1988, p. 159.
27. MENDES, Gilmar Ferreira; GONET BRANCO, Paulo Gustavo. **Curso de direito constitucional**, 10ª ed., 2015, p. 840-841.
28. MENDES, Gilmar Ferreira; GONET BRANCO, Paulo Gustavo. **Curso de direito constitucional**, 10ª ed., 2015, p. 843.

já configuradas na legislação federal e às quais não se aplica o disposto no § 4º (ineficácia por superveniência de legislação federal), posto que com elas não concorrem (se concorrem, podem ser declaradas inconstitucionais). É pois competência que se exerce à luz de normas gerais da União e não na falta delas[29].

A Competência Legislativa concorrente suplementar, no cenário apresentado, pode ser exercida para a regulamentação dos procedimentos da Execução Fiscal Administrativa pelos Estados-Membros, desde que exista, previamente, norma geral da União que possibilite a concretização do poder legislativo decorrente.

Na ausência de norma geral, a depender do entendimento da Execução Fiscal Administrativa ser norma de Processo ou norma de Procedimento, os Estados-Membros poderiam, ou não, estar imbuídos de Competência plena. Concluindo se tratar de norma de Processo, os Estados-Membros não teriam Competência Legislativa suplementar supletiva, considerando que a Competência sobre Processo é privativa a União; diversamente, entendendo ser a Execução Fiscal Administrativa norma de Procedimento, os Estados-Membros estariam autorizados pela Constituição Federal a legislar, de forma plena, até que sobrevenha norma geral que suspenderá a eficácia da lei estadual no que lhe for contrário.

2.2.3. Competência Legislativa Delegada

A Competência Legislativa delegada dos Estados-Membros está disposta no parágrafo único do art. 22, que trata das Competências Legislativas privativas da União: "Lei complementar poderá autorizar os Estados a legislar sobre questões específicas das matérias relacionadas neste artigo".

Aqui se mostra a diferença entre a Competência exclusiva e a privativa, em que, pela primeira, não se pode delegar a Competência; pela segunda, a delegação é autorizada constitucionalmente.

A delegação deve ser feita por lei complementar federal e, ainda, apenas sobre "questões específicas" relacionadas às matérias de Competência Legislativa privativa da União.

A delegação em análise difere da estabelecida no art. 68 da Constituição Federal, pela qual, por solicitação do Presidente da República, o Congresso Nacional realiza a delegação de Competências Legislativas para o chefe do

29. FERRAZ JÚNIOR, Tércio Sampaio. Normas gerais e competência concorrente, *In*, **Revista da Faculdade de Direito da Universidade de São Paulo**, São Paulo, v. 90, 1995, p. 250.

Poder Executivo federal, com exceção das matérias relacionadas à organização do Poder Judiciário e do Ministério Público, à carreira e à garantia de seus membros, nacionalidade, cidadania, direitos individuais, políticos e eleitorais, planos plurianuais, diretrizes orçamentárias e orçamentos.

Interligando-se com a regulamentação normativa da Execução Fiscal Administrativa, se houver entendimento de que se trata de norma sobre Processo, portanto, Competência Legislativa privativa da União, pode-se conjecturar a edição de lei complementar delegatária de tal Competência para os Estados-Membros, de modo a autorizar, constitucional e legalmente, que disciplinem questões específicas do Processo Administrativo Executivo, mas não todo o Processo.

Isso porque, "não se pode delegar aos Estados nem mesmo a competência para legislar sobre toda a matéria dos incisos, mas só sobre questões específicas a eles referentes"[30].

A revogação da delegação pelo legislador federal retira a normatividade da lei estadual, podendo ocorrer um limbo jurídico e uma insegurança jurídica relativa ao quanto estava disciplinado pelo exercício da Competência Legislativa delegada dos Estados-Membros.

2.2.4. Competência Legislativa Reservada, Remanescente ou Residual

A Competência Legislativa remanescente é conferida aos Estados-Membros em matérias que não foram, expressa ou implicitamente, delimitadas para os outros entes federativos, União e Municípios. Poderão os Estados-Membros, portanto, exercer Competência Legislativa privativa.

A doutrina também denomina de Competência residual, abrangendo a própria organização legislativa sobre orçamento, cargos públicos, bens imóveis e organização administrativa, do Poder Judiciário e das funções essenciais à justiça (Ministério Público, Defensoria Pública e Advocacia Pública)[31].

A terminologia do texto constitucional, por sua vez, refere à expressão "reservadas", de modo que também se pode assim denominar, apesar da crítica doutrinária em relação a diferenciação destas competências no Brasil

30. SILVA, José Afonso da. **Comentário contextual à Constituição**, 9ª ed., São Paulo: Editora Malheiros, 2014, p. 276.

31. MENDES, Gilmar Ferreira; GONET BRANCO, Paulo Gustavo. **Curso de direito constitucional**, 10ª ed., 2015, p. 839.

e Estados Unidos, oriunda da formação do Federalismo em ambos os países, como esclarece José Afonso da Silva[32].

No entanto, segundo ainda adverte José Afonso da Silva, a incidência desta Competência "não vai muito além do terreno administrativo, financeiro, social (competência comum), de administração, gestão de seus bens, alguma coisa na esfera econômica, nos limites já apontados, e quase nada mais"[33].

Com efeito, em uma Constituição Federal que detalha amplas e maiores Competências Legislativas para a ente central, pouco remanesce para os Estados-Membros materializarem, legislativamente, singularidades e entendimentos regionais. É, igualmente, a crítica de Juraci Mourão Lopes Filho:

> Portanto, no Brasil, a técnica das competências residuais dos entes periféricos não vem tendo o mesmo efeito experimentado nos Estados Unidos. Aqui, a competência residual, seja legislativa ou material, não foi suficiente para garantir aos Estados-membros uma posição de proeminência no pacto federativo. A tradição centralizadora brasileira, o histórico de uma federação por desagregação e um extenso rol de competências expressas para a entidade central fazem a balança do poder federativo pender para o lado da União. Na prática brasileira, as competências residuais não refreiam a centralização, diversamente do que ocorreu na experiência estadunidense[34].

---

32. "A constituição manteve a técnica tradicional - que vem do direito constitucional americano - de enumerar os poderes (competências) da União, cabendo aos Estados os *poderes reservados*, isto é, os *poderes remanescentes*. A expressão 'poderes (ou competências) *reservados*' é adequada à Federação Americana, porque lá os Estados independentes se uniram para a formação do Estado Federal, abrindo mão de poderes soberanos, *reservando*, no entanto, o quanto entenderam satisfatório à sua existência autônoma. No Brasil não foi assim: ao contrário, o Estado Unitário descentralizou-se em unidades federadas autônomas, *enumerando* para o governo central (Federal) os poderes que se entenderam convenientes, deixando o *resto*, a *sobra* (isto é: o que remanescia da enumeração dos poderes da União e da indicação de poderes municipais), para os Estados. Por isso, para o sistema federativo brasileiro a expressão 'poderes (ou competências) *remanescentes* é mais indicada do que 'poderes (ou competências) *reservados*. Mas esta foi a terminologia adotada pela CF, no seu art. 25, § 1º" (SILVA, José Afonso da. **Comentário contextual à Constituição**, 9ª ed., São Paulo: Editora Malheiros, 2014, p. 292, grifos no original).
33. SILVA, José Afonso da. **Comentário contextual à Constituição**, 9ª ed., São Paulo: Editora Malheiros, 2014, p. 294.
34. LOPES FILHO, Juraci Mourão. **Competências Federativas na Constituição e nos precedentes do STF**, 2ª ed., Salvador: Editora Juspodivm, 2019, p. 166. No Federalismo alemão, conforme exposição de Heinz Laufer, a situação retrata não é muito diferente (LAUFER, Heinz, A divisão de tarefas e a interdependência entre a União e os estados, *In*, **O Federalismo na Alemanha**, São Paulo: Fundação Konrad-Adenauer-Stiftung, 1995, p. 61-70.

Na perspectiva da Execução Fiscal Administrativa, não se vislumbra aplicação desta Competência normativa dos Estados-Membros, porquanto, se se entender ser norma de Processo, já tem a competência legislativa da União e, se o entendimento for relativo a ser norma de procedimento, de igual modo é expressa a Competência dos próprios Estados-Membros.

Capítulo 3

FEDERALISMO PROCESSUAL. NORMA DE PROCESSO E NORMA DE PROCEDIMENTO

A divisão de Competências em um Estado Federal também alcança o estabelecimento de regras a respeito da processualização e procedimentalização da forma de resolução das controvérsias, seja judicial ou desjudicializadamente.

Para tanto, no sentido de uma uniformização da forma com que a tutela no âmbito do Processo será exercida em todas as unidades federativas, é que as Constituições brasileiras, desde a de 1934[1], elegeu a União como tendo Competência privativa sobre direito processual.

Essa é uma das facetas do Federalismo brasileiro, denominada de Federalismo Processual, porquanto, na esteira das características desta forma de Estado, há, de igual modo, repartição de Competências entres os membros da Federação. Assim, "no âmbito do exercício da função jurisdicional pelo Estado, o federalismo, em sua dimensão de princípio e, ainda, de cláusula pétrea, não pode ser ignorado"[2].

O tema do Federalismo Processual é pouco trabalhado pela doutrina nacional, devendo ser destacadas as pesquisas de Fernando da Fonseca Gajar-

---

1. "A competência legislativa da União para legislar sobre direito processual constituiu verdadeira novidade para o regime constitucional brasileiro de 1934, que assim avançou para um maior sentido de homogeneização do direito nacional. Durante o regime republicano de 1891, os Estados-Membros podiam legislar sobre os respectivos processos; porém, a Constituição de 1934 encarou o problema dentro do ponto de vista unitário, e assim também procederam as Constituições de 1946, 1967, 1969 e 1988" (FERREIRA, Pinto. **Comentários à Constituição brasileira**, v. 2, Arts. 22 a 53, São Paulo: Editora Saraiva, 1989 p. 14).
2. DIDIER JÚNIOR, Fredie Souza; LIPIANI, Júlia. Incidente de resolução de demandas repetitivas. Eficácia interpretativa do princípio federativo sobre o Direito Processual. Federalismo processual. Contraditório no processamento do incidente de resolução de demandas repetitivas. (Parecer), *In*, **Revista de Processo**, v. 300, fev. 2020, p. 168.

doni[3], Paula Sarno Braga[4], Edson Ribas Malachini[5], Guilherme Lunelli[6], Luiz Carlos Fontes de Alencar[7] e Márcia Cristina Xavier de Souza[8].

Nos termos da Constituição Federal, o art. 22, I, enuncia ser Competência privativa da União legislar sobre direito processual, enquanto que o art. 24, XI, diz que compete à União, aos Estados e ao Distrito Federal legislar concorrentemente sobre procedimentos em matéria processual. De modo que, sendo concorrente tal Competência em relação ao Procedimento, a União legisla sobre normas gerais (CF, art. 24, § 1º) e os Estados e o Distrito Federal suplementarão tal legislação nacional.

Em anunciado enfoque, é necessário definir, de forma original, acerca da possibilidade dos próprios Estados Federados produzirem Direito sobre a Execução Fiscal Administrativa, já que a "autonomia das entidades federativas pressupõe repartição de competências para o exercício e desenvolvimento de sua atividade normativa"[9].

Se houver entendimento no sentido de que se trata de lei sobre Procedimento, os Estados-Membros têm competência para legislar, a teor do art. 24, XI, da Constituição Federal.

Contudo, a definição sobre o que é Processo e Procedimento e, consectário disso, o que é norma sobre Processo e norma sobre Procedimento, além de sua incidência jurisdicional e administrativa, daí decorrendo a Competência Legislativa, é controversa na doutrina nacional.

---

3. GAJARDONI, Fernando da Fonseca. **Flexibilização procedimental**: um novo enfoque para o estudo do procedimento em matéria processual, de acordo com as recentes reformas do CPC, São Paulo: Editora Atlas, 2008.
4. BRAGA. Paula Sarno. **Norma de processo e norma de procedimento**: o problema da repartição de competência legislativa no Direito Constitucional brasileiro, Salvador: Editora Juspodivm, 2015.
5. MALACHINI, Edson Ribas. A Constituição Federal e a legislação concorrente dos Estados e do Distrito Federal em matéria de procedimentos, *In*, **Revista Forense**, Rio de Janeiro, n. 324, 1993, p. 49-54.
6. LUNELLI, Guilherme. Normas processuais e normas procedimentais: uma proposta de diferenciação para fins de competência legislativa, *In*, **Revista de Processo**, São Paulo, n. 224, 2013, p. 413-417.
7. FONTES DE ALENCAR, Luiz Carlo. A federação brasileira e os procedimentos em matéria processual, *In*, **Revista do Centro de Estudos do Conselho da Justiça Federal**, n. 13, 2011, p. 184-186.
8. SOUZA, Márcia Cristina Xavier. A competência constitucional para legislar sobre processo e procedimentos e o Código de Processo Civil de 2015, *In*, **Revista de Direito da Faculdade Guanambi**, v. 4, n. 01, p. 126–148, jan./jun. 2017.
9. SILVA, José Afonso da. **Curso de Direito Constitucional Positivo**, 42ª ed., São Paulo, Editora Malheiros, 2019, p. 481.

Paula Sarno Braga se debruçou sobre o tema, concluindo inexistir, na perspectiva judicial, diferença entre Processo e Procedimento, afinal, "não há nada de processual que não seja essencialmente procedimental e vice-versa", afirmando, em sequência, sobre serem Processo e Procedimento noções indissociáveis, pois, "legislar sobre um significa legislar sobre o outro"[10].

Nada obstante respeitado entendimento doutrinário, entende-se existir diferenças ontológicas entre Processo e Procedimento.

Diferencia-se, ainda, o âmbito de incidência, ou seja, se as disposições constitucionais do art. 22, I, e 24, XI, abrangem a Jurisdição e, também, a Administração.

Portanto, a conclusão da pesquisa sobre a possibilidade da Execução Fiscal Administrativa e sua regulamentação pelos Estados-Membros perpassa pelo enfrentamento das seguintes situações:

a) se for concluído que a Execução Fiscal Administrativa é norma de Processo, com aplicação do art. 22, I, da Constituição Federal, apenas a União poderá legislar a respeito;

   a.1) os Estados-Membros, nessa hipótese, apenas poderão legislar sobre procedimentos executivos e condicionados pela eventual disciplina da lei federal;

b) se se concluir que a norma de Processo editada pela União, no exercício de sua Competência Legislativa privativa, pode ser genérica também sobre Processo Administrativo ou sobre Processo Administrativo Fiscal – o que já existe pela Lei Federal n. 9.784, de 29 de janeiro de 1999 e pelo Decreto n. 70.235, de 6 de março de 1972[11] –, os Estados-Membros já podem legislar, disciplinando procedimentalmente atos executivos no Processo Administrativo Fiscal estadual;

10. BRAGA, Paula Sarno. **Norma de processo e norma de procedimento**: o problema da repartição de competência legislativa no Direito Constitucional brasileiro, Salvador: Editora Juspodivm, 2015, p. 161.

11. É oportuna a transcrição da redação do § 3º do Decreto 70.235/1972: "§ 3º Esgotado o prazo de cobrança amigável sem que tenha sido pago o crédito tributário, o órgão preparador declarará o sujeito passivo devedor remisso e encaminhará o processo à autoridade competente para promover a cobrança executiva". Pertinente, nesse contexto, a indagação, considerando a superveniência de nova ordem constitucional em 1988: A autoridade competente para promoção da cobrança executiva pode ser administrativa?

c) se for concluído que a Execução Fiscal Administrativa é norma de Procedimento os Estados-Membros podem legislar a respeito sem necessidade de uma lei federal prévia dispondo sobre o tema.

d) se for concluído que a Execução Fiscal Administrativa é norma de Processo Administrativo, em um contexto de Desjudicialização, não se aplicando o regime competencional do art. 22, I, e 24, XI, da Constituição Federal, os Estados-Membros podem disciplinar normativamente a forma com que o devido processo legal se exercerá para o efetivo cumprimento das próprias Competências Materiais, com a possibilidade de regulamentação autônoma.

Certo que, em todas estas situações, eventual lesão ou ameaça a direito da parte no Processo ou Procedimento da Execução Fiscal Administrativa, por óbvio, deve ser objeto de busca de solução na prestação do serviço público jurisdicional (CF, art. 5º, XXXV).

3.1. EXECUÇÃO FISCAL ADMINISTRATIVA COMO NORMA DE PROCESSO

Processo é instituto fundamental do Estado Democrático de Direito, sendo através dele exercidas as ações, de direito material ou de direito processual, além de possibilitar o direito de petição e o exercício da ampla defesa, ou seja, o Processo possibilita que, diante da vedação da justiça de mão própria, a parte autora, irresignada por entender seu direito violado, alcance a tutela – jurisdicional ou não – para a qual deve obter a resposta adequada, sem antes o Processo oferecer e possibilitar, da mesma forma, que o acionado igualmente exerça o poder de influenciar a solução final, contraditando os pontos, de fato e de direito, trazidos pela parte acionante do Processo.

Trata-se de visualizar o que Fernando da Fonseca Gajardoni denomina "normas puramente processuais[12], além de aderir ao que Guilherme Lunelli

12. "São normas puramente processuais – e, portanto, de competência privativa da União – todas aquelas relacionados à gênese da relação jurídica processual, como jurisdição, ação, defesa e contraditório, entre as quais se incluem a definição da capacidade e legitimação das partes, a disciplina da prova, dos efeitos da sentença e da coisa julgada (GAJARDONI, Fernando da Fonseca. **Flexibilização procedimental**: um novo enfoque para o estudo do procedimento em matéria processual, de acordo com as recentes reformas do CPC, São Paulo: Editora Atlas, 2008, p. 33).

assevera, a respeito de ser o Processo, e assim suas normas, a atuação do Estado Democrático de Direito[13].

Como ressaltado na Parte 2, particularmente no tópico 5.4, no Processo o princípio do devido processo legal impõe que um ato de poder estatal, judicial ou administrativo, seja realizado apenas se houver deferência às regras previamente reguladas, em que se ofereça a possibilidade das partes envolvidas, no exercício do contraditório e da ampla defesa, persuadir a autoridade competente que irá julgar o caso das razões que entenderem pertinentes.

O Processo possibilita não somente o exercício da Jurisdição, em uma ação processual, mas, também, o exercício da Ação De Direito Material se, no caso de resistência à pretensão, existir Processo capaz de solucionar o conflito desjudicializadamente, sendo exemplos, dentre outros referidos no Capítulo 4, da Parte 1, a arbitragem e o inventário e divórcio extrajudiciais.

Há Processo, portanto, não apenas no âmbito do Poder Judiciário. Como detalhado na Parte 1, o Processo é criado, regulado e se realiza através da Desjudicialização, com diversos movimentos normativos contemporaneamente existentes.

3.1.1. Estabelecimento de normas gerais processuais

Normas gerais no contexto processual tem como ente competente, privativamente, nos termos do art. 22, I, da Constituição Federal, a União.

Se aos Estados-Membros compete, concorrente, legislar sobre procedimentos em matéria processual, é certo que a competência privativa da União sobre Execução Fiscal Administrativa somente poderá ser efetivada se não disciplinar inteira e exaurientemente os procedimentos executivos dentro do Processo Administrativo da Execução Fiscal Administrativa.

Nesse sentido, a Competência privativa da União sobre Processo é limitada pela Competência concorrente dos Estados-Membros sobre pro-

13. "Neste ponto, então, chega-se à constatação de suma importância para a presente empreita: se o processo é método de atuação e se tal método já se encontra condicionado pelo constituinte, a identificação das normas processuais infraconstitucionais não pode tomar outro ponto de partida que não a própria Constituição. Daí se propor que as normas processuais (enquanto legitimadoras da atuação do Estado-juiz) não serão outras que não aquelas normas comprometidas a, de forma *uniforme* e *universal*, garantirem, dentro do modelo infraconstitucional, que a atuação jurisdicional seja condizente com a Constituição. Mostrar-se-ão elas, assim, umbilicalmente ligadas aos próprios princípios e direitos fundamentais previstos na Carta da República" (LUNELLI, Guilherme. Normas processuais e normas procedimentais: uma proposta de diferenciação para fins de competência legislativa, *In*, **Revista de Processo**, São Paulo, n. 224, 2013, p. 413-417).

cedimentos em matéria processual[14]. Daí que se pode afirmar que, na regulamentação da norma processual sobre Execução Fiscal Administrativa, a União somente poderá dispor sobre a moldura do Processo, seus princípios e diretrizes comuns. Adota-se, aqui, a conceituação de Paula Sarno Braga[15].

Se houver entendimento em tal sentido, seria factível afirmar que já existe norma geral editada pela União no exercício de sua Competência Legislativa privativa sobre direito processual, no caso, direito processual administrativo.

Com efeito, a Lei Federal n. 9.784, de 29 de janeiro de 1.999, trata do Processo Administrativo, e o Decreto n. 70.235, de 6 de março de 1.972, dispõe, particularmente, sobre o Processo Administrativo Fiscal.

Entretanto, destacadas legislações são adstritas à esfera federal, aos processos administrativos que tem a União como parte, seja por sua Administração Direta, quanto por sua Administração Indireta (Autarquias, Fundações, Agências Reguladoras)[16]. São, na terminologia de Sérgio Resende de Barros, leis federais intransitivas[17].

---

14. MALACHINI, Edson Ribas. A Constituição Federal e a legislação concorrente dos Estados e do Distrito Federal em matéria de procedimentos, *In*, **Revista Forense**, Rio de Janeiro, n. 324, 1993, p. 51

15. "As normas gerais de processo são aquelas que estabelecem princípios e regras comuns para os fatos e situações jurídicas processuais, e respectivos sujeitos, observados no exercício da função jurisdicional em todo território nacional. Visam atender interesse comum a todas as unidades políticas parciais, ou relativo apenas a algumas ou a muitas delas, mas que, ainda assim, deve ser objeto de tratamento uno, para evitar distorções ou atritos que poderiam decorrer da adoção de tratamentos diferentes, esparsos e localizados. Dessa forma, são enunciados normativos que têm o condão de uniformizar a disciplina de eventos processuais e seus efeitos em todos os processos estatais, empregados no exercício de jurisdições federais e estaduais, indiscriminadamente, de modo que se refiram a toda população do território brasileiro que atue, auxilie ou se sirva destas jurisdições" (BRAGA, Paula Sarno. **Norma de processo e norma de procedimento**: o problema da repartição de competência legislativa no Direito Constitucional brasileiro, Salvador: Editora Juspodivm, 2015, p. 363-364).

16. O art. 1º da Lei Federal n. 9.784/1999 tem a seguinte redação: "Esta Lei estabelece normas básicas sobre o processo administrativo no âmbito da Administração Federal direta e indireta, visando, em especial, à proteção dos direitos dos administrados e ao melhor cumprimento dos fins da Administração". Por sua vez, o art. 1º do Decreto Federal n. 70.235/1972, dispõe: "Este Decreto rege o processo administrativo de determinação e exigência dos créditos tributários da União e o de consulta sobre a aplicação da legislação tributária federal."

17. "De uma parte, há leis da União para si mesma, mediante as quais ela cuida imediatamente de seus próprios assuntos político-administrativos, estritamente, sem repercutir – senão mediatamente, por reflexos inevitáveis – na estrutura federativa ou na convivência nacional. São leis federais intransitivas. Sendo da União, não transitam além da União para impor institutos ou instituições à Federação ou à Nação. São leis federais, pelas quais a União se autogoverna e se autoadministra. São leis da União para a União: *interna corporis*" (BARROS, Sérgio Resende. Lei Federal, Lei Federativa, Lei Nacional, *In*, **O federalista atual**: teoria do federalismo, coord. Dircêo Torrecillas Ramos, Belo Horizonte: Arraes Editores, 2013, p. 62, grifos no original).

Isso porque há deferência à autonomia[18] e às Competências, Materiais e Legislativas, dos Estados e Municípios para disporem, em seus respectivos territórios, da processualização e procedimentalização da forma com que os conflitos administrativos estaduais e municipais serão solucionados.

Destacadas legislações sobre o Processo Administrativo federal, ao não adentrar na esfera da atuação administrativa dos Estado e Municípios, contribuem com o entendimento de que "o dispositivo do artigo 22, I, traz regra voltada para tratar unicamente do processo *jurisdicional*, não alcançando o *administrativo*"[19].

3.2. EXECUÇÃO FISCAL ADMINISTRATIVA COMO NORMA DE PROCEDIMENTO

Procedimento é a forma com que os atos são regulamentados e realizados para se chegar a uma solução final satisfativa[20].

Faz-se coro, aqui, ao que defende Fernando da Fonseca Gajardoni:

> O procedimento é, por isto, o processo em sua dinâmica, o modo pelo qual os diversos atos se relacionam na série constitutiva do processo, representando o modo do processo atuar em juízo (seu movimento), pouco importando a marcha que tome para atingir seu objetivo final - que pode ser uma sentença declaratória, constitutiva, desconstitutiva ou condenatória (processo de conhecimento), a apuração do quantum debeatur (liquidação de sentença), a satisfação do direito (processo de execução) ou a obtenção de uma garantia (processo cautelar) - ou se a marcha alcançará o seu objetivo final (sentenças terminativas)[21].

Muito embora Paula Sarno Braga defenda inexistir diferença entre Processo e Procedimento, e que a respectiva repartição de competências

---

18. O art. 18 da Constituição Federal corrobora o exposto: "A organização político-administrativa da República Federativa do Brasil compreende a União, os Estados, o Distrito Federal e os Municípios, todos autônomos, nos termos desta Constituição".
19. BRAGA, Paula Sarno. **Norma de processo e norma de procedimento**: o problema da repartição de competência legislativa no Direito Constitucional brasileiro, Salvador: Editora Juspodivm, 2015, p. 350, grifos no original.
20. De modo similar: CINTRA, Antonio Carlos de Araújo, GRINOVER, Ada Pelegrini, DINAMARCO, Cândido Rangel. **Teoria Geral do Processo**, 28ª ed., São Paulo: Editora Malheiros, 2012, p. 309-310. MALACHINI, Edson Ribas. A Constituição Federal e a legislação concorrente dos Estados e do Distrito Federal em matéria de procedimentos, *In*, **Revista Forense**, Rio de Janeiro, n. 324, 1993, p. 49-54.
21. GAJARDONI, Fernando da Fonseca. **Flexibilização procedimental**: um novo enfoque para o estudo do procedimento em matéria processual, de acordo com as recentes reformas do CPC, São Paulo: Editora Atlas, 2008, p. 35.

entre União e Estados-Membros se refere apenas ao Processo judicial – com o que se concorda com esta última afirmação, como se analisará –, é possível acolher, novamente, seu entendimento sobre o que denomina "normas suplementares de processo", que são as normas sobre Procedimento, sendo, portanto, "aquelas que irão regulamentar e desenvolver, no plano regional, aquilo que foi firmado na lei federal geral de caráter nacional".

Deve-se ter presente, outrossim, que o Procedimento e as suas regras apenas são realizáveis através do Processo, de modo que o Procedimento é conteúdo, e Processo, é continente, inexistindo, portanto uma total divisão[22].

Trata-se, ainda, de se aplicar a doutrina da relação circular que se dá, principalmente, entre o direito material e o direito processual[23], no sentido de que o Processo, para ser efetivo, necessita ser servido e regrado pelo Procedimento e, o Procedimento, para se realizar, necessita estar adentrado no Processo.

Os Estados-Membros, portanto, na eventual regulamentação de procedimentos em matéria processual estão limitados à disciplina constitucional da Competência concorrente, vale dizer, na ausência de lei federal tem Competência Legislativa plena; na sua existência os Estados-Membros estão por ela limitados e devem legislar suplementarmente em conformidade com suas disposições normativas.

Obrigatória a indagação sobre a possibilidade de os Estados Federados legislar acerca da Execução Fiscal Administrativa, disciplinando procedimentos executivos no âmbito do Processo Pdministrativo, inclusive adentrando no direito de propriedade dos particulares.

---

22. "Mesmo as normas puramente processuais, entretanto, não dispensam regras procedimentais respectivas, condição essencial de funcionalidade daquelas. É um erro comum e muitas vezes cometido a separação absoluta que é feita entre processo e procedimento, consequentemente entre normas processuais e normas procedimentais, como se o ato processual pudesse sobreviver sem procedimento que lhe dê forma. Mesmo os institutos previstos como normas puramente processuais demandam disciplina procedimental, algo que só pode ser feito por normas procedimentais" GAJARDONI, Fernando da Fonseca. **Flexibilização procedimental**: um novo enfoque para o estudo do procedimento em matéria processual, de acordo com as recentes reformas do CPC, São Paulo: Editora Atlas, 2008, p. 34). Segundo Edson Ribas Malachini, "o *procedimento* é parte do *processo*; é a sua parte visível, exterior, material, e em constante mutação, com os atos que se sucedem no tempo" (MALACHINI, Edson Ribas. A Constituição Federal e a legislação concorrente dos Estados e do Distrito Federal em matéria de procedimentos, *In*, **Revista Forense**, Rio de Janeiro, n. 324, 1993, p. 50).
23. "Pode-se dizer, nesse sentido, que entre processo e direito material ocorre uma relação circular, o processo serve ao direito material, mas para que lhe sirva é necessário que seja servido por ele" (ZANETI JÚNIOR, Hermes. **A constitucionalização do processo**: o modelo constitucional da justiça brasileira e as relações entre processo e constituição, 2ª ed., São Paulo, Editora Atlas, 2014, p. 191).

Veja-se, a propósito, reflexão realizada pelo Ministro do Superior Tribunal de Justiça, Humberto Gomes de Barros:

> O Estado-Administração é capaz de, visando a interesses sociais, expropriar um proprietário que nada lhe deve. No entanto, se o proprietário é inadimplente, na sagrada obrigação de honrar dívidas para com o Erário, a Administração queda-se impotente. Nesse caso, é necessário acionar o Estado-Juiz, fazendo com que este efetive a desapropriação. Em tal hipótese, o juiz desenvolverá mero procedimento[24].

Assim, de um ponto de vista eminentemente descritivo, parece adequado supor que, existente legislação da União sobre Processo de execução de créditos públicos, sobre Processo Administrativo ou sobre Processo Administrativo Fiscal, abre-se a oportunidade de os Estados-Membros legislarem sobre os procedimentos inerentes à efetividade e satisfatividade daquele Processo, com o estabelecimento da forma com que os atos executivos e expropriatórios podem ser realizados na Execução Fiscal Administrativa, respeitados, por certo, os postulados do devido processo legal, não necessariamente pelo exercício da atividade jurisdicional.

Na ausência de lei federal os Estados-Membros estariam autorizados, pela Competência Legislativa concorrente, a regulamentar plenamente a Execução Fiscal Administrativa, nos exatos termos do regime constitucional desta Competência Legislativa, disposta nos §§ 1º ao 4º, do art. 24 da Constituição Federal. A superveniência de legislação federal, de natureza geral, suspenderia a eficácia da legislação estadual, naquilo que contrariar a federal.

Contudo, a Execução Fiscal Administrativa não é norma sobre Procedimento. É, efetivamente, norma sobre Processo, porquanto deve estabelecer, no Estado Democrático de Direito, a forma com que empresas e pessoas, em uma dimensão de civilidade jurídica[25], irão defender seu patrimônio em face de ato executivo estatal. Imperativo, necessariamente, uma normatização do devido processo legal, do contraditório e da ampla defesa.

O desapossamento patrimonial, através da prévia ampla defesa na Execução Fiscal Administrativa, não deixa de ser uma sanção decorrente do descumprimento de uma obrigação legal, como se dá no processo de "accer-

---

24. BARROS, Humberto Gomes. Execução fiscal administrativa, *In*, **Revista CEJ**, Brasília, Ano XI, n. 39, out/dez. 2007, p. 5.
25. MENGOZZI, Marta. **Giusto Processo e Processo Amministrativo**: profili costituzionali, Milano: Giuffrè Editore, 2009, p. 71.

tamento" italiano[26] que, posteriormente, dará fundamento para a "ordinanza-ingiunzione", que "rappresenta il vero provvedimento sanzionatorio"[27].

Para tanto, a sanção, para ser legítima, imprescinde de um instrumento que possibilite a defesa do inadimplente em face da força executória estatal e em proteção ao seu direito de propriedade, afinal, "ninguém será privado da liberdade ou de seus bens sem o devido processo legal" (CF, art. 5º, LIV).

Se Processo é instituto fundamental de um Estado Democrático de Direito para proteger e garantir o direito das pessoas viventes em seu território contra os arbítrios do poder, a Execução Fiscal Administrativa serve para materializar em regras os princípios constitucionais processuais e, portanto, ao assim ser regulamentada, se trata, efetivamente, de norma com natureza processual.

O regramento dos atos e a concatenação da forma com que serão realizados, nada obstante poderem ser considerados como de natureza procedimental, não convola a Execução Fiscal Administrativa em norma de Procedimento e, consectariamente, não atrai a Competência dos Estados-Membros para nesse sentido legislar, seja plenamente, na ausência de lei federal, seja a reboque de eventual exercício da Competência concorrente da União para legislar sobre as normas gerais sobre procedimentos em matéria processual.

O desapossamento patrimonial decorrente do inadimplemento de créditos públicos, portanto, para ser constitucionalmente legítimo, deve estar assentado no direito de defesa do contribuinte, o que apenas se perfectibiliza através do Processo, e não de mero Procedimento, em que o devido processo legal, a ampla defesa e o contraditório serão concretizados.

A imperatividade ou autotutela da Administração Pública não é exercida imediata e inopinadamente, sem o estabelecimento da forma com que se dará

---

26. Assim destaca Pasquale Cerbo: "L'attività di accertamento rappresenta un profilo essenziale nello studio della sanzione amministrativa. Essa non è solo, infatti, l'indispensabile *prius* logico rispetto all'irrogazione della sanzione, ma è anche la fase in cui, come accade nelle indagini preliminari in materia penale, si pongono i maggiori problemi di garanzia nei confronti del presunto trasgressore. [...] Il procedimento sanzionatorio ha un necessario presupposto nell'accertamento, da parte degli organi competenti, dei fatti che integrano le fattispecie di illecito amministrativo. La funzione dell'attività accertativa è dunque quella di acclarare i fatti che possono rilevare ai fini di un eventuale esercizio del potere sanzionatorio dell'amministrazione" (CERBO, Pasquale. **Le Sanzioni Amministrative**, Milano: Giuffrè Editore, 1999, p. 131-132).

27. CERBO, Pasquale. **Le Sanzioni Amministrative**, Milano: Giuffrè Editore, 1999, p.181. Na conceituação deste autor, "L'ordinanza-ingiunzione, secondo la lettera dell'art. 18, 6º comma l. 689/1981, costituisce titolo esecutivo per l'iscrizione a ruolo della cifra da pagare, come tale suscettibile, qualora non si proceda al pagamento entro i termini previsto, di dare corso ache all'esecuzione forzata".

a executividade dos atos estatais. A possibilidade do exercício da autotutela administrativa não torna prescindível o devido processo legal.

Trata-se, a rigor, de limitar o poder do Estado pelo estabelecimento de um instrumento jurídico que possibilite ao devedor colacionar suas razões pelas quais sua propriedade, direito fundamental, não deve ser violada. Isso, em um Estado Democrático de Direito, se dá através do Processo.

Capítulo 4

AUTONOMIA NORMATIVA DA EXECUÇÃO FISCAL ADMINISTRATIVA NOS ESTADOS-MEMBROS COMO FORMA DE DESJUDICIALIZAÇÃO DA ADMINISTRAÇÃO PÚBLICA

Este estudo defende que a Execução Fiscal Administrativa é norma de Processo Administrativo, não estando incluída no Federalismo Processual dos processos judiciais, mas sim em um *Federalismo Processual Administrativo.*

As Competências Legislativas sobre Processo e sobre Procedimento em matéria processual, portanto, são adstritas ao exercício da tutela jurisdicional e respaldadas nos arts. 22, I, e 24, XI, do texto constitucional.

Há necessidade, neste sentido do Processo judicial, de uma coesão processual nacional, na medida em que o Poder Judiciário, que exerce suas funções através do Processo, é uno. Vigora, assim, o caráter nacional[1] ou princípio da unicidade do Poder Judiciário, sendo divididas as competências conforme as regras estabelecidas nas leis processuais, de aplicação uniforme por todo o território nacional. Em tal aspecto da unicidade da jurisdição nacional é necessário que as normas processuais tenham, igualmente, uma uniformidade aplicativa.

A autotutela administrativa, em um cenário normativo de Desjudicialização, diversamente, deve se dar por intermédio do respectivo Processo Administrativo, que tem seu fundamento constitucional nos arts. 5º, LIII, 18, *caput*, 23, incisos I a XII, 24, I, 25, *caput*, e 155, §§ 1º a 6º[2].

Trata-se, a Execução Fiscal Administrativa, de norma de Competência dos Estados-Membros por estar incluída e imbricada nas suas Competências de direito material e até mesmo legislativas. É a Execução Fiscal Administrati-

---

1. TUCCI, Rogério Lauria; TUCCI, José Rogério Cruz e. **Constituição e Processo**: regramentos e garantias constitucionais do processo, São Paulo: Editora Saraiva, 1989, p. 191-192.
2. Dentro deste último parâmetro normativo, de competência legislativa e material sobre os impostos estaduais, é importante deixar claro que há, no entanto, algumas restrições normativas delimitadas pela própria Constituição Federal, como, por exemplo, a edição de lei complementar pelo legislador federal para dispor sobre diversos aspectos do ICMS e do ITCMD, e a fixação de alíquotas do IPVA pelo Senado Federal.

va instrumento processual para concretização do direito material, normativo tributário e demais créditos e obrigações públicas[3].

Pontes de Miranda é novamente esclarecedor, ao comentar o art. 8º, XVII, 'b', da Constituição Federal de 1.964, que tratava da Competência Legislativa privativa da União sobre direito processual, assim como consta, atualmente, no art. 22, I, da Constituição Federal de 1988:

> Nenhuma atribuição tem o Poder Legislativo central para legislar sôbre o processo correspondente ao direito material de competência do próprio Estado-membro, como seja o dos papéis administrativos, o da cobrança puramente fiscal, o da responsabilidade dos seus funcionários. Portanto, nem todo o direito processual deriva da realizabilidade do direito material para todo o território. Quando o direito material é só para um dos Estados-membros, ou parte dêle, nenhuma competência tem o centro para edictar normas processuais que o realizem. Portanto, se o direito material é da competência do Estado-membro, o direito processual para realizá-lo também o é[4].

Consonante com esse entendimento, outro clássico autor, José Cretella Júnior, já sob a égide do atual regime constitucional, contribui com a construção dos fundamentos da obra:

> A competência do Estado-membro para legislar sobre direito processual é estritamente vinculada à competência que tem essa unidade federativa para legislar sobre o correspondente direito material.
> Nenhuma competência tem o poder legislativo central, exclusivamente, para editar leis processuais que realizem o direito material, quando este é da competência do Estado-membro, como ocorre, por exemplo, com o direito administrativo, ou com o direito financeiro.
>
> Se o Estado-membro tem competência para promulgar leis de direito material, tem também competência para, igualmente, realizá-lo, efetivá-lo, concretizá-lo, editando leis correspondentes de direito formal.
>
> Assim, não tem competência o poder legislativo central para legislar sobre o processo correspondente ao direito administrativo material, que é da competência do Estado-membro. Não legislando a União sobre direito ad-

---

3. Consoante esclarecido na Introdução, uma vez que o art. 24, XI, da Constituição Federal, regula a Competência concorrente para legislar sobre procedimentos em matéria processual apenas dos Estados-Membros, não alcançando os Municípios, para se afastar a aplicação de referida Competência aos Processos Administrativos dos Estados-Membros é que há um recorte e direcionamento de análise para esses entes federativos. Sem prejuízo, os fundamentos do Federalismo Processual Administrativo são, igualmente, aplicáveis aos Municípios.
4. MIRANDA, Pontes de. **Comentários à Constituição de 1967**, tomo II, São Paulo: Editora Revista dos Tribunais, 1967, p. 58.

> ministrativo material, não tem competência, *ipso facto*, para legislar sobre a parte processual do direito administrativo, correspondente àquele[5].

Destacados posicionamentos doutrinários são compartilhados por Paula Sarno Braga, que igualmente assevera que as competências dispostas nos arts. 22, I, e 24, XI, da Constituição Federal, são limitadas ao "exercício da função jurisdicional"[6].

Quando a Constituição Federal pretendeu excepcionar a incursão da Competência Legislativa da União em matéria de direito administrativo sobre os demais entes federativos, o fez de forma expressa, relativamente à desapropriação e à licitação e contratos administrativos[7].

A possibilidade constitucional da Execução Fiscal Administrativa ser normatizada, autonomamente pelos Estados-Membros, decorre também do perfil do Federalismo brasileiro, no sentido "das necessidades que se fazem visíveis e permanentes de descentralização política e administrativa em face das características territoriais, populacionais e culturais de nosso País"[8].

O Código de Processo Civil de 2015 é um contributo desta afirmação, ao preconizar, no art. 15, a aplicação, supletiva e subsidiária, de suas disposições aos processos administrativos[9]. Em outras palavras, o processo civil judicial tem seu campo de atuação próprio, que difere, em termos da função estatal exercida (Poder Judiciário), do processo administrativo (Poder Executivo).

Neste aspecto, o Supremo Tribunal Federal, no julgamento das ADI's 5.492 e 5.737, esclareceu, conforme voto do Min. Dias Toffoli, que não se trata "de substituição, revogação ou enfraquecimento das normas administrativas estaduais, distritais ou municipais", pelas normas do CPC/2015. A leitura que se faz, portanto, deste julgamento, que incide diretamente sobre esta obra, é que o STF reforçou o Federalismo Processual Administrativo. Colhe-se, ainda, do voto do relator:

---

5. CRETELLA JÚNIOR, José. **Comentários à Constituição Brasileira de 1988**, vol. 3, Rio de Janeiro: Editora Forense Universitária, 1991, p. 1.468, grifos no original.
6. BRAGA, Paula Sarno. **Norma de processo e norma de procedimento**: o problema da repartição de competência legislativa no Direito Constitucional brasileiro, Salvador: Editora Juspodivm, 2015, p. 352.
7. BRAGA, Paula Sarno. **Norma de processo e norma de procedimento**: o problema da repartição de competência legislativa no Direito Constitucional brasileiro, Salvador: Editora Juspodivm, 2015, p. 351.
8. MELLO, Oswaldo Ferreira de. **Tendências do Federalismo no Brasil**, Florianópolis: Editora Lunardelli, 1977, p. 93.
9. "Art. 15. Na ausência de normas que regulem processos eleitorais, trabalhistas ou administrativos, as disposições deste Código lhes serão aplicadas supletiva e subsidiariamente".

> Portanto, entendo que a questão da incidência do art. 15 do Novo Código de Processo Civil ao processo administrativo estadual, distrital ou municipal resolver-se-á, em verdade, pelos critérios de hermenêutica jurídica clássica, tais como o da especialidade.
>
> Não há, assim, cerceamento da capacidade de os entes federados se organizarem e estabelecerem ritos e regras para seus processos administrativos, pois a lei processual civil somente será aplicável aos processos administrativos das demais entidades federativas a título de complementação ou preenchimento de lacunas[10].

Assim, se o direito processual é instrumento para a concretização do direito material – tanto competências materiais quanto legislativas –, a interconexão entre o processual e o material dá primazia, ainda que implicitamente, a este último, como, inclusive, já decidiu a Corte Especial do Superior Tribunal de Justiça[11].

---

10. BRASIL. Supremo Tribunal Federal. **ADIs 5.492 e 5.737**, Relator: Min. Dias Toffoli, Tribunal Pleno, julgado em 25.04.2023. Disponível em: https://redir.stf.jus.br/paginadorpub/paginador.jsp?docTP=TP&docID=769626466. Acesso em: 28 ago. 2023, grifos no original.
11. "EMBARGOS DE DIVERGÊNCIA EM RECURSO ESPECIAL. EXECUÇÃO POR TÍTULO EXTRAJUDICIAL. HABILITAÇÃO DO CRÉDITO DA FAZENDA PÚBLICA ESTADUAL. CONCURSO SINGULAR DE CREDORES. EXISTÊNCIA DE ORDEM DE PENHORA INCIDENTE SOBRE O MESMO BEM NOS AUTOS DA EXECUÇÃO FISCAL. DESNECESSIDADE. 1. A distribuição do produto da expropriação do bem do devedor solvente deve respeitar a seguinte ordem de preferência: em primeiro lugar, a satisfação dos créditos cuja preferência funda-se no direito material. Na sequência – ou quando inexistente crédito privilegiado –, a satisfação dos créditos comuns (isto é, que não apresentam privilégio legal) deverá observar a anterioridade de cada penhora, ato constritivo considerado título de preferência fundado em direito processual. 2. Isso porque não se revela possível sobrepor uma preferência processual a uma preferência de direito material, porquanto incontroverso que o processo existe para que o direito material se concretize. Precedentes. 3. O privilégio do crédito tributário – assim como dos créditos oriundos da legislação trabalhista – encontra-se prevista no artigo 186 do CTN. À luz dessa norma, revela-se evidente que, também no concurso individual contra devedor solvente, é imperiosa a satisfação do crédito tributário líquido, certo e exigível – observada a preferência dos créditos decorrentes da legislação do trabalho e de acidente de trabalho e dos créditos com direito real de garantia no limite do bem gravado – independentemente de prévia execução e de penhora sobre o bem cujo produto da alienação se pretende arrecadar. 4. Nada obstante, para garantir o levantamento de valores derivados da expropriação do bem objeto de penhora nos autos de execução ajuizada por terceiro, o titular do crédito tributário terá que demonstrar o atendimento aos requisitos da certeza, da liquidez e da exigibilidade da obrigação, o que reclamará a instauração de processo executivo próprio a fim de propiciar a quitação efetiva da dívida. 5. Por outro lado, a exigência de pluralidade de penhoras para o exercício do direito de preferência reduz, significativamente, a finalidade do instituto – que é garantir a solvência de créditos cuja relevância social sobeja aos demais –, equiparando-se o credor com privilégio legal aos outros desprovidos de tal atributo. 6. Assim, prevalece a exegese de que, independentemente da existência de ordem de penhora na execução fiscal, a Fazenda Pública poderá habilitar seu crédito privilegiado em autos de execução por título extrajudicial. Caso ainda não tenha sido ajuizado o executivo fiscal, garantir-se-á o exercício do direito da credora privilegiada mediante a reserva da totalidade (ou de parte) do produto da penhora levada a efeito em execução de terceiros. 7. Na hipótese,

Se há Competência tributária para dispor sobre determinados tributos e Competência para realizar sua cobrança administrativa, por meio de inscrição em dívida ativa, protesto da certidão de dívida ativa, impedimento de contratar com a Administração, se deve ter, umbilicalmente, poder de executar o direito material inadimplido, em um devido processo legal desjudicial dentro de um contencioso administrativo[12].

A Administração Pública, para o cumprimento de seus deveres constitucionais e prestação de serviços públicos eficientes, não se compõe apenas de pessoas e órgãos, mas também e eficazmente, "de medios jurídicos, del ejercicio del poder público para poder cumplir los fines que están asignados a èste"[13].

A conclusão da pesquisa não afasta, é relevante destacar, a adoção no Brasil de uma forma singular de regulamentação da Execução Fiscal Administrativa, que é a Execução Fiscal semi-judicial, nos moldes existentes no Chile, que trata de

---

deve ser restabelecida a decisão estadual que autorizou a habilitação do crédito tributário (objeto de execução fiscal já aparelhada) nos autos da execução de título extrajudicial em que perfectibilizada a arrematação do bem do devedor. 8. Embargos de divergência do Estado de Santa Catarina providos a fim de negar provimento ao recurso especial da cooperativa de crédito". BRASIL. Superior Tribunal de Justiça. **EREsp n. 1.603.324**, Relator: Min. Luis Felipe Salomão, Corte Especial, julgado em 21.09.2022. Disponível em: https://scon.stj.jus.br/SCON/GetInteiroTeorDoAcordao?num_registro=201601406905&dt_publicacao=13/10/2022. Acesso em 14 ago. 2023.

12. A categoria contencioso administrativo é objeto de crítica por Bartolomé A. Fiorini, que sustenta: "El lenguaje jurídico tiene términos afortunados, que sobreviven pese a la precaria labor que pueden cumplir. La expresión 'contencioso administrativo' es un ejemplo de esta afirmación. Las definiciones sobre su contenido se resienten por su indefinición y por la contradicción que representan sus dos palabras respecto a la función jurídica que pretenden realizar. Este término tan confuso suma, además, un cúmulo de ideas e instituciones perimidas para el actual Estado de derecho. La palabra que otrora se justificó dentro de un sistema excepcional, surgido en momentos turbulentos de la historia legislativa de Francia, pretende ahora sobrevivir en un orden jurídico que responde a otra ideología y a otras vocaciones. 'Contencioso administrativo' es una expresión contradictoria, creada para amparar ciertos valores que no pueden corresponder por su origen espurio en la actualidad. Se presenta como una expresión del pasado, que quiere salvarse con conceptos que consustancia el Estado del derecho, conceptos que jamás le correpondieron" (FIORINI, Bartolomé A. **Que és el Contencioso**, Buenos Aires: Abeledo-Perrot, 1997, p. 11). Não se coaduna com a posição do autor argentino, porquanto o atuar administrativo que é impugnado deve ser objeto, em cumprimento ao devido processo legal estabelecido em um Estado Democrático de Direito, de uma certificação da sua constitucionalidade e legalidade, o que pode ser dar pela Judicialização ou pela Desjudicialização, como já se demonstrou, em um adequado contencioso administrativo.
13. MERCADO, Francisco García Gómez de. Procedimientos de ejecución, *In*, **Procedimientos Administrativos Comunes**, Coord. Francisco García Gómez de Mercado, Granada: Comares Editorial, 2007, p. 177.

uma execução fiscal movida no âmbito da própria Administração Tributária, a quem caberiam todos os atos de busca de bens, penhora e expropriação, sendo judicializada apenas quando houver impugnação do contribuinte à conduta do órgão exequente. Assim, mantém-se no Poder Judiciário sua função primordial: compor conflitos de interesse, inclusive entre o Estado e o cidadão. Considerando que apenas 10,8% dos executados apresentam defesa no âmbito da execução, essa medida tem o potencial de retirar do Poder Judiciário Federal quase 90% dos processos movidos pela PGFN[14].

Trata-se de, eventualmente, estabelecer norma que autorize os Estados--Membros a realizar a penhora administrativa, para, nas fases posteriores, a Competência passar para a Jurisdição, consoante entendimento de Leon Frejda Szklarowsky e Antonio de Souza Prudente[15], e disposto no Projeto de Lei do Senado n. 174/1996.

Todavia, o que se defende, na perspectiva da Desjudicialização, do Federalismo e da Produção do Direito pelos Estados-Membros, é a existência de Competência Legislativa dos Estados-Membros para dispor, à inteireza e autonomamente, sobre o Processo executivo fiscal, até sua satisfatividade, que é o adimplemento das obrigações públicas inadimplidas, mesmo que seja necessário, para tanto, o uso de meios e instrumentos de desapossamento patrimonial.

A Execução Fiscal Administrativa regulamentada pelos Estados--Membros é, portanto, em tais contextos (Desjudicialização, Federalismo e Produção do Direito), um Processo que serve de instrumento ao direito material de instituir e cobrar os tributos de Competência estadual, além de

---

14. QUEIROZ E SILVA, Jules Michelet Pereira. **Execução fiscal: eficiência e experiência comparada**, p. 19. Disponível em: http://www2.camara.leg.br/a-camara/documentos-e-pesquisa/estudos-e-notas-tecnicas/areas-da-conle/tema20/2016_12023_execucao-fiscal-eficiencia--e-experiencia-comparada_jules-michelet. Acesso em 3 jun. 2022. Arnaldo Sampaio de Moraes Godoy também descreve que a "execução fiscal no Chile conta com duas fases bem distintas, uma administrativa e uma judicial", sendo que a "execução e consequente penhora são inicialmente conduzidas pelo agente fiscal local" e, no caso de impugnação, os autos são encaminhados pela autoridade administrativa ao advogado provincial, que "encaminha a execução fiscal para a autoridade judiciária" e, assim, as "fases administrativa e judicial conferem ao modelo chileno uma natureza híbrida de execução fiscal" (GODOY, Arnaldo Sampaio de Moraes. **A Execução Fiscal Administrativa no Direito Tributário Comparado**, Belo Horizonte: Editora Fórum, 2009, p. 242-245).

15. SZKLAROWSKY, Leon Frejda; PRUDENTE, Antônio Souza. Cobrança administrativa do crédito da Fazenda Pública, *In*, **Revista do Centro de Estudos da Justiça Federal (CEJ)**, n. 13, p. 59-72, jan./abr. 2001.

regular, pelo respectivo Processo Administrativo, a proteção do interesse privado em face do interesse e poder públicos[16].

Destacados interesses contrapostos são processados perante uma autoridade competente que, como já se viu ao perquirir a extensão do princípio do juiz natural, estatuído no art. 5º, LIII, da Constituição Federal, não é uma autoridade exclusivamente judicial, mas sim a autoridade previamente delimitada na norma de Competência Processual, seja para o Processo judicial, seja administrativo.

Note-se que o que se defende não afasta, de forma alguma, a atuação do Poder Judiciário, em qualquer fase da Execução Fiscal Administrativa, a bem da fiel concretização do princípio da inafastabilidade do controle jurisdicional em face da imperatividade e autotutela administrativas.

4.1. INTERCONEXÃO DAS COMPETÊNCIAS MATERIAIS E LEGISLATIVAS

As Competências Materiais dos Estados-Membros são exercidas com base na lei. É consectário lógico do princípio da legalidade, cogentemente preconizado na Constituição Federal. Mesmo que inexista uma correlação expressa entre Competência Material e Legislativa, a disciplina da Competência Legislativa remanescente preenche eventual lacuna desta interconexão, possibilitando que os Estados-Membros produzam Direito para concretizar as Competências Materiais a si discriminadas pelo texto constitucional.

Juraci Mourão Lopes Filho esclarece a importância da Competência Legislativa residual dos Estados-Membros para facilitar "a correção entre a execução das competências materiais e o respectivo disciplinamento normativo pelo mesmo ente federado"[17].

As Competências Materiais expressamente estabelecidas no texto constitucional que podem ser elencadas para se interconectar com a Competência Legislativa Processual administrativa dos Estados-Membros são: a autotutela, auto-organização e autolegislação administrativa, consoante competências extraídas dos arts. 2º, 18 e 25, *caput* e § 1º; a imperatividade de concretização dos direitos sociais, elencados no art. 6º; as Competências Materiais e Legislativas, a teor dos arts. 23 e 24, XI; e a imposição de eficiência administrativa, nos termos do art. 37, *caput*.

16. ANTONIUCCI, Maria Grazia. **Elementi di Diritto Processuale Amministrativo**, Milano: Giuffrè Editore, 2002, p. 1.
17. LOPES FILHO, Juraci Mourão. **Competências Federativas na Constituição e nos precedentes do STF**, 2ª ed., Salvador: Editora Juspodivm, 2019, p. 164.

Com efeito, ilustrativo é a Competência Material de implementar diversas políticas públicas e sociais elencadas nos arts. 6º e 23 da Constituição Federal, com a necessidade, para tanto, de recursos financeiros, que se dá com o exercício autônomo da tributação pelos Estados-Membros. Sem dinheiro, inexiste política pública e, até mesmo, autonomia político-administrativa. São os tributos que fazem ingressar, em um Federalismo financeiro, o dinheiro assim necessário para cada membro da Federação.

Consonante com o exposto, no direito alemão Heinz Laufer aduz sobre o "princípio da conexidade" ou "princípio da distribuição dos encargos":

> Por conseguinte, a federação e os estados custeiam em separado as despesas resultantes do cumprimento das suas tarefas públicas que lhes são respectivamente atribuídas pela Constituição ou pelas constituições estaduais. O "princípio da conexidade" ou o "princípio da distribuição dos encargos" afirmam que a unidade política parcial no estado federativo que deve cumprir determinadas tarefas, também é responsável pelas despesas conexas. Trata-se da responsabilidade político-técnica e financeira da própria federação e dos próprios estados que se estende também às tarefas administrativas que surgem nos seus respectivos órgãos (Art. 104a, § 5º, da Constituição)[18].

No direito espanhol se afirma que "Más que un límite propiamente dicho, la competência, en su sobre aspecto material y territorial, es un presupuesto del ejercicio legítimo de la potestad legislativa territorial"[19].

Daí que os Estados-Membros detêm Competência concorrente para legislar sobre direito tributário e Competência Legislativa exclusiva em seus territórios, particularmente sobre os tributos estaduais (ICMS, ITCMD, IPVA, taxas e contribuições de melhoria), com as restrições anteriormente apontadas, de edição de lei complementar federal e de Resolução do Senado Federal.

A interconexão e concretização das Competências Legislativas estaduais não se dá apenas entre Competências Material e Legislativa; se dá, igualmente, para ultimar e perfectibilizar a própria Competência constitucional legislativa.

Um exemplo diretamente relacionado à obra demonstra esta afirmativa, que é o princípio da indelegabilidade da Competência tributária.

---

18. LAUFER, Heinz. O ordenamento financeiro no estado federativo alemão, *In*, **O Federalismo na Alemanha**, São Paulo: Fundação Konrad-Adenauer-Stiftung, 1995, p. 141.
19. ENTERRIA, Eduardo Garcia de; FERNANDEZ, Tomas-Ramon. **Curso de Derecho Administrativo I**, Tercera edición, Madrid: Editorial Civitas, 1981, p. 276.

Ora, se como se diz, a "faculdade legislativa de instituir tributos e sobre ele dispor, inaugurando a ordem jurídica, não pode ser delegada, devendo permanecer no corpo das prerrogativas constitucionais da pessoa que a recolher do Texto Superior"[20], é conclusão lógica-jurídica que tal indelegabilidade da própria Competência deve ter, intrínseca e inerentemente, o instrumental para a cobrança do descumprimento do quanto aquela Competência para legislar sobre o direito material dispôs.

Em outras palavras, se o Estado Federado tem Competência Legislativa de direito material para instituir determinados tributos – Competência essa indelegável – a forma com que se deve forçar o cumprimento dos deveres decorrentes do quanto estabelecido pelo exercício da Competência constitucional engloba também essa última Competência Legislativa para disciplinar, processual e procedimentalmente, atos executivos que têm, em essência, o objetivo de reafirmar e fazer eficaz a Competência tributária indelegável.

E não se diga que o que é indelegável é a Competência, sendo possível a delegação da capacidade tributária, aquela pela qual algumas funções de arrecadar e fiscalizar tributos podem ser transferidas a outras pessoas, podendo se incluir em tal capacidade a cobrança processual do crédito inadimplido. Tal afirmação não deixa de ser verdadeira, contudo, não afasta, nem tampouco limita a Competência Legislativa do próprio ente federativo de disciplinar o devido processo legal em seu âmbito territorial, para excutir bens do devedor, já que, como dito, umbilicalmente relacionada à Competência Material está a Competência processual para fazer cumprir e dar efetividade àquela.

O exercício pelos Estados-Membros de seu autogoverno e autoadministração se relacionam, de igual forma, às Competências tributárias para que tenham alguma autonomia financeira. Se assim é, a autonomia federativa estadual pressupõe a busca efetiva desta autonomia financeira, para o exercício das demais Competências Materiais, inserindo-se, nesta particularidade, a busca de rendas do inadimplemento de obrigações tributárias através de instrumentos do devido processo legal, como a Execução Fiscal Administrativa.

4.1.1. Princípio da Subsidiariedade

Em um determinado aspecto, a defendida autonomia legislativa dos Estados-Membros, no Federalismo Processual Administrativo, trata de

20. CARVALHO, Paulo de Barros. **Curso de Direito Tributário**, 26ª ed., São Paulo: Editora Saraiva, 2014, p. 177.

aplicar o princípio da subsidiariedade, pelo qual se "presume que, para as matérias em geral, é o nível mais próximo da população o mais apto, só se passando para outro nível mais abrangente mediante demonstração inequívoca de essa presunção ser errada"[21]. Assim, "a compreensão do princípio da subsidiariedade, em certo sentido, procura saber como em organização complexa pode-se dispor de competências e poderes"[22].

Segundo Aspásia Camargo:

> Esse princípio estabelece, no plano das iniciativas, a prioridade da sociedade sobre o Estado e, dentro do setor público, a primazia do município sobre o estado e deste sobre o governo federal. Apenas em caso de omissão ou carência, a instância superior assume iniciativas que podem ser conduzidas pela instância inferior. A prática social do federalismo representa, assim, a realização dos sonhos e as utopias em práticas realizáveis[23].

Neste panorama, conforme referenciado por Lopes Filho[24], o Supremo Tribunal Federal enfrentou o princípio da subsidiariedade no Federalismo brasileiro, tendo mantido, no entanto, o entendimento majoritário da aplicação do princípio da preponderância de interesses, pelo qual há centralização dos poderes da União. O voto do Min. Edson Fachin, ainda que não tenha sido acolhido sob esta perspectiva como a *ratio decidendi*, trouxe novas luzes que, doravante, servem de parâmetro argumentativo para novos julgamentos. Colhem-se as seguintes passagens:

---

21. LOPES FILHO, Juraci Mourão. **Competências Federativas na Constituição e nos precedentes do STF**, 2ª ed., Salvador: Editora Juspodivm, 2019, p. 192. Conforme Robert Schütze: "The Community principle of subsidiarity surfaces in 1975, but would only find official expression in the text of the EC Treaty after the Single European Act (1986). The (then) newly inserted Article 130 r (4) EEC restricted Community environmental legislation to those actions whose objectives could 'be attained better at Community level than at the level of the individual Member States'. The Treaty on European Union (1992) finally lifted the subsidiarity principle beyond its environmental confines. It became a general constitutional principle of the European Union" (SCHÜTZE, Robert. Subsidiarity after Lisbon: Reiforcing the Safeguards of Federalism?, *In*, **Cambridge Law Journal**, v. 68, n. 3, Cambridge, 2009. p. 526. Disponível em: https://www.cambridge.org/core/journals/cambridge-law-journal/article/subsidiarity-after--lisbon-reinforcing-the-safeguards-of-federalism/EFF0B76F1F27A3D2134F011D92490FAE . Acesso em 19 ago. 2023).
22. BARACHO, José Alfredo de Oliveira. **O princípio da subsidiariedade**: conceito e evolução, Rio de Janeiro: Editora Forense, 1997, p. 30-31.
23. CAMARGO, Aspásia. Federalismo cooperativo e princípio da subsidiariedade: notas sobre a experiência recente do Brasil e da Alemanha, *In*, **Federalismo na Alemanha e no Brasil**, Wilhelm Hofmeister e José mario Brasiliense Carneiro (Org.), São Paulo: Fundação Konrad Adenauer, 2001, p. 86.
24. LOPES FILHO, Juraci Mourão. **Competências Federativas na Constituição e nos precedentes do STF**, 2ª ed., Salvador: Editora Juspodivm, 2019, p. 193-197.

> Os Estados-membros deveriam servir como verdadeiros laboratórios legislativos, ou seja, como espacialidades em que se possibilita a procura de novas ideias sociais, políticas e econômicas, sempre na busca de soluções mais adequadas para os seus problemas peculiares e, eventualmente, tais resoluções serem passíveis de incorporação mais tarde por outros Estados ou até mesmo pela União em caso de êxito. [...]
>
> As transformações sociais mudam, por consequência, as concepções do Estado, inclusive no tocante à sua estruturação, atingindo também a repartição de competências. Determinando-se a igualdade e equilíbrio entre os entes, a Constituição ressalta a necessidade de maximização do exercício destas competências para que o Estado cumpra seu desiderato de pacificação e satisfação social. É este novo olhar que se propõe a partir da nova ordem inaugurada pela Constituição Federal de 1988. Um olhar voltado para a otimização da cooperação entre os entes federados; um olhar voltado para a maximização do conteúdo normativo dos direitos fundamentais; um olhar voltado para o respeito e efetividade do pluralismo com marca característica de um Estado Federado. [...]
>
> Uma sociedade plural se caracteriza pela diversidade; diversidade esta facilmente extraível da realidade continental do território brasileiro. São florestas tropicais, quilômetros de cerrado, de caatinga, e de diferentes formações vegetais. Diversidade extraível ainda da pluralidade da formação do povo brasileiro, a partir de diferentes culturas de povos, tanto os originários quanto aqueles que para cá imigraram e se integraram e se miscigenaram. Há diversas crenças religiosas, filosóficas e políticas em constante dialeticidade neste Estado soberano. Multiplicam-se interesses a serem conjugados a partir da ótica oferecida pela Constituição de 1988 e, nesta perspectiva, é preciso alargar a leitura ou realizar uma nova leitura do federalismo brasileiro a partir da Constituição Cidadã. Se o Estado é plural, não é possível a centralização de competências em um único ente em detrimento de interesses locais e regionais que se destaquem do âmbito de abrangência das normas gerais[25].

Neste sentido, José Alfredo de Oliveira Baracho afirma que o princípio da subsidiariedade preserva as individualidades no dinamismo do Federalismo, levando à correção entre integração e autonomia[26] e, portanto, trata-se de um princípio de direito constitucional que fixa o próprio princípio de Competências da Constituição, com expressão imediata no Federalismo[27].

---

25. BRASIL. Supremo Tribunal Federal. **RE 194.704**, Relator: Min. Carlos Velloso, Relator para Acórdão: Min. Edson Fachin, Tribunal Pleno, julgado em 29.06.2017. Disponível em: http://redir.stf.jus.br/paginadorpub/paginador.jsp?docTP=TP&docID=14071244. Acesso em 12 ago. 2023.
26. BARACHO, José Alfredo de Oliveira. **O princípio da subsidiariedade**: conceito e evolução, Rio de Janeiro: Editora Forense, 1997, p. 46
27. BARACHO, José Alfredo de Oliveira. **O princípio da subsidiariedade**: conceito e evolução, Rio de Janeiro: Editora Forense, 1997, p. 93-94.

Com efeito, o princípio da subsidiariedade, no contexto da interconexão das Competências Materiais e Legislativas, é contributo do entendimento de que as vicissitudes e singularidades regionais e locais, em um Estado Federal, devem ser prestigiadas e ter proeminência sobre leis nacionais quando, de fato, inexista transpasse de referidas particularidades das fronteiras do território estadual ou municipal.

4.2. TEORIA DOS PODERES IMPLÍCITOS

O axioma "quem quer os fins deve dar os meios" muito bem reflete a teoria dos poderes implícitos.

Constitucionalmente, a teoria dos poderes implícitos não é, necessariamente, o fundamento para a defesa da possibilidade da Produção do Direito pelos Estados-Membros sobre a Execução Fiscal Administrativas, mas contribui também com eventual entendimento restritivo acerca da ausência de norma constitucional expressa.

A doutrina afirma que esta teoria surgiu no julgamento, pela Suprema Corte dos Estados Unidos, do caso *McCulloch vs. Maryland*, em 1819, em que se ampliou as competências da União para legitimar – no contexto implícito da sua competência para legislar sobre o comércio –, a aquisição de bancos pelo ente federal, muito embora a Constituição americana não regulasse expressamente tal poder[28].

28. "Em McCulloch v. Maryland (UNITED STATES, 1819, s.p.), a Suprema Corte decidiu sobre a possibilidade de um estado federado taxar o Bank of America, um banco federal que possuía diversas funções estratégicas para o governo, em especial no que trata da competência constitucional explícita de regular e desenvolver o comércio, determinada no contexto estadunidense pela *commerce clause*. O recurso foi interposto perante a Suprema Corte por James McCulloch, um bancário do Bank of America que estava sendo processado por ter deixado de recolher, em favor do estado de Maryland, imposto referente à prática da atividade bancária. A questão é que lei federal de 1816 incorporou o banco ao patrimônio da União, enquanto lei do estado de Maryland em 1818 determinou a taxação de todos os bancos que exerciam atividades no Estado, sem fazer qualquer ressalva ao Bank of America (UNITED STATES, 1819, p.317). Na solução do caso, a Corte entendeu que, a despeito da ausência de previsão constitucional expressa para que a federação incorporasse um banco, esse poder existia, de modo implícito, em razão da tarefa constitucional de regular o comércio (*commerce clause*), sob legitimação da *proper clause*. Logo, a incorporação de banco pelo Governo Federal fora legítima, e o Estado de Maryland não poderia taxar o *Bank of America*" (SOUSA, P.; PIZA DUARTE, E. A teoria dos poderes implícitos na determinação das competências constitucionais [legislativa e material] nos Estados Unidos e no Brasil: a trajetória constitucional para fundamentar os poderes de investigação do ministério público, *In*, **Constituição, Economia e Desenvolvimento: Revista Eletrônica da Academia Brasileira de Direito Constitucional**, v. 13, n. 25, 22 dez. 2021, p. 214-215, grifos no original). Disponível em: http://www.abdconstojs.com.br/index.php/revista/article/view/322. Acesso em 16 ago. 2023.

A teoria dos poderes implícitos, além de conferir "centralidade ao Poder Legislativo – de modo que os poderes implícitos reconhecem a competência legislativa"[29], também dão integralidade às Competências que poderiam ser exercidas sem uma efetividade final, em razão de se restringir a disciplina normativa expressa sob o fundamento de inexistir Competência sobre meios ou instrumentos para a materialização do fim ou objetivo perseguido pela norma de Competência.

O Supremo Tribunal Federal, por sua vez, aplicou a teoria dos poderes implícitos em diversas oportunidades[30], sendo paradigmático o RE 593.727, relativo ao Tema 184 de Repercussão Geral, em que se debateu sobre o Ministério Público ter também Competência para realizar investigação criminal, o que traria uma duplicidade de órgãos estatais competentes, juntamente com a Polícia Judiciária.

---

29. SOUSA, P.; PIZA DUARTE, E. A teoria dos poderes implícitos na determinação das competências constitucionais [legislativa e material] nos Estados Unidos e no Brasil: a trajetória constitucional para fundamentar os poderes de investigação do ministério público, *In*, **Constituição, Economia e Desenvolvimento: Revista Eletrônica da Academia Brasileira de Direito Constitucional**, v. 13, n. 25, 22 dez. 2021, p. 222). Disponível em: http://www.abdconstojs.com.br/index.php/revista/article/view/322. Acesso em 16 ago. 2023.

30. BRASIL. Supremo Tribunal Federal. **ADI 6.875**, Relator: Min. Alexandre de Moraes, Tribunal Pleno, julgado em 21.02.2022, sobre os poderes implícitos da Defensoria Pública de requisição de documentos para autoridades públicas para o exercício de suas atribuições. Disponível em: https://redir.stf.jus.br/paginadorpub/paginador.jsp?docTP=TP&docID=759690738. Acesso em: 16 ago. 2023; BRASIL. Supremo Tribunal Federal. **RE 570.392**, Relatora: Mina. Cármen Lúcia, Tribunal Pleno, julgado em 11/12/2014, a respeito dos poderes implícitos do Procurador-Geral do Estado de para interpor recurso extraordinário, em face de acórdão proferido em ADI no Tribunal de Justiça, para defesa de lei ou ato normativo estadual ou municipal, em que constou no voto que, pela "teoria dos poderes implícitos se a Constituição da República atribui determinada competência a entidade jurídica, deve ser reconhecida a esta entidade a possibilidade de se utilizar dos instrumentos jurídicos adequados e necessários para o regular exercício da competência que lhe foi atribuída". Disponível em: https://redir.stf.jus.br/paginadorpub/paginador.jsp?docTP=TP&docID=7797457. Acesso em: 16 ago. 2023; BRASIL. Supremo Tribunal Federal. **RMS 35.506**, Relator: Min. Marco Aurélio, Relator para Acórdão: Min. Ricardo Lewandowski, Tribunal Pleno, julgado em 10.10.2022, a respeito dos poderes implícitos do Tribunal de Contas da União deferir medidas cautelares para cumprir a sua atribuição constitucional, em que se extrai do voto do Min. Ricardo Lewandowski: "Trata-se, *mutatis mutandis*, de fazer incidir, na espécie, a conhecida 'teoria dos poderes implícitos', que se originou de um caso julgado pela Suprema Corte dos Estados Unidos, em 1819, conhecido como 'McCulloch *versus* Maryland'. Nele decidiu-se que, quando se confere a determinado órgão estatal certas competências, ele está implicitamente autorizado a utilizar todos os meios necessários para levá-las a termo. Em outras palavras, não é preciso que os meios necessários ao cumprimento de seus fins estejam exaustivamente explicitados nalgum texto normativo, desde que, por óbvio, sejam empregados dentro dos lindes da razoabilidade e proporcionalidade e sem invasão da competência de outros órgãos". Disponível em: https://redir.stf.jus.br/paginadorpub/paginador.jsp?docTP=TP&docID=764914106. Acesso em: 16 ago. 2023.

Muito embora o texto constitucional não seja expresso sobre a Competência do Ministério Público para apurar infrações penais – o que tem assento expresso para a Polícia Judiciária[31] –, o STF, por maioria, acolheu as razões dos votos dos ministros Gilmar Mendes e Celso de Mello, no sentido de ter o órgão ministerial poderes implícitos para perfectibilizar e dar efetividade constitucional a seus poderes expressos[32].

No contexto da pesquisa ora empreendida, a teoria dos poderes implícitos contribui com a conclusão, jurídico-constitucional, da Competência dos Estados-Membros de produzirem Direito sobre a Execução Fiscal Administrativa, baseado em seus poderes expressos, contidos na Constituição Federal, de instituição de tributos estaduais, efetivação de políticas públicas em seus territórios e organização político-administrativa de seus órgãos e instituições e a imposição de eficiência administrativa.

Com efeito, se a premissa da tributação em qualquer país é o recolhimento de valores na sociedade, de pessoas físicas ou jurídicas, esta Competência expressa no texto constitucional, nos termos dos art. 155, não se consubstancia na cobrança administrativa sem efetividade ou executividade.

A impossibilidade de execução administrativa dos créditos públicos inadimplidos anula a própria Competência expressa da imposição tributária. Daí que se pode afirmar ter os Estados-Membros, ainda que implicitamente, Competência para editar lei sobre a Execução Fiscal Administrativa, de

---

31. "Art. 144. [...] § 1º A polícia federal, instituída por lei como órgão permanente, organizado e mantido pela União e estruturado em carreira, destina-se a: I – apurar infrações penais contra a ordem política e social ou em detrimento de bens, serviços e interesses da União ou de suas entidades autárquicas e empresas públicas, assim como outras infrações cuja prática tenha repercussão interestadual ou internacional e exija repressão uniforme, segundo se dispuser em lei; [...] § 4º Às polícias civis, dirigidas por delegados de polícia de carreira, incumbem, ressalvada a competência da União, as funções de polícia judiciária e a apuração de infrações penais, exceto as militares".

32. Colhe-se do voto do Min. Celso de Mello: "Entendo, *por isso mesmo*, Senhor Presidente, que o poder de investigar, em sede penal, também compõe a esfera de atribuições institucionais do Ministério Público, pois esse poder se acha instrumentalmente vocacionado *a tornar efetivo o exercício*, por essa Instituição, das múltiplas e relevantes competências que lhe foram diretamente outorgadas, *em norma expressa*, pelo próprio texto da Constituição da República. Isso significa que a outorga de poderes explícitos, *ao Ministério Público*, tais como aqueles enunciados no art. 129, incisos I, VI, VII, VIII e IX, da Lei Fundamental da República, supõe que se reconheça, *ainda que por implicitude*, aos membros dessa Instituição, a titularidade de meios destinados a viabilizar a adoção de medidas vocacionadas a conferir real efetividade às suas atribuições, permitindo, *assim*, que se confira efetividade *aos fins constitucionalmente reconhecidos ao Ministério Público*" (grifos no original). BRASIL. Supremo Tribunal Federal. **RE 593.727**, Relator: Min. Cezar Peluso, Relator para acórdão, Min. Gilmar Mendes, Tribunal Pleno. Julgado em 15.05.2015. Disponível em: https://redir.stf.jus.br/paginadorpub/paginador.jsp?docTP=TP&docID=9336233. Acesso em 18 ago. 2023.

modo a conferir verdadeira satisfatividade às suas expressas Competências constitucionais.

Se o ato administrativo legitimador da atividade imperativa do Estado deve seguir, na esteira de Jesús González Pérez[33], dois requisitos essenciais, quais sejam, a imposição de uma obrigação e sua executividade, conclui-se que se o direito tributário de Competência dos Estados-Membros possui apenas o primeiro – a imposição da obrigação tributária –, a inexistência do segundo requisito – a executividade –, efetivamente nulifica aquela obrigação primária, por ausência de força executiva satisfativa.

No mesmo sentido, as Competências Materiais expressas, elencadas nos incisos do art. 23 da Constituição Federal, diretamente relacionadas à implementação e gestão de políticas públicas, igualmente impõem que sejam criados meios e instrumentos para que sejam efetivadas escorreitamente. A ausência de dinheiro para subsidiar limita e inibe o cumprimento de tais Competências Materiais.

A Execução Fiscal Administrativa pode ser um destes meios e instrumentos para incrementar e possibilitar o ingresso de créditos para que políticas públicas de responsabilidade dos entes estaduais sejam eficazes e eficientes, o que, a propósito, decorre, diretamente, do princípio da eficiência, expressamente delimitado para a Administração Pública.

Ainda, a teoria dos poderes implícitos torna constitucional a Competência dos Estados-Membros de legislarem sobre a Execução Fiscal Administrativa quando se constata na Constituição Federal a Competência expressa do art. 18, *caput*, de organização político-administrativa dos Estados-Membros e de suas autonomias. Consequência disso é a Competência para dispor sobre a forma com que seus órgãos, instituições e processos serão criados e geridos, para o desiderato de concretizar os objetivos e competências de uma organização política.

Se o exercício da atividade administrativa, em um ente politicamente organizado, se dá através da realização de atos que se esperam públicos e

33. PÉREZ, Jesús González. **Manual de Procedimiento Administrativo**, segunda edición, Madrid: Civitas Ediciones, 2002, p. 622. No direito espanhol a Execução Fiscal Administrativa se dá pelo denominado "Procedimiento de Apremio", que referido autor assim se expressa sobre sua natureza jurídica: "Es un procedimiento conducente a la realización de los créditos tributarios y demás de Derecho público (art. 1, RGR), que opera sobre el patrimonio del obligado que no haya cumplido la obligación a su cargo en el período voluntario (art. 3.3, RGR). Se inicia e impulsa de oficio en todos sus trámites (art. 93.3, RGR) y no será acumulable a los judiciales ni a los otros procedimientos de ejecución (art. 93.1, RGR)" (PÉREZ, Jesús González. **Manual de Procedimiento Administrativo**, segunda edición, Madrid: Civitas Ediciones, 2002, p. 627)

transparentes, isso é possível através da criação de um modo pelo qual quaisquer atividades da Administração Pública sejam realizáveis e, por relevante, auditáveis, o que se efetiva pelo Processo Administrativo.

Particularmente, a Competência constitucional expressa de organização político-administrativa autônoma também reafirma o poder implícito para sua efetivação em relação ao Processo Administrativo Fiscal, a ser realizado, em sua fase final, pela excussão do patrimônio do devedor através da Execução Fiscal Administrativa.

Implicitamente, por fim, se extrai a Competência dos Estados-Membros para produzir Direito sobre a Execução Fiscal Administrativa na expressa imposição de eficiência da Administração Pública. Consoante demonstrado, com base em amplas e reiteradas pesquisas empíricas sobre a inefetividade da Execução Fiscal judicial, é consectário lógico e mandamento constitucional o afastamento de um Processo judicial que se demonstrou, por décadas, ausente de satisfatividade suficientemente adequada, para, na busca de eficiência administrativa na cobrança dos créditos públicos, estabelecer instrumentos processuais que possam, quiçá, reverter o atual quadro.

A Execução Fiscal Administrativa pode ser este instrumento eficiente.

CONSIDERAÇÕES FINAIS

Este estudo sustentou a possibilidade constitucional dos Estados-Membros legislarem, de forma autônoma, sobre a Execução Fiscal Administrativa.

A Execução Fiscal Administrativa é um Processo Administrativo que objetiva o adimplemento de obrigações tributárias e demais créditos públicos, com o uso de meios coercitivos, inclusive de desapossamento patrimonial, sem que seja necessária a intervenção do Poder Judiciário.

Tal forma de resolução do conflito de inadimplemento, além do impacto político no sentido de possibilitar o exercício de um poder legiferante nos Estados brasileiros, pode refletir diretamente no incremento de receitas públicas para o cumprimento dos deveres de prestação de serviços públicos para a sociedade, de modo, igualmente, a impactar no contexto social.

Os problemas de pesquisa enfrentados foram dois: o primeiro é acessório e premissa para o segundo, o principal, em que se contém a originalidade desta pesquisa acadêmica.

Eis as questões:

a) É possível a Execução Fiscal Administrativa no Brasil, contribuindo para a Desjudicialização da Administração Pública, sem ofender os direitos processuais fundamentais?

b) Os Estados-Membros, no Federalismo brasileiro, têm Competência Legislativa para produzir Direito sobre Execução Fiscal Administrativa?

Para responder ao primeiro problema proposto duas categorias essenciais – a Desjudicialização e a Execução Fiscal Administrativa –, foram divididas em Partes.

Sobre a Desjudicialização demonstrou-se que tem como característica ser uma forma de solução de controvérsias sem a participação do Estado-Juiz, tendo, de igual modo, segurança jurídica e força executiva decorrente das próprias leis que disciplinam tal resolução de conflitos sem a intervenção do Poder Judiciário.

Caracteriza-se a Desjudicialização, também, como um meio alternativo de resolução de conflitos, em consonância com a ADR (*Alternative Dispute*

Resolution), sendo, ainda, mais uma "porta" da "Justiça Multiportas" (*multi-door courthouse*), alternativa ao sistema jurisdicional.

Os fundamentos constitucionais da Desjudicialização podem ser assim sintetizados: solução pacífica dos conflitos encampada já no Preâmbulo da Constituição Federal e nos princípios da relações internacionais (art. 4º, VII); construção de uma sociedade livre, justa e solidária, disposta no art. 3º como um dos objetivos da República Federativa do Brasil; direito de petição, estatuído no art. 5º, XXXIV, por possibilitar a "defesa de direitos ou contra ilegalidade ou abuso de poder"; concretização do princípio do juiz natural, a teor do art. 5º, LIII, considerando que a autoridade competente referida neste dispositivo não é exclusivamente judicial, mas sim aquela previamente estabelecida na regra de Competência.

Quando foi intenção do legislador constituinte deixar expresso a Competência judicial, assim o fez no que pertine à "autoridade judiciária competente" para a decretação da prisão, sopesando, portanto, a importância do princípio da liberdade em face de outros; devido processo legal, de acordo com o art. 5º, LIV; e a imposição constitucional de solução extrajudicial de conflitos trabalhistas, conforme o art. 114, § 2º.

Em relação à Administração Pública, além dos fundamentos constitucionais elencados, se pode adicionar, especificamente, a autotutela, auto-organização e autolegislação administrativa, consoante Competências extraídas dos arts. 2º, 18 e 25, *caput* e § 1º; a imperatividade de concretização dos direitos sociais, elencados no art. 6º; as Competências Materiais e Legislativas, a teor dos arts. 23 e 24, XI; a imposição de eficiência administrativa, nos termos do art. 37, *caput*.

Diversas causas, de variadas ordens, foram enumeradas para o surgimento e incremento da Desjudicialização, tendo sido expostas as crises dos poderes Judiciário e Legislativo, seja pela Judicialização, em razão do congestionamento da prestação jurisdicional e falta resolutividade adequada das controvérsias, seja pela escassez e inefetividade das leis.

Em relação à Judicialização, notadamente a Judicialização da política ou ativismo judicial, foi demonstrado que o presente debate perpassa, igualmente, pela antiga discussão entre a concretização de direitos por uma função/poder estatal frente a ineficiência de outra função/poder, vale dizer, considerando a inefetividade da Execução Fiscal judicial, defendeu-se a assunção, pelo Poder Executivo, legitimado por legislação específica, de uma suposta função *exclusiva* do Poder Judiciário, com o desiderato de alcançar melhor desempenho no adimplemento dos créditos públicos.

A Desjudicialização tem cada vez mais ganhado espaço em razão, ainda, de ser um Processo célere e eficiente - basta analisar um inventário e um divórcio nas Serventias Extrajudiciais -, além de concretizar a cidadania das pessoas e empoderá-las, no sentido de solucionarem seus conflitos por si mesmas, afastando-se imposições externas que, no geral, não contém o conhecimento intrínseco da relação conflituosa e, principalmente, da sua melhor solução.

Com o desiderato de comprovar que a Desjudicialização não é apenas uma idealidade, mas uma realidade efetiva, foram apresentados o que se denominou de "movimentos normativos", como leis já existentes e projetos legislativos.

Deve ser destacado, pela abrangência e notória perfectibilização de processos desjudiciais, os disciplinados pelo direito notarial e registral para serem processados nos Cartórios Extrajudiciais. Várias situações da vida das pessoas e de sua dimensão existencial, atualmente, podem ser solucionadas em tais espaços delegados pelo Estado, como a separação e o divórcio, o inventário e a partilha, e alteração de gênero e nome.

Ademais, direitos nitidamente patrimoniais também podem ser objeto de apreciação e decisão pelos Cartórios Extrajudiciais, sendo exemplos normativos a demarcação e divisão de terras particulares, além da usucapião administrativa.

Ou seja, direitos fundamentais - personalidade, intimidade, vida privada, herança e propriedade -, são objeto de conhecimento, processamento e decisões que os atingem e os alteram sem que o Poder Judiciário seja chamado a intervir.

Particularmente sobre a Desjudicialização da Administração Pública foram evidenciados o protesto da certidão de dívida ativa, os meios de transação por termo de ajustamento de conduta, o acordo de não persecução civil e a transação tributária, além de processos de mediação, conciliação e arbitragem extrajudiciais. Isto esclarece que a Desjudicialização na Administração Pública também tem movimentos normativos existentes, a corroborar que outro instrumento de igual objetivo pode ser materializado, que é a Execução Fiscal Administrativa.

Para tanto, a Parte 2 se debruçou especialmente sobre um fundamento e causa antecedente, que é a atual forma de execução dos créditos públicos, com o uso da Execução Fiscal judicial, baseada em lei processual anterior à nova constitucionalização do Brasil e que, nos mais de quarenta anos de sua vigência, se mostrou de diminuta e inexpressiva satisfatividade, frente ao montante de processos e valores que são por ela abrangidos, consoante as pesquisas anuais realizadas pelo Conselho Nacional de Justiça, consubstanciadas na publicação "Justiça em Números", e em outras pesquisas mais abrangentes realizadas pelo IPEA, INSPER e UFRGS.

A reflexão que se fez, portanto, é se a manutenção desta forma inexitosa de cobrança de créditos públicos deve ser mantida em um país que carece de recursos financeiros para prestação de serviços públicos básicos, a que são impelidos constitucionalmente todos os entes federativos.

Muito embora a apresentação de alguns projetos de lei sobre a Execução Fiscal Administrativa, desde o ano de 1996, restou demonstrado que nenhum sequer passou pela fase das comissões temáticas na Câmara dos Deputados ou no Senado Federal.

Não deixa de ser *inquietante*, neste contexto de deficiência endêmica na prestação eficiente de serviços públicos prestacionais no Brasil – saúde, educação, segurança pública, habitação, alimentação, transporte –, o total desinteresse da classe política – gestores e legisladores –, por um meio de cobrança em face da expressiva inadimplência tributária que pode, enfim, reverter em recursos financeiros, para que destacados deveres públicos possam ser melhor desincumbidos e cumprir, assim, ideais que se mostram longínquos, refletidos nos objetivos fundamentais da República Federativa do Brasil (CF, art. 4º): construir uma sociedade livre, justa e solidária, garantir o desenvolvimento nacional, erradicar a pobreza e a marginalização e reduzir as desigualdades sociais e regionais, e promover o bem de todos, sem preconceitos de origem, raça, sexo, cor, idade e quaisquer outras formas de discriminação.

A Execução Fiscal Administrativa se caracteriza por ser uma Ação de Direito Material, se efetiva através de um Processo Administrativo, e visa o cumprimento de obrigações através do desapossamento patrimonial.

A Execução Fiscal Administrativa, necessário deixar claro, não é uma panaceia para os problemas financeiros do Estado brasileiro; evidente que não. Trata-se, no entanto, de alternativa que pode se mostrar melhor que a atualmente existente. Para isso, se fez necessário analisar sua constitucionalidade e, posteriormente, a Competência Legislativa dos Estados Federados.

Conjecturou-se como limites constitucionais o direito de propriedade, o direito de ação processual e a inafastabilidade do controle jurisdicional, o título executivo unilateral e a parcialidade. Em contraposição, como possibilitadores, constitucionalmente, da Execução Fiscal Administrativa, foram expostos os princípios da legalidade e da impessoalidade, a imperatividade ou Autotutela Administrativa, a existência de um devido processo legal administrativo e, por fim e consectário deste último, a inexistência de um monopólio da jurisdição para resolução de conflitos na sociedade.

A conclusão desta Parte 2 foi pela constitucionalidade da Execução Fiscal Administrativa, baseado nas referidas possibilidades que o regime da Constituição Federal dispõe sobre a governança pública a respeito do inadimplemento dos créditos públicos.

Considerando que a obra analisa Competências Legislativas e, sendo estas, decorrentes da repartição realizada no texto constitucional em face da forma federal de Estado, a última Parte teve como início o estudo do Federalismo, com o desiderato de testar e verificar qual hipótese então levantada pode ser adotada, diante do principal problema de pesquisa apresentado.

As hipóteses foram estas, tendo-se como referente as Competências Legislativas sobre Processo e Procedimento:

a) se for concluído que a Execução Fiscal Administrativa é norma de Processo, com aplicação do art. 22, I, da Constituição Federal, apenas a União poderá legislar a respeito;
   a.1) os Estados-Membros, nessa hipótese, apenas poderão legislar sobre procedimentos executivos e condicionados pela disciplina da lei federal;

b) se se concluir que a norma de Processo editada pela União pode ser genérica sobre Processo Administrativo ou sobre Processo Administrativo Fiscal - o que já existe pela Lei Federal n. 9.784, de 29 de janeiro de 1999 e pelo Decreto n. 70.235, de 6 de março de 1972 –, os Estados-Membros poderão legislar disciplinando, procedimentalmente, atos executivos no Processo Administrativo Fiscal estadual;

c) se for concluído que a Execução Fiscal Administrativa é norma de Procedimento os Estados-Membros podem legislar a respeito, sem necessidade de uma lei federal prévia dispondo sobre o tema.

d) se for concluído que a Execução Fiscal Administrativa é norma de Processo Administrativo, em um contexto de Desjudicialização, não se aplicando o regime competencional do art. 22, I, e 24, XI, da Constituição Federal, os Estados-Membros podem disciplinar normativamente a forma com que o devido processo legal se exercerá para o efetivo cumprimento das próprias competências materiais, com a possibilidade de regulamentação autônoma.

Nesta Parte 3, portanto, o Federalismo, como forma de se estabelecer, territorialmente, uma divisão de poderes e Competências entre os membros do Estado Federal, é a base conceitual, o marco teórico que precede e solidifica a adoção de umas das hipóteses aventadas.

Assim, nessa especial singularidade para pesquisa acadêmica realizada, o Federalismo foi analisado em suas diversas dimensões, gerais e nacionais.

Relativamente às suas características, o Federalismo foi detalhado como sendo um Estado composto, em que há divisão do território nacional para entes federativos, que exercem as Competências estabelecidas no texto constitucional, gerando uma multiplicidade de governos e respectivas normas – central, regionais e locais –, coexistentes cada qual em seu espaço territorial, que podem ser com maior ou menor autonomia e independência de atuação, de acordo com a disciplina constitucional. Trata-se de uma forma de organização político-territorial.

Nada obstante a divisão de Competências há uma unidade política e normativa em áreas de interesse comuns de todas as unidades pertencentes à Federação, de modo a manter um equilíbrio federativo e se reconhecer naquela espacialidade uma nação específica, com suas particularidades étnicas, linguísticas, religiosas, sociais, políticas e culturais.

O Federalismo, em que vivem mais de 40% da população mundial, pode ser visto em diversas perspectivas: forma de escolha, forma das unidades constitutivas, divisão de respectivos poderes, notadamente sobre recursos financeiros, instituições governamentais centrais, pilares legais de sua criação e regime, relações intergovernamentais e política, e o modo de regulação da diversidade.

Nestas particularidades o Federalismo foi apresentado como uma formação de Estado nacional que, além da repartição do seu território em unidades federativas, que compõem a nação, é uma forma de se dividir e estabelecer poderes dos componentes relativos às instituições governamentais, aos objetivos comuns e singularidades sócio-culturais, às relações intergovernamentais e políticas, sobre os recursos financeiros, poderes fiscais e suas repartições, ao modo de união e divisão de Competências dentro da diversidade inerente a uma Federação de Estados.

São traços comuns nas Federações: mínimo de dois níveis de governo, com autonomia e Competência Legislativa, inclusive na área fiscal; uma Constituição escrita, com cláusulas imodificáveis pelo governo federal, sendo que alterações substanciais exigem anuência das unidades federativas e do governo federal; participação, principalmente nas denominadas "câmaras altas", das regiões federativas em instituições importantes do governo central, com influências no processo de tomada de decisões pelo governo federal; estabelecimento de procedimentos sobre disputas constitucionais entre os níveis de governo, geralmente de competência de um tribunal, podendo ser referendado ou de alçada da "câmara alta"; relações entre os governos através de um conjunto de processos e instituições.

O Federalismo pode ser visto em duas perspectivas: do ente central para as unidades e, destas para aquele.

A pesquisa visualizou as unidades federativas, e suas respectivas Competências, em face do ente central, escudado pelo princípio da subsidiariedade, demonstrando que não apenas o Federalismo impõe limites de organização político-administrativa para as unidades federativas, em um olhar de cima para baixo, mas sim, sujeitam e limitam o ente central em razão das próprias Competências constitucionais dos membros federativos, em uma visão paritária e igualitária entre ambos.

No Brasil, o Federalismo foi analisado com lastro no texto constitucional, em que se debruçou sobre a repartição de Competências, Materiais e Legislativas, da União, dos Estados e dos Municípios.

Nesse sentido, os Estados-Membros foram caracterizados como centros de poder autônomo, delimitados territorialmente em uma parcela do espaço nacional, que possibilitam que singularidades da forma de ser e viver das pessoas e instituições sejam realizadas sem sofrer ingerências e impostividades do órgão central, em uma deferência ao pluralismo cultural, social, econômico e político, à exceção das restrições precedentemente preconizadas na própria Constituição Federal.

Possuem os Estados-Membros, assim, conforme denomina a doutrina, capacidades de auto-organização, autolegislação, autogoverno e autoadministração. A rigor, são Competências para, através do poder constituinte estadual, organizar a estrutura estatal e de seus órgãos, de possuir o poder de criar normas em seus territórios e, desta forma, governar e administrar as políticas públicas definidas regionalmente.

Assentou-se, baseado na análise do perfil federativo-constitucional brasileiro, que predomina os interesses da União no sistema de repartição de competências, convolando-se em uma grande centralização política-jurídica do ente central, com o fortalecimento das Competências da União e o respectivo enfraquecimento das Competências dos Estados-Membros, notadamente pelas Competências Legislativas privativas elencadas para a União e o estabelecimento furtivo pela mesma de contribuições sociais, em detrimento e contrariedade ao Federalismo fiscal estatuído na Constituição Federal.

Apresentou-se os Estados-Membros como entes normativos, com Competências Legislativas de Produção do Direito no cenário constitucional brasileiro. Mencionadas Competências Legislativas se exercem concorrentemente com a União, seja de forma suplementar ou remanescente, por delegação e, ainda, exclusivamente em relação aos seus impostos (ICMS, IPVA e ITCMD).

Para se corroborar uma das hipóteses destacadas mostrou-se relevante adentrar em um dos aspectos do Federalismo, que é o Federalismo Processual, pelo qual se estabelecem Competências dos entes federativos – central e unidades –, de produção de normas processuais e procedimentais no Processo judicial, assim como o Federalismo Processual Administrativo, que, por sua vez, é relacionado, particularmente, à produção de normas processuais e procedimentais no Processo Administrativo.

A análise realizada das disposições dos arts. 22, I, e 24, XI, que tratam, respectivamente, da Competência Legislativa privativa da União sobre direito processual, e da Competência Legislativa concorrente da União e Estados-Membros a respeito de procedimentos em matéria processual, levou à conclusão de que são afetas, apenas, ao Processo judicial. Tal repartição de Competências são adstritas, portanto, à seara jurisdicional, sendo inaplicável para o estabelecimento das Competências sobre o Processo Administrativo das unidades federativas.

Isso porque, no que concerne ao Processo judicial, há necessidade de uma coesão processual nacional, na medida em que o Poder Judiciário, que exerce suas funções através do Processo, é uno, em que vige o princípio da unicidade do Poder Judiciário, sendo divididas as competências conforme as regras estabelecidas nas leis processuais, de aplicação uniforme por todo o território nacional. Em tal aspecto da unicidade da jurisdição nacional é necessário que as normas processuais tenham, igualmente, uma uniformidade aplicativa.

Dentro do Federalismo Processual Administrativo, diversamente, incidem as normas constitucionais dos arts. 5º, LIII, 18, *caput*, 23, incisos I a XII, 24, I, 25, *caput*, e 155, §§ 1º a 6º, que, em síntese, estatuem as Competências Materiais e Legislativas decorrentes da autonomia federativa e de organização político-administrativa, que é dada aos Estados-Membros pela Constituição Federal, principalmente sobre direito tributário.

Daí que, sendo a Execução Fiscal Administrativa um Processo Administrativo, está incluída no regime constitucional do Federalismo Processual

Administrativo, a afastar, consectariamente, as hipóteses 'a', 'b' e 'c' acima referidas, porquanto, muito embora seja uma norma de Processo, o que, de pronto, já afasta a hipótese 'c' – uma vez não se trata de Procedimento –, não é norma de Processo judicial, o que exclui a aplicação do art. 22, I e, por conseguinte, a hipótese 'a'.

Inviável, ademais, a adoção de lei federal sobre o Processo Administrativo da União, considerando que somente podem regular as atividades administrativas do próprio ente central, sob pena de ofensa ao Federalismo regulado no texto constitucional, em que o exercício das atividades administrativas, dentro das capacidades de auto-organização, autolegislação, autogoverno e autoadministração da União e do Estados-Membros, é realizado no espectro territorial de cada unidade federativa.

O art. 18 da Constituição Federal, ao dispor sobre todos os membros federativos serem autônomos dentro de sua organização político-administrativa, e o art. 25, ao preconizar que os Estados-Membros são organizados e regidos pelas Constituições e leis que adotarem, confirmam a eliminação da hipótese 'b' e, ainda, corrobora a hipótese 'd' como a que dá a resposta constitucional ao principal problema proposto.

Mas não só. A autonomia normativa dos Estados-Membros para legislar sobre a Execução Fiscal Administrativa decorre também das próprias Competências Materiais que possuem os Estados-Membros que, necessitam, para o seu integral cumprimento e desincumbência de seus deveres constitucionais de implementação de políticas públicas efetivas, tanto sociais e financeiras, quanto administrativas, de meios e instrumentos que possam dar satisfatividade às referidas Competências Materiais da Constituição Federal.

Portanto, tendo os Estados-Membros Competência sobre o direito material, mormente o direito tributário, tem, consectariamente, Competência sobre o direito processual para sua efetiva e integral aplicação. É necessário perceber que o decote da Competência processual-administrativa, decota, de igual modo, a própria Competência Material.

Como ressaltado, se há Competência tributária para dispor sobre determinados tributos e Competência para realizar sua cobrança administrativa, por meio de inscrição em dívida ativa, protesto da certidão de dívida ativa, impedimento de contratar com a Administração, se deve ter, umbilicalmente, poder de executar o direito material inadimplido, em um devido processo legal dentro de um contencioso administrativo.

Com efeito, nos termos em que se expôs na obra, a Execução Fiscal Administrativa regulamentada pelos Estados-Membros, nos contextos e premissas apresentados da Desjudicialização, do Federalismo e da Produção do Direito em âmbito estadual, é uma autêntica Ação de Direito Material e um Processo que serve de instrumento ao direito material de instituir e cobrar os tributos de Competência estadual, além de regular, pelo respectivo Processo Administrativo, a proteção do interesse privado em face do interesse e poder públicos.

Esta Competência normativa não apenas encontra fundamentos expressos no texto constitucional, dentro de uma interconexão entre as Competências Materiais e Legislativas. Decorre, também, da teoria dos poderes implícitos, pela qual se sustenta que para o atingimento dos fins almejados pela norma de Competência, deve-se ter os meios inerentes que possam concretizar o quanto normatizado.

A teoria dos poderes implícitos contribui com a conclusão, jurídico-constitucional, da Competência dos Estados-Membros de produzirem Direito sobre a Execução Fiscal Administrativa, baseado em seus poderes expressos, contidos na Constituição Federal, de instituição de tributos estaduais, efetivação de políticas públicas em seus territórios e organização político-administrativa de seus órgãos e instituições, e a imposição de eficiência administrativa.

A presente pesquisa, portanto, discriminou que os Estados federados possuem autonomia normativa para editarem lei sobre Execução Fiscal Administrativa. Tem os Estados-Membros, enfim, no contexto da Desjudicialização da Administração Pública e diante do Federalismo adotado pela Constituição Federal, Competência Legislativa autônoma sobre Execução Fiscal Administrativa.

Essa é a hipótese comprovada diante do problema inicial apresentado.

Essa é a Tese: os Estados-Membros têm Competência Legislativa autônoma para Produção do Direito sobre Execução Fiscal Administrativa.

Há espaço, contudo, para a continuidade da pesquisa, concernente a formatação da próprio Processo Administrativo da Execução Fiscal Administrativa, seus agentes e forma de investidura, órgãos competentes, a respeito da decisão administrativa e sua revisão recursal, o modo do exercício da ampla defesa e do contraditório, meios coercitivos e instrumentos de desapossamento patrimonial, responsabilização dos agentes e do próprio Estado em caso de ofensa à direitos fundamentais, além de eventuais interações entre o Processo Administrativo e o judicial.

Mencionadas situações, nada obstante, poderão ser objeto de prosseguimento da pesquisa acadêmica ora empreendida e finalizada.

REFERÊNCIAS BIBLIOGRÁFICAS

ABBOUD, Georges. **Discricionariedade administrativa e judicial:** o ato administrativo e a decisão judicial, São Paulo: Editora Revista dos Tribunais, 2014.

ABREU, Pedro Manoel. **Processo e Democracia:** o processo jurisdicional com um *locus* da democracia participativa e da cidadania inclusiva no estado democrático de direito, vol. 3, São Paulo: Editora Conceito Editorial, 2011.

AGESTA, Luis Sanchez. **Principios de Teoría Política**, séptima edición, Madrid: Editora Nacional, 1983.

ALEXY, Robert. **Teoría de los Derechos Fundamentales**, Centro de Estudios Constitucionales: Madrid, 1993.

ALINAS, Natasha Schmitt Caccia. Avaliação legislativa no Brasil: apontamentos para uma nova agenda de pesquisa sobre o modo de produção das leis, *In*, **Revista Brasileira de Políticas Públicas**, Brasília, v. 10, n. 1, p. 229-249, 2013.

ANDERSON, George. **Federalism:** An Introduction, Ontario: Oxford University Press, 2008.

ANTONIUCCI, Maria Grazia. **Elementi di Diritto Processuale Amministrativo**, Milano: Giuffrè Editore, 2002.

ARNDT, Klaus Friedrich; HEYDER, Wolfgang; ZILLER, Gebhard. O Poder Judiciário e a proteção dos direitos fundamentais no federalismo alemão, *In*, **O Federalismo na Alemanha**, São Paulo: Fundação Konrad-Adenauer-Stiftung, 1995, p. 185-200.

ALMEIDA, Acir. Processo Legislativo: mudanças recentes e desafios, *In*, **Instituto de Pesquisa Econômica Aplicada**. Boletim de análise político-institucional, n. 7, p. 45-50, jan-jun. 2015, Brasília: IPEA. Disponível em: https://portalantigo.ipea.gov.br/portal/images/stories/PDFs/boletim_analise_politico/150714_boletim_analisepolitico_07.pdf. Acesso em 8 fev. 2023.

AMARAL, Guilherme Rizzo. A polêmica em torno da ação de direito material, *In*, **Revista Gênesis de Direito Processual Civil**, v. 33, p. 161-185, 2005.

ARANGO, Rodolfo. Discrecionariedad, objetividad y correción de las decisiones judiciales, *In*, **A discricionariedade nos sistemas jurídicos contemporâneos**, org. Lenio Luiz Streck, Salvador: Editora Juspodivm, 2017, p. 19-40.

ARAÚJO, Luciano Vianna; DOTTI, Rogéria Fagundes. Passado, presente e futuro da execução: meios de tornar efetiva a tutela executiva, *In*, **Estudos em homenagem ao Professor Arruda Alvim. Execução civil. Novas tendências**, Marco Aurélio Bellizze; Aluisio Gonçalves de Castro Mendes; Teresa Arruda Alvim; Trícia Navarro Xavier Cabral. (Org.), Indaiatuba: Editora Foco, 2022, p. 79-92.

ARAÚJO, Fernando Henrique de Moraes. Da possibilidade de formalização de compromisso de ajustamento de conduta pelo Ministério Público em investigações de atos de improbidade administrativa, *In*, **O Ministério Público na Defesa da Probidade Administrativa**, Conselho Nacional do Ministério Público: Brasília, 2019, p. 76-91. Disponível em: https://www.cnmp.mp.br/portal/images/Publicacoes/documentos/2019/Revista_Defesa_da_Probidade_Administrativa.pdf. Acesso em 17 mar. 2023.

ASNAR, Luiz. Autoritarismo del mercado, insitucionalización democrática y ciudadania. Los conflictos de la globalización en América Latina, *In*, **Ciudadania y Democracia en el Cono Sur**, Susana Mallo, comp., Montevideo: Editorial Trazas, p. 237-258, 1996.

ASSOCIAÇÃO DOS NOTÁRIOS E REGISTRADORES DO BRASIL. **Cartórios em Números**, 4ª edição, Brasília: Anoreg-BR, 2022. Disponível em: https://www.anoreg.org.br/site/wp-content/uploads/2022/12/Carto%CC%81rios-em-Nu%CC%81meros-Edic%CC%A7a%CC%83o-2022.pdf. Acesso em 10 fev. 2023.

ATALIBA, Geraldo. **República e Constituição**, 3ª ed., São Paulo; Editora Malheiros, 2011.

ATIENZA, Manuel. **Contribucción a una teoría de la legislación**, Madrid: Civitas, 1997.

ÁVILA, Humberto. O que é devido processo legal?, *In*, **Revista de Processo**, vol. 163, ano 33, São Paulo: Editora Revista dos Tribunais,, p. 45-62, set. 2008.

AZAMBUJA, Darcy. **Teoria Geral do Estado**, 25ª ed., Rio de Janeiro: Editora Globo, 1986.

BAILYN, Bernard. **The Debate on the Constitution**: Federalist and Antifederalist Speeches, Articles, and Letters During the Struggle over Ratification, part one, New York: The Library of America, 1993.

BAIMA DE ALMEIDA, Plínio Régis. O Federalismo como instrumento de consolidação da democracia, *In*, **Revista Novos Estudos Jurídicos**, v. 14, n. 3, p. 168-182, 3º quadrimestre 2009. Disponível em: https://siaiap32.univali.br/seer/index.php/nej/article/view/1937. Acesso em 8 jun. 2023.

BALEEIRO, Aliomar. **Direito tributário brasileiro**, 11ª ed., atualizada por Misabel Abreu Machado Derzi, Rio de Janeiro: Editora Forense, 1999.

BANDEIRA DE MELLO, Celso Antônio. **Curso de Direito Administrativo**, 17ª ed., São Paulo: Editora Malheiros, 2004.

BARACHO, José Alfredo de Oliveira. **Teoria Geral do Federalismo**, Belo Horizonte: Fumarc, 1982.

BARACHO, José Alfredo de Oliveira. **O princípio da subsidiariedade**: conceito e evolução, Rio de Janeiro: Editora Forense, 1997.

BARBOSA MOREIRA, José Carlos. **O Novo Processo Civil Brasileiro**, 25ª ed. Rio de Janeiro: Editora Forense, 2007.

BARROS, Humberto Gomes de. Execução fiscal administrativa, *In*, **Revista CEJ**, Brasília, Ano XI, n. 39, p. 4-9, out/dez. 2007.

BARROS, Sérgio Resende. Lei Federal, Lei Federativa, Lei Nacional, *In*, **O federalista atual**: teoria do federalismo, coord. Dircêo Torrecillas Ramos, Belo Horizonte: Arraes Editores, 2013, p. 60-66.

BARROSO, Luís Roberto, Constituição, democracia e supremacia judicial: direito e política no Brasil contemporâneo, *In*, **As novas faces do ativismo judicial**, orgs. André Luiz Fernandes Fellet, Daniel Giotti de Paula e Marcelo Novelino, 2ª tiragem, Salvador: Editora Juspodivm, 2013, p. 232-232.

BARROSO, Lucas Abreu; PASSAMANI, Brígida Roldi. Usucapião Extrajudicial: o Procedimento para além da Desjudicialização, *In*, **Scientia Iuris**, Londrina, v. 21, n. 1, p.189-211, mar. 2017.

BASTOS, Celso Ribeiro. **Curso de Direito Constitucional**, 19ª ed., São Paulo: Editora Saraiva, 1998.

BATISTA JÚNIOR, Onofre Alves; MARINHO, Marina Soares. A DRU e a deformação do sistema tributário nacional nestes 30 anos de Constituição, *In*, **Revista de Informação Legislativa**, Brasília, ano 55, n. 219, p. 27-52, jul./set. 2018.

BAUMAN, Zygmunt; BORDONI, Carlo. **Estado de Crise**, trad. Renato Aguiar, Rio de Janeiro: Editora Zahar, 2016.

BECKER, Alfredo Augusto. **Teoria geral do direito tributário**, 3ª ed., São Paulo: Editora Lejus, 2002.

BECKER, Rodrigo Frantz; BARÃO, Renan Lima. A desjudicialização e a tecnologia em busca da efetividade na execução civil, *In*, **Revista Eletrônica de Direito Processual – REDP**. Rio de Janeiro, ano 15. vol. 22, n. 3, p. 910-929, set./dez. 2021. Periódico Quadrimestral da Pós-Graduação Stricto Sensu em Direito Processual da UERJ. Disponível em: https://www.e-publicacoes.uerj.br/index.php/redp/article/view/62271/39117. Acesso em 2 mar. 2023.

BEDAQUE, José Roberto dos Santos. **Efetividade do processo e técnica processual**, 2ª ed., São Paulo: Editora Malheiros, 2007.

BENVINDO, Juliano Zaiden. **On the Limits of Constitutional Adjudication**: Deconstructing Balancing and Judicial Activism, Heidelberg, Dordrecht, London, New York: Springer, 2010.

BERCOVICI, Gilberto. A Descentralização de Políticas Sociais e o Federalismo Cooperativo Brasileiro, *In*, **Revista de Direito Sanitário**, vol. 3, n. 1, p. 13-28, mar./2002.

BERCOVICI, Gilberto. Dilemas da concretização da Constituição de 1988, *In*, **Revista do Instituto de Hermenêutica Jurídica: RIHJ**, Belo Horizonte, v. 1, n. 2, p. 1-26 jan./dez. 2004.

BERCOVICI, Gilberto; ANDRADE, José Maria Arruda de; MASSONETTO, Luís Fernando. Reforma do Estado, prestação de serviços públicos, contribuições especiais e federalismo, *In*, **Revista do Instituto de Pesquisas e Estudos**, Bauru, v. 40, n. 45, p. 171-193, jan./jun. 2006.

BERCOVICI, Gilberto; SIQUEIRA NETO, José Francisco. O artigo 23 da Constituição de 1988 e as competências comuns, *In*, **Revista Brasileira de Estudos Constitucionais**, Belo Horizonte, v. 2, n. 6, p. 1-12, abr. 2008. Disponível em: <http://bdjur.stj.jus.br/dspace/handle/2011/29037>. Acesso em: 21 nov. 2023

BERTINO, María Paula. Actividad legislativa, éxito e importancia como factores detrás de la producción legislativa. **Colomb.int.**, Bogotá , n. 83, p. 77-101, jan./ 2015. Disponível em: <http://www.scielo.org.co/scielo.php?script=sci_arttext&pid=S0121-56122015000100005&lng=en&nrm=iso>. Acesso em 09 fev. 2023.

BOBBIO, Norberto. **Studi per una teoria generale del diritto**, Torino: Giappichelli Editore, 1970.

BOBBIO, Norberto. **Giusnaturalismo e positivismo giuridico**, Milano: Edizioni di Comunità,1984.

BOBBIO, Norberto. **Teoria Geral do Direito**. Tradução Denise Agostinetti. São Paulo: Editora Martins Fontes, 2007.

BONAVIDES, Paulo. **A Constituição Aberta**: temas políticos e constitucionais da atualidade, com ênfase no Federalismo das Regiões, 3ª ed., 2004.

BORTOLI, Adriano de; GARCIA, Marcos Leite. Judicialização da política e vinculação jurídica da Administração Pública, *In*, **Revista Eletrônica Direito e Política**, Programa de Pós-Graduação Stricto Sensu em Ciência Jurídica da UNIVALI, Itajaí, v.9, n. 3, p. 1510–1541, 3º quadrimestre de 2014. Disponível em: https://siaiap32.univali.br/seer/index.php/rdp/article/view/6749. Acesso 14 jul. 2020.

BRAGA, Paula Sarno. **Norma de processo e norma de procedimento**: o problema da repartição de competência legislativa no Direito Constitucional brasileiro, Salvador: Editora Juspodivm, 2015.

BRASIL. Câmara dos Deputados. **Projeto de Lei n. 5615/2005**. Dispõe sobre a cobrança administrativa do crédito da Fazenda Pública, a defesa do executado e dá outras providências. Disponível em: https://www.camara.leg.br/proposicoesWeb/fichadetramitacao?idProposicao=293488. Acesso em 2 mar. 2023.

BRASIL. Câmara dos Deputados. **Projeto de Lei n. 2412/2007**. Dispõe sobre a execução administrativa da Dívida Ativa da União, dos Estados, do Distrito Federal, dos Municípios, de suas respectivas autarquias e fundações públicas, e dá outras providências. Disponível em: https://www.camara.leg.br/proposicoesWeb/fichadetramitacao?idProposicao=376419. Acesso em 5 mar. 2023.

BRASIL. Câmara dos Deputados. **Projeto de Lei n. 5080/2009**. Dispõe sobre a cobrança da dívida ativa da Fazenda Pública e dá outras providências. Disponível em: https://www.camara.leg.br/proposicoesWeb/fichadetramitacao?idProposicao=431260. Acesso em 5 mar. 2023.

BRASIL. Câmara dos Deputados. **Projeto de Lei Complementar n. 181/2015**. Modifica a Lei nº 5.172, de 25 de outubro de 1966 – Código Tributário Nacional, para dispor sobre cessão de créditos da dívida ativa consolidada a instituições financeiras. Disponível em: https://www.camara.leg.br/proposicoesWeb/fichadetramitacao?idProposicao=2018511. Acesso em 11 mar. 2023.

BRASIL. Câmara dos Deputados. **Projeto de Lei n. 3.337/2015**. Dispõe sobre a cessão de créditos da Dívida Ativa da União a pessoas jurídicas de direito privado e dá outras providências. Disponível em: https://www.camara.leg.br/proposicoesWeb/fichadetramitacao?idProposicao=2018512. Acesso em 11 mar. 2023.

BRASIL. Câmara dos Deputados. **Projeto de Lei n. 2.209/2020**. Altera a Lei nº 9.430, de 27 de dezembro de 1996, para permitir a cessão de créditos tributários próprios e sua compensação com débitos relativos a quaisquer tributos e contribuições administrados pela Secretaria da Receita Federal do Brasil. Disponível em: https://www.camara.leg.br/proposicoesWeb/fichadetramitacao?idProposicao=2250663. Acesso em 11 mar. 2023.

BRASIL. **Código Penal**. Disponível em: https://www.planalto.gov.br/ccivil_03/_Ato2019-2022/2021/Lei/L14197.htm#art4. Acesso em 24 jun. 2023.

BRASIL. Conselho Nacional de Justiça. **A Execução Fiscal no Brasil e o Impacto no Judiciário**, Brasília: CNJ, 2011. Disponível em: https://www.cnj.jus.br/wp-content/uploads/2011/02/2d53f36cdc1e27513af9868de9d072dd.pdf. Acesso em 10 fev. 2023.

BRASIL. Conselho Nacional de Justiça. **Diagnóstico do contencioso judicial tributário brasileiro**: relatório final de pesquisa / Conselho Nacional de Justiça; Instituto de Ensino e Pesquisa. – Brasília: CNJ, 2022. Disponível em: https://www.cnj.jus.br/wp-content/uploads/2022/02/relatorio-contencioso-tributario-final-v10-2.pdf. Acesso em 8 abr. 2023.

BRASIL. Conselho Nacional de Justiça. **Justiça em números 2003**: Variáveis e Indicadores do Poder Judiciário, Brasília: CNJ, 2004. Disponível em: https://www.cnj.jus.br/wp-content/uploads/2011/02/justica_numeros_2003.pdf. Acesso em 10 fev. 2023.

BRASIL. Conselho Nacional de Justiça. **Justiça em números 2009**. Brasília: CNJ, 2010. Disponível em: https://www.cnj.jus.br/wp-content/uploads/2011/02/rel_sintetico_jn2009.pdf. Acesso em 8 abr. 2023.

BRASIL. Conselho Nacional de Justiça. **Relatório Metas Nacionais do Poder Judiciário 2020**, maio/2021. Disponível em: https://www.cnj.jus.br/wp-content/uploads/2021/06/Relat%C3%B3rio-de-Metas-Nacionais-2020-v.f.pdf. Acesso em 3 mai. 2022.

BRASIL. Conselho Nacional de Justiça. **Justiça em Números 2021**. Brasília: CNJ, 2021. Disponível em: https://www.cnj.jus.br/wp-content/uploads/2021/11/relatorio-justica-em-numeros2021-221121.pdf.Acesso em 2 mai. 2022.

BRASIL. Conselho Nacional de Justiça. **Justiça em números 2022**. Brasília: CNJ, 2022. Disponível em: https://www.cnj.jus.br/wp-content/uploads/2022/09/justica-em-numeros-2022-1.pdf. Acesso em 3 fev. 2023.

BRASIL. Conselho Nacional de Justiça. **Provimento n. 65, de 14 de dezembro de 2017**. Estabelece diretrizes para o procedimento da usucapião extrajudicial nos serviços notariais e de registro de imóveis. Disponível em: https://atos.cnj.jus.br/atos/detalhar/2527. Acesso em 20 fev. 2023.

BRASIL. Conselho Nacional de Justiça. **Resolução n. 125, de 29 de novembro de 2010**. Dispõe sobre a Política Judiciária Nacional de tratamento adequado dos conflitos de interesses no âmbito do Poder Judiciário e dá outras providências. Disponível em: https://atos.cnj.jus.br/atos/detalhar/156. Acesso em 25 fev. 2023.

BRASIL. Conselho Nacional de Justiça. **Resolução n. 35, de 24 de abril de 2007**. Disciplina a lavratura dos atos notariais relacionados a inventário, partilha, separação consensual, divórcio consensual e extinção consensual de união estável por via administrativa. Disponível em: https://atos.cnj.jus.br/atos/detalhar/179. Acesso em 13 fev. 2023.

BRASIL. **Constituição Política do Império do Brazil, de 25 de março de 1824**. Disponível em: https://www.planalto.gov.br/ccivil_03/constituicao/constituicao24.htm. Acesso em 8 jul. 2023.

BRASIL. **Constituição da República Federativa do Brasil de 1969**. Disponível em: https://www.planalto.gov.br/ccivil_03/Constituicao/Constituicao67EMC69.htm. Acesso em: 24 ago. 2023.

BRASIL. **Decreto n. 1, de 15 de novembro de 1889**. Proclama provisoriamente e decreta como forma de governo da Nação Brasileira a República Federativa, e estabelece as normas pelas quais se devem reger os Estados Federais. Disponível em: https://www.planalto.gov.br/ccivil_03/decreto/1851-1899/d0001.htm#:~:text=DECRETO%20N%C2%BA%201%2C%20DE%2015,devem%20reger%20os%20Estados%20Federais. Acesso em 24 ago. 2023.

BRASIL. **Decreto n. 11.328, de 1º de janeiro de 2023**. Aprova a Estrutura Regimental e o Quadro Demonstrativo dos Cargos em Comissão e das Funções de Confiança da Advocacia-Geral da União e remaneja cargos em comissão e funções de confiança. Disponível em: https://www.in.gov.br/en/web/dou/-/decreto-n-11.328-de-1-de-janeiro-de-2023-455352807. Acesso em 21 mar. 2023.

BRASIL. Procuradoria da Fazenda Nacional. **Parecer/PGFN/CDA Nº 1.505/2015**. Projeto de Lei Complementar de nº 181, de 2015 e Projeto de Lei de nº 3.777, de 2015, que dispõem sobre a cessão de créditos inscritos em dívida ativa da União a instituições de direito privado e dão outras providências. Inconstitucionalidade. Pela total rejeição dos projetos. Disponível em: http://dados.pgfn.fazenda.gov.br/file/8057c9bc-18e9-315c-9a4a-b70141ee2963/parecer1505.pdf. Acesso em 11 mar. 2023.

BRASIL. Procuradoria da Fazenda Nacional. **PGFN em Números 2022 – Dados de 2021**. Brasília: PGFN, 2022. Disponível em: https://www.gov.br/pgfn/pt-br/acesso-a-informacao/institucional/pgfn-em-numeros/pgfn_em_numeros25042022-compressed.pdf. Acesso em 10 fev. 2023.

BRASIL. Senado Federal. **Projeto de Lei do Senado n. 174/1996**. Institui a penhora administrativa, por orgão jurídico da Fazenda Pública, e dá outras providências. Disponível em: https://www25.senado.leg.br/web/atividade/materias/-/materia/28983. Acesso em 2 mar. 2023.

BRASIL. Senado Federal. **Projeto de Lei do Senado n. 608/1999**. Institui a penhora administrativa, por órgão jurídico da Fazenda Pública, e dá outras providências. Disponível em: https://www25.senado.leg.br/web/atividade/materias/-/materia/42412. Acesso em 2 mar. 2023.

BRASIL. Senado Federal. **Projeto de Lei do Senado n. 10/2005**. Institui a penhora administrativa, por órgão jurídico da Fazenda Pública, e dá outras providências. Disponível em: https://www25.senado.leg.br/web/atividade/materias/-/materia/72393. Acesso em 2 mar. 2023.

BRASIL. Senado Federal. **Projeto de Lei Complementar n. 204/2016**. Dispõe sobre a cessão de direitos creditórios originados de créditos tributários e não tributários dos entes da Federação. Disponível em: https://www25.senado.leg.br/web/atividade/materias/-/materia/125723. Acesso em 11 mar. 2023.

BRASIL. Senado Federal. **Projeto de Lei n. 4.257/2019**. Modifica a Lei nº 6.830, de 22 de setembro de 1980, para instituir a execução fiscal administrativa e a arbitragem tributária, nas hipóteses que especifica. Disponível em: https://www25.senado.leg.br/web/atividade/materias/-/materia/137914. Acesso em 5 mar. 2023.

BRASIL. Senado Federal. **Projeto de Lei n. 6204/2019**. Dispõe sobre a desjudicialização da execução civil de título executivo judicial e extrajudicial; altera as Leis nª a nº 9.430, de 27 de dezembro de 1996, a nº 9.492, de 10 de setembro de 1997, a nº 10.169, de 29 de dezembro de 2000, e a nº 13.105 de 16 de março de 2015 – Código de Processo Civil. Disponível em: https://legis.senado.leg.br/sdleg-getter/documento?dm=8049470&t-s=1674176466202&disposition=inline. Acesso em 28 fev. 2023.

BRASIL. Senado Federal. **Resolução n. 17/2015**. Altera a Resolução do Senado Federal nº 43, de 2001, que "dispõe sobre as operações de crédito interno e externo dos Estados, do Distrito Federal e dos Municípios, inclusive concessão de garantias, seus limites e condições de autorização, e dá outras providências", para modificar as regras de cessão de recebíveis relativos aos direitos creditórios da dívida ativa. Disponível em: https://legis.senado.leg.br/norma/578698/publicacao/15637372. Acesso em 11 mar. 2023.

BRASIL. Superior Tribunal de Justiça. **ERESP 1.603.324**, Relator: Min. Luis Felipe Salomão, Corte Especial, julgado em 21.09.2022. Disponível em: https://scon.stj.jus.br/SCON/GetInteiroTeorDoAcordao?num_registro=201601406905&dt_publicacao=13/10/2022. Acesso em 14 ago. 2023.

BRASIL. Superior Tribunal de Justiça. **RESP 1.168.625**, Relator: Min. Luiz Fux, julgado em 09.06.2010. Disponível em: https://scon.stj.jus.br/SCON/GetInteiroTeorDoAcordao?num_registro=200901055704&dt_publicacao=01/07/2010. Acesso em 24 ago. 2023.

BRASIL. Superior Tribunal de Justiça. **RESP 1.303.284**, Rel. Min. Nancy Andrighi, Terceira Turma, julgado em 16.04.2013. Disponível em: https://scon.stj.jus.br/SCON/GetInteiroTeorDoAcordao?num_registro=201200066915&-dt_publicacao=13/05/2013. Acesso em: 16 ago. 2023.

BRASIL. Superior Tribunal de Justiça. **RESP 1.340.553**, Relator: Min. Mauro Campbell Marques, julgado em 12.09.2018. Disponível em: https://processo.stj.jus.br/processo/revista/documento/mediado/?componente=ATC&-sequencial=78186560&num_registro=201201691933&data=20181016&tipo=5&formato=PDF. Acesso em 4 abr. 2023.

BRASIL. Superior Tribunal de Justiça. **RESP 1.389.952**, Rel. Ministro Herman Benjamin, Segunda Turma, julgado em 03.06.2014. Disponível em: https://scon.stj.jus.br/SCON/GetInteiroTeorDoAcordao?num_registro=201301926710&dt_publicacao=07/11/2016. Acesso em 1 fev. 2023.

BRASIL. Superior Tribunal de Justiça. **RESP Repetitivo n. 1.657.156**, Relator: Min. Benedito Gonçalves, julgado em 25.04.2018. Disponível em: https://processo.stj.jus.br/repetitivos/temas_repetitivos/pesquisa.jsp?novaConsulta=true&tipo_pesquisa=T&cod_tema_inicial=106&cod_tema_final=106. Acesso em 1 fev. 2023.

BRASIL. Superior Tribunal de Justiça. **RESP's Repetitivos 1.850.512, 1.877.883, 1.906.623 e 1.906.618.** Relator Min. Og Fernandes, julgado em 16.03.2022.

Disponível em: https://processo.stj.jus.br/repetitivos/temas_repetitivos/pesquisa.jsp?novaConsulta=true&tipo_pesquisa=T&cod_tema_inicial=1076&cod_tema_final=1076. Acesso em 23 fev. 2023.

BRASIL. Superior Tribunal de Justiça. **RMS 14.170**, Relator. Min. Humberto Gomes de Barros, Primeira Turma, julgado em 25.06.2002. Disponível em: https://scon.stj.jus.br/SCON/GetInteiroTeorDoAcordao?num_registro=200101765275&dt_publicacao=07/04/2003. Acesso em: 16 ago. 2023.

BRASIL. Supremo Tribunal Federal. **ACO 1.295**, Relator. Min. Dias Toffoli, julgado em 14.10.2010. Disponível em: Disponível em: http://www.stf.jus.br/portal/constituicao/constituicao.asp#1076. Acesso em 8 jul. 2023.

BRASIL. Supremo Tribunal Federal. **ACO 1.048**. Questão de Ordem, Relator: Min. Celso de Mello, Tribunal Pleno, julgado em 30.08.2007. Disponível em: https://redir.stf.jus.br/paginadorpub/paginador.jsp?docTP=AC&docID=492840. Acesso em 23 ago. 2023.

BRASIL. Supremo Tribunal Federal. **ADI 173**, Relator: Min. Joaquim Barbosa, Tribunal Pleno, julgado em 25.09.2008. Disponível em: https://redir.stf.jus.br/paginadorpub/paginador.jsp?docTP=AC&docID=582642. Acesso em 16 ago. 2023.

BRASIL. Supremo Tribunal Federal. **ADI 1.807**, Relator: MIn. Dias Toffoli, Tribunal Pleno, julgado em 30.10.2014. Disponível em: https://redir.stf.jus.br/paginadorpub/paginador.jsp?docTP=TP&docID=7695066. Acesso em 4 ago. 2023.

BRASIL. Supremo Tribunal Federal. **ADI's 3.392, 3.223, 3.431, 3.432 e 3.520**. Tribunal Pleno, Relator: Min. Gilmar Mendes. Disponível em: https://portal.stf.jus.br/processos/downloadPeca.asp?id=15344467306&ext=.pdf. Acesso em 31 jan. 2023.

BRASIL. Supremo Tribunal Federal. **ADI 3.423**, Relator: Min. Gilmar Mendes, Tribunal Pleno, julgado em 29.05.2020. Disponível em: https://jurisprudencia.stf.jus.br/pages/search?classeNumeroIncidente=adi%203423&base=acordaos&pesquisa_inteiro_teor=false&sinonimo=true&plural=true&radicais=false&buscaExata=true&page=1&pageSize=10&sort=_score&sortBy=desc&isAdvanced=true. Acesso em 21 mar. 2023.

BRASIL. Supremo Tribunal Federal. **ADI 3.786**, Relator: Min. Alexandre de Moraes, Tribunal Pleno, julgado em 03.10.2019. Disponível em: https://jurisprudencia.stf.jus.br/pages/search?classeNumeroIncidente=adi%203786&base=acordaos&pesquisa_inteiro_teor=false&sinonimo=true&plu-

ral=true&radicais=false&buscaExata=true&page=1&pageSize=10&sort=_score&sortBy=desc&isAdvanced=true. Acesso em 11 mar. 2023.

BRASIL. Supremo Tribunal Federal. **ADI 4.275**, Relator: Min. Marco Aurélio, Rel. para Acórdão: Min. Edson Fachin, Tribunal Pleno, julgado em 01/03/2018). Disponível em: https://jurisprudencia.stf.jus.br/pages/search?classeNumeroIncidente=adi%204275&base=acordaos&pesquisa_inteiro_teor=false&sinonimo=true&plural=true&radicais=false&buscaExata=true&page=1&pageSize=10&sort=_score&sortBy=desc&isAdvanced=true. Acesso em 21 fev. 2023.

BRASIL. Supremo Tribunal Federal. **ADI 4.615**, Relator: Min. Roberto Barroso, Tribunal Pleno, julgado em 20.09.2019. Disponível em: https://redir.stf.jus.br/paginadorpub/paginador.jsp?docTP=TP&docID=751257523. Acesso em 4 ago. 2023.

BRASIL. Supremo Tribunal Federal. **ADI 5.135**, Relator: Min. Roberto Barroso, julgada em 09.11.2016. Disponível em: https://jurisprudencia.stf.jus.br/pages/search?classeNumeroIncidente=adi%205135&base=acordaos&pesquisa_inteiro_teor=false&sinonimo=true&plural=true&radicais=false&buscaExata=true&page=1&pageSize=10&sort=_score&sortBy=desc&isAdvanced=true. Acesso em 11 mar. 2023.

BRASIL. Supremo Tribunal Federal. **ADI's 5492 e 5737**, Relator: Min. Dias Toffoli, Tribunal Pleno, julgado em 24.04.2023. Disponível em: https://portal.stf.jus.br/processos/detalhe.asp?incidente=4959031. Acesso em 1 mai. 2023.

BRASIL. Supremo Tribunal Federal. **ADI 6.875**, Relator: Min. Alexandre de Moraes, Tribunal Pleno, julgado em 21.02.2022. Disponível em: https://redir.stf.jus.br/paginadorpub/paginador.jsp?docTP=TP&docID=759690738. Acesso em: 16 ago. 2023.

BRASIL. Supremo Tribunal Federal. **ADI 7.042**, Relator: Min. Alexandre de Moraes, Tribunal Pleno, julgado em 31.08.2022. Disponível em: https://jurisprudencia.stf.jus.br/pages/search?classeNumeroIncidente=adi%207042&base=acordaos&pesquisa_inteiro_teor=false&sinonimo=true&plural=true&radicais=false&buscaExata=true&page=1&pageSize=10&sort=_score&sortBy=desc&isAdvanced=true. Acesso em 18 mar. 2023.

BRASIL Supremo Tribunal Federal. **ADPF 357**, Relatora: Mina. Cármen Lúcia, Tribunal Pleno, julgado em 24.06.2021. Disponível em: http://redir.stf.jus.br/paginadorpub/paginador.jsp?docTP=TP&docID=757652654. Acesso em 8 jul. 2023.

BRASIL. Supremo Tribunal Federal. **ARE 761.127**, Relator: Min. Roberto Barroso, Primeira Turma, julgado em 24/06/2014. Disponível em: http://redir.stf.jus.br/paginadorpub/paginador.jsp?docTP=TP&docID=6527605. Acesso em: 1 fev. 2023.

BRASIL. Supremo Tribunal Federal **ARE 1.002.805**, Relator: Min. Ricardo Lewandowski, Segunda Turma, julgado em 30/08/2019. Disponível em: https://jurisprudencia.stf.jus.br/pages/search?classeNumeroIncidente=ARE%201002805&base=acordaos&pesquisa_inteiro_teor=true&sinonimo=true&plural=true&radicais=false&buscaExata=true&page=1&pageSize=10&sort=_score&sortBy=desc&isAdvanced=true. Acesso em 4 ago. 2023.

BRASIL. Supremo Tribunal Federal. **MS 35.506**, Relator: Min. Marco Aurélio, Relator para Acórdão: Min. Ricardo Lewandowski, Tribunal Pleno, julgado em 10/10/2022. Disponível em: https://redir.stf.jus.br/paginadorpub/paginador.jsp?docTP=TP&docID=764914106. Acesso em: 16 ago. 2023.

BRASIL. Supremo Tribunal Federal. **RE 194.704**, Relator: Min. Carlos Velloso, Relator para Acórdão: Min. Edson Fachin, Tribunal Pleno, julgado em 29.06.2017. Disponível em: http://redir.stf.jus.br/paginadorpub/paginador.jsp?docTP=TP&docID=14071244. Acesso em 12 ago. 2023.

BRASIL. Supremo Tribunal Federal. **RE 565.048**, Relator: Min. Marco Aurélio, Tribunal Pleno, j. em 29.05.2014. Disponível em: https://redir.stf.jus.br/paginadorpub/paginador.jsp?docTP=TP&docID=6911989. Acesso em: 16 ago. 2023.

BRASIL. Supremo Tribunal Federal. **RE 570.392**, Relatora: Mina. Cármen Lúcia, Tribunal Pleno, julgado em 11.12.2014, Disponível em: https://redir.stf.jus.br/paginadorpub/paginador.jsp?docTP=TP&docID=7797457. Acesso em: 16 ago. 2023.

BRASIL. Supremo Tribunal Federal. **RE 593.727**, Relator: Min. Cezar Peluso, Relator para acórdão, Min. Gilmar Mendes, Tribunal Pleno. Julgado em 15.05.2015. Disponível em: https://redir.stf.jus.br/paginadorpub/paginador.jsp?docTP=TP&docID=9336233. Acesso em 18 ago. 2023.

BRASIL. Supremo Tribunal Federal. **RE 627.106**, Relator Min. Dias Toffoli, Tribunal Pleno, julgado em 08.04.2021. Disponível em: https://redir.stf.jus.br/paginadorpub/paginador.jsp?docTP=TP&docID=756135673. Acesso em 23 fev. 2023.

BRASIL. Supremo Tribunal Federal. **ARE 1.175.650**. Disponível em: https://portal.stf.jus.br/processos/detalhe.asp?incidente=5587841. Acesso em 26 nov. 2023.

BRASIL. Supremo Tribunal Federal. **RE 860.631**, Relator Min. Luiz Fux, julgado em 26.10.2023. Disponível em: https://portal.stf.jus.br/processos/detalhe.asp?incidente=4694303. Acesso em 26 nov. 2023

BRASIL. Supremo Tribunal Federal. **Tema 350 de Repercussão Geral**. Disponível em: https://jurisprudencia.stf.jus.br/pages/search?base=acordaos&sinonimo=true&plural=true&page=1&pageSize=10&sort=_score&sortBy=desc&isAdvance=true&classeNumeroIncidente=RE%20631240. Acesso em 21 mar. 2023.

BRASIL. Supremo Tribunal Federal. **Tema 841 de Repercussão Geral**. Disponível em: https://portal.stf.jus.br/jurisprudenciaRepercussao/verAndamentoProcesso.asp?incidente=5065252&numeroProcesso=1002295&classeProcesso=RE&numeroTema=841. Acesso em: 21 mar. 2023.

BRASIL. Supremo Tribunal Federal. **SE 5.206-7**, Tribunal Pleno, Relator: Min. Sepúlveda Pertence, julgado em 12.12.2001. Disponível em: https://redir.stf.jus.br/paginadorpub/paginador.jsp?docTP=AC&docID=345889. Acesso em: 12 fev. 2023.

BRUTAU, José Puig. **La jurisprudencia como fuente del derecho**, 2ª ed., Barcelona: Editorial Bosch, 2006.

BURDEAU, Georges. **Droit Constitutionnel et Institutions Politiques**, Seizième Édition, Paris: Librairie Générale de Droit et de Jurisprudence, 1974.

BURNS, James Mac Gregor; PELTASON, J.W.; CRONIN, Thomas E. **Government by the People**, New Jersey: Prentice-Hall, Inc., 1984.

CAHALI, Francisco José. **Curso de arbitragem: mediação: conciliação: resolução CNJ 125/2010**, 5ª ed., São Paulo: Editora Revista dos Tribunais, 2015.

CALAMANDREI, Piero. La crisis de la justicia, *In*, **Las Crisis del Derecho**, traducción de Marcelo Cheret, revisada por Antiago Sentís Melendo, Buenos Aires: Ediciones Juridicas Europa-America, 1953, p. 299-335.

CALMON DE PASSOS, José Joaquim. **A ação no direito processual brasileiro**, Coleção "Obras de J. J. Calmon de Passos – Clássicos", orgs. Fredie Didier Jr. e Paula Sarno Braga, Salvador: Editora Juspodivm, 2014.

CAMARGO, Aspásia. Federalismo cooperativo e princípio da subsidiariedade: notas sobre a experiência recente do Brasil e da Alemanha, *In*, **Federalismo na Alemanha e no Brasil**, Wilhelm Hofmeister e José Mario Brasiliense Carneiro (Org.), São Paulo: Fundação Konrad Adenauer, 2001, p. 69-105.

CANOTILHO, José Joaquim Gomes. **Direito constitucional e teoria da Constituição**, 7ª ed., Coimbra: Editora Almedina, 2003.

CAPOGRASSI, Giuseppe. La ambiguedad del derecho contemporáneo, *In*, **Las Crisis del Derecho**, traducción de Marcelo Cheret, revisada por Antiago Sentís Melendo, Buenos Aires: Ediciones Juridicas Europa-America, 1953, p. 33-98.

CARBONIER, Jean. **Derecho Flexible**: para una sociología no rigurosa del Derecho, traducción por Luis Diez-Picazo, Madrid: Editorial Tecnos, 1974.

CARMONA, Carlos Alberto. **Arbitragem e Processo**, São Paulo: Editora Atlas, 2000.

CARNELUTTI, Francesco. La muerte del derecho, *In*, **Las Crisis del Derecho**, traducción de Marcelo Cheret, revisada por Antiago Sentís Melendo, Buenos Aires: Ediciones Juridicas Europa-America, 1953, p. 337-361.

CARRAZZA, Roque Antonio. **Curso de Direito Constitucional Tributário**, 30ª ed., São Paulo: Editora Malheiros, 2015.

CARVALHO, Paulo de Barros. **Curso de Direito Tributário**, 26ª ed., São Paulo: Saraiva, 2014.

CARVALHO FILHO, José dos Santos. **Manual de direito administrativo**, 25ª ed., São Paulo: Editora Atlas, 2012.

CASADO FILHO, Napoleão. **Arbitragem e Acesso à Justiça**: o novo paradigma do *third party funding*. São Paulo: Editora Saraiva, 2017.

CADIET. Loïc. La justicia civil francesa entre eficiencia y garantías, *In*, **Civil Procedure Review**, v.4, n.3, p. 25-50, sep-dec., 2013.

CAPPELLETTI, Mauro; GARTH, Bryant. **Acesso à Justiça**. Tradução de Ellen Gracie Northfleet. Porto Alegre: Editora Fabris, 1988.

CERBO, Pasquale. **Le Sanzioni Amministrative**, Milano: Giuffrè Editore, 1999.

CIFUENTES, Santos. **Los Derechos Personalisimos**, Buenos Aires: Ediciones Lerner, 1974.

CINTRA, Antonio Carlos de Araújo, GRINOVER, Ada Pelegrini, DINAMARCO, Cândido Rangel. **Teoria Geral do Processo**, 28ª ed., São Paulo: Editora Malheiros, 2012.

CINTRA, Antonio Carlos de Araújo; GRINOVER, Ada Pelegrini; DINAMARCO, Cândido Rangel. **Teoria Geral do Processo**, 31ª ed., São Paulo: Editora Malheiros, 2015.

COLLIARD, Claude-Albert. **Libertés Publiques**, Sixième édition, Paris: Précis Dalloz, 1982.

COLOMER, Josep M. Las instituciones del federalismo, *In*, **Revista Española de Ciencia Política**, vol. 1, n. 1, p. 41-54, octubre 1999. Disponível em: https://recyt.fecyt.es/index.php/recp/article/view/37287/20805. Acesso 25 jun. 2023.

COMITÊ BRASILEIRO DE ARBITRAGEM (CBAr). **Arbitragem no Brasil**, 2021. Disponível em: https://cbar.org.br/site/wp-content/uploads/2021/09/pesquisa-cbar-ipsos-2021-arbitragem-no-brasil.pdf. Acesso em 12 mar. 2023.

CRETELLA JÚNIOR, José. **Comentários à Constituição Brasileira de 1988**, vol. 3, Rio de Janeiro: Editora Forense Universitária, 1991.

CRUZ, Paulo Márcio. **Fundamentos do direito constitucional**, 2ª ed., Curitiba: Editora Juruá, 2010.

CUESTA, Rafael Entrena. **Curso de Derecho Administrativo**, 5ª edición, Madrid: Editorial Tecnos, 1976.

DABIN, Jean. **El Derecho Subjetivo**, traducida por Francisco Javier Osset, Madrid: Editorial Revista de Derecho Privado, 1955.

DAL'COL, Caio de Sá; ABREU, Lívia Dalla Bernadina. Reflexos do CPC/2015 nas execuções fiscais, *In*, **Fazenda Pública**, Coleção Repercussões do Novo CPC, coords. José Henrique Mouta Araújo, Leonardo Carneiro da Cunha e Marco Antonio Rodrigues; coord. geral Fredie Didier Jr., 2ª ed., Salvador: Editora Juspodivm, 2016.

DALLARI, Dalmo de Abreu. A tradição da arbitragem e sua valorização contemporânea, *In*, **Aspectos atuais da arbitragem**: coletânea de artigos sobre arbitragem, coord. Adriana Noemi Pucci, Rio de Janeiro: Editora Forense, 2001, p. 98-112.

DALLARI, Dalmo de Abreu. **O poder dos juízes**, 3ª ed., São Paulo: Editora Saraiva, 2007.

DARDANELLI, Paolo; KINCAID, John; FENNA, Alan; KAISER, André; LECOURS, André; SINGH, Ajay Kumar (2019) Conceptualizing, Measuring, and Theorizing Dynamic De/Centralization, *In*, **Federations. Publius: The Journal of Federalism**, 49 (1), p. 1-29, 2019. Disponível em: https://kar.kent.ac.uk/64342/1/Dardanelli%20et%20al%20CMT%20Publius%2049.1.pdf. Acesso em 17 nov. 2023.

DARDANELLI, Paolo; KINCAID, John; ADENEY, Katharine; MOSCOVICH, Lorena; OLMEDA, Juan Cruz; SCHLEGEL, Rogerio; SUBERU, Rotimi; BONI, Filippo; LACROIX EUSSLER, Santiago. Authoritarianism, Democracy and De/Centralization in Federations: What Connections?, *In*, **Regional and Federal Studies**. Taylor & Francis, p. 577-606, 2023. Disponível em: https://kar.kent.ac.uk/103398/1/Dardanelli%20et%20al%20RFS%2023.pdf. Acesso em 17 nov. 2023.

DARDANELLI, Paolo; KINCAID, John. Descentralização e centralização em federações democráticas: uma perspectiva comparada de longo prazo, *In*, **E os Estados? Federalismo, relações intergovernamentais e políticas públicas no Brasil contemporâneo**. Orgs. PALOTTI, Pedro; LICIO, Elaine Cristina; GOMES, Sandra; SEGATTO, Catarina Ianni; SILVA, André Luis Nogueira da. Instituto de Pesquisa Econômica Aplicada (IPEA), Rio de Janeiro, 2023, p. 43-71.

DELITALA, Giacomo. La crisis del derecho en la sociedad contemporánea, *In*, **Las Crisis del Derecho**, traducción de Marcelo Cheret, revisada por Antiago Sentís Melendo, Buenos Aires: Ediciones Juridicas Europa-America, 1953, p. 153-182.

DEMARCHI, Clovis. As metas do CNJ: controle e parâmetro para o prazo razoável do processo e o princípio da eficiência, *In*, **Revista Eletrônica Direito e Política**, Programa de Pós-Graduação Stricto Sensu em Ciência Jurídica da UNIVALI, Itajaí, v. 6, n. 2, 2º quadrimestre de 2011, p. 693-709. Disponível em: https://periodicos.univali.br/index.php/rdp/article/view/6071/3338.Acesso em 31.jan.2023.

DERZI, Mizabel Abreu Machado. **Direito Tributário, Direito Penal e Tipo**, 4ª ed., Belo Horizonte: Editora Fórum, 2021.

DE ARAÚJO, Jailton Macena. Ensaio sobre o valor solidariedade: proposta teórico-hermenêutica para superação do paradigma econômico neoliberal, *In*, **Novos Estudos Jurídicos**, Itajaí (SC), v. 25, n. 2, p. 431–454, 2020. Disponível em: https://periodicos.univali.br/index.php/nej/article/view/16914. Acesso em: 31 jan. 2023.

DIDIER JÚNIOR, Fredie. **Curso de direito processual civil**: introdução ao direito processual civil, parte geral e processo de conhecimento, 17ª ed., Salvador: Editora Juspodivm, 2015.

DIDIER JÚNIOR, Fredie Souza; LIPIANI, Júlia. Incidente de resolução de demandas repetitivas. Eficácia interpretativa do princípio federativo sobre o Direito Processual. Federalismo processual. Contraditório no processamento do incidente de resolução de demandas repetitivas. (Parecer), *In*, **Revista de Processo**, v. 300, p. 153-195, fev. 2020.

DIDIER JÚNIOR, Fredie; FERNANDEZ, Leandro. A autotutela administrativa no sistema brasileiro de justiça multiportas, *In*, **Direito Federal Brasileiro**: 15 anos de jurisdição no STJ dos Ministros Og Fernandes, Luis Felipe Salomão e Mauro Campbell Marques, Londrina: Editora Thoth, 2023, p. 177-198.

DIEZ, Manuel Maria. **El acto administrativo**, segunda edicion, Buenos Aires: Tipografia Editora Argentina S.A., 1961.

DINAMARCO, Cândido Rangel. **A instrumentalidade do processo**, 13ª ed., São Paulo: Editora Malheiros, 2008.

DOEHRING, Karl. A função do Tribunal Federal Constitucional Alemão na qualidade de principal guardião da Constituição, dos termos da lei e da democracia, *In*, **O Federalismo na Alemanha**, São Paulo: Fundação Konrad-Adenauer-Stiftung, 1995, p. 205-211.

DOS REIS, Jorge Renato; KONRAD, Letícia Regina. O direito fundamental à solidariedade: a aplicação do instituto no direito civil, *In*, **Novos Estudos Jurídicos**, Itajaí (SC), v. 20, n. 1, p. 59–87, 2015. Disponível em: https://periodicos.univali.br/index.php/nej/article/view/7195. Acesso em: 31 jan. 2023.

DROMI, José Roberto. **Instituciones del Derecho Administrativo**, Buenos Aires: Editorial Astrea de Rodolfo Depalma y Hnos, 1973.

DUGUIT, Jean. **Traité de Droit Constitutionnel**: Las Libertés Publiques, Tome Cinquième et Dernier, Deuxième Édition, Paris: Ancienne Librairie Fontemoing & Cie., Éditeurs, 1925.

ELAZAR, Daniel Judah. **American Federalism**: A View from the States, Third Edition, New York: Harper & Row, Publishers, 1984.

ENTERRIA, Eduardo Garcia de; FERNANDEZ, Tomas-Ramon. **Curso de Derecho Administrativo I**, Tercera edición, Madrid: Editorial Civitas, 1981.

EUROPEAN UNION. **How to enforce a court decision**. Disponível em: https://e-justice.europa.eu/52/EN/how_to_enforce_a_court_decision. Acesso em 28 fev. 2023.

ESTADO DE SANTA CATARINA. **Lei Complementar Estadual n. 465, de 3 de dezembro de 2009**. Cria o Tribunal Administrativo Tributário do Estado de Santa Catarina e estabelece outras providências. Disponível em: http://leis.alesc.sc.gov.br/html/2009/465_2009_lei_complementar.html. Acesso em 1 mai. 2023.

FACHINI NETO, Eugênio. O protagonismo do Judiciário no mundo contemporâneo e algumas de suas razões, *In*, **Revista Novos Estudos Jurídicos**, vol. 23, n. 1, p. 89-132, jan-abr 2018. Disponível em: https://periodicos.univali.br/index.php/nej/article/view/12788/pdf. Acesso em 8 fev. 2023.

FALLON JR., Richard H. Federalism as a Constitutional Concept, *In*, **Arizona State Law Journal** 49: 3, p. 961-984, 2017. Disponível em: https://arizonastatelawjournal.org/wp-content/uploads/2017/11/Fallon_Pub.pdf. Acesso em 18 nov. 2023.

FAORO, Raimundo. **Os donos do poder**, 5ª ed., São Paulo: Editora Globo, 2012.

FARIA, José Eduardo. Ordem legal x Mudança social: a crise do Judiciário e a formação do magistrado, *In*, **Direito e Justiça**: a função social do Judiciário, 3ª ed., org. José Eduardo Faria, São Paulo: Editora Ática,1997, p. 95-110.

FARIA, José Eduardo. **O Estado e o direito depois da crise**, 2ª ed., São Paulo: Editora Saraiva, 2017.

FARIA, Márcio Carvalho. Primeiras impressões sobre o Projeto de Lei 6.204/2019: críticas e sugestões acerca da tentativa de se desjudicializar a execução civil brasileira (parte dois), *In*, **Revista de Processo**, v. 314, p. 371-391, abr. 2021.

FARIAS, Talden. **Termo de Ajustamento de Conduta e celeridade processual**. Disponível em: https://www.conjur.com.br/2020-abr-04/ambiente-juridico-termo-ajustamento-conduta-celeridade-processual#sdfootnote4anc. Acesso em 17 mar. 2023.

FERRAJOLI, Luigi. **Principia iuris**: Teoría del derecho y de la democracia, Madrid: Editorial Trotta, 2011.

FERRAZ JÚNIOR, Tércio Sampaio. Normas gerais e competência concorrente, *In*, **Revista da Faculdade de Direito da Universidade de São Paulo**, São Paulo, v. 90, p. 249-251, 1995.

FERREIRA, Aurélio Buarque de Holanda. **Novo Dicionário da Língua Portuguesa**, 2ª ed., 30ª impressão, Rio de Janeiro: Editora Nova Fronteira, 1994.

FERREIRA, Pinto. **Comentários à Constituição brasileira**, v. 2, Arts. 22 a 53, São Paulo: Editora Saraiva, 1989.

FERREIRA FILHO, Manoel Gonçalves. **O poder constituinte**, 5ª ed., São Paulo: Editora Saraiva, 2007.

FINGER, Anays Martins; SANTOS, Miriam Cheissele dos; RODRIGUES, Nina Trícia Disconzi. Democracia representativa: produção legislativa e o papel do executivo e do legislativo, *In*, **Revista do Direito Público**, Londrina, v. 17, n. 2, p. 173-187, out. 2022.

FIORINI, Bartolomé A. **Que és el Contencioso**, Buenos Aires: Abeledo-Perrot, 1997.

FISS, Owen. As formas de justiça, *In*, **O processo para solução de conflitos de interesse público**, coords. Ada Pellegrini Grinover, Kazuo Watanabe e Susana Henriques da Costa, Salvador: Editora Juspodivm, 2017, p. 119-128.

FONSECA, Lorena; COUTO, Felipe Fróes. Judicialização da Política e ativismo judicial: uma diferenciação necessária, *In*, **Revista Eletrônica Direito e Política**, Programa de Pós-Graduação Stricto Sensu em Ciência Jurídica da UNIVALI, Itajaí, v. 13, n. 2, p. 824–854, 2º quadrimestre de 2018. Disponível em: https://siaiap32.univali.br/seer/index.php/rdp/article/view/13361. Acesso 14 jul. 2020.

FONTES DE ALENCAR, Luiz Carlo. A federação brasileira e os procedimentos em matéria processual, *In*, **Revista do Centro de Estudos do Conselho da Justiça Federal**, n. 13, p. 184-186, 2011.

FORUM OF FEDERATIONS (site). **Forum of Federations**: The Global Network on Federalism and Devolved Governance. Disponível em: https://forumfed.org. Acesso em 15 jun. 2023.

FUNDAÇÃO GETÚLIO VARGAS (FGV). Centro de Tecnologia e Sociedade – CTS. **Congresso em Números 2018**: Relatório de Atividades do Congresso Nacional (Bimestre Fev-Mar). Disponivel em: https://bibliotecadigital.fgv.br/dspace/bitstream/handle/10438/23993/Congresso%20em%20N%c3%bameros%202018%20-%20Relat%c3%b3rio%20de%20Atividades%20do%20Congresso%20Nacional%20-%20Bimestre%20fev.-mar.pdf?sequence=1&isAllowed=y. Acesso em 8 fev. 2023.

GAJARDONI, Fernando da Fonseca. **Flexibilização procedimental**: um novo enfoque para o estudo do procedimento em matéria processual, de acordo com as recentes reformas do CPC, São Paulo: Editora Atlas, 2008.

GAJARDONI. Fernando da Fonseca. **Comentários à Lei de improbidade administrativa**: Lei 8.249/1992, com as alterações da Lei 14.230/2021 [livro eletrônico]. Fernando da Fonseca Gajardoni...[et al.], 4ª ed., São Paulo: Thomson Reuters Brasil, 2023.

GALINDO, Fernando. Justicia, gobernanza y legalidad, *In*, **Revista Sequência**: estudos jurídicos e políticos, Florianópolis: Publicação do Programa de Pós-graduação em Direito da UFSC, vol. 28, n. 55, p. 29-.64, dez. 2007.

GIDDENS, Anthony. **Modernidade e identidade**, trad. Plínio Dentzien, Rio de Janeiro: Editora Jorge Zahar, 2002.

GIUSEPPINA PARISI COSTA, Pâmella; BERNARDO DE LIMA, Raphael; GRASSI DE GOUVEIA, Lúcio. Cinco problemas sensíveis ao Projeto de Lei nº 6.204/2019 (desjudicialização da execução civil), p. 251-274, *In*, **Revista Brasileira de Direito Processual**, v. 30, n. 118 abr./jun. 2022.

GODOY, Arnaldo Sampaio de Moraes. **A Execução Fiscal Administrativa no Direito Tributário Comparado**, Belo Horizonte: Editora Fórum, 2009.

GOMES, Orlando. **Direitos Reais**, 20ª ed., atualizada por Luiz Edson Fachin, Rio de Janeiro: Editora Forense, 2010.

GONÇALVES, Nicole Pilagallo da Silva Mader. O risco da crise do Poder Legislativo para o Estado Democrático de Direito: a necessária reconstrução da esfera pública, o resgate do político e a reformulação da democracia, *In*, **Revista Direitos Fundamentais & Democracia**, [S. l.], v. 5, n. 5, 2009. Disponível em: https://revistaeletronicardfd.unibrasil.com.br/index.php/rdfd/article/view/229. Acesso em 8 fev. 2023.

GONET BRANCO, Paulo Gustavo. Em busca de um conceito fugidio – o ativismo judicial, *In*, **As novas faces do ativismo judicial**, 2ª tir., orgs. André Luiz Fernandes Fellet, Daniel Giotti de Paula, Marcelo Novelino, Salvador: Editora Juspodivm, 2013, p. 387-401.

GORETTI, Ricardo. **Mediação e Acesso à Justiça**, Salvador: Editora Juspodivm, 2016.

GRINOVER. Ada Pelegrini. **Ensaio sobre a processualidade**: fundamentos para uma nova teoria geral do processo, Brasília: Editora Gazeta Jurídica, 2016.

HABERMAS, Jürgen; RAWLS, John. **Debate sobre el liberalismo político**, Ediciones Paidós: Barcelona: 1998.

HABERMAS, Jürgen. **A inclusão do outro**: estudos de teoria política, trad. George Sperber e Paulo Astor Soethe, São Paulo: Edições Loyola, 2002.

HABERMAS, Jürgen. **Direito e democracia**: entre facticidade e validade, vol. I, trad. Flávio Beno Siebeneicher, Rio de Janeiro: Editora Tempo Brasileiro, 2003.

HAMILTON, Alexander; MADISON, James. **O Federalista**, Tomo Primeiro, Rio de Janeiro: Typ. Imp. e Const. de J. Villeneuve e Comp., 1840.

HARDIN, Garret. The Tragedy of the Commons, **Science**, New series, v. 162, n. 3.859, p. 1243-1248, Dec. 13, 1868.

HAURIOU, André. **Droit Constitutionnel et Institutions Politiques**, Sixiéme Édition, Paris, Éditions Montchrestien, 1975.

HECKTHEUER, Pedro Abib; LOPES ASSIS, Ana Cláudia Miranda. A desjudicialização da execução civil: uma tendência universal a ser seguida pelo Brasil, *In*, **Revista Eletrônica Direito e Política**, Programa de Pós-Graduação *Stricto Sensu* em Ciência Jurídica da UNIVALI, Itajaí, v. 17, n. 1, p. 296-313, 1° quadrimestre de 2021. Disponível em: https://periodicos.univali.br/index.php/rdp/article/view/18663. Acesso em 28 fev. 2023.

HILL, Flávia Pereira. Desjudicialização e Acesso à Justiça além dos Tribunais: pela concepção de um devido processo legal extrajudicial, *In*, **Revista Eletrônica de Direito Processual - REDP**, Rio de Janeiro. Ano 15. Volume 22. Número 1. Janeiro a Abril de 2021, p. 381-382. Disponível em: https://www.e-publicacoes.uerj.br/index.php/redp/article/view/56701. Acesso em 1 fev. 2023.

HOLANDA, Sérgio Buarque. **Raízes do Brasil**, 26ª ed., 36ª reimpressão, São Paulo: Editora Companhia das Letras, 2011.

HOLTON, Woody. **Unruly Americans and the Origins of the Constitution**, New York: Hill and Wang, 2007.

HOMMERDING, Adalberto Narcico. **Teoría de la legislación y derecho como integridad**, Curitiba: Editora Juruá, 2012.

HORTA, Raul Machado. Reconstrução do federalismo brasileiro, *In*, **Revista de Informação Legislativa**, ano 18, n. 72, p. 13-28, out./dez. 1981.

HORTA, Raul Machado. Organização Constitucional do Federalismo, *In*, **Revista de Informação Legislativa**, ano 22, n. 87, p. 5-22, jul./set. 1985.

HORTA, Raul Machado. **Direito Constitucional**, 2ª ed., Belo Horizonte: Editora Del Rey, 1999.

JACCOUD, Luciana. Prefácio, *In*, **E os Estados? Federalismo, relações intergovernamentais e políticas públicas no Brasil contemporâneo**, orgs.: Pedro Palotti... [et al.], Rio de Janeiro: IPEA, 2023. Disponível em: https://repositorio.ipea.gov.br/handle/11058/12003. Acesso em 21 nov. 2023.

JEMOLO, Arturo Carlo, La crisis del Estado moderno, *In*, **Las Crisis del Derecho**, traducción de Marcelo Cheret, revisada por Antiago Sentís Melendo, Buenos Aires: Ediciones Juridicas Europa-America, 1953, p. 183-265.

KUGELMAS, Eduardo. A evolução recente do regime federativo no Brasil, *In*, **Federalismo na Alemanha e no Brasil**, Wilhelm Hofmeister e José Mario Brasiliense Carneiro (Org.), São Paulo: Fundação Konrad Adenauer, 2001, p. 29-49.

INSTITUTO BRASILEIRO DE GEOGRAFIA E ESTATÍSTICA. **Estudo complementar à aplicação da técnica de captura-recaptura**: estimativas desagregadas dos totais de nascidos vivos e óbitos : 2020 / IBGE, Coordenação de População e Indicadores Sociais. – Rio de Janeiro: IBGE, 2022.

INSTITUTO DE PESQUISA ECONÔMICA APLICADA. **Gestão e jurisdição**: o caso da execução fiscal da União / Organizadores: Alexandre dos Santos Cunha, Paulo Eduardo Alves da Silva. – Brasília: IPEA, 2013.

INSTITUTO DE PESQUISA ECONÔMICA APLICADA. **E os Estados? Federalismo, relações intergovernamentais e políticas públicas no Brasil contemporâneo**, orgs.: Pedro Palotti... [et al.], Rio de Janeiro: IPEA, 2023. Disponível em: https://repositorio.ipea.gov.br/handle/11058/12003. Acesso em 21 nov. 2023.

JACOBSEN, Gilson. Justiça intergeracional e riscos globais: quem são as gerações futuras e por que protegê-las hoje?, *In*, **Revista Brasileira de Direito**, Passo Fundo, v. 15, n. 2, p. 197-211, ago. 2019. Disponível em: https://seer.atitus.edu.br/index.php/revistadedireito/article/view/3353/2463. Acesso em 01 fev. 2023.

JÁLFINA, Raísa. **El Derecho de Propiedad del Estado en la URSS**, traducido del ruso por Federico Pita, Moscú: Editorial Progresso, 1981.

KELSEN, Hans. **Teoria Geral do Direito e do Estado**, 3ª ed., trad. de Luís Carlos Borges, São Paulo: Editora Martins Fontes, 1998.

KINCAID, John. The Eclipse of Dual Federalism by One-Way Cooperative Federalism, *In*, **Arizona State Law Journal** 49: 3, p. 1061-1089, 2017. Disponível em: https://arizonastatelawjournal.org/wp-content/uploads/2017/11/Kincaid_Pub.pdf. Acesso em 18 nov. 2023.

KLAUS, Claudio A.; PIFFER, Carla; HÜLSE, Levi. Center for Legal Practices as Instruments for Access to Justice in Southern Brazil, *In*, **IUC Working Papers Series**, Inter-University Centre Dubrovnik, Croatia, v. 8, p. 13-27,

2023. Disponível em: https://doi.org/10.53099/ntkd4310. Acesso em 23 ago. 2023.

LANDO, Giorge André; LIRA, Roberta Julliane de Lima Santos. A desjudicialização da alteração do nome e do gênero no registro civil da pessoa transexual, *In*, **Gênero & Direito**: Periódico do Núcleo de Estudos e Pesquisas sobre Gênero e Direito, Centro de Ciências Jurídicas da Universidade Federal da Paraíba, v. 9, n. 02, p. 15-46, 2020. Disponível em: https://periodicos.ufpb.br/index.php/ged/article/view/50714/29545. Acesso em 25 fev. 2023.

LARRUGA, Francisco Javier Sanz. **El Procedimiento de Apremio**, Madrid: Editoral La Ley, 1991.

LAUFER, Heinz, A divisão de tarefas e a interdependência entre a União e os estados, *In*, **O Federalismo na Alemanha**, São Paulo: Fundação Konrad-Adenauer-Stiftung, 1995, p. 61-70.

LAUFER, Heinz. O ordenamento financeiro no estado federativo alemão, *In*, **O Federalismo na Alemanha**, São Paulo: Fundação Konrad-Adenauer-Stiftung, 1995, p. 139-170.

LEITE, Eduardo de Oliveira. **A monografia jurídica**, 5ª ed. São Paulo: Revista dos Tribunais, 2001.

LEMES, Selma Ferreira. **Arbitragem em Números**: pesquisa 2020/2021. Disponível em: http://selmalemes.adv.br/artigos/pesquisaarbitragem_2020_2021.pdf. Acesso em 10 fev. 2023.

LÉVY, Jean-Philippe. **História da Propriedade**, trad. Fernando Guerreiro, Lisboa: Editorial Estampa, 1973.

LIMONGI, Fernando Papaterra. **Os clássicos da política**, vol. 1, org. Francisco C. Weffort, 14ª ed., São Paulo: Editora Ática, 2006, p. 247-248.

LINZ, Juan J. Democracia, multinacionalismo y federalismo, *In*, **Revista Española de Ciencia Política**, vol. 1, n. 1, p. 7-40, octubre 1999. Disponível em: https://recyt.fecyt.es/index.php/recp/article/view/37286/20804. Acesso em 25 jun. 2023.

LONDE, Carlos Rogério de Oliveira. **O protesto extrajudicial de certidões de dívida ativa prévio à execução fiscal**, 2ª ed., Salvador: Editora Juspodivm, 2018.

LONDOÑO, Carlos Mario. **Libertad y Propiedad**, Madrid: Ediciones Rialp, 1965.

LOPES FILHO, Juraci Mourão. **Competências Federativas na Constituição e nos precedentes do STF**, 2ª ed., Salvador: Editora Juspodivm, 2019.

LOPES MELO, Carlos Francisco. Execução Fiscal à luz da Constituição Federal, *In*, **Revista da AGU**, ano 11, número 31, jan. 2012.

LOUREIRO, Luiz Guilherme. **Registros públicos**: teoria e prática, 11ª ed., Salvador: Editora Juspodivm, 2021.

LUHMANN, Niklas. **La sociedad de la sociedad**, México: Herder, 2007.

LUNELLI, Guilherme. Normas processuais e normas procedimentais: uma proposta de diferenciação para fins de competência legislativa, *In*, **Revista de Processo**, São Paulo, n. 224, p. 413-417, 2013.

MACHADO, Carlos Henrique, **Modelo multiportas no direito tributário**, Porto Alegre: Editora Livraria do Advogado, 2021.

MADER, Luzius. Evaluating the effects: a contribution to the quality of legislation. **Statute Law Review**, vol. 22, n. 2, p. 119-131, 2001.

MÁIZ, Ramón. **Nacionalismo, Democracia y Federalismo**. Disponível em: https://fcampalans.cat/uploads/publicacions/pdf/paper_nacionalismo.pdf. Acesso em 25 jun. 2023.

MALACHINI, Edson Ribas. A Constituição Federal e a legislação concorrente dos Estados e do Distrito Federal em matéria de procedimentos, *In*, **Revista Forense**, Rio de Janeiro, n. 324, p. 49-54, 1993.

MANCUSO, Rodolfo de Camargo. **Sistema brasileiro de precedentes**: natureza, eficácia, operacionalidade, São Paulo: Editora Revista dos Tribunais, 2014.

MARINONI, Luiz Guilherme. **Teoria geral do processo**, 3ª ed., São Paulo: Editora Revista dos Tribunais, 2008.

MARTINS NETO, João dos Passos; THOMASELLI, Bárbara L. M. Do Estado de Direito ao Estado de Justiça, *In*, **Seqüência Estudos Jurídicos e Políticos**, v. 34, n. 67, p. 309–334, 2013. Disponível em: https://periodicos.ufsc.br/index.php/sequencia/article/view/2177-7055.2013v34n67p309. Acesso em: 23 ago. 2023.

MARX, Karl; ENGELS, Friedrich. **Manifesto comunista**, São Paulo; Editora Boitempo, 2010.

MASON, George. "Objections to the Constitution", circulated early October 1787, published in full in the Virginia Journal (Alexandria), November

22, 1787. America Under the Constitution: "A Monarchy, or a Corrupt Oppressive Aristocracy", *In*, BAILYN, Bernard. **The Debate on the Constitution**: Federalist and Antifederalist Speeches, Articles, and Letters During the Struggle over Ratification, part one, New York: The Library of America, 1993, p. 345-349.

MASSONETO JUNIOR, João Francisco. A fé pública na atividade notarial e registral, *In*, **Tabelionato de Notas**: temas aprofundados, coords. Izaías Gomes Ferro Júnior, Márcia Rosália Schwarzer, coord. geral Martha El Debs, 2ª ed., Sâo Paulo: Editora Juspodivm, 2021, p. 133-161.

MAUS, Ingeborg. Judiciário como superego da sociedade: o papel da atividade jurisprudencial na "sociedade órfã", *In*, **Novos Estudos Ceprap**, n. 58, p. 183-202, nov. 2000.

MEDAUAR, Odete. **A processualidade do direito administrativo**, São Paulo: Editora Revista dos Tribunais, 1993.

MEDEIROS NETO, Elias Marques de. **O Pepex e a busca antecipada de bens do devedor** [livro eletrônico]. São Paulo:Escola Superior de Advocacia OAB SP, 2021. Disponível em: https://bd.tjdft.jus.br/jspui/bitstream/tjdft/50385/1/PEPEX%20e%20busca%20antecipada%20de%20bens%20do%20devedor.pdf. Acesso em 28 fev. 2023.

MELO FILHO, João Aurino de. **Racionalidade Legislativa do Processo Tributário**, Salvador: Editora Juspodivm, 2018.

MELLO, Oswaldo Ferreira de. **Tendências do Federalismo no Brasil**, Florianópolis: Editora Lunardelli, 1977.

MELOSSI, Dario. **El Estado del control social**: un estudio sociológico de los conceptos de estado y control social en la conformación de la democracia, Siglo veintiuno editores, México: 1992.

MENDES, Gilmar Ferreira; GONET BRANCO, Paulo Gustavo. **Curso de direito constitucional**, 10ª ed., 2015.

MENGOZZI, Marta. **Giusto Processo e Processo Amministrativo**: profili costituzionali, Milano: Giuffrè Editore, 2009.

MERCADO, Francisco García Gómez de. Procedimientos de ejecución, *In*, **Procedimientos Administrativos Comunes**, Coord. Francisco García Gómez de Mercado, Granada: Comares Editorial, 2007, p. 177-205.

MIRANDA, Pontes de. **Comentários à Constituição de 1967**, tomo II, São Paulo: Editora Revista dos Tribunais, 1967.

MIRANDA, Pontes de. **Tratado das ações**, tomo 1, Campinas: Editora Bookseller, 1998.

MITCHELL, Jonathan F. Judicial Review and the Future of Federalism, *In*, **Arizona State Law Journal** 49:3, p. 1091-1107, 2017. Disponível em: https://arizonastatelawjournal.org/wp-content/uploads/2017/11/Mitchell_Pub.pdf. Acesso em 18 nov. 2023.

MONTEIRO, Fagner César Lobo. Arbitragem na administração pública: uma realidade possível, *In*, **Revista da Procuradoria Geral do Estado de Santa Catarina**, n. 7, Florianópolis: PGE/SC, p. 77-90, 2018.

MOREIRA, Egon Bockmann. **Processo administrativo**: princípios constitucionais e a Lei 9.784/1999, 2ª ed., São Paulo: Editora Malheiros, 2003.

MOREIRA NETO, Diogo de Figueiredo. Competência concorrente limitada: o problema da conceituação das normas gerais, *In*, **Revista de informação legislativa**, v. 25, n. 100, p. 127-162, out./dez. 1988.

MOURGEON, Jacques. **Les droits de l'homme**. Septième èdition corrigée, Paris: Presses Universitaires de France, 1998.

MOUTA, José Henrique; FRANCO, Marcelo Veiga. Execução civil extrajudicial brasileira em perspectiva: da experiência europeia a algumas reflexões sobre o Projeto de Lei nº. 6.204/2019, *In*, **Revista Eletrônica de Direito Processual - REDP**. Rio de Janeiro, ano 16. vol. 23, n. 1, p. 622-655, jan./abr. 2022. Periódico Quadrimestral da Pós-Graduação *Stricto Sensu* em Direito Processual da UERJ. Disponível em: https://www.e-publicacoes.uerj.br/index.php/redp/article/view/64386. Acesso em 28 fev. 2023.

MÜLLER, Friedrich. **Juristische Methodik**, 5ª ed., Berlin: Duncker&Humblot, 1993.

MÜLLER, Júlio Guilherme. **Negócios processuais e desjudicialização da produção da prova:** análise econômica e jurídica, São Paulo: Editora Revista dos Tribunais: 2017.

MUNIZ, Joaquim de Paiva. **Curso básico de direito arbitral**: teoria e prática, 4ª ed., Curitiba: Editora Juruá, 2017.

NALINI, José Roberto. Funéreos Círios Federais, *In*, **O federalista atual**: teoria do federalismo, coord. Dircêo Torrecillas Ramos, Belo Horizonte: Arraes Editores, 2013, p. 331-345.

NERY JR., Nelson. **Princípios do processo civil na Constituição Federal**, 8ª ed., São Paulo: Editora Revista dos Tribunais, 2004.

NETO, Adolfo Braga. **Mediação**: uma experiência brasileira, São Paulo: CLA Editora, 2017.

NEVES, Marcelo. **Entre Hidra e Hércules**: princípios e regras constitucionais como diferença paradoxal do sistema jurídico, 2ª ed., São Paulo: Editora WMF Martins Fontes, 2014.

NISTLER, Regiane. A judicialização da política e a efetividade dos direitos sociais *In*, **Revista Eletrônica Direito e Política**, Programa de Pós-Graduação Stricto Sensu em Ciência Jurídica da UNIVALI, Itajaí, v. 11, n. 1, p. 200–218, 1º quadrimestre de 2016. Disponível em: https://siaiap32.univali.br/seer/index.php/rdp/article/view/8709. Acesso 14 jul. 2020.

NOGUEIRA, Pedro Henrique Pedrosa. **Teoria da ação de direito material**, Salvador: Editora Juspodivm, 2008.

NOLASCO, Rita Dias; ÁVILA, Henrique; WATANABE, Kazuo; CABRAL, Trícia Navarro Xavier. **Desjudicialização, justiça conciliativa e poder público** [livro eletrônico] / coordenação Rita Dias Nolasco...[et al.]. – – 1. ed. – – São Paulo: Thomson Reuters Brasil, 2020.

OLIVEIRA, Carlos Alberto Alvaro. Efetividade e tutela jurisdicional, *In*, **Princípios e temas gerais do processo civil**, Coleção doutrinas essenciais: processo civil, v. 1, orgs. Luiz Rodrigues Wambier, Teresa Arruda Alvim Wambier, São Paulo: Editora Revista dos Tribunais, 2011, p. 1091-1121.

OLIVEIRA, Carlos Alberto Alvaro. O problema da eficácia da sentença, *In*, **Atos decisórios, meios de impugnação das decisões judiciais e coisa julgada**, Coleção doutrinas essenciais: processo civil, v. 6, orgs. Luiz Rodrigues Wambier, Teresa Arruda Alvim Wambier, São Paulo: Editora Revista dos Tribunais, 2011, p. 448-464.

OLIVEIRA, Gustavo Justino de; ESTEFAM, Felipe Faiwichow. **Curso prático de arbitragem e administração pública** [livro eletrônico]. São Paulo: Thomson Reuters Brasil, 2019.

OLIVEIRA, Weber Luiz de. **Precedentes vinculantes na Administração Pública**: limites e possibilidades de aplicação, Salvador: Editora Juspodivm, 2016.

OLIVEIRA, Weber Luiz de. Ação de direito material e execução fiscal administrativa no contexto da desjudicialização: (im)possibilidades constitucionais, *In*, **Revista Eletrônica Direito e Política**, Programa de Pós-Graduação *Stricto Sensu* em Ciência Jurídica da UNIVALI, Itajaí, v. 15, n. 2, p. 644-

673, 2º quadrimestre de 2020. Disponível em: https://periodicos.univali.br/index.php/rdp/article/view/16867/9582. Acesso em 8 abr. 2023.

OLIVEIRA, Weber Luiz de. Abstrativização do Controle Concreto de Constitucionalidade na perspectiva do Federalismo, *In*, **Revista Magister de Direito Civil e Processual Civil**, v. 103, p. 113-135, jul./ago. 2021.

OLIVEIRA, Weber Luiz de. A nova Lei de Introdução às Normas do Direito Brasileiro e sua aplicação na Arbitragem com a Administração Pública, *In*, Pedro Manoel Abreu [et. al.] (Org.). **Acesso à Justiça**: novas perspectivas, Florianópolis: Habitus, 2021, v. 2, p. 217-236.

OLIVEIRA, Weber Luiz de. A nova Lei de Introdução às Normas do Direito Brasileiro e sua aplicação na Arbitragem com a Administração Pública, *In*, MARINHO, Daniel Octávio Silva [et. al.] (Org.). **Fazenda pública**: Atuação em juízo, consensualidade e prerrogativas, Londrina: Editora Thoth, 2022, p. 75-95.

OLIVEIRA, Weber Luiz de; ABREU, Pedro Manoel. Concepções de Estado na Constituição do Brasil: a premência de uma concepção socioambiental, *In*, **Revista da Procuradoria Geral do Estado de Santa Catarina**, n. 8, Florianópolis: PGE/SC, 2019, p. 153-166.

OLIVEIRA, Claudio Ladeira de; MOURA, Suellen Patrícia. O minimalismo judicial de Cass Sunstein e a resolução do Senado Federal no controle de constitucionalidade: ativismo judicial e legitimidade democrática, *In*, **Constituição, Economia e Desenvolvimento: Revista da Academia Brasileira de Direito Constitucional**, Curitiba, 2016, vol. 8, n. 14, p. 238-263, 3 nov. 2020.

OLIVEIRA, Claudio Ladeira; MOURA, Suellen. Judicialização da política e poder legiferante: a ilegitimidade da interferência do Supremo Tribunal Federal na política nacional, *In*, **Revista Novos Estudos Jurídicos**, v. 23, n. 2, p. 466-490, mai.;ago. 2018. Disponível em: https://siaiap32.univali.br/seer/index.php/nej/article/view/13378. Acesso 14 jul. 2020.

OSTROM, Elinor. **El gobierno de los bienes comunes**: la evolución de las instituciones de acción colectiva, 2ª ed. México: Fondo de Cultura Económica, 2011.

PALLIERI, Giorgio Balladore. La crisis de la personalidad del Estado, *In*, **Las Crisis del Derecho**, traducción de Marcelo Cheret, revisada por Antiago Sentís Melendo, Buenos Aires: Ediciones Juridicas Europa-America, 1953, p. 267-297.

PANTOJA, Fernanda Medina; ALMEIDA, Rafael Alves de. Os métodos "alternativos" de solução de conflitos (ADRS), *In*, ALMEIDA, Tania; PELAJO, Samantha; JONATHAN, Eva (Coords.). **Mediação de Conflitos**: para iniciantes, praticantes e docentes. Salvador: Editora Juspodivm, 2016, p. 55 - 69.

PASOLD, Cesar Luiz. **Metodologia da pesquisa jurídica**: teoria e prática. 13 ed. Florianópolis: Conceito Editorial, 2015.

PEDROSO, João. Percurso(s) da(s) reforma(s) da administração da justiça – uma nova relação entre o judicial e o não judicial, *In*, **Revista Direito e Democracia**, v. 4, n. 1, Canoas, 1º sem. 2003.

PÉREZ, Jesús González. **Manual de Procedimiento Administrativo**, segunda edición, Madrid: Civitas Ediciones, 2002.

PINHO, Humberto Dalla Bernardina de. O acordo de não persecução cível na nova sistemática da Lei de Improbidade Administrativa: exame das alterações impostas pela Lei n. 14.230/21 à luz da jurisprudência do Supremo Tribunal Federal, p. 283-304, *In*, **Improbidade Administrativa**: aspectos materiais e processuais da Lei n. 14.230, de 25 de outubro de 2021, coords. Daniel Octávio Silva Marinho, Marco Aurélio Ventura Peixoto, Londrina: Editora Thoth, 2023, p. 283-304.

PINHO, Humberto Dalla Bernardina de; PORTO, José Roberto Sotero de Mello. A desjudicialização enquanto ferramenta de acesso à justiça no CPC/2015: a nova figura da usucapião por escritura pública, *In*, **Revista Eletrônica de Direito Processual**, vol. 17, n. 2, jul./dez. 2016. Disponível em: https://www.e-publicacoes.uerj.br/index.php/redp/article/view/26605. Acesso em 1 fev. 2023.

PIOVENSAN, Flávia. **Proteção judicial contra omissões legislativas**: ação direta de inconstitucionalidade por omissão e mandado de injunção, 2ª ed., São Paulo: Editora Revista dos Tribunais, 2003.

PIRES, Thiago Magalhães. Federalismo para quem? Um balanço aos 30 anos da Constituição de 1988, *In*, **Revista Publicum**, Rio de Janeiro, v. 4, Edição Comemorativa, p. 63-84, 2018. Disponível em: https://www.e-publicacoes.uerj.br/index.php/publicum/article/view/34038. Acesso em 26 jun. 2023.

PLEASANTS III, Samuel A. **The Bill of Rights**, Columbus, Ohio: Charles E. Merril Books, Inc., 1966.

PORTUGAL. **Decreto-Lei n. 38, de 8 de março de 2003**. Disponível em: https://www.igf.gov.pt/leggeraldocs/DL_038_2003.htm. Acesso em 28 fev. 2023.

PORTUGAL. **Decreto-Lei n. 226, de 20 de novembro de 2008.** Disponível em: https://www.pgdlisboa.pt/leis/lei_mostra_articulado.php?nid=1030&tabela=leis&so_miolo=S. Acesso em 28 fev. 2023.

PORTUGAL. **Lei n. 41, de 26 de junho de 2013.** Código de Processo Civil. Disponível em: https://dre.pt/dre/legislacao-consolidada/lei/2013-34580575. Acesso em 28 fev. 2023.

POSNER, Richard. **Economic analysis of law**, 6ª ed., New York: Aspen Pusblishers, 2003.

PROUDHON, Pierre-Joseph, **Do Princípio Federativo**, trad. Francisco Trindade, São Paulo: Editora Imaginário, 2001.

QUEIROZ E SILVA, Jules Michelet Pereira. **Execução fiscal**: eficiência e experiência comparada. Disponível em: http://www2.camara.leg.br/a-camara/documentos-e-pesquisa/estudos-e-notas-tecnicas/areas-da-conle/tema20/2016_12023_execucao-fiscal-eficiencia-e-experiencia-comparada_jules-michelet. Acesso em 3 jun. 2022.

RAMOS, Dircêo Torrecillas. Composição da Federação Brasileira, *In*, **O federalista atual**: teoria do federalismo, coord. Dircêo Torrecillas Ramos, Belo Horizonte: Arraes Editores, 2013, p. 84-92.

RAMOS, Dircêo Torrecillas. O Federalismo Assimétrico: Unidade na Diversidade, *In*, **O federalista atual**: teoria do federalismo, coord. Dircêo Torrecillas Ramos, Belo Horizonte: Arraes Editores, 2013, p. 121-140.

RAVÁ, Adolfo, Crisis del derecho y crisis mundial, *In*, **Las Crisis del Derecho**, traducción de Marcelo Cheret, revisada por Antiago Sentís Melendo, Buenos Aires: Ediciones Juridicas Europa-America, 1953, p. 99-115.

RAWLS, John. **Uma teoria de justiça**, 3ª ed., São Paulo: Editora Martins Fontes, 2008.

REQUEJO, Ferran. El federalismo liberal y la calidad de las democracias plurinacionales. Déficits actuales y posibles mejoras, *In*, **Revista Española de Ciencia Política**, n. 3, p. 31-52, Octubre 2000. https://recyt.fecyt.es/index.php/recp/article/view/37304/20822. Disponível em 25 jun. 2023.

RIBEIRO, Diógenes V. Hassan. Judicialização e desjudicialização. Entre a deficiência do legislativo e a insuficiência do judiciário, *In*, **Revista de Informação Legislativa**, ano 50, n. 199, p. 25-33, jul./set. 2013.

RIPERT, Georges. Evolución y progreso del derecho, *In*, **Las Crisis del Derecho**, traducción de Marcelo Cheret, revisada por Antiago Sentís Melendo, Buenos Aires: Ediciones Juridicas Europa-America, 1953, p. 11-31.

ROCKEFELLER, Nelson A. **The future of federalism**, Cambridge: Harvard University Press, 1962.

RODRIGUES, Cláudia. **O título executivo na execução da dívida ativa da Fazenda Pública**, São Paulo: Editora Revista dos Tribunais, 2002.

ROSENN, Keith S. **O jeito na cultura jurídica brasileira**, Rio de Janeiro: Editora Renovar, 1998.

ROSS, Alf. **Logica de las normas**, Madrid: Editorial Tecnos, 1971.

ROSS, Alf. **Sobre el derecho y justicia**, Buenos Aires: Editorial Universitaria de Buenos Aires, 1977.

RUFFÌA, Paolo Biscaretti. **Derecho Constitucional**, Madrid: Editorial Tecnos, 1973.

SÁNCHEZ SÁEZ, Antonio José. La Ejecución Forzosa del Acto Administrativo en el Derecho Español. **Boletín Mexicano de derecho comparado**, Vol. 49 (145), p. 267-293, 2016. Disponível em: https://revistas.juridicas.unam.mx/index.php/derecho-comparado/article/view/4998/12467. Acesso em 4 jun. 2022.

SANDER, Frank. Diálogo entre os professores Frank Sander e Mariana Hernandez Crespo: explorando a evolução do Tribunal Multiportas, *In*, **Tribunal Multiportas**: Investindo no capital social para maximizar o sistema de solução de conflitos no Brasil, Orgs. Rafael Alves de Almeida, Tania Almeida, Mariana Hernandez Crespo, Rio de Janeiro: Editora FGV, 2012, p. 25-37.

SANTOS, Boaventura de Sousa. **O discurso e o poder**: ensaio sobre a sociologia da retórica jurídica, Porto Alegre: Editora Fabris, 1988.

SCHÜTZE, Robert. Subsidiarity after Lisbon: Reiforcing the Safeguards of Federalism?, *In*, **Cambridge Law Journal**, v. 68, n. 3, p. 525-536, Cambridge, 2009. Disponível em: https://www.cambridge.org/core/journals/cambridge-law-journal/article/subsidiarity-after-lisbon-reinforcing-the-safeguards-of-federalism/EFF0B76F1F27A3D2134F011D92490FAE. Acesso em 19 ago. 2023.

SEN, Amartya. **The idea of justice**, The Belknap Press of Harvard University Press, Cambridge, Massachusetts, 2009.

SEVEGNANI, Joacir. **A resistência aos tributos no Brasil**: Estado e Sociedade em conflito, Florianópolis: Conceito Editorial, 2009.

SGANZERLA, Rogerio; SCOVINO, Fernanda; SALES, Alifer. Otimização do processo legislativo analisando a concentração de tempo na Mesa da Câmara dos Deputados, *In*, **Poder legislativo nacional**: uma análise da produção legislativa do país sob a ótica do direito, Organização Pablo Cerdeira, Fábio Vasconcellos, Rogerio Sganzerla. – Rio de Janeiro: Escola de Direito do Rio de Janeiro da Fundação Getulio Vargas, 2018, p. 132-177. https://bibliotecadigital.fgv.br/dspace/bitstream/handle/10438/25659/Poder%20Legislativo%20Nacional%20-%20uma%20an%C3%A1lise%20da%20produ%C3%A7%C3%A3o%20legislativa%20do%20pa%C3%ADs%20sob%20a%20%C3%B3tica%20do%20Direito.pdf?sequence=1&isAllowed=y. Acesso em 8 fev. 2023.

SILVA, Ovídio Baptista da. **Jurisdição e execução na tradição romano-canônica**, 2ª ed., São Paulo: Editora Revista dos Tribunais, 1997.

SILVA, Ovídio Baptista da. **Curso de processo civil**: processo de conhecimento, vol. 1, 5ª ed., São Paulo: Editora Revista dos Tribunais, 2000.

SILVA, José Afonso da. **Curso de Direito Constitucional Positivo**, 42ª ed., São Paulo, Editora Malheiros, 2019.

SILVA, José Afonso da. **Comentário contextual à Constituição**, 9ª ed., São Paulo: Editora Malheiros, 2014.

SOROA, J. M. Ruiz. **Regular la Secesión**: una propuesta política para España. Disponível em: http://federalistainfo.files.wordpress.com/2012/11/ruiz_soroa.pdf. Acesso em 25 jun. 2023.

SOUZA, Celina. Estados: o elo perdido da cadeia federativa?, *In*, **E os Estados? Federalismo, relações intergovernamentais e políticas públicas no Brasil contemporâneo**. Orgs. PALOTTI, Pedro; LICIO, Elaine Cristina; GOMES, Sandra; SEGATTO, Catarina Ianni; SILVA, André Luis Nogueira da. Instituto de Pesquisa Econômica Aplicada (IPEA), Rio de Janeiro, 2023, p. 95-111.

SOUSA, Pedro; PIZA DUARTE, Evandro. A teoria dos poderes implícitos na determinação das competências constitucionais (legislativa e material) nos Estados Unidos e no Brasil: a trajetória constitucional para fundamentar os poderes de investigação do ministério público, *In*, **Constituição, Economia e Desenvolvimento: Revista Eletrônica da Academia Brasileira de Direito Constitucional**, v. 13, n. 25, p. 210-232, 22 dez. 2021. Disponível em: http://www.abdconstojs.com.br/index.php/revista/article/view/322. Acesso em 16 ago. 2023.

SOUZA, Mayara Nunes Medeiros de. Arbitragem com a Administração Pública e os conflitos tributários no Brasil, *In*, **Revista do Centro de Estudos Jurídicos / Procuradoria Geral do Estado de Pernambuco**, v. 11, n. 11, p. 271-300, 2018.

SOUZA, Márcia Cristina Xavier. A competência constitucional para legislar sobre processo e procedimentos e o Código de Processo Civil de 2015, *In*, **Revista de Direito da Faculdade Guanambi**, v. 4, n. 01, p. 126–148, jan./jun. 2017.

STAFFEN, Marcio Ricardo. Legislar por indicadores: a iniciativa legislativa brasileira anticorrupção conforme a influência de atores transnacionais, *In*, **Revista de Informação Legislativa: RIL**, Brasília, DF, v. 56, n. 221, p. 169-193, jan./mar. 2019. Disponível em: http://www12.senado.leg.br/ril/edicoes/56/221/ril_v56_n221_p169. Acesso em: 10 fev. 2023.

STRÄTZ, Murilo; RODRIGUES, Roberto de Aragão Ribeiro. Intervenção anômala da União em procedimentos arbitrais, *In*, **Fazenda Pública**: Atuação em Juízo, consensualidade e prerrogativas, Daniel Octávio Silva Marinho [et. al.] (Org.), Londrina: Editora Thoth, 2022, p. 287-301.

SUNSTEIN, Cass. **The Partial Constitution**. Cambridge: Harvard University Press, 1994.

SUNSTEIN, Cass R. **One case at a time**: judicial minimalism on the Supreme Court, Cambridge: Havard University Press, 1999.

SZKLAROWSKY, Leon Frejda; PRUDENTE, Antônio Souza. Cobrança administrativa do crédito da Fazenda Pública, *In*, **Revista do Centro de Estudos da Justiça Federal (CEJ)**, n. 13, p. 59-72, jan./abr. 2001.

TAUK, Caroline Someson. Produção legislativa no presidencialismo de coalizão. Há espaço para mudanças?, *In*, **Revista de Informação Legislativa (RIL)**, ano 56, n. 222, p. 201-213, abr./jun. 2019.

THEODORO JÚNIOR, Humberto. **Curso de Direito Processual Civil**: processo de execução e processo cautelar, vol. 2, 20ª ed. Rio de Janeiro: Editora Forense, 1997.

THEODORO JÚNIOR, Humberto. **Lei de Execução Fiscal**: comentários e jurisprudência, 7ª ed., São Paulo: Editora Saraiva, 2000.

THEODORO JÚNIOR, Humberto. **Curso de Direito Processual Civil** – Teoria geral do direito processual civil, processo de conhecimento e procedimento comum, vol. I, 56ª ed., Rio de Janeiro: Editora Forense, 2015.

THEODORO JÚNIOR, Humberto. As novas codificações francesa e portuguesa e a desjudicialização da execução forçada, *In*, **Revista Juris Plenum**, ano XV, n. 88, p. 95-112. julho de 2019.

TOFFOLI, José Antonio Dias; PERES, Lívia Cristina Marques. Desjudicialização conforme a constituição e tratamento adequado dos conflitos de interesse, *In*, NOLASCO, Rita Dias; ÁVILA, Henrique; WATANABE, Kazuo; CABRAL, Trícia Navarro Xavier. **Desjudicialização, justiça conciliativa e poder público** [livro eletrônico] / coordenação Rita Dias Nolasco...[et al.]. – – 1. ed. – – São Paulo: Thomson Reuters Brasil, 2020.

TOMIO, Fabricio Ricardo de Limas; ORTOLAN, Marcelo Augusto Biehl; CAMARGO, Fernando Santos de. Análise comparativa dos modelos de repartição de competências legislativas nos Estados Federados, *In*, **Revista da Faculdade de Direito – UFPR**, Curitiba, n. 51, p. 73-100, 2010.

TRABUCCHI, Alberto. **Istituzioni di Diritto Civile**, Quindicesima Edizione, Padova: Cedam, 1966.

TUCCI, Rogério Lauria; TUCCI, José Rogério Cruz e. **Constituição e Processo**: regramentos e garantias constitucionais do processo, São Paulo: Editora Saraiva, 1989.

UNIVERSIDADE FEDERAL DO RIO GRANDE DO SUL – FACULDADE DE DIREITO. Pesquisa CNJ – Edital de Seleção n.° 01/2009. **Inter-relações entre o processo administrativo e o judicial (em matéria fiscal) a partir da identificação de contenciosos cuja solução deveria ser tentada previamente na esfera administrativa**, Porto Alegre: UFRGS, dez./2010 – jan./2011, p. 8. Disponível em: https://bibliotecadigital.cnj.jus.br/jspui/bitstream/123456789/141/1/UFRGS%20-%20Universidade%20Federal%20do%20rio%20Grande%20do%20Sul%20-%20Edital%20n%c2%b0%2001-2009%20-%20Inter-rela%c3%a7%c3%b5es%20entre%20o%20processo%20administrativo%20e%20o%20Judicial.pdf. Acesso em 8 abr. 2023.

VALLE, Vivian Lima López. Arbitragem administrativa e consensualidade: análise pontual do novo paradigma da ação administrativa, *In*, **Revista de Direito Administrativo**, Rio de Janeiro, v. 277, n. 3, p. 209–245, set/dez., 2018.

VASCONCELLOS, Fábio; CUNHA, Brenda; CARABETTA, João. A institucionalização da produção legal da Câmara dos Deputados a partir do artigo 105 do Regimento Interno (1988-2017), *In*, **Poder legislativo nacional**: uma análise da produção legislativa do país sob a ótica do direito, Organização Pablo Cerdeira, Fábio Vasconcellos, Rogerio Sganzerla. – Rio de

Janeiro: Escola de Direito do Rio de Janeiro da Fundação Getulio Vargas, 2018, p. 97-130. https://bibliotecadigital.fgv.br/dspace/bitstream/handle/10438/25659/Poder%20Legislativo%20Nacional%20-%20uma%20an%C3%A1lise%20da%20produ%C3%A7%C3%A3o%20legislativa%20do%20pa%C3%ADs%20sob%20a%20%C3%B3tica%20do%20Direito.pdf?sequence=1&isAllowed=y. Acesso em 8 fev. 2023.

WALD, Arnoldo. As novas regras de arbitragem: maior eficiência e transparência, *In*, **Revista de Arbitragem e Mediação**. São Paulo, v. 33, p. 239-244, abr.-jun./2012

WALDRON, Jeremy. **A dignidade da legislação**, trad. Luís Carlos Borges, São Paulo: Editora Martins Fontes, 2003.

WILSON, James Q. **American Government**: Institutions & Policies, Third Edition, Toronto: D. C. Heath and Company, 1986.

WORKART, Erik Navarro. **Análise econômica do processo civil**: como a economia, o direito e a psicologia podem vencer a tragédia da justiça, São Paulo: Thomson Reuters Brasil, 2019.

ZAGREBELSKY, Gustavo. **La crucifixión y la democracia**, Barcelona: Editorial Ariel, 1996.

ZAGREBELSKY, Gustavo. **El derecho dúctil**: ley, derechos, justicia, Madrid: Editorial Trotta, 2009.

ZAMUDIO, Héctor Fix. **Latinoamerica**: Constitucion, Proceso y Derechos Humanos, México: Udual, 1988.

ZANETI JÚNIOR, Hermes. **A constitucionalização do processo**: o modelo constitucional da justiça brasileira e as relações entre processo e constituição, 2ª ed., São Paulo, Editora Atlas, 2014.

ZAVATARO, Marcia Cristina. A importância do notário no processo de desjudicialização dos serviços, *In*, **Tabelionato de Notas**: temas aprofundados, coords. Izaías Gomes Ferro Júnior, Márcia Rosália Schwarzer, coord. geral Martha El Debs, 2ª ed., São Paulo: Editora Juspodivm, 2021, p. 79-104.

EDITORA
*Jus*PODIVM
www.editorajuspodivm.com.br

Impresso por:

Docuprint

CNPJ 01.036.332/0001-99

JUS3428